KB264107

JPT청해

달인이 되는 법™

사람in
saram
in.com

머리말

이 책의 출간 목적은 JPT수험생의 수적인 증가 및 레벨의 다양화에 부응하여 수험생의 시험 경향의 분석을 돕고 실전 문제 풀이 능력을 향상시키려는데 있다.
JPT라는 시험은 고도의 집중력과 문제 풀이의 순발력을 요구하고 있다. 나는 고득점이 필요한 수험생 여러분에게 이 책을 권한다. 이 책을 보는 여러분에게 놀라운 고득점의 길이 열리기를 진심으로 바란다.

동시에 아직도 일부 수험생들이 여전히 일본어 시험 대비의 필요성을 외면하고, 특히 일본어 시험 대비에 대한 철저한 준비기간을 소홀히 하는 풍조에 대해서는 안타까울 따름이다. 일본어가 다른 외국어에 비해 초급과정에서 한국인이 접근하기 용이한 언어임에는 틀림없으나 시험에 있어서는 전혀 별개의 이야기가 된다.

이제는 시대의 흐름이 JPT에 대비하는 자세와 새로운 공부 방법을 요구하고 있다. 전무하다시피 했던 JPT 관련 학습서도 서서히 세분화되어 나오고 그 수도 날로 늘어나고 있다. 그만큼 수험생의 판단이 요구되는 시점에 와 있다.

JPT는 출제되는 문제의 내용이 기본적인 어휘 및 문법, 문형 등 일상생활과 밀접한 내용의 문제가 대부분이고, 바로 비즈니스 현장과 연결되는 생동감 넘치는 일본어 시험이라고 생각한다. 실제 문제를 분석해 보면 그런 활동에 도움을 주는 능력 여부를 판단하는 문제가 많은 비중을 차지한다. 따라서 강사 혹은 집필자의 위치에 있는 사람들은 말뿐이 아니라 본인이 부단히 실제 JPT시험에 응시하며 연구를 게을리 하지 말아야 한다.

실제 시험을 보며 실전 경험을 쌓아야 하는 이유가 또 하나 있다. 그것은 출제 흐름의 파악을 위함이다. 무슨 내용이 비중있게 다뤄지는가를 아는 것만큼 효과적인 시험 대비는 없다.

필자는 오랜 경험을 여러분에게 나눠주기 위해 이 책을 펴낸다. 이 책을 통해 높은 적중률의 환희를 맛 볼 수도 있으며 동시에 JPT를 대비한 튼튼한 문제 해결 능력을 제공할 것이다. 부디 이 책이 여러분들에게 JPT에 대한 예리한 안목을 길러 주고 더욱 고득점에 대한 열망을 주는 교재가 되기를 진심으로 바란다. 끝으로 초기 단계부터 기획과 격려를 해 주신 사람in박효상 실장님과 편집부 직원 여러분에게 감사드리며, 사람을 통해 이 모든 것을 예비하고 준비시키신 하나님께 영광을 돌린다.

저자 姜星光

Part I.

次の質問1番から質問100番までは聞き取りの問題です。どの問題も1回しか言いませんから、よく聞いて答えを(A)、(B)、(C)、(D)の中から一つ選びなさい。答えを選んだら、それにあたる答案用紙の記号を黒くぬりつぶしなさい。

パート1は写真や表を見て答えます。(A)、(B)、(C)、(D)の文は問題用紙には書かれていません。文は1回しか読みませんので、よく聞いてください。

Ⅰ. 次の写真を見て、その内容に合っている表現を(A)から(D)の中で一つ選びなさい。

(A) 車が走っています。

(B) 車が止めてあります。

(C) 車が一台もありません。

(D) 車が一台しか止まっていません。

答 Ⓐ ● Ⓒ Ⓓ

(A)、(B)、(C)、(D)の中で(B)‘車が止めてあります。’、この文章が上の絵をもっとも適切に表現しています。

ですから、皆さんは(B)と答えるべきです。

ではパート1の問題を始めます。

1

2

3

4

5

6

7

8

9

10

11

12

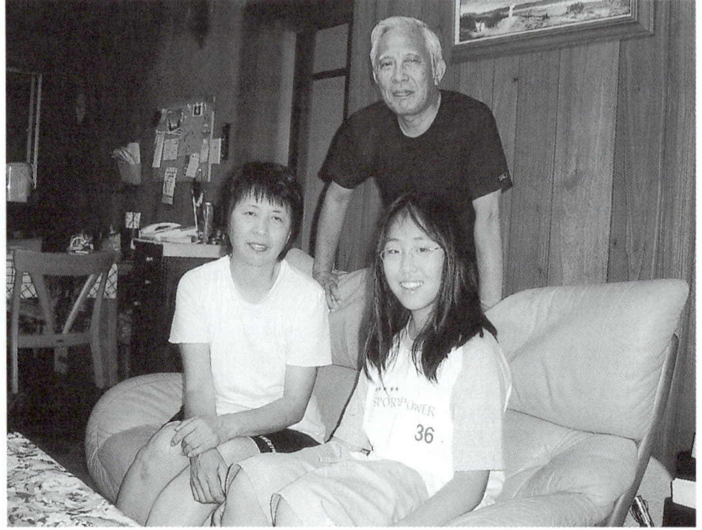

13

14

15

16

17

18

19

20

パート2は簡単な質問にふさわしい答えを選ぶ問題です。問題と文は問題用紙に書かれていないので、よく聞いてから答えにあたる答案用紙の記号を黒くぬりつぶしなさい。

Ⅱ. 次の言葉の返事として、もっとも適したものを(A)から(D)の中で一つ選びなさい。

今月いっぱいで会社をやめることになりました。
(A) それは残念ですね。
(B) いつ首になりましたか。
(C) それはおめでたいですね。
(D) 何年ぐらい働いていますか。

答 ● B C D

質問に対する一番いい返事は(A) 'それは残念ですね。' です。
これがもっとも適した答えですので、皆さんは(A)と答えるべきです。

ではパート2の問題を始めます。

21. 答えを答案用紙に書き入れなさい。
22. 答えを答案用紙に書き入れなさい。
23. 答えを答案用紙に書き入れなさい。
24. 答えを答案用紙に書き入れなさい。
25. 答えを答案用紙に書き入れなさい。
26. 答えを答案用紙に書き入れなさい。
27. 答えを答案用紙に書き入れなさい。
28. 答えを答案用紙に書き入れなさい。
29. 答えを答案用紙に書き入れなさい。
30. 答えを答案用紙に書き入れなさい。
31. 答えを答案用紙に書き入れなさい。
32. 答えを答案用紙に書き入れなさい。
33. 答えを答案用紙に書き入れなさい。
34. 答えを答案用紙に書き入れなさい。
35. 答えを答案用紙に書き入れなさい。

36. 答えを答案用紙に書き入れなさい。
37. 答えを答案用紙に書き入れなさい。
38. 答えを答案用紙に書き入れなさい。
39. 答えを答案用紙に書き入れなさい。
40. 答えを答案用紙に書き入れなさい。
41. 答えを答案用紙に書き入れなさい。
42. 答えを答案用紙に書き入れなさい。
43. 答えを答案用紙に書き入れなさい。
44. 答えを答案用紙に書き入れなさい。
45. 答えを答案用紙に書き入れなさい。
46. 答えを答案用紙に書き入れなさい。
47. 答えを答案用紙に書き入れなさい。
48. 答えを答案用紙に書き入れなさい。
49. 答えを答案用紙に書き入れなさい。
50. 答えを答案用紙に書き入れなさい。

パート3は会話文です。このパートでは二人の対話を1回読みます。
会話は問題用紙に書かれていないので、よく聞いてください。
それから問題用紙の質問を読んでください。

Ⅲ．次の会話をよく聞いて、後の問いにもっとも適したものを(A)から(D)の中で一つ選びなさい。

A: お会計はどうなさいますか。
B: 悪いんだけど、別々にしてください。
A: かしこまりました。では、スパゲッティセットのお客さま、880円になります。
B: 細かいのないんで、10000円でお願い。

この会話の場所はどこですか。

(A) 宝くじ売り場
(B) 銀行の窓口
(C) レストランのレジ
(D) 駅の切符売り場

答 Ⓐ Ⓑ ● Ⓓ

上の質問に合っている答えは(C)です。
ではパート3の問題を始めます。

51.　男の人はいくらお釣りをもらいますか。

(A) カードで払ったのでもらいません。

(B) 1200円

(C) 3800円

(D) 8800円

52.　田中さんは兄弟の中で何番目ですか。

(A) 一番目　　　　　　　　　　(B) 二番目

(C) 三番目　　　　　　　　　　(D) 四番目

53. 交番はどこにありますか。

(A) 公園の前   (B) 駅前の広場

(C) まっすぐ行ったところ   (D) 通りの向かい

54. 女の人は昨夜何をしましたか。

(A) 試験の勉強をしました。   (B) お酒を飲みました。

(C) 病院に行きました。   (D) わかりません。

55. 二人の約束はいつになりましたか。

(A) 今日   (B) 明日   (C) あさって   (D) この次

56. 男の人は何をしていますか。

(A) 食事をしています。   (B) 空気を入れかえています。

(C) 掃除をしています。   (D) タバコを吸っています。

57. ここはどこですか。

(A) クリーニング屋   (B) 仕立て屋

(C) 写真屋   (D) 歯医者

58. 二人はこれからどうしますか。

(A) 電車に乗って帰る。   (B) タクシーが来るのを待つ。

(C) 飲み会を抜け出す。   (D) もう一軒はしごする。

59. 男の人の下の子供は来月どうしますか。

(A) 大阪に栄転することになった。

(B) 大阪に嫁に行くことになった。

(C) 大阪に出張することになった。

(D) 大阪に旅行することになった。

60. 男の人はどうしてくしゃみをしましたか。

(A) 誰かが男の人のうわさをしていたから　　(B) 部屋が汚くてほこりだらけだったから

(C) 入浴後、体が冷えて寒気を感じたから　　(D) 布団をかけないで寝てしまったから

61. 二人は何について心配していますか。

(A) 子供の将来について　　(B) 年金がもらえるかどうかについて

(C) 年を取ることについて　　(D) 家族の健康について

62. 二人はこの服についてどう思っていますか。

(A) 二人とも派手すぎると思っている。

(B) 女の人はその場にふさわしいと思っている。

(C) 二人とも地味すぎると思っている。

(D) 男の人はその場にふさわしいと思っている。

63. 今、何をしているところですか。

(A) 飲み会の予算を前もって計算しているところです。

(B) 次に行く店に予約を入れているところです。

(C) 飲み会を始める前に会費を集めているところです。

(D) 飲み会が終わって割り勘をしているところです。

64. 女の人はこれからどうしますか。

(A) 棚卸しを開始する。　　(B) 棚卸しを済ませる。

(C) 棚卸しを済ませてからデートに行く。　　(D) 棚卸しを中断して用を足しに行く。

65. 男の人はどうしましたか。

(A) 後でもう一度電話をかけることにしました。

(B) しばらくしてから訪問することにしました。

(C) 村上部長あてにことづけを頼みました。

(D) 村上部長と会う約束をしました。

66. 男の人は女の人にどのように言いましたか。

(A) 田中さんの自宅の電話番号なら教えられる。

(B) 田中さんのEメールのアドレスすら知らない。

(C) 田中さんの個人情報については何も言えない。

(D) 田中さんが今不在なので後で本人に聞くように。

67. 女の人は明日何時までにホテルのロビーに行きますか。

(A) 13時ちょうど　　　　　　　　　(B) 12時50分

(C) 12時40分　　　　　　　　　　(D) 12時30分

68. 女の人はこの物件についてどう思っていますか。

(A) 安いし、駅からも近いのですごく気に入っている。

(B) 物件としては言うことがないがもう少し考えたい。

(C) トイレとお風呂が別々じゃないのが嫌だ。

(D) ユニットバスが古くて汚いのが気に入らない。

69. 女の人はこれからどうしますか。

(A) 抜かずに虫歯を削って治療してもらう。

(B) 足に麻酔をかけてもらう。

(C) 親知らずを抜いてもらう。

(D) 大きな病院で検査してもらう。

70. 女の人はこれから何をしますか。

(A) 出前を頼んで資料をホチキスでとめてから入力作業をします。

(B) ホチキスで資料をとめ終わったら出前を頼んで入力作業をします。

(C) 入力作業が終わってからホチキスで資料をとめて出前を頼みます。

(D) 出前を頼んで入力作業をした後、資料をホチキスでとめます。

71. 二人はどんな話をしていますか。

(A) 子供が産まれて夫婦関係がもっと気まずくなったという話

(B) 仲たがいをしていた夫婦が、元の仲にもどったという話

(C) 結婚7年目に子供ができてすぐ別れてしまった夫婦の話

(D) 夫婦はたとえ子供を授からなくてもかたい絆で結ばれているという話

72. 女の人はこれからどうしますか。

(A) 着払いでカバンを送り返す。

(B) 直接、お店にカバンを返しに行く。

(C) 返品したいカバンを取りに来てもらう。

(D) 送料は自己負担でカバンを送り返す。

73. 二人は何に対して憤っていますか。

(A) 政治家の給料が国民よりずっと高いこと。

(B) 病院の治療費が高いわりに対応が悪いこと。

(C) 政治家はいつもうそをついてばかりいること。

(D) 選挙カーの音が睡眠妨害になること。

74. 女の人は地震についてどんな備えをしていますか。

(A) 本棚を固定したりしている。

(B) あまり気にしないが心の準備だけはしている。

(C) あまり普段から気に掛けていない。

(D) 避難用具を家に常備している。

75. 二人の会話について正しいものはどれですか。

(A) アライグマは人に危害を加えるおそれがあるので絶対に飼わない方が身のためだ。

(B) アライグマは現在、特定外来生物に指定されるかどうか検討中だ。

(C) 飼い主の監督のもとならアライグマに子供を産ませてもいい。

(D) 男性の友人は許可を得ればこのままアライグマを飼い続けることができる。

76. 交渉はどうなりましたか。

(A) トレンディー社に有利な方向に進んだ。

(B) もう少しのところで失敗に終わった。

(C) 両者とも引き下がらず決着がつかなかった。

(D) ひとまず、こちらに軍配があがった。

77. 男の人はこんどの成績についてどう考えていますか。

(A) 努力のかいがあって、なるべくして一位になれた。

(B) ずっと一位だったので特にいつもと変わりない。

(C) 実力の上では木村先輩の方がはるかに勝っている。

(D) これでやっと木村先輩と肩を並べるまでになった。

78. 女の人はどうすることにしましたか。

(A) 見積りが意外と安かったので今すぐ契約する。

(B) 見積書に誤りが多かったので書き直してもらう。

(C) 競合会社と比べてから結果を後で連絡する。

(D) 自分一人では契約はできないので社長に来てもらう。

79. 二人の会話からどんなことが分かりますか。

(A) 景気が少しずつ回復の方向に向かっている。

(B) クリスマスのプレゼントを買う人は年々減少している。

(C) 不景気のため消費者がお歳暮の買い控えをしている。

(D) どの店も知恵を絞って経費削減に努めている。

80. 二人の会話の内容と合っているものはどれですか。

(A) 中国においては物流よりも生産に重きをおくべきである。

(B) 中国に生産拠点を移せばどんな企業も百発百中成功する。

(C) 中国ビジネス成功の鍵はいろいろな規制を取っ払うことである。

(D) 生産拠点を中国に移しても必ずしも成功するとは限らない。

パート4は説明文です。

このパートでは短い文を1回読みます。

この文は問題用紙には書かれていないので、よく聞いてください。

そして一つの文の内容について、二つから四つの問題が問題用紙にあります。

Ⅳ. 次の文章をよく聞いて、 後の問いにもっとも適したものを(A)から(D)の中で一つ選びなさい。

今日の午前8時頃、港区六本木の路上で自転車とトラックがぶつかりました。

この事故で自転車を運転していた女性が頭を強く打って病院に運ばれました。

質問1　　事故はいつ起きましたか。

　　　　(A) 今朝8時頃

　　　　(B) 昨日の午前8時頃

　　　　(C) 今晩8時頃

　　　　(D) おとといの午後8時頃

答 ● B C D

質問2　　自転車を運転していた人はどうなりましたか。

　　　　(A) 腕を骨折しました。

　　　　(B) 頭に怪我をしました。

　　　　(C) 軽い怪我をしました。

　　　　(D) 足をねんざしました。

答 A ● C D

上の質問1に合っている答えは(A)で、質問2に合っている答えは(B)です。

ではパート4の問題を始めます。

次は質問81番から質問84番までです。

81. この人は兄弟の中で何番目ですか。

(A) 一番目　　　　　　　　　　(B) 二番目

(C) 三番目　　　　　　　　　　(D) 四番目

82. この人はお父さんのことをどう思っていますか。

(A) 大嫌いだ。

(B) あまり好きではない。

(C) 好きだ。

(D) 好きでも嫌いでもない。

83. 他の兄弟とお父さんとの関係はどうですか。

(A) いつもけんかばかりしている。

(B) 仲が悪い。

(C) 仲がよくも悪くもない。

(D) 仲がいい。

84. この人はこれからどうしたいと思っていますか。

(A) 友達をたくさん作りたい。

(B) お父さんのようにやさしい人になりたい。

(C) 兄弟と仲良くしたい。

(D) お父さんの前で素直になりたい。

次は質問85番から質問87番までです。

85. 普段の生活では目上の人にどんな言葉を使いますか。

(A) ため口　　　　　　　　　　(B) 敬語

(C) 標準語　　　　　　　　　　(D) 俗語

86. インターネット上ではどんなことが失礼ですか。

(A) 相手の顔や年齢、性別について聞くこと

(B) メールにあいさつなしで用件だけ書くこと

(C) 掲示板に自分のことについて長く書くこと

(D) すぐに返事を送らないこと

87. どうしてメールの書き方やホームページの見方を教えてくれるサイトがありますか。

(A) パソコンを使い慣れていない人が多いから

(B) たくさんの人にパソコンを利用してもらいたいから

(C) 礼儀やルールを忘れてしまう人がいるから

(D) お年寄りがパソコンの使い方を知らないから

次は質問88番から質問90番までです。

88. フジ子さんにどんな不運なことがありましたか。

(A) 建築家の夫と離婚したこと　　　(B) 両親が離婚したこと

(C) 聴力を失ったこと　　　(D) 風邪を引いたこと

89. フジ子さんはどんな演奏をしますか。

(A) 正確さには欠けるが、心のこもった演奏

(B) 一点の非の打ちどころもない演奏

(C) 人の心に迫るものがあり、パワーに満ちあふれる演奏

(D) その場の雰囲気に合わせて繊細でありながら粗雑な演奏

90. この人はフジ子さんのコンサートに行ってどのように感じましたか。

(A) 現代人は美しい音楽を聴いて心をいやすことが必要である。

(B) フジ子さんのような立派なピアニストになりたい。

(C) 一生懸命がんばれば、絶対に好機が到来する。

(D) 若い頃、苦労して年を取ってから幸せになる人もいる。

次は質問91番から質問93番までです。

91. どうして私は夜道ですれ違う人に恐怖感を抱くようになりましたか。

(A) 塾帰りに一人で歩いていたら後ろから殴られた経験があるので

(B) 以前、ストーカーに家までつけられたことがあるので

(C) ニュースに出てくるような事件に遭わないとも限らないので

(D) 子供の頃、ひどい目にあったことがトラウマになっているので

92. 私は防犯対策にどんなものがあると言っていますか。

(A) 護身術を学ぶ

(B) 防犯ベルを日頃から持ち歩く

(C) 夜遅くなったら外出しない

(D) 夜遅くに出歩く時は二人以上で行動する

93. 本文の内容に合っているものはどれですか。

(A) 私は物騒な世の中になりつつあると危惧している。

(B) この世の中から凶器を撲滅できないわけではない。

(C) 私はいざという時に助け合える世の中になりつつあると信じている。

(D) 社会の犯罪をゼロにするのは我々の心がけ次第である。

次は質問94番から質問97番までです。

94. いつ電車が止まりましたか。

(A) 通学途中

(B) 帰宅途中

(C) 通勤途中

(D) 通院途中

95. 電車が止まった理由は何ですか。

(A) 踏み切りが故障したため

(B) 電車のドアにかばんが挟まったため

(C) 人のけが、または死亡による事故のため

(D) 線路に石が置いてあったため

96. 電車が止まった時、電光掲示板はどうなっていましたか。

(A) 事故の知らせが手短に流れていた。

(B) 事故の知らせはなく、通常の案内のみが流れていた。

(C) 事故の知らせが大きく流れていた。

(D) 停電のため、掲示板には何も表示されていなかった。

97. この人が電光掲示板を気にしたのはなぜですか。

(A) 隣りに耳の不自由な人がいて心配になったので

(B) もっと詳しく事故の内容について知りたかったので

(C) 放送を聞き逃して次の降りる駅が分からなかったので

(D) 以前、聾者の人から聞いた話を思い出したので

次は質問98番から質問100番までです。

98. 今年の冬のボーナスカットの対象はどんな人たちですか。

(A) 契約社員 (B) 一般職員

(C) 管理職 (D) 正社員

99. ダイエーの経営再建の一つとして正しくないものはどれですか。

(A) 平社員1268人の退職者を募る。

(B) 来年2月末までに正社員を7000人にする。

(C) 平社員のボーナスカットも検討中である。

(D) 係長クラス以上の人たち188人の退職者を募る。

100. 本文の内容に合っているものはどれですか。

(A) ダイエーの経営再建は前途多難になりそうな気配が漂っている。

(B) ダイエーは人事制度について来年の2月までに見直す構えでいる。

(C) ダイエーは経営目標を達成するためにえらい人たちのボーナスを削減することにした。

(D) ダイエーは来年に向けて早くも希望退職者が殺到し、その対応に追われている。

1. JPT에 대하여

1) JPT 문제 구성

(1) JPT 문제 유형

아래 8가지 유형을 [청해], [독해] 각각 50%의 비율로 진행한다.

청해(50분)	독해(45분)
PART1. 사진 묘사(20문항)	PART5. 정답찾기(20문항)
PART2. 질의 응답(30문항)	PART6. 오문정정(20문항)
PART3. 회화문(30문항)	PART7. 공란메우기(30문항)
PART4. 설명문(20문항)	PART8. 독해(30문항)
495점(100문항)	495점(100문항)

(2) JPT 난이도 구성 비율

앞서 본 바와 같이 JPT 시험은 8가지 유형의 문제가 출제되며, 그 200문항 속에는 초급, 중급, 고급 레벨의 문제가 일정 비율에 따라 출제된다. 문제 은행 식으로 매회 문제 문항과 예문은 달리하면서도 묻는 어구와 문법은 일정한 범주 내에서 반복 출제되는 경향이 있다. 즉 JPT는 한마디로 유형에 따른 다양한 문제를 접하는 것이 고득점의 비결이고 이는 지금까지 출제되었던 문제를 분석하는 작업에서 시작한다. 무조건 열심히 하는 것은 분명 칭찬할 만하나 그 보다는 좀 더 정직한 경험자의 충고에 귀를 기울이는 것이 시간과 정력을 덜 소진하는 것이 될 것이다.

레벨	450점	600점	800점	900점
JLPT급수	4급	3급	2급	1급
JPT정기시험	입문	초급	중급	고급
구성 비율	23%	30%	28%	19%

2) JPT 평가 기준

⬆ A [880점 이상]

어떠한 상황 하에서도 적절한 대응이 가능할 만큼 뛰어난 커뮤니케이션 능력을 갖고 있다.
어휘 및 표현이 풍부하고 복잡 미묘한 내용에 대해서도 유창하게 의사소통을 할 수 있다.

⬆ B [740점 이상]

일상적인 여러 상황 하에서 충분히 대응할 수 있는 커뮤니케이션 능력을 갖고 있다.
일반적인 화제라면 문제없이 원활하게 이해하고 응답할 수 있다. 아직은 문법적인 실수나
부자연스러운 표현이 있지만 의사소통에 크게 지장을 초래할 정도는 아니다. 복잡한 상황
이 아니라면 일본어에 의한 비즈니스도 가능하다.

⬆ C [460점 이상]

일상적인 회화 정도의 제한된 범위 내에서의 커뮤니케이션이 가능하다.
복잡한 대화를 하기에는 곤란하지만 일상적인 화제라면 자신의 생각 등을 꽤 상세하게 전
달할 수 있다. 어휘나 표현이 아직 불충분하고 더듬거리는 경우가 있기는 하지만 기본적인
의사소통 정도라면 일본어에 의한 비즈니스도 가능하다.

⬆ D [220점 이상]

일상생활에 있어 최소한의 커뮤니케이션만이 가능하다.
기초적인 문법 지식이 있기는 하나 그것을 활용해 커뮤니케이션을 하기에는 아직 무리가
따른다. 상대가 사용 어휘에 유의하며 천천히 이야기한다면 이해가 가능하며 단문을 연결
해 간단한 회화를 할 수는 있다. 일본어로 비즈니스를 하기에는 다소 무리가 따른다.

⬆ E [220점 미만]

커뮤니케이션은 도저히 불가능한 수준이다.

상대가 쉬운 내용을 천천히 이야기해도 부분적으로 밖에 이해가 되지 않는다. 간단한 인사나 자기소개 정도만 가능할 뿐 실질적인 의사소통은 어렵다.

3) JPT점수와 일본어능력시험(JLPT) 급수별 합격과의 비교

 자신의 JPT 점수와 일본어능력시험 합격 급수와의 상관관계를 궁금해 하는 수험생들이 많다. 엄밀하게 이야기하면 일본어능력시험의 급수는 일정 점수를 득점하면 합격 판정을 하기 때문에 실제 1급 합격이라 하더라도 몇 점에 합격했느냐에 따라 그에 상응하는 JPT점수를 가늠해 볼 수 있을 것이다. 참고적인 사항으로 매회 적용되는 절대적인 통계는 아니지만 JPT 수험자에게 일본어능력시험 급수 취득 여부를 설문 조사한 결과 각 급수에 따른 JPT성적별 인원 분포는 대략 다음과 같았다.

일본어능력시험 1급은 JPT 705~800점에서 가장 높은 인원 분포를 보이고 있고, 2급은 JPT 505~600점, 3급은 JPT 405~500점에서 가장 높은 인원 분포를 보였다. 이를 바탕으로 평균적인 일본어능력시험 급수에 대응하는 적절한 JPT 점수는 아래와 같다. 즉 아래의 내용은 JPT 정기시험에서 아래 점수 이상을 득점한 수험생이라면 일본어능력시험의 해당 급수의 합격을 예상해도 무난할 정도의 학습량과 일본어능력을 나타낸다고 판정해도 좋을 것이다.

A 715점 ⬆   1급

B 540점 ⬆   2급

C 415점 ⬆   3급

1) 일러두기

(1) 이 책의 효과적인 정복을 위하여

이 책은 시험에 앞서 중요도에 따른 청해 관련 어구 및 자주 사용되는 문형 및 핵심 어휘를 체크하여 실전 문제에 대한 적응력을 높이게 하려는 데 있다.

이 책을 집필함에 있어 세부적인 사항으로 가장 역점을 둔 부분은 다음과 같다.

① JPT 청해 문제 풀이 과정에서 가장 많이 틀릴 수 있는 부분을 점검하고 보충하게 한다.

② JPT 청해 연습을 통해 가장 어려워하고 답답해하는 부분을 해독할 수 있는 기초 능력을 갖추게 한다.

(2) 문제 선별에 대한 기준

(1) 450점, 600점, 800점대에 빈출되는 청해 문형 및 어휘를 문제로 제시하고 해결 포인트를 제공하였다.

(2) 지루한 나열식 설명을 피하고 구체적인 문제의 예와 변형된 사례를 제시하였다.

조사를 예를 들면 출발점(격조사)이나 원인, 이유(접속 조사)를 나타내는 「から」를 설명할 때에도 기본적인 개념 설명 외에 시험에 자주 나온 내용을 뽑아 「~からある」「~からには」「~からといって」「~てからというもの」 등을 부각시켰다.

(3) 청해 역시 초급부터 고급까지 난이도별, 품사별, 어휘별 확장을 통해 수험자가 레벨이 점점 올라가는 효과를 느낄 수 있도록 하였고 2달 후 수험생의 자가 진단을 통해 어휘력이 확장되었음을 확인하게 하였다.

① 현재 자신의 점수에서 단시간 내에 점수를 올리고자 한다면 가장 점수를 확실하게 올려 줄 수 있는 〈알고 넘어가기〉를 공략하길 권한다. 특히 PART1, 2에 대한 철저한 학습을 하기 바란다. 관련 문법 및 어휘는 물론이고 전반적으로 기본기가 약해 늘 시험 결과가 600점 미만에서 맴도는 경향이 있다면 이 부분을 집중 공략하기 바란다.

② 예문은 가급적 실제 JPT에 근접한 어휘와 표현법을 제시하였고 중요 항목은 빠짐없이 문법적 해설을 하였다. 특히 문제에는 해석 및 파트별 문제 풀이의 핵심 요령을 알려주어 수험생 스스로가 문제를 보는 안목을 기르도록 하였다.

③ 〈실전연습〉과 〈실전 모의고사〉를 통해 PART별 실전 문제를 풀어 보고 수험생의 부족한 점과 이미 학습한 내용에 대한 적응력 및 문제 풀이 순발력을 기르도록 하였다. 수험생은 적어도 이 책을 3번 통독하기 바란다. 현재 여러분의 점수에서 100점 향상을 약속한다.

2) JPT 고득점 실전 전략 키워드 5

(1) 시험 대비의 기본자세

나는 대학에서 일본어를 전공하였다. 학과 신입생 오리엔테이션 시간에 나의 대학 생활을 방향 짓는 한 사건이 있었다. 그것은 일본에서 막 돌아 온 문부성 국비 유학생 출신 선배의 경험담을 들은 것이었다. 나는 선배의 자랑스러운 체험담을 들으며 가슴이 뛰었다. 나는 문부성 국비 유학 시험 합격을 나의 유일한 목표로 삼았다. 그리고 5년 후 나는 국비 유학생이 되었다. 시험의 고득점을 원한다면 고생해 가며 시험 대비를 할 만한 분명한 동기가 있어야 할 것이고 나름의 득점 목표를 설정해야 할 것이다. 혹시 미래를 대비하기 위해 우선 점수를 따 놓고자 하는 사람일지라도 의식적으로라도 도달 점수에 대한 목표를 설정하는 것이 시험 대비를 지속할 수 있는 비결이다. 나는 학원에서 강의를 하며 목표 의식이 분명한 학생과 반대의 경우에, 학습에 대한 열의와 노력의 강도가 엄청나게 차이가 있음을 분명히 보았다. 전자는 끝까지 남아 공부하다 한 달 후에 웃으며 인사하고 갔고, 후자의 경우는 정확히 10일 후에 바람과 함께 사라졌다. 구체적 목표를 설정하기 바란다. 그리고 공부할 때 주변을 단순하게 만들어라. 즉 몰두할 수 있는 분위기를 만들어라. 당장 지금 볼 책을 제외한 다른 책들은 책상 위에서 치워 버려라. 그리고 구체적인 학습 계획과 나름의 진도 체크를 할 수 있는 계획표를 만들어라. 시험 전날에는 불필요한 마찰을 피하고 자신의 마음을 가다듬고 적절한 휴식을 취하며 좋은 기분을 유지하도록 한다. 즉 중요한 일을 앞 둔 사람이 취할 상식적인 행동을 하며 자신을 관리하기 바란다.

(2) 공신력 있는 기본서 확보

우리가 명품, 원조를 찾는 이유는 그것들에는 다른 모조품이 절대 따라올 수 없는 고유의 가치와 권위가 있기 때문이다. 여러분은 김치의 원조가 일본이라고 한다면 동의할 수 있겠는가? 결코 그렇지 않다고 할 것이다. 그러나 JPT 관련 참고서를 고르는 학생들의 자세는 정보의 부족 탓인지 아니면 JPT라는 제목의 책이면 무조건 다 똑같다는 생각인지 이러한 원조 개념, 즉 공신력과 실제 문제에 근접한 차별화된 참고서를 고르는데 인색하다. 「기무치」를 먹고 그것이 김치 맛으로 안다면 얼마나 사실과 동떨어진 착각인가? 일본어 시험 역시 종류도 많다. 저마다 자신들이 주관하는 시험의 우월성을 말하고 있다. 그러나 시험의 공신력이란 얼마나 많은 단체나 회사가 그곳에서 실시한 시험 점수를 채택하는가에 달려 있다. 남이 인정하고 받아 줄 때 공신력이 생기는 것이지 무늬만 JPT와 비슷하다고 해서 다 통용되는 것이라고 생각해서는 안 될 것이다. 나는 여러 정황을 볼 때 현재로서 공신력 있는 시험은 TOEIC위원회에서 시행하는 JPT와 매년 12월에 보는 JLPT 외에는 없다고 생각한다. 이 시험들은 영어에 비유하자면 〈토익〉〈토플〉같은 격으로 보면 된다. 그 중에서도 JPT에 대한 공신력 있는 시험으로서의 채택과 응시자의 수는 매년 꾸준히 늘고 있다.

(3) 수업을 병행하는 자세와 효율적인 복습

JPT 고득점은 문제 풀이의 양에서 결정되는 것이 아니라 문제 풀이의 방법, 다루는 문제의 질, 공부하는 자세에서 판가름 난다고 본다. 그런 의미에서 학원이나 학교에서 하는 것처럼 짜깁기 문제 2회 내지 3회분 한 달 완성 가지고는 별로 효과가 없다. 또한 뻔한 레벨을 정해 놓고 그에 해당하는 레벨의 문제만 풀고 만다는 것은 실제 JPT 출제 경향을 몰라도 한참 모르는 것이다. 우선 실제 기출문제를 풀어 보고 자기가 특히 부족한 부분을 간파하는 것이 중요하다. 수험생마다 특별히 약한 부분이 있기 마련이다. 본인이 먼저 자신의 약한 부분을 알아야 대부분 종합적으로 진행되는 수업에서 자신의 약한 부분에 더욱 집중할 수 있는 것이다. 수업을 통해 더 많은 것을 알아내고 주문할 수 있어야 한다. 그래서 나 자신도 틀린 문제 위주의 해설을 하는 것이다. 시험 준비에 가장 안정적인 시작은 6개월 전부터 목표 점수를 설정하고 시작하는 것이 좋다. 정말 딱한 것은 1, 2달 앞두고 시험 준비를 시작하면서 도달하기 어려운 점수를 목표로 하는 학생들을 볼 때이다. 또 장기 목표를 세웠다 하더라도 효과적인 시험공부에는 고비가 여러 번 있다. 바로 실력이 쑥쑥 늘지 않을 때 좌절감을 느끼는 것이 그것이다. 그러나 분명히 알아야 한다. 개인차를 인정한다 하더라도 실력은 100점 대 이상의 점수 향상은 학습 시간이나 문제 풀이 양에 무조건 비례하는 것이 아니다. 특히 어학은 일정 기간 동안의 잠복기를 거쳐 계단식으로 일정 레벨이 도약하는 것이므로 2개월 단위의 모의고사 결과가 뚜렷한 효과가 없다 하더라도 6개월 정도의 한 바퀴를 돌 때까지는 지속적인, 정형화된 학습이 필요하다. 특히 학원 및 학교 수업을 병행하는 경우에는 복습에 많은 비중을 두고, 자신만의 〈오답 노트〉〈단어장〉을 꼭 만들도록 권하고 싶다.

(4) 기출문제 분석과 모의고사 활용

 고득점에 지름길은 없으나 효과적인 바른 길은 있다. 그 효과적인 공략 방법이 기출문제를 풀어 보고 자신의 약점을 빨리 보완하는 길이다. 여타 시험과는 달리 JPT는 문제를 공개하지 않는다. 오히려 문제 유출에 대해 무척 엄격한 제재를 가하는 편이다. 그러나 방법은 있다. 정상적인 루트를 통해 공개된 기출 문제집과 주관사의 문제집을 통해 대략적인 윤곽을 잡을 수 있다. 나는 수업 중에도 새로운 문제를 풀 때는 실전 시험과 동일한 환경 하에서 먼저 학생들에게 문제를 풀게 하고 오답 정리를 하는 강의를 일관되게 해 오고 있다. 왜 그런가? 시험 대비에 관한 한 나의 지론은 먼저 자신의 현재 실력에 대한 객관적 확인이 있은 후에야 비로소 약점에 대한 효과적인 보완 및 학습 방법이 나올 수 있기 때문이다. 출제자는 학습자가 어떤 부분을 더욱 공을 들여 공부해야 하는지를 기출문제를 통해 말해 주고 있다. 이것을 무시하고 열심히 엉뚱한 곳, 뻔히 아는 내용을 열심히 한다고 한들 무슨 효과가 있겠느냐는 말이다. 그야말로 지피지기(知彼知己)이면 백전불태(百戰不殆)인 것이다. 또한 모의고사는 실제 시험과 동일한 환경에서 실시하는 실전력을 기르는 기회이므로 적극 응시하여 실전 경험을 쌓으라는 것이다. 수험자는 대부분 자신의 실력을 미리 측정해 보는 것에 근본적으로 거리낌이 있다. 그러나 그 결과에 연연할 필요가 없다. 오히려 시험 대비에 긴장감을 주는 좋은 기회로 모의고사를 활용할 필요가 있다고 본다.

(5) 기본서의 반복 학습과 사전의 중요성

 일단 여러분이 가지고 있는 JPT관련 참고서 수가 몇 권인가 세어 보라! 그 중에서 처음부터 끝까지 본 책이 몇 권 있는가? 참고서는 분야별 2종을 넘기지 않도록 한다. 끝까지 안 본 책이 2권 이상이면 일단 제대로 방향을 잡고 공부하는 상태가 아니라고 봐도 무방하다. 아니면 기본서 선택을 애초부터 잘못한 결과라고 본다. 폭넓게 검증된 기본서를 확보하지 못한 채, 이 책 저 책 보다 보면 실패하기 마련이다. 가만히 살펴보면 자기가 결국 정복하지 못한 과목의 참고서가 제일 많은 것을 알게 된다. 그러나 내가 마스터한 것은 의외로 참고서 수가 적은 경험을 해 봤을 것이다. 책을 처음부터 끝까지 보는 것이 중요하다. 통독을 권한다. 매번 〈제1장 명사 편〉만 보고 덮어 버린 경우가 얼마나 많은가. 통독을 하면서 세밀하게 들어갈 부분은 나중에 다시 확인하는 작업이 필요하다. 사전도 마찬가지다. 전자 사전 말고 여러분의 손 때 묻은 딱 한 권의 사전이 있는가 말이다. 나는 학생 시절에 사전을 2권 정도 삶아 먹었다. 삶아 먹었다는 의미는 그야말로 눈감고 찾아도 내가 찾고자 하는 단어를 펼 수가 있었다는 말이다. 이런 방법이 무식해 보이는가? 아니다. 전자 사전이 나오고 더 편리한 것들이 나오더라도 어학 정복에는 만고불변의 과정이 있는 것이다. 자꾸 찾아서 여러분의 손에 꽉 잡히는 감이 좋은 사전 하나 없었다면 지금부터라도 그런 습관을 들이도록 노력해야 한다. 그것도 가급적 JPT의 경우에는 일일사전(日日辞典)을 뒤져 가며 어휘를 파악하도록 하자. 왜? JPT는 한마디로 문장의 오류 없이 이 표현을 다른 유사한 성격의 다른 말로 바꾸는 문제이기 때문이다. 그러자면 일본어를 일본말로 풀어놓은 사전으로 공부해야 유리하지 않을까? 아니면 당장 그럴 마음이 없다면 일한사전(日韓辞典)을 찾을 때 우리말 해석만 보지 말고 이 말이 일본어 속에서 어떻게 녹아 있는지 예문 내의 〈쓰임새, 의미〉를 꼭 알아두어야 한다.

1 알고 넘어가기

■ **JPT어구 표현 정복 요령**

요령1 일단 밑줄 친 부분을 해결하도록 한다. 전혀 감이 없다면 그 어휘 자체에 대한 기본이 없는 경우이므로 꼼꼼하게 외워두도록 한다!!

요령2 공란을 메운 다음 단계는 위에 있는 일본어를 가리고 아래 제시된 우리말만 보고 일본어로 줄줄 말할 때까지 연습해 보라. 처음에는 잘 안 나와도 반복하는 사이 여러분의 입에서 세련된 정형화된 일본어 모범 문장이 튀어 나올 것이다.

핵심정리1 사람이 단독 혹은 복수로 등장하는 동작

단어 연습 1

아래 _______ 곳에 해당하는 단어를 넣어 문장을 완성하시오.

1. __________のいすに座^{すわ}っています。
   뒤쪽 의자에 앉아 있습니다.

2. __________を上^あげています。
   두 손을 들고 있습니다.

3. __________を渡^{わた}って行^いきます。
   다리를 건너갑니다.

4. __________に木^きを植^うえています。
   정원에 나무를 심고 있습니다.

5. 男^{おとこ}の子^こが鳩^{はと}に__________をやっています。
   남자아이가 비둘기에게 먹이를 주고 있습니다.

6. 母^{はは}が__________に子^こを負^おっています。
   엄마가 등에 아이를 업고 있습니다.

7. __________を押^おしています。
   유모차를 밀고 있습니다.

8. エレベーターの__________を押^おそうとしています。
   엘리베이터의 버튼을 누르려고 하고 있습니다.

9. __________をさしています。

우산을 쓰고 있습니다.

10. __________を撮^とっています。

사진을 찍고 있습니다.

11. __________を担^{かつ}いでいます。

짐을 짊어지고 있습니다.

12. __________を切^きっているところです。

머리를 자르고 있는 중입니다.

13. __________を下^おろしています。

걸터앉아 있습니다.

14. __________をしています。

구보를 하고 있습니다.

15. __________をしています。

물구나무서기를 하고 있습니다.

16. __________に乗^のせています。

목말을 태우고 있습니다.

17. __________をしています。

공 던지기를 하고 있습니다.

18. __________を降^おりています。

육교를 내려오고 있습니다.

19. __________を掛^かけています。

걸터앉아 있습니다.

20. __________をかいています。

책상다리하고 앉아 있습니다.

✱ 완벽하게 외우고 넘어갈 수 없습니다. 대충이라도 좋으니까 처음부터 끝까지 계속해서 한 번 읽고, 또 읽고 를 반복하는 동안 완성 속도가 빨라지고 어휘는 여러분의 것이 될 것입니다.

Answer

1. 後ろ	2. 両手	3. 橋	4. 庭	5. 餌
6. 背	7. ベビーカー	8. ボタン	9. 傘	10. 写真
11. 荷物	12. 髪	13. 腰	14. 駆け足	15. 逆立ち
16. 肩車	17. ボール投げ	18. 歩道橋	19. 腰	20. 胡坐

아래 _______ 곳에 해당하는 단어를 넣어 문장을 완성하시오.

1. パソコンで＿＿＿＿＿をしています。
    컴퓨터로 일을 하고 있습니다.

2. 電卓で＿＿＿＿＿をしています。
    전자계산기로 계산을 하고 있습니다.

3. ＿＿＿＿＿をしています。
    하품을 하고 있습니다.

4. ＿＿＿＿＿を組んでいます。
    팔짱을 끼고 있습니다.

5. ＿＿＿＿＿をして前を見ています。
    팔짱을 끼고 앞을 보고 있습니다.

6. 上着は＿＿＿＿＿が大きいです。
    상의는 옷깃이 큽니다.

7. ＿＿＿＿＿の女の人はブローチをつけています。
    안쪽에 있는 여자는 브로치를 달고 있습니다.

8. ＿＿＿＿＿の方を向いています。
    제각기 다른 방향을 보고 있습니다.

9. ＿＿＿＿＿に人が並んでいます。
    개찰구에 사람들이 늘어서 있습니다.

10. 話しながら＿＿＿＿＿をおりています。
    이야기를 하면서 계단을 내려오고 있습니다.

11. 男の人が＿＿＿＿＿を買おうとしています。
    남자가 식권을 사려고 하고 있습니다.

12. _________をあげています。

한쪽 손을 들고 있습니다.

13. _________は人<ruby>ひと</ruby>がまばらです。

매표소는 사람이 드문드문 있습니다.

14. _________をしています。

손님을 기다리고 있습니다.

15. 子供<ruby>こども</ruby>たちが_________をやっています。

아이들이 금붕어 건지기를 하고 있습니다.

16. _________になっています。

엎드려 있습니다.

17. _________をはかっています。

혈압을 재고 있습니다.

18. 警官<ruby>けいかん</ruby>が_________をしています。

경관이 교통정리를 하고 있습니다.

19. _________歩<ruby>ある</ruby>いています。

경쾌하게 걷고 있습니다.

20. みんな_________で写真<ruby>しゃしん</ruby>に写<ruby>うつ</ruby>っています。

모두 얇은 옷을 입고 사진에 찍혀 있습니다.

A n s w e r

1. 仕事	2. 計算	3. 欠伸	4. 腕	5. 腕組み
6. 襟	7. 奥	8. 思い思い	9. 改札口	10. 階段
11. 食券	12. 片手	13. 切符売り場	14. 客待ち	15. 金魚すくい
16. うつ伏せ	17. 血圧	18. 交通整理	19. さっそうと	20. 薄着

아래 _______ 곳에 해당하는 단어를 넣어 문장을 완성하시오.

1. 女性が_________で男性が客です。
   여성이 점원이고 남성이 손님입니다.

2. _________の人に話しかけています。
   옆 사람에게 말을 걸고 있습니다.

3. 日除けの_________をかぶっています。
   차양 모자를 쓰고 있습니다.

4. _________を丸めて座っています。
   등을 구부리고 앉아 있습니다.

5. _________をしています。
   발돋움을 하고 있습니다.

6. _________を着ている男の人がいます。
   양복을 입고 있는 남자가 있습니다.

7. まっすぐ_________を見ています。
   똑바로 앞쪽을 보고 있습니다.

8. 自分でコンピューターを_________しています。
   혼자서 컴퓨터를 조작하고 있습니다.

9. 男の人が_________をしています。
   남자가 청소를 하고 있습니다.

10. _________の服を着ています。
    똑같은 옷을 입고 있습니다.

11. _________を掃除しています。
    차를 청소하고 있습니다.

12. __________した足<ruby>を<rt>あし</rt></ruby>しています。

다리가 날씬합니다.

13. 商<ruby>品<rt>しょうひん</rt></ruby>の__________をしています。

상품 정리를 하고 있습니다.

14. __________一<ruby>列<rt>いちれつ</rt></ruby>に<ruby>並<rt>なら</rt></ruby>んでいます。

세로 일렬로 늘어서 있습니다.

15. <ruby>橋<rt>はし</rt></ruby>の__________に<ruby>立<rt>た</rt></ruby>っています。

다리 옆에 서 있습니다.

16. __________を<ruby>打<rt>う</rt></ruby>っています。

주사를 놓고 있습니다.

17. __________のいすに<ruby>男<rt>おとこ</rt></ruby>の<ruby>人<rt>ひと</rt></ruby>が<ruby>座<rt>すわ</rt></ruby>っています。

맨 앞 의자에 남자가 앉아 있습니다.

18. __________にスプーンを<ruby>口<rt>くち</rt></ruby>に<ruby>運<rt>はこ</rt></ruby>んでいます。

우아하게 스푼을 입으로 가져가고 있습니다.

19. __________な<ruby>顔<rt>かお</rt></ruby>をしています。

진지한 표정을 하고 있습니다.

20. __________を<ruby>伸<rt>の</rt></ruby>ばして<ruby>立<rt>た</rt></ruby>っています。

등을 쭉 펴고 서 있습니다.

A n s w e r

1. 店員	2. 隣り	3. 帽子	4. 背中	5. 背伸び
6. スーツ	7. 前方	8. 操作	9. 掃除	10. お揃い
11. 車	12. すらっと	13. 整理	14. 縦	15. たもと
16. 注射	17. 手前	18. 上品	19. 真剣	20. 背筋

아래 _______ 곳에 해당하는 단어를 넣어 문장을 완성하시오.

1. __________にほうき、右手にちり取りを持っています。
   왼손에 빗자루, 오른손에 쓰레받기를 들고 있습니다.

2. __________に袋を提げています。
   오른손에 주머니를 들고 있습니다.

3. 半袖__________を着ています。
   반 팔 원피스를 입고 있습니다.

4. __________しています。
   잠깐 쉬고 있습니다.

5. みんな雨で__________です。
   모두 비에 흠뻑 젖었습니다.

6. 別々の__________を向いています。
   다른 방향을 보고 있습니다.

7. __________を下げています。
   앞머리를 내리고 있습니다.

8. __________後ろに立っています。
   비스듬히 뒤에 서 있습니다.

9. __________を計っています。
   열을 재고 있습니다.

10. エスカレーターを__________しています。
   에스컬레이터를 타고 내리고 있습니다.

11. 鉄橋の__________に立っています。
   철교 끝에 서 있습니다.

12. __________を買う順番を待っています。

식권을 사는 순서를 기다리고 있습니다.

13. 地図で__________を確かめています。

지도에서 장소를 확인하고 있습니다.

14. __________でインタビューを受けています。

길가에서 인터뷰를 받고 있습니다.

15. 人家が__________です。

인가가 드문드문 있습니다.

16. __________に人はまばらです。

매표소에 사람이 드문드문합니다.

17. __________の人だけ半袖を着ています。

한 가운데 사람만 반 팔을 입고 있습니다.

18. __________でボートに乗っています。

호수에서 보트를 타고 있습니다.

19. __________の傘をさしています。

물방울무늬의 우산을 쓰고 있습니다.

20. 男の人は__________をついています。

남자는 턱을 괴고 있습니다.

Answer

1. 左手	2. 右手	3. ワンピース	4. 一休み	5. びしょ濡れ
6. 方向	7. 前髪	8. 斜め	9. 熱	10. 乗り降り
11. 端	12. 食券	13. 場所	14. 街角	15. まばら
16. 切符売り場	17. 真ん中	18. 湖	19. 水玉模様	20. 頬杖

아래 _______ 곳에 해당하는 단어를 넣어 문장을 완성하시오.

1. 車の__________に立って笑いかけています。
   차 옆에 서서 웃고 있습니다.

2. __________に立っています。
   양끝에 서 있습니다.

3. __________の人が列を作っています。
   많은 사람이 줄지어 있습니다.

4. 荷物を__________に置いて本を読んでいます。
   짐을 옆에 놓고 책을 읽고 있습니다.

5. __________で何かを伝えようとしています。
   몸짓 손짓으로 무언가를 전하려 하고 있습니다.

6. 女の人は長い__________をしています。
   여자는 긴 머리 모양을 하고 있습니다.

7. 上下__________の服を着ています。
   위아래 무늬가 없는 옷을 입고 있습니다.

8. __________話し合っています。
   마주보고 이야기하고 있습니다.

Answer

1. 横	2. 両端	3. 大勢	4. 脇	5. 身ぶり手ぶり
6. 髪	7. 無地	8. 面と向かって		

● 사진 판독에서의 방향 판단: 사진 속 인물에 대한 방향 판단 기준은 수험자 위주가 아닌 동작이나 자세를 취하고 있는 인물의 입장에서 왼쪽, 오른쪽을 판단하여 답을 골라야 한다.

●● 다수의 인물이 등장하는 경우: 불특정 다수의 인물에 대한 구체적인 행위를 물어보지 않는다. 그 보다는 전반적인 모습이나 상태, 분위기를 나타내는 문항이 정답이 될 경우가 많다.

단어 연습 1

아래 ＿＿＿＿ 곳에 해당하는 단어를 넣어 문장을 완성하시오.

1. コートを＿＿＿＿＿います。
   코트를 입고 있습니다.

2. 地図を＿＿＿＿＿います。
   지도를 손가락으로 가리키고 있습니다.

3. みんなで＿＿＿＿＿います。
   모두 춤추고 있습니다.

4. 帽子を＿＿＿＿＿います。
   모자를 쓰고 있습니다.

5. 赤ちゃんを＿＿＿＿＿います。
   아기를 업고 있습니다.

6. 川で＿＿＿＿＿います。
   강에서 수영하고 있습니다.

7. のこぎりで木を＿＿＿＿＿います。
   톱으로 나무를 자르고 있습니다.

8. 腰が＿＿＿＿＿います。
   허리가 굽어 있습니다.

9. 頭を＿＿＿＿＿います。
   머리를 긁적거리고 있습니다.

10. 精^{せい}いっぱい＿＿＿＿＿います。

힘껏 달리고 있습니다.

11. 子供^{こ ども}を＿＿＿＿＿います。

아이를 업고 있습니다.

12. 植込^{うえ こ}みを＿＿＿＿＿います。

정원수를 자르고 있습니다.

13. ボールを＿＿＿＿＿としています。

공을 차려고 합니다.

14. 腰^{こし}を＿＿＿＿＿います。

몸을 앞으로 구부리고 있습니다.

15. 物を＿＿＿＿＿います。

물건을 옮기고 있습니다.

16. 男^{おとこ}の人^{ひと}が柵^{さく}を＿＿＿＿＿います。

남자가 울타리를 빠져나가고 있습니다.

17. 足^{あし}を＿＿＿＿＿います。

다리를 꼬고 있습니다.

18. かがんで水^{みず}を＿＿＿＿＿います。

구부려 물을 푸고 있습니다.

19. タバコを＿＿＿＿＿います。

담배를 물고 있습니다.

20. 両^{りょう}手^てで顔^{かお}を＿＿＿＿＿います。

양손으로 얼굴을 가리고 있습니다.

A n s w e r

1. 着て	2. 指さして	3. 踊って	4. かぶって	5. おんぶして
6. 泳いで	7. 切って	8. 屈んで	9. 掻いて	10. 駆けて
11. おぶって	12. 刈って	13. 蹴ろう	14. 屈めて	15. 運んで
16. くぐりぬけて	17. 組んで	18. 汲んで	19. くわえて	20. 覆って

아래 _______ 곳에 해당하는 단어를 넣어 문장을 완성하시오.

1. ネクタイを__________います。
   넥타이를 매고 있습니다.

2. ベンチに__________います。
   벤치에 걸터앉아 있습니다.

3. 腰掛けている人もいれば__________いる人もいます。
   앉아 있는 사람도 있고 서 있는 사람도 있습니다.

4. 何かを__________います。
   무언가를 떠받치고 있습니다.

5. 鍵を__________います。
   열쇠를 꽂고 있습니다.

6. 雑巾を__________います。
   걸레를 짜고 있습니다.

7. ベンチに__________います。
   벤치에 걸터앉아 있습니다.

8. 右の人は__________います。
   오른쪽 사람은 쭈그리고 앉아 있습니다.

9. メールを__________います。
   메일을 보내고 있습니다.

10. 畳に__________います。
    다타미에 앉아 있습니다.

11. 赤ん坊を__________います。
    갓난아기를 등에 업고 있습니다.

12. __________立<ruby>た<rt></rt></ruby>っています。

등을 돌리고 서 있습니다.

13. 子<ruby>こ<rt></rt></ruby>どもを__________います。

아이를 안아 올리고 있습니다.

14. ドアを__________います。

문을 두드리고 있습니다.

15. 太鼓<ruby>たいこ<rt></rt></ruby>を__________います。

북을 치고 있습니다.

16. 服<ruby>ふく<rt></rt></ruby>を__________います。

옷을 개키고 있습니다.

17. 布団<ruby>ふとん<rt></rt></ruby>を__________います。

이불을 개고 있습니다.

18. 何人<ruby>なんにん<rt></rt></ruby>かが__________います。

몇 명인가가 멈춰서 있습니다.

19. 自転車<ruby>じてんしゃ<rt></rt></ruby>を__________います。

자전거 페달을 밟고 있습니다.

20. 右手<ruby>みぎて<rt></rt></ruby>でつり革<ruby>かわ<rt></rt></ruby>に__________います。

오른손으로 손잡이를 붙잡고 있습니다.

Answer

1. しめて	2. 腰を下ろして	3. 立って	4. 支えて	5. 差し込んで
6. 搾って	7. 腰掛けて	8. しゃがんで	9. して	10. 座って
11. 背負って	12. 背を向けて	13. 抱き上げて	14. たたいて	15. たたいて
16. 畳んで	17. 畳んで	18. 立ち止まって	19. こいで	20. 掴まって

아래 _______ 곳에 해당하는 단어를 넣어 문장을 완성하시오.

1. 缶を一列に__________います。
   캔을 일렬로 늘어놓고 있습니다.

2. 茶を__________います。
   찻잎을 따고 있습니다.

3. ガードレールを__________います。
   가드레일을 뛰어넘고 있습니다.

4. つり革を__________としています。
   손잡이를 붙잡으려고 합니다.

5. 部屋の中を__________います。
   방안을 들여다보고 있습니다.

6. 部屋の中を__________います。
   방안을 들여다보고 있습니다.

7. 右手を__________います。
   오른손을 뻗고 있습니다.

8. 視力を__________います。
   시력을 재고 있습니다.

9. ほうきで落ち葉を__________います。
   비로 낙엽을 쓸고 있습니다.

10. 荷物を__________います。
    짐을 옮기고 있습니다.

11. 何かを__________います。
    무언가를 끌고 있습니다.

12. 足を＿＿＿＿＿＿います。
다리를 벌리고 있습니다.

13. 洗濯物を＿＿＿＿＿＿ところです。
세탁물을 말리는 중입니다.

14. 布団を＿＿＿＿＿＿ところです。
이불을 말리는 중입니다.

15. 水を＿＿＿＿＿＿います。
물을 뿌리고 있습니다.

16. 腰を＿＿＿＿＿＿います。
허리를 굽히고 있습니다.

17. 二人は同じ物を＿＿＿＿＿＿います。
두 사람은 같은 물건을 올려다보고 있습니다.

18. 二人は同じ物を＿＿＿＿＿＿います。
두 사람은 같은 물건을 내려다보고 있습니다.

19. ＿＿＿＿＿＿座っています。
마주보고 앉아 있습니다.

20. こちらに＿＿＿＿＿＿歩いてきます。
이쪽을 향해 걸어옵니다.

Answer

1. 並べて	2. 摘んで	3. 飛び越えて	4. 掴もう	5. 覗いて
6. 覗き込んで	7. 伸ばして	8. 測って	9. 掃いて	10. 運んで
11. 引いて	12. 広げて	13. 干している	14. 干している	15. 撒いて
16. 曲げて	17. 見上げて	18. 見下ろして	19. 向かい合って	20. 向かって

아래 _______ 곳에 해당하는 단어를 넣어 문장을 완성하시오.

1. 左の子は右手を__________います。
   왼쪽 아이는 오른손을 올리고 있습니다.

2. 横断歩道を__________います。
   횡단보도를 건너고 있습니다.

3. 鳩に餌を__________います。
   비둘기에게 먹이를 주고 있습니다.

4. この人は気持ちよさそうに__________います。
   이 사람은 기분 좋은 듯이 노래하고 있습니다.

5. 下を__________います。
   아래를 보고 있습니다.

6. 魚を__________います。
   생선을 팔고 있습니다.

7. お金を__________います。
   돈을 지불하고 있습니다.

8. 背を__________います。
   등을 돌리고 있습니다.

9. アクセサリーを__________います。
   액세서리를 고르고 있습니다.

10. ゆっくりと階段を__________います。
    천천히 계단을 내려가고 있습니다.

11. バスに向かって__________行きます。
    버스를 향해 걸어갑니다.

12. ポケットに手を＿＿＿＿＿います。

주머니에 손을 집어넣고 있습니다.

13. 左手で箱を＿＿＿＿＿います。

왼손으로 상자를 들어 올리고 있습니다.

14. ＿＿＿＿＿います。

머리를 숙이고 있습니다.

15. 道の両側は人で＿＿＿＿＿います。

길 양쪽은 사람으로 가득합니다.

16. 橋の上を＿＿＿＿＿います。

다리 위를 올려다보고 있습니다.

17. 左手を口に＿＿＿＿＿います。

왼손을 입에 대고 있습니다.

18. 群衆が道に＿＿＿＿＿います。

군중이 길에 넘칠 만큼 많습니다.

19. 駅のホームには人が＿＿＿＿＿です。

역 홈에는 사람이 드문드문 있습니다.

20. 人で＿＿＿＿＿います。

사람들로 매우 넘쳐 나고 있습니다.

A n s w e r

1. 上げて	2. 渡って	3. やって	4. 歌って	5. 向いて
6. 売って	7. 払って	8. 向けて	9. 選んで	10. 下りて
11. 歩いて	12. 入れて	13. 持ち上げて	14. うつ向いて	15. 埋まって
16. 仰いで	17. 当てて	18. 溢れて	19. まばら	20. 溢れかえって

아래 _______ 곳에 해당하는 단어를 넣어 문장을 완성하시오.

1. お金を__________います。
   돈을 찾고 있습니다.

2. 自動販売機で切符を__________います。
   자동판매기에서 표를 사고 있습니다.

3. はさみで__________います。
   가위로 자르고 있습니다.

4. 和服を__________おばあさんが立っています。
   기모노를 입은 할머니가 서 있습니다.

5. 絵を__________います。
   그림을 그리고 있습니다.

6. 肩にかばんを__________います。
   어깨에 가방을 메고 있습니다.

7. 正装して__________います。
   성장을 하고 공손하게 있습니다.

8. 店舗を__________います。
   점포를 차리고 있습니다.

9. レンタルビデオを__________ことができます。
   대여 비디오를 빌릴 수 있습니다.

10. 小脇に本を__________います。
    겨드랑이에 책을 끼고 있습니다.

11. 腰が__________います。
    허리가 굽어 있습니다.

12. 普段着（ふだんぎ）で＿＿＿＿＿＿います。

평상복을 입고 편안히 쉬고 있습니다.

13. チラシを＿＿＿＿＿＿います。

전단지를 나눠주고 있습니다.

14. 口（くち）にタバコを＿＿＿＿＿＿います。

입에 담배를 물고 있습니다.

15. 何（なに）かを＿＿＿＿＿＿います。

무언가를 외치고 있습니다.

16. 肩（かた）からかばんを＿＿＿＿＿＿います。

어깨에 가방을 메고 있습니다.

17. かわいいリュックを＿＿＿＿＿＿います。

귀여운 가방을 등에 메고 있습니다.

18. 部屋の隅（すみ）に＿＿＿＿＿＿います。

방구석에 주저앉아 있습니다.

19. 手（て）を＿＿＿＿＿＿います。

손을 가지런히 하고 있습니다.

20. 足（あし）を＿＿＿＿＿＿います。

다리를 가지런히 모으고 있습니다.

Answer

1. 下ろして	2. 買って	3. 切って	4. 着た	5. 描いて
6. かけて	7. 畏まって	8. 構えて	9. 借りる	10. 抱えて
11. 屈んで	12. 寛いで	13. 配って	14. くわえて	15. 叫んで
16. 提げて	17. しょって	18. 座り込んで	19. 揃えて	20. 揃えて

아래 _______ 곳에 해당하는 단어를 넣어 문장을 완성하시오.

1. 背が__________です。
   키가 큽니다.

2. __________本を読んでいます。
   드러누워 책을 읽고 있습니다.

3. 台の上に__________います。
   받침대 위에 늘어놓고 있습니다.

4. ボールを__________います。
   볼을 던지고 있습니다.

5. __________そうに乾杯しています。
   즐거운 듯이 건배를 하고 있습니다.

6. タバコを__________います。
   담배를 피우고 있습니다.

7. 右手で手すりに__________います。
   오른손으로 난간을 잡고 있습니다.

8. 手を__________います。
   손을 짚고 있습니다.

9. 杖を__________います。
   지팡이를 짚고 있습니다.

10. 頬杖を__________います。
    손으로 턱을 괴고 있습니다.

11. お酒を__________います。
    술을 따르고 있습니다.

12. 右の人がお酒を＿＿＿＿＿もらっています。

오른쪽 사람이 술을 따라 받고 있습니다.

13. 手を＿＿＿＿＿います。

손을 잡고 있습니다.

14. 車の横を＿＿＿＿＿います。

차 옆을 지나가고 있습니다.

15. 大勢の人に＿＿＿＿＿います。

많은 사람들에 둘러싸여 있습니다.

16. 景色を＿＿＿＿＿います。

경치를 바라보고 있습니다.

17. 和服を着た人が＿＿＿＿＿います。

기모노를 입은 사람이 멈춰 서 있습니다.

18. 傘を＿＿＿＿＿います。

우산을 접고 있습니다.

19. 赤ちゃんはベビーカーで＿＿＿＿＿います。

아기는 유모차에서 자고 있습니다.

20. 川のほとりに＿＿＿＿＿います。

강변에 잠시 멈춰 서 있습니다.

Answer

1. 高い	2. 寝て	3. 並べて	4. 投げて	5. 楽し
6. 吸って	7. つかまって	8. 突いて	9. 突いて	10. 突いて
11. 注いで	12. 注いで	13. 繋いで	14. 通りすぎて	15. 取り囲まれて
16. 眺めて	17. 立ち止まって	18. 畳んで	19. 眠って	20. 佇んで

아래 _______ 곳에 해당하는 단어를 넣어 문장을 완성하시오.

1. 自転車の後ろに子供を__________います。
   자전거 뒤에 아이를 태우고 있습니다.

2. 階段を__________きます。
   계단을 올라옵니다.

3. エレベーターに__________人がいます。
   엘리베이터를 타는 사람이 있습니다.

4. 身を__________います。
   몸을 앞으로 내밀고 있습니다.

5. 男の人は塀を__________います。
   남자는 담을 뛰어넘고 있습니다.

6. 寸法を__________もらっています。
   치수를 재고 있습니다.

7. 子どもたちが__________います。
   아이들이 떠들어 대고 있습니다.

8. 背が__________です。
   키가 작습니다.

9. 真ん中の人は__________います。
   한가운데 사람은 무릎 꿇고 있습니다.

10. 傘を__________います。
    우산을 펴고 있습니다.

11. 雑巾で床を__________います。
    걸레로 바닥을 닦고 있습니다.

12. 人と人が＿＿＿＿＿＿＿います。

사람과 사람이 서로 부딪치고 있습니다.

13. 両手で木の枝に＿＿＿＿＿＿＿います。

양 손으로 나뭇가지에 매달려 있습니다.

14. ビニール袋を＿＿＿＿＿＿＿います。

비닐봉지를 손에 들고 있습니다.

15. 後ろを＿＿＿＿＿＿＿います。

뒤돌아보고 있습니다.

16. 女の子は馬に＿＿＿＿＿＿＿います。

여자아이는 말에 올라타 있습니다.

17. 信号を＿＿＿＿＿＿＿います。

신호를 기다리고 있습니다.

18. ＿＿＿＿＿＿＿なっています。

빙 둘러서 있습니다.

19. 顔を＿＿＿＿＿＿＿います。

얼굴을 마주보고 있습니다.

20. 何かを＿＿＿＿＿＿＿います。

뭔가를 주시하고 있습니다.

Answer

1. 乗せて	2. 上って	3. 乗る	4. 乗り出して	5. 乗り越えて
6. 計って	7. はしゃいで	8. 低い	9. ひざまずいて	10. 広げて
11. 拭いて	12. ぶつかりあって	13. ぶら下がって	14. ぶら下げて	15. 振向いて
16. 跨って	17. 待って	18. 丸く	19. 見合わせて	20. 見入って

아래 _______ 곳에 해당하는 단어를 넣어 문장을 완성하시오.

1. 右の女の人の髪は__________です。

오른쪽 여자의 머리는 짧습니다.

2. 真ん中の子は前を__________います。

한가운데 아이는 앞을 응시하고 있습니다.

3. お金を__________いるところです。

돈을 건네주고 있는 참입니다.

4. 髪を__________います。

머리를 틀어 올리고 있습니다.

5. 町は__________人々でごった返しています。

거리는 오가는 사람들로 복작거리고 있습니다.

6. ベンチに__________います。

벤치에 누워 있습니다.

7. ベンチに__________います。

벤치에 누워 있습니다.

8. 壁に__________います。

벽에 기대고 있습니다.

9. 幼児がぬいぐるみに__________寝ています。

유아가 봉제 인형에 기대어 자고 있습니다.

10. 欄干に__________います。

난간에 기대고 있습니다.

11. 男の人が髭を__________います。

남자가 수염을 깎고 있습니다.

12. 男の子は手で耳を＿＿＿＿＿＿います。

　　사내아이는 손으로 귀를 막고 있습니다.

13. 女の人が漫画を＿＿＿＿＿＿います。

　　여자가 만화를 그리고 있습니다.

14. 二人とも回りの景色を＿＿＿＿＿＿います。

　　둘 다 주변 경치를 바라보고 있습니다.

15. 男性が右手でハンドルを＿＿＿＿＿＿います。

　　남성이 오른손으로 핸들을 쥐고 있습니다.

16. 玄関で靴を＿＿＿＿＿＿います。

　　현관에서 구두를 벗고 있습니다.

17. 真ん中の人は髭を＿＿＿＿＿＿います。

　　한가운데 있는 사람은 수염을 기르고 있습니다.

18. ＿＿＿＿＿＿顔で相手の話を聞いています。

　　진지한 얼굴로 상대방의 이야기를 듣고 있습니다.

19. 子供たちが＿＿＿＿＿＿飛び回っています。

　　아이들이 활발하게 뛰어다니고 있습니다.

20. 二人は＿＿＿＿＿＿顔つきで話し合っています。

　　두 사람은 진지한 표정으로 이야기하고 있습니다.

Answer

1. 短い	2. 見つめて	3. 渡して	4. 結い上げて	5. 行き交う
6. 横になって	7. 横たわって	8. 寄りかかって	9. 寄りかかって	10. もたれて
11. 剃って	12. 塞いで	13. 描いて	14. 眺めて	15. 握って
16. 脱いで	17. 伸ばして	18. 真面目な	19. 活発に	20. 真剣な

● **동일한 사물이 여럿인 경우**: 사물이 위치한 자리 및 배열 상태를 묻는 문제가 출제된다.

●● **위치를 묻는 문제의 경우**: 사물의 모양이나 형태를 묘사하는 어구를 많이 알아두어야 한다. 왜냐하면 어떤 형태의 사물이 어떤 자리에 놓여있는지를 설명할 수 있어야 하기 때문이다.

단어 연습　1

아래 ＿＿＿＿＿ 곳에 해당하는 단어를 넣어 문장을 완성하시오.

1. ビルの＿＿＿＿＿に大きな木が繁っています。
   빌딩 사이에 커다란 나무가 무성하게 자라고 있습니다.

2. ＿＿＿＿＿のそばに公園があります。
   연못 근처에 공원이 있습니다.

3. 木は横に＿＿＿＿＿を伸ばしています。
   나무는 옆으로 가지를 뻗고 있습니다.

4. 1時間＿＿＿＿＿は駐車できません。
   1시간 이상은 주차할 수 없습니다.

5. ＿＿＿＿＿の脇に門松があります。
   입구 옆에 소나무 장식이 있습니다.

6. ＿＿＿＿＿もサイズもほとんど同じです。
   색도 크기도 거의 같습니다.

7. ＿＿＿＿＿な形の釜が並んでいます。
   여러 가지 모양의 밥솥이 늘어서 있습니다.

8. ＿＿＿＿＿に本が並んでいます。
   윗 단에 책이 가지런히 꽂혀 있습니다.

9. 壁に＿＿＿＿＿が描いてあります。
   벽에 그림이 그려져 있습니다.

10. テレビの上の人形は同じ＿＿＿＿＿＿＿＿です。

텔레비전 위의 인형은 같은 크기입니다.

11. ＿＿＿＿＿＿＿＿から夕日を眺めます。

언덕에서 저녁 해를 바라봅니다.

12. ＿＿＿＿＿＿＿＿を売っています。

과자를 팔고 있습니다.

13. 車は一つ＿＿＿＿＿＿＿＿に止まっています。

차는 한 자리씩 비워 둔 채 서 있습니다.

14. ここは八百屋の野菜＿＿＿＿＿＿＿＿です。

여기는 야채 가게의 야채를 두는 곳입니다.

15. ＿＿＿＿＿＿＿＿の中に野菜が入っています。

바구니 안에 야채가 들어 있습니다.

16. ここは＿＿＿＿＿＿＿＿の静かな風景です。

여기는 해변의 조용한 풍경입니다.

17. ＿＿＿＿＿＿＿＿2車線の道路です。

편도 2차선 도로입니다.

18. ここは＿＿＿＿＿＿＿＿の道です。

여기는 일방통행 길입니다.

19. ＿＿＿＿＿＿＿＿になっています。

열린 채로 있습니다.

20. 魚の＿＿＿＿＿＿＿＿が置いてあります。

생선회가 놓여 있습니다.

Answer

1. 間	2. 池	3. 枝	4. 以上	5. 入口
6. 色	7. 色々・	8. 上の段	9. 絵	10. 大きさ
11. 丘	12. お菓子	13. おき	14. 置き場	15. かご
16. 海辺・	17. 片側	18. 一方通行	19. 開けっぱなし	20. 生き作り

아래 _______ 곳에 해당하는 단어를 넣어 문장을 완성하시오.

1. 四つとも同じ__________をしています。
네 개 모두 같은 모양입니다.

2. ここは__________の駐車場です。
여기는 은행 주차장입니다.

3. __________を曲がっています。
모퉁이를 돌고 있습니다.

4. __________で人っ子一人いません。
텅 비어 한사람도 없습니다.

5. 店内は__________です。
가게 안은 텅텅 비어 있습니다.

6. 店内の__________にはポスターが貼ってあります。
가게 안의 벽에는 포스터가 붙어 있습니다.

7. 広々とした__________です。
널찍한 공원입니다.

8. スカートの長さは__________です。
스커트 길이는 같은 정도입니다.

9. __________を出ています。
개찰구를 나오고 있습니다.

10. この住宅地は__________としています。
이 주택지는 한산합니다.

11. この__________で飲み物を買います。
이 기계에서 음료수를 삽니다.

12. ここは＿＿＿＿＿＿＿です。

여기는 매표소 입니다.

13. 車内^{しゃない}には＿＿＿＿＿＿＿がありません。

차내에는 공석이 없습니다.

14. ここは＿＿＿＿＿＿＿のようです。

여기는 과일가게 같습니다.

15. 絶^たえず＿＿＿＿＿＿＿が行^ゆき交^かっています。

끊임없이 차가 지나다니고 있습니다.

16. 2階建^{にかいだ}ての家^{いえ}が＿＿＿＿＿＿＿建^たっています。

2층짜리 집이 3채 서 있습니다.

17. ＿＿＿＿＿＿＿前^{まえ}に集^{あつ}まっています。

현관 앞에 모여 있습니다.

18. つくえは同^{おな}じ＿＿＿＿＿＿＿で並^{なら}んでいます。

책상은 동일한 간격으로 늘어서 있습니다.

19. ベランダは＿＿＿＿＿＿＿と＿＿＿＿＿＿＿の組^くみ合^あわせた模様^{もよう}です。

베란다는 원형과 사각을 조합한 모양입니다.

20. ＿＿＿＿＿＿＿＿＿を渡^{わた}っています。

횡단보도를 건너고 있습니다.

A n s w e r

1. 形	2. 銀行	3. 角	4. がらがら	5. がらがら
6. 壁	7. 公園	8. 同じくらい	9. 改札口	10. 閑散
11. 機械	12. 切符売場	13. 空席	14. 果物屋	15. 車
16. 軒	17. 玄関	18. 間隔	19. 円形, 四角	20. 横断歩道

아래 ______ 곳에 해당하는 단어를 넣어 문장을 완성하시오.

1. ここから__________に進めません。
   여기서부터 앞으로 진행할 수 없습니다.

2. 店は__________が溢れています。
   가게는 상품이 넘칩니다.

3. ここで__________を買います。
   여기서 식권을 삽니다.

4. __________にはお巡りさんがいます。
   파출소에는 순경이 있습니다.

5. 窓の__________にテレビが置いてあります。
   창 아래에 텔레비전이 놓여 있습니다.

6. ここでオートバイの__________ができます。
   여기서 오토바이 수리를 할 수 있습니다.

7. 同じ__________の木が植えてあります。
   같은 종류의 나무가 심어져 있습니다.

8. __________には人で溢れています。
   상점가에는 사람으로 넘쳐 나고 있습니다.

9. 道路は__________しています。
   도로는 정체되고 있습니다.

10. 机と椅子がひとつ__________あります。
    책상과 의자가 하나씩 있습니다.

11. __________に家が見えます。
    나무와 나무 사이로 집이 보입니다.

12. __________に乗っています。

거꾸로 올려져 있습니다.

13. 屋根の上に__________が泳いでいます。

지붕 위에 고이노보리가 나부끼고 있습니다.

14. おみやげの__________を売っています。

선물 잡화를 팔고 있습니다.

15. 鉢植えが__________に並べてあります。

화분이 삼 단으로 진열되어 있습니다.

16. __________とした運動場。

매우 혼잡한 운동장.

17. __________に恵まれた場所です。

자연 환경이 좋은 장소입니다.

18. 四人__________で車に乗った。

네 사람씩 차에 탔다.

19. 部屋の__________に扇風機が置いてあります。

방구석에 선풍기가 놓여 있습니다.

20. 屋根の__________は左右同じです。

지붕의 경사는 좌우가 같습니다.

Answer

1. 先	2. 商品	3. 食券	4. 交番	5. 下
6. 修理	7. 種類	8. 商店街	9. 渋滞	10. ずつ
11. 木の間隠れ	12. 逆さま	13. 鯉のぼり	14. 雑貨	15. 三段
16. ごちゃごちゃ	17. 自然環境	18. ずつ	19. 隅	20. 勾配

아래 _______ 곳에 해당하는 단어를 넣어 문장을 완성하시오.

1. 机の__________に本があります。
   책상 위에 책이 있습니다.

2. __________が見えます。
   주차장이 보입니다.

3. 店の中も__________も客でいっぱいです。
   가게 안도 밖도 손님으로 가득합니다.

4. 車の後ろの部分を__________しています。
   차 뒷 부분을 세차하고 있습니다.

5. __________は土曜日に出してください。
   대형 쓰레기는 토요일에 내 놓으십시오.

6. 中央分離帯が__________されている。
   중앙 분리대가 설치되어 있다.

7. __________に箱を乗せて運んでいます。
   짐차에 상자를 실어서 운반하고 있습니다.

8. 雑誌の__________をしています。
   선 채로 잡지를 읽고 있습니다.

9. ここは__________の食堂です。
   이곳은 서서 먹는 식당입니다.

10. __________には商品がまばらに並んでいます。
    선반에는 상품이 드문드문 진열되어 있습니다.

11. __________の丸いテーブルを囲んでいます。
    중앙의 둥근 테이블을 둘러싸고 있습니다.

12. __________の現場です。

추돌 사고 현장입니다.

13. 木が__________と植えてあります。

나무가 정연하게 심어져 있습니다.

14. のどかな__________風景です。

한가로운 전원 풍경입니다.

15. 人気のない__________です。

인기척 없는 거리입니다.

16. この先に__________があります。

이 앞쪽에 이발소가 있습니다.

17. 商品が__________と並んでいます。

상품이 가득히 늘어져 있습니다.

18. __________の袖をまくっています。

약간 긴 듯한 소매를 걷어 올리고 있습니다.

19. __________でも座れます。

몇 명이라도 앉을 수 있습니다.

20. ここで__________を買います。

여기서 입장권을 삽니다.

A n s w e r

1. 上	2. 駐車場	3. 外	4. 洗車	5. 粗大ゴミ
6. 設置	7. 台車	8. 立ち読み	9. 立ち食い	10. 棚
11. 中央	12. 追突事故	13. 整然	14. 田園	15. 通り
16. 床屋	17. 所狭し	18. 長め	19. 何人	20. 入場券

아래 ＿＿＿＿＿＿＿ 곳에 해당하는 단어를 넣어 문장을 완성하시오.

1. ＿＿＿＿＿＿に木が植えてあります。
   정원에 나무가 심겨져 있습니다.

2. 駅の＿＿＿＿＿＿です。
   역 매점입니다.

3. ＿＿＿＿＿＿は木に囲まれています。
   빌딩은 나무에 둘러싸여 있습니다.

4. ＿＿＿＿＿＿は右のほうです。
   갈아타는 곳은 오른쪽입니다.

5. 車が＿＿＿＿＿＿を渡っています。
   자동차가 건널목을 건너고 있습니다.

6. ＿＿＿＿＿＿には人が溢れています。
   플랫폼에는 사람들이 넘칩니다.

7. ＿＿＿＿＿＿置いてあります。
   어지럽게 여기저기 놓여 있습니다.

8. ＿＿＿＿＿＿をお取りになりお待ちください。
   번호표를 뽑으신 후 기다려 주십시오.

9. ドアが＿＿＿＿＿＿になっています。
   문이 반쯤 열려 있습니다.

10. ＿＿＿＿＿＿の車道には車が一台もありません。
    왼쪽 차도에는 차가 한 대도 없습니다.

11. 棚に商品が＿＿＿＿＿＿並んでいます。
    진열대에 상품이 가득 진열되어 있습니다.

12. __________静かな風景です。

고요하고 조용한 풍경입니다.

13. 大勢の人が__________しています。

많은 사람이 타고 내립니다.

14. __________とした運動場です。

널찍한 운동장입니다.

15. 人工的な__________です。

인공적인 풍경입니다.

16. テーブル掛けの__________にはレースがついています。

테이블 보 가장자리에는 레이스가 달려 있습니다.

17. __________で、花見の人が集まっています。

꽃이 한창이어서 꽃구경하는 사람이 모여 있습니다.

18. 書類は__________におかれています。

서류는 뿔뿔이 놓여 있습니다.

19. ここは__________です。

여기는 보행자 천국입니다.

20. 窓の外に__________が見えます。

창 밖에 시가지가 보입니다.

Answer

1. 庭	2. 売店	3. ビル	4. 乗り換え	5. 踏切
6. ホーム	7. バラバラ	8. 番号札	9. 半開き	10. 左側
11. びっしり	12. ひっそりと	13. 乗り降り	14. 広々	15. 風景
16. 縁	17. 花盛り	18. バラバラ	19. 歩行者天国	20. 町並み

아래 _______ 곳에 해당하는 단어를 넣어 문장을 완성하시오.

1. 家には_________が一つしか付いていません。
   집에는 창이 하나만 나 있습니다.

2. 左の_________は閉っています 。
   왼쪽 창구는 닫혀 있습니다.

3. 店の_________にたくさんの商品があります。
   가게 앞에 많은 상품이 있습니다.

4. 木の_________に石が並んでいます。
   나무 주변에 돌이 늘어서 있습니다.

5. 花屋の_________にコンコースが見えます。
   꽃가게 창문 너머로 광장이 보입니다.

6. 真ん中の時計は_________です。
   한가운데의 시계는 원형입니다.

7. 時計はみな_________です。
   시계는 모두 원형입니다.

8. ここは本屋の_________です。
   여기는 서점의 가게 앞입니다.

9. うっそうとした_________です。
   울창한 숲입니다.

10. 林の中に家の_________が見えます。
    숲 안쪽에 집의 지붕이 보입니다.

11. 水平線のかなたに_________が沈みます。
    수평선 저편에 저녁해가 지고 있습니다.

12. __________に鉢が置いてあります。

마루에 화분이 놓여 있습니다.

13. ______________のようです。

러시아워인 것 같습니다.

14. 階段の__________にエスカレーターがあります。

계단 옆에 에스컬레이터가 있습니다.

A n s w e r

1. 窓	2. 窓口	3. 前	4. 回り	5. 窓越し
6. 円形	7. 丸形	8. 店先	9. 森	10. 屋根
11. 夕日	12. 床	13. ラッシュアワー	14. 脇	

● 큰 글씨나 제목을 빨리 읽어라! 그리고 의미를 파악해라.

●● 이런 유형의 문제는 정답을 찾는 것도 중요하지만 사진 속의 내용과 일치하지 않는 부분을 순차적으로 제거해 나가는 것이 유리하다.

단어 연습　1

아래 _______ 곳에 해당하는 단어를 넣어 문장을 완성하시오.

1. 車庫のドアは__________います。
   차고 문은 열려 있습니다.

2. ばらばら__________あります。
   어지럽게 놓여 있습니다.

3. ここに荷物をしばらく__________おきます。
   여기에 짐을 잠깐 보관해 둡니다.

4. ここは__________ところです。
   여기는 노는 곳입니다.

5. 花瓶に花が__________あります。
   꽃병에 꽃이 꽂혀 있습니다.

6. 並木が__________てあります。
   가로수가 심겨져 있습니다.

7. 家が雪で__________います。
   집이 눈으로 파묻혀 있습니다.

8. 木が__________います。
   나무가 우거져 있습니다.

9. 時計の針はちょうど10時を__________います。
   시계 바늘은 정각 10시를 가리키고 있습니다.

10. 引き出しが＿＿＿＿＿になっています。

서랍이 열린 채로 되어 있습니다.

11. テーブルには皿が＿＿＿＿＿います。

테이블에는 접시가 포개져 있습니다.

12. この 農 場 では牛を＿＿＿＿＿います。

이 농장에서는 소를 기르고 있습니다.

13. テーブルを＿＿＿＿＿います。

테이블을 둘러싸고 있습니다.

14. 家は 畑 に＿＿＿＿＿います。

집은 밭에 둘러싸여 있습니다.

15. 構内は 乗 客 で＿＿＿＿＿います。

구내는 승객으로 붐비고 있습니다.

16. 道が＿＿＿＿＿います。

길이 복잡합니다.

17. 家を＿＿＿＿＿ものは何もありません。

집을 시야에서 가리는 것은 아무 것도 없습니다.

18. シャンデリアーが＿＿＿＿＿います。

상들리에가 드리워져 있습니다.

19. 倒れそうな塀を丸太で＿＿＿＿＿います。

넘어질 듯한 담을 통나무로 떠받치고 있습니다.

20. カバーで＿＿＿＿＿います。

커버로 덮여 있습니다.

A n s w e r

1. 開いて	2. 置いて	3. 預けて	4. 遊ぶ	5. 生けて
6. 植えて	7. 埋まって	8. 生い茂げって	9. 指して	10. 開けっぱなし
11. 折り重なって	12. 飼って	13. 囲んで	14. 囲まれて	15. ごった返して
16. 込んで	17. 遮る	18. 下がって	19. 支えて	20. 覆われて

아래 _______ 곳에 해당하는 단어를 넣어 문장을 완성하시오.

1. ___________ようになっています。
   지나갈 수 있게 되어 있습니다.

2. 自転車を___________おくところです。
   자전거를 세워 두는 곳입니다.

3. 商品 の箱が___________あります。
   상품 상자가 한 줄로 늘어져 있습니다.

4. 道が___________います。
   길이 한산합니다.

5. どれも___________ような 形 をしています。
   모두 비슷한 모양입니다.

6. 木はまっすぐ___________います。
   나무는 똑바로 뻗어 있습니다.

7. 自転車が___________います。
   자전거가 넘어져 있습니다.

8. 壁に___________あります。
   벽에 세워 놓여 있습니다.

9. この辺は家が___________います。
   이 부근은 집이 밀집되어 있습니다.

10. 花が全部___________しまいました。
    꽃이 전부 져버렸습니다.

11. 売店にはたくさんの雑誌が___________あります。
    매점에는 많은 잡지가 쌓여 있습니다.

12. 荷物が＿＿＿＿＿＿＿＿＿あります。

짐이 쌓여 있습니다.

13. 布団が＿＿＿＿＿＿＿＿＿います。

이불이 깔려 있습니다.

14. 木の葉が＿＿＿＿＿＿＿＿＿います。

나뭇잎이 우거져 있습니다.

15. 本はひもで＿＿＿＿＿＿＿＿＿います。

책은 끈으로 묶여 있습니다.

16. 商店街は人々で＿＿＿＿＿＿＿＿＿います。

상점가는 사람들로 북적이고 있습니다.

17. 山が＿＿＿＿＿＿＿＿＿います。

산이 우뚝 솟아 있습니다.

18. 高層ビルが＿＿＿＿＿＿＿＿＿います。

고층 빌딩이 우뚝 솟아 있습니다.

19. 塀につたが＿＿＿＿＿＿＿＿＿います。

담에 담쟁이덩굴이 뻗어 나가고 있습니다.

20. 階段を＿＿＿＿＿＿＿＿＿エスカレーターがあります。

계단을 사이에 두고 에스컬레이터가 있습니다.

Answer

1. 通る	2. 止めて	3. 並べて	4. 空いて	5. 似た
6. 伸びて	7. 倒れて	8. 立て掛けて	9. 建て込んで	10. 散って
11. 積み重ねて	12. 積んで	13. 敷いて	14. 繁って	15. 縛って
16. 賑わって	17. そびえたって	18. そびえたって	19. はって	20. 挟んで

아래 _______ 곳에 해당하는 단어를 넣어 문장을 완성하시오.

1. 高速道路を__________います。
   고속도로를 달리고 있습니다.

2. べたべたと__________あります。
   다닥다닥 붙어 있습니다.

3. 布団を__________います。
   이불을 말리고 있습니다.

4. 布に__________います。
   천에 감겨 있습니다.

5. 幕に__________中が見えません。
   막에 가리어 안이 보이지 않습니다.

6. ここはお金を__________ 所 です。
   여기는 돈을 불입하는 곳입니다.

7. 大岩が道を__________います。
   큰 바위가 길을 막고 있습니다.

8. 枝もたわわに__________います。
   가지가 휠 만큼 열매가 많이 열려 있습니다.

9. 町は行き交う人々で__________です。
   거리는 오가는 사람들로 혼잡을 이루고 있다.

10. 道路を__________います。
   도로를 가로지르고 있습니다.

Answer

1. 走って	2. 貼って	3. 干して	4. 巻かれて	5. 隔てられて
6. 振り込む	7. 阻んで	8. 実って	9. ごった返し	10. 横切って

아래 _______ 곳에 해당하는 단어를 넣어 문장을 완성하시오.

1. __________はここに捨てます。

   빈 깡통은 이곳에 버립니다.

2. 病院は女性__________には利用されません。

   병원은 여성 이외에는 이용하지 못합니다.

3. この道は__________です。

   이 길은 일방통행입니다.

4. __________は10時から始めます。

   접수는 10시부터 시작합니다.

5. この店は24時間__________しています。

   이 가게는 24시간 영업합니다.

6. 誰でも__________することが出来ます。

   누구라도 응모할 수가 있습니다.

7. __________は小学生より900円高いです。

   어른은 초등학생보다 900엔 비쌉니다.

8. この店は今__________の準備をしています。

   이 가게는 지금 개점 준비를 하고 있습니다.

9. __________したものをここに入れます。

   기입한 것을 여기에 넣습니다.

10. __________。ここでタバコを吸ってはいけません。

    금연. 여기서 담배를 피우면 안 됩니다.

11. ここは飲食__________です。

    이 곳은 마시고 먹는 것은 금지입니다.

12. __________で列車の時間を調べます。

시각표에서 열차 시간을 알아봅니다.

13. この辺の道に__________を止めてはいけません。

이 부근 길에 자전거를 세워서는 안 됩니다.

14. __________をしてください。

서행 운전을 해 주세요.

15. オートバイ__________の駐車場です。

오토바이 전용 주차장입니다.

16. __________はここに捨てられます。

대형 쓰레기는 여기에 버릴 수 있습니다.

17. __________2階にはスーパーがあります。

지하 2층에는 슈퍼가 있습니다.

18. 右に行くと__________があります。

오른쪽으로 가면 동물원이 있습니다.

19. この駐車場は__________しています。

이 주차장은 24시간 영업하고 있습니다.

20. __________は300円です。

입회금은 300엔입니다.

Ａｎｓｗｅｒ

1. 空き缶	2. 以外	3. 一方通行	4. 受付	5. 営業
6. 応募	7. 大人	8. 開店	9. 記入	10. 禁煙
11. 禁止	12. 時刻表	13. 自転車	14. 徐行運転	15. 専用
16. 粗大ゴミ	17. 地下	18. 動物園	19. 24時間営業	20. 入会金

아래 _______ 곳에 해당하는 단어를 넣어 문장을 완성하시오.

1. ここは__________です。
   여기는 연중무휴입니다.

2. __________のお客様は精算窓口へお越しください。
   환불하실 손님은 정산 창구로 와 주시기 바랍니다.

3. 左に行くと__________があります。
   왼쪽으로 가면 미술관이 있습니다.

4. 10時以降は__________します。
   10시 이후는 폐점합니다.

5. 賑やかな__________です。
   번화한 거리입니다.

6. この店はビールを何杯飲んでも__________です。
   이 가게는 맥주를 몇 잔 마셔도 무료입니다.

7. ランチ__________は2種類です。
   점심 메뉴는 2종류입니다.

8. この先は__________で、通れません。
   이 앞은 막다른 곳이어서 지나갈 수 없습니다.

9. ここは__________のバイキングです。
   여기는 서서 먹는 뷔페입니다.

10. __________に車を止めないでください。
   갓길에 차를 세우지 마세요.

A n s w e r

1. 年中無休	2. 払い戻し	3. 美術館	4. 閉店	5. 町並み
6. 無料	7. メニュー	8. 行き止まり	9. 立食	10. 路肩

아래 _______ 곳에 해당하는 단어를 넣어 문장을 완성하시오.

1. この店は朝9時から__________ます。

   이 가게는 아침 9시부터 시작됩니다.

2. 3歳より下の子はお金を__________ないでいいです。

   3살부터 아래 아이는 돈을 지불하지 않아도 됩니다.

3. ゴミを__________ないでください。

   쓰레기를 버리지 마세요.

4. 仕事の量に応じてお金が__________ます。

   일의 양에 따라 돈이 지불된다.

5. 日によって捨てるものが__________ます。

   날에 따라 버리는 물건이 다릅니다.

6. 座席は__________お座りください。

   좌석은 좁혀서 앉아 주세요.

7. お金は右側の窓口で__________ます。

   돈은 오른쪽 창구에서 받습니다.

8. ビンや缶は__________ないでください。

   병이나 캔은 버리지 마세요.

9. 枝が二つに__________います。

   가지가 2개로 나누어져 있습니다.

10. 午前9時から午後9時まで__________を受け取ります。

    오전 9시부터 오후 9시까지 분실물을 받습니다.

A n s w e r

1. 始まり	2. 払わ	3. 捨て	4. 支払われ	5. 違い
6. 詰めて	7. 受け取り	8. 捨て	9. 分かれて	10. 忘れ物

실 전 연 습 1

1

銀行ATM設置店
ART VAN LINE
the012 3,
HOT

2

防犯カメラ作動中
防犯カメラ作動中
自動精算機
新幹線乗換改札口
トイレ RESTROOM
地下鉄

3

4

5

6

7

8

9

10

11

12

13

14

15

16

17

18

19

20

1

2

3

喫茶　にっしょく　長崎　お好
世界の
ハンバーグ祭り
★アメリカンハンバーグ
★イタリアンハンバーグ
★スペインハンバーグ
★チャイナハンバーグ
★和風ハンバーグ
喫茶
COFFEE
ジュース

4

営 業 時 間

平　　　日：午前9時 〜 午後8時
土　曜　日：午前9時 〜 午後3時
日・祝祭日：お休み

第一薬科大学附属
ハッチェリー薬局
福岡市中央区天神2丁目9番18号

この歩道は自転車の駐輪が禁止されています。
きらめき通り駐輪場（岩田屋新館下）
天神駐輪場（警固公園下）　では
3時間までの利用料金が無料です。
この機会に駐輪場をご利用下さい。

7

8

9

10

11

その他のゴミ
Others
カン・ビン
ペットボトル
Cans,Bottles
& Pet Bottles
新聞・雑誌
Newspapers
Magazines

12

13

14

2000年 年末ジャンボ
大当り!!
2等 1,000万円
LOTO ロト　宝くじ　NUMBERS
売売中
ロト
シックス
4億円

15

16

17

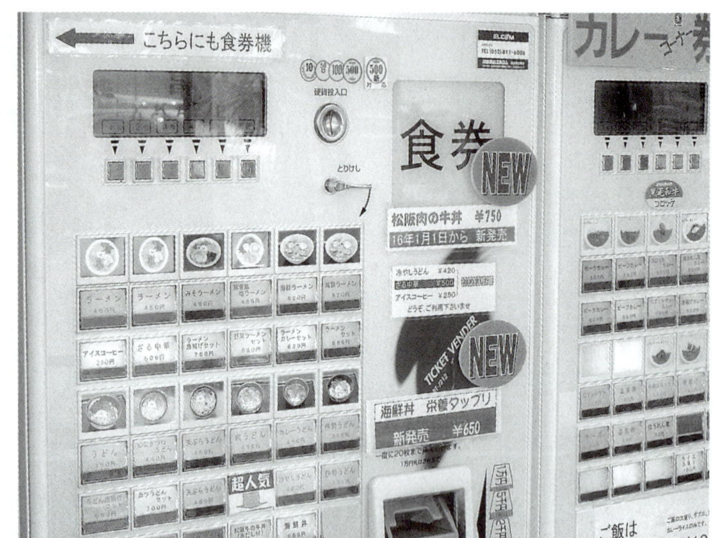

18

19

20

1

2

3

4

5

6

平 日（祝日除く）
30分 100円
※夜間長時間割引 (18:00〜8:00) 最大 1,000円
休日 (土・日・祝) 20分 100円
しあわせパーキング
警備
トステム株式会社
P 24H

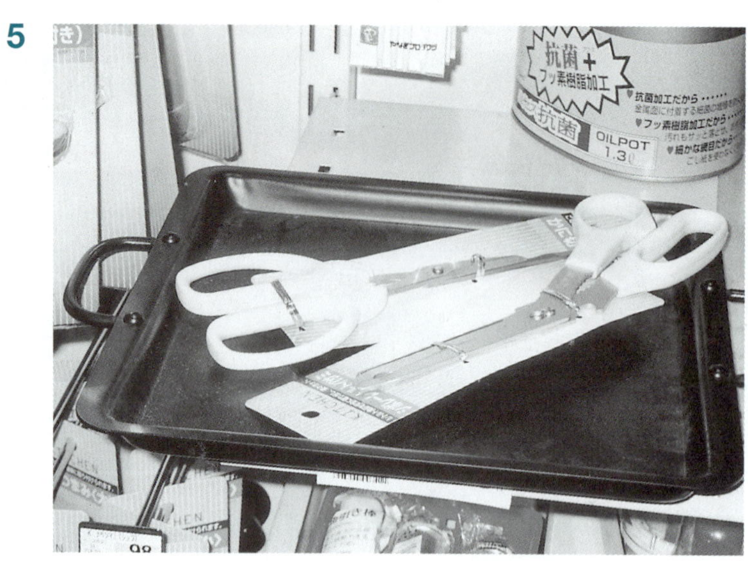

7

ドロボー
とられ
たまる
武田鉄矢・田中美佐子・明石家さんま
吉田雅子　森田光輝　丹波哲郎　野際陽子
J-WALK「見つめていたい」
上野東宝　絶賛上映中
とられ
たまる

8

9

10

11

12

13

14

15

16

17

18

19

20

1

2

5

6

7

8

9

10

11

12

13

14

15

16

17

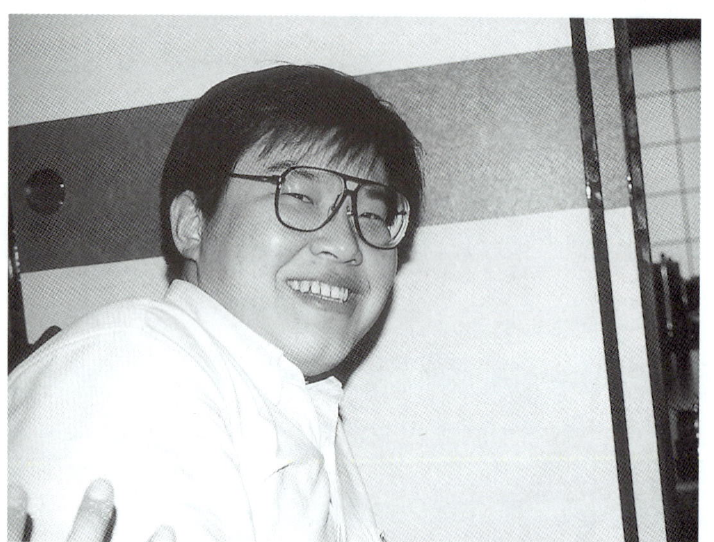

18

19

20

1 알고 넘어가기

■ **JPT어구 표현 정복 요령**

요령1. 일단 밑줄 친 부분을 해결하도록 한다. 전혀 감이 없다면 그 어휘 자체에 대한 기본이 없는 경우
이므로 꼼꼼하게 외워두도록 한다!!

요령2. 공란을 메운 다음 단계는 위에 있는 일본어를 가리고 아래 제시된 우리말만 보고 일본어로 줄줄
말할 때까지 연습해 보라. 처음에는 잘 안 나와도 반복하는 사이 여러분의 입에서 세련되고 정형
화된 일본어 모범 문장이 튀어 나올 것이다.

핵심정리1 **숫자, 시간 등의 의문사형 질문이 많다.**

● 구체적으로 무엇을 묻는가를 절대로 놓치지 마라!!

●● 시제의 일치도 생각해라.

자주 쓰이는 표현

아래 ________ 곳에 해당하는 단어를 넣어 문장을 완성하시오.

1. 国立中央博物館には________行けばいいですか。
   국립중앙박물관에는 어떻게 가면 되죠?

2. 駅から家までは歩いて________ぐらいですか。
   역에서 집까지는 걸어서 몇 분 정도 걸리죠?

3. イギリスまで航空便で送るには________かかりますか。
   영국까지 항공편으로 보내려면 얼마나 듭니까?

4. あそこは________をするところですか。
   저기는 뭐 하는 곳인가요?

5. この箱の________は何ですか。
   이 상자의 내용은 무엇입니까?

6. ________日本へいらっしゃったんですか。
   언제 일본에 오셨나요?

7. これは＿＿＿＿＿＿＿＿食べるんですか。

이것은 어떻게 먹는 건가요?

8. 明日は7時＿＿＿＿＿＿＿＿必ず来てください。

내일은 7시까지 반드시 오십시오.

9. 新宿に行くには＿＿＿＿＿＿線に乗ったらいいですか。

신주쿠에 가려면 어느 선을 타면 되나요?

다음 A의 말에 대한 B의 반응으로 가장 적절한 것을 ⓐ, ⓑ 중에서 고르시오.

1.

A：何かありますか。

B：ⓐ はい、あります。

　　ⓑ 本があります。

2.

A：今までのところで、何か質問がありますか。

B：ⓐ とても難しいです。

　　ⓑ 特にありません。

3.

A：大学では何を専攻していましたか。

B：ⓐ 日本文学です。

　　ⓑ 今年の春卒業しました。

4.

A：お兄さんは何をしていらっしゃいますか。

B：ⓐ 去年就職して大阪におります。

　　ⓑ 週末はよくテニスをします。

5.

A：ここには何ができるんですか。

B：ⓐ テニスができます。

　　ⓑ マンションです。

6.

A：大阪から東京まで何で来ましたか。

B：ⓐ 出張できました。

　　ⓑ 新幹線です。

7.

A：チーズは何で作られていますか。

B：ⓐ 牛乳です。

　　ⓑ 冷蔵庫に入っています。

8.

A：このお菓子はどれくらいもちますか。

B：ⓐ 半分くらい食べられます。

　　ⓑ 生ですからきょう、あしたのうちに召し上がってください。

9.

A：明日、彼女と何時ごろ会う約束をしたんですか。

B：ⓐ 午後6時です。

　　ⓑ 映画館の前で会います。

10.

A：スミスさんは、通勤にどのぐらい時間がかかりますか。

B：ⓐ 家から会社までは遠いです。

　　ⓑ 30分しかかかりません。

11.

A：仕事はもう終わりましたか。

B：ⓐ たったいま、終わったところです。

　　ⓑ いつも6時頃に終わります。

12.

A：課長、研修会の報告書、もう読まれましたか。

B：ⓐ いや、きのうは何かと忙しかったんでまだだ。

ⓑ はい、昨日お読みしました。

13.

A：何をしに行きますか。

B：ⓐ バスで行きます。

ⓑ 食事に行きます。

14.

A：いつこの写真を撮りましたか。

B：ⓐ パリで撮りました。

ⓑ 先週撮りました。

15.

A：妹さんはおいくつですか。

B：ⓐ 二人います。

ⓑ はたちです。

16.

A：部長はどのひとですか。

B：ⓐ あそこの、水玉のネクタイをした人です。

ⓑ 大阪の出身です。

17.

A：今夜はどちらにお泊まりですか。

B：ⓐ ABCホテルです。

ⓑ 明日発つ予定です。

18.

A：来週、そちらにお伺いしたいんですが、いつがよろしいですか。

B：ⓐ 木曜日でしたら、一日空いております。

　　ⓑ では、木曜日に伺います。

19.

A：山田さんの会社はどんな物を扱っていらっしゃるんですか。

B：ⓐ 丁寧に扱ってください。

　　ⓑ 主に化粧品です。

20.

A：こちらにはいつまでいらっしゃいますか。

B：ⓐ いつまでになるかまだ分かりません。

　　ⓑ 昨日来たばかりです。

21.

A：いつお国へお帰りになるんですか。

B：ⓐ 来年ごろになると思います。

　　ⓑ 母の顔が早く見たいです。

22.

A：王さんはいつまで日本にいるんですか。

B：ⓐ まだはっきり決めてないんですが、今のところ今年の12月までいるつもりです。

　　ⓑ 今年の冬を越せばもう3年になります。

23.

A：お国ではどんな乗り物を利用していましたか。

B：ⓐ 交通費はとても高いです。

　　ⓑ いつもバスに乗っていました。

24.

A：どこに住んでいますか。

B：ⓐ 新宿駅からバスで10分ぐらいのところです。

　　ⓑ 先週引っ越してきました。

25.

A：山田さん、お住まいはどちらですか。

B：ⓐ 所沢というところですけど、ご存知ですか。

　　ⓑ 狭いですが、駅から近くて住みやすいです。

26.

A：今度の取り引きはどうなるでしょうか。

B：ⓐ きっとうまくいくだろうね。

　　ⓑ きっとそうなるでしょうね。

27.

A：中国からのタオルの輸入問題は、どうなりましたか。

B：ⓐ 一時は、政府も緊急輸入措置を検討していましたが、発動は見合わせていますよ。

　　ⓑ 中国製でも質のいいものもたくさんありますよ。

28.

A：旅先でどんなことをしますか。

B：ⓐ 仕事があるので早く帰らなければなりません。

　　ⓑ 温泉に入ったり、バイキングをしたりします。

29.

A：すいません、このカップ・ラーメン、どうやって食べるのかわからなくて…。

B：ⓐ あ、それなら熱いお湯を入れて、しっかりふたをしておけば5分でできますよ。

　　ⓑ さっき、田中さんがコンビニで買ってきたんです。

● 질문하는 쪽에서 사용한 단어를 그대로 받아 답변에서 사용하는 문장은 거의 오답이다.

●● 아래에 나와 있는 관용적인 어구에 익숙해져라. 기본을 무시하면 고득점은 그만두고 인사치례도 변변히 할 수 없다.

자주 쓰이는 표현

아래 _______ 곳에 해당하는 단어를 넣어 문장을 완성하시오.

1. _______ おめでとうございます。
   새해 복 많이 받으세요.

2. _______ です。
   피차일반입니다.

3. _______ いらっしゃいました。
   오신 것을 환영합니다.

4. はじめて、_______ 。
   처음 뵙겠습니다.

5. 考え_______ 。
   생각해 보겠습니다. (거절의 의미로 하는 인사말)

6. 検討_______ 。
   검토해 보겠습니다. (거절의 의미로 하는 인사말)

7. _______ 、遊びに来てください。
   꼭 놀러 오십시오. (호의로 하는 인사말)

8. _______ お邪魔します。
   가까운 시일 안에 방문하겠습니다.

9. _______ はお世話になりました。
   그 때는 신세 많이 졌습니다.

10. ＿＿＿＿＿＿ようなお世辞を言われて、かえって気分が悪くなった。

역겨운 아부를 듣고 오히려 기분이 나빠졌다.

11. これは＿＿＿＿＿＿つまらぬ物ですが…。お礼のしるしです。

이것은 아주 보잘 것 없는 물건입니다만…. 감사의 표시입니다.

12. 少しばかりですが、気は心ですから＿＿＿＿＿＿＿。

조금뿐입니다만 제 정성이 들어 있으므로 받아 주십시오.

13. 気は心ですから、＿＿＿＿＿＿。

적으나마 제 정성이니 받아 주세요.

14. ＿＿＿＿＿＿そうさせていただきます。

말씀이 계셨으니 사양치 않고 그렇게 하겠습니다.

15. ＿＿＿＿＿＿光栄です。ご期待に応えられるよう努力します。

분에 넘치는 영광입니다. 기대에 보답하도록 노력하겠습니다.

A n s w e r

1. 明けまして	2. お互い様	3. ようこそ	4. お目にかかります
5. させてください	6. させていただきます	7. ぜひ	8. 近いうちに
9. その節	10. 歯が浮く	11. ほんの	12. お納めください
13. 受け取っておいてください		14. お言葉に甘えて	15. 身に余る

다음 A의 말에 대한 B의 반응으로 가장 적절한 것을 ⓐ, ⓑ 중에서 고르시오.

1.

A : ごめんください。

B : ⓐ いらっしゃいませ。

　　ⓑ いってらっしゃい。

2.

A : ごめんください。

B : ⓐ 行ってきます。

　　ⓑ はい、どなた様ですか。

3.

A : ごめんください。

B : ⓐ いらっしゃい。どうぞお上がりください。

　　ⓑ どうぞお召し上がりください。

4.

A : 今日はいい天気ですね。

B : ⓐ ええ、そうですよ。

　　ⓑ ええ、そうですね。

5.

A : いいお天気ですね。お出かけですか。

B : ⓐ ええ、ちょっとそこまで。

　　ⓑ ええ、ちょっとあそこまで。

6.

A：行ってまいります。

B：ⓐ お帰りなさい。

　　ⓑ 気をつけて行ってらっしゃい。

7.

A：行ってきます。

B：ⓐ 行ってらっしゃい。

　　ⓑ どうぞお入りください。

8.

A：では、さようなら。

B：ⓐ お体ご無事に。

　　ⓑ お体お大事に。

9.

A：この席空いていますか。

B：ⓐ いいえ、塞がっています。

　　ⓑ いいえ、埋まっています。

10.

A：ただいま。

B：ⓐ いらっしゃいませ。

　　ⓑ お帰りなさい。

11.

A：お出掛けですか。

B：ⓐ ええ、ちょっとそこまで。

　　ⓑ ええ、ちょっとあそこまで。

12.

A：お元気ですか。

B：ⓐ ええ、相変わらずお元気です。

　　ⓑ ええ、おかげさまで元気です。

13.

A：お元気ですか。

B：ⓐ はい、おかげさまであいかわらずです。

　　ⓑ はい、何とか元気に住んでいます。

14.

A：おひさしぶりですね。お元気ですか。

B：ⓐ はい、あいかわらず元気ですね。

　　ⓑ はい、おかげさまで元気です。

15.

A：おかわりありませんか。

B：ⓐ はい、こちらも相変わらず元気です。

　　ⓑ はい、おかわりありませんでした。

16.

A：どうぞ、お上がりください。

B：ⓐ じゃ、ごちそうさまでした。

　　ⓑ じゃ、ちょっと失礼します。

17.

A：どうぞ、お受け取りください。

B：ⓐ じゃあ、遠慮なく。

　　ⓑ どうぞ、ご無事で。

18.

A：どうぞ、お上がりください。

B：ⓐ じゃ、上がります。

　　ⓑ じゃ、おじゃまします。

19.

A：ごちそうさまでした。

B：ⓐ いいえ、お粗末さまでした。

　　ⓑ いいえ、お世話様でした。

20.

A：ほんとうに、ごちそうになりました。

B：ⓐ いいえ、何のもてなしもできませんでした。

　　ⓑ いいえ、何のおかまいもできませんでした。

21.

A：冷めないうちにどうぞ。

B：ⓐ はい、いただきます。

　　ⓑ はい、うかがいます。

22.

A：どうぞ、めしあがってください。

B：ⓐ くださいます。

　　ⓑ いただきます。

23.

A：そろそろ失礼します。

B：ⓐ もうおかえりですか。

　　ⓑ まだいらっしゃいますか。

24.

A：あのう、そろそろ失礼いたします。

B：ⓐ わかりました。すぐに帰ります。

ⓑ もう少しゆっくりしてもいいじゃありませんか。

25.

A：もうすこし、ゆっくりなさっては。

B：ⓐ いや、どうもおじゃましました。

ⓑ それでは、おじゃまします。

26.

A：もしもし、山田さんいらっしゃいますか。

B：ⓐ はい、ございますが、どの方でしょうか。

ⓑ はい、おりますが、どちら様でしょうか。

27.

A：どうぞ、ひざを崩してください。

B：ⓐ じゃあ、お言葉に甘えて。

ⓑ じゃあ、お言葉ですが。

28.

A：このところ忙しくてゴルフどころじゃないんです。

B：ⓐ うらやましいですね。

ⓑ 大変なんですね。

29.

A：新年、明けまして、おめでとうございます。

B：ⓐ おめでとうございます。今年もどうぞよろしく。

ⓑ ありがとうございます。今年はどうかよろしく。

30.

A：お先に失礼します。

B：ⓐ おはようございます。

　　ⓑ お疲れさまでした。

31.

A：もうおいとまいたします。

B：ⓐ もっとゆっくりしていってください。

　　ⓑ おかわりはいかがですか。

32.

A：もうおかえりですか。

B：ⓐ では、行って参ります。

　　ⓑ 長い間おじゃましました。

33.

A：じゃ、今日はこれでおいとまさせていただきます。

B：ⓐ おつかれ様でした。

　　ⓑ ごちそうさまでした。

34.

A：いつもお世話になっております。

B：ⓐ いいえ、そちらこそ。

　　ⓑ いいえ、こちらこそ。

35.

A：これからもよろしくお願いします。

B：ⓐ こちらこそ、どうぞよろしく。

　　ⓑ こちらこそ、どうかお願い。

36.

A：いろいろとお世話になりました。

B：ⓐ いいえ、どうもしません。

　　ⓑ いいえ、どういたしまして。

37.

A：ありがとうございます。

B：ⓐ どういたしまして。

　　ⓑ かまいません。

38.

A：山田さん、おめでとうございます。

B：ⓐ どうぞよろしくお願いします。

　　ⓑ どうも ありがとうございます。

39.

A：石田さん、ご結婚、おめでとうございます。

B：ⓐ ありがとうございます。晩婚ですが、よろしくお願いします。

　　ⓑ いいえ、どういたしまして。これからもよろしくお願いします。

40.

A：ただ今、帰りました。

B：ⓐ お帰りなさい。いつ帰ってきたの。

　　ⓑ ああ、ご苦労様。研修はどうだった。

41.

A：これ、いつもお世話になっているお礼です。ほんの気持ちですが。

B：ⓐ そんなに気をつかわないでください。

　　ⓑ こんなに気をつかわないでください。

42.

A：お待たせいたしました。

B：ⓐ いいえ、わたしも今来たようです。

　　ⓑ いいえ、わたしも今来たばかりです。

43.

A：木村さんがお見えですが。

B：ⓐ こちらにお通ししてください。

　　ⓑ まだいらしゃってないようです。

44.

A：すみません、遅くなって。駅の出口を間違えちゃったんです。

B：ⓐ そうですか。たいへんでしたね。

　　ⓑ そうですか。ついてましたね。

45.

A：田中さん、先日は息子の入学祝いありがとうございました。

B：ⓐ いや、ほんの心祝いですよ。気になさらないでください。

　　ⓑ いや、つまらないものですよ。気を使わないでください。

46.

A：やあ、中村さん、久しぶりですね。

B：ⓐ ええ、すっかりごぶさたしました。

　　ⓑ ええ、いつもお世話になっています。

47.

A：さしあげたいものがあるんでが、お宅へうかがってもよろしいでしょうか。

B：ⓐ 土曜日ならいいですよ。

　　ⓑ どうしてもというのなら仕方がないですね。

● 주의하라!! 동문서답 형식에 가장 많이 속는 문제 형태이다.

●● 상대의 필요성 또는 상대방이 원하는 의도에 부합되는 내용의 허락 또는 거절인가를 끝까지 잘 들어야 한다.

자주 쓰이는 표현

아래 _______ 곳에 해당하는 단어를 넣어 문장을 완성하시오.

1. ちょっと_________ことがあるんですが…。
   좀 부탁하고 싶은 게 있는데요.

2. _________早く帰ってください。
   가급적 빨리 돌아오십시오.

3. これを持って_____________。
   이것을 가지고 돌아가십시오.

4. 僕にも、_________。
   나한테도 좀 줘.

5. _________、セーターを着なさい。
   참지 말고 스웨터를 입어.

6. メールでも_____________。
   메일이라도 괜찮습니까?

7. _________2枚、子ども2枚、お願いします。
   어른 2장, 어린이 2장 부탁해요.

8. _________の土曜日、ドライブに行きませんか。
   이번 주 토요일, 드라이브 갈래요?

9. 結論が出ないから、この問題はしばらく_____________。
   결론이 안 나오니까, 이 문제는 잠시 보류하자.

10. すみませんが、この荷物、＿＿＿＿＿＿＿＿＿。すぐ戻ってきます。

미안하지만, 이 짐 좀 봐 주시겠습니까? 곧 돌아오겠습니다.

11. 明日の映画の切符が2枚あるんだけど、＿＿＿＿＿行かない。

내일 영화 티켓이 2장 있는데 함께 갈래?

12. すみません。来月2週間ほど＿＿＿＿＿いただきたいんですが。

미안합니다. 다음 달에 2주일 정도 쉬었으면 합니다만.

A n s w e r

1. お願いしたい　　2. なるべく　　3. お帰りください　　4. ちょうだい　　5. 我慢しないで

6. 構いませんか　　7. 大人　　8. 今度　　9. 棚上げにしよう

10. 見ててもらえますか　　11. 一緒に　　12. 休ませて

다음 A의 말에 대한 B의 반응으로 가장 적절한 것을 ⓐ, ⓑ 중에서 고르시오.

1.

A : 何になさいますか。

B : ⓐ コーヒー、お願いします。

　　ⓑ コーヒーがよろしいですか。

2.

A : この辞書、ちょっとお借りしてもいいですか。

B : ⓐ どうぞお借りください。

　　ⓑ どうぞお使いください。

3.

A : この割引券、まだ使えますか。

B : ⓐ ええ、ご利用いただけます。

　　ⓑ ええ、使ってもいいです。

4.

A : 髪型変えたんだけど、どうこの髪型。

B : ⓐ 短めに切ってください。

　　ⓑ ちょっと変なんじゃないかな。

5.

A : できるだけ早く仕上げてください。

B : ⓐ はい、何とかやってみます。

　　ⓑ はい、申し訳ございません。

6.

A：食べ終わったら、食器をさげてくれませんか。

B：ⓐ ええ、そうですか。

　　ⓑ ええ、いいですよ。

7.

A：ちょっとお茶にしませんか。

B：ⓐ そうですね、一息入れましょう。

　　ⓑ そうですね、一息ついてください。

8.

A：上のクラスにかわりたいんですが。

B：ⓐ がんばって勉強した甲斐がありました。

　　ⓑ テストの結果を見ないと、今はなんとも言えませんね。

9.

A：そろそろ出発しましょうか。

B：ⓐ そうですね、時間もあまりないことですし。

　　ⓑ そうですね、時間もたっぷりあることですし。

10.

A：今晩のパーティーに行くべきかしら。

B：ⓐ そうだね。どっこいどっこいだね。

　　ⓑ そうだね。出たとこ勝負でいこう。

11.

A：新宿にすごいジャズバーができたそうだね。

B：ⓐ 百聞は一見に如かず。じゃあ、今晩行ってみよう。

　　ⓑ 噂をすれば影がさす。じゃあ、今晩行ってみよう。

12. ______________________________

A：そのことなら私に任せてください。

B：ⓐ そうですか、じゃ、後はやっておきます。

　　ⓑ そうですか、じゃ、よろしく頼みますよ。

13. ______________________________

A：昇進おめでとう。今後も頑張ってください。

B：ⓐ ありがとうございます。入社6年で課長待遇とは、感激です。

　　ⓑ はい、惜しくも昇進のチャンスを逃してしまいました。

14. ______________________________

A：すみませんが、一足お先に失礼します。

B：ⓐ じゃ、お言葉に甘えて。

　　ⓑ どうぞ、ご遠慮なく。

15. ______________________________

A：少し休ませてください。

B：ⓐ はい、どうぞ。

　　ⓑ はい、どうも。

16. ______________________________

A：どうして同じ物ばかり食べるの。他にもおいしい料理がいろいろあるでしょ。

B：ⓐ だってお腹が空いたんだもん。

　　ⓑ だってこれ大好きなんだもん。

17. ______________________________

A：ことばもわからないのに、外国旅行なんかして大丈夫ですか。

B：ⓐ ことばがわからなくても、身ぶり手振りでなんとかなりますよ。

　　ⓑ かわいい子には旅をさせよとよく言うでしょ。

●이 유형 역시 상대방이 사용한 단어를 그대로 반복하여 사용하거나 발음이 비슷한 단어를 응답으로 사용한 문항은 오답일 확률이 높다.

●●사실 관계를 확인하는 문제에서는 질문하는 내용 및 대상을 절대 놓치지 말아야 한다.

자주 쓰이는 표현

아래 _______ 곳에 해당하는 단어를 넣어 문장을 완성하시오.

1. これは______________に役に立ちます。
   이것은 만일의 경우에 도움이 됩니다.

2. ______________眠ってしまいました。
   어느 새인가 잠들어 버렸습니다.

3. __________なんだって。
   임신하셨다면서요?

4. ______________。一度やってみます。
   일은 실제로 해 보지 않으면 모른다고 했어요. 한 번 해 보겠습니다.

5. __________ですか。
   괜찮습니까?

6. __________。それはいいアイディアですね。
   과연 그렇군요. 그거 좋은 아이디어이군요.

7. ______________しまいました。
   내릴 곳을 지나쳐 버렸어요.

8. 試験に落ちて__________する。
   시험에 떨어져서 실망하다.

9. そう言った__________、引っ込みが付かなくなった。
   그렇게 말한 체면상 물러설 수 없게 되었다.

10. どうも＿＿＿＿＿＿＿ことになりました。

정말 난처하게 되었습니다.

11. 仕事の＿＿＿＿＿＿＿をしないでください。

일을 방해하지 말아 주세요.

12. 頭痛に＿＿＿＿＿＿＿＿＿。

두통에 시달리다.

13. ＿＿＿＿＿＿＿を許さない。

예측을 불허하다.

14. それは＿＿＿＿＿＿＿＿だね。

그거 솔깃한 이야기네.

15. そこを＿＿＿＿＿＿＿＿でしょうか。

그것을 어떻게 좀 안되겠습니까?

16. このことはみんなに話しても＿＿＿＿＿＿＿＿。

이 일은 모두에게 이야기해도 상관없습니다.

17. がんばれば夢はきっと＿＿＿＿＿＿。＿＿＿＿

노력하면 꿈은 반드시 이루어집니다.

18. ＿＿＿＿＿＿家に遊びに来てください。

꼭 한번 집에 놀러 오십시오.

19. 昨日の＿＿＿＿＿＿は大きかったですよ。

어제 지진은 컸었어요.

20. 今さら後悔しても＿＿＿＿＿＿だ。

이제 와서 후회해도 너무 늦었다(사후 약방문이다).

21. 明日から天気が＿＿＿＿＿＿ですって。

내일부터 날씨가 궂어진대.

22. 途中で帰った人は＿＿＿＿＿＿いませんでした。

도중에 돌아간 사람은 누구 하나 없었습니다.

23. 具合悪そうですね。＿＿＿＿＿＿呼びましょうか。

컨디션이 안 좋은 것 같군요. 구급차를 부를까요?

24. 老後はどんな＿＿＿＿＿＿＿＿がいいとお考えですか。

노후에는 어떤 집이 좋다고 생각하십니까?

25. まるで＿＿＿＿＿＿＿＿だよ。もう忘れちゃったのか。

마치 쇠귀에 경 읽기군. 벌써 잊어버렸단 말이야?

26. 彼はつまらないことによく＿＿＿＿＿＿＿＿します。

그는 하찮은 일에 곧잘 흥분합니다.

27. あの学生は一生懸命勉強したから、きっと＿＿＿＿＿＿＿＿＿＿＿＿でしょう。

그 학생은 열심히 공부했기 때문에 틀림없이 시험에 합격할 것입니다.

28. あの選手は毎日のように兎跳びをして足腰を＿＿＿＿＿＿＿＿そうですよ。

저 선수는 매일같이 토끼뜀을 해서 하반신을 단련시켰다고 합니다.

29. さすが山下君、＿＿＿＿＿＿＿＿よ。

과연 야마시타 군이야. 다시 봤어!!

30. どうせやるなら、そんな＿＿＿＿＿＿＿＿＿＿＿＿じゃなくて、もっと徹底的にやったらどう？

어차피 할 거라면 그런 어중간하게 하지 말고 좀 더 철저하게 하는 게 어때?

31. 山田さんの話って、＿＿＿＿＿＿＿＿言ってることがわかんないんだよね。

야마다 씨 말은 약간 말하는 것을 이해할 수 없어.

32. いまどき、そんな＿＿＿＿＿＿＿＿のようなことがあるわけがない。

요즘 같은 때에, 그런 공상적인 이야기와 같은 일은 있을 리가 없다.

33. 今はインターネットで買い物ができるので、お店に＿＿＿＿＿＿＿＿＿＿＿＿。

지금은 인터넷으로 물건을 살 수 있기 때문에, 가게에 가지 않아도 됩니다.

Ａｎｓｗｅｒ

1. いざという時	2. いつの間にか	3. おめでた	4. ものは試し	5. 大丈夫
6. なるほど	7. 乗り過ごして	8. がっかり	9. 手前	10. 困った
11. 邪魔	12. 悩まされる	13. 予断	14. おいしい話	15. なんとかならない
16. 構いません	17. かないます	18. ぜひ一度	19. 地震	20. 後の祭り
21. 下り坂	22. 誰一人	23. 救急車	24. 住まい	25. 馬の耳に念仏
26. 逆上	27. 試験に受かる	28. 鍛えた	29. 見直した	30. 中途半端
31. いまいち	32. おとぎ話	33. 行かないで済みます		

다음 A의 말에 대한 B의 반응으로 가장 적절한 것을 ⓐ, ⓑ 중에서 고르시오.

1. ────────────────────────

A : お茶でもいかがですか。

B : ⓐ どうぞ、ご遠慮なく。

ⓑ どうぞ、おかまいなく。

2. ────────────────────────

A : お茶をもう一杯いかがですか。

B : ⓐ いいえ、もう結構です。

ⓑ いいえ、もうたくさんです。

3. ────────────────────────

A : ゴールデンウイークはどうでしたか。

B : ⓐ 今回は1週間以上は休めそうですよ。

ⓑ もっぱら家で子供の遊び相手をしてました。

4. ────────────────────────

A : 昨日の同窓会、どうだった。

B : ⓐ みんな集まってすごく、盛り上がったんだよ。

ⓑ 田中君ももちろん来るんでしょ。

5. ────────────────────────

A : さすが山田さんですね。

B : ⓐ いえ、どうもしません。

ⓑ いえ、たいしたことありません。

6. ───

A：まいったな、いくら探しても財布がないんだよ。

B：ⓐ あら、大変、よく探してみたの。

　　ⓑ あら、見つかってよかったわね。

7. ───

A：温泉に行きたいんですが。

B：ⓐ 温泉に行きたいんでしたら、箱根がいいですよ。

　　ⓑ いいえ、そんなに行きたいわけではありません。

8. ───

A：山村さんは飲み会に出ないらしいわよ。

B：ⓐ 付き合いが広いなあ。

　　ⓑ 付き合いが悪いなあ。

9. ───

A：全て水の泡だよ。

B：ⓐ きっとやり直せるわよ。

　　ⓑ 努力した甲斐があったわね。

10. ───

A：5時半に来るはずだったのにどうしたの。

B：ⓐ ごめん、ごめん。5時半までに行くよ。

　　ⓑ ごめん、ごめん。急に来客があってさ。

11. ───

A：会社、どうですか。

B：ⓐ 思ったよりずっとたいへんです。1週間に3回も残業させられるんですよ。

　　ⓑ 新宿の駅前にあります。今度、一度いらしてください。

12.

A：東京の生活はどうですか。

B：ⓐ 都会での独り暮らしには憧れますが、実際は大変そうですね。

　　ⓑ いろいろな経験ができておもしろいですけど、物価が高いのにおどろきました。

13.

A：彼は嘘つきだし、まじめじゃないし、ひどい人だよ。

B：ⓐ そんなことないわよ。彼はあなたが思っているような人じゃないわよ。

　　ⓑ へえ、知らなかった。彼を見直したわ。

14.

A：どうして子どもの数が減っているんでしょう。

B：ⓐ 子供はいいもんですね。いるだけで家庭が明るくなりますよ。

　　ⓑ いろいろ理由があると思いますが、一つは教育費が高すぎるんだと思います。

15.

A：星野さんって、女手一つでお子さんを二人も大学に入れられて、すごいバイタリティーだよね。

B：ⓐ 本当。女のかがみだわ。

　　ⓑ 本当。反面教師だわ。

16.

A：御社の株価は、急上昇したそうですね。

B：ⓐ 先月新製品の発売と同時に株価が2倍近く落ち込んだんです。

　　ⓑ 先月新製品の発売と同時に株価が2倍近く跳ねあがったんです。

17.

A：うまく言えないんですが、やってみたら難しかったのですが、かえってやってみようという気持になったんです。

B：ⓐ なるほど、挑戦してみたくなったわけですね。

　　ⓑ なるほど、怖気付いたわけですね。

18.

A：うまく言えないんですが、日本はもっと発展途上国の将来に役に立つ援助をしたらどうかと思うんですけど。

B：ⓐ つまり援助よりも前にしなければならないことがあるというんですね。

　　ⓑ つまり技術援助をしたり、技術者を育てたりしなければならないというんですね。

19.

A：御社の主力工場が閉鎖されるそうですね。

B：ⓐ ええ、生産拠点は海外に移転して、あそこには研究開発施設にするようです。

　　ⓑ ええ、今は品薄で生産が追い付かない状態です。

20.

A：米もほかの農産物と同じよう輸入したほうがいいと思うんですけど。

B：ⓐ 最近、日本人の食生活が変わりましたからね。

　　ⓑ それにはいろいろ問題があって、政府はなかなか結論が出せないらしいですよ。

21.

A：放射能の後遺症で、体の調子がわるい子どもたちのことを紹介する番組を見たんですけど、本当にいろいろと考えさせられました。

B：ⓐ そうですか。日本も、原子力発電に関心をもったり、原発反対運動に参加する人が多くなりました。

　　ⓑ そうですか。成人病は大人だけがかかるわけではないんですね。

●그 수많은 의성어, 의태어가 직접 문제로 출제되는 경우는 청해와 독해를 통 털어 2문제 정도가 될까 말까하다. 암기하는 노고에 비해 출제 빈도 및 확률은 적은 편이다.

●●하지만 고득점을 노리는 분들에게 1-2문제는 0.1(900점대) 안에 들 수 있는가 없는가를 가늠하는 절대적인 개수!! 그럼 대책은 바로 아래에 제시한 대표선수격인 의성어, 의태어만을 먼저 외워라!! 출제자도 인간인 이상 아주 섬세한 묘사, 파생되고 확대된 일부러 찾아봐야 하는 의성어 의태어를 물어보지는 않는다.

자주 쓰이는 표현 **1**

아래 _______ 곳에 해당하는 단어를 넣어 문장을 완성하시오.

1. _________白状した。
   깨끗이 자백했다.

2. 仕事が進まないので_________する。
   일이 진척되지 않아 초조해 하다.

3. 寝不足で_________している。
   수면 부족으로 꾸벅꾸벅 졸고 있다.

4. 街中にイルミネーションが飾られると、心が_________します。
   거리 곳곳에 전광 장식이 꾸며지면 마음이 들떠요.

5. こんな所で_________しないで、さっさと行きなさい。
   이런 곳에서 우왕좌왕 하지 말고 빨리 가시오.

6. _________と入ってくる。
   주뼛주뼛 들어오다.

7. _________と辺りを見回す。
   흠칫흠칫 주변을 둘러보다.

8. 温度が_________下がった。
   온도가 갑자기 내려갔다.

売上げが＿＿＿＿＿落ちた。

매상이 뚝 떨어졌다.

9. 窓ガラスが＿＿＿＿＿と鳴る。

유리창이 덜컹덜컹 울리다.

風で雨戸が＿＿＿＿＿する。

바람으로 빈지문이 덜커덩덜커덩 거리다.

悪寒で体が＿＿＿＿＿する。

오한으로 몸이 덜덜 떨리다.

恐ろしくて＿＿＿＿＿ふるえる。

무서워서 와들와들 떨다.

10. 体が＿＿＿＿＿している。

몸이 탄탄하다.

11. いくら喉が渇いたからって水を＿＿＿＿＿と飲んではいけない。

아무리 목이 마르다 해서 물을 벌컥벌컥 마셔서는 안 된다.

12. ＿＿＿＿＿言う。

딱딱거리다.

13. 喉が＿＿＿＿＿にかわく。

목이 바싹바싹 마르다.

14. ブロック塀が＿＿＿＿＿と崩れる。

블록 담장이 우르르 무너지다.

屋根瓦が＿＿＿＿＿と崩れ落ちる。

지붕의 기와가 와르르 무너지다.

この店いつも＿＿＿＿＿だね。

이 가게, 언제나 텅텅 비어 있군요.

15. ＿＿＿＿＿と晴れる。

하늘이 활짝 개다.

16. _________になって怒る。

불같이 화를 내다.

課長はその話を聞いて_________だった。

과장님은 그 이야기를 듣고 노발대발했다.

17. 風邪を引いて頭が_________する。

감기에 걸려 머리가 지끈거리다.

18. _________10時に終わった。

정확히 10시에 끝났다.

19. 海外出張はコストが高いので_________した報告書が求められる。

해외 출장은 비용이 비싸서 잘 정리된 보고서가 필요하다.

20. エレベーターに人が_________乗っている。

엘리베이터에 사람이 가득 타고 있다.

Answer

1. あっさり	2. いらいら	3. うつらうつら	4. うきうき	5. うろうろ
6. おずおず	7. おどおど	8. がくんと	9. がたがた	10. がっしり
11. がぶがぶ	12. がみがみ	13. からから	14. がらがら	15. からり
16. かんかん	17. がんがん	18. きっかり	19. きちんと	20. ぎっしり

아래 _______ 곳에 해당하는 단어를 넣어 문장을 완성하시오.

1. 腑に落ちない事なので__________と断わった。
   납득이 안 가는 일이어서 딱 잘라 거절했다.

2. 言いたいことがあっても__________我慢して円満に解決した。
   말하고 싶은 것이 있어도 꾹 참고 원만하게 해결했다.

3. みんなが__________と笑った。
   모두가 껄껄대고 웃었다.

4. 何を__________しているのか。急いで支度しなさい。
   무엇을 꾸물거리고 있는 거냐. 빨리 준비해라.

5. __________と浮かんで見える。
   또렷하게 나타나 보이다.

6. 昨夜は__________ねむったので、疲れがとれた。
   어젯밤에는 푹 잤기 때문에 피곤이 풀렸다.

7. 今日は一日中歩きっぱなしだったから__________です。
   오늘은 하루 종일 계속 걸었기 때문에 녹초입니다.

8. 電車の中で、急に__________してしゃがみこんでしまった。
   전철 안에서 갑자기 어찔해서 웅크리고 주저앉아 버렸다.

9. 奥歯が__________する。
   어금니가 흔들거리다.

   地震で高層ビルが__________揺れた。
   지진으로 고층 빌딩이 흔들흔들 흔들렸다.

   地震で建物がちょっと__________した。
   지진으로 건물이 약간 흔들흔들했다.

やかんの湯が＿＿＿＿＿と煮えたつ。

주전자 물이 펄펄 끓다.

決心が＿＿＿＿＿する。

결심이 흔들리다.

10. 毎日毎日クレーム処理で＿＿＿＿＿している。

매일같이 클레임 처리뿐이라 할 맛이 안 난다.

11. ＿＿＿＿＿と勉強する。

꾸준히 공부하다.

12. 盗んだ品物を＿＿＿＿＿ともとに戻しておいた。

훔친 물건을 살짝 제자리에 갖다 놓았다.

13. 毎日何もしないで＿＿＿＿＿している。

매일 아무 일도 안 하고 빈둥거리고 있다.

一日中テレビを見ながら、＿＿＿＿＿しました。

하루 종일 텔레비전을 보면서 빈둥거렸어요.

14. 雨が＿＿＿＿＿と降っています。

비가 쏴아쏴아 오고 있습니다.

15. 吉野さんって、意外と＿＿＿＿＿した性格ですね。

요시노 씨는 의외로 담백한 성격이군요.

16. お腹が＿＿＿＿＿痛む。

배가 쌀쌀 아프다.

＿＿＿＿＿泣き出す。

훌쩍훌쩍 울기 시작하다.

17. 雨が＿＿＿＿＿(と)降っています。

비가 부슬부슬 오고 있습니다.

18. 夜が更けて雪が＿＿＿＿＿と降っている。

밤이 깊어 눈이 보슬보슬 내리고 있다.

19. おできが膿(う)んできたらしく＿＿＿＿＿＿痛(いた)む。

종기가 곪기 시작한 것 같이 욱신욱신 쑤신다.

20. 寝不足(ねぶそく)で気分(きぶん)が＿＿＿＿＿＿しない。

수면 부족으로 기분이 상쾌하지 않다.

A n s w e r

1. きっぱり	2. ぐっと	3. げらげら	4. ぐずぐず	5. くっきり
6. ぐっすり	7. くたくた	8. くらくら	9. ぐらぐら	10. げんなり
11. こつこつ	12. こっそり	13. ごろごろ	14. ざあざあ	15. さっぱり
16. しくしく	17. しとしと	18. しんしん	19. ずきずき	20. すっきり

아래 _______ 곳에 해당하는 단어를 넣어 문장을 완성하시오.

1. 布団を_________とかぶる。
   이불을 푹 뒤집어쓰다.

   人形の手が_________と抜ける。
   인형의 팔이 쑥 빠지다.

2. まるで赤ちゃんのように_________眠っている。
   마치 갓난아기처럼 새근새근 자고 있다.

3. 出発が今まで_________延びてしまった。
   출발이 지금까지 질질 연기되어 버렸다.

4. _________のところで合格した。
   아슬아슬하게 합격했다.

5. _________しながら出番を待つ。
   안절부절못하며 나갈 차례를 기다린다.

6. 首相は記者の鋭い質問に_________となった。
   수상은 기자의 날카로운 질문에 쩔쩔맸다.

7. 家から駅まで_________20分はかかる。
   집에서 역까지 넉넉히 20분은 걸린다.

   _________と眠った。
   푹 잤다.

   _________した服をきている。
   낙낙한 옷을 입고 있다.

8. 汗を_________と流す。
   땀을 질질 흘리다.

   _________した演説にうんざりする。
   질질 끄는 연설에 질렸다.

9. ウイスキーを一人で＿＿＿＿＿飲んだ。

위스키를 혼자서 홀짝홀짝 마셨다.

10. 彼は騒がしい子どもを不機嫌な表情で＿＿＿＿＿見た。

그는 시끄럽게 떠드는 아이들을 불쾌한 표정으로 힐끗 보았다.

11. 親子兄弟が＿＿＿＿＿になる。

부모 형제가 뿔뿔이 흩어지다.

12. 何の関係もない君が＿＿＿＿＿言う資格はない。

아무 관계도 없는 자네가 이러쿵저러쿵 말할 자격은 없어.

13. 祖父は頭が＿＿＿＿＿に禿げている。

할아버지는 머리가 반들반들 벗겨졌다.

14. 地価が＿＿＿＿＿あがる。

땅값이 확 오르다.

15. 肩を落として＿＿＿＿＿歩いていく。

어깨를 떨어뜨리고 터벅터벅 걸어가다.

16. 彼女はいつも＿＿＿＿＿して感じがいい。

그녀는 언제나 생긋생긋 웃고 있어서 느낌이 좋다.

17. 田舎で＿＿＿＿＿と暮らす。

시골에서 한가롭게 살아가다.

18. あまりにもお腹がすいたので全部＿＿＿＿＿と食べてしまった。

너무 배가 고파서 전부 덥석덥석 먹어 버렸다.

19. ＿＿＿＿＿目がさめる。

확 잠이 깨다.

天気が＿＿＿＿＿しない。

날씨가 신통치 않다.

営業成績は、去年に比べてあまり＿＿＿＿＿しない。

영업 실적은 작년에 비해 별로 신통치 않다.

20. ＿＿＿＿＿しながらサーカスを見^みる。

조마조마해 하면서 서커스를 보다.

風^{かぜ}が吹^ふくたびに桜^{さくら}の花^{はな}びらが＿＿＿＿＿割^われる。

바람이 불적마다 벚꽃잎이 뚝뚝 떨어지다.

아래 _______ 곳에 해당하는 단어를 넣어 문장을 완성하시오.

1. ひょうが_________と降る。
   우박이 후두둑후두둑 떨어지다.

   家族が_________になる。
   가족이 뿔뿔이 흩어지다.

   せっかく書類を整理したのに、落として_________にしてしまった。
   모처럼 서류를 정리했는데 떨어트려 뿔뿔이 흩어지게 해 버렸다.

2. 本を_________と捲る。
   책장을 훌훌 넘기다.

3. 恐ろしさに_________する。
   무서워서 벌벌 떨다.

   叱られるかと_________している。
   야단맞을까 봐 벌벌 떨고 있다.

4. _________と内緒話をする。
   소곤소곤 비밀 이야기를 하다.

5. 失敗はしないかと_________する。
   실패하지나 않을까 싶어 마음을 졸이다.

6. 道で_________旧友に会った。
   길에서 뜻밖에 옛 친구를 만났다.

7. _________文句を言う。
   투덜투덜 불평을 하다.

8. お腹が_________だ。
   배가 몹시 고프다.

9. ポスターを_________と貼り付ける。
   포스터를 치덕치덕 붙이다.

10. プリントを＿＿＿＿＿と捲る。

プ린트를 훌훌 넘기다.

彼は日本語が＿＿＿＿＿だ。

그는 일본어를 술술 잘한다.

11. ＿＿＿＿＿と、まさに小春日和だ。

포근한 것이 정말 봄 날 같네.

12. 山の中に＿＿＿＿＿あかりが見える。

산 속에 외따로 불빛이 보인다.

13. この財布は8年も使って＿＿＿＿＿になってしまった。

이 지갑은 8년이나 써서 너덜너덜해져 버렸다.

14. 嬉しい涙を＿＿＿＿＿と落とす。

기쁨의 눈물을 뚝뚝 흘리다.

15. 今朝から胃が＿＿＿＿＿する。

오늘 아침부터 속이 메슥거린다.

16. 彼の英語の実力は最近＿＿＿＿＿上達した。

그의 영어 실력은 최근 눈에 띄게 향상되었다.

17. 赤ちゃんが＿＿＿＿＿歩いています。

아기가 아장아장 걷고 있습니다.

18. 胸が＿＿＿＿＿する。

가슴이 두근거리다.

Answer

1. ばらばら	2. ばらばら	3. びくびく	4. ひそひそ	5. ひやひや
6. ひょっこり	7. ぶつぶつ	8. ぺこぺこ	9. べたべた	10. ぺらぺら
11. ぽかぽか	12. ぽつんと	13. ぼろぼろ	14. ぽろぽろ	15. むかむか
16. めきめき	17. よちよち	18. わくわく		

● 집중력이 문제: 질문의 목적을 정확히 파악하는 것은 집중력에 달려있다. 선입견을 버리고 끝까지 다 듣고 판단해야 하는 부분이 바로 이런 유형이다.

●● 느낌이나 의견을 물은 것에 대한 노골적인 반응, 즉 직답(直答)은 천박하고 또 오답이 경우가 대부분이다.

자주 쓰이는 표현 1

아래 _______ 곳에 해당하는 단어를 넣어 문장을 완성하시오.

1. 経済発展や株価などの成長が止まり、日本の経済はもはや＿＿＿＿＿＿の状態だ。

   경제발전이나 주가 등의 성장이 멈추어 일본 경제는 이미 한계점 상태이다.

2. 彼女は用心を重ねる「＿＿＿＿＿＿」タイプだ。

   그녀는 거듭 조심하는 돌다리도 두들겨 보고 건너는 타입이다.

3. 「＿＿＿＿＿＿」って本当ね。時間がないので近道をしたら余計に手間がかかってしまった。

   '급할수록 돌아가라' 는 말이 사실이군. 시간이 없어서 지름길로 갔다가 오히려 번거로워지고 말았다.

4. この計画は＿＿＿＿＿やり直さないとだめだ。

   이 계획은 처음부터 다시 하지 않으면 안 된다.

5. ＿＿＿＿＿すばらしい計画のようだが、問題点が多すぎる。

   언뜻 보기에는 근사한 계획 같지만, 문제점이 너무 많다.

6. 日本の漫画を読むことは好きだし、勉強にもなるから＿＿＿＿＿だ。

   일본 만화를 읽는 것은 좋아하고 공부도 되니까 일석이조이다.

7. 不採算部門は欧州系企業が＿＿＿＿＿になって、事業を継続することになりました。

   적자 부문은 유럽계 기업이 떠맡아 사업을 계속하게 되었습니다.

8. 彼は上司とはどうも＿＿＿＿＿らしい。

   그는 상사와는 아무래도 마음이 맞지 않는 것 같다.

9. ＿＿＿＿＿は立派でも、中身がなければしようがない。

   겉모양이 근사해도 속 내용이 없으면 어찌할 도리가 없다.

10. プロ＿＿＿＿＿の料理の腕を見せる。

프로 뺨칠 정도의 요리 실력을 보이다.

아래 _______ 곳에 해당하는 단어를 넣어 문장을 완성하시오.

1. 時間を__________丁寧にする。
   시간을 들여 정성껏 하다.

2. 退場者が出たため__________わがチームは不利だ。
   퇴장자가 나와서 숫자로 뒤지는 우리 팀이 불리하다.

3. 大学を__________、いい会社に入れるとは限らない。
   대학을 나왔다고 해서 좋은 회사에 들어간다고는 할 수 없다.

4. 彼は______________からそっとしておいたほうがいい。
   그는 흥분해 있으니까 가만 내 버려두는 것이 좋다.

5. このごろ、__________、何もしたくありません。
   요즘 몸의 상태가 좋지 않아서 아무것도 하고 싶지 않습니다.

6. あの人は社長でもないのに会社の______________。
   저 사람은 사장도 아닌데도 회사의 주도권을 잡고 있다.

7. いくら不満ばかり言っても______________。
   아무리 불만만 늘어놓아도 끝이 없다.

8. 女の__________料理も出来ないのか。
   여자이면서 요리도 못한단 말야?

9. もう少し時間__________できたのに。
   좀 더 시간만 있으면 할 수 있었는데.

10. 鉄棒の名手が失敗するなんて、______________とはこのことだ。
    철봉의 명수가 실수를 하다니, 원숭이도 나무에서 떨어진다는 것은 이런 것을 말하는 것이다.

Answer

1. かけて	2. 数で劣る	3. 出たからといって	4. 気が立っている
5. 気分が悪くて	6. 牛耳をとっている	7. きりがない	8. くせに
9. さえあれば	10. 猿も木から落ちる		

아래 ____ 곳에 해당하는 단어를 넣어 문장을 완성하시오.

1. 午後から_______晴れるそうです。
오후부터 점차로 맑아진다고 합니다.

2. _________言い訳は言い訳にすぎない。
결국 변명은 변명에 지나지 않는다.

3. あの店はうまい物を食わせる。_________料金が高い。
저 음식점의 음식 맛은 좋다. 단지 값이 비싸다.

4. 今日で会社を辞めるので_____________ようきちんと仕事を終わらせよう。
오늘로 회사를 그만두므로 나는 새가 뒤를 어지르지 않듯이 제대로 일을 끝마치자.

5. _________一人しか来なかった。
단 한 사람밖에 오지 않았다.

お金を使いすぎて、財布の中には_________千円しか残っていない。
돈을 너무 써서 지갑 안에는 단 천 엔밖에 남아 있지 않다.

6. 記念日の話が出ましたが、_________今日は私たちの結婚記念日です。
기념일 이야기가 나왔는데, 덧붙여서 말하자면 오늘은 우리의 결혼기념일입니다.

7. 課長に_________、まだわからないとのことでした。
과장님에게 물어 보니 아직 모른다고 했습니다.

8. _________問題が起きて、落ち着く暇もない。
잇달아 문제가 발생해서 안정될 틈도 없다.

9. あまり欲張ると、_________________________ということになる。
너무 욕심내면, 두 마리 토끼를 쫓는 자는 한 마리도 얻지 못하는 꼴이 된다.

10. あまりの忙しさに_____________ほどだ。
너무나도 바빠서 고양이 손이라도 빌리고 싶을 정도이다.

Answer

1. 次第に	2. 所詮	3. ただ	4. 立つ鳥あとを濁さぬ	5. たった
6. 因みに	7. 聞いたところ	8. 次々	9. 二兎を追う者はいっとをも得ず	
10. 猫の手も借りたい				

아래 _____ 곳에 해당하는 단어를 넣어 문장을 완성하시오.

1. うちの土地は_____________ほど狭い。
   우리 땅은 고양이 이마만큼 좁다.

2. 彼が結婚するなんて_______________だ。
   그가 결혼하다니 아닌 밤중에 홍두깨다.

3. とんだ厄介者を引き受ける__________。
   생각지도 않은 애물을 떠맡는 처지가 되었다.

4. __________話せば、分かってもらえると思います。
   본심을 털어놓고 이야기하면, 알아줄 것 같습니다.

5. 宝石も_______________ある。
   보석도 최고급에서 최하위까지 있다.

   歌手といっても_______________ある。
   가수라고 해도 최고급에서 최하위까지 있다.

6. こうなったら犯人は__________も同然だ。
   이렇게 되면 범인은 독 안에 든 쥐나 마찬가지다.

7. 重大な役目を果たして、_______________。
   중대한 역할을 다해서 안심하고 있다.

   やっと審査が終わって、今は_______________ところです。
   이제야 심사가 끝나 지금은 한숨 돌리고 있는 참이에요.

8. 卒業旅行がとても__________です。
   졸업 여행이 몹시 기다려져요.

9. 左遷されたのは自分の_______________とあきらめるしかない。
   좌천된 것은 자신의 탓이니 포기할 수밖에 없다.

10. 会議が＿＿＿＿＿になる。

회의가 엉망이 되다.

아래 _______ 곳에 해당하는 단어를 넣어 문장을 완성하시오.

1. 早速_______________いただきます。
   즉시 용건에 들어가겠습니다.

2. 心配した__________いい結果が出た。
   걱정한 것에 비해서는 좋은 결과가 나왔다.

3. 両国政府を上手に収める手腕があれば___________________かもしれない。
   양국 정부를 능숙하게 수습할 수완이 있다면 시련을 겪은 후에 이전보다 더욱 기초가 튼튼해질지도 모른다.

4. なるべくお世話になりたくないが、急病、事故、_____________に頼るのが119番、救急隊だ。
   되도록 남에게 폐를 끼치고 싶지는 않지만, 위급한 일이나 사고, 만일의 경우에 의지하는 것이 119번 구급대이다.

5. __________を掛けられている。
   혐의를 받고 있다.

   強盗事件に関わっている__________が出てきた。
   강도 사건에 관련이 되어 있다는 혐의가 드러났다.

6. 経済面での結束を__________。
   경제면에서의 결속을 내세웠다.

7. __________やアジア先進国の中で日本の移植医療は遅れているといわれています。
   구미나 아시아 선진국 가운데, 일본의 이식 의료 기술은 뒤쳐져 있고 합니다.

8. 授賞式なのに、__________の本人がまだ来ていない。
   수상식인데 정작 중요한 본인은 아직 오지 않았다.

9. 「希望退職」とは定年前に本人の__________することで、通常、退職金の割り増しなどの特典がつく。
   '희망퇴직' 이란 정년 전에 본인의 희망으로 퇴직하는 것으로 보통 퇴직금에 여분의 가산금이 더해지는 등의 특전이 있다.

10. 何もわからない__________、いつも知ったふりをする。
    아무것도 모르는 주제에 언제나 아는 체하고 있다.

A n s w e r

1. 用件に入らせて	2. 割には	3. 雨降って地固まる	4. いざという時	5. 疑い
6. 打ち出した	7. 欧米	8. 肝心要	9. 希望退職	10. 〜くせに

아래 _______ 곳에 해당하는 단어를 넣어 문장을 완성하시오.

1. 携帯電話のIモードなどを利用したネット通信が_________している。
   휴대폰의 I모드 등을 이용한 인터넷 통신이 격증하고 있다.

2. 同盟諸国から_________の声が出ている。
   동맹 국가들로부터 우려의 소리가 나오고 있다.

   将来が_________られる。
   장래가 걱정되다.

3. 犯人逮捕の_________表彰された。
   범인 체포의 공을 세워 표창 받았다.

4. 加害者側が被害者の__________________、両者は意見の一致をみた。
   가해자 측이 피해자의 앞으로의 생활을 보상하는 것으로 양자의 의견의 일치를 보았다.

5. 事ある_________。
   무슨 일이 있을 때마다.

   失業率が地域_________異なる。
   실업률이 지역마다 다르다.

6. _________顧客を増やす。
   상담에 응해 고객을 늘리다.

7. IT関連の政府の計画が_________浮上している。
   IT관련 정부 계획이 차례로 부상하고 있다.

8. 周辺住民の不安が_________。
   주변 주민의 불안이 더해지다.

9. 若い選手が台頭し、ベテランの_________はほとんどない。

젊은 선수가 대두해, 베테랑 선수가 활약할 기회는 거의 없다.

10. 中東地域の安定に_________。

중동 지역의 안정에 힘쓰다.

A n s w e r

1. 激増　　　　　2. 懸念　　　　　3. 功をたてて　　　　4. 今後の生活を補償することで
5. ごとに　　　　6. 相談に乗って　　7. 次々と　　　　　8. 募る　　　　　9. 出番
10. 取り組む

아래 _______ 곳에 해당하는 단어를 넣어 문장을 완성하시오.

1. 承認が__________。
   승인이 취소되다.

2. 警官の__________を受ける。
   경관의 조사를 받다.

   被疑者として__________を受ける。
   피의자(용의자)로서 문초를 받다.

3. 2000年の6月末には人口の6分の1__________2000万人を突破する見込みだそうです。
   2000년 6월말에는 인구의 6분의 1에 해당하는 2,000만 명을 돌파할 전망이라고 한다.

4. 差益還元を望む消費者の声__________、価格の引き下げを行ってきた。
   차익 환원을 바라는 소비자의 요구에 응해서 가격 인하를 실시해 왔다.

5. 今回の措置は現地直輸入の生鮮品__________のことだ。
   이번 조치는 현지 직수입한 야채나 과일에 한한 것이다.

6. 社会の要求__________。
   사회의 요구에 응하다.

7. 急速な工業化__________工場が次々と建てられた。
   급속한 공업화에 따라 공장이 잇달아 세워졌다.

8. 強制捜査__________方針です。
   강제수사에 착수할 방침입니다.

9. 騒動__________。
   소동에 말려들다.

10. 参議院選挙は、自民党が大勝した__________、株価は次の日大きく下がった。
    참의원 선거에서 자민당이 대승했음에도 불구하고 주가는 다음 날 크게 떨어졌다.

A n s w e r

1. 取り消される	2. 取り調べ	3. に当たる	4. に応えて	5. に限って
6. に応える	7. に伴って	8. に乗り出す	9. に巻き込まれる	10. にもかかわらず

아래 _______ 곳에 해당하는 단어를 넣어 문장을 완성하시오.

1. 効率アップのため、残業を減らす方向_______________。
   효율을 향상시키기 위해 잔업을 줄이는 방향으로 나가고 있다.

2. 収穫量_________価格が左右される。
   수확량에 따라 가격이 좌우된다.

3. 事件の黒幕が自ら_____________。
   사건의 흑막이 스스로 마각을 드러내었다.

4. 子どもたちのテレビゲーム_________がじわりと進んでいる。
   아이들의 TV 게임 이탈 현상이 점차 심해지고 있다.

5. 得点の_________が大きい。
   득점의 격차가 크다.

6. 保身に汲々とするばかりで、_________政治家は少ない。
   처세에 급급하기만 하고, 기골이 있는 정치가는 적다.

7. 関連施設を一緒に_________。
   관련 시설을 함께 돌아보다.

8. 保険金を_________に夫など二人を殺害した。
   보험금을 노리고 남편 등 두 명을 살해했다.

9. 借金を返せと_________をされている。
   빚을 갚으라는 성화같은 독촉을 받고 있다.

10. 今まで_________負け越しているのが今日の対戦相手だ。
    지금까지 유일하게 이긴 것보다 진 횟수가 많은 것이 오늘 대전하는 상대이다.

Answer

1. に向かっている	2. によって	3. 馬脚をあらわした	4. 離れ	5. 開き
6. 骨のある	7. 見回る	8. 目当て	9. 矢の催促	10. 唯一

아래 _______ 곳에 해당하는 단어를 넣어 문장을 완성하시오.

1. 任命する意向を_______________。
   임명할 의향이 있음을 밝혔습니다.

2. 開発部は来月商品の納期を_______________。
   개발부는 다음 달 상품의 납기를 앞두고 있다.

3. 大統領と晩餐を___________ことにした。
   대통령과 만찬을 함께 하기로 했다.

4. サービス競争の時代を_______________。
   서비스 경쟁 시대를 맞이했습니다.

5. イラク戦争を___________生じた対立を修復する。
   이라크 전쟁을 둘러싸고 발생한 대립을 회복하다.

6. 裁判所の判決に異議を_______________。
   재판소 판결에 이의를 제기하다.

Answer

1. 明らかにしました   2. 控えている   3. 共にする   4. 迎えました   5. めぐって
6. 申し立てる

다음 A의 말에 대한 B의 반응으로 가장 적절한 것을 ⓐ, ⓑ 중에서 고르시오.

1.

A : ご無沙汰しております。

B : ⓐ あいかわらず元気です。
　　ⓑ 本当にお久しぶりですね。

2.

A : お住まいはどこですか。

B : ⓐ 一軒家に住んでいます。
　　ⓑ 渋谷です。

3.

A : もう一つどう。

B : ⓐ 食べたいけど、我慢しとくわ。
　　ⓑ 一つと言わずにたくさんどうぞ。

4.

A : 退屈な話しでしたね。

B : ⓐ はい、とてもためになりました。
　　ⓑ 本当につまらなかったですね。

5.

A : 今度のマンション、周りの環境はどうですか。

B : ⓐ 近くに山があって空気がきれいです。
　　ⓑ 部屋は広くて掃除が大変です。

6. ___________________________________

A：もう私（わたし）たちサラリーマンは自分（じぶん）の家（いえ）を持（も）つことができませんね。

B：ⓐ 土地（とち）の値段（ねだん）がこんなに急（きゅう）に上（あ）がってしまってはね。

　　ⓑ ええ、今度（こんど）郊外（こうがい）にマイホームを構（かま）えようと思（おも）っています。

7. ___________________________________

A：あの店（みせ）の料理（りょうり）はいつも食（た）べきれないんですよ。

B：ⓐ そんなにまずいんですか。

　　ⓑ そんなに多（おお）いんですか。

8. ___________________________________

A：山田（やまだ）さんはスタイルがいいですね。

B：ⓐ ええ、すらっとしていますね。

　　ⓑ ええ、ぼ（ぼ）ってりしていますね。

9. ___________________________________

A：甘（あま）いものには目（め）がないそうですね。

B：ⓐ ええ、甘（あま）いものは苦手（にがて）です。

　　ⓑ ええ、いくらでも食（た）べられます。

10. ___________________________________

A：どうしたんですか、顔色（かおいろ）が悪（わる）いですよ。

B：ⓐ 寝不足（ねぶそく）なんです。

　　ⓑ お酒（さけ）を飲（の）んでとても気分（きぶん）がいいんです。

11. ___________________________________

A：田中（たなか）さんから毎日矢（まいにちや）の催促（さいそく）をされているんですよ。

B：ⓐ 放任（ほうにん）されるのもちょっとね。

　　ⓑ あまりせき立（た）てられるのもちょっとね。

12.

A：髪の毛、切ったでしょう。

B：ⓐ のびてうっとうしかったからね。

　　ⓑ よく似合いますね。

13.

A：お正月はどうでしたか。

B：ⓐ 三箇日は休みます。

　　ⓑ 実家でのんびり過ごしました。

14.

A：着た感じはどうだ。

B：ⓐ ちょっと肩の辺りがきついです。

　　ⓑ 思ったより高いですね。

15.

A：これ10年ぐらい前に流行りましたね。

B：ⓐ いやあ、懐かしいわ。

　　ⓑ いやあ、うらやましいわ。

16.

A：彼のことは心配する必要ないよ。

B：ⓐ あの男を執拗に見てはいけない。

　　ⓑ あの男を甘く見てはいけない。

17.

A：新しい仕事はどうですか。

B：ⓐ 貿易関係の仕事です。

　　ⓑ 高が知れていますよ。

18.

A：せっかく行ったのに留守でした。

B：ⓐ 誰と会ったんですか。

　　ⓑ 無駄足でしたね。

19.

A：どうしたんですか。元気がないですね。

B：ⓐ テニスの試合に負けたんです。

　　ⓑ 次もまたあるじゃないですか。

20.

A：山田さん、元気がないんですね。どうしたんですか。

B：ⓐ ちょっと、ショッキングなことがありましてね。

　　ⓑ 明日、ハイキングにでも行きましょう。

21.

A：日本経済の回復基調も怪しくなってきましたね。

B：ⓐ ええ、ようやく長いトンネルを抜けましたね。

　　ⓑ ええ、はっきり言って、頭打ちですよ。

22.

A：今はどこのデパートも在庫を抱えて悲鳴をあげてるみたいだね。

B：ⓐ どんどんディスカウントして売りさばいて行けばいいのに。

　　ⓑ それはうれしい悲鳴ですね。

23.

A：リストラで残業は増えてもボーナスは出ないなんて、まったくもう！

B：ⓐ いいこと尽くしだね。

　　ⓑ 踏んだり蹴ったりね。

24.

A：株の取り引きは儲けも大きいかわりに危険も大きいですよね。

B：ⓐ ええ、利益のわりに危険が少ないです。

　　ⓑ ええ、ハイリスク・ハイリターンが原則ですから。

25.

A：どうしようかな。行こうかな。よそうかな。

B：ⓐ 君ってなかなか潔いんだね。

　　ⓑ そんなに考えるなら、やめといたらどう。

26.

A：電車、意外にすいてますね。

B：ⓐ ええ、ラッシュアワーとは思えないほどですね。

　　ⓑ ええ、こんなにぎゅうぎゅう詰めの電車は初めてですよ。

27.

A：あの新聞社の今回の入社試験、すごく難しかったそうだね。

B：ⓐ うん、手も足も出なかったほどだよ。

　　ⓑ うん、顔が立たなかったよ。

28.

A：日本でも消費者価格が下がり気味だそうですね。

B：ⓐ ええ、でも物価下落は、消費者に利益を与えるでしょう。

　　ⓑ ええ、このままインフレが続けば消費者の生活はますます苦しくなるでしょう。

29.

A：髪の毛、切ったでしょう。

B：ⓐ 短めに切ってください。

　　ⓑ 伸びてうっとうしかったからです。

30.

A：マンションを購入されたそうですね。

B：ⓐ ええ、20年ローンですけどね。

　　ⓑ ええ、早く持ち家に住みたいです。

31.

A：井上さんが入院したそうです。

B：ⓐ じゃあ、お祝いを持っていかなければなりませんね。

　　ⓑ じゃあ、一緒にお見舞に行きませんか。

32.

A：あら、そのスカーフすてきですね。

B：ⓐ けっこう高かったでしょう。

　　ⓑ よく似合うでしょう。

33.

A：ぼくも、あんな会社に入社したいな。

B：ⓐ へえ、蒔かぬ種は生えぬものだよ。

　　ⓑ へえ、火のないところに煙は立たぬものだよ。

34.

A：女性の結婚年齢が上がってきていますね。

B：ⓐ そうですね、早くいい人が見つかるといいですね。

　　ⓑ そうですね、これからもまた高くなりそうですね。

35.

A：このコンピュータはすべて音声で入力できるようになっています。

B：ⓐ じゃあ、キーボードの打ち方を早く覚えなければなりませんね。

　　ⓑ じゃあ、キーボードが打てない人でも使えるということになりますね。

36.

A：今日課長に怒鳴られたんだ。

B：ⓐ そんなに自画自讃してはいけないよ。

　　ⓑ 自業自得だよ。また期日どおりにレポートを終えなかったんだから。

37.

A：日本の消費もだいぶ冷え込んでいるようですね。

B：ⓐ ええ、デパートもクリスマス商戦で書き入れ時のようです。

　　ⓑ ええ、あらゆる分野で買い控え現象が起き、小売業界は四苦八苦ですよ。

●관심을 갖고 들어 보세요. 둘은 어떤 관계인지.. 대화 쌍방의 관계에 주의한다.
관계를 알면 둘의 대화가 무엇을 말하는지 이해의 정도가 백배 심화된다.
●●특히 아래 2가지 문제 유형은 꼭 맞추도록 한다. 사역, 수동이 가미된 문제에서의 행위 주체 구별 그리고 경어표현에서의 존경어와 겸양어에 대한 적절한 사용법

자주 쓰이는 표현 4

아래 _______ 곳에 해당하는 단어를 넣어 문장을 완성하시오.

1. はい、5千円お_________致しました。
   예. 5천 엔 받았습니다.

2. 彼女は意外に_________ですよ。
   그녀는 의외로 여자다워요.

3. 伊藤さんはみんなから_________されています。
   이토 씨는 모두로부터 신뢰를 받고 있습니다.

4. そのビルが_________のは5年前です。
   그 빌딩이 건설된 것은 5년 전입니다.

5. 彼の料理の腕は_________ですよ。
   그의 요리 솜씨는 프로 요리사 빰 칠 정도예요.

6. 予想を大きく_________います。
   예상을 크게 밑돌고 있습니다.

7. この土地はとても_________いるんだそうです。
   이 땅은 매우 비옥하다고 합니다.

8. 弟さんは今何を_________るんですか。
   동생은 지금 뭘 합니까?

9. どうも_________天気だな。
   정말 날씨가 변덕스럽군요.

10. __________ことを言うな。

각박한 소리를 하지 말아라.

11 __________なことを忘れてしまった。

중요한 일을 잊어 버렸다.

12. 実は今盆栽に__________んです。

실은 요즘 분재에 푹 빠져 있습니다.

13. __________いて10メートル先も見えないな。

안개가 껴서 10미터 앞도 안 보이네.

14. 両作品__________家庭でネットで論争が起きている。

두 작품을 둘러싸고 가정에서 인터넷에서 논쟁이 일고 있다.

15. 小林君は__________ではへこたれないね。

고바야시 군은 여간해서는 지치지 않는군.

16. まだ使えるものを捨てるなんて__________。

아직 쓸 수 있는 것을 버리다니 아깝다.

17. この交差点は__________のでよく事故があります。

이 교차로는 앞이 잘 보이지 않아서 자주 사고가 있습니다.

18. __________は構造改革を始めたそうですね。

귀사는 구조 개혁을 시작했다고 들었는데요.

19. このところ宴会続きでいつも__________なんだ。

요즘 계속되는 연회 때문에 언제나 12시가 넘어서야 집에 가요.

20. あんなに__________のに、こんな誤解も起こりうるのですね。

그렇게 대화를 했는데, 이런 오해도 일어날 수 있는 거군요.

21. あの慎重な田中さんが失敗するなんて__________とおもいます。

그 신중한 다나카 씨가 실패를 하다니 있을 수 없다고 생각합니다.

22. いよいよ今月末に__________することになりましたので、ご挨拶に伺いました。

드디어 이 달 말에 정년퇴직하게 되어서, 인사차 찾아뵈었습니다.

23. 御社の＿＿＿＿＿＿＿＿＿＿はどうなりそうですか。

귀사의 중간 결산은 어떻게 될 것 같습니까?

24. 構造改革の必要性が＿＿＿＿＿＿呼ばれていますよ。

구조 개혁의 필요성이 자주 외쳐지고 있어요.

25. 日本の＿＿＿＿＿＿＿も同時多発テロの影響が厳しいようですね。

일본 주식시장도 동시다발 테러의 영향이 심각한 것 같군요.

26. 不景気では下請け会社など弱いところに＿＿＿＿＿＿＿が来る。

불경기에서는 하청 회사 등 약한 곳에 여파가 미친다.

27. 石田さん、いろいろお世話になりましたが、来月から大阪工場に＿＿＿＿＿＿ます。

이시다 씨, 여러모로 신세졌습니다만, 다음 달부터 오사카 공장으로 옮기게 되었습니다.

Answer

1. あずかり	2. 女らしい	3. 信頼	4. 建設された	5. プロ顔負け
6. 下回って	7. 肥えて	8. やって	9. はっきりしない	10. 世知がらい
11. 肝心	12. 凝っている	13. 霧がかかって	14. をめぐって	15. ちょっとのこと
16. もったいない	17. 見通しがきかない	18. 御社	19. 午前様	20. 話し合った
21. あり得ない	22. 定年退職	23. 中間決算	24. 盛んに	25. 株式市場
26. しわ寄せ	27. 移り			

다음 A의 말에 대한 B의 반응으로 가장 적절한 것을 ⓐ, ⓑ 중에서 고르시오.

1.

A : おいくつですか。/ 何歳ですか。

B : ⓐ 12月20日です。

　　ⓑ 今年二十歳です。

2.

A : 学校の電話番号がわかりますか。

B : ⓐ たしか3333-3444だったと思います。

　　ⓑ 誰から聞いたんですか。

3.

A : スミスさん。もう、日本は長いんですか。

B : ⓐ 来年国へ帰ります。

　　ⓑ もうすぐ1年です。

4.

A : ご家族も一緒にいらっしゃいましたか。

B : ⓐ 明日妻が来ます。

　　ⓑ 家族は妻と子供が二人います。

5.

A : 今度のテストはいつでしたっけ。

B : ⓐ 先週の日曜日のは難しかったです。

　　ⓑ たしか、来週の木曜日だったと思います。

6.

A：テストは10時から12時半までです。

B：ⓐ ということはテストの時間は2時間半ですね。

　　ⓑ ということはテストは何時に終わりますか。

7.

A：ねえ、見て見て、20000円のカメラが12000円ですって。

B：ⓐ よし、じゃあ値切ってみよう。

　　ⓑ ってことは4割引か。

8.

A：どうですか、会社のほうは。うまくいってますか。

B：ⓐ 実は、もう転職しようかって考えているんです。

　　ⓑ 毎日電車で行っています。

9.

A：先生の誕生日に何かプレゼントをしたいですね。

B：ⓐ かわいらしい日本人形をいただきました。

　　ⓑ 先生は花が好きだから、花はどうですか。

10.

A：駅前の食堂は繁盛してますね。

B：ⓐ 安くておいしいんです。

　　ⓑ いつもがらがらです。

11.

A：よくスポーツをなさいますか。

B：ⓐ 来週の土曜日にします。

　　ⓑ 毎朝、水泳をしています。

12.

A：足を引きずって、どうしたんですか。

B：ⓐ 転んで足をくじいたんです。

　ⓑ 病院に行くところです。

13.

A：石田さんが自社ビルを建てたそうですよ。

B：ⓐ ええ、仕事の後のビールは最高ですよ。

　ⓑ ええ、しかも、新市街の一等地に6階建てのビルですよ。

14.

A：最近、日本では結婚率が低くなってきたようですね。

B：ⓐ そうですね。働く女性がふえてきたからでしょう。

　ⓑ そうですね。安易に結婚を決めてしまうカップルがふえてきたからでしょう。

15.

A：営業部の山田さんが退職したそうですね。

B：ⓐ そうですよ。やめないようにみんなで引き止めましょう。

　ⓑ そうですよ。外資系の企業にヘッドハントされたんですよ。

16.

A：もう5月だっていうのに、冬みたいに寒いですね。

B：ⓐ そうだね。こんなに寒いと風邪ひいちゃいますよね。

　ⓑ そうだね。まだ秋なのに寒すぎますよね。

17.

A：今日はずいぶん道が混んでいますね。

B：ⓐ ええ、車がすいすい走っていますね。

　ⓑ ええ、工事をやっているんですよ。

18.

A：この割引券、まだ使えますか。

B：ⓐ　ええ、ご利用いただけます。

　　ⓑ　ええ、お使いします。

19.

A：ご注文は以上でよろしいですか。

B：ⓐ　ええ、あしからず。

　　ⓑ　ええ、とりあえず。

20.

A：日本へ来るとき、弟に私の車をあげました。

B：ⓐ　そうですか。弟さんが喜んだでしょう。

　　ⓑ　そうですか。いくらで売ったんですか。

21.

A：御社の業界は、企業ごとに扱い製品が決っているので、デフレにつよいでしょう。

B：ⓐ　最近は、リストラの波が押し寄せて私の首も危ないですよ。

　　ⓑ　最近は、競争が激しくなって、決められた製品以外も扱う会社が増えていますよ。

22.

A：田辺さん、この標識の意味わかりますか。

B：ⓐ　あ、それはそばに学校があるから、車の人は気をつけろっていう意味でしょ。

　　ⓑ　あ、それはあちこちでよく見かける標識ですね。

23.

A：昨日電話したけど、いなかったみたいね。どこにいってたの。

B：ⓐ　うちにいたんだけど、お風呂に入ってたんだよ。

　　ⓑ　え、いたよ。電話してくれればよかったのに。

24. --

A：日本でもIT関連の株価がさえませんね。

B：ⓐ ITブームの煽りを受けて、上昇を続けていますからね。

　　ⓑ ITブームで上昇したけれど、ここ一ヶ月続落しているのが多いですね。

25. --

A：大山さんの会社が倒産したそうですね。

B：ⓐ 親会社が生産拠点を中国に移したので受注が激減したそうですよ。

　　ⓑ 事業を拡大したんですね。

26. --

A：石井さん、原料の高騰、困りましたね。

B：ⓐ ええ、これで製品を安く市場に出せますよ。

　　ⓑ ええ、製品価格は停滞しているのに、原料ばかりあがってはねえ。

27. --

A：日本は不況なのに、どうして日本の大学で学びたい外国人がいるんでしょう。

B：ⓐ たぶん留学生は戦後の日本の経済成長から何かを学びたいんだと思います。

　　ⓑ たぶんバブル崩壊後、日本に魅力を感じなくなったんでしょうね。

28. --

A：トヨタ工業が工場を中国に移すそうですよ。

B：ⓐ 生産拠点は日本のままということですね。

　　ⓑ 人件費と今後のアジアの発展を考えたんですね。

● 질문이나 요구에 대한 답변이 긍정 혹은 부정인지를 먼저 확실히 잡아두자.

●● 그리고 더 중요한 것은 다음에 이어지는 표현이 긍정 부정에 맞춰 앞뒤 내용이 조화를 이루고 있는지 살펴야 한다. 즉 대답은 긍정으로 하고 후속 반응에 부정적인 견해가 제시되거나 하는 경우, 또는 그 반대의 경우의 수를 주의해라.

자주 쓰이는 표현

아래 ________ 곳에 해당하는 단어를 넣어 문장을 완성하시오.

1. 田中先生に__________いただきました。
   다나카 선생님에게 빌렸습니다.

2. __________までこれを届けてもらえますか。
   거래처까지 이걸 배달해 주시겠어요?

3. 課長とまだ______________の。
   과장님과 아직 연락이 안 돼?

4. __________に和食レストランがありますか。
   근처에 일본 요리 음식점이 있습니까?

5. 木村さんの会社、__________と聞きましたが、本当ですか。
   기무라 씨 회사, 위험하다고 들었는데, 정말입니다.

6. 今日、__________食事をするんだけどいらっしゃいませんか。
   오늘, 모두 함께 식사할 건데 안 오시겠어요?

7. 山田さんがどうしているか__________ですか。
   야마다 씨가 어떻게 지내는지 알고 계십니까?

8. はい、＿＿＿＿＿＿います。/ はい、＿＿＿＿＿＿おります。

예, 알고 있습니다.

9. いいえ、＿＿＿＿＿＿ません。/ いいえ、＿＿＿＿＿＿ません。

아니요. 모릅니다.

다음 A의 말에 대한 B의 반응으로 가장 적절한 것을 ⓐ, ⓑ 중에서 고르시오.

1.

A : 日本語がお上手ですね。

B : ⓐ いいえ、まだまだです。

　　ⓑ ええ、けっこうです。

2.

A : アメリカへ行ったことがありますか。

B : ⓐ はい、行きました。

　　ⓑ はい、あります。

3.

A : 山田さん、フランス語ができるんですか。

B : ⓐ いえいえ、簡単な挨拶ができるって程度ですよ。

　　ⓑ ええ、早く話せるようになりたいです。

4.

A : この本おもしろくない？

B : ⓐ そうね。つまらないわね。

　　ⓑ そうね。おもしろいわね。

5.

A : あれ、あそこにいるの田中さんじゃない？

B : ⓐ えっ、どこどこ？ あっ、ほんとだ田中さんだわ。

　　ⓑ えっ、どこどこ？ あっ、ほんとだ鈴木さんだわ。

6.

A：ちょっと暑いんじゃない？

B：ⓐ そうね。窓を閉めましょうか。

　　ⓑ そうね。クーラーをつけましょうか。

7.

A：よくお酒をお飲みになりますか。

B：ⓐ いえ、後で飲みます。

　　ⓑ いえ、たまに飲んでいます。

8.

A：お久しぶりです。

B：ⓐ ええ、三年ぶりでしょうか。

　　ⓑ よくお会いしますね。

9.

A：ちょっと相談に乗ってもらえませんか。

B：ⓐ ええ、実は悩んでいるんです。

　　ⓑ ええ、いいですよ。なんですか。

10.

A：郵便局はこの辺りですか。

B：ⓐ いいえ、この辺りにはありません。

　　ⓑ はい、ここから遠いです。

11.

A：ちょっとうかがいたいことがあるんですが。

B：ⓐ はい、うかがってください。

　　ⓑ はい、なんですか。

12.

A：この服、地味じゃないかしら。

B：ⓐ いいえ、お似合いですよ。

　　ⓑ いいえ、落ち着いて見えます。

13.

A：昨日どこかへ行きましたか。

B：ⓐ はい、友達の家に行くつもりです。

　　ⓑ はい、友達の家に行きました。

14.

A：家で何か飼っていますか。

B：ⓐ はい、パンと牛乳を買いに行きます。

　　ⓑ はい、犬を飼っています。

15.

A：お待たせいたしました。

B：ⓐ いいえ、わたしも今来たばかりです。

　　ⓑ いいえ、待たせていただきます。

16.

A：母の手作りですけど、お口に合いますか。

B：ⓐ いえ、それほどでもありません。

　　ⓑ ええ、とてもおいしいですね。

17.

A：今晩、みんなでいっしょにビアホールへ行きませんか。

B：ⓐ 私は踊りの方はぜんぜんなんです。

　　ⓑ せっかくですが、きょうはちょっと。

18.

A：旅行のパンフレットですね。どこかへ行くんですか。

B：ⓐ ええ。エジプトとギリシャを旅行しようと思っているんですけど。

ⓑ ええ。卒業旅行でヨーロッパへ行ってきました。

19.

A：お帰りなさい。ずいぶん遅かったね。

B：ⓐ うん、出発の予定を早めてもらったんだ。

ⓑ うん、新幹線が4時間も遅れたんだ。

20.

A：相撲をごらんになったことがありますか。

B：ⓐ いいえ、まだ見たことはありません。

ⓑ はい、ごらんになりました。

21.

A：新入社員の歓迎パーティーは、いつもの料理屋でやりますか。

B：ⓐ いいえ、いつものところでやるそうですよ。

ⓑ いいえ、今年は駅前のホテルでやるそうですよ。

22.

A：木村さん、昨日は遅くまで会議が続いたようですね。

B：ⓐ ええ、緊急営業会議がありまして、帰宅は午前様でしたよ。

ⓑ ええ、最近はサービス残業はしないことにしているんです。

23.

A：竹内さん、申し訳ないけど2万円貸してくれないかな。

B：ⓐ ごめん。借りてあげたいけどお金がなくて。

ⓑ ごめん。私も持ち合わせがないの。

24. ____

A：今度の土曜日家で夕食でもどうですか。

B：ⓐ はい、喜んで伺います。

　　ⓑ いいですね。おいしい店、どこか知っていますか。

25. ____

A：それちょっと見せてもらってもいいかしら。

B：ⓐ ええ、どうもどうも。

　　ⓑ ええ、どうぞどうぞ。

26. ____

A：このごろ忘年会が続きますけど、中野さんは二日酔いになりませんか。

B：ⓐ ええ。飲みに行くまえに、牛乳を飲むようにしているんです。

　　ⓑ ええ。忘年会は断りにくいものですからね。

27. ____

A：今度の土曜日にいっしょに映画を見ませんか。

B：ⓐ すみませんが、明日は先約があって…。

　　ⓑ すみませんが、土曜日はちょっと…。

28. ____

A：そのテレビ番組はつまらなかったよ。

B：ⓐ ほんとね、でもひとつ利口にはなったよ。

　　ⓑ ほんとね、最初から最後まで笑いっぱなしだったよ。

29. ____

A：吉田さん、ワープロ買ったの?

B：ⓐ ううん、一括は無理だったから分割払いで買ったんだ。

　　ⓑ ううん、兄が新しいのと買い替えたのでもったいないから前のをわたしが使っているのよ。

30.

A：そこを何とかならないでしょうか。

B：ⓐ いやあ、無理ですよ、それは。

　　ⓑ いやあ、何ともないです。

31.

A：最近、肺癌でなくなる人が多いですね。

B：ⓐ そうですか。禁煙する人も増えていますからね。

　　ⓑ そうですか。タバコをたくさんすうからでしょうね。

32.

A：このランチ定食、食べごたえがありますね。

B：ⓐ ええ、ボリュームたっぷりで。今度はみんなで一緒に来ましょう。

　　ⓑ ええ、値段のわりに量が少なかったですね。

33.

A：日本のビジネスも競争が激しくなって、大変ですね。

B：ⓐ ええ、景気が上向いたおかげで競争が緩和されました。

　　ⓑ ええ、価格競争から異業種参入、何でもありですからね。

34.

A：よく分からないんですが、日本人はもっと自分に似合うかどうかを考えて服を選んだ方がいいん

　　じゃないでしょうか。

B：ⓐ 確かそうですね。

　　ⓑ 確かそうだったと思います。

35.

A：最近の母親は、家事を手伝わせないそうですね。

B：ⓐ そうですか。共稼ぎで鍵っ子が多いですからね。

　　ⓑ そうですか。塾に行かせたり、ピアノを習わせたりしているそうですよ。

36.

A：山田社長、ご在宅ですか。

B：ⓐ 申し訳ありません。ただいま出かけております が。

　　ⓑ 申し訳ありません。いらっしゃいません。

37.

A：鉛筆で書かなくてはいけませんか。

B：ⓐ いいえ、書かなくてもいいです。

　　ⓑ いいえ、書いてもいいです。

38.

A：このアルバイト1時間500円だって。

B：ⓐ 悪いけど500円玉は持ってないのよ。

　　ⓑ 1時間500円じゃ、やりたくないわね。

39.

A：昨日の新聞、まだありますか。

B：ⓐ ありますよ。真ん中のファイルの右側です。

　　ⓑ いいえ、忙しかったので見出しだけ見ました。

40.

A：よろしかったら、週末に遊びに来ませんか。

B：ⓐ どうしてもというのなら、仕方がないですね。

　　ⓑ せっかくですが、土曜日は用事がありまして…。

41.

A：どうしたのかしら、田中さん遅いですね。来ないんでしょうか。

B：ⓐ 彼は約束を破るような人じゃないから、来ますよ。

　　ⓑ えっ、田中さん、来られないって本当ですか。

42.

A：スミスさん、いい日本語の学校みつかりましたか。

B：ⓐ いえ、日本語を勉強して2年になります。

　　ⓑ いえ、まだです。みんな授業料が高かったり、会社から遠かったりして…。

43.

A：君の部屋、本ばかりだね。よく読むんだね。

B：ⓐ いや、全部読んだわけじゃないよ。積んでおくだけのも多いよ。

　　ⓑ いや、図書館にはほとんど行かないよ。

44.

A：息子さんがアメリカ留学を終えて帰国したそうですね。

B：ⓐ ええ、ビザの書替えで来月戻る予定です。

　　ⓑ ええ、6月に帰国して、先月からいとこの会社で働いています。

45.

A：さしあげたいものがあるんですが、お宅へうかがってもよろしいでしょうか。

B：ⓐ 土曜日ならいいですよ。

　　ⓑ はい、いただきます。

46.

A：日本の銀行の不良債権処理は、一段落しましたか。

B：ⓐ いいえ、どうにか区切りがつきそうですよ。

　　ⓑ いいえ、新しい不良債権が発生する可能性もあるんです。

47.

A：韓国でストがあったそうですが、よく納品に間に合いましたね。

B：ⓐ ええ、わが社は横浜の倉庫にいつも余裕の在庫を確保しているんですよ。

　　ⓑ ええ、ストがある時は致し方ありませんのでご了承ください。

48.

A：日本の証券市場も不安定な動きのようですね。

B：ⓐ ええ、景気の動向以上に株価の変動が激しいので、予測が難しいんですよ。

　　ⓑ ええ、ここんとこ株価に激しい変化はないようです。

49.

A：御社の業績は、急回復しているとききましたが。

B：ⓐ それが昨年末から輸出が頭打ちで、予想したレベルにならないようです。

　　ⓑ へえ、うらやましいですね。うちは業績の悪化で四苦八苦してますよ。

50.

A：ライバル企業との合併が決って、御社の株価が高騰したようですね。

B：ⓐ ええ、合併後、これといった株価の変動がありません。

　　ⓑ ええ、合併の利点がはやされて、続伸してきましたが、昨日から反落に転じています。

실 전 연 습 1

II. 次の言葉の返事として、もっとも適したものを(A)から(D)の中で一つ選びなさい。

21. 答えを答案用紙に書き入れなさい。　22. 答えを答案用紙に書き入れなさい。

23. 答えを答案用紙に書き入れなさい。　24. 答えを答案用紙に書き入れなさい。

25. 答えを答案用紙に書き入れなさい。　26. 答えを答案用紙に書き入れなさい。

27. 答えを答案用紙に書き入れなさい。　28. 答えを答案用紙に書き入れなさい。

29. 答えを答案用紙に書き入れなさい。　30. 答えを答案用紙に書き入れなさい。

31. 答えを答案用紙に書き入れなさい。　32. 答えを答案用紙に書き入れなさい。

33. 答えを答案用紙に書き入れなさい。　34. 答えを答案用紙に書き入れなさい。

35. 答えを答案用紙に書き入れなさい。　36. 答えを答案用紙に書き入れなさい。

37. 答えを答案用紙に書き入れなさい。　38. 答えを答案用紙に書き入れなさい。

39. 答えを答案用紙に書き入れなさい。　40. 答えを答案用紙に書き入れなさい。

41. 答えを答案用紙に書き入れなさい。　42. 答えを答案用紙に書き入れなさい。

43. 答えを答案用紙に書き入れなさい。　44. 答えを答案用紙に書き入れなさい。

45. 答えを答案用紙に書き入れなさい。　46. 答えを答案用紙に書き入れなさい。

47. 答えを答案用紙に書き入れなさい。　48. 答えを答案用紙に書き入れなさい。

49. 答えを答案用紙に書き入れなさい。　50. 答えを答案用紙に書き入れなさい。

Ⅱ. 次の言葉の返事として、もっとも適したものを(A)から(D)の中で一つ選びなさい。

21. 答えを答案用紙に書き入れなさい。

22. 答えを答案用紙に書き入れなさい。

23. 答えを答案用紙に書き入れなさい。

24. 答えを答案用紙に書き入れなさい。

25. 答えを答案用紙に書き入れなさい。

26. 答えを答案用紙に書き入れなさい。

27. 答えを答案用紙に書き入れなさい。

28. 答えを答案用紙に書き入れなさい。

29. 答えを答案用紙に書き入れなさい。

30. 答えを答案用紙に書き入れなさい。

31. 答えを答案用紙に書き入れなさい。

32. 答えを答案用紙に書き入れなさい。

33. 答えを答案用紙に書き入れなさい。

34. 答えを答案用紙に書き入れなさい。

35. 答えを答案用紙に書き入れなさい。

36. 答えを答案用紙に書き入れなさい。

37. 答えを答案用紙に書き入れなさい。

38. 答えを答案用紙に書き入れなさい。

39. 答えを答案用紙に書き入れなさい。

40. 答えを答案用紙に書き入れなさい。

41. 答えを答案用紙に書き入れなさい。

42. 答えを答案用紙に書き入れなさい。

43. 答えを答案用紙に書き入れなさい。

44. 答えを答案用紙に書き入れなさい。

45. 答えを答案用紙に書き入れなさい。

46. 答えを答案用紙に書き入れなさい。

47. 答えを答案用紙に書き入れなさい。

48. 答えを答案用紙に書き入れなさい。

49. 答えを答案用紙に書き入れなさい。

50. 答えを答案用紙に書き入れなさい。

Ⅱ. 次の言葉の返事として、もっとも適したものを(A)から(D)の中で一つ選びなさい。

21. 答えを答案用紙に書き入れなさい。

22. 答えを答案用紙に書き入れなさい。

23. 答えを答案用紙に書き入れなさい。

24. 答えを答案用紙に書き入れなさい。

25. 答えを答案用紙に書き入れなさい。

26. 答えを答案用紙に書き入れなさい。

27. 答えを答案用紙に書き入れなさい。

28. 答えを答案用紙に書き入れなさい。

29. 答えを答案用紙に書き入れなさい。

30. 答えを答案用紙に書き入れなさい。

31. 答えを答案用紙に書き入れなさい。

32. 答えを答案用紙に書き入れなさい。

33. 答えを答案用紙に書き入れなさい。

34. 答えを答案用紙に書き入れなさい。

35. 答えを答案用紙に書き入れなさい。

36. 答えを答案用紙に書き入れなさい。

37. 答えを答案用紙に書き入れなさい。

38. 答えを答案用紙に書き入れなさい。

39. 答えを答案用紙に書き入れなさい。

40. 答えを答案用紙に書き入れなさい。

41. 答えを答案用紙に書き入れなさい。

42. 答えを答案用紙に書き入れなさい。

43. 答えを答案用紙に書き入れなさい。

44. 答えを答案用紙に書き入れなさい。

45. 答えを答案用紙に書き入れなさい。

46. 答えを答案用紙に書き入れなさい。

47. 答えを答案用紙に書き入れなさい。

48. 答えを答案用紙に書き入れなさい。

49. 答えを答案用紙に書き入れなさい。

50. 答えを答案用紙に書き入れなさい。

■ **JPT어구 표현 정복 요령**

요령1. 일단 밑줄 친 부분을 해결하도록 한다. 전혀 감이 없다면 그 어휘 자체에 대한 기본이 없는 경우이므로 꼼꼼하게 외워두도록 한다!!

요령2. 공란을 메운 다음 단계는 위에 있는 일본어를 가리고 아래 제시된 우리말만 보고 일본어로 줄줄 말할 때까지 연습해 보라. 처음에는 잘 안 나와도 반복하는 사이 여러분의 입에서 세련된 정형화된 일본어 모범 문장이 튀어 나올 것이다.

핵심정리1 일상생활

● 비즈니스에 관한 내용은 전직이나 난신부임, 새로운 일자리에 대한 이야기에 집중한다.

●● 개인적 관계의 대화문은 일상회화에서 만날 수 있는 함축적 의미의 단어를 습득하는데 집중한다.

자주 쓰이는 표현 1

- 合格祝い 합격 축하(선물)
- 入学祝い 입학 축하(선물)
- 卒業祝い 졸업 축하(선물)
- 結婚祝い 결혼 축하(선물)
- 出産祝い 출산 축하(선물)
- 引っ越し祝い 이사, 이전 축하(선물) *불에 관련된 것은 금기
- 病気見舞い 입원 중인 사람을 문병 갈 때 *화분은 금기
- 結婚記念日 결혼기념일
- お中元 7월 1일~15일경에 평소 신세를 지고 있는 사람에게 선물을 한다.
- お歳暮 12월 1일~25일경에 한 해 동안 신세진 사람에게 감사의 선물을 한다.
- 父の日 아버지의 날(6월 셋째 일요일)
- 母の日 어머니의 날(5월 둘째 일요일)
- おかわり 같은 음식을 더 청해서 먹음
- お土産 선물(토산물)

・手土産（てみやげ） 가벼운 선물(집을 방문하거나 할 때)

・香典（こうでん） 부의금

・お腹を壊す（なか こわ） 배탈 나다

・おめでた 결혼, 임신, 출산 등의 경사

・選ぶ（えら） 고르다, 선택하다

・お返し（かえ） 답례=「お礼（れい）」

・肩書き（かた が） 직함

・交渉する（こうしょう） 교섭하다

・コンビニ 편의점 ＊「コンビニエンスストア」

・商店街（しょうてんがい） 상점가

・大丈夫（だいじょうぶ） 염려 없음, 걱정 없음

・丁寧（ていねい） 정성스러움

・取り寄せ（と よ） 주문해 들여옴

・出口（でぐち） 출구 ↔ 「入口（いりぐち）」(입구)

・払う（はら） 돈을 지불하다

・包装（ほうそう） 포장

・名刺（めいし） 명함

・八百屋（やおや） 채소 가게, 야채 가게

복합동사

・行き詰まる・行き詰まる（い づ・い づ） 길이 막히다, 정체 상태에 빠지다, 벽에 부딪치다

・打ち切る（う き） 중단하다, 중지하다

・打ち出す（う だ） 주의·주장을 명확하게 내세우다

・追い付く（お つ） 뒤따라가다

・押し付ける（お つ） 밀어붙이다, 강요하다, 뒤집어씌우다

・落ち込む（お こ） (나쁜 상태에)빠지다, 떨어지다

- 買い替える　새로 사다

- 書き込む　적어 넣다

- 切り上げる　일단락 짓다, 적당한 곳에서 매듭짓다

- 食い止める　막다, 저지하다, 방지하다

- 組み合う　한 패가 되다

- 焦げ付く　(꾸어 준 돈을)회수할 수 없게 되다

- 騙し取る　속여서 빼앗다

- 通り過ぎる　지나가다

- 取り上げる　집어들다, 거둬들이다

- 取り替える　바꾸다, 교환하다

- 取り掛かる　착수하다

- 取り組む　~와 씨름하다, 맞붙다

- 取り巻く　둘러싸다

- 取り寄せる　주문하여 들여놓다, 가져오게 하다, 주문하다

- 塗り替える　다시 칠하다, (전하여)전면 재검토하다

- 乗り遅れる　(교통수단을)놓치고 못 타다

- 乗り越える　앞지르다, 극복하다, 뛰어넘다

- 張り切る　긴장하다

- 振り込む　돈을 불입하다

- 待ち合わせる　약속 장소에서 만나기로 하다

- 見送る　보류하다

- 見直す　보고 생각을 바꾸다, 가치를 재평가하다

- 盛り上がる　흥이 높아지다

- 行き届く　모든 면에 빈틈이 없다 마음이나 주의가 구석구석까지 미치다

- 割り込む　끼어들다, 새치기하다

아래 ___ 곳에 해당하는 단어를 넣어 문장을 완성하시오.

1. _________ができていない。

   가정교육이 안 돼 있다.

2. お言葉に__________。

   호의를 받아 들여서(그렇게 말씀을 하시니 사양치 않고).

3. 今週も忙しいですが、先週_________ではありません。

   이번 주도 바쁩니다만 지난주만큼은 아닙니다.

   =今週は先週_________忙しくありません。

   이번 주는 지난주보다 바쁘지 않습니다.

4. 彼_________コンピューターに詳しいから、きっとわかりますよ。

   그 사람이라면 컴퓨터에 강하니까, 틀림없이 알 겁니다.

5. 大学生に_________車の運転を習いたいです。

   대학생이 되면 차 운전을 배우고 싶습니다.

6. あの人は先生というより_________学者といったほうがいい。

   저 사람은 선생님이라기보다는 오히려 학자라는 편이 났다.

7. もう宿題が______________。

   벌써 숙제를 다 했을 리가 없다.

8. その人は______________に雑誌のページをめくった。

   그는 지루한 듯이 잡지 페이지를 넘겼다.

A n s w e r

1. 躾 2. 甘えて 3. ほど，より 4. なら 5. なったら
6. むしろ 7. できっこない 8. 退屈げ

다음 회화문을 듣고 아래 질문에 답하시오. 문제를 풀고 난 후에는 정답을 확인한 후 틀린 부분에 대해서
는 스크립트로 틀린 부분을 확인하기 바랍니다.

1.　　　女の人はどれほど喫茶店で待つことになりますか。

　　　　(A) 彼が行くまで
　　　　(B) 仕事が始まるまで
　　　　(C) 十分ぐらい
　　　　(D) 仕事が片づくまで

2.　　　男の人の車はどんな車ですか。

　　　　(A) 白い車です。
　　　　(B) 新しくない車です。
　　　　(C) 大変高い車です。
　　　　(D) 大きくない車です。

3.　　　男の人と女の人はどこで話していますか。

　　　　(A) 1階
　　　　(B) 2階
　　　　(C) 地下1階
　　　　(D) 地下2階

4.　　　資料をどのように変えますか。

　　　　(A) カラーにする。
　　　　(B) 字を大きくする。
　　　　(C) 字を大きくしてコピーをとる。
　　　　(D) カラーにして字を大きくする。

5. 　男の人は今までどこで何をしていましたか。

   (A) 旅行していました。

   (B) 会社でずっと仕事をしていました。

   (C) 他の会社で働いていました。

   (D) 病気で入院していました。

6. 　山田さんはなぜ時計を集めていますか。

   (A) プレゼントしたいからです。

   (B) 時間を正確に知りたいからです。

   (C) 季節や気分によって変えたいからです。

   (D) すぐに壊れるからです。

7. 　今、どんな季節だと思いますか。

   (A) 冬から春に変わる頃

   (B) 春から夏に変わる頃

   (C) 夏から秋に変わる頃

   (D) 秋から冬に変わる頃

8. 　電子レンジの値段はどうだと言っていますか。

   (A) とても安い。

   (B) ちょうどいい。

   (C) 予想通りだ。

   (D) ちょっと高い。

●비즈니스에서의 대화 패턴과 자주 사용되는 어구, 어휘를 익히는 데 집중해라.

●●문장 전체 이해에 도움이 되고 대화의 포인트를 잡을 수 있다고 여겨지는 표현에 밑줄을 쳐 보도록!!

자주 쓰이는 표현 2

1. かばん、いかがですか。お＿＿＿＿＿おきますよ。
가방 어떠세요. 싸게 해 드릴게요.

2. 人の援助を＿＿＿＿＿＿。
남의 도움을 믿다.

3. 小さなことでも＿＿＿＿＿にしてはいけない。
작은 일이라도 소홀히 해서는 안 된다.

4. 彼がそんなことをする＿＿＿＿＿がない。
그가 그런 일을 할 리가 없다.

5. 契約書は昨日＿＿＿＿＿受け取りました。
계약서는 어제 분명히 받았습니다.

6. 三時から会議なので＿＿＿＿＿失礼します。
3시부터 회의가 있어서 이제 그만 가보겠습니다.

7. いくら計画を立てても、実行しなければ＿＿＿＿＿ならない。
아무리 계획을 세워도 실행하지 않으면 아무 소용이 없다.

8. 営業成績は去年に比べてあまり＿＿＿＿＿しない。
영업 성적은 작년에 비해 별로 신통치 않다.

9. 女性社員の育成に、もっと力を＿＿＿＿＿べきです。
여성 사원의 육성에 좀 더 힘을 쏟아야만 합니다.

10. もう一度調べてから＿＿＿＿＿お電話いたします。
한 번 더 검토하고 나서 바로 전화 드리겠습니다.

11. 企業の中では、私たちは＿＿＿＿＿の一つにすぎない。
기업 안에서 우리들은 톱니바퀴에 지나지 않는다.

12. 日本の市場は＿＿＿＿＿＿＿＿だと言われています。

일본 시장은 폐쇄적이라고들 한다.

13. 石田さん、会社を＿＿＿＿＿＿＿＿したそうですね。おめでとう!

이시다 씨, 회사를 설립했다면서요? 축하합니다.

14. この＿＿＿＿＿＿＿＿に御社は、店舗を増やしていますね。

이런 불황인 때에도 귀사는 점포를 늘리고 있네요.

15. 仕事が＿＿＿＿＿＿＿＿休む暇もありません。

일이 일시에 몰려 쉴 틈이 없습니다.

16. 日本の＿＿＿＿＿＿＿＿もパットしませんね。

일본의 증권 시장도 시원치 않네요.

17. あっ、田中さんだ。＿＿＿＿＿＿＿＿＿＿＿と言ったよね。

앗, 다나카 씨다. 호랑이도 제 말하면 온다더니.

18. 彼の出世はまったく＿＿＿＿＿＿＿＿だね。

그의 출세는 그야말로 부모 잘 만난 덕이야.

19. 失敗したが、＿＿＿＿＿＿＿＿＿＿で新しい商品のアイデアが浮かんだ。

실패는 했지만, 뜻밖으로 신상품 아이디어가 떠올랐다.

20. IT産業の新分野の開拓に、各社が＿＿＿＿＿＿＿＿＿＿＿いる。

IT산업의 새로운 분야 개척에 각 회사가 각축전을 벌이고 있다.

21. 山田さんが病気のために会社を辞めることになる＿＿＿＿＿＿＿＿＿＿＿そうですね。

야마다 씨가 아파서 회사를 그만두게 될지도 모른다면서요.

22. 銀行の不良債権＿＿＿＿＿＿＿＿＿＿＿と、かなりの離職者が出るようですね。

은행의 불량 채권 처리가 진행되면 상당한 이직자가 나올 것 같군요.

Ａｎｓｗｅｒ

1. 安くして	2. あてにする	3. おざなり	4. はず	5. 確かに
6. これで	7. 何にも	8. ぱっと	9. 注ぐ	10. 折り返し
11. 歯車	12. 閉鎖的	13. 設立	14. 不況時	15. 立て込んで
16. 証券市場	17. 噂をすれば影がさす		18. 親の光は七光	19. 怪我の功名
20. しのぎを削って	21. かもしれない	22. 処理が進む		

다음 회화문을 듣고 아래 질문에 답하시오. 문제를 풀고 난 후에는 정답을 확인한 후 틀린 부분에 대해서
는 스크립트로 틀린 부분을 확인하기 바랍니다.

1.　　会話の二人の関係はどれですか。

　　(A) 親子です。

　　(B) 同僚です。

　　(C) 上司と部下です。

　　(D) 教師と学生です。

2.　　男の人と女の人の関係はどれだと思いますか。

　　(A) 医者と患者

　　(B) 同僚

　　(C) 教師と学生

　　(D) 親子

3.　　次は誰が電話をかけますか。

　　(A) 田中さんです。

　　(B) 井上さんです。

　　(C) 女の人です。

　　(D) 部長です。

4.　　今度の支店長はどんな人ですか。

　　(A) 歳より若く見える人

　　(B) 支店長にしては若い人

　　(C) 40代半ばの人

　　(D) 歳相応に見える人

5.　　　男の人はどんな職種の人だと思いますか。

　　　(A) 大工

　　　(B) エンジニア

　　　(C) 営業マン

　　　(D) プログラマー

●메모! 메모! 회화문 중에는 숫자에 대해 묻고 있는 문제가 나오므로 반드시 숫자를 메모하는 습관을 들일 것!

●●평소 한 문장의 구체적인 의미를 음미하고, 끊어 생각하는 훈련을 꾸준히 해야 한다.

자주 쓰이는 표현

아래 _____ 곳에 해당하는 단어를 넣어 문장을 완성하시오.

1. __________いかがですか。

   한 그릇 더 어떠세요?

2. まず_________ビールをください。

   우선 시원한 맥주를 주세요.

3. 食前の酒は何がお__________ですか。

   식사 전에 마실 만한 술로는 뭐가 있나요?

4. _______________。元気がありませんね。

   왜 그래요? 기운이 없어 보여요.

5. あまり_______________出来事だったので、みんな驚いてしまった。

   너무 뜻밖의 사건이어서 모두 놀라 버렸다.

6. 困ったことがあったら、_______________ます。

   곤란한 일이 있으면 상담에 응하겠어요.

7. 決勝戦は_______________いい試合だった。

   결승전은 손에 땀을 쥐는 좋은 시합이었다.

8. __________そんな夢のようなことを考えているんですか。

   진심으로 그런 꿈같은 일을 생각하고 있습니까?

9. 最近、スニーカーを_______________通勤する女性が増えました。

   최근 운동화를 신고 통근하는 여성이 늘었습니다.

10. 日本人の＿＿＿＿＿＿＿＿＿＿はどんどん延びている。

일본인의 평균 수명은 계속 늘어나고 있다.

다음 회화문을 듣고 아래 질문에 답하시오. 문제를 풀고 난 후에는 정답을 확인한 후 틀린 부분에 대해서는 스크립트로 틀린 부분을 확인하기 바랍니다.

1. 今は何月ですか。

    (A) 2月　　　　　　　　　　　(B) 8月

    (C) 10月　　　　　　　　　　 (D) 12月

2. 男の人はコピーを何部持って行きますか。

    (A) 2部　　　　　　　　　　　(B) 4部

    (C) 8部　　　　　　　　　　　(D) 16部

3. 二人は今から何をしますか。

    (A) 三井電気の資料を届ける。

    (B) 三井電気以外のデータを出す。

    (C) 資料が届く前に食事をしておく。

    (D) 資料が届かないので今日は帰る。

4. 女の人は何を心配していますか。

    (A) 男の人が健康になりすぎること。

    (B) 男の人のかぜがひどくなること。

    (C) 男の人のかぜが自分にうつること。

    (D) 男の人が仕事をしないでジョギングばかりすること。

5. 男の人はどの飛行機で札幌に行きますか。

    (A) 明日の午前11時30分発の飛行機

    (B) 明日の午前10時30分着の飛行機

    (C) 今日の午後7時50分発の飛行機

    (D) 今日の午後9時50分発の飛行機

6. 井上君はなぜ山田君の歌が上手なことを知っていますか。

(A) 井上君が歌手だからです。

(B) 井上君も歌が上手だからです。

(C) 一緒にカラオケに行ったからです。

(D) わかりません。

7. 女の人はどんな絵を探していますか。

(A) 自分の部屋に飾る絵を探しています。

(B) 友達にプレゼントする絵を探しています。

(C) オフィスに飾る絵を探しています。

(D) 珍しい絵を探しています。

8. 男の人は何に苦労しましたか。

(A) タイ語が話せなかったこと。

(B) タイの文字が読めなかったこと。

(C) 英語の表記がなかったこと。

(D) 英語が通じなかったこと。

9. 喫茶店はどうなりましたか。

(A) 閉店してなくなった。

(B) 先週新館に移動した。

(C) 3階に移動してオープンしている。

(D) 新館に来週オープンする。

10. 女の人はどうして仙台にお花見に行くのですか。

(A) 東京の桜はきれいではないから。

(B) 土日ではないと、仙台まで行けないから。

(C) 北海道まで行くのがめんどうだから。

(D) 仙台の桜はまだ散っていないから。

● 착각하기 쉬운 단어를 정확하게 청취하는 것, 그리고 포인트가 되는 말을 통해 구체적 장면을 설정하는 능력은 고득점의 필수 조건.

●● 드라마를 보듯이 재미로만 내용을 흘려듣지 말고 한마디로 요약할 수 있는 핵심 어구를 잡도록 한다.

자주 쓰이는 표현

- 合間^{あいま} 짬, 틈
- 操^{あやつ}る 뒤에서 사람을 조종하다
- 明^{あき}らかにする 명확히 밝히다
- 足踏^{あしぶ}みをする (일이)제자리 걸음을 하다
- 預^{あず}ける 맡기다, 보관시키다
- 浴^あびる 뒤집어쓰다
- 痛手^{いたで} 심한 타격, 손해
- 一応^{いちおう} 일단, 우선은
- 一段落^{いちだんらく} 일단락
- 一泊二食付^{いっぱくにしょくつ}き 1박 2식 포함
- 一方^{いっぽう} 오로지 ~함
- 恨^{うら}む 원망하다
- 上役^{うわやく} 상사=「上司^{じょうし}」
- 補^{おぎな}う 보충하다
- 思^{おも}いきった 과감한
- 相手^{あいて} 상대
- 生^いけ花^{ばな} 꽃꽂이=「華道^{かどう}」
- 一向^{いっこう} 전혀, 조금도
- 一緒^{いっしょ}に 같이, 함께 함, 동시에
- 一体^{いったい} 도대체, 대관절
- 売^うり上^あげ 매상, 매출

- 上回る 일정한 수량을 초과하다, 상회하다 「下(した)回(まわ)る」(밑돌다)

- 営業部門 영업 부문

- 宴会 연회

- がたがたと鳴る 덜컹덜컹 울리다

- がらがらと崩れ落ちる 와르르 무너져 내리다

- ぐらぐらと揺れる 흔들흔들 거리다

- 首脳会談 수뇌 회담

- お正月 설

- お節料理 설에 먹는 음식

- お墓参り 성묘

- お花見 벚꽃 놀이

- お盆 음력 7월 보름

- お歳暮 연말에 보내는 선물

- お中元 7월 백중날에 평소 신세진 사람에게 보내는 선물

- お祭り 축제

- おみくじ 길흉을 점치는 제비

- 親会社 모회사 「子会社」(자회사)

- 温泉旅行 온천 여행

- 温暖化 온난화

- 書き込む 기입하다, 써넣다

- 過言 과언

- 家族連れ 가족 동반

- 偏る 치우치다

- 形見 유물, 유품

- 固める 견고하게 하다

- 格好 꼴, 모양

- 門松 가도마츠, 신년 초 문 양 옆에 세워 두는 소나무 장식

- 株価/価格 주식 가격/가격
- 貨幣 화폐
- 過労 과로
- 管理費 관리비
- 傷口 상처, 상처가 난 자리
- 貴重品 귀중품
- ぎっくり腰 무거운 것을 들거나, 갑자기 무리한 자세를 취하거나 해서 허리를 다치는 것
- 旧暦 음력
- 禁煙席 금연석
- 禁煙車 금연차
- 心構え 각오
- 勝手 모양, 상황, 사정, 제멋대로, 생계, 가계
- 皮切り (사물의)시발, 시작, 시초
- 肝心 가장 중요함, 요긴함
- 機嫌 기분, 비위
- 規則 규칙
- 几帳面 꼼꼼함, 고지식함, 차근차근함
- キャッシュカード 현금 카드
- 器用 손재주가 있음, 능숙함, 재치 있게(약삭빠르게) 처신함
- 食い違う (이야기, 의견이)엇갈리다, 어긋나다
- 空港 공항
- 空腹 공복
- 覆す 뒤엎다=「ひっくり返す」
- 工夫 여러 가지로 궁리함
- 苦しい 힘들다
- 車椅子 휠체어
- 経費 경비

- 下落 하락
- 原価割れ 원가 이하임
- 検査 검사
- 講演会 강연회
- 高校野球 고교 야구
- 交差点 사거리=「四つ角」
- 小切手 수표
- 国会 국회
- 再発 재발
- 境目 경계점, 분기점, 갈림길
- 指図 지시, 명령, 지휘
- 触る 만지다
- 参加 참가
- 残高 잔고
- 仕上げ 마무리, 끝손질
- 仕入れ 구입, 매입
- 敷金 가옥의 임차 보증금
- 地滑り 사태, 비로 말미암아 산이나 언덕의 토사가 한꺼번에 무너져 내리는 일
- 次第 ~여하로 결정됨, ~나름
- 下請け 하청 업체
- 支度 준비
- しつこい 끈질기다
- 支店 지점
- 始発 시발, 첫차
- 車掌 차장
- 終点 종점
- 終電 그 날의 마지막 전차

- 宿泊料金 숙박 요금

- 首相 수상=「内閣総理大臣」(내각총리대신)

- 首脳 수뇌, 중심인물(가장 중요한 역할을 맡은 사람)

- 証券 증권

- 詳細 자세하고 세심함

- 錠剤 정제, 알약 *「一錠」(한 알)

- 上昇 상승

- 商店街 상점가

- 職務質問 불심검문

- 庶民 서민

- しり上がり (뒤로)갈수록 상태가 호전됨

- 仕業 소행, 짓

- 震源地 진원지

- 進出 진출

- 新鮮 신선함

- 政権交代 정권교체

- 世間 세상, 세상사람, 활동 교제의 범위, 속세

- 世間知らず 세상 물정에 어두움. 그런 사람

- 瀬戸際 (승부, 성패, 생사 등)운명의 갈림길 *「瀬戸際外交」(벼랑끝 외교)

- 是非 옳고 그름, 꼭, 반드시

- 世論 세론, 여론

- 前日 전날, 전일

- 宣伝効果 선전 효과

- 洗面所 세면장

- 損害 손해

- 大会 대회

- 大好物 아주 좋아하는 음식 *「好物」(좋아하는 음식)

- 高値 (주식 거래에서)상종가, 가장 높은 값

- たたき売り 싸구려로 팜

- 畳 다타미

- タクシー乗り場 택시 타는 곳

- 立て直し 재정비, 고쳐서 새롭게 함

- 地下鉄駅 지하철역

- 注意書 주의서

- 調子 상태, 추세

- 付き合いが悪い 사교성이 없다, 사람들과 잘 사귀지 않는다

- 取り返しがつかない 돌이킬 수 없다

- 月並み 평범함, 진부함

- つぶれる 망하다, 파산하다, 도산하다

- 手落ち 실수, 잘못

- 手口 범죄 따위의 수법

- 手頃 적당함

- 当日 당일

- 到着時刻 도착 시각

- 盗難 도난

- 床の間 일본 다다미방의 실내 장식 공간

- 歳をとる 나이를 먹다

- 飛切り 월등함

- 取り組む 맞붙다, 싸우다, 몰두하다

- 取締役 이사

- 中身 내용물

- 生水 생수

- 習う 배우다 * 지식, 기술 등의 가르침을 받는 것으로, 배운 것을 반복해서 훈련함으로 자기 것으로 만든다는 의미가 포함된 말이다. 구어체로「教わる」가 있다.

- 根回し 사전 교섭
- 日程 일정
- 庭 정원
- 任期 임기
- 人数 인원 수, 사람 수
- 値上がり 값이 오름
- 俳句 하이쿠, 5·7·5의 3구 17음이 기본
- 歯医者 치과 의사
- 運ぶ 운반하다
- 箸 젓가락
- バス停 버스 정류장
- 罰金 벌금
- 抜本的 발본적, 근본적인 원인을 제거함
- 初詣で 새해 첫 참배
- 花冷え 꽃샘추위
- 羽目 곤란한 처지, 입장
- 早合点 지레짐작, 속단
- 払う 지불하다
- 販売状態 판매 상태
- 販売目標 판매 목표
- 引き受ける (일이나 부탁을)맡다, 상대가 되어 응대하다
- 引き出す 인출하다
- ひっくるめる 이것저것 모두 묶다
- 引っ越し 이사
- 皮肉 풍자, 싫은 소리
- 平社員 평사원

- 貧富 빈부

- 振り込む 대체 계좌 등에 불입하다

- 震える (추위, 공포, 흥분 따위로)떨다, 떨리다, 흔들리다

- 不渡り 부도 *「倒産」(도산), 「つぶれる」(도산하다, 망하다)

- 減らす 줄이다

- 法案 법안

- 包帯 붕대

- 褒美 포상

- 補償 보상

- 保障 보장

- 保証 보증

- 前置き 서론 *「本論」(본론)

- 窓口 창구

- 学ぶ 배우다 *단지 가르침을 받거나 지도를 받는데서 끝나지 않고 배운 것을 실천하거나 이미 제시된 것을 참고하여 나갈 방향이나 지식을 얻는다는 의미이다. 다소 딱딱한 말투로 공부나 학문을 한다는 어감이 강한 말이다

- 間に合う 제시간에 대다, 늦지 않다

- 招く 초대하다, 초래하다

- 右肩上がり (그래프 등에서)상승 곡선을 그리는 모양

- 見事 멋짐, 훌륭함

- 見通し 장래의 예측, 전망

- 源 근원

- 見習う 보고 배우다(익히다)=「見て覚える」(좋은 점을 본받다)

- 見向きもしない 거들떠보지도 않다

- 向く 직업이나 일 등에 적합하다, 어울리다

- 無口だ 과묵하다

- 免税店 면세점

- 申し込み 신청 *「申し込む」는 '신청하다' 라는 뜻이고, 「申(もう)し出(で)る」는 '(의견, 요구, 희망, 사실 등을) 말하다, 건의하다' 의 뜻이 강하다.

- 求める 구하다, 바라다, 원하다

- 融通 융통

- 郵便番号 우편 번호

- 揺れ 요동, 흔들림

- 予算 예산

- 乱暴 난폭함

- 両替 환전, 돈을 바꿈 *「為替レート」(환율)

- 礼金 임차 시 주인에게 주는 사례금(돌려 받지 못함)

- 霊前 영전 *「御霊前」

- 露天風呂 노천 온천

- 為替レート 환율

- 憲法記念日 헌법 기념일, 5월 3일

- 子供の日 어린이 날, 5월 5일

- ゴールデンウイーク 골든위크, 황금연휴

- 動物園 동물원

- ～並み ～와 같은 수준, 동등함 *「例年並み」(예년과 같음)

- ～ならでは ～이 아니고는, ～이외에는, 다만~뿐

- 前向き 앞쪽(정면)을 향함, 전향적임, (사고방식, 태도가)적극적이고 진보적임 「後ろ向き」

- 緑の日 식목일, 4월 29일

- 遊園地 유원지

- ～むけ (대상, 행선지를 나타냄)~용, ～행

- ～を 通じて ～을 통하여(모든 것을 포함하여)

- ～を もとに(して) ～을 토대로 하여

다음 관용구와 의미가 동일한 가장 적당한 해설을 아래에서 고르시오.

1. 馬が合う。

2. 腕に覚えがある。

3. うなぎ登り。

4. 輪をかける。

5. うぶ声をあげる。

6. 腕によりをかける。

7. うまい汁を吸う。

8. 倦まず弛まず。

9. 腕を奮う。

10. 鵜の目鷹の目。

11. 裏をかく。

12. 恨み骨髄に徹する。

13. うり二つ。

14. 売りことばに買いことば。

15. 雲泥の差。

ⓐ 見る見るうちにのぼること。上昇 물가, 지위 등이 마구 뛰어오름

ⓑ 話の内容などを誇張する。誇大。大ぶろしきを広げる。針小棒大。大げさを言う
과장하다, 침소봉대, 과장하여 말하다

ⓒ 相手の予想の反することをして、こちらの有利になるようにする。意表 의표를 찌르다

ⓓ 心の底から人を恨むこと。怨恨 원한이 사무치다

ⓔ よく似ている。そっくり 아주 닮음

ⓕ 相手の暴言に対し、同じように言い返すこと。口答え 오는 말이 고와야 가는 말이 곱다

ⓖ 比較にならないほどの大きな差異。大差 천양지차

ⓗ 十分に技を振るう。発揮 온갖 솜씨를 다 부리다

ⓘ 自分の実力に自信がある。自信 자신의 솜씨, 기량에 자신이 있다

ⓙ 技術を発揮して、見事にやって見せる 능력을 발휘하다

ⓚ 少しも油断なく機会を狙う様子。一生懸命に物を探し出そうとする様子
열심히 무엇을 찾는 모양, 무엇을 찾아내려고 눈을 번득이는 모양의 비유

ⓛ 子供が生まれる。新しいものが生まれる。誕生 (회사 등이)발족하다

ⓜ 気が合う 마음이 맞다

ⓝ 苦労しないで得をする。楽勝 노력하지 않고 이익을 보다

ⓞ やめないで続けて 싫증내거나 게을리 하지 않고

다음 관용구와 의미가 동일한 가장 적당한 해설을 아래에서 고르시오.

1. 親のすねをかじる。
2. 大目に見る。
3. 襟を正す。
4. 大船に乗る。
5. 大きな顔をする。
6. おうむ返し。
7. 得手に帆をあげる。
8. 大目玉を食う。
9. お里が知れる。
10. 得体が知れない。
11. 大ぶろしきを広げる。
12. 奥歯にものがはさまったよう。
13. おくびにも出さない。
14. 鬼の目にも涙。
15. 押しも押されぬ。

ⓐ ひどく叱られる。叱責 호되게 야단맞다, 호되게 혼나다

ⓑ 無慈悲な人にも、時には慈悲の心が生ずることのたとえ。情け
매정한 사람이라도 때로는 인정에 감동될 때가 있다

ⓒ 生活費や学費を親から出してもらう。依存 부모에게 신세지다

ⓓ 実際にはできそうにないことを言ったりする。大言壮語 허풍떨다

ⓔ 思っていることをはっきりと言わず、何かをかくしいるような話し方 솔직하지 못하고 어물거림

ⓕ 少しも口に出して言わない。黙秘 내색 않다

ⓖ 言葉遣いや行動によって、生まれや育ちが分かる。品性 본색이 뻔하다, 태생이 드러나다

ⓗ みんなから立派だと認められている。太鼓判 확고부동한 지위를 차지하고 있다, 요지부동이다

ⓘ 正体が分からない 정체를 알 수 없다

ⓙ すべて好調に、事をすすめる。好調 신바람이 나다

ⓚ 心をひきしめ真面目な態度になる。緊張感 옷깃을 여미다, 자세를 바로 하다

ⓛ 相手の言葉をそのまま繰り返すこと。反復
앵무새처럼 그대로 흉내 냄, 상대가 한 말을 그대로 되풀이 하여 함

ⓜ えらそうな態度をとる。横柄 남들 앞에서 (혼자)잘난 체하다

ⓝ すっかり安心しきった気持ちになる。安堵 큰 배를 탄 것처럼 마음이 든든하다, 믿음직스럽다, 안심이다

ⓞ 小さな失敗や欠点をとがめない。寛大 너그러이 봐 주다, 관대하게 봐 주다

다음 관용구와 의미가 동일한 가장 적당한 해설을 아래에서 고르시오.

1. お茶を濁す。
2. 折り目ただしい。
3. 同じかまの飯を食う。
4. 同じ穴のむじな。
5. 尾を引く。
6. お鉢が回る。
7. 重荷をおろす。
8. 親の心子知らず。
9. 親の光は七光。
10. 折り合いをつける。
11. 折り紙をつける。
12. 落し穴にかかる。
13. 尾羽打ち枯らす。
14. 恩に着せる。
15. 音頭を取る。

ⓐ 順番がまわってくる。出番 순서가 돌아오다

ⓑ 心配事がなくなって安心する。ほっとする。安堵 무거운 짐을 벗다, 책임을 다하다

ⓒ 親の心を知らずに、子供が勝手な振る舞いをする。親不孝 부모의 마음은 자식은 모른다

ⓓ 親の地位などを利用して出世すること。縁故 부모 잘 만난 덕을 본다, 부모의 음덕이 크다는 비유

ⓔ 譲り合ってお互いが納得する。妥協。和解する 타협하다, 화해하다, 타협을 짓다

ⓕ 確かだと保証する。保証。鑑定書 보증하다

ⓖ 振る舞いがきちんとしている。礼儀正しい 예의 바르다

ⓗ 何かの影響があとまで続く。余波 영향을 미치다, 꼬리를 잇다

ⓘ 何かをしてやって、ありがたく思わせる 공치사하다, 생색내다

ⓙ 先に立ってみんなをリードする。先導 선두에 서다, 앞장서다

ⓚ いい加減にその場をごまかす 적당히 얼버무리다, 얼버무려 그 자리를 어물어물 넘기다

ⓛ 人をおとしいれるための策略にはまる。罠 함정(계략)에 빠지다

ⓜ 親しい仲間として、一緒に生活する。同居 한솥밥을 먹다

ⓝ 一見別に見えても、実は悪いことをたくらむ同じ仲間であること。ぐる 한 패거리, 한통속

ⓞ 前は相当な身分の人が貧相になる。零落。おぶれる 영락하여 초라해지다

다음 관용구와 의미가 동일한 가장 적당한 해설을 아래에서 고르시오.

1. 合点がいく・合点がいかない。

2. 肩を持つ。

3. 顔に紅葉を散らす。

4. 顔が利く。

5. 顔が広い。

6. 影も形もない。

7. 肩を落す。

8. 肩を並べる。

9. 肩をいれる。

10. 顔がつぶれる。

11. 蚊の涙。

12. 飼い犬に手をかまれる。

13. 蚊の鳴くような声。

14. 片棒を担ぐ。

15. かぶとをぬぐ。

ⓐ 知人が多い。有名人 얼굴이 잘 알려지다, 발이 넓다

ⓑ 何も残さないで消えてしまっている 그림자(흔적)도 없다

ⓒ ひどく落膽する。落膽 어깨를 늘어 뜨리다, 실망하거나 낙담해서 어깨에 힘이 빠지다

ⓓ 対等の関係で並ぶ。互角 어깨를 나란히 하다, 견줄 만하다

ⓔ 援助する。援助 응원 · 원조하다

ⓕ 味方をする。加勢。ひいき(に)する。えこひいきする
편들다, 역성들다, 편애하다, 두둔하다, 한 쪽만 편을 들다

ⓖ あまりよくない仕事の仲間に加わる。荷担 어떤 일을 함께 하다, 거들다

ⓗ 納得できる／できない。納得。腑に落ちない 납득이 간다, 납득이 안 간다

ⓘ かすかな声 모기 소리만한 작은 목소리

ⓙ きわめて少ないもの。微少 모기의 눈물이라는 데서 극히 적은 것을 비유한 말, 새 발의 피

ⓚ 降参する。降参 지다, 항복하다

ⓛ 世話をしてやった者に裏切られる。裏切り 믿는 도끼에 발등 찍힌다

ⓜ 面目を失う。名誉毀損 체면이 깎이다, 불명예스럽게 되다

ⓝ 女性など恥ずかしがって赤面する。恥じらい 부녀자가 몹시 부끄럽거나 창피해서 얼굴이 홍당무가 되다

ⓞ よく知られていて、特別扱いをしてもらえる。VIP(ブイアイピー) 안면(이름)이 알려져 잘 통하다, 말발

다음 관용구와 의미가 동일한 가장 적당한 해설을 아래에서 고르시오.

1. 機嫌を取る。
2. 壁にぶつかる。
3. 閑古鳥がなく。
4. 肝膽相照らす。
5. 気が置けない。
6. 気を使わないでください。
7. やり玉にあげる。
8. 肝膽をくだく。
9. 木で鼻くくる。
10. 木に竹をつぐ。
11. きびすを返す。
12. きびすを接する。
13. 肝に銘ずる。
14. 肝をつぶす。
15. 逆手にとる。

ⓐ 互いに心を打ち明けて、付き合う 의기투합하다

ⓑ 気づかいしなくてよい。気安い 아무런 스스럼없다, 터놓고 지낼 수 있다

ⓒ どうぞ、おかまいなく 신경 쓰시지 마세요

ⓓ 相手の気に入る言動をする。媚び諂う 비위를 맞추다

ⓔ 懸命に真心を尽くす。献身 노심초사하다

ⓕ 相手を冷たく扱う。冷遇 통명스럽다, 무뚝뚝하다

ⓖ 二つのものが調和していない。不調和 두 개의 사물이 서로 조화를 이루지 않음

ⓗ 引き返す。後戻り 발길을 되돌리다

ⓘ 多くの人や物事が、次から次へと続く 발길이 이어지다

ⓙ 心に刻み付けて忘れないようにする。心掛け 명심하다

ⓚ 非常に驚く 간 떨어지다, 놀라다

ⓛ 通常の方法とは逆の方法で対処する。意表 역이용하여 반격하다

ⓜ 非難・攻撃の目標とする。ターゲット 비난·공격의 대상이 되다

ⓝ 壁につきあたる。困難な状況に陥る。行き詰まる。挫折 벽에 부딪치다

ⓞ 商売などがはやらない。閑散 장사가 잘 안 되어 한산하다, 파리 날리다

다음 관용구와 의미가 동일한 가장 적당한 해설을 아래에서 고르시오.

1. 脚光をあびる。
2. きゅうをすえる。
3. 牛耳をとる。
4. ぎょっとする。
5. きりがない。
6. 琴線にふれる。
7. くぎをさす。
8. 臭いものに蓋。
9. くだを巻く。
10. 口が重い。
11. 口が堅い。
12. 口を滑らす。
13. 口車にのる。
14. 口も八丁、手も八丁。
15. 口を挟む。

ⓐ 実力で支配する。支配 좌지우지하다, 어떤 당파나 단체의 주도권을 잡다

ⓑ ひどいショックで心が動揺する。動揺 깜짝 놀라다

ⓒ いつになっても終りにならない。無際限 끝이 없다, 한이 없다

ⓓ 深く感動する。感銘 깊이 감동하다

ⓔ 念を押す 쐐기를 박다

ⓕ 他人に知られないように、一時的に隠す。目隠し
더러운 사실을 숨기려고 임시방편으로 은폐하다, 눈감고 아옹하다

ⓖ 酒に酔って、つまらないことをしつこく言う 술주정하다

ⓗ 口数が少ない。寡黙 입이 무겁다

ⓘ 秘密を口外しない。守秘 좀처럼 허튼 소리를 안 하고 비밀 따위를 누설하지 않다

ⓙ 言ってはいけないことをついうっかりと言ってしまう。口外
할 생각이 아니었는데, 말을 하다 보니 해서는 안 될 말을 하게 되다

ⓚ うまい言葉にだまされる。口に乗る 속아 넘어가다, 감언이설에 넘어가다, 달콤한 말에 속다

ⓛ しゃべることもすることも達者なこと。達者 하는 짓이나 말이 다 능숙하다, 말도 잘하고 솜씨도 좋다

ⓜ 口を出す。口を入れる。口を挟む。話に割り込む。口出し 남의 말에 끼어들다, 남의 일에 참견하다, 말참견하다

ⓝ 社会の注目の的になる。脚光 각광을 받다

ⓞ 痛い目にあわせる。叱責 뜨끔한 맛을 보이다

다음 관용구와 의미가 동일한 가장 적당한 해설을 아래에서 고르시오.

1. 決着をつける。
2. 口を酸っぱくする。
3. 怪我の功名。
4. くちばしが黄色い。
5. くつわを並べる。
6. 首がまわらない。
7. 群を抜いている。
8. 軍配があがる。
9. 軍配をあげる。
10. くちびを切る。
11. 怪我を負う。
12. けじめをつける。
13. 下駄をあずける。
14. 口を利く。
15. けりがつく。

ⓐ 何度も繰り返して言う。反復 입이 아프도록 같은 말을 되풀이해서 타이르다, 이에서 신물이 나도록 말하다
ⓑ 何かを最初にし始める。始まり 말문을 열다
ⓒ 若くて未熟であること。未熟。青い 아직 미숙하다, 어리다
ⓓ 同じことを一緒にする。一斉 같이 행동하다
ⓔ 借金が返せないで、どうすることもできない。金欠 빚이 많아서 경제적으로 어렵다
ⓕ 非常に優れている。抜群 발군이다, 무리 중에서 뛰어나다
ⓖ どちらかを勝ちとして認められる。勝利 승부에 이기다, 승리하다
ⓗ どちらかを勝ちとして認める。勝利 승리를 판정하다
ⓘ 失敗が思いがけなく、よい結果になること 실수한 것으로 여겼던 일이 뜻밖의 좋은 결과를 가져옴, 전화위복
ⓙ 負傷。怪我をする。傷つく 다치다, 상처를 입다
ⓚ 善悪の区別を、態度・行動ではっきりさせる。区別 구별을 분명히 하다, 분명히 구분하다
ⓛ 物事の処理を相手にすっかり任せる。委任 남에게 처리를 일임하다
ⓜ 決まりをつけること。落着 결말을 내다
ⓝ 結末がつく。終結 결말이 나다, 매듭이 지어지다
ⓞ ものを言う。間に入って、仲を取り持つ。斡旋 말을 하다, 중재하다, 화해시키거나 흥정을 붙여 주다

다음 관용구와 의미가 동일한 가장 적당한 해설을 아래에서 고르시오.

1. けりをつける。
2. 見当がつく。
3. さじを投げる。
4. 故郷ににしきを飾る。
5. 心がくじける。
6. 心をこめる。
7. 腰が低い。
8. 腰を下ろす。
9. 事ある時。
10. 事ともせず。
11. 事によると。
12. ごまをする。
13. 小耳にはさむ。
14. 座が白ける。
15. 効果てきめん。

ⓐ 事件や面倒なことなどが起った時。有事 유사시, 일이 생겼을 때

ⓑ 問題にしないで 개의치 않고, 무릅쓰고

ⓒ もしかすると。ひょっとすると 어쩌면, 혹시

ⓓ 自分の利益のために他人にお世辞を言ったり、サービスしたりする 아부하다

ⓔ 偶然に聞く 언뜻 듣다

ⓕ 雰囲気が気まずくなる。興醒め 분위기(흥)이 깨지다

ⓖ もう駄目だとあきらめる。断念 포기하다

ⓗ 結末をつける。終結 결말을 짓다

ⓘ 推測する。推測 짐작이 가다

ⓙ 効果がその場ですぐあらわれること。即効 눈앞에 당장 효과가 나타남

ⓚ 出世して故郷に帰る。立身出世 금의환향하다

ⓛ 気力がなくなる。無気力 마음이 약해지다

ⓜ 思いやりの気持ちを含める。真心 정성을 다하다

ⓝ 謙虚である。謙虚 저자세이다, 공손하다, 겸손하다

ⓞ 椅子に座る。着席 걸터앉다, 의자 따위에 앉다

다음 관용구와 의미가 동일한 가장 적당한 해설을 아래에서 고르시오.

1. さばを読む。
2. しのぎを削る。
3. 歯牙にもかけない。
4. 四苦八苦。
5. 舌を巻く。
6. 舌鼓を打つ。
7. 舌の根の乾かぬうちに。
8. そでを絞る。
9. 三文の値打ちもない。
10. 渋い顔をする。
11. しゃくにさわる。
12. 十人十色。
13. 春秋に富む。
14. 寝食を共にする。
15. 白羽の矢をたてる。

ⓐ 不満そうな顔をする。不満 언짢은 얼굴을 하다

ⓑ 腹が立つ。癇癪 화(부아)가 나다

ⓒ 好みや考え方は人それぞれ違うこと。千差万別 십인십색

ⓓ 年が若くて、これから先が長い。将来性 앞날이 창창하다

ⓔ 親しく一緒に生活する。同士 동고동락하다

ⓕ たくさんのものの中から、特にふさわしいものとして選びだすこと。選抜 특별히 뽑아내다

ⓖ 得をしようと数をごまかす 수량을 속여서 이익을 얻다, 숫자를 속이다

ⓗ 何の価値もない。無駄 아무짝에도 쓸모가 없다

ⓘ 問題にしない。無視 문제도 삼지 않다, 아주 무시하다

ⓙ さんざん苦労すること。苦労 몹시 심한 괴로움, 온갖 고통

ⓚ ひどく感心して言葉も出ない。感心 혀를 내두르다, 매우 감탄하다

ⓛ のどが鳴る。おいしさのあまり、思わず舌を鳴らす。賞美
　 입맛을 쩍쩍 다시다(맛있는 음식을 먹는다는 비유), 맛있는 음식을 보고 식욕이 일다

ⓜ 言い終わったばかりなのに 입에 침도 마르기 전에, 말이 끝나자마자

ⓝ 涙を流す。泣く 몹시 울다

ⓞ 激しく争う。競争 맹렬하게 싸우다, 각축전을 벌이다

다음 관용구와 의미가 동일한 가장 적당한 해설을 아래에서 고르시오.

1. 白羽の矢が立つ。

2. 尻が長い。

3. 雀の涙。

4. しりを拭う。

5. しりあがりに調子が出る。

6. 白い目で見る。

7. しんにゅうをかける。

8. 心血を注ぐ。

9. 辛酸をなめる。

10. しりに敷く。

11. 図に乗る。

12. 水火も辞せず。

13. 砂をかむよう。

14. すねに傷をもつ。

15. せきを切る。

ⓐ うまく事が運ぶので、調子に乗ってつけあがる。高慢 생각대로 되어 우쭐하다

ⓑ どんな困難があっても、逃げずに立ち向かう 물불을 가리지 않다

ⓒ 何のおもしろみもない。面白くない 모래를 씹는 듯(무미건조)

ⓓ 人に知られたら困る秘密がある。やましい
남에게 밝히기 곤란한 떳떳하지 못한 점이 있다, 무엇인가 구린 데가 있다

ⓔ 今まで押さえられていたものが動き出す。どっと 일시에 터지다, 밀어닥치다

ⓕ たくさんのものの中から、特にふさわしいものとして選びだされること。選抜
많은 사람 중에서 특별히 뽑히다, 희생자가 되다

ⓖ 人の家からなかなか帰らない。長居 남의 집에 오래 앉아 있다

ⓗ 家庭で妻が夫よりいばっている。嬶天下 남편을 깔아뭉개다

ⓘ 後始末。後片付け。他人の失敗の後始末をする 다른 사람의 실수를 뒤처리를 하다, 뒤처리, 마무리

ⓙ だんだんよくなる。上昇 점점 좋아지다

ⓚ 冷たい目付きで見る。白眼視 백안시하다

ⓛ 大げさにする。大げさ 일을 더 크게 만든다

ⓜ 自分のありったけの力をこめる。一生懸命 심혈을 기울이다

ⓝ つらい経験をする。苦難 지독하게 괴로운 경험을 하다

ⓞ ほんのわずかの量。微量 참새의 눈물, 극히 적음, 쥐꼬리 만함

다음 관용구와 의미가 동일한 가장 적당한 해설을 아래에서 고르시오.

1. 背を向ける。

2. 背に腹はかえられぬ。

3. 棚(たな)にあげる。

4. 太鼓判を押す。

5. そっぽを向く。

6. 袖にする。

7. そりが合わない。

8. 青天のへきれき。

9. 台無しにする。

10. 高をくくる。

11. 宝の持ちぐされ。

12. 立つ瀬がない。

13. 清濁あわせ呑む。

14. 玉にきず。

15. 黙っていてももうかる。

ⓐ おろそかにする。冷遇 소홀히 하다, 거들떠보지 않다

ⓑ 気心が合わない。不和 뜻이 맞지 않다

ⓒ 間違いがないという保証をする。保証 틀림없다고 보증하다

ⓓ すっかり駄目になる。破滅させる 엉망으로 만들다, 못쓰게 하다, 파멸시키다

ⓔ 軽く見る。軽視 깔보다, 얕보다

ⓕ 才能を持ちながら活用しないこと 보물이나 재주를 가지고 있으면서도 활용하지 못하고 썩힘

ⓖ 面目ない 입장이 난처하다, 면목이 없다

ⓗ 不都合なことは触れないで、そのままにしておく。保留 그대로 두다, 내버려두다

ⓘ わずかな欠点があること 옥에 티

ⓙ じっとしていても利益になる 가만히 있어도 돈이 벌린다

ⓚ 協調しない態度をとる。無視 외면하다, 불응하다

ⓛ 「突然起こった思いがけない出来事」 청천벽력

ⓜ 度量が大きい。寛大 도량이 넓다

ⓝ 差し迫ったことのためには他を顧みるゆとりがない
당연한 큰일을 위해서는 다른 일에는 일체 마음을 쓸 수 없다

ⓞ 裏切る。相手にしない。 배반하다

다음 관용구와 의미가 동일한 가장 적당한 해설을 아래에서 고르시오.

1. ためになる。

2. つじつまが合（あ）う。

3. だめを押（お）す。

4. 袂（たもと）を分（わ）かつ。

5. たち打ちができない。

6. 高（たか）ねの花（はな）。

7. 目（め）をつぶる。

8. 高見（たかみ）の見物（けんぶつ）。

9. たてに取（と）る。

10. 地（ち）を払（はら）う。

11. 蝶（ちょう）よ花（はな）よ。

12. 竹馬（ちくば）の友（とも）。

13. 玉（たま）をころばすよう。

14. つぼにはまる。

15. つぶしがきく。

ⓐ 幼友達（おさなともだち） 죽마고우

ⓑ 筋道（すじみち）が通（とお）る。一貫（いっかん） 조리가 맞다

ⓒ 要点（ようてん）を突（つ）いている。予想（よそう）した通（とお）りになる 뜻대로 되다

ⓓ 別（べつ）の仕事（しごと）に変（か）わっても、適応（てきおう）できる。順応（じゅんのう） 지금 하는 일 이외에도 다른 일을 할 능력이 있다

ⓔ 役（やく）に立（た）つ。役立（やくた）つ 도움이 되다

ⓕ 高（たか）く澄（す）んだ美（うつく）しい声（こえ）。美声（びせい） 옥(구슬)을 굴리듯이 아름다운 목소리

ⓖ 念（ねん）のためにさらに確（たし）かめる。再確認（さいかくにん） 재차 확인하다

ⓗ 別（わか）れる。別（わか）れ 헤어지다, 결별하다

ⓘ かなわない 도저히 당할 수 없다

ⓙ 手（て）に入（い）れることのできないもの 그림의 떡

ⓚ 見（み）てみないふりをする。見（み）ぬふりをして咎（とが）めない。黙認（もくにん） 모른 체하다

ⓛ 安全（あんぜん）な場所（ばしょ）で、成（な）り行（ゆ）きを見（み）ること。傍観（ぼうかん） 나와는 관계없는 일

ⓜ 文句（もんく）をつけたりする口実（こうじつ）にする。防御物（ぼうぎょぶつ） 구실로 잡다, 핑계를(트집을) 잡다

ⓝ 一（ひと）つも残（のこ）らない。皆無（かいむ） 모두 없어지다

ⓞ 子（こ）を大事（だいじ）に育（そだ）てる様子（ようす）。溺愛（できあい） 자기 자식을 남달리 귀여워하고 소중히 여김을 말함

다음 관용구와 의미가 동일한 가장 적당한 해설을 아래에서 고르시오.

1. 見向きもしない。
2. 虫が知らせる。
3. 胸を打つ。
4. 胸をなでおろす。
5. 群れをなして押し寄せる。
6. 目がまわる。
7. 目から鼻にぬける。
8. 目と鼻の間。
9. 目に余る。
10. 対岸の火事。
11. 目を通す。
12. 芽が出る。
13. 目安をつける。
14. 文句を言う。
15. 役者が一枚上。

ⓐ チャンスがめぐってくる。時節到来 겨우 운이 트이다

ⓑ 見当を定める。めど 대략 표준을 세우다, 대강 예정을 하다

ⓒ 興味を示さない。無関心 거들떠보지도 않다

ⓓ 何か嫌な予感がする。悪い予感 어쩐지 무슨 일이 생길 것 같은 예감이 들다

ⓔ 感嘆する。感動 감동하다

ⓕ ほっと安心する。安堵 (휴–하고)안심하다, 가슴을 쓸어내리다

ⓖ 多くのものが勢いよく近づいてくる 떼를 지어 밀어닥치다

ⓗ 非常に忙しい。多忙 무척 바쁘다

ⓘ 目と鼻の先。近い。距離が極めて近い。近所 무척 가까운 거리(곳), 엎어지면 코 닿을 곳

ⓙ ひどすぎてだまって見ていられない 눈뜨고 볼 수 없을 정도로 심하다

ⓚ 自分には関係ないと安心して見ていること。傍観 강 건너 불구경, 방관적인 태도로 구경함

ⓛ 一通り読む。ざっと見る。一読 대충 읽다, 대충 훑어보다

ⓜ すぐれていて賢いこと。賢明 약삭빠르고 빈틈없다

ⓝ 不満を言う。不平を言う 불평을 하다

ⓞ 一段と優れていること 한결 낫다

다음 관용구와 의미가 동일한 가장 적당한 해설을 아래에서 고르시오.

1. 長い目で見る。

2. 泣き面に蜂。

3. 手前みそ。

4. 天高く馬肥ゆる。

5. 堂にいる。

6. 毒にも薬にもならぬ。

7. 途方に暮れる。

8. とりつく島もない。

9. どんでん返し。

10. ない知恵をしぼり出す。

11. 手間を省く。

12. 鳴かず飛ばず。

13. 泣いても笑っても。

14. 手もなく。

15. 泣く子も黙る。

ⓐ 精一杯考え抜く。熟考 없는 지혜를 쥐어짜다

ⓑ 将来を期待して気長に見る。将来性 긴 안목으로 보다

ⓒ 長い間、何も活躍しないでいる。休止 울도 않고 날도 않고, 주목을 끌 만한 활동을 못하고 있는 모양

ⓓ どのようにしたところで 아무리 발버둥 쳐도, 좋든 싫든

ⓔ 不運の人にさらに不幸が重なること。弱り目に祟り目。踏んだり蹴ったり 설상가상

ⓕ 泣いている子も泣きやんでしまうほど恐ろしい存在である 우는 아이도 울음을 그치다

ⓖ 労力を軽減する。簡略 수고를 덜다

ⓗ 何もしないうちに簡単に。たやすく 조금도 돈을 쓰지 않고, 손쉽게, 간단히, 어이없이

ⓘ 自分で自分をほめること。自慢 자화자찬

ⓙ 秋は空が高く感じられ、馬は肥えてたくましくなる。秋のすばらしさ 천고마비, 하늘은 높고 말은 살찐다

ⓚ すっかり身についている。習熟 심오한 경지에 이르다

ⓛ 害もないが、効き目もない。無効 해(害)도 이(利)도 되지 않음

ⓜ どうしてよいかわからないで、困りきる。困惑 어찌할 바를 모르다, 당황하다

ⓝ 頼りとするものがない 의지할 곳 없다

ⓞ 成り行きが急に変わって正反対になること。逆転 반전, 어떤 것이 갑자기 정반대로 바뀌는 것

다음 관용구와 의미가 동일한 가장 적당한 해설을 아래에서 고르시오.

1. 赤子の手をねじるよう。
2. 青菜に塩
3. 開いた口が塞がらない。
4. 揚げ足を取る。
5. 上げ潮に乗る。
6. あげくの果て
7. 足かせになる。
8. 足並みをそろえる。
9. 味もそっけもない。
10. 足もとをみる。
11. 当たらず触らず。
12. 呆気にとられる。
13. 後足で砂をかける。
14. 後先になる。
15. 当てが外れる。

ⓐ つまらない。無味乾燥 아무 멋대가리도 없다

ⓑ 急に元気をなくすこと。落ち込む 풀이 죽음

ⓒ 容易くできること。容易い 무척 손쉬움, 간단함

ⓓ あきれかえること。軽蔑 열린 입이 닫히지 않는다(놀람, 기막힘)

ⓔ 相手の言い間違いなどを指摘する 말꼬리를 잡다

ⓕ 物事がうまく進む。好期 시기를 타고(얻어) 여러 가지 일이 잘 되어 가는 모양

ⓖ 最後の最後、結局 결국 ~한 끝에

ⓗ 自由に行動するのを妨げる。足手まとい 거치적거리다

ⓘ みんなの考えや行動が合うこと。一致団結 보조를 맞추다(통일적인 행동을 취하다)

ⓙ 弱みにつけこむ 약점을 간파하다

ⓚ 問題がないように適当に振る舞う。慎重
아무와도 마찰이나 충돌을 일으키지 않도록 언동에 주의하여 무언가를 하는 모습

ⓛ 驚きあきれる。呆然 어안이 벙벙하다, 어이없다

ⓜ 別れ際にさらに迷惑をかける。恩知らず 은혜를 입은 사람이 오히려 폐가 되는 행동을 하다

ⓝ 後のものが前となる。逆 사물의 전후 순서가 거꾸로 되다, 전후(순서)가 뒤바뀌다

ⓞ 期待通りの結果にならなくなる。期待はずれ 기대가 어긋나다

다음 관용구와 의미가 동일한 가장 적당한 해설을 아래에서 고르시오.

1. 音をあげる。

2. 根に持つ。

3. 根ほり葉ほり。

4. 猫をかぶる。

5. 猫の手も借りたい。

6. 猫の額。

7. 寝耳に水。

8. のどが乾く。

9. のどから手が出る。

10. 拍車がかかる。

11. のべつ幕なし。

12. 乗りかかった船。

13. のるかそるか。

14. 歯がたたない。

15. のど元を過ぎれば熱さを忘れる。

ⓐ 自分の力では、とても及ばない。強豪 당해 낼 수 없다, 벅차다, 감당 못하다

ⓑ 仕事などの進み具合が速くなる。促進 박차가 가해지다

ⓒ 耐えられずに弱音を吐く。降参 죽는소리를 하다, 항복하다

ⓓ 恨みに思っていつまでも忘れない 앙심을 품다, 꽁하게 생각하다

ⓔ 執拗に問いただす。いちいち 꼬치꼬치, 미주알고주알

ⓕ 本性を隠す 본성을 숨기다, 시치미 떼다

ⓖ 非常に忙しい。多忙 무척 바쁘다

ⓗ 土地などが極めて狭い 고양이의 이마, 토지나 장소가 매우 좁음

ⓘ 不意の事が起って驚く 아닌 밤중에 홍두깨

ⓙ 飲み物を欲する 목이 마르다

ⓚ 他人のものを欲しいと思う 몹시 탐이 나다

ⓛ 苦しかったことも、時が経つと忘れてしまう。忘却。風化 괴로움도 그때가 지나면 간단히 잊어버린다

ⓜ ひっきりなしに続く。継続 쉴 새 없이, 끊임없이

ⓝ いったんやり始めてしまって、途中でやめるわけにはいかないこと 내친걸음

ⓞ 成功するか、失敗するか。一か八か 성공이냐 실패냐

다음 관용구와 의미가 동일한 가장 적당한 해설을 아래에서 고르시오.

1. 拍車をかける。
2. 歯切れがよい。
3. 弾みが付く。
4. 腹を割る。
5. 歯にきぬを着せない。
6. はしにも棒にもかからない。
7. 鼻につく。
8. 鼻が高い。
9. 鼻にかける。
10. 花を持たせる。
11. 羽をのばす。
12. 羽目をはずす。
13. 腹が黒い。
14. 弾みを付ける。
15. はらわたが煮えくりがえる。

ⓐ 人の発言やしゃべり方の調子がいい。流暢 말투가 시원시원하고 분명하다

ⓑ 勢いがつく。加勢 힘이 붙다, 탄력이 붙다

ⓒ 勢いをつける。加勢 탄력(힘)이 붙게 하다

ⓓ 思っていることを隠さず言う。率直 가식 없이 말하다

ⓔ まったくだめで、どうしようもない。不可能 도무지 어찌할 도리가 없다

ⓕ 飽きて嫌になる。嫌みに感じられる。嫌悪 역겨워지다

ⓖ 得意なさまである。得意 콧대가 높다

ⓗ 自慢する。得意がる 자랑하다

ⓘ 相手に名誉や栄光を譲る。譲渡 영예·영광을 돌리다

ⓙ 自由に振る舞う。のびのび 날개를 펴다, 기를 펴다

ⓚ 度を越えてうかれ騒ぐ 도를 지나치다

ⓛ 不正なことをする性格である 속이 검다, 엉큼하다

ⓜ 本心を打ち明ける 본심을 털어놓다, 속을 털어놓다

ⓝ 強く憤る。憤慨 배알이 뒤틀리다

ⓞ 仕事などの進み具合を速くする。促進 박차를 가하다

다음 관용구와 의미가 동일한 가장 적당한 해설을 아래에서 고르시오.

1. 一味違う。

2. 横車を押す。

3. 火がつく。

4. 火に油を注ぐ。

5. 膝を崩す。

6. 膝を交える。

7. 八方ふさがり。

8. ひとはだ脱ぐ。

9. ひと役買う。

10. 百も承知。

11. ピンからキリまで。

12. ピンをはねる。

13. 風前のともしび。

14. 蓋をあける。

15. 筆が立つ。

ⓐ 互いに親しく話し合う。同席 친하게 이야기하다

ⓑ 他とは違ったよさがある 다른 것에는 볼 수 없는 독특한 맛이 있어 그것을 두드러지게 한다, 어딘가 다르다

ⓒ 人のために力を貸す。尽力 팔 걷고 도와주다, 힘이 되어 주다

ⓓ ある役割を自分から進んで引き受ける。担当 (자진해서)한 역할을 맡다

ⓔ 十分よく知っていること。熟知 충분히 알고 있음

ⓕ 最上等のものから最下等のものまで 가장 우수한 것에서 가장 열등한 것까지

ⓖ 騒ぎや争いが起こる 불붙다, 소동이나 분쟁이 일어나다

ⓗ さらに勢いを加える。加勢 물에 기름을 붓다

ⓘ 楽に座る 편안한 자세로 하다

ⓙ 他人に入るべき金銭の一部を取る。ピン撥ね 남에게 전할 돈의 일부를 가로채다

ⓚ 危険が迫っていて、生命などが危うい 풍전등화

ⓛ どうにもならない 어찌할 줄 모름, 궁지에 빠짐

ⓜ 無理を通す。強引 억지를 쓰다

ⓝ 物事を実際に始める。開始 시작하다

ⓞ 文章を書くことが上手である。達筆 문장이 능숙하다

다음 관용구와 의미가 동일한 가장 적당한 해설을 아래에서 고르시오.

1. 骨を折る。

2. 棒にふる。

3. へとも思わぬ。

4. 臍を固める。

5. 臍を嚙む。

6. 臍を曲げる。

7. 魔がさす。

8. 枕を高くして寝る。

9. 股にかける。

10. 真綿で首をしめる。

11. 身から出た錆。

12. 身が持たない。

13. 身に余る。

14. 身につく。

15. 身につまされる。

ⓐ かたく決心する。決心 단단히 결심하다, 굳은 각오를 하다

ⓑ 今さらどうにもならないことを後悔する。後悔 몹시 후회하다, 미치지 못함을 한탄하다

ⓒ 苦労する 수고하다, 고생하다

ⓓ 普通なら思いもよらないような、悪い考えが浮かぶ (순간적으로)나쁜 생각이 들다

ⓔ 安心して眠る。安眠 안심하고 자다

ⓕ 歩きまわる。活躍 두루 다니다, 활동하다

ⓖ じわじわと人を責めたり、痛めつけたりする 은근히 골탕 먹이다

ⓗ 自分のせいで苦しむこと。自業自得 자업자득, 칼의 녹으로 인해 칼이 녹슨다는 의미

ⓘ 体力が続かない (신체·건강 등)몸이 견디지 못하다

ⓙ 身分不相応である 분에 넘치다, 능력 이상의 것이다

ⓚ 身につける。知識・学問・技術などが自分のものになる。習得
몸에 붙다(자기 것이 되다), (학문, 기술 등을)습득하다, 익히다

ⓛ 他人の不幸などが人事でなく思われる。同情
남의 일 같지 않다, 다른 사람의 불행 등이 자신의 일처럼 여겨진다

ⓜ 機嫌を悪くして、素直でなくなる。すねる 기분이 상하다, 몹시 불쾌한 표정을 짓다, 화를 내다

ⓝ 無駄にする。無駄 잃다, 헛되이 하다

ⓞ 軽んじて見る。軽視 아무렇지 않게 생각하다

다음 관용구와 의미가 동일한 가장 적당한 해설을 아래에서 고르시오.

1. 身に染みる。
2. 身を固める。
3. 身も蓋もない。
4. 身を粉にする。
5. 実を結ぶ。
6. 右から左へ。
7. 右といえば左。
8. 右に出る者がない。
9. 見栄をきる。
10. 見栄をはる。
11. みそをつける。
12. 耳が痛い。
13. 耳にたこができる。
14. 耳を傾ける。
15. 耳に挟む。

ⓐ 何でも人に反対すること。ああ言えばこう言う。反論 무엇이든 반대로 함

ⓑ いちばん優れている。その人より優れた人がいない。傑出 그 사람보다 뛰어난 사람은 없다, 가장 뛰어나다

ⓒ 自分を誇示するような態度をとる。誇示 자신 있는 태도를 취하다

ⓓ 外観を飾る。体裁 허세를(허영을) 부리다

ⓔ 深く感ずる。しみじみ 몸에 사무치다, 뼈저리게 느끼다, 절실히~하다

ⓕ 露骨すぎて、趣きもない。無味乾燥 너무 노골적이라 정취도 없다

ⓖ 結婚して、家庭を持つ 결혼하여 가정을 갖다

ⓗ 一生懸命に働く。懸命 분골쇄신하다, 힘껏 노력하다

ⓘ 成果があらわれる。成就 성공하다, 열매를 맺다

ⓙ 人から受け取ったものをすぐに他の人に渡してしまうこと
남에게 받은 것을 바로 다른 사람에게 넘기는 경우(돈, 수입 등)

ⓚ 失敗して、面目を失う 실수하여 체면을 잃다

ⓛ 自分の欠点を言われて、聞くのがつらい 듣기 괴롭다

ⓜ 何度も同じことを聞かされる。あきあき 귀에 못이 박이다

ⓝ ふと聞く 언뜻 듣다

ⓞ 熱心に聞く。傾聴 열심히 듣다

다음 관용구와 의미가 동일한 가장 적당한 해설을 아래에서 고르시오.

1. 手に余る。

2. 手を焼く。

3. 手を抜く。

4. つるしあげる。

5. 鶴のひと声。

6. つるべ打ち。

7. 手が空く。

8. 手に乗る。

9. 手に汗を握る。

10. 手に入れる。

11. つめに火をともす。

12. つむじを曲げる。

13. つらの皮が厚い。

14. てこでも動かぬ。

15. 手玉に取る。

ⓐ 過度に倹約する。けち 매우 인색하다

ⓑ わざとひねくれる 일부러 심술궂게 굴다

ⓒ あつかましい。厚顔 낯 두껍다

ⓓ 大勢で一人を責め立てる。問責 여러 사람이 한 사람을 공격하다

ⓔ 一言で決めてしまう、偉い人の発言 그의 말 한마디로 모두 승복하는 권위 있는 말

ⓕ 連打。連発 계속 쏨, 연발, 연타

ⓖ 仕事が一段落して暇ができる。暇 일이 일단 끝나 일손이 비다

ⓗ 相手の策略にひっかかる。罠 남의 수단에 넘어가다, 속아 넘어가다

ⓘ 緊張したり興奮したりする。はらはら 손에 땀을 쥐다

ⓙ 自分のものにする。入手 손에 넣다

ⓚ 自分の力ではどうすることもできない 벅차다

ⓛ 取り扱いに困る。もてあます 애먹다, 처치 곤란해 하다

ⓜ 手数をはぶき、いい加減にする。いい加減 적당히 일하다, 일을 부실하게 하다

ⓝ どういう手段を使っても動かせない。不動 끄덕도 않다

ⓞ 人を思うままに操る。翻弄 마음대로 조종하다

다음 관용구와 의미가 동일한 가장 적당한 해설을 아래에서 고르시오.

1. 薮から棒。

2. 薮をつついて蛇を出す。

3. 山が見える。

4. 山が外れる。

5. やきもちを焼く。

ⓐ 急に。突然
   갑자기, 엉뚱하게

ⓑ 不必要なことをしてかえって禍を受ける
   쓸데없는 일로 화를 초래하다

ⓒ 前途の見込みが立つ。見通し
   예측·전망이 서다

ⓓ 予想が外れる
   예상이 빗나가다

ⓔ 嫉妬する。嫉妬
   질투하다(「焼(や)き餅(もち)」는 굳은 떡을 불에 구운 것)

다음 속담과 의미가 동일한 가장 적당한 해설을 아래에서 고르시오.

1. 無い袖はふれぬ
2. 能あるたかは爪をかくす
3. 泣き面に蜂
4. 花より団子
5. 七転び八起き
6. 生兵法は大怪我のもと
7. 習うより慣れろ
8. 二階から目薬
9. 二束三文
10. 盗人にも三分の理あり
11. 猫に小判
12. 長い物にはまかれろ
13. 暖簾に腕押し
14. 無くて七癖
15. 腹八分に医者いらず

ⓐ 中途半端な知識や技術で事を処理しようとするとかえって大失敗する 선무당이 사람 잡는다

ⓑ 頭で覚えるよりからだで覚える方が早く身につく。体得 배우기보다 익숙해져라

ⓒ 効き目なし 이층에서 안약 넣기(뜻대로 안 됨, 효과가 없음)

ⓓ 廉価 싸구려

ⓔ どんなことでも、理屈をつけられる 처녀가 애를 낳아도 할 말이 있다

ⓕ どうしようもない 없으니 어쩔 도리 없다

ⓖ 強い者に従う方が無難である 힘 있는 자에게 순종하라

ⓗ 不運が続く 엎친 데 덮친 격(설상가상)

ⓘ 人は多かれ少なかれ癖を持っているものだ 사람마다 버릇이 있다

ⓙ 失敗にめげない 칠전팔기

ⓚ 役に立たない 돼지 목에 진주

ⓛ 才能のある者はそれを隠す 능력 있는 매는 발톱을 감춘다, 벼는 익을수록 고개 숙인다

ⓜ 無反応 호박에 침주기, 힘을 주어도 반응이 없음을 비유한 말

ⓝ 風流より実利 금강산도 식후경

ⓞ 小食は無病息災のもと 알맞게 먹으면 건강에 좋다

다음 속담과 의미가 동일한 가장 적당한 해설을 아래에서 고르시오.

1. 衣食足りて礼節を知る
2. 急がば回れ
3. 馬の耳に念仏
4. 一寸先は闇の世
5. 一寸の虫にも五分の魂
6. 井の中の蛙大海を知らず
7. 言わぬが花
8. 魚心に水心
9. 雨後の筍
10. 鵜の真似する烏
11. うそも方便
12. 一を聞いて十を知る
13. うわさをすれば影がさす
14. 江戸の敵を長崎で討つ
15. 絵に書いた餅

ⓐ 見聞が狭い 우물 안 개구리 세상 넓은 줄 모른다

ⓑ はっきり言わない方が味がある 말 안 하는 것이 도리어 낫다

ⓒ 日々の生活ができなくては礼儀など考えられない 생활이 풍족하여야 비로소 예절을 안다

ⓓ むやみに人のまねをすると失敗する 뱁새가 황새 따라가다가는 가랑이가 찢어진다

ⓔ ついてもいい嘘 거짓말도 하나의 수단

ⓕ 誰かの噂をしていると、よくその人がその場に現れる 호랑이도 제 말 하면 온다

ⓖ 効き目がない 소귀에 경 읽기

ⓗ 無用 그림의 떡

ⓘ 昔の恨みをはらす。復讐 엉뚱한 곳에서 화풀이한다

ⓙ 遠回りになっても安全で確実な道を行け。本道 급할수록 돌아가라

ⓚ 賢明 하나를 들으면 열을 안다

ⓛ 相手が好意を持てば、こちらもそれに応ずる 오는 정이 있어야 가는 정이 있다

ⓜ 物事が相継いで出てくること。矢継ぎ早 우후죽순

ⓝ 予測不能 한 치 앞도 모르는 세상

ⓞ あなどってはいけない 지렁이도 밟으면 꿈틀한다

다음 속담과 의미가 동일한 가장 적당한 해설을 아래에서 고르시오.

1. 聞くは一時の恥、聞かぬは一生の恥
2. 鬼に鉄棒
3. 弘法にも筆の誤り
4. 溺れる者はわらをもつかむ
5. 飼い犬に手を嚙まれる
6. 蛙の子は蛙
7. 金の切れ目が縁の切れ目
8. 壁に耳あり障子に目あり
9. えびで鯛をつる
10. 漁夫の利
11. 腐っても鯛
12. 苦しい時の神頼み
13. 郷に入っては郷に従え
14. 帯に短し、たすきに長し
15. ごまめの歯ぎしり

ⓐ 大きな利益　새우로 도미를 낚는다, 되로 주고 말로 받는다

ⓑ いっそう強くなる。無敵　도깨비에 금방망이, 범에 날개

ⓒ 中途半端　허리띠로는 짧고, 어깨띠로는 길다, 어중간하여 별로 쓸모가 없음

ⓓ わずかな望み　물에 빠진 자는 지푸라기라도 잡는다

ⓔ 裏切り　믿는 도끼에 발등 찍히다

ⓕ 子供は親に似るものだ　개구리 새끼는 역시 개구리, 부전자전

ⓖ 金による利害関係　돈 떨어지면 정분도 떨어진다

ⓗ 秘密は漏れやすい　낮말은 새가 듣고 밤 말은 쥐가 듣는다

ⓘ 知らないことは聞け　묻는 건 순간의 수치, 모르는 건 평생의 수치

ⓙ 横取り　어부지리

ⓚ よいものはよい　썩어도 준치

ⓛ 最後の頼み　괴로울 때에 하느님 찾기

ⓜ その土地の風俗・習慣に従うべきである　로마에 가면 로마법을 따라라

ⓝ すぐれた人物でも時には間違える　원숭이도 나무에서 떨어진다

ⓞ 力のない者が、悔しがること。無駄な抵抗　힘이 없으면 아무리 분개하고 애써도 소용없음

다음 속담과 의미가 동일한 가장 적당한 해설을 아래에서 고르시오.

1. ころばぬ先のつえ
2. 知らぬが仏
3. 猿も木から落ちる
4. さわらぬ神にたたりなし
5. 三人寄れば文殊の知恵
6. 歳月人を待たず
7. 自業自得
8. 釈迦に説法
9. 朱に交われば赤くなる
10. 好きこそ物のじょうずなれ
11. 住めば都
12. 善は急げ
13. 千里の道も一歩から
14. 袖ふり合うも多生の縁
15. 備えあれば憂いなし

ⓐ 身から出たさび 자업자득

ⓑ 説く必要がない 공자 앞에 문자 쓴다

ⓒ 時はどんどん過ぎていく 세월은 사람을 기다리지 않는다

ⓓ 人は友だちによってよくも悪くもなる 나쁜 사람을 사귀면 저절로 물든다

ⓔ 上手になるには何よりもそれが好きであることが大事 좋아하면 저절로 능숙해진다

ⓕ どんなところでも住んでいれば、そこがよくなってくるものだ 정들면 고향

ⓖ よいことははやく実行した方がよい 좋은 일을 빨리 하라, 쇠뿔은 단김에 빼라

ⓗ 用心 무슨 일이든 사전에 준비해야 한다(유비무환)

ⓘ 専門家でも時には失敗する 원숭이도 나무에서 떨어진다

ⓙ 物事に関係しなければ、禍を招くことはない。当たらず障らず 건드리지 않는 신에 탈 없다(긁어 부스럼)

ⓚ 三人集まればいい知恵が出る 세 사람이 모이면 문수보살의 지혜가 나온다

ⓛ 知らなければおだやかでいられる 모르는 게 약

ⓜ どんな大事業でも、はじめは手近なところから始まる 천리 길도 한 걸음부터

ⓝ 因縁 옷깃만 스쳐도 인연

ⓞ 用意万端 유비무환, 준비가 있으면 근심할 것이 없음

다음 속담과 의미가 동일한 가장 적당한 해설을 아래에서 고르시오.

1. 高嶺の花
2. 棚からぼた餅
3. 立つ鳥跡を濁さず
4. 蓼食う虫も好き好き
5. 旅の恥はかき捨て
6. 旅は道づれ世は情け
7. 短気は損気
8. ちりも積れば山となる
9. 月とすっぽん
10. 爪に火をともす
11. 出る杭は打たれる
12. 灯台下暗し
13. 隣の花は赤い
14. 捕らぬ狸の皮算用
15. どんぐりの背くらべ

ⓐ 旅をするときは連れがあるといい。世間で生活するには思いやりをもって、つきあっていくことが大切である 여행에는 길동무 세상살이에는 인정

ⓑ いらいらすると損をする 성급하면 손해를 봄

ⓒ ばかにしてはならない 티끌 모아 태산

ⓓ 大差 천양지차

ⓔ 手近なことはかえってわかりにくい 등잔 밑이 어둡다

ⓕ 他人のものはよく見える。羨望 남의 떡이 커 보인다

ⓖ 確かでないことに期待をかけて計画を立てること 너구리 굴 보고 피물 돈 내어 쓴다, 김치국부터 마신다

ⓗ 似たりよったり 도토리 키 재기

ⓘ 倹約 전주 자린고비

ⓙ 優れているものは憎まれる 모난 돌이 정 맞는다

ⓚ 手に取ることができない 그림의 떡

ⓛ 思いがけない好運 선반에서 떨어진 떡, 굴러 온 호박

ⓜ 後始末 떠날 때는 뒤처리를 깨끗이 함

ⓝ 人の好みはさまざま 오이를 거꾸로 먹어도 제 멋

ⓞ 旅ではどんなことをしても恥ずかしくない 여행간 곳에서의 부끄러움은 버려라

다음 속담과 의미가 동일한 가장 적당한 해설을 아래에서 고르시오.

1. ああ言えばこう言う
2. 会うは別れの始め
3. 悪事、千里を走る
4. 朝起きは三文の得
5. 朝飯前
6. 当るも八卦当らぬも八卦
7. 後の祭り
8. 痘痕もえくぼ
9. 虻蜂取らず
10. 油に水
11. 雨だれ石を穿つ
12. 雨降って地固まる
13. 石の上にも三年
14. 石橋を叩いて渡る
15. 医者の不養生

ⓐ 水と油。不調和 기름에 물 섞이듯, 조화가 잘 안됨

ⓑ 無常 회자정리(会者定離)

ⓒ 口が達者 이리저리 변명만 하다

ⓓ 両方とろうとして、どちらも失敗する。二兎を追う者は、一兎をも得ず 게도 구럭도 다 놓치다

ⓔ 悪い評判はすぐに広まる。うわさ
　나쁜 짓이나 소문은 숨기려 해도 곧 세상에 퍼진다

ⓕ 早起きは三文の徳。早起きは得をする 아침에 일찍 일어나면 좋은 일이 있다

ⓖ 容易 누워서 떡 먹기

ⓗ 占いは当たりもするしはずれもする 점은 맞을 수도, 안 맞을 수도 있다

ⓘ 根気よくやり続ければ成功する。継続 낙숫물이 돌을 뚫는다

ⓙ ごたごたした後、かえって物事がうまくいく 비 온 뒤에 땅이 굳는다

ⓚ 用心 돌다리도 두드려 보고 건넌다

ⓛ 言う本人は意外に実行していない 의사의 불섭생, 언행이 일치하지 않음

ⓜ 辛抱 돌 위에도 삼 년, 참고 견디면 복이 온다

ⓝ 手遅れ 때를 놓쳐 보람이 없음, 소 잃고 외양간 고친다, 사후약방문

ⓞ 愛すれば欠点까지 好ましく見える 제 눈에 안경

다음 속담과 의미가 동일한 가장 적당한 해설을 아래에서 고르시오.

1. 骨折り損のくたびれ儲け
2. 火のない所に煙は立たぬ
3. 人の噂も七十五日
4. 蒔かぬ種は生えぬ
5. 人のふんどしで相撲を取る
6. 百聞は一見に如かず
7. 貧乏暇なし
8. 覆水盆に返らず
9. 腹も身の内
10. 人の口には戸が立てられない
11. 待てば海路の日和あり
12. ミイラ取りがミイラになる
13. 三つ子の魂百まで
14. 目糞鼻糞をわらう
15. 餅は餅屋

ⓐ 暴飲暴食はだめ 너무 과음해서 배탈이 나지 않도록 주의하라는 말

ⓑ 人のうわさは防げない 발 없는 말이 천리 간다

ⓒ 事実のないところにうわさは立たない 아니 땐 굴뚝에 연기 나랴

ⓓ うわさは長くは一時のもの 남의 말도 석 달, 세상 소문은 오래가지 않는다

ⓔ 人を連れ戻しに出かけた人が帰ってこない。相手を説得するはずが、逆に説得されてしまう。
　 함흥차사, 사람을 찾으러 간 사람까지도 돌아오지 않는다, 처음의 목적과는 반대의 결과가 되다

ⓕ 人間の性質は一生変わらない 세 살 적 버릇 여든까지 간다

ⓖ 自分の欠点には気づかないで、他人の欠点をばかにする 똥 묻은 개가 겨 묻은 개 나무란다

ⓗ とりかえしがつかない 한번 엎지른 물은 다시 주워 담지 못한다

ⓘ 無駄な労力 애만 쓰고 소득이 없음, 수고만 하고 전혀 보람이 없음

ⓙ 専門領域 떡은 떡집, 사물에는 제각기 전문가가 있음

ⓚ 他人のものを利用して自分の利益にする 남의 떡에 설 쇤다

ⓛ 自分の目で見ることが重要 백문이 불여일견

ⓜ 貧乏人は忙しい 가난한 사람은 살기에 쫓겨 시간의 여유가 없다

ⓝ 何もしないでよい結果は得られない 콩 심은 데 콩 나고 팥 심은 데 팥 난다

ⓞ 気長に待てば好運が到来する 쥐구멍에도 볕들 날 있다

다음 속담과 의미가 동일한 가장 적당한 해설을 아래에서 고르시오.

1. 安物買いの銭失い
2. 薮をつついて蛇を出す
3. 油断大敵
4. 弱り目に祟り目
5. 両手に花
6. 楽あれば苦あり
7. 良薬は口に苦し
8. 論より証拠
9. 災い転じて福となす
10. 笑う門には福来る
11. 破れ鍋にとじぶた

ⓐ 余計なこと 긁어 부스럼, 덤불을 쑤셔 뱀을 나오게 하다
ⓑ 笑っていると幸せがやってくる 웃으면 복이 온다
ⓒ 相棒 짚신도 짝이 있다
ⓓ 油断は禁物 방심은 금물
ⓔ 災難を利用して、かえって幸せを呼ぶ 전화위복(転禍為福)
ⓕ 安い物を買うと損をする 싼 것이 비지떡
ⓖ 自分のためになる忠告は聞きづらい 좋은 약은 입에 쓰다
ⓗ 人を説得するには議論よりも証拠 이론보다 증거
ⓘ 度重なる不運 엎친 데 덮친 격, 설상가상
ⓙ 人生は甘くない 낙이 있으면 괴로움도 있다
ⓚ 二つの美しい物を一人占めにする 양손에 꽃, 좋은 것을 독점함

Ⅲ. 次の会話をよく聞いて、後の問いにもっとも適したものを(A)から(D)の中で一つ選びなさい。

51. 用意するものは何ですか。

    (A) 卒業証明書と印鑑

    (B) 社員証と運転免許

    (C) 保険証と写真

    (D) パスポートとはんこ

52. ここはどこですか。

    (A) 銀行

    (B) 花屋

    (C) 紳士服売り場

    (D) 美容院

53. 初めてのデートは何をしましたか。

    (A) レストランで食事をした。

    (B) 映画を見に行った。

    (C) コンサートに行った。

    (D) 遊園地で遊んだ。

54. 男の人の就職活動はどうですか。

    (A) ようやく行くところが決ってほっとしている。

    (B) そろそろ就職活動を始めようと準備している。

    (C) いつくか内定をもらったがめぼしい所がない。

    (D) 一つ見つかったが、もっといい会社を狙っている。

55. 約束の時間は何時になりましたか。

(A) 6時

(B) 6時半

(C) 7時

(D) 7時半

56. 客は何を注文しましたか。

(A) カレーライスと紅茶

(B) スパゲッティーとカレーライスとコーヒー

(C) カレーライスとアイスクリーム

(D) カレーライスとコーヒー

57. エレーベーターの運転を中止するのはどうしてですか。

(A) 電気代を節約するため

(B) 故障したため

(C) 検査をするため

(D) 運転手が交代するため

58. 二人はこれから何をしようとしていますか。

(A) 仕事をそのまま続ける

(B) 休憩をする

(C) タバコを吸う

(D) 一杯飲みに行く

59. 男の人はいつの公演に行きますか。

(A) 4日の2時

(B) 7日の2時

(C) 8日の4時

(D) 9日の4時

60. 木村さんはどの人ですか。

(A) 丸いサングラスをかけた人

(B) 黒いフレームの色がついていない眼鏡をかけた人

(C) 色つきの四角い眼鏡をかけた人

(D) 大きなサングラスをかけた人

61. 上司は部下に何を注意していますか。

(A) コピーが遅れたこと

(B) コピーの枚数が間違っていたこと

(C) 鈴木課長にコピーを先に渡さなかったこと

(D) コピーしたものがお願いしたのと違うこと

62. プロジェクトはどうなっていますか。

(A) ようやく工事が着工し始めたところである。

(B) プロジェクトは中断したままである。

(C) やっと実現の見通しがついたところである。

(D) もう少しでトンネルが完成しそうである。

63. 男の人の職業は何ですか。

(A) 警察官

(B) 保母

(C) 教師

(D) インストラクター

64. ネクタイをどう思っていますか。

(A) 女の人は似合うと思っている。

(B) 女の人は派手だと思っている。

(C) 男の人は派手な方だと思っている。

(D) 男の人は合わないと思っている。

65. 今日はどんな天気ですか。

(A) にわか雨が降り出した。

(B) ずっと雨が降り続いている。

(C) 今にも雨が降ってきそうである。

(D) 今はもう雨が降っていない。

66. 客は何を飲みますか。

(A) ホット　コーヒー

(B) アイスクリーム

(C) 冷たいお茶

(D) アイス　コーヒー

67. 女の人は何をしていますか。

(A) 服を見ている。

(B) 給料の計算をしている。

(C) プレゼントの服を買っている。

(D) 店の人と話している。

68. 燃えないごみはいつ捨てますか。

(A) 月曜日

(B) 火曜日

(C) 水曜日

(D) 金曜日

69. 交番は、どこにありますか。

(A) 花屋の右

(B) 交差点の向かい側

(C) 花屋の向かい側

(D) 交差点と花屋の間

70. 豆乳はどんな飲み物ですか。

(A) 甘すぎる

(B) 健康にいい

(C) おいしい

(D) 飲みやすい

71. 男の人が言いたくなかったのはなぜですか。

(A) 人に知られたくない秘密があるから。

(B) 家にすぐ帰りたくなかったから。

(C) はっきり言っても面白くないから。

(D) 言ってもわかってもらえないから。

72. どうして傘を持っていませんでしたか。

(A) 電車の中に置き忘れたから。

(B) 家が駅から近いから。

(C) 予報では雨じゃなかったから。

(D) タクシーで帰るつもりだったから。

73. 約束の時間は何時になりましたか。

(A) 2時

(B) 3時

(C) 4時

(D) 5時

74. どうして毎日帰りが遅いのですか。

(A) 仕事帰りにお酒を飲んでいるから。

(B) 納品したものにトラブルがあったから。

(C) 夜の仕事に転職したから。

(D) アフターファイブにビジネススクールに通っているから。

75. 男の人は何に誘っていますか。

(A) 野球

(B) 映画

(C) 演劇

(D) コンサート

76. 一番高いものはどれですか。

(A) 靴

(B) カバン

(C) 指輪

(D) ネックレス

77. ここは何の店ですか。

(A) ビデオレンタルショップ

(B) 写真屋

(C) 洋服屋

(D) クリーニング屋

78. 女の人はどうしてケーキを買ってきましたか。

(A) 二人の結婚記念日だから。

(B) 男の人の誕生日だから。

(C) 子供の誕生日だから。

(D) 家の近くでケーキ屋を見つけたから。

79. 週末はどうすることにしましたか。

(A) ピクニックに行く。

(B) その日の天気によって変わる。

(C) ピクニックをして、映画を見る。

(D) 映画を見る。

80. 駅前のレストランはどうでしたか。

(A) 人がいっぱいで入れなかった。

(B) おいしくなかったが値段は手頃だった。

(C) まずくて高かった。

(D) 覚えていない。

■ **JPT어구 표현 정복 요령**

요령1. 일단 밑줄 친 부분을 해결하도록 한다. 전혀 감이 없다면 그 어휘 자체에 대한 기본이 없는 경우이
므로 꼼꼼하게 외워두도록 한다!!

요령2. 공란을 메운 다음 단계는 위에 있는 일본어를 가리고 아래 제시된 우리말만 보고
일본어로 줄줄 말할 때까지 연습해 보라. 처음에는 잘 안 나와도 반복하는 사이 여러분의 입에서 세련된
정형화된 일본어 모범 문장이 튀어 나올 것이다.

핵심정리1　개인소개

● 설명문에는 문장 전개의 순서와 질문이 앞뒤가 뒤바뀐 문제도 나온다.
● ● 단어뿐만 아니라 문맥을 제대로 파악해 내지 못하면 답할 수 없는 문제들이다.
방송 매체나 광고를 통해 나오는 인물 소개나 회사 광고를 들을 수 있는 어구를 먼저 알아두어야 한다.

자주 쓰이는 표현

아래 ＿＿ 곳에 해당하는 단어를 넣어 문장을 완성하시오.

1. 切符を買うために何度も駅に＿＿＿＿＿＿＿＿。
   표를 사기 위해 몇 번이나 발걸음을 옮겼다.

2. タバコはカートンで買った方が＿＿＿＿＿＿だ。
   담배는 보루로 사는 게 싸게 먹인다.

3. 海外で結婚式を＿＿＿＿＿＿。
   해외에서 결혼식을 올리다.

4. バリアフリー、高齢者や障害を持つ人が暮らしやすい環境は、当然、＿＿＿＿＿人にも快適なも
   のになる。
   배리어프리(장애 제거), 고령자나 장애가 있는 사람들이 생활하기 편리한 환경은 당연히 모든 사람들에게도 쾌적
   한 환경이 된다.

5. 父の病状が＿＿＿＿＿＿＿＿ので心配だ。
   아버지의 병세가 좋지 않아 걱정이다.

6. 日記を一日も＿＿＿＿＿＿＿＿＿＿＿。
   일기를 하루도 빠뜨리지 않는다.

7. いつまでも＿＿＿＿＿＿＿＿＿＿の生活を続けるわけにはいかない。
   언제까지나 하루살이 생활을 계속 할 수는 없는 것이다.

8. ⓐ ＿＿＿＿＿＿＿＿＿＿＿成績を取る。
   발군의 성적을 거두다.

   ⓑ コンピューター市場における我が社のシェアは＿＿＿＿＿＿＿。
   컴퓨터 시장에서의 우리 회사의 점유율은 발군이다.

9. 西日を＿＿＿＿＿＿＿ために木を植えた。
   석양을 차단하기 위해서 나무를 심었습니다.

   カーテンで光を＿＿＿＿＿＿＿。
   커튼으로 빛을 가리다.

10. 場所は予約しなければならないので出席できるかどうか＿＿＿＿＿＿＿お知らせください。
    장소는 예약을 하지 않으면 안 되므로 출석할 수 있는지 여부를 서둘러 알려 주십시오.

11. 心臓病の＿＿＿＿＿＿＿を受けた。
    심장병 수술을 받았다.

12. 私はじっとしていられない＿＿＿＿＿＿＿です。
    나는 잠자코 있지 못하는 성격입니다.

13. ＿＿＿＿＿＿＿がひどくてよく眠れない。
    두통이 심해서 잘 못 잔다.

14. 一杯のコーヒーで頭が＿＿＿＿＿＿＿。
    한 잔의 커피로 머리가 개운해졌다.

15. 東京は＿＿＿＿＿＿＿＿＿＿＿。
    도쿄는 살아가기 힘들다.

16. ウイルスのせいか、このごろパソコンの＿＿＿＿＿が悪いです。

바이러스 때문인지 요즘 컴퓨터 상태가 안 좋아요.

17. 最近忙しくてそこまでは＿＿＿＿＿＿＿＿＿。

최근 바빠서 거기까지는 손이 미치지 못한다.

18. 決まってから、いくら文句を＿＿＿＿＿＿＿＿＿。

결정되고 나서 아무리 불평을 말해 봤자 소용없다.

19. 被災地の人たちには＿＿＿＿＿のことをしてあげたい。

피해 지역 사람들에게는 최대한의 지원을 해 주고 싶다.

20. いざ留学する＿＿＿＿＿、いろいろと準備しなければならないことがある。

만일 유학하는 경우에는 여러 가지 준비를 하지 않으면 안 되는 경우가 있다.

21. わずかなミスが＿＿＿＿＿＿＿＿大問題になることもある。

작은 실수가 때에 따라서 큰 문제가 될 때도 있다.

22. ⓐ 服装を＿＿＿＿＿。

복장을 단정히 하다.

ⓑ コンディションを＿＿＿＿＿。

컨디션을 조절하다.

ⓒ 夕食を＿＿＿＿＿。

저녁 식사를 준비하다.

23. 父は普段はおとなしいのに、酒を飲むと＿＿＿＿＿＿＿。

아버지는 평상시에는 점잖은데, 술만 드시면 사납게 주정을 부린다.

24. 理科系は＿＿＿＿＿という日本人は多いのではないだろうか。

이과계는 잘 못하는 일본인이 많은 건 아닐까?

25. 映画の公開に＿＿＿＿＿試写会が行われる。

영화의 공개에 앞서 시사회가 열린다.

26. 時間が経つに＿＿＿＿＿心の傷も癒されるはずです。

시간이 경과함에 따라 마음의 상처도 가실 것입니다.

27. いい年をして挨拶＿＿＿＿＿＿＿まともにできないなんて情けない。

그 나이에 인사 하나 제대로 못하다니 한심하다.

28. 10月　24日土曜日の午後2時から3年B組の同窓会を＿＿＿＿＿＿＿。

10월 24일 토요일 오후 2시부터 3학년B반 동창회를 열겠습니다.

29. どうも勉強に＿＿＿＿＿＿＿困る。

아무리 해도 공부에 전념할 수 없어 죽겠다.

30. 今回の事件は子を持つ親として＿＿＿＿＿＿＿点が多い。

이번 사건은 아이를 가진 부모로서는 남의 일 같지 않은 점이 많다.

31. 忙しい＿＿＿＿＿＿＿にはこのレトルト食品がたいへん便利です。

바쁜 사람들에게는 이 저장 식품이 대단히 편리하다.

32. 彼のうわさで＿＿＿＿＿＿＿だ。

온통 그에 관한 소문뿐이다.

どこへ行ってもあのうわさで＿＿＿＿＿＿＿だ。

어딜 가나 그 소문으로 자자했다.

事件の話で＿＿＿＿＿＿＿だった。

사건 이야기로 자자했다.

* 인물 소개에 대한 지문은 평균 1문제는 꼭 출제되고 있다. 따라서 인물이나 사건을 다룬 글을 많이 접해

보는 것이 이런 문제를 대비하는 방법이다.

Ａｎｓｗｅｒ

1. 足を運んだ	2. 安上がり	3. 挙げる	4. あらゆる	5. 思わしくない
6. 欠かさない	7. 日暮し	8. ⓐ 群を抜いた ⓑ群を抜いている		9. 遮る
10. 至急	11. 手術	12. 性分	13. 頭痛	14. すっとした
15. 世知辛い	16. 調子	17. 手が回らない	18. 言ってもしょうがない	
19. できるだけ	20. となれば	21. 時によって	22. ⓐ = ⓑ = ⓒ整える	
23. 虎になる	24. 苦手	25. 先立ち	26. つれて	27. ひとつ
28. 開きます	29. 身が入らなくて	30. 身につまされる	31. 向き	
32. ⓐ = ⓑ = ⓒもちきり				

[1]

아래 ____ 곳에 해당하는 단어를 넣어 문장을 완성하시오.

1) 去年は長男の結婚に次女の出産が＿＿＿＿＿、目が回るほど忙しかった。

작년은 장남의 결혼에 차녀의 출산이 겹쳐서, 눈코 뜰 새 없이 바빴다.

2) 金融機関＿＿＿＿＿、私が第一に就職を希望する職場です。

금융 기관이야 말로, 내가 가장 취직을 희망하는 직장입니다.

3) 父はわたしの結婚に反対している。それはわたしが若すぎるからな＿＿＿である。

아버지는 내 결혼에 반대하고 있다. 그것은 내가 너무 어리기 때문이다.

4) 日常生活では言葉に＿＿＿＿＿しないが、仕事ではまだまだだ。

일상생활에서는 말이 불편하지 않지만 일에서는 아직 멀었다.

5) 東京の大学に入って一人で生活するようになった。そのとき＿＿＿＿＿、家庭がどんなにいいか

ということに＿＿＿＿＿。

도쿄의 대학에 들어가서 혼자서 생활하게 되었다. 그때 처음으로, 가정이 얼마나 좋은 것인가를 깨달았다.

A n s w e r

1. 重なって　　　　2. こそ　　　　3. の　　　　4. 不自由
5. 初めて, 気がついた

[2]
아래 ____ 곳에 해당하는 단어를 넣어 문장을 완성하시오.

1) 太郎さんはお父さんの仕事の関係でいろいろな国に住んでいたので、英語＿＿＿＿＿＿、フランス語や中国語もできる。

다로 씨는 아버지 일의 관계로 여러 나라에 살았었기 때문에, 영어는 물론, 프랑스어랑 중국어도 가능하다.

2) ジョギングが健康にいいという話を聞いて、わたしもやってみよう＿＿＿＿＿＿＿＿。

조깅이 건강에 좋다라는 이야기를 듣고, 나도 해보자 라는 마음이 들었습니다.

3) 大学進学の＿＿＿＿＿＿日本へ来たが、病気のため帰国しなければならなくなった。

대학 진학 목적으로 일본에 왔지만, 병 때문에 귀국하지 않으면 안 되게 되었다.

4) 約束の時間に間に合わないといけないと思ったので、(タクシーなら早いから間に合うだろうと思って)タクシーに乗ったら、＿＿＿＿＿＿遅くなってしまった。

약속 시간에 맞추지 않으면 안 된다고 생각했기 때문에, (택시라면 빠르니까 시간에 맞을 거라고 생각해서) 택시에 탔더니, 오히려 늦고 말았다.

5) ＿＿＿＿＿＿の会社に電話をかける時は相手が出たら、その会社かどうかをまず確かめます。間違いなくかかったことを確かめた後、必ず自分の姓名を＿＿＿＿＿＿、先方のひとを呼んでもらいます。

다른 회사에 전화를 걸때는 상대가 나오면, 그 회사인지 아니지를 우선 확인합니다. 틀림없이 걸린 것을 확인한 후 반드시 자신의 이름을 말하고 상대방 사람을 호출해 달라고 합니다.

A n s w e r

1. はもちろん　　2. という気持になった　　3. 目的で　　4. かえって　　5. よそ，名のって

[3]

다음 내용을 잘 듣고 문제의 질문에 가장 적당한 답을 하나 고르시오.

問題1.　この人はそのうちどうするつもりですか。

(A) 北海道に帰る。

(B) 大学に入る。

(C) 独り暮らしをする。

(D) 仕事を探す。

問題2.　昔の産婆さんの役割はどうでしたか。

(A) 医者の下働きをする。

(B) 自宅で赤ちゃんをとりあげる。

(C) 赤ちゃんの産湯を沸かす。

(D) 事務的な仕事をする。

問題3.　どうして人生の始めと終の主催者は、本人とその家族から、医師へと変っていったのですか。

(A) 自宅で生まれ、死ぬ場合でも医師の助けが必要だから。

(B) 生まれ、死ぬ場所が自宅から病院に変ってきているから。

(C) 医師が自由自在に患者の命をコントロールできるから。

(D) 患者は医師の判断に身を委ねるしかないから。

問題4.　インスタントラーメンについて誤っているものはどれですか。

(A) ちょっと手を加えただけで食べられる。

(B) 生産量は当初よりも下がってきている。

(C) 1958年に初めて売り出した。

(D) 当初の売れ行きはものすごかった。

問題5. インスタント・ラーメンの世話にならなかった人とはどんな人のことですか。

(A) 週に1回しかインスタント・ラーメンを食べない人。

(B) インスタント・ラーメンばかりを食べすぎて、栄養障害を起こした人。

(C) すべての食事をインスタント・ラーメンですました人。

(D) インスタント・ラーメンを食べていなかった人。

問題6. 日本人の食生活の特徴として合っているものはどれですか。

(A) 昼食はゆっくりと時間をかけてとりたがる。

(B) 夕食はボリュームのあるものを食べたがる。

(C) 昼食は簡単に済ませたがる。

(D) 夕食はあっさりしたものを食べたがる。

아래 ____ 곳에 해당하는 단어를 넣어 문장을 완성하시오.

(1)

• 勉強＿＿＿＿＿遊び回る。

공부는 안중에 없이 놀러 다니다.

• 人々の心配＿＿＿＿＿強行する。

사람들의 걱정은 아랑곳하지 않고 강행하다.

• 学校の宿題＿＿＿＿＿外に遊びに行ってはいけません。

학교 숙제를 무시하고 놀러 가서는 안 됩니다.

(2)

• ＿＿＿＿＿詳しく報告します。

곧 자세히 보고하겠습니다.

• ＿＿＿＿＿戻ってくるだろう。

머지않아 돌아 올 것이다.

■ 잘 들어라!!

설명문에서 고득점을 유지하는 비결은 한자어 청취력을 요구하는 문제를 많이 연습해 보아야 한다. 이런 문제에 강해지기 위해서는 평소에 문장 속의 어려운 단어나 한자 읽기 등에 신경을 쓰면서 공부하는 습관이 필요하다. 뉴스와 기사는 설명문의 절반 정도를 차지하는 부분이다.

아래 연습을 통해 철저하게 익혀두도록 하자!!

자주 쓰이는 표현 1

아래 ____ 곳에 해당하는 단어를 넣어 문장을 완성하시오.

1. 全国____________に支店がある。
   전국 도처에 지점이 있다.

2. 株主は株価の変動に____________している。
   주주는 주가의 변동에 일희일비하고 있다.

3. 要求を__________。
   요구를 받아들이다.

4. 復興事業を__________。
   복구 사업을 하청 맡다.

5. ____________を見守る。
   추이, 변화를 지켜보다.

6. 波が____________。
   파도가 덮치다.

7. 罰金が____________。
   벌금이 부과되다.

8. 反対党を____________。
   반대당을 억압하다.

9. 営業成績が__________。
   영업 성적이 하강하다.

10. _________が鋭い。
직감력이 날카롭다.

11. 挨拶を_________。
인사를 나누다.

12. 原産地表示が_____________。
원산지 표시가 의무화되다.

13. 病状が_____________。 =「激しく変化する。」
병 상태가 급변하다./급격하게 변화하다.

14. 4割_______を占める。
40%이상을 차지한다.

15. 2001年に_________。
2001년과 비교하다.

16. 3分の1を_________。
3분의 1을 넘는다.

17. 急激に_________。
급격히 떨어진다.

18. この学校はスポーツが_________。
이 학교는 스포츠가 활발하다.

19. 舞台を_________。
무대를 떠나다.

20. 紐を_________結ぶ。
끈을 단단히 매다.

Answer

1. 至るところ	2. 一喜一憂	3. 受け入れる	4. 請け負う	5. 移り変わり
6. おそいかかる	7. 課せられる	8. 押さえ付ける	9. 下降する	10. 勘
11. 交す	12. 義務づけられる	13. 急変する	14. 強	15. 比べる
16. 超える	17. 下がる	18. 盛んだ	19. 去る	20. しっかり

아래 ____ 곳에 해당하는 단어를 넣어 문장을 완성하시오.

1. __________の上でやったことだ。
   알고서 한 일이다.

2. 消費者物価が__________。
   소비자 물가가 상승하다.

3. 事情を__________。
   사정을 속속들이 알다.

4. 首相に__________。
   수상을 수행하다.

5. 台風が__________。
   태풍이 지나가다.

6. 一人前の男に__________。
   제구실을 할 수 있는 남자로 성장하다.

7. 仕事に__________がない。
   일에 실수가 없다.

8. 思う__________に遊ぶ。
   마음껏 놀다.

9. 人の金を__________。
   남의 돈을 속여 빼앗다.

10. 予算の規模が年々__________。
    예산 규모가 매년 줄어들다.

11. 社長の座に__________。
    사장 자리에 취임하다.

12. 不正に目を__________。
    부정을 눈감아 주다.

13. 見物人が続々と＿＿＿＿＿＿＿＿。

구경꾼이 속속 몰려들다.

14. 事件の渦中に＿＿＿＿＿＿＿＿。

사건의 소용돌이 속에 뛰어들다.

15. 罪に＿＿＿＿＿＿＿＿。

고소당하다. 판결 받다.

16. 2001年には輸出が輸入を＿＿＿＿＿＿＿＿＿。

2001년에는 수출이 수입을 앞지르다.

17. 原則に＿＿＿＿＿＿＿＿。

원칙에 따르다.

18. 昨年の交通事故による死亡者数は、例年より多く11,086人に＿＿＿＿＿＿＿＿。

작년의 교통사고에 의한 사망자 수는, 예년보다 많은 **11,086**명에 달했다.

19. 船が暗礁に＿＿＿＿＿＿＿＿。

배가 암초에 걸렸다.

20. 預金を＿＿＿＿＿＿＿＿。

예금을 인출하다.

A n s w e r

1. 承知	2. 上昇する	3. 知り抜く	4. 随行する	5. 過ぎ去る
6. 育つ	7. そつ	8. 存分	9. 騙し取る	10. 縮まる
11. 就く	12. つぶる	13. 詰めかける	14. 飛び込む	15. 問われる
16. 抜く	17. 法る	18. 上った	19. 乗り上げた	20. 引き出す

아래 _____ 곳에 해당하는 단어를 넣어 문장을 완성하시오.

1. 心に_________。
마음속에 잠재하다.

2. やっと_________ができる。
겨우 자립할 수 있게 되다.

3. 遺憾の意を_________。
유감의 뜻을 표하다.

4. 侵略を_________。
침략을 막다.

5. 年々_________。
매년 줄어들다.

6. 速度を_________。
속도를 더하다.

7. 災難を_________。
재난을 초래하다.

8. 解決策を_________。
해결책을 찾아내다.

9. _________が取れない。
꼼짝 못하다.

10. ああ怠けてはわたしも_________ほかない。
저렇게 나태하니 나도 단념할 수밖에 없다.

11. _________がなさそうなので見限る。
가망이 없을 듯하여 단념하다.

12. 進学率は4割に_________。
진학률은 40%가 되지 않는다.

13. 水害に__________。

수해를 당하다.

14. からくりを__________。

계략을 간파하다.

15. 資源に__________。

자원이 풍부하다.

16. 景気が__________。

경기가 회복되다.

17. 不当な差別は__________べきだ。

부당한 차별은 중지해야 한다.

18. 盗みの__________で捕まる。

절도 혐의로 붙잡히다.

19. 相場は__________だ。

시세는 보합 상태이다.

20. __________寝ないで看病する。

밤새도록 자지 않고 간병하다.

21. 大衆に__________。

대중에게 호소하다.

22. 声明を__________。

성명을 다 읽다.

23. ～と答えた人は全体の1割__________ある。

～라고 대답한 사람은 전체의 10% 이상 된다.

24. 警官が町を__________。

경관이 거리를 순찰하다.

Ａｎｓｗｅｒ

1. 潜む	2. 独り立ち	3. 表する	4. 防ぐ	5. 減り続く
6. 増す	7. 招く	8. 見いだす	9. 身動き	10. 見切る
11. 見込み	12. 満たない	13. 見舞われる	14. 見破る	15. 恵まれる
16. 持ち直す	17. 止める	18. 容疑	19. 横ばい状態	20. 夜通し
21. 呼び掛ける	22. 読み上げる	23. 以上	24. 巡回する	

[1]

아래 ____ 곳에 해당하는 단어를 넣어 문장을 완성하시오.

1) 現代人は自然を大切にする気持ちが__________のではないだろうか。
현대인은 자연을 소중히 하는 마음이 부족한 것이 아닐까.

2) 政府や企業が公害対策に__________だったら、汚染はこんなにひどくならなかっただろう。
정부나 기업이 공해 대책에 적극적이었다면, 오염은 이렇게 심해지지 않았을 것이다.

3) 都は______________自動車排ガス測定局35ヵ所前後で常時、SPM濃度を測定している。
도는 도로변에 설치한 자동차 배기가스 측정국 35개소 전후에서 항상 SPM농도를 측정하고 있다.

4) __________一本の道路のために、植物や動物の生態系が壊されて、広い範囲にわたり自然破壊が

広がっていく。
겨우 하나의 도로 때문에, 식물이나 동물의 생태계가 파괴되고, 넓은 범위에 걸쳐 자연 파괴가 확대되고 있다.

A n s w e r

1. 欠けている　　2. 積極的　　　　3. 道路沿いに設けた　4. たった

[2]

아래 ____ 곳에 해당하는 단어를 넣어 문장을 완성하시오.

1) 政府は失業者の問題に積極的な対策を考える__________だ。

정부는 실업자 문제에 적극적인 대책을 생각해야 한다.

2) この工場は、__________では進んでいるが、新しい製品の研究開発の点では後れているといわれ

ている。

이 공장은, 기술면에서는 발달하고 있지만, 새로운 제품 연구 개발 면에서는 늦어지고 있다고 한다.

3) 地球上の至るところで開発や工業化の進む現在、森林の失われていく原因はますます複雑にな

り__________。

지구상에 도처에서 개발이나 공업화가 진행되는 현재, 삼림이 사라져 가는 원인은 더욱더 복잡해지고 있다.

4) 日本にとっての大きな課題は、海外援助の金額を増やすだけでなく、そのために働く__________

ことだといわれる。しかし、人材は、ただ専門的な知識を学ばせれば育つというものではない。

일본에 있어서의 큰 과제는, 해외 원조 금액을 늘리는 것뿐만 아니라, 그를 위해서 일하는 인재를 많이 만들어 내
는 것이라고 한다. 그러나 그런 인재는, 단지 전문적인 지식을 배우게 하면 양성되는 것은 아니다.

[3]
아래 ＿＿＿ 곳에 해당하는 단어를 넣어 문장을 완성하시오.

1) 工場や車から出る排出ガスが＿＿＿＿＿、酸性の強い雨が降る。
공장이나 자동차에서 나오는 배출 가스가 원인으로, 산성이 강한 비가 내린다.

2) 水産資源を保護するために、日本では養殖漁業が盛(さか)んだ。＿＿＿＿＿、魚や貝が住む環境、

＿＿＿＿＿海や川の汚染を防止することのほうが大切＿＿＿＿＿。
수산 자원을 보호하기 위해서, 일본에서는 양식 어업이 활발하다. 그러나, 생선이나 조개가 사는 환경, 결국 바다나 강의 오염을 방지하는 편이 중요하지 않을까.

3) 日本の工場は中小企業がその大部分を＿＿＿＿＿。
일본의 공장은 중소기업이 그 대부분을 차지하고 있다.

4) 新聞社が調べた＿＿＿＿＿、今の内閣の支持率はあまり高くないということが分かった。
신문사가 조사한 결과, 지금의 내각 지지율은 별로 높지 않다는 것을 알았다.

[4]

問題1. 火事はどうやって消し止められましたか。

(A) 消防士がかけつけて消火しました。

(B) 鈴木さんの夫が消火しました。

(C) 近くの工事現場の人たちが消火しました。

(D) 鈴木さんの妻が消火しました。

問題2. どうして新聞記事は額面通りに受け取ってはいけませんか。

(A) 記者の憶測や虚言のみが書かれているから。

(B) 事実をねじまげて記事にしているから。

(C) 細かい所が抜け落ちていることがあるから。

(D) 話に尾鰭をつけて記事にしているから。

問題3. 建物が高くなっていく理由として正しいものはどれですか。

(A) 高い所を好む子供が増えているから。

(B) 高所恐怖症の人が少ないから。

(C) 狭い所にたくさんの人が住めるようにしたいから。

(D) 高ければ高いほど高価なイメージがあるから。

問題4. この人が小学生のころ、遠足で何をしましたか。

(A) 建設中のビルを見学すること。

(B) 草や花を取って遊ぶこと。

(C) 動物とふれあうこと。

(D) 貝を取って遊ぶこと。

問題5.　東京湾横断道路を作る利点は何ですか。

(A) 交通費が安く済むこと。

(B) 地震の心配がないこと。

(C) 移動が円滑になること。

(D) 制限速度がないこと。

주 요 어 구

아래 ____ 곳에 해당하는 단어를 넣어 문장을 완성하시오.

(1)

・彼の意見は正しい。＿＿＿＿＿彼の立場に立てばの話だがね。

그의 의견은 맞다. 다만 그의 입장에 서서의 이야기이지만.

(2)

・露店が＿＿＿＿＿に並んでいる。

노점이 한곳에 많이 늘어서 있다.

・話題作が＿＿＿＿＿の正月映画が楽しみだ。

화제작이 가득한 설날 영화가 기다려진다.

■ 잘 들어라!!

설명문에서는 거의 빠지지 않고 앙케트 조사에 대한 내용이 출제되고 있다. 이런 문제를 만나거든 앙케트 조사의 대상이나 나열되는 숫자들을 잘 들어라. 이것이 출제된다.

특히 숫자의 청취문제는 차분하게 듣고, 메모를 해서 순서에 혼란을 일으키지 않도록 해야 한다.

자주 쓰이는 표현 **1**

- 荒れ模様の空　날씨가 궂을 듯한 하늘
- 大雨　큰비, 폭우
- 大雪　많은 눈, 폭설
- 雷　천둥
- 気温が下がる　기온이 내려가다
- 北寄りの風が強まる　북풍이 세지다
- 降水確率　강수 확률
- 洪水　홍수
- 木枯らし　늦가을부터 초겨울에 걸쳐 부는 차가운 바람
- 小雨　가랑비
- 小春日和　초겨울의 봄처럼 따뜻한 날씨
- 最高気温　최고 기온
- 最低気温　최저 기온
- 五月晴れ　장마철의 갠 날씨. 5월의 맑은 날씨
- 空模様　날씨
- 台風　태풍
- 日中　주간, 대낮=「昼間」
- にわか雨　소나기
- 肌寒い　으스스 춥다, 쌀쌀하다
- 春一番　2, 3월 초에 처음으로 부는 남풍

- 晴れ 맑음

- 晴れ間 구름 사이, 또는 그 틈으로 보이는 맑은 하늘

- 吹雪 눈보라

- 暴風雨 폭풍우

- 蒸し暑い 무덥다

- 夕方 저녁때

- 夕立 여름 오후에 세차게 내리는 소나기

아래 ____ 곳에 해당하는 단어를 넣어 문장을 완성하시오.

1. 天気予報が__________。
   일기 예보가 빗나가다.

2. 気温は__________に動くと予想しています。
   기온은 약간 높아질 것으로 예상하고 있습니다.

3. 「______________のか」と問い合わせが相次ぎました。
   '장마는 끝났는가?' 라는 문의가 잇따랐습니다.

4. 観測史上__________を記録しました。
   관측 사상 최고치를 기록했습니다.

5. 日本の夏は__________です。ピーク時には多くの地域が30度を軽く超えます。
   일본 여름은 무덥습니다. 최고조일 때에는 많은 지역이 30도를 가볍게 넘습니다.

6. 中心付近の最大風速は45kmで強い雨を__________。
   중심부근의 최대 풍속은 45km로, 강한 비를 동반하고 있습니다.

7. 各地で__________が30度を超し、海辺は若者らで溢れました。
   각지에서 최고기온이 30도를 넘고, 해변은 젊은이들로 넘쳤습니다.

8. 今夜から明日にかけて__________が強く__________なりそうなので、海水浴には注意が必要です。
   오늘밤부터 내일에 걸쳐서 남서풍이 강하고 파도가 높아지므로 해수욕에는 주의가 필요합니다.

9. 今日は朝のうちは__________ですが、午後からは晴れるでしょう。

오늘은 아침에는 대체로 흐리겠습니다만, 오후부터는 쾌청해지겠습니다.

10. 4月から8ヶ月間連続で__________が続いていたことが明らかになりました。

4월부터 8개월간 계속해서 고온 경향이 이어져 온 것이 밝혀졌습니다.

11. 一部を除いては__________が広がりました。

일부를 제외하고는 맑은 지역이 많아졌습니다.

Answer

1. 外れる	2. 高め	3. 梅雨は明けた	4. 最高値
5. 蒸し暑い	6. 伴っています	7. 最高気温	8. 南西の風, 波が高く
9. 曇りがちの天気	10. 高温傾向	11. 晴れ間	

[1]

아래 ____ 곳에 해당하는 단어를 넣어 문장을 완성하시오.

1) 日本は、北海道を__________、六月から七月にかけて雨が降り続く。
일본은, 홋카이도를 제외하고, 6월부터 7월에 걸쳐 비가 계속 내린다.

2) 東京では毎年7月から8月にかけて暑い毎日が続くが、今年は__________暑さが厳しいようだ。
도쿄에서는 매년 7월부터 8월에 걸쳐서 매일 더운 날이 이어지지만, 올해는 특히 더위가 심한 것 같다.

[2]

다음 내용을 잘 듣고 문제의 질문에 가장 적당한 답을 하나 고르시오.

問題1.　日本の気候について正しいものはどれですか。

　　　　(A) 全国的に似たり寄ったりである。

　　　　(B) 高温多雨で一年を通して雨が非常に多い。

　　　　(C) 地形の関係上、地域によってまちまちである。

　　　　(D) 四季を通じて気温の変化が少ない。

問題2.　明日の天気はどうなると言っていますか。

　　　　(A) 今日に引き続き、雨が降り続く。

　　　　(B) 今日に引き続き暖かい、穏やかな天気になる。

　　　　(C) 今日に引き替え、はっきりしない天気になる。

　　　　(D) 今日に引き替え、晴天になる。

■ 잘 들어라!!

설명문에서는 거의 빠지지 않고 앙케트 조사에 대한 내용이 출제되고 있다. 이런 문제를 만나거든 앙케트 조사의 대상이나 나열되는 숫자들을 잘 들어라. 이것이 출제된다.

특히 숫자의 청취문제는 차분하게 듣고, 메모를 해서 순서에 혼란을 일으키지 않도록 해야 한다.

자주 쓰이는 표현　1

아래 ＿＿＿＿ 곳에 해당하는 단어를 넣어 문장을 완성하시오.

1. ～研究所が、昨年春に行った＿＿＿＿＿結果を発表した。
   ～연구소가 작년 봄에 실시한 앙케트 결과를 발표했다.

2. 世界に誇るライフスタイルかどうかは人によって判断が異なるかもしれないが、確かに生活
   を＿＿＿＿＿させたものたちが並ぶ。
   세계에 자랑할 만한 생활양식인지 어떤지는 사람에 따라 판단이 달라질지도 모르지만, 분명 생활을 변화시킨 것들이 열거되었다.

3. 7割の人がインターネット通販を利用したいと考える＿＿＿＿＿、9割の人が不安を感じている。
   70%의 사람들이 인터넷 통신판매를 이용하고 싶다고 생각하는 한편 90%의 사람들이 불안을 느끼고 있다.

4. 昨年の9月11日＿＿＿＿＿、日本のメディアは中東情勢一色になってしまった。
   작년 9월 11일 이래, 일본의 매스컴은 중동 정세에 관한 것들로 가득했다.

5. 昨年の100歳以上のお年寄りの数が1万5千人を＿＿＿＿＿、統計をとりはじめた1963年の100倍
   に達した。
   작년 100세 이상 노인의 수가 만 5천명을 상회해 통계를 잡기 시작한 1963년의 100배에 달했다.

6. 日本の大学では2月＿＿＿＿＿3月に＿＿＿＿＿入学試験が行われる。
   일본의 대학에선 2월부터 3월에 걸쳐 입학시험이 행해지고 있다.

7. 現代学生の『三種の神器』は、1.「携帯電話」 2.「パソコン」 3.「テレビ」。東洋大学が、文学部と
   社会学部の新入生955人を対象にしたアンケートの＿＿＿＿＿だ。
   요즘 학생의 "세 가지 보물"은 1. 휴대전화 2. PC 3. TV. 도요대학이 문학부와 사회학부 신입생 955명을 대상으로 실시한 앙케트 조사 결과이다.

8. 入学試験の結果を___________。

입학시험 결과를 염려하다.

9. 日本では血液型がよく話題にのぼります。アメリカ人やイギリス人はA型、O型が全体のほとんど

を___________、韓国人はA型、O型、B型がほぼ同じぐらいになっています。

일본에서는 혈액형이 자주 화제에 오른다. 미국인이나 영국인은 A형, O형이 전체의 대부분을 차지하고, 한국인
은 A형, O형, B형이 거의 같습니다.

10. ___________の問題点は ～だった。

종래의 문제점은 ～이었다.

11. 季節ものを除くと、気軽にできて、お金のかからない運動が___________にならぶ。

계절 스포츠를 제외하면, 손쉽게 할 수 있고 돈이 들지 않는 스포츠가 상위를 차지한다.

12. 予定が1日___________いる。

예정이 하루 늦어졌다.

13. 20才以上の各世代男女2000人を___________に聞いた結果…。

20세 이상의 각 세대 남녀 2000명을 대상으로 조사한 결과….

14. 旅行の費用を___________。

여행비용을 저축하다.

15. ___________、～とはいっても ～は ～です。

단 ～이라고는 해도 ～은 ～입니다.

16. 東京は日本で最も人口が多い都市で、___________横浜、大阪の順になる。

도쿄는 일본에서 가장 인구가 많은 도시이고, 뒤이어 요코하마, 오사카의 순이다.

17. 水力による発電は、日本の電力の需要の6分の1を供給している___________。

수력에 의한 발전은, 일본의 전력 수요의 6분의 1을 공급하고 있는 것에 불과하다.

18. 政府は公害問題に___________といわれているが、効果はあまり期待できない。

정부는 공해 문제에 몰두하고 있다고 하지만, 효과는 별로 기대할 수 없다.

19. その子は道に______三日間一人で山を歩き回っていた。しかもその間何も食べていなかったらしい。

그 아이는 길을 잃고 3일 동안 혼자서 산을 걸어 다녔다. 게다가 그 동안 아무것도 먹지 않은 것 같다.

20. 東京の生活のいい点は、コンサートホールや美術館があって文化的な環境に___________ことだ。

도쿄 생활의 좋은 점은, 콘서트홀이나 미술관이 있어서 문화적인 환경이 풍부하다는 것이다.

21. 〜の調査に＿＿＿＿＿＿、〜と答えた人が、〜と答えた人を大きく上回った。

〜조사에 의하면, 〜라고 대답한 사람이, 〜라고 대답한 사람을 큰 폭으로 상회하였다.

22. 調査結果は大手企業など112社の回答に＿＿＿＿＿＿＿だ。

조사 결과는 대기업 등 112사의 회답에 의한 것이다.

23. 若者もおじさんもやっている大股開きは＿＿＿＿＿＿が悪い

젊은이, 아저씨들 할 것 없이 양다리를 벌려 앉는 것은 평판이 나쁘다.

24. 年々＿＿＿＿＿＿ゴミの量に処理が追いつかなくなった。

해마다 계속 늘어나는 쓰레기양에 처리가 따라갈 수 없게 되었다.

25. ＿＿＿＿＿＿多かったのが携帯電話の大声、8割が腹立たしいと思っている。

가장 많았던 것이 큰 소리로 전화하는 것, 80%가 화가 난다고 느끼고 있다.

26. 運動は健康のために必要だ。＿＿＿＿＿＿、やりすぎるのも問題があるようだ。

운동은 건강을 위해 필요하다. 하지만 지나치게 하는 것도 문제가 있는 것 같다.

27. 紙の＿＿＿＿＿＿という考え方は、最近生まれたものではありません。

종이의 재활용이라는 생각은 최근에 생겨난 것은 아닙니다.

28. この不況で＿＿＿＿＿＿がぐらついている会社が多い。

이번 불황으로 기반이 흔들리고 있는 회사가 많다.

29. 年齢を＿＿＿＿＿＿、優秀な人材を積極的に登用する。

연령을 불문하고, 우수한 인재를 적극적으로 등용한다.

30. アメリカでは、広い範囲に＿＿＿＿＿＿砂漠化が進んでいるといわれている。

미국에서는, 넓은 범위에 걸쳐서 사막화가 진행되고 있다고 한다.

31. 紙にはそれぞれ＿＿＿＿＿＿がある。

종이에는 각기 용도가 있다.

Ａｎｓｗｅｒ

1. アンケート	2. 一変	3. 一方	4. 以來	5. 上回り
6. から、かけて	7. 結果	8. 懸念する	9. 占め	10. 従來
11. 上位	12. ずれて	13. 対象	14. 蓄える	15. ただし
16. 次いで	17. にすぎない	18. 取り組んでいる	19. 迷って	20. 恵まれている
21. よると	22. よるもの	23. 評判	24. 増え続ける	25. 最も
26. もっとも	27. リサイクル	28. 屋台骨	29. 問わず	30. わたって
31. 使い道				

[1]

아래 ＿＿＿ 곳에 해당하는 단어를 넣어 문장을 완성하시오.

1) 今年1月中旬から2月初めにかけて、東京都中野区の区民200人を初め、企業、労働組合などの計

3,200人を＿＿＿＿＿＿。

올해 1월 중순부터 2월초에 걸쳐서, 도쿄도 나카노 구의 구민 200명을 비롯하여, 기업, 노동 조합 등의 합계
3,200명을 대상으로 조사를 시행했다.

2) この＿＿＿＿＿＿は、各国青年の生活や生き方などについての意識を調べ、我が国の青年のそれ

と比較することによって、外国青年との相互理解を促進するための基礎資料を作ることであった。

이 조사의 목적은, 각국 청년의 생활이나 살아가는 법 등에 대해서의 의식을 조사하고, 우리 나라 청년들과 비교
함으로써, 외국 청년과의 상호 이해를 촉진하기 위한 기초 자료를 만든 것이었다.

3) ＿＿＿＿＿＿は、家庭、学校、職業、友人、余暇、国家、社会、国際感覚、人生観、宗教など10項

目に＿＿＿＿＿＿。

질문 항목은, 가정, 학교, 직업, 친구, 여가, 국가, 사회, 국제 감각, 인생관, 종교 등 10 항목에 걸쳐 있다.

A n s w e r

1. 対象に調査を行った　　　　2. 調査の目的　　　　3. 質問項目, わたっている

[2]

아래 ____ 곳에 해당하는 단어를 넣어 문장을 완성하시오.

1) ___________________、社会の高齢化が非常なスピードで進んでいる点である。

이번 조사에서 주목하고 싶은 것은, 사회의 고령화가 대단한 속도로 진행되고 있다는 것이다.

2) 最近の調査で分かったことは、青年たちの働く目的は「収入を得ること」が、各国とも最も多くなったことである。________、今日の青年たちは、能力が生かせる仕事を選ぶことより、まず収入を得るために働かなければならない_________________________。

최근의 조사에서 안 것은, 청년들이 일하는 목적은 '수입을 얻는 것' 이, 각 국 모두 가장 많아진 것이다. 이것은, 오늘날 청년들은, 능력을 살릴 수 있는 일을 고르는 것 보다, 우선 수입을 얻기 위해 일하지 않으면 안 된다는 것을 나타내고 있다고 말할 수 있다.

다음 내용을 잘 듣고 문제의 질문에 가장 적당한 답을 하나 고르시오.

問題1.　本文の内容と合っていないものはどれですか。

(A) 日本人の多くはテレビが生活必需品だと考えている。

(B) 冷蔵庫が生活の上で必要だと考えているアメリカ人が多い。

(C) 世界で最も長時間テレビを見るのは日本人である。

(D) 受信機の普及率から言えば日本よりアメリカの方が上である。

問題2.　テレビは家庭の中でどのような存在とされていますか。

(A) 家庭団欒の脇役的な存在。

(B) 家庭団欒の裏方的な存在。

(C) 家庭団欒の中心的な存在。

(D) 家庭団欒を乱す存在。

問題3.　本文の内容と合っているものはどれですか。

(A) テレビはわれわれに悪い影響ばかりを与え続けている。

(B) これからも私たちとテレビとの深い関係は続いていくであろう。

(C) 性的なシーンなどは子供に悪影響を与えるので今すぐ放送を禁止した方がよい。

(D) 最近のテレビ番組はマンネリで飽き飽きする。

問題4　木村君はどうしてロンドンの美術館に行きますか。

(A) 以前から行きたいと思っていたから。

(B) 学校の課題でレポートを書かなければならないから。

(C) 日本よりも入場料がはるかに安いから。

(D) 旅の目的が美術館巡りだから。

問題5　日本はなぜコンサートの入場料が高いのですか。

　　(A) クオリティーの高い演奏をするから。

　　(B) 有名な演奏家ばかりだから。

　　(C) 国があまり援助してくれないから。

　　(D) コンサートを見にくる人が少ないから。

問題6.　優秀な指揮者や演奏者たちが外国に逃げ出すのはどうしてですか。

　　(A) 日本だけにとどまらず国際的に活躍したい。

　　(B) 日本は物価も高く生活が苦しいから。

　　(C) 諸外国に比べ補助金が少ないから。

　　(D) 国民の芸術に対する関心が薄いから。

問題7.　筆者は行きたいコンサートがあったらどうしますか。

　　(A) 急いでチケットの予約センターに電話をする。

　　(B) 誰かに頼んでいい席を取ってもらう。

　　(C) 懐の具合を確かめてから決める。

　　(D) 一流アーチストだったら行くことにする。

■ 잘 들어라!!

가장 핵심적인 내용을 짧은 시간 안에 정확히 이해하고 전달할 수 있어야 한다. 일단 아래 제시한 기준이 될 만한 문장을 실제 일본인이 구사할 수 있는 스피드에 맞춰 반복하여 읽도록 한다.

불특정 다수에게 전하는 정보에 대한 설명문이므로 경어체 표현이 두드러지고 행사 개최, 교통(공항, 철도)상황이 주로 출제된다.

자주 쓰이는 표현

아래 _____ 곳에 해당하는 단어를 넣어 문장을 완성하시오.

1. まず身近な問題から話し合い、私たち自身で解決の__________を見つけてみませんか。
   우선 가까운 문제부터 서로 대화를 나누고, 우리 자신이 해결할 수 있는 실마리를 찾아보지 않겠습니까?

2. 道路工事を__________います。
   도로 공사를 맡고 있습니다.

3. 明日も平常通り午前10時から午後7時まで__________いたします。
   내일도 평상대로 오전 10시부터 오후 7시까지 영업하겠습니다.

4. 皆様の__________を心よりお待ちしております。
   여러분께서 왕림하시기를 진심으로 기다리고 있습니다.

5. 参加希望の方は直接会場へ__________。
   참가를 희망하시는 분은 직접 회의장으로 오십시요.

6. 9月3日に ～で ～が__________されました。
   9월 3일에 ～에서 ～이 개최되었습니다.

7. __________今月の社内報でご確認ください。みなさんの斬新なアイデア、率直なご意見をお待ち
   しています。
   자세한 것은 이 달 사내보에서 확인해 주십시오. 여러분의 참신한 아이디어, 솔직한 의견을 기다리겠습니다.

8. __________を得る。
   호평을 얻다.

＿＿＿＿＿＿＿＿を博^{はく}する。

호평을 받다.

9. ＿＿＿＿＿＿＿＿＿＿＿ありがとうございます。

찾아 주셔서 감사합니다.

10. ～から358人^{にん}の子^こどもたちが＿＿＿＿＿＿＿＿しました。

~에서 358명의 아이들이 참가했습니다.

11. ～に荷物^{にもつ}が届^{とど}けられる＿＿＿＿＿＿＿です。

~에 짐을 배달할 수 있도록 하는 방법입니다.

12. 車^{くるま}の数^{かず}が増^ふえた都会^{とかい}では、＿＿＿＿＿＿＿＿＿＿が至^{いた}る所^{ところ}で起^おきています。

차량 수가 늘어난 도심에서는 교통 정체가 도처에서 발생하고 있습니다.

13. 9月7日^{くがつなのか}から9月20日^{はつか}までの空^{そら}の便^{びん}の空席^{くうせき}＿＿＿＿＿＿＿＿をお伝^{つた}えいたします。

9월 7일부터 9월 20일까지의 항공편 공석 정보를 전해 드리겠습니다.

14. 区民^{くみん}のみなさんに＿＿＿＿＿＿＿＿＿＿。

구민 여러분에게 알려 드립니다.

15. インターネットが利用^{りよう}できる携帯電話^{けいたいでんわ}も登場^{とうじょう}し＿＿＿＿＿＿＿＿、日本^{にほん}ではここ数年^{すうねん}で急激^{きゅうげき}にインターネット利用者^{りようしゃ}が増^ふえました。

인터넷을 이용할 수 있는 휴대폰도 등장했고, 일본에서는 요 몇 년 동안 인터넷 이용자가 급격히 늘었다.

16. 火事^{かじ}やガス漏^もれを知^しらせたり、電気^{でんき}がついているかどうか点検^{てんけん}したり、雨戸^{あまど}やドアを＿＿＿＿＿＿＿＿のがホームオートメーションの役割^{やくわり}だ。

화재나 가스 누출을 알리거나, 전기가 켜져 있는지를 점검하거나, 덧문이나 문을 닫거나 하는 것이 홈오토메이션이다.

17. ＿＿＿＿＿＿＿＿した担当者^{たんとうしゃ}は、「いずれもさすがというか、日本人^{にほんじん}ならではですねえ」と感想^{かんそう}を述^のべている。

조사한 담당자는 '어느 것 할 것 없이 역시나 라고 할까, 일본인이 아니면 할 수 없는 것들이네요' 라고 감상을 말하고 있다.

18. 現在世界的^{げんざいせかいてき}に深刻化^{しんこくか}している環境問題^{かんきょうもんだい}について考^{かんが}える区民^{くみん}の＿＿＿＿＿＿＿＿を開^{ひら}くことになりました。

현재 세계적으로 심각해지고 있는 환경 문제에 대해 생각하는 구민 모임을 개최하게 되었습니다.

19. ～を楽しもうと人が大勢__________ました。

～을 즐기려고 사람들이 많이 모여들었습니다.

20. サービスを__________好評だったことから～

서비스를 실시한 바, 호평이었던 점에서～

21. ピザはスパゲッティ__________イタリアを代表する料理だ。

피자는 스파게티와 함께 이탈리아를 대표하는 요리이다.

22. __________、当日は鈴木かずお先生を招きし、専門的な立場からのご意見もうかがうことになっ

ています。

또한 당일은 스즈키 가즈오 선생님을 초청하여, 전문적인 입장에서의 의견을 듣게 되어 있습니다.

23. 区内にお住まいの方__________どなたでも参加できます。

구내에 사시는 분이면 누구나 참가할 수 있습니다.

24. 当店では20日より25日まで8階催し場__________開店5周年記念大バザールを開催いたします。

당 점은 20일부터 25일까지 8층 행사장에서 개점 5주년 기념 대 바자를 개최합니다.

25. 最近東京港__________ウォーターフロントの開発が盛んになっている。そうした地域はかつて

造船所や製鉄所のあった所だが、その需要が減って、今、ビル用地として再利用され始めたから

だ。

최근 도쿄 항을 따라 항구 지역의 개발이 번성하고 있다. 그런 지역은 이전에 조선소나 제철소가 있었던 곳이지만, 그 수요가 줄어, 지금, 빌딩 용지로써 재이용되기 시작했기 때문이다.

26. 大蔵省が16日発表した9月の貿易統計__________、輸出は前年同月比21%増340億ドルを記録した。

대장성이 16일 발표한 9월 무역 통계에 의하면, 수출은 전년 같은 달 대비 21% 늘어난 340억 달러를 기록했다.

27. ～などの急激な伸び__________。

～등의 급격한 신장에 의한 것으로 생각되어진다.

28. 専務は虎視眈々と次の社長の座を__________いる。

전무는 호시탐탐 차기 사장의 자리를 노리고 있다.

29. 生鮮食品はさらに値引きをいたしまして、__________になります。ただしお一人様5品までとさ

せていただきます。

신선 식품은 더욱 가격을 인하하여, 반액에 모시겠습니다. 단 한 분에게 5종까지로 한정하겠습니다.

30. パンはパンでも普通の店で売っているものとは、＿＿＿＿＿＿＿。

빵은 빵이라도 보통 가게에서 파는 것과는 맛이 다르다.

31. 社内懸賞論文を＿＿＿＿＿＿します。テーマは自由です。

사내 현상 논문을 모집합니다. 테마는 자유입니다.

32. ＿＿＿＿＿＿はご来店いただきまして誠にありがとうございます。

오늘은 저희 가게를 찾아 주셔서 진심으로 감사드립니다.

33. ＿＿＿＿＿＿閉店させていただきます。

곧 폐점하겠습니다.

34. 日本航空＿＿＿＿＿、出発時間の変更をお知らせいたします。

일본 항공에서 출발 시간 변경을 알려 드리겠습니다.

お待たせいたしました。日本航空977便ご利用のお客様は、5番ゲート＿＿＿＿＿＿ご搭乗ください。

오래 기다리셨습니다. 일본 항공 977편을 이용하시는 손님께서는 5번 게이트에서 탑승해 주십시오.

35. 暮れのお忙しい中、＿＿＿＿＿＿＿ましてありがとうございます。

연말의 바쁘신 중에도 저희 가게에 와 주셔서 감사합니다.

36. 今、～が＿＿＿＿＿＿を呼んでいます。

지금 ～이 화제를 불러일으키고 있습니다.

Answer

1. 糸口	2. 請け負って	3. 営業	4. お越し	5. お越しください
6. 開催	7. 詳しくは	8. ⓐ ＝ ⓑ好評	9. お越し頂き	10. 参加
11. 仕組み	12. 交通渋滞	13. 情報	14. お知らせします	15. たこともあり
16. 閉めたりする	17. 調査	18. 集い	19. 詰めかけ	20. 実施したところ
21. と並んで	22. なお	23. なら	24. におきまして	25. に沿った
26. によると	27. ～によるものと考えられる		28. 狙って	29. 半額
30. 一味違います	31. 募集	32. 本日	33. まもなく	34. ⓐ ＝ ⓑ より
35. ご来店いただき	36. 話題			

[1]

아래 ____ 곳에 해당하는 단어를 넣어 문장을 완성하시오.

1) 6月から7月にかけては梅雨の時期で雨が__________。
6월부터 7월에 걸쳐서는 장마시기로 계속해서 비가 내린다.

2) 多くの人が自然保護運動に参加して、原生林を観光開発から__________。
많은 사람이 자연보호 운동에 참가해서, 원시림을 관광 개발로부터 지키고 있다.

3) 9月ごろになると、南方海上で発生した台風による__________こともある。
9월경이 되면, 남쪽 해상에서 발생한 태풍에 의해 영향을 받기도 한다.

4) 交通事故__________影響で、道路は一日中渋滞した。
교통사고에 의한 영향으로, 도로는 하루 종일 정체였다.

A n s w e r

1. 降り続く   2. 守っている   3. 影響を受ける   4. による

[2]

다음 내용을 잘 듣고 문제의 질문에 가장 적당한 답을 하나 고르시오.

問題1.　アナウンスで言っていなかった内容はどれですか。

(A) このバスは出発後、1時間ほどしてからどこかに止まる。

(B) 手荷物は邪魔になるので座席の下に置く。

(C) 大きな荷物はバス会社の方で預かる。

(D) 座席に座ったらシートベルトを締める。

問題2.　日本では電車が遅れたら学校や職場に対して何をしますか。

(A) まっさきに担任の先生や上司の携帯電話に連絡します。

(B) 担任の先生や上司に遅れた理由を口頭で説明します。

(C) 駅でもらった証明書を提出します。

(D) 特に何もしない。

問題3.　パワーキャッチャーはどんな人に向いていますか。

(A) 激しく運動して汗をかきたい人。

(B) 室内のゴミを残さず掃除したい人。

(C) ほこりを立てずに掃除したい人。

(D) 運動をあまりしていない人。

■ 잘 들어라!!

이런 타입의 설명문은 문맥과 연관 지어서 어구를 이해해야 한다.

사전상의 단순 해석을 적용하기 보다는 주어진 문장이나 어구가 의미하는 바를 유사한 뜻을 가진 다른 쉬운 말로 표현할 수 있어야 한다.

끝으로 못 알아들어서 문제를 풀지 못했다면 이는 어휘력의 빈곤이 가장 큰 문제이다. 차근차근 쌓아가는 기본적인 공부를 외면한 채 안 들린다고 하지 말자.

자주 쓰이는 표현

아래 ____ 곳에 해당하는 단어를 넣어 문장을 완성하시오.

1. 今必要なのは__________構造改革だ。
   지금 필요한 것은 무엇보다 먼저 구조 개혁이다.

2. どう見ても、相手の方が__________だ。
   어떻게 보더라도 상대방이 한수 위다.

3. __________の職人になるには何年もかかるそうだ。
   제몫을 하는 장인이 되기 위해서는 몇 년씩도 걸린다고 한다.

4. 買い物客はお目当てのバーゲン品に向かって__________駆け出した。
   쇼핑객은 목표로 하는 세일 물품을 향해 쏜살같이 뛰어나갔다.

5. __________大きいほど値段が高いので、栄養価も高いと考えがちだが、実際はそうとも言えない。
   일반적으로 클수록 가격이 비싸기 때문에 영양가도 높다고 생각하지만, 실제로는 그렇다고 할 수 없다.

6. こうした__________男性向けの秘書検定講座を開設する専門学校も登場している。
   이런 경향을 받아 남성을 대상으로 하는 비서 검정 강좌를 개설하는 전문학교도 등장하고 있다.

7. 本格的に__________を開始しました。
   본격적으로 가동을 개시했습니다.

8. __________を欠くというのはまさにこのことだ。
   가장 중요한 끝마무리를 빠뜨린다는 것은 정말 이런 것이다.

9. 何事もあきらめが＿＿＿＿＿＿＿＿と考えることにした。
모든 것을 포기하는 것이 가장 중요하다고 생각하기로 했다.

10. このクラスには＿＿＿＿＿＿＿＿できる生徒がいない。
이 반에는 눈에 띄게 잘하는 학생이 없다.

11. 以前なら決して女性が＿＿＿＿＿＿＿＿ような男ことばを使う若い女性をときおり見かける。
예전 같으면 결코 여성이 입에 담지 않았을 듯한 남성 언어를 사용하는 젊은 여성을 가끔 만난다.

12. 休暇が増えた＿＿＿＿＿＿＿＿、航空運賃が安くなった＿＿＿＿＿＿＿＿、海外旅行ブームは続いている。
휴가가 늘어난 것, 항공 요금이 싸졌다는 것 등을 이유로 해외여행 붐은 계속되고 있다.

13. これで＿＿＿＿＿＿＿＿拭くだけで、汚れがきれいに落ちます。
이걸로 휙 닦는 것만으로 더러움이 깨끗이 지워집니다.

14. 市長の再選を＿＿＿＿＿＿＿＿ない。
시장의 재선도 무방하다.

15. ＿＿＿＿＿＿＿＿7月10日衆議院選挙が行われた。
지난 7월10일 중의원 선거가 실시되었다.

16. あのジャーナリストは世界を股にかけ、＿＿＿＿＿＿＿＿の活躍を続けている。
저 저널리스트는 세계 각 국에서 종횡무진 활약을 계속하고 있다.

17. 言葉の勉強は、ただ覚えれば上手になる＿＿＿＿＿＿＿＿。覚えたことを実際に使ってみることが必要である。
언어 공부는, 단지 외우면 능숙해 지는 것이 아니다. 외운 것을 실제로 사용 해 보는 것이 필요하다.

18. 本日はお忙しい＿＿＿＿＿＿＿＿、わざわざお越しいただきまして、恐れ入ります。
오늘은 바쁘신데 일부러 와 주셔서 송구스럽습니다.

19. 他の部から出席者を募っ＿＿＿＿＿＿＿＿、山本さんの友だちが二人出席してくれることになりました。
다른 부의 참석자를 모집한 결과 야마모토 씨의 친구 2명이 참석해 주기로 했습니다.

20. 社長の＿＿＿＿＿＿＿＿でこのプロジェクトが決まった。
사장의 위엄 있는 한 마디 발언으로 이 프로젝트가 정해졌다.

21. 交渉は＿＿＿＿＿＿＿の状態だ。

교섭은 이러지도 저러지도 못하는 상태이다.

22. ＿＿＿＿＿＿＿の資料をご参照ください。

곁에 있는 자료를 참조로 하세요.

23. 田中さんは何をやらせても＿＿＿＿＿＿＿だ。

다나카 씨는 무엇을 시켜도 흐지부지하게 하는 사람이다.

24. 役人＿＿＿＿＿＿＿、法務省などの役所に勤めている人＿＿＿＿＿＿＿。

공무원이라는 것은 법무성 등의 관공서에서 근무하고 있는 사람을 말합니다.

25. 環境汚染は世界全体で考えなければならない問題だ＿＿＿＿＿＿＿。

환경오염은 세계 전체가 생각하지 않으면 안 되는 문제라고 말할 수 있을 것이다.

26. 最近、地球の環境問題が＿＿＿＿＿＿＿。

최근 지구의 환경문제가 이슈화되고 있다.

27. 電車にお年寄りが乗ってきたら、席を＿＿＿＿＿＿＿。

전철에 노인이 타면 자리를 양보하지 않고는 못 배긴다.

28. 銀行が倒産するなんて、＿＿＿＿＿＿＿だったら考えられない。

은행이 도산하다니, 옛날이었다면 생각할 수조차 없다.

29. 困っている時ほど、人の情けが＿＿＿＿＿＿＿ことはない。

곤란한 때만큼 다른 사람의 정이 몸에 사무치는 일은 없다.

30. バーゲンセールの品物にはよいもの＿＿＿＿＿＿＿悪いもの＿＿＿＿＿＿＿。

바겐세일 물건에는 좋은 것도 있지만, 나쁜 것도 있다.

31. 昨夜の火事で幼い子供が死んだことを聞いて、＿＿＿＿＿＿＿気持ちになった。

어젯밤 화재로 어린아이가 죽었다는 얘기를 듣고 말로는 형용하기 어려운 심정이 되었다.

32. ＿＿＿＿＿＿＿に終わらないように、最後まで全力を尽くします。

용두사미로 끝나지 않도록 마지막까지 전력을 다 하겠습니다.

33. 国境にかかわりなく、暮らしに根ざした関心事を＿＿＿＿＿＿、人との「つきあい」を広げられる
「国民」がたくさんうまれること。それが、国全体の国際化を本物にしてゆく。

국경에 관계없이, 생활에 근거를 둔 관심사를 통해서, 사람과의 '사귐'을 넓힐 수 있는 '국민' 이 많이 생겨나는
것. 그것이, 나라 전체의 국제화를 실제화 해 간다.

34. 美術館を＿＿＿＿＿＿、いろいろな文化施設がつくられた。

미술관을 비롯하여 여러 문화 시설이 만들어졌다.

Answer

1. 一にも二にも　　2. 一枚上　　3. 一人前　　4. 一目散に　　5. 一般に

6. 傾向を受けて　　7. 稼働　　8. 画龍点睛　　9. 肝心　　10. 際立って

11. 口にしなかった　　12. こと，ことから　　13. さっと　　14. 妨げ　　15. 去る

16. 縦横無尽　　17. というものではない　　18. ところ　　19. たところ

20. 鶴の一声　　21. 手詰まり　　22. お手元　　23. 中途半端

24. というのは，のことです　　25. と言えるだろう　　26. 取り上げられている

27. 譲らないではいられない　　28. 一昔前　　29. 身に染みる

30. もあれば，もある　　31. なんともいえない　　32. 龍頭蛇尾　　33. 通して

34. はじめ

[1]

아래 _____ 곳에 해당하는 단어를 넣어 문장을 완성하시오.

1) 高速道路の両側に壁を作って騒音を__________。
고속도로의 양측에 벽을 만들어서 잡음을 방지한다.

2) 企業秘密ですから、資料をお見せする______________んです。
기업 비밀이기 때문에, 자료를 보여줄 수는 없습니다.

3) 「きたない」「きつい」「きけん」、__________3Kといわれる職場は若者にきらわれ、労働力不足に悩んでいる。
'더럽다', '고되다', '위험하다', 이른바 3K라고 불리는 직장은 젊은이들이 싫어해, 노동력 부족으로 고민하고 있다.

4) 年寄りは年金だけに頼れない時代が来る。それは老人の数が増えているのに対し、子供の数が減ってきている______________。
노인은 연금에만 의존할 수 없는 시대가 온다. 그것은 노인의 수가 늘고 있는 것에 대해, 아이의 수가 줄고 있기 때문이다.

A n s w e r

1. 防ぐ   2. わけにはいかない   3. いわゆる   4. からである

[2]

問題1. 月見うどんはどうしてこのように呼ばれていますか。

(A) 月を見ながら食べるから。

(B) 月見さんという人が初めて作ったから。

(C) 黄身が月みたいに見えるから。

(D) 月から見える地球のようだから。

問題2. 日本でもっともありふれている占いは何だと言っていましたか。

(A) 手相占い

(B) タロット占い

(C) 星座占い

(D) 動物占い

問題3. 「出前」のイメージに合わないものはどれですか。

(A) そば　　　　　　　　　　　　(B) ピザ

(C) ラーメン　　　　　　　　　　(D) すし

問題4. 日本人はどんな返事をすることが多いですか。

(A) 「はい」か「いいえ」か、はっきり返事をする。

(B) あやふやな感じで返事をする。

(C) ぼそぼそと小さな声で返事をする。

(D) 大きな声ではっきりと返事をする。

問題5. 就職の現状として正しいものはどれですか。

(A) 企業側は優秀な男子社員を求めていない。

(B) 採用者数を増やす企業が増えている。

(C) 企業側は優秀な女子社員を求めていない。

(D) 優秀な女子学生を獲得しようという企業が多い

실 · 전 · 연 · 습 1

Ⅳ. 次の文章をよく聞いて、後の問いにもっとも適したものを(A)から(D)の中で一つ選びなさい。　

81~84

81.　どうしてこの人はアメリカに住んでいますか。

(A) アメリカに住むことが夢だったから

(B) お父さんがアメリカで働くことになったから

(C) 英語をぺらぺらに話せるようになりたいから

(D) 親せきの人が住んでいるから

82.　商社ではたらいているのはだれですか。

(A) 私

(B) お兄さん

(C) お父さん

(D) 親せきのおじさん

83.　この人は今どこで勉強していますか。

(A) アメリカの日本人学校

(B) 日本の高校

(C) アメリカの高校

(D) 日本の大学

84.　この人の英語のレベルは今どれぐらいですか。

(A) まったく英語に不自由しないレベル

(B) 簡単なあいさつができるレベル

(C) ほとんど話せない

(D) かろうじて授業についていけるレベル

85. このアナウンスが流された場所はどこですか。

(A) 飛行機の中　　　　　　　　　(B) 電車の中

(C) バスの中　　　　　　　　　　(D) 船の中

86. 車内での迷惑な行為は何ですか。

(A) 新聞を広げて読むこと

(B) 心臓ペースメーカをつけていること

(C) 携帯で話したり、床に座り込むこと

(D) 隣りの人と大声でおしゃべりすること

87. 電車が込んでいるときはどうしなければなりませんか。

(A) ドアの近くに立たない

(B) 窓を開ける

(C) お年寄りに席をゆずる

(D) 携帯の電源を切る

88. 花粉症にならないためにはどうしたらいいですか。

(A) 手洗いやうがいをよくする。

(B) 病院に行って予防注射を打つ。

(C) 市販の予防薬を飲む。

(D) 花粉を吸い込まないようにする。

89. どうして表面がつるつるのコートを着るのがいいですか。

(A) 花粉がついたのが見えるから

(B) 花粉を落すのが楽だから

(C) 花粉がつきにくいから

(D) 花粉がつきやすいから

90. 家に入る前は何をすべきですか。

(A) 靴をぬぐ。

(B) 眼鏡やマスクをはずす。

(C) 花粉をしっかり落す。

(D) 手や足を洗う。

91～94

91. 「新発売」という文句を目にするとどんな印象を受けますか。

(A) 中身は何も変わっていない

(B) 今までよりも質がいい

(C) 宣伝費をかけているので高そうである

(D) 信用できない

92. 「新発売」という文句はいつまで使えますか。

(A) 1～2ヶ月   (B) 1～3ヶ月

(C) 1年以内   (D) 物によって違う

93. どうして家電製品やパソコンは「新発売」という言葉をあまり使いませんか。

(A) 特に理由はない

(B) 使っても使わなくても売り上げに影響がないため

(C) 昔から使わない決まりがある

(D) 商品の入れ替えがしばしば行われるため

94. この文は何について話していますか。

(A) 新商品の名前

(B) 新商品の広告

(C) 新発売の期間

(D) 夏の新商品

95. 津波警報は地震発生からおよそ何分を目標に発表しますか。

(A) 2分　　　　(B) 3分　　　　(C) 4分　　　　(D) 5分

96. 津波予報が出される前に津波が来てしまったのはどこですか。

(A) 関東東方沖　　　　　　　　(B) 福岡県西方沖
(C) 北海道南西沖　　　　　　　(D) 三陸沖

97. 海岸で地震が起きたらどうしたらいいですか。

(A) すぐには逃げずに津波警報の発表を待つ。
(B) あわてずに特に何もしない。
(C) すぐに高いところに逃げる。
(D) 警察に通報する。

98～100

98. 関東地方の南部の今日の天気は夕方からどうなりますか。

(A) 晴れる　　　　　　　　　　(B) くもる
(C) 雨が降る　　　　　　　　　(D) 雪が降る

99. 昼過ぎに雨が降ると予想されるのはどこですか。

(A) 関東地方の南部
(B) 関東近海
(C) 長野県や関東地方北部の山沿い
(D) 本州

100. 濃い霧が発生しているので、何に気を付けますか。

(A) 車の運転　　　　　　　　　(B) 船の運転
(C) 傘のさし方　　　　　　　　(D) 着る物

Ⅳ. 次の文章をよく聞いて、 後の問いにもっとも適したものを(A)から(D)の中で一つ選びなさい。 

81～84

81.　　パクさんはどんな仕事をしていますか。

　　　(A) 車を作る仕事

　　　(B) 車を売る仕事

　　　(C) 車を修理する仕事

　　　(D) 車のデザインをする仕事

82.　　パクさんの今の成績は営業社員の中でどうですか。

　　　(A) トップ

　　　(B) 2位

　　　(C) 5位

　　　(D) かなり下の方

83.　　所長はパクさんの仕事ぶりをどう見ていますか。

　　　(A) 外国人なのによくがんばっている。

　　　(B) これからどんどん伸びそうだ。

　　　(C) やる気がなさそうだ。

　　　(D) 以前の勢いがなくなってきた。

84.　　パクさんはこれからどうしようと考えていますか。

　　　(A) このまま日本で仕事を続ける。

　　　(B) 国に帰って、家業をつぐかどうか迷っている。

　　　(C) 成績を上げるためがんばる。

　　　(D) 他の会社に転職する。

85. 「いいうそ」とはどんなうそのことですか。

(A) 鉄棒ができないのに「上手にできました」と子供が先生につくうそ。

(B) 先生や親が子供につく全てのうそ。

(C) 運動が上手にできない子供を励ますために、「上手だよ」などと先生がつくうそ。

(D) 宿題をしていないのに「もうしたよ」などと子供が親につくうそ。

86. 「うそも方便」とはどういう意味ですか。

(A) 一つの手段として時にはうそも必要である。

(B) 先生や親は特別にうそをつくことが許される。

(C) どんな場合でも、うそをつくことはよくない。

(D) うそは役に立つので、たくさんうそをついたほうがいい。

87. 本当は下手なのに、「上手だったね」とほめてあげると子供はどう思いますか。

(A) うそをつかれているのでがんばるのをやめよう。

(B) がんばったのにどうして上手にできないのだろう。

(C) 次はがんばろう。

(D) 何でうそをつくんだろう。

88. 青森県内の小・中・高校は台風のためにどんな措置を取りましたか。

(A) 風雨が弱まるまで学校に子供たちを待機させた。

(B) 体育の授業は室内でするようにした。

(C) 学校を休みにしたり、授業を早めに終わらせた。

(D) 水泳の授業は中止にさせた。

89. 今回の台風は人にどんな被害を与えましたか。

(A) 16人が増水した河川に流されて行方不明になった。

(B) 31人が倒れてきた木にぶつかって重軽傷を負った。

(C) 学校にいた小・中・高校生460人が軽い怪我をした。

(D) 被害はなかった。

90. りんご園の生産者はどうして安心しましたか。

(A) 台風が大きかった割りに被害が少なかったから

(B) りんごが全部落ちてしまったから

(C) 台風の被害にあわずに済んだから

(D) 台風が進路を変えて、行ってしまったから

91〜93

91. 高速道路の状況はどうですか。

(A) 下り線が込んでいる。

(B) 上下線とも込んでいる。

(C) 上り線がすいている。

(D) 上下線ともがらがらだ。

92. 中国自動車道の下り線はどんな状況ですか。

(A) 補修工事のためその付近が込み合っている。

(B) 追突事故のためその付近が片側通行

(C) 宝塚東トンネルから名神高速まで38キロ渋滞している

(D) 車線工事のためその付近が通行止め

93. 29日に高速道路の下りを利用して、普段2時間かかる所に行くとしたら何時間かかりそうですか。

(A) 3時間から5時間

(B) 6時間から10時間

(C) 9時間から15時間

(D) 普段と変わらない

94. 徳島県内の百貨店では何がよく売れていますか。

(A) 「快眠」を約束する睡眠改善薬

(B) ストレス解消のための健康グッズ

(C) 「快眠」をセールストークにした高い枕や布団

(D) よりよい眠りを売り文句にした高級ベッド

95. どんな人たちが「快眠」市場を盛り上げていますか。

(A) ストレスの多いサラリーマン

(B) 勉強のストレスに悩まされている受験生

(C) 眠りが浅いお年寄りや生活が不規則な若者など

(D) 毎日の家事に追われている主婦

96. 「不眠」はどんな病気だと言われていますか。

(A) 病気とは言えない　　　　　　　　(B) 不治の病

(C) 現代人の国民病　　　　　　　　　(D) 生活習慣病

97. どうしてゴミが増えるのですか。

(A) 資源になるゴミを分別して捨てないから。

(B) 電気製品などは早く壊れるように作られているから。

(C) いろいろな理由をつけて古いものを捨て、新しいものを買うから。

(D) 使い捨ての製品が多いから。

98. どういう人が普通ほめられているのですか。

(A) まだ使えそうなものを捨てる人

(B) 何度も修理をして長くその品物を使う人

(C) 古くなったものを捨てる人

(D) 不要になったものを捨てて、新しいものを買う人

99. もし、世の中が新しいものをなかなか買わない人ばかりだったら、どうなりますか。

(A) 生産が減少し、品質が落ちる。

(B) メーカー同士の市場競争がなくなる。

(C) 生産が減り、経済が発展しなくなる。

(D) ゴミも増えないし、物質的な豊かさが実現できる。

100. 経済を動かす原動力は何だと言っていますか。

(A) 新しいものを生み出すこと

(B) ゴミを最小限に抑える工夫

(C) 古いものを捨てること

(D) 物を大切にする心

■■■
Section. Ⅲ

1. 실전 모의고사 1

2. 실전 모의고사 2

3. 실전 모의고사 3

次の質問1番から質問100番までは聞き取りの問題です。どの問題も1回しか言いませんから、よく聞いて答えを(A)、(B)、(C)、(D)の中から一つ選びなさい。答えを選んだら、それにあたる答案用紙の記号を黒くぬりつぶしなさい。
パート1は写真や表を見て答えます。(A)、(B)、(C)、(D)の文は問題用紙には書かれていません。文は1回しか読みませんので、よく聞いてください。

Ｉ．次の写真を見て、その内容に合っている表現を(A)から(D)の中で一つ選びなさい。

(A) 車が走っています。

(B) 車が止めてあります。

(C) 車が一台もありません。

(D) 車が一台しか止まっていません。

答 Ⓐ ● Ⓒ Ⓓ

(A)、(B)、(C)、(D)の中で(B)'車が止めてあります。'、この文章が上の絵をもっとも適切に表現しています。
ですから、皆さんは(B)と答えるべきです。
ではパート1の問題を始めます。

1

2

3

4

当店の
お買得
当店の
おすすめ
当店の
お買得
vodafone
歌える!遊べる!
エンタメ系
1/10 までの期間限定
V602SH
大得価
980円
売れてます!
¥　980
12/29 ～ 1/10 期間
vodafoneを新規で御契約の
2台同時契約で…>
3台同時契約で…>
4台同時契約で…>
5台同時契約で…>
V431SA　vodafone
¥　　1
V301ST(KOTO)　vodafone
¥　　1
V301SH
¥　　1
vodafone
終了しました

5

6

7

8

9

10

11

12

13

14

15

16

17

18

19

20

パート2は簡単な質問にふさわしい答えを選ぶ問題です。問題と文は問題用紙に書かれていないので、よく聞いてから答えにあたる答案用紙の記号を黒くぬりつぶしなさい。

Ⅱ．次の言葉の返事として、もっとも適したものを(A)から(D)の中で一つ選びなさい。

今月いっぱいで会社をやめることになりました。
(A) それは残念ですね。
(B) いつ首になりましたか。
(C) それはおめでたいですね。
(D) 何年ぐらい働いていますか。

答 

質問に対する一番いい返事は(A)'それは残念ですね。'です。
これがもっとも適した答えですので、皆さんは(A)と答えるべきです。

ではパート2の問題を始めます。

21. 答えを答案用紙に書き入れなさい。
22. 答えを答案用紙に書き入れなさい。
23. 答えを答案用紙に書き入れなさい。
24. 答えを答案用紙に書き入れなさい。
25. 答えを答案用紙に書き入れなさい。
26. 答えを答案用紙に書き入れなさい。
27. 答えを答案用紙に書き入れなさい。
28. 答えを答案用紙に書き入れなさい。
29. 答えを答案用紙に書き入れなさい。
30. 答えを答案用紙に書き入れなさい。
31. 答えを答案用紙に書き入れなさい。
32. 答えを答案用紙に書き入れなさい。
33. 答えを答案用紙に書き入れなさい。
34. 答えを答案用紙に書き入れなさい。
35. 答えを答案用紙に書き入れなさい。

36. 答えを答案用紙に書き入れなさい。
37. 答えを答案用紙に書き入れなさい。
38. 答えを答案用紙に書き入れなさい。
39. 答えを答案用紙に書き入れなさい。
40. 答えを答案用紙に書き入れなさい。
41. 答えを答案用紙に書き入れなさい。
42. 答えを答案用紙に書き入れなさい。
43. 答えを答案用紙に書き入れなさい。
44. 答えを答案用紙に書き入れなさい。
45. 答えを答案用紙に書き入れなさい。
46. 答えを答案用紙に書き入れなさい。
47. 答えを答案用紙に書き入れなさい。
48. 答えを答案用紙に書き入れなさい。
49. 答えを答案用紙に書き入れなさい。
50. 答えを答案用紙に書き入れなさい。

パート3は会話文です。このパートでは二人の対話を1回読みます。
会話は問題用紙に書かれていないので、よく聞いてください。
それから問題用紙の質問を読んでください。

Ⅲ. 次の会話をよく聞いて、後の問いにもっとも適したものを(A)から(D)の中で一つ選びなさい。

A: お会計はどうなさいますか。
B: 悪いんだけど、別々にしてください。
A: かしこまりました。では、スパゲッティセットのお客さま、880円になります。
B: 細かいのないんで、10000円でお願い。

この会話の場所はどこですか。

(A) 宝くじ売り場
(B) 銀行の窓口
(C) レストランのレジ
(D) 駅の切符売り場

答 Ⓐ Ⓑ ● Ⓓ

上の質問に合っている答えは(C)です。
ではパート3の問題を始めます。

51.　男の人はこれから何をしますか。

(A) 本を読みます。
(B) 本を片付けます。
(C) 何もしません。
(D) 宿題をします。

52.　男の人はどこにいますか。

(A) 台所
(B) お風呂場
(C) レストラン
(D) プール

53. 鈴木さんの兄弟について正しいものはどれですか。

(A) 鈴木さんには妹が二人います。

(B) 鈴木さんには姉と妹がいます。

(C) 鈴木さんには兄と弟がいます。

(D) 鈴木さんには姉が二人います。

54. 女の人は何が言いたいのですか。

(A) お酒はちびちび飲まずに一気に飲むのがよい。

(B) 目が腫れるのはよくない。

(C) 二日酔いはよくない。

(D) お酒をたくさん飲んではいけない。

55. 家は何軒建っていますか。

(A) 三軒　　　　　　　　　　(B) 四軒

(C) 五軒　　　　　　　　　　(D) 六軒

56. 石田さんはこれからどこへ行きますか。

(A) ケーキ屋　　　　　　　　(B) 銀行

(C) 家　　　　　　　　　　　(D) 会社

57. 女の人はどうしてケガをしましたか。

(A) 夫婦げんかをしたから。

(B) 階段で靴が脱げたから。

(C) 人を後ろから強く押したから。

(D) 階段で転んだから。

58. 女の人はどんな冷蔵庫を買いますか。

(A) 省エネタイプの冷蔵庫

(B) たくさん入る冷蔵庫

(C) 小さめの冷蔵庫

(D) 便利な冷蔵庫

59. 女の人はこれからどうしますか。

(A) バスで帰る。

(B) まだ帰らない。

(C) 電車で帰ります。

(D) 男の人の家に泊ります。

60. 女の人は明日何をしますか。

(A) 洗濯をします。

(B) テストをサボる。

(C) テストの勉強をする。

(D) プールに行く。

61. 二人はこれからどうしますか。

(A) 家の人に電話をします。

(B) ストーブを消しに帰ります。

(C) そのまま目的地まで行きます。

(D) インターを降りてから考えます。

62. 木下さんはどうしてサッカーをしませんか。

(A) スポーツが苦手だから。

(B) お金がかかるから。

(C) 時間がないから。

(D) 仲間がいないから。

63. 二人はこれからどうしますか。

(A) 外食をする。

(B) ある物で何か作る。

(C) 出前を頼む。

(D) 残り物を食べる。

64. 男の人はどうしてドラマが見られませんか。

    (A) ビデオがないから。

    (B) 録画の予約ができないから。

    (C) テレビが壊れているから。

    (D) 仕事中だから。

65. 生ゴミを出してもいいのは何曜日ですか。

    (A) 水曜日

    (B) 火曜日と水曜日と木曜日

    (C) 水曜日と金曜日

    (D) 火曜日と木曜日と土曜日

66. どうしてコンピューターの調子が悪いのですか。

    (A) 故障したから。

    (B) 性能が悪いから。

    (C) 修理しなかったから。

    (D) 古いから。

67. 女の人はどうして旅行をためらっていますか。

    (A) 予算が少ないから。

    (B) 海外に行くから。

    (C) 毎回温泉に行くから

    (D) みんなと温泉に入りたくないから

68. 電車の事故はいつ起きましたか。

    (A) 今日の朝

    (B) 今日の昼

    (C) 昨日の朝

    (D) 昨日の昼

69. 田中さんは明日何をしますか。

(A) 男の人に英語を教える。

(B) お客さんを空港まで迎えに行く。

(C) 飛行機のチケットを予約する。

(D) お客さんとカナダに同行する。

70. 女の人はこれからどうしますか。

(A) タクシーで帰る。

(B) タクシーを拾えなかったら電車で帰る。

(C) 終電を逃したらタクシーで帰る。

(D) 男の人に家まで送ってもらう。

71. 男の人はこれからどうしますか。

(A) 名古屋に出張に行って東京にしばらく帰らない。

(B) 名古屋で観光のついでに友達に会ってから東京に帰る。

(C) 名古屋で仕事のついでに友達に会ってすぐに東京に帰る。

(D) 名古屋で仕事が多すぎて東京にしばらく戻らない。

72. 明日の予定で変更になったことは何ですか。

(A) コンパの場所が変わった。

(B) コンパの時間が遅くなった。

(C) コンパの時間が早まった。

(D) コンパの参加者の顔ぶれが変わった。

73. 二人は何をいくらで買いますか。

(A) デジカメとプリンターを9万5千円で買う。

(B) ビデオムービーとアクセサリーを12万円で買う。

(C) ビデオムービーを9万円で買う。

(D) デジカメと三脚を9万5千円で買う。

74. 二人は何を食べると思いますか。

(A) 女の人は刺身定食で男の人は焼き肉定食。

(B) 女の人は焼き肉定食で男の人は刺身定食。

(C) 女の人も男の人も焼き肉定食。

(D) 女の人も男の人も刺身定食。

75. 靴を修理するところはどこにありますか。

(A) 大きいビルの隣の花屋。

(B) 大きいビルの隣のデパート。

(C) 大きいビルのわきを抜け出る道。

(D) 花屋のわきの道を抜けたところのデパート。

76. どうして村上さんの様子がおかしいのですか。

(A) 娘が結婚するから。

(B) 体の調子が悪いから。

(C) 娘とけんかしたから。

(D) 地方へ転勤するから。

77. ここはどこですか。

(A) エレベーター

(B) 会社の受付

(C) ビルの受付

(D) ビルの駐車場

78. どうして電車が遅れましたか。

(A) 線路に石が置いてあったから。

(B) 踏み切りが故障したから。

(C) 人身事故があったから。

(D) 電車が川に落ちたから。

79. 女の人は何を心配していますか。

(A) お客さんが日本のことを好きかどうか心配である。

(B) お客さんが自分の家に来て食事をするかどうか心配である。

(C) お客さんが日本食を好んで食べるかどうか心配である。

(D) お客さんが健康であるかどうか心配である。

80. 女の人が怒っている一番の理由は何ですか。

(A) 男の人が遅刻したから。

(B) 友達が遅刻したから。

(C) 友達が待ち合わせの場所を間違えたから。

(D) 友達が遅刻することを言ってくれなかったから。

パート4は説明文です。

このパートでは短い文を1回読みます。

この文は問題用紙には書かれていないので、よく聞いてください。

そして一つの文の内容について、二つから四つの問題が問題用紙にあります。

Ⅳ. 次の文章をよく聞いて、 後の問いにもっとも適したものを(A)から(D)の中で一つ選びなさい。

今日の午前8時頃、港区六本木の路上で自転車とトラックがぶつかりました。

この事故で自転車を運転していた女性が頭を強く打って病院に運ばれました。

質問 1　事故はいつ起きましたか。

(A) 今朝8時頃

(B) 昨日の午前8時頃

(C) 今晩8時頃

(D) おとといの午後8時頃

答 ● B C D

質問 2　自転車を運転していた人はどうなりましたか。

(A) 腕を骨折しました。

(B) 頭に怪我をしました。

(C) 軽い怪我をしました。

(D) 足をねんざしました。

答 A ● C D

上の質問1に合っている答えは(A)で、質問2に合っている答えは(B)です。

ではパート4の問題を始めます。

81. スポーツ大会があったのはいつですか。

(A) 10月12日月曜日　　　　(B) 10月11日日曜日

(C) 10月10日土曜日　　　　(D) 10月9日金曜日

82. どうしてこの人は元気が出なかったのですか。

(A) 朝から雪が降ってきたから　　　　(B) 朝からくもっていたから

(C) 朝からお父さんにしかられたから　　　　(D) 朝から雨が降っていたから

83. どうしてがんばって走らなければならないと思いましたか。

(A) 今回が最後のスポーツ大会だから

(B) 学校の代表として走るから

(C) 日本人としてのプライドがあるから

(D) 家族が見ているから

84. 出場した競技の結果はどうでしたか。

(A) 優勝してメダルをもらった。

(B) タッチの差で2位になってしまった。

(C) ぎりぎり3位で入賞できた。

(D) 入賞できず、4位に終わった。

85. 期間中、ギフト用ワインを買うとどんな特典がありますか。

(A) 国内外どこでも配送料が割引されたり、ラッピングが無料になる。

(B) ワインが1本おまけしてもらえる。

(C) 国内に限り、配送料がただで、お歳暮が5％割引になる。

(D) 今人気のワインが無料で試飲できる。

86. 今の季節はいつですか。

(A) 春　　　　(B) 夏　　　　(C) 秋　　　　(D) 冬

87. この店ではどんな相談に乗ってくれますか。

   (A) 希望の値段やタイプに合ったワインを選ぶこと。

   (B) 希望に合った就職先を探すこと

   (C) お中元を贈る相手を選ぶこと

   (D) 自分にぴったり合った服を選ぶこと

88～90

88. テレビの最も大きな特徴と言ったら何ですか。

   (A) 椅子に座らなくても横になりながら見られること。

   (B) 食事をしながらテレビを見られること。

   (C) 世界で起こった事柄や事件を即時に見られること。

   (D) 他の用事をしながらテレビを見られること。

89. どうしてテレビは家庭から団らんを奪ったと言えますか。

   (A) テレビを見るために自分の部屋に行ってしまうから。

   (B) 食事をしながら、みんなで楽しく語り合うから。

   (C) 家族と過ごすよりテレビの方が面白いから。

   (D) テレビの音を気にして会話をしないから。

90. テレビについての説明として正しいものはどれですか。

   (A) リアルタイムに伝えられるのは国内の出来事だけである。

   (B) テレビの普及は我々の生活を一変させるまでには至らなかった。

   (C) テレビの前にすわったままで世界中のニュースが見られる。

   (D) 最新のニュースを知りたいならインターネットの方が早い。

91～94

91. クリスマスイブの街の様子はどうですか。

   (A) 景気が悪いのでクリスマスツリーやデコレーションケーキなどほとんど見られない。

   (B) 教会の前でクリスチャンが賛美歌を歌い、神聖な雰囲気に包まれている。

   (C) サンタクロースやクリスマスツリーなどでクリスマスの雰囲気に包まれている。

   (D) 特に普段と変わりない。

92.　クリスマスの時期にデパートが期待していることは何ですか。

(A) お父さんが子供のためにサンタクロースになってあげること。

(B) デコレーションケーキがいっぱい売れること。

(C) レストランに大勢の客が来ること。

(D) 親が子供にやるクリスマスプレゼントがたくさん売れること。

93.　最近、若者に人気のあるクリスマスの夜の過ごし方は何ですか。

(A) 家族と静かに家で聖夜を過ごす。

(B) ホテルで落ち着いて夕食をとる。

(C) 恋人とスキーに行く。

(D) 有名な歌手のコンサートを見に行く。

94.　この人は日本人のクリスマスの習慣についてどんな風に考えていますか。

(A) クリスマスは日本のものではないが、単なるイベントと考えられているのでバカ騒ぎをしてもかまわない。

(B) 外国の習慣をまねするのは悪くはないが、飲んで食べて大騒ぎする態度はもう一度考えてもらいたい。

(C) 外国のものを取り入れることは、いいことだし、大騒ぎするのも、年に一度ぐらいはいいと思う。

(D) キリスト教国でもないのにクリスマスの夜を祝うことは間違っていると思う。

95〜97

95.　どうしてタバコの販売量が2002年に入って急に減りましたか。

(A) タバコの値段が上がったから。

(B) 新年は慌ただしくてタバコを吸う暇もないくらいだから。

(C) 年明けにタバコをやめようと決意した人が増えたから。

(D) タバコによって病気になった人が増えたから。

96. この国の昨年の12月にタバコの販売量の説明として正しいものはどれですか。

    (A) 第一週から第四週になるにつれて販売量が減少している。

    (B) 第一週から第四週になるにつれて販売量が増加している。

    (C) 第一週から第四週まで販売量は一定である。

    (D) 第一週から第四週まで販売量はばらつきがある。

97. この国のタバコの販売量はその後、少しずつ増えているのはなぜですか。

    (A) タバコ会社の広告により

    (B) 禁煙に失敗した人がまたタバコを吸い始めたから。

    (C) 喫煙者の若年化が進んでいるから。

    (D) タバコ会社が消費を煽る派手なCMを流したから。

98～100

98. この人は電車の中で何が気になると言っていますか。

    (A) 車内放送

    (B) 体のにおい

    (C) 携帯電話のベル

    (D) 隣りの人と話す声

99. 電車の中でどんなアナウンスが流れますか。

    (A) 痴漢などの迷惑な行為はやめるようにというアナウンス

    (B) 席は多くの人が座れるように詰めて座るようにというアナウンス

    (C) 新聞は網棚に置かずに持ち帰るようにというアナウンス

    (D) 携帯電話を使わないようにというアナウンス

100. この人は車内でみんなにどうして欲しいのですか。

    (A) 必ず携帯電話の電源を切ってもらいたい。

    (B) 携帯電話で通話はしないでメールだけにしてもらいたい。

    (C) 携帯電話の設定を音の出ないようにしてもらいたい。

    (D) 携帯電話で話す時は周りの人にちゃんと聞こえるように話してもらいたい。

次の質問1番から質問100番までは聞き取りの問題です。どの問題も1回しか言いませんから、よく聞いて答えを(A)、(B)、(C)、(D)の中から一つ選びなさい。答えを選んだら、それにあたる答案用紙の記号を黒くぬりつぶしなさい。

パート1は写真や表を見て答えます。(A)、(B)、(C)、(D)の文は問題用紙には書かれていません。文は1回しか読みませんので、よく聞いてください。

I. 次の写真を見て、その内容に合っている表現を(A)から(D)の中で一つ選びなさい。

(A) 車が走っています。

(B) 車が止めてあります。

(C) 車が一台もありません。

(D) 車が一台しか止まっていません。

答 A ● C D

(A)、(B)、(C)、(D)の中で(B) ‘車が止めてあります。’、この文章が上の絵をもっとも適切に表現しています。

ですから、皆さんは(B)と答えるべきです。

ではパート１の問題を始めます。

1

2

3

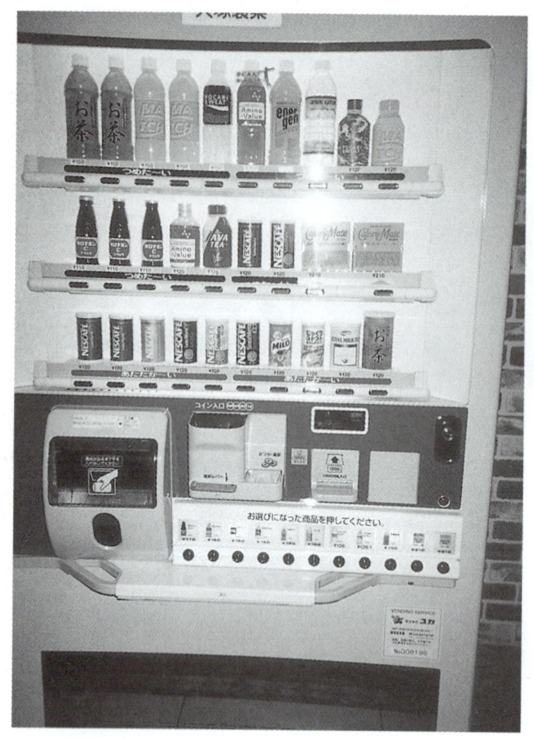

4

5

6

7

8

9

10

11

12

13

14

15

16

17

18

19

20

パート2は簡単な質問にふさわしい答えを選ぶ問題です。問題と文は問題用紙に書かれていないので、よく聞いてから答えにあたる答案用紙の記号を黒くぬりつぶしなさい。

II. 次の言葉の返事として、もっとも適したものを(A)から(D)の中で一つ選びなさい。

今月いっぱいで会社をやめることになりました。
(A) それは残念ですね。
(B) いつ首になりましたか。
(C) それはおめでたいですね。
(D) 何年ぐらい働いていますか。

答 ● B C D

質問に対する一番いい返事は(A) ‘それは残念ですね。’ です。
これがもっとも適した答えですので、皆さんは(A)と答えるべきです。

ではパート2の問題を始めます。

21. 答えを答案用紙に書き入れなさい。	**36.** 答えを答案用紙に書き入れなさい。
22. 答えを答案用紙に書き入れなさい。	**37.** 答えを答案用紙に書き入れなさい。
23. 答えを答案用紙に書き入れなさい。	**38.** 答えを答案用紙に書き入れなさい。
24. 答えを答案用紙に書き入れなさい。	**39.** 答えを答案用紙に書き入れなさい。
25. 答えを答案用紙に書き入れなさい。	**40.** 答えを答案用紙に書き入れなさい。
26. 答えを答案用紙に書き入れなさい。	**41.** 答えを答案用紙に書き入れなさい。
27. 答えを答案用紙に書き入れなさい。	**42.** 答えを答案用紙に書き入れなさい。
28. 答えを答案用紙に書き入れなさい。	**43.** 答えを答案用紙に書き入れなさい。
29. 答えを答案用紙に書き入れなさい。	**44.** 答えを答案用紙に書き入れなさい。
30. 答えを答案用紙に書き入れなさい。	**45.** 答えを答案用紙に書き入れなさい。
31. 答えを答案用紙に書き入れなさい。	**46.** 答えを答案用紙に書き入れなさい。
32. 答えを答案用紙に書き入れなさい。	**47.** 答えを答案用紙に書き入れなさい。
33. 答えを答案用紙に書き入れなさい。	**48.** 答えを答案用紙に書き入れなさい。
34. 答えを答案用紙に書き入れなさい。	**49.** 答えを答案用紙に書き入れなさい。
35. 答えを答案用紙に書き入れなさい。	**50.** 答えを答案用紙に書き入れなさい。

パート3は会話文です。このパートでは二人の対話を1回読みます。
会話は問題用紙に書かれていないので、よく聞いてください。
それから問題用紙の質問を読んでください。

III. 次の会話をよく聞いて、後の問いにもっとも適したものを(A)から(D)の中で一つ選びなさい。

A: お会計はどうなさいますか。
B: 悪いんだけど、別々にしてください。
A: かしこまりました。では、スパゲッティセットのお客さま、880円になります。
B: 細かいのないんで、10000円でお願い。

この会話の場所はどこですか。

(A) 宝くじ売り場
(B) 銀行の窓口
(C) レストランのレジ
(D) 駅の切符売り場

答 A B ● D

上の質問に合っている答えは(C)です。
ではパート3の問題を始めます。

51. 醤油はいつ入れますか。

(A) 塩、こしょうを入れる前です。
(B) 塩、こしょうを入れた後です。
(C) 調理をしている途中です。
(D) 調理が終わった後です。

52. 明日のテストの範囲はどうなっていますか。

(A) 25ページから57ページまで
(B) 44ページから57ページまで
(C) 25ページから43ページまで
(D) 44ページから56ページまで

53. ドラッグストアはどこにありますか。

    (A) スーパーの前にあります。

    (B) スーパーの後ろにあります。

    (C) スーパーの向こうにあります。

    (D) スーパーの中にあります。

54. 最近、男の人は何時頃寝ますか。

    (A) 夜中の1時頃

    (B) 夜の10時頃

    (C) 夜中の3時頃

    (D) 夜の8時頃

55. 女の人は時計をいつ取りに来ますか。

    (A) 明日

    (B) 2日後

    (C) 定休日

    (D) 3日後

56. 田中さんはどこにいますか。

    (A) 自宅   (B) 駅

    (C) 会社   (D) 取引先

57. 女の人はマジックの代金としていくら払いますか。

    (A) 120円   (B) 500円

    (C) 1000円   (D) 1200円

58. 男の人はどうしましたか。

    (A) 黒い靴を買った。

    (B) 茶色い靴を買った。

    (C) 黒い靴を注文しました。

    (D) 何も買いませんでした。

59. 二人はどこにいますか。

(A) スーパーのレジ

(B) タクシーの中

(C) レストラン

(D) 駅の切符売り場

60. 誰が履歴書をチェックしますか。

(A) 田中先生

(B) 誰も見ません。

(C) 高橋先生

(D) キムさん

61. 女の人はこれから何をしますか。

(A) 田中部長と話する。

(B) 田中部長を探しに行く。

(C) 田中部長を呼びに行く。

(D) 田中部長に電話をつなぐ。

62. 二人はこれから何をしますか。

(A) キャビネットを買う。

(B) いらないキャビネットを処分する。

(C) 何もしない。

(D) いらない資料を処分する。

63. 二人はどこにいますか。

(A) 文房具屋

(B) クリーニング屋

(C) 紳士服売り場

(D) 化粧品売り場

64. 前の会社よりよくなった点は何ですか。

(A) こき使われなくなった。

(B) 給料がアップした。

(C) 働きやすくなった。

(D) 何も変わらない。

65. 男の人は何をしましたか。

(A) 部屋の掃除をした。

(B) ソファーの配置を変えた。

(C) 新しいソファーを買った。

(D) カーテンを付け替えた。

66. 男の人はどこにいますか。

(A) 駅の切符売り場   (B) バスの中

(C) 映画館   (D) コンビニ

67. 女の人はどうしてパソコンを使っていませんか。

(A) マニュアルをなくしたから。

(B) 人から借りた物だから。

(C) 使い方が難しいから。

(D) マニュアルが難しいから。

68. 高橋さんが転勤することを話したのは誰ですか。

(A) 高橋さん   (B) 鈴木さん

(C) 田中さん   (D) 男の人

69. 女の人はDVDをどうしますか。

(A) 見てから男の人に返す。

(B) 見てからレンタルショップに返す。

(C) 見てから木村さんに返す。

(D) 見てから男の人に貸す。

70. 二人はこれからどうしますか。

(A) 電車に乗らないで歩く。　　　　　(B) 次の電車に乗る。

(C) タクシーに乗る。　　　　　　　　(D) 今来た電車に乗る。

71. 女の人はこれから何をしますか。

(A) 部屋を掃除する。　　　　　　　　(B) お酒を買いに行く。

(C) 簡単な料理を作る。　　　　　　　(D) お風呂を沸かす。

72. 女の人はどんな列車に乗りますか。

(A) タバコが吸える自由席。

(B) タバコが吸えない自由席。

(C) タバコが吸える指定席。

(D) タバコが吸えない指定席。

73. 女の人のバイトのスケジュールはどうなりますか。

(A) 今月は午後、発表会の後は午前。

(B) 来月は週3回、今月は週5回。

(C) 今月は週3回、発表会の後は週5回午後。

(D) 来月は週末のみ、今月は週3回午前。

74. 二人は何について話していますか。

(A) マンション　　　　　　　　　　　(B) ガスレンジ

(C) 車　　　　　　　　　　　　　　　(D) クーラー

75. 二人は今何をしていますか。

(A) 公園で桜の花を見て楽しんでいる。

(B) テレビを見ながら桜の話をしている。

(C) 九州地方を旅行している。

(D) 九州の桜を見に行く計画を立てている。

76. 今日の午後、社長のスケジュールはどうなっていますか。

    (A) パーティーに出席してすぐ帰る。

    (B) 木田建設と面談してパーティーに行く。

    (C) 工場に行って、家に帰る。

    (D) 工場に行って、会社に立ち寄ってから家に帰る。

77. 男の人は今何をしていますか。

    (A) 出張でホテルに泊っている。

    (B) 単身赴任をしている。

    (C) 一人旅をしている。

    (D) 家族と一緒に暮している。

78. 女の人は何と言っていますか。

    (A) このケーキはさっき買ってきたばかりだから大丈夫だ。

    (B) このケーキは酸味が強いけどおいしい。

    (C) このケーキはさっきちょっと食べたから大丈夫だ。

    (D) このケーキは賞味期限が過ぎて腐っている。

79. 女の人はどうやって成田空港まで行きますか。

    (A) 東京から電車に乗る。

    (B) 上野駅から出てバスに乗る。

    (C) 上野駅から東京に出て、電車に乗る。

    (D) 東京から上野駅に出て、電車に乗る。

80. 男の人は薬をどのように飲みますか。

    (A) 朝と昼の食事の後に粉薬を飲んで、寝る前にカプセルを一つ飲む。

    (B) 朝と夜の食事の後に粉薬を飲んで、寝る前にカプセルを一つ飲む。

    (C) 朝と昼と夜の食事の後に粉薬を飲んで、寝る前にカプセルを一つ飲む。

    (D) 朝と昼と夜の食事の前に粉薬を飲んで、寝る前には飲まない。

パート4は説明文です。

このパートでは短い文を1回読みます。

この文は問題用紙には書かれていないので、よく聞いてください。

そして一つの文の内容について、二つから四つの問題が問題用紙にあります。

Ⅳ. 次の文章をよく聞いて、後の問いにもっとも適したものを(A)から(D)の中で一つ選びなさい。

今日の午前8時頃、港区六本木の路上で自転車とトラックがぶつかりました。

この事故で自転車を運転していた女性が頭を強く打って病院に運ばれました。

質問 1　事故はいつ起きましたか。

　　(A) 今朝8時頃

　　(B) 昨日の午前8時頃

　　(C) 今晩8時頃

　　(D) おとといの午後8時頃

答 ● B C D

質問 2　自転車を運転していた人はどうなりましたか。

　　(A) 腕を骨折しました。

　　(B) 頭に怪我をしました。

　　(C) 軽い怪我をしました。

　　(D) 足をねんざしました。

答 A ● C D

上の質問1に合っている答えは(A)で、質問2に合っている答えは(B)です。

ではパート4の問題を始めます。

81~84

81. この人の家族は何人家族ですか。

(A) 三人　　　　　　　　　　　　(B) 四人

(C) 五人　　　　　　　　　　　　(D) 六人

82. 上の子は幼い時はどんな子供でしたか。

(A) 親の言うことを聞く大人しい子供

(B) 友だちとけんかをしたり、学校でも問題の多い子供

(C) 一生懸命勉強をがんばる子供

(D) 近所の友だちと仲よく遊ぶ子供

83. この人は上の子がどうして大学に受かったと思っていますか。

(A) もともと学校の成績が良かったから

(B) 運が良かったから

(C) 大学入試の前に一応勉強したから

(D) 前の日に勉強したことがそのまま試験に出たから

84. この人は上の子が大学に進学してどんな気持ちですか。

(A) 困っている。

(B) 安心している。

(C) 残念である。

(D) 心配である。

85~87

85. ABC航空カードの会員に新しくなると全員何がもらえますか。

(A) オリジナル・クッションとペアチケット

(B) ペアTシャツと温泉旅行

(C) 航空チケットと2000マイルのポイント

(D) オリジナルグッズと2000マイルのポイント

86. ソウル往復ペアチケットをもらえる人はどんな人ですか。

(A) キャンペーン中、ABC航空カード会員になった人なら誰でも

(B) 期間中、2万マイル以上のポイントをためたABC航空カードの会員

(C) キャンペーン中、ABC航空カード会員になった人の中から抽選で当たった人

(D) 期間中、ABC航空を利用した人の中から抽選で当たった人

87. キャンペーンについてもっと詳しく知りたい場合、どうすればいいですか。

(A) 直接、ABC航空に行って聞く。

(B) 空港にはってあるポスターを見る。

(C) 空港の案内デスクに聞く。

(D) ABC航空のホームページか電話で問い合わせる。

88〜90

88. 27日に気象庁はどんな発表をしましたか。

(A) 沖縄で梅雨が始まり、東北では梅雨が終わったようだ。

(B) 沖縄で梅雨が終わり、東北では梅雨が始まったようだ。

(C) 沖縄と東北が同時に梅雨に入ったようだ。

(D) 沖縄と東北が同時に梅雨が明けたようだ。

89. 首都圏のダムについて何と言っていますか。

(A) 連日の雨で貯水量が増加している。

(B) 例年通り、雨が降ったので特に問題はない。

(C) 貯水量が多いので深刻な水不足の地域に水を分けてあげている。

(D) 連日の猛暑のため貯水量がかなり少なくなっている。

90. 今年の梅雨は例年に比べどうでしたか。

(A) 沖縄はいつもより4日遅く梅雨に入った。

(B) 沖縄はいつもより6日遅く梅雨が終わった。

(C) 東北はいつもより15日遅く梅雨に入った。

(D) 東北はいつもより15日遅く梅雨が終わった。

91〜93

91. 2003年の男性の平均寿命は何歳ですか。

(A) 78.36歳

(B) 78.64歳

(C) 85.33歳

(D) 85.59歳

92. 今回の厚生労働省の発表でどんなことが分かりましたか。

(A) 日本人の男性が20年続けて、世界の中で最も寿命が短いことが分かった。

(B) 日本人の平均寿命が男女とも20年続けて長寿世界一であることが分かった。

(C) 日本人の女性が20年続けて、世界の中で最も長生きであることが分かった。

(D) 日本人の女性の平均寿命が惜しくも2位になってしまったことが分かった。

93. 海外の女性の平均寿命で2位と3位はそれぞれどこの国ですか。

(A) アイスランドと香港

(B) 香港とスイス

(C) スイスとフランス

(D) アメリカとイギリス

94〜97

94. 「ツカレトレール」はどんな時に飲むといいですか。

(A) 妊娠している時

(B) 眼が悪くなった時

(C) お腹がすいた時

(D) 激しい運動をした時

95. 期間中、会員カードを見せると「ツカレトレール」はいくらで買えますか。

(A) 8,000円 (B) 7,200円

(C) 6,400円 (D) 5,600円

96. 肩こりや首こりの７割以上の原因は何だと言っていますか。

(A) 重たいものの持ちすぎ

(B) 過激なダイエット

(C) 神経の使いすぎ

(D) 眼の疲れ

97. この人のお兄さんが家に帰る途中、何が起こりましたか。

(A) お兄さんが運転していた乗用車とオートバイが接触した。

(B) お兄さんが運転していたオートバイと自転車がぶつかった。

(C) お兄さんが車を運転中に子供が飛び出してきた。

(D) お兄さんが横断歩道を渡ろうとした時にオートバイが突っ込んできた。

98. 事故の原因は何でしたか。

(A) お兄さんが信号無視をして横断歩道を渡ったため

(B) 18歳の少年が前をよく見ていなかったため

(C) お兄さんがよく確認しないで右折したため

(D) 18歳の少年が運転する車がスピードを出しすぎたため

99. 事故の後、お兄さんはどうなりましたか。

(A) ひどいけがをして長い間入院するはめになった。

(B) 目撃者が警察に通報したので警察に捕まってしまった。

(C) 目撃者が警察に通報してくれたおかげで病院に運ばれ無事だった。

(D) 精神的なショックのため会社に行けなくなってしまった。

100. 「いざという時」とはどんな時のことですか。

(A) 会社や学校から帰宅する時

(B) 車などを運転している時

(C) 保険に加入しようとする時

(D) 急に事故などが起こった時

次の質問1番から質問100番までは聞き取りの問題です。どの問題も1回しか言いませんから、よく聞いて答えを(A)、(B)、(C)、(D)の中から一つ選びなさい。答えを選んだら、それにあたる答案用紙の記号を黒くぬりつぶしなさい。
パート1は写真や表を見て答えます。(A)、(B)、(C)、(D)の文は問題用紙には書かれていません。文は1回しか読みませんので、よく聞いてください。

Ⅰ. 次の写真を見て、その内容に合っている表現を(A)から(D)の中で一つ選びなさい。

(A) 車が走っています。

(B) 車が止めてあります。

(C) 車が一台もありません。

(D) 車が一台しか止まっていません。

答 Ⓐ ● Ⓒ Ⓓ

(A)、(B)、(C)、(D)の中で(B)‘車が止めてあります。’、この文章が上の絵をもっとも適切に表現しています。
ですから、皆さんは(B)と答えるべきです。
ではパート1の問題を始めます。

1

2

3

4

5

6

7

8

9

10

11

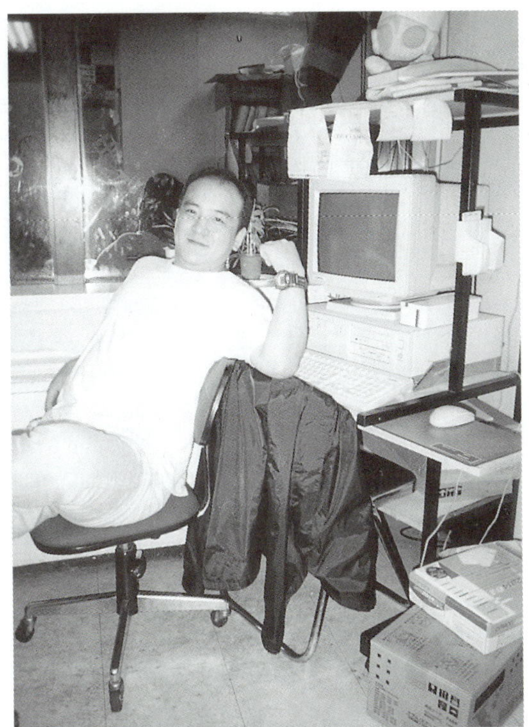

12

13

14

15

16

17

18

19

20

パート2は簡単な質問にふさわしい答えを選ぶ問題です。問題と文は問題用紙に書かれていないので、よく聞いてから答えにあたる答案用紙の記号を黒くぬりつぶしなさい。

Ⅱ. 次の言葉の返事として、もっとも適したものを(A)から(D)の中で一つ選びなさい。

今月いっぱいで会社をやめることになりました。
(A) それは残念ですね。
(B) いつ首になりましたか。
(C) それはおめでたいですね。
(D) 何年ぐらい働いていますか。

答 ● B C D

質問に対する一番いい返事は(A)‘それは残念ですね。’です。

これがもっとも適した答えですので、皆さんは(A)と答えるべきです。

ではパート2の問題を始めます。

21. 答えを答案用紙に書き入れなさい。
22. 答えを答案用紙に書き入れなさい。
23. 答えを答案用紙に書き入れなさい。
24. 答えを答案用紙に書き入れなさい。
25. 答えを答案用紙に書き入れなさい。
26. 答えを答案用紙に書き入れなさい。
27. 答えを答案用紙に書き入れなさい。
28. 答えを答案用紙に書き入れなさい。
29. 答えを答案用紙に書き入れなさい。
30. 答えを答案用紙に書き入れなさい。
31. 答えを答案用紙に書き入れなさい。
32. 答えを答案用紙に書き入れなさい。
33. 答えを答案用紙に書き入れなさい。
34. 答えを答案用紙に書き入れなさい。
35. 答えを答案用紙に書き入れなさい。

36. 答えを答案用紙に書き入れなさい。
37. 答えを答案用紙に書き入れなさい。
38. 答えを答案用紙に書き入れなさい。
39. 答えを答案用紙に書き入れなさい。
40. 答えを答案用紙に書き入れなさい。
41. 答えを答案用紙に書き入れなさい。
42. 答えを答案用紙に書き入れなさい。
43. 答えを答案用紙に書き入れなさい。
44. 答えを答案用紙に書き入れなさい。
45. 答えを答案用紙に書き入れなさい。
46. 答えを答案用紙に書き入れなさい。
47. 答えを答案用紙に書き入れなさい。
48. 答えを答案用紙に書き入れなさい。
49. 答えを答案用紙に書き入れなさい。
50. 答えを答案用紙に書き入れなさい。

パート3は会話文です。このパートでは二人の対話を1回読みます。

会話は問題用紙に書かれていないので、よく聞いてください。

それから問題用紙の質問を読んでください。

III. 次の会話をよく聞いて、後の問いにもっとも適したものを(A)から(D)の中で一つ選びなさい。

A: お会計はどうなさいますか。

B: 悪いんだけど、別々にしてください。

A: かしこまりました。では、スパゲッティセットのお客さま、880円になります。

B: 細かいのないんで、10000円でお願い。

この会話の場所はどこですか。

(A) 宝くじ売り場

(B) 銀行の窓口

(C) レストランのレジ

(D) 駅の切符売り場

答 Ⓐ Ⓑ ● Ⓓ

上の質問に合っている答えは(C)です。

ではパート3の問題を始めます。

51. ここはどこですか。

(A) コンビニ

(B) ファーストフード店

(C) 銀行

(D) 喫茶店

52. 女の人はどうして窓を閉めるように頼みましたか。

(A) 寒いから

(B) 風邪を引いているから

(C) 蒸し暑いから

(D) 資料が風で飛んでしまうから

53. 何の使い方を説明していますか。

(A) ミシン

(B) 自転車

(C) 電子オルガン

(D) コンピューター

54. 二人はあさっていつ会うことになりましたか。

(A) 午前9時　　　　　　　　　(B) 午後9時

(C) 朝　　　　　　　　　　　　(D) 午後

55. 文房具屋はどこにありますか。

(A) 大学の中

(B) 建物の地下

(C) コーヒーショップの目の前

(D) 建物の2階

56. 今日は何日ですか。

(A) 18日　　　　　　　　　　　(B) 20日

(C) 22日　　　　　　　　　　　(D) 休み

57. 川田さんはどうして休みましたか。

(A) 入院したから

(B) 大変だから

(C) 風邪を引いたから

(D) 子供の具合いが悪いから

58. ここはどこですか。

(A) 花屋

(B) 郵便局

(C) 美容院

(D) レストラン

59. 「ゆうこ」はだれの名前ですか。

(A) 子供の名前

(B) お母さんの名前

(C) 男の人の妹の名前

(D) 奥さんの名前

60. 二人は何について話していますか。

(A) 冷蔵庫

(B) スーパーのレジ

(C) 自動販売機

(D) 魚釣り

61. 女の人はどこに電話しましたか。

(A) 通信販売の会社

(B) 食べ物屋

(C) ガソリンスタンド

(D) 宅配の会社

62. 男の人は何を買おうとしていますか。

(A) カセットテープ

(B) ばらの花

(C) ビール

(D) ビデオテープ

63. 写真屋はどこにありますか。

(A) ケーキ屋の後ろ

(B) 向こうの建物

(C) 花屋とケーキ屋の間

(D) 角

64. 現在、男の人の姿はどうですか。

(A) 昔より太っていて、不精髭を生やしている。

(B) 昔より痩せていて、不精髭を生やしている。

(C) 昔より太っていて、不精髭はない。

(D) 昔より痩せていて、不精髭はない。

65. 駅前のビヤホールはどうなりましたか。

(A) 経営者が変わってサービスがよくなった。

(B) 工事できれいになくなった。

(C) つぶれて新しい店ができた。

(D) 改装してきれいになった。

66. 渡辺さんにぴったりな仕事はどれですか。

(A) OL

(B) 弁護士

(C) 英語教師

(D) 観光ガイド

67. 男の人は女の人についてどう思っていますか。

(A) 太って見えるのであまり服を着込まない方がいい。

(B) ダイエットをする必要がない。

(C) 体のためにもっと痩せた方がいい。

(D) 痩せるよりむしろ体力をつけた方がよい。

68. 何について話していますか。

(A) ラジオ

(B) カーステレオ

(C) テレビ

(D) ビデオカメラ

69. 女の人は木村さんあての電話が来たら何と言いますか。

(A) こちらから折り返しお電話いたします。

(B) 戻りましたらこちらからお電話を差し上げましょうか。

(C) もしよろしければ伝言を承りますが。

(D) 恐れ入りますが、担当者に代わらせて頂きます。

70. 二人は今どこにいますか。

(A) 立ち食いそば屋   (B) 駅

(C) 銀行   (D) タクシー乗り場

71. 何ページからコピーすればいいですか。

(A) 10ページ   (B) 77ページ

(C) 87ページ   (D) 106ページ

72. 部長はこれからどうしますか。

(A) 予算をもっと増やすように会計係に頼む。

(B) きびしいから企画を練り直す。

(C) 直接店側とかけ合う。

(D) 出席者の人数を減らす。

73. 男の人はこれからどうしますか。

(A) 仕事を続ける。

(B) 会議室を出る。

(C) 隣の応接室に行く。

(D) 一緒にワックスを塗るのを手伝う。

74. 二人は携帯についてどう思っていますか。

(A) 二人とも好きだ。

(B) 二人とも嫌がっている。

(C) 男の人は好きだが女の人は嫌がっている。

(D) 女の人は好きだが男の人は嫌がっている。

75. 女の人は車をどうしましたか。

(A) お兄さんからただで譲りうけた。

(B) 中古車を買った。

(C) 月賦でずっと欲しかった新車を買った。

(D) お兄さんから買った。

76. 男の人はシャツをどう思っていますか。

(A) おしゃれだから女性にもてると思っている。

(B) 自分の年には合わないと思っている。

(C) 小さくても着心地がいいと思っている。

(D) 流行は追うものだと思っている。

77. 入社試験はいつの予定ですか。

(A) 一月から　　　　　　　　　　(B) 再来月末から

(C) 今月末から　　　　　　　　　(D) 来月10日から

78. 女の人は地価が下落して何と言っていますか。

(A) 高い時に売って得をした。

(B) もっと高い時に売ればよかった。

(C) 高い時に買わないでよかった。

(D) 今が一番安いから買い時だ。

79. 男の人はこれからどうしますか。

(A) 来月から横浜の研究施設で働く。　　　(B) このまま横浜工場に残る。

(C) 来月から新潟に転勤する。　　　　　　(D) 来月から転職する。

80. 竹内さんの結婚祝いをどうしますか。

(A) 新しい部屋なので新しい日用品を買う。

(B) 日用品はそろっているので持っていなさそうな物を買う。

(C) 足りない物はないので現金にする。

(D) 新しい台所と家具を買う。

パート4は説明文です。

このパートでは短い文を1回読みます。

この文は問題用紙には書かれていないので、よく聞いてください。

そして一つの文の内容について、二つから四つの問題が問題用紙にあります。

Ⅳ. 次の文章をよく聞いて、後の問いにもっとも適したものを(A)から(D)の中で一つ選びなさい。

今日の午前8時頃、港区六本木の路上で自転車とトラックがぶつかりました。

この事故で自転車を運転していた女性が頭を強く打って病院に運ばれました。

質問 1　事故はいつ起きましたか。

(A) 今朝8時頃

(B) 昨日の午前8時頃

(C) 今晩8時頃

(D) おとといの午後8時頃

答 ● B C D

質問 2　自転車を運転していた人はどうなりましたか。

(A) 腕を骨折しました。

(B) 頭に怪我をしました。

(C) 軽い怪我をしました。

(D) 足をねんざしました。

答 A ● C D

上の質問1に合っている答えは(A)で、質問2に合っている答えは(B)です。

ではパート4の問題を始めます。

81. 今年の木村さんの年収はいくらぐらいですか。

(A) 400万円　　　　　　　　　(B) 600万円

(C) 800万円　　　　　　　　　(D) 1000万円

82. 木村さんはどうして残業がなくなったのですか。

(A) 去年、働きすぎて体を壊したから

(B) 大学院に通っているから

(C) 妻の代わりに子供の面倒を見なければならないから

(D) 会社の経営状態がよくないから

83. 木村さんの年収が減って、奥さんはどうしていますか。

(A) パートとして週に3回働きに出ている。

(B) 正社員として会社に勤めている。

(C) 必要のない物を買わないように生活している。

(D) 特に去年と変わりない生活を送っている。

84. 木村さんの通勤時間は片道どのぐらいかかりますか。

(A) 20分ぐらい　　　　　　　(B) 40分ぐらい

(C) 1時間ぐらい　　　　　　　(D) 1時間半ぐらい

85〜88

85. ここはどこですか。

(A) 空港　　　　　　　　　　　(B) 機内

(C) 駅　　　　　　　　　　　　(D) 車内

86. どうして謝っていますか。

(A) 仁川を飛び立つのが遅くなったので

(B) 成田に到着するのが遅れたので

(C) 飛行機が激しく揺れたので

(D) 電車が来るのが遅れたので

87. 飛行中、使ってはいけないものは何だと言っていますか。

(A) くし

(B) デジタルカメラ

(C) 鏡

(D) シートベルト

88. このアナウンスで言っていないことは何ですか。

(A) タバコを吸ってはいけない。

(B) 何かあったら呼んでほしい。

(C) 日本人の乗務員は全部で7人である。

(D) 出発が40分も遅くなった。

89〜91

89. 今日の関東地方の気温はどうですか。

(A) 6月としては涼しい。

(B) 6月としては珍しいほど高い。

(C) 平年並みの暑さである。

(D) 夏としては珍しいほど低い。

90. どうしてこんなに暑いのですか。

(A) 朝から30度弱あり、昼に日差しが強かったので

(B) 朝から30度を越える暑さで、日中風が全く吹かなかったので

(C) 昨夜から雨が降り続いているので

(D) 夕べから今日の朝まで雨が少ししか降らなかったので

91. 今日の夜はどうなりそうですか。

(A) 昼間の強烈な日差しの影響で気温が上がりそうだ。

(B) 雨が降って、少し気温が下がりそうだ。

(C) 雨が降って、じめじめしそうだ。

(D) 雨が降るが昼間の暑さと変わらなさそうだ。

92～94

92. 21世紀の中頃には、人口は今より何人ぐらい減りそうですか。

    (A) 1,000万人

    (B) 2,000万人

    (C) 3,000万人

    (D) 4,000万人

93. どうしてこの数十年間、日本では子供の出生率が低くなってきましたか。

    (A) 女性より男性の数が多いから

    (B) 子供を産みたくても産めない女性が増えたから

    (C) 結婚適齢期の若者が全人口に比べて少ないから

    (D) 未婚女性の増加と結婚しても子供を一人、二人しか作らなかったから

94. 医療技術が発達するにつれ、どんな現象が起きると言っていますか。

    (A) 老人の寿命が伸び、総人口が増加する。

    (B) 病気における死亡率が下がり、全人口に占める子供の割合が増える。

    (C) 全人口に占める老人の比率が上がり、若者が比率が下がる。

    (D) 総人口が増加し、食糧不足に見舞われる。

95～97

95. 9000円の商品を代引きで買うとしたら、合計いくらになりますか。

    (A) 9000円   (B) 9300円

    (C) 9600円   (D) 10000円

96. 交換や返品をしたい場合、どうしたらいいですか。

    (A) 1週間以内に会社に郵送する。

    (B) 5日以内に会社に連絡する。

    (C) 1週間以内にメールやFAXで会社に知らせる。

    (D) 5日以内に会社に宅配で送る。

97. 返品・交換の送料はどうなりますか。

(A) 返品や会社のミスによらない交換は客が支払う。

(B) 交換のみ会社が支払う。

(C) 返品のみ会社が支払う。

(D) いかなる場合も客が支払う。

98~100

98. どうして日本人は外国語を会得できないと言っていますか。

(A) もともと外国語を身につけるセンスがないから

(B) 聴解力が不足しているから

(C) 外国語を熟達するために勉強しているから

(D) 日本語にない発音ができないから

99. 学校の外国語がおもしろくない理由は何ですか。

(A) 先生が冗談を言わずにたんたんと授業を進めるから

(B) 読んだり書いたりするだけで実際に会話をしないから

(C) 試験の点数を稼ぐために勉強しているから

(D) 外国語をマスターすることが目的になっているから

100. どうしたら外国語の学習が楽しくなりますか。

(A) マスターすることを信じてひたすら勉強する。

(B) 授業中に積極的に先生に質問する。

(C) マスターすること以外の目的のために勉強する。

(D) 外国語のニュースなどを浴びるように聞く。

진단평가(청해 100)

Part 1

1. (D)	2. (D)	3. (B)	4. (C)	5. (D)	6. (B)	7. (C)	8. (C)	9. (C)	10. (C)
11. (D)	12. (B)	13. (D)	14. (D)	15. (B)	16. (B)	17. (A)	18. (C)	19. (B)	20. (A)

Part 2

21. (C)	22. (C)	23. (B)	24. (D)	25. (B)	26. (A)	27. (C)	28. (D)	29. (D)	30. (C)
31. (B)	32. (D)	33. (C)	34. (D)	35. (C)	36. (C)	37. (D)	38. (C)	39. (C)	40. (A)
41. (C)	42. (C)	43. (C)	44. (B)	45. (B)	46. (C)	47. (B)	48. (C)	49. (C)	50. (A)

Part 3

51. (D)	52. (C)	53. (C)	54. (B)	55. (D)	56. (B)	57. (C)	58. (B)	59. (B)	60. (C)
61. (B)	62. (B)	63. (D)	64. (D)	65. (C)	66. (C)	67. (B)	68. (D)	69. (C)	70. (B)
71. (B)	72. (D)	73. (C)	74. (C)	75. (D)	76. (C)	77. (C)	78. (C)	79. (C)	80. (D)

Part 4

81. (C)	82. (C)	83. (D)	84. (D)	85. (B)	86. (B)	87. (C)	88. (C)	89. (C)	90. (C)
91. (C)	92. (C)	93. (A)	94. (B)	95. (C)	96. (B)	97. (D)	98. (C)	99. (C)	100. (C)

Section 2

Part 1 사진묘사

1. 사람이 단독 혹은 복수로 등장하는 동작

[단어 연습] 1

1. 後ろ	2. 両手	3. 橋	4. 庭	5. 餌
6. 背	7. ベビーカー	8. ボタン	9. 傘	10. 写真
11. 荷物	12. 髪	13. 腰	14. 駆け足	15. 逆立ち
16. 肩車	17. ボール投げ	18. 歩道橋	19. 腰	20. 胡坐

[단어 연습] 2

1. 仕事	2. 計算	3. 欠伸	4. 腕	5. 腕組み
6. 襟	7. 奥	8. 思い思い	9. 改札口	10. 階段
11. 食券	12. 片手	13. 切符売り場	14. 客待ち	15. 金魚すくい
16. うつ伏せ	17. 血圧	18. 交通整理	19. さっそうと	20. 薄着

[단어 연습] 3

1. 店員	2. 隣り	3. 帽子	4. 背中	5. 背伸び
6. スーツ	7. 前方	8. 操作	9. 掃除	10. お揃い
11. 車	12. すらっと	13. 整理	14. 縦	15. たもと
16. 注射	17. 手前	18. 上品	19. 真剣	20. 背筋

[단어 연습] 4

1. 左手	2. 右手	3. ワンピース	4. 一休み	5. びしょ濡れ
6. 方向	7. 前髪	8. 斜め	9. 熱	10. 乗り降り
11. 端	12. 食券	13. 場所	14. 街角	15. まばら
16. 切符売り場	17. 真ん中	18. 湖	19. 水玉模様	20. 頬杖

[단어 연습] 5

1. 横	2. 両端	3. 大勢	4. 脇	5. 身ぶり手ぶり
6. 髪	7. 無地	8. 面と向かって		

2. 사람의 모습, 상태, 위치

[단어 연습] 1

1. 着て	2. 指さして	3. 踊って	4. かぶって	5. おんぶして
6. 泳いで	7. 切って	8. 屈んで	9. 掻いて	10. 駆けて
11. おぶって	12. 刈って	13. 蹴ろう	14. 屈めて	15. 運んで
16. くぐりぬけて	17. 組んで	18. 汲んで	19. くわえて	20. 覆って

[단어 연습] 2

1. しめて	2. 腰を下ろして	3. 立って	4. 支えて	5. 差し込んで
6. 搾って	7. 腰掛けて	8. しゃがんで	9. して	10. 座って
11. 背負って	12. 背を向けて	13. 抱き上げて	14. たたいて	15. たたいて
16. 畳んで	17. 畳んで	18. 立ち止まって	19. こいで	20. 掴まって

[단어 연습] 3

1. 並べて	2. 摘んで	3. 飛び越えて	4. 掴もう	5. 覗いて
6. 覗き込んで	7. 伸ばして	8. 測って	9. 掃いて	10. 運んで

11. 引いて   12. 広げて   13. 干している   14. 干している   15. 撒いて
16. 曲げて   17. 見上げて   18. 見下ろして   19. 向かい合って   20. 向かって

[단어 연습] 4

1. 上げて   2. 渡って   3. やって   4. 歌って   5. 向いて
6. 売って   7. 払って   8. 向けて   9. 選んで   10. 下りて
11. 歩いて   12. 入れて   13. 持ち上げて   14. うつ向いて   15. 埋まって
16. 仰いで   17. 当てて   18. 溢れて   19. まばら   20. 溢れかえって

[단어 연습] 5

1. 下ろして   2. 買って   3. 切って   4. 着た   5. 描いて
6. かけて   7. 畏まって   8. 構えて   9. 借りる   10. 抱えて
11. 屈んで   12. 寛いで   13. 配って   14. くわえて   15. 叫んで
16. 提げて   17. しょって   18. 座り込んで   19. 揃えて   20. 揃えて

[단어 연습] 6

1. 高い   2. 寝て   3. 並べて   4. 投げて   5. 楽し
6. 吸って   7. つかまって   8. 突いて   9. 突いて   10. 突いて
11. 注いで   12. 注いで   13. 繋いで   14. 通りすぎて   15. 取り囲まれて
16. 眺めて   17. 立ち止まって   18. 畳んで   19. 眠って   20. 佇んで

[단어 연습] 7

1. 乗せて   2. 上って   3. 乗る   4. 乗り出して   5. 乗り越えて
6. 計って   7. はしゃいで   8. 低い   9. ひざまずいて   10. 広げて
11. 拭いて   12. ぶつかりあって   13. ぶら下がって   14. ぶら下げて   15. 振向いて
16. 跨って   17. 待って   18. 丸く   19. 見合わせて   20. 見入って

[단어 연습] 8

1. 短い   2. 見つめて   3. 渡して   4. 結い上げて   5. 行き交う
6. 横になって   7. 横たわって   8. 寄りかかって   9. 寄りかかって   10. もたれて
11. 剃って   12. 塞いで   13. 描いて   14. 眺めて   15. 握って
16. 脱いで   17. 伸ばして   18. 真面目な   19. 活発に   20. 真剣な

3. 장소, 사물만 나오는 경우(사물의 상태 및 위치)

[단어 연습] 1

1. 間   2. 池   3. 枝   4. 以上   5. 入口
6. 色   7. 色々   8. 上の段   9. 絵   10. 大きさ
11. 丘   12. お菓子   13. おき   14. 置き場   15. かご

| 16. 海辺 | 17. 片側 | 18. 一方通行 | 19. 開けっぱなし | 20. 生き作り |

[단어 연습] 2

1. 形	2. 銀行	3. 角	4. がらがら	5. がらがら
6. 壁	7. 公園	8. 同じくらい	9. 改札口	10. 閑散
11. 機械	12. 切符売場	13. 空席	14. 果物屋	15. 車
16. 3軒	17. 玄関	18. 間隔	19. 円形，四角	20. 横断歩道

[단어 연습] 3

1. 先	2. 商品	3. 食券	4. 交番	5. 下
6. 修理	7. 種類	8. 商店街	9. 渋滞	10. ずつ
11. 木の間隠れ	12. 逆さま	13. 鯉のぼり	14. 雑貨	15. 三段
16. ごちゃごちゃ	17. 自然環境	18. ずつ	19. 隅	20. 勾配

[단어 연습] 4

1. 上	2. 駐車場	3. 外	4. 洗車	5. 粗大ゴミ
6. 設置	7. 台車	8. 立ち読み	9. 立ち食い	10. 棚
11. 中央	12. 追突事故	13. 整然	14. 田園	15. 通り
16. 床屋	17. 所狭し	18. 長め	19. 何人	20. 入場券

[단어 연습] 5

1. 庭	2. 売店	3. ビル	4. 乗り換え	5. 踏切
6. ホーム	7. バラバラ	8. 番・札	9. 半開き	10. 左側
11. びっしり	12. ひっそりと	13. 乗り降り	14. 広々	15. 風景
16. 縁	17. 花盛り	18. バラバラ	19. 歩行者天国	20. 町並み

[단어 연습] 6

1. 窓	2. 窓口	3. 前	4. 回り	5. 窓越し
6. 円形	7. 丸形	8. 店先	9. 森	10. 屋根
11. 夕日	12. 床	13. ラッシュアワー	14. 脇	

4) 지시문, 안내문

[단어 연습] 1

1. 開いて	2. 置いて	3. 預けて	4. 遊ぶ	5. 生けて
6. 植えて	7. 埋まって	8. 生い茂げって	9. 指して	10. 開けっぱなし
11. 折り重なって	12. 飼って	13. 囲んで	14. 囲まれて	15. ごった返して
16. 込んで	17. 遮る	18. 下がって	19. 支えて	20. 覆われて

1. 通る	2. 止めて	3. 並べて	4. 空いて	5. 似た
6. 伸びて	7. 倒れて	8. 立て掛けて	9. 立て込んで	10. 散って
11. 積み重ねて	12. 積んで	13. 敷いて	14. 繁って	15. 縛って
16. 賑わって	17. そびえたって	18. そびえたって	19. はって	20. 挟んで

[단어 연습] 3

1. 走って	2. 貼って	3. 干して	4. 巻かれて	5. 隔てられて
6. 振り込む	7. 阻んで	8. 実って	9. ごった返し	10. 横切って

[단어 연습] 4

1. 空き缶	2. 以外	3. 一方通行	4. 受付	5. 営業
6. 応募	7. 大人	8. 開店	9. 記入	10. 禁煙
11. 禁止	12. 時刻表	13. 自転車	14. 徐行運転	15. 専用
16. 粗大ゴミ	17. 地下	18. 動物園	19. 24時間営業	20. 入会金

[단어 연습] 5

1. 年中無休	2. 払い戻し	3. 美術館	4. 閉店	5. 町並み
6. 無料	7. メニュー	8. 行き止まり	9. 立食	10. 路肩

[단어 연습] 6

1. 始まり	2. 払わ	3. 捨て	4. 支払われ	5. 違い
6. 詰めて	7. 受け取り	8. 捨て	9. 分かれて	10. 忘れ物

실전연습 [1회]

1. (C)	2. (B)	3. (D)	4. (A)	5. (C)	6. (A)	7. (C)	8. (B)	9. (B)	10. (D)
11. (C)	12. (B)	13. (B)	14. (C)	15. (C)	16. (C)	17. (D)	18. (B)	19. (B)	20. (D)

실전연습 [2회]

1. (D)	2. (A)	3. (C)	4. (D)	5. (D)	6. (B)	7. (C)	8. (B)	9. (C)	10. (B)
11. (B)	12. (C)	13. (D)	14. (D)	15. (B)	16. (C)	17. (B)	18. (B)	19. (C)	20. (D)

실전연습 [3회]

1. (D)	2. (C)	3. (C)	4. (C)	5. (C)	6. (B)	7. (C)	8. (A)	9. (C)	10. (D)
11. (B)	12. (A)	13. (C)	14. (D)	15. (C)	16. (C)	17. (B)	18. (B)	19. (B)	20. (C)

1. (D)   2. (B)   3. (A)   4. (D)   5. (D)   6. (B)   7. (B)   8. (A)   9. (C)   10. (C)
11. (D)   12. (A)   13. (B)   14. (D)   15. (C)   16. (C)   17. (B)   18. (D)   19. (B)   20. (C)

Part 2 질의응답

핵심정리 1)

[자주 쓰이는 표현]

1. どう   2. 何分   3. いくら   4. 何   5. 中身
6. いつ   7. どうやって   8. までに   9. どの

[응답 연습]

1. ⓐ   2. ⓑ   3. ⓐ   4. ⓐ   5. ⓑ   6. ⓑ   7. ⓐ   8. ⓑ   9. ⓐ   10. ⓑ
11. ⓐ   12. ⓐ   13. ⓑ   14. ⓑ   15. ⓑ   16. ⓐ   17. ⓐ   18. ⓐ   19. ⓑ   20. ⓐ
21. ⓐ   22. ⓐ   23. ⓑ   24. ⓐ   25. ⓐ   26. ⓐ   27. ⓐ   28. ⓑ   29. ⓐ

핵심정리 2)

[자주 쓰이는 표현]

1. 明けまして   2. お互い様   3. ようこそ   4. お目にかかります   5. させてください
6. させていただきます   7. ぜひ   8. 近いうちに   9. その節   10. 歯が浮く
11. ほんの   12. お納めください   13. 受け取っておいてください   14. お言葉に甘えて
15. 身に余る

[응답 연습]

1. ⓐ   2. ⓑ   3. ⓐ   4. ⓑ   5. ⓐ   6. ⓑ   7. ⓐ   8. ⓑ   9. ⓐ   10. ⓑ
11. ⓐ   12. ⓑ   13. ⓐ   14. ⓑ   15. ⓐ   16. ⓑ   17. ⓐ   18. ⓑ   19. ⓐ   20. ⓐ
21. ⓐ   22. ⓑ   23. ⓐ   24. ⓑ   25. ⓐ   26. ⓑ   27. ⓐ   28. ⓑ   29. ⓐ   30. ⓑ
31. ⓐ   32. ⓑ   33. ⓐ   34. ⓑ   35. ⓐ   36. ⓑ   37. ⓐ   38. ⓑ   39. ⓐ   40. ⓑ
41. ⓐ   42. ⓑ   43. ⓐ   44. ⓐ   45. ⓐ   46. ⓐ   47. ⓐ

핵심정리 3)

[자주 쓰이는 표현]

1. お願いしたい   2. なるべく   3. お帰りください   4. ちょうだい   5. 我慢しないで
6. 構いませんか   7. 大人   8. 今度   9. 棚上げにしよう   10. 見ててもらえますか
11. 一緒に   12. 休ませて

1. ⓐ   2. ⓑ   3. ⓐ   4. ⓑ   5. ⓐ   6. ⓑ   7. ⓐ   8. ⓑ   9. ⓐ   10. ⓑ
11. ⓐ   12. ⓑ   13. ⓐ   14. ⓑ   15. ⓐ   16. ⓑ   17. ⓐ

핵심정리 4)

[자주 쓰이는 표현]

1. いざという時	2. いつの間にか	3. おめでた	4. ものは試し	5. 大丈夫
6. なるほど	7. 乗り過ごして	8. がっかり	9. 手前	10. 困った
11. 邪魔	12. 悩まされる	13. 予断	14. おいしい話	15. なんとかならない
16. 構いません	17. かないます	18. ぜひ一度	19. 地震	20. 後の祭り
21. 下り坂	22. 誰一人	23. 救急車	24. 住まい	25. 馬の耳念仏
26. 逆上	27. 試験に受かる	28. 鍛えた	29. 見直した	30. 中途半端
31. いまいち	32. おとぎ話	33. 行かないで済みます		

1. ⓑ   2. ⓐ   3. ⓑ   4. ⓐ   5. ⓑ   6. ⓐ   7. ⓐ   8. ⓑ   9. ⓐ   10. ⓑ
11. ⓐ   12. ⓑ   13. ⓐ   14. ⓑ   15. ⓐ   16. ⓑ   17. ⓐ   18. ⓑ   19. ⓐ   20. ⓑ
21. ⓐ

핵심정리 5)

[자주 쓰이는 표현] 1

1. あっさり	2. いらいら	3. うつらうつら	4. うきうき	5. うろうろ
6. おずおず	7. おどおど	8. がくんと	9. がたがた	10. がっしり
11. がぶがぶ	12. がみがみ	13. からから	14. がらがら	15. からり
16. かんかん	17. がんがん	18. きっかり	19. きちんと	20. ぎっしり

[자주 쓰이는 표현] 2

1. きっぱり	2. ぐっと	3. げらげら	4. ぐずぐず	5. くっきり
6. ぐっすり	7. くたくた	8. くらくら	9. ぐらぐら	10. げんなり
11. こつこつ	12. こっそり	13. ごろごろ	14. ざあざあ	15. さっぱり
16. しくしく	17. しとしと	18. しんしん	19. ずきずき	20. すっきり

[자주 쓰이는 표현] 3

1. すっぽり	2. すやすや	3. ずるずる	4. すれすれ	5. そわそわ
6. たじたじ	7. たっぷり	8. だらだら	9. ちびちび	10. ちらっと
11. ちりぢり	12. つべこべ	13. つるつる	14. どかんと	15. とぼとぼ
16. にこにこ	17. のんびり	18. ぱくぱく	19. ぱっと	20. はらはら

[자주 쓰이는 표현] 4

1. ばらばら
2. ぱらぱら
3. びくびく
4. ひそひそ
5. ひやひや
6. ひょっこり
7. ぶつぶつ
8. ぺこぺこ
9. べたべた
10. ぺらぺら
11. ぽかぽか
12. ぽつんと
13. ぼろぼろ
14. ぽろぽろ
15. むかむか
16. めきめき
17. よちよち
18. わくわく

핵심정리 6)

[자주 쓰이는 표현] 1

1. 頭打ち
2. 石橋をたたいて渡る
3. 急がば回れ
4. 一から
5. 一見
6. 一石二鳥
7. 受け皿
8. 馬が合わない
9. うわべ
10. 顔負け

[자주 쓰이는 표현] 2

1. かけて
2. 数で劣る
3. 出たからといって
4. 気が立っている
5. 気分が悪くて
6. 牛耳をとっている
7. きりがない
8. くせに
9. さえあれば
10. 猿も木から落ちる

[자주 쓰이는 표현] 3

1. 次第に
2. 所詮
3. ただ
4. 立つ鳥あとを濁さぬ
5. たった
6. 因に
7. 聞いたところ
8. 次々
9. 二兎を追う者はいっとをも得ず
10. 猫の手も借りたい

[자주 쓰이는 표현] 4

1. 猫の額
2. 寝耳に水
3. 羽目になった
4. 腹を割って
5. ピンからキリまで
6. 袋の鼠
7. ほっとしている
8. 待ち遠しい
9. 身から出た錆
10. 無茶苦茶

[자주 쓰이는 표현] 5

1. 用件に入らせて
2. 割には
3. 雨降って地固まる
4. いざという時
5. 疑い
6. 打ち出した
7. 欧米
8. 肝心要
9. 希望退職
10. くせに

[자주 쓰이는 표현] 6

1. 激増
2. 懸念
3. 功をたてて
4. 今後の生活を補償することで
5. ごとに
6. 相談に乗って
7. 次々と
8. 募る
9. 出番
10. 取り組む

[자주 쓰이는 표현] 7

1. 取り消される
2. 取り調べ
3. に当たる
4. に応えて
5. に限って
6. に応える
7. に伴って
8. に乗り出す
9. に巻き込まれる
10. にもかかわらず

1. に向かっている	2. によって	3. 馬脚をあらわした	4. 離れ	5. 開き
6. 骨のある	7. 見回る	8. 目当て	9. 矢の催促	10. 唯一

[자주 쓰이는 표현] 9

1. 明らかにしました	2. 控えている	3. 共にする	4. 迎えました	5. めぐって
6. 申し立てる				

[응답 연습]

1. ⓑ	2. ⓑ	3. ⓐ	4. ⓑ	5. ⓐ	6. ⓐ	7. ⓑ	8. ⓐ	9. ⓑ	10. ⓐ
11. ⓑ	12. ⓐ	13. ⓑ	14. ⓐ	15. ⓐ	16. ⓑ	17. ⓑ	18. ⓑ	19. ⓐ	20. ⓐ
21. ⓑ	22. ⓐ	23. ⓑ	24. ⓐ	25. ⓑ	26. ⓐ	27. ⓐ	28. ⓐ	29. ⓑ	30. ⓐ
31. ⓑ	32. ⓑ	33. ⓐ	34. ⓑ	35. ⓑ	36. ⓑ	37. ⓑ			

핵심정리 7)

[자주 쓰이는 표현]

1. あずかり	2. 女らしい	3. 信頼	4. 建設された	5. プロ顔負け
6. 下回って	7. 肥えて	8. やって	9. はっきりしない	10. 世知がらい
11. 肝心	12. 凝っている	13. 霧がかかって	14. をめぐって	15. ちょっとのこと
16. もったいない	17. 見通しがきかない		18. 御社	19. 午前様
20. 話し合った	21. あり得ない	22. 定年退職	23. 中間決算	24. 盛んに
25. 株式市場	26. しわ寄せ	27. 移り		

[응답 연습]

1. ⓑ	2. ⓐ	3. ⓑ	4. ⓐ	5. ⓑ	6. ⓐ	7. ⓑ	8. ⓐ	9. ⓑ	10. ⓐ
11. ⓑ	12. ⓐ	13. ⓑ	14. ⓐ	15. ⓑ	16. ⓐ	17. ⓑ	18. ⓐ	19. ⓑ	20. ⓐ
21. ⓑ	22. ⓐ	23. ⓐ	24. ⓐ	25. ⓐ	26. ⓑ	27. ⓐ	28. ⓑ		

핵심정리 8)

[자주 쓰이는 표현]

1. 貸して	2. 取引先	3. 連絡取れない	4. 近く	5. 危ない
6. みんなで	7. ご存じ	8. 知って, 存じて	9. 知り, 存じ	

[응답 연습]

1. ⓐ	2. ⓑ	3. ⓐ	4. ⓑ	5. ⓐ	6. ⓑ	7. ⓑ	8. ⓐ	9. ⓑ	10. ⓐ
11. ⓑ	12. ⓐ	13. ⓑ	14. ⓑ	15. ⓐ	16. ⓑ	17. ⓑ	18. ⓐ	19. ⓑ	20. ⓐ
21. ⓑ	22. ⓐ	23. ⓑ	24. ⓐ	25. ⓑ	26. ⓐ	27. ⓑ	28. ⓐ	29. ⓑ	30. ⓐ

| 31. ⓑ | 32. ⓐ | 33. ⓑ | 34. ⓐ | 35. ⓑ | 36. ⓐ | 37. ⓐ | 38. ⓑ | 39. ⓐ | 40. ⓑ |
| 41. ⓐ | 42. ⓑ | 43. ⓐ | 44. ⓑ | 45. ⓐ | 46. ⓑ | 47. ⓐ | 48. ⓐ | 49. ⓐ | 50. ⓑ |

실전연습 [1회]

21. (D)	22. (C)	23. (B)	24. (B)	25. (C)	26. (B)	27. (C)	28. (B)	29. (D)	30 (B)
31. (C)	32. (B)	33. (B)	34. (D)	35. (C)	36. (C)	37. (B)	38. (D)	39. (C)	40. (B)
41. (D)	42. (A)	43. (B)	44. (B)	45. (C)	46. (D)	47. (C)	48. (A)	49. (B)	50. (A)

실전연습 [2회]

21. (C)	22. (B)	23. (C)	24. (A)	25. (D)	26. (C)	27. (C)	28. (C)	29. (C)	30 (D)
31. (D)	32. (C)	33. (C)	34. (A)	35. (C)	36. (A)	37. (B)	38. (B)	39. (D)	40. (B)
41. (C)	42. (D)	43. (B)	44. (D)	45. (C)	46. (B)	47. (A)	48. (C)	49. (B)	50. (B)

실전연습 [3회]

21. (D)	22. (C)	23. (A)	24. (D)	25. (B)	26. (B)	27. (B)	28. (C)	29. (D)	30 (A)
31. (C)	32. (C)	33. (D)	34. (B)	35. (B)	36. (C)	37. (B)	38. (D)	39. (C)	40. (B)
41. (D)	42. (B)	43. (D)	44. (D)	45. (B)	46. (D)	47. (C)	48. (D)	49. (A)	50. (C)

Part 3 회화문

핵심정리 1) 일상생활

[자주 쓰이는 표현] 2

1. 躾　　2. 甘えて　　3. ほど, より　　4. なら　　5. なったら
6. むしろ　　7. できっこない　　8. 退屈げ

[회화 연습]

1. (D)　2. (B)　3. (C)　4. (B)　5. (D)　6. (C)　7. (C)　8. (D)

핵심정리 2) 비즈니스

[자주 쓰이는 표현]

1. 安くして　　2. あてにする　　3. おざなり　　4. はず　　5. 確かに
6. これで　　7. 何にも　　8. ぱっと　　9. 注ぐ　　10. 折り返し
11. 歯車　　12. 閉鎖的　　13. 設立　　14. 不況時　　15. 立て込んで
16. 証券市場　　17. 　をすれば影がさす　　18. 親の光は七光　　19. 怪我の功名
20. しのぎを削って　　21. かもしれない　　22. 処理が進む

1. (B)   2. (B)   3. (B)   4. (B)   5. (C)

핵심정리 3) 의문사 및 구체적인 내용을 묻는 문제

[자주 쓰이는 표현]

1. おかわり   2. 冷たい   3. 勧め   4. どうしたんですか   5. 思いがけない
6. 相談に乗り   7. 手に汗を握る   8. 本気で   9. 履いたまま   10. 平均寿命

[회화 연습]

1. (C)   2. (D)   3. (B)   4. (B)   5. (C)   6. (C)   7. (B)   8. (B)   9. (D)   10. (D)

핵심정리 5) 관용어와 속담

[1회]

1. ⓒ   2. ⓓ   3. ⓚ   4. ⓑ   5. ⓕ   6. ⓖ   7. ⓐ   8. ⓗ   9. ⓘ   10. ⓙ
11. ⓔ   12. ⓛ   13. ⓜ   14. ⓝ   15. ⓞ

[2 회]

1. ⓘ   2. ⓒ   3. ⓓ   4. ⓙ   5. ⓕ   6. ⓖ   7. ⓗ   8. ⓑ   9. ⓔ   10. ⓚ
11. ⓛ   12. ⓜ   13. ⓝ   14. ⓞ   15. ⓐ

[3회]

1. ⓐ   2. ⓑ   3. ⓒ   4. ⓓ   5. ⓔ   6. ⓕ   7. ⓗ   8. ⓘ   9. ⓙ   10. ⓚ
11. ⓛ   12. ⓜ   13. ⓝ   14. ⓞ   15. ⓖ

[4회]

1. ⓕ   2. ⓔ   3. ⓓ   4. ⓖ   5. ⓗ   6. ⓘ   7. ⓙ   8. ⓚ   9. ⓛ   10. ⓜ
11. ⓝ   12. ⓞ   13. ⓐ   14. ⓑ   15. ⓒ

[5회]

1. ⓘ   2. ⓗ   3. ⓖ   4. ⓔ   5. ⓕ   6. ⓙ   7. ⓚ   8. ⓛ   9. ⓜ   10. ⓝ
11. ⓞ   12. ⓑ   13. ⓐ   14. ⓒ   15. ⓓ

[6회]

1. ⓚ   2. ⓕ   3. ⓓ   4. ⓗ   5. ⓘ   6. ⓙ   7. ⓔ   8. ⓛ   9. ⓜ   10. ⓝ
11. ⓞ   12. ⓐ   13. ⓑ   14. ⓒ   15. ⓖ

[7회]

1. ⓜ   2. ⓘ   3. ⓐ   4. ⓑ   5. ⓛ   6. ⓗ   7. ⓝ   8. ⓞ   9. ⓙ   10. ⓚ
11. ⓒ   12. ⓓ   13. ⓔ   14. ⓕ   15. ⓖ

[8회]
1. ⓒ   2. ⓞ   3. ⓚ   4. ⓝ   5. ⓜ   6. ⓛ   7. ⓙ   8. ⓐ   9. ⓖ   10. ⓘ
11. ⓓ   12. ⓔ   13. ⓕ   14. ⓑ   15. ⓗ

[9회]
1. ⓚ   2. ⓖ   3. ⓜ   4. ⓝ   5. ⓗ   6. ⓐ   7. ⓑ   8. ⓒ   9. ⓓ   10. ⓔ
11. ⓕ   12. ⓛ   13. ⓞ   14. ⓘ   15. ⓙ

[10회]
1. ⓗ   2. ⓕ   3. ⓝ   4. ⓞ   5. ⓐ   6. ⓑ   7. ⓒ   8. ⓓ   9. ⓔ   10. ⓜ
11. ⓙ   12. ⓛ   13. ⓘ   14. ⓖ   15. ⓚ

[11회]
1. ⓓ   2. ⓝ   3. ⓞ   4. ⓐ   5. ⓑ   6. ⓒ   7. ⓜ   8. ⓔ   9. ⓕ   10. ⓖ
11. ⓗ   12. ⓘ   13. ⓙ   14. ⓚ   15. ⓛ

[12회]
1. ⓝ   2. ⓞ   3. ⓐ   4. ⓑ   5. ⓒ   6. ⓓ   7. ⓔ   8. ⓕ   9. ⓖ   10. ⓗ
11. ⓘ   12. ⓙ   13. ⓚ   14. ⓛ   15. ⓜ

[13회]
1. ⓜ   2. ⓐ   3. ⓘ   4. ⓒ   5. ⓓ   6. ⓔ   7. ⓕ   8. ⓖ   9. ⓗ   10. ⓑ
11. ⓙ   12. ⓚ   13. ⓛ   14. ⓞ   15. ⓝ

[14회]
1. ⓗ   2. ⓘ   3. ⓖ   4. ⓚ   5. ⓛ   6. ⓜ   7. ⓝ   8. ⓞ   9. ⓐ   10. ⓑ
11. ⓒ   12. ⓓ   13. ⓔ   14. ⓕ   15. ⓙ

[15회]
1. ⓖ   2. ⓞ   3. ⓘ   4. ⓙ   5. ⓚ   6. ⓛ   7. ⓜ   8. ⓝ   9. ⓗ   10. ⓐ
11. ⓑ   12. ⓒ   13. ⓓ   14. ⓔ   15. ⓕ

[16회]
1. ⓕ   2. ⓖ   3. ⓞ   4. ⓘ   5. ⓙ   6. ⓚ   7. ⓛ   8. ⓜ   9. ⓝ   10. ⓗ
11. ⓐ   12. ⓑ   13. ⓒ   14. ⓓ   15. ⓔ

[17회]
1. ⓞ   2. ⓝ   3. ⓗ   4. ⓒ   5. ⓚ   6. ⓐ   7. ⓑ   8. ⓛ   9. ⓓ   10. ⓔ
11. ⓕ   12. ⓖ   13. ⓜ   14. ⓘ   15. ⓙ

[18회]

1. ⓔ　2. ⓑ　3. ⓖ　4. ⓗ　5. ⓘ　6. ⓙ　7. ⓚ　8. ⓛ　9. ⓜ　10. ⓝ
11. ⓞ　12. ⓐ　13. ⓕ　14. ⓒ　15. ⓓ

[19회]

1. ⓒ　2. ⓓ　3. ⓔ　4. ⓕ　5. ⓖ　6. ⓗ　7. ⓜ　8. ⓘ　9. ⓙ　10. ⓚ
11. ⓛ　12. ⓐ　13. ⓑ　14. ⓝ　15. ⓞ

[20회]

1. ⓑ　2. ⓔ　3. ⓘ　4. ⓙ　5. ⓚ　6. ⓛ　7. ⓜ　8. ⓝ　9. ⓞ　10. ⓐ
11. ⓖ　12. ⓒ　13. ⓓ　14. ⓗ　15. ⓕ

[21회]

1. ⓒ　2. ⓑ　3. ⓓ　4. ⓔ　5. ⓕ　6. ⓖ　7. ⓗ　8. ⓘ　9. ⓐ　10. ⓙ
11. ⓚ　12. ⓛ　13. ⓜ　14. ⓝ　15. ⓞ

[22회]

1. ⓒ　2. ⓓ　3. ⓔ　4. ⓕ　5. ⓖ　6. ⓗ　7. ⓘ　8. ⓙ　9. ⓚ　10. ⓑ
11. ⓜ　12. ⓝ　13. ⓞ　14. ⓐ　15. ⓛ

[23회]

1. ⓞ　2. ⓐ　3. ⓑ　4. ⓜ　5. ⓓ　6. ⓔ　7. ⓕ　8. ⓖ　9. ⓗ　10. ⓘ
11. ⓙ　12. ⓚ　13. ⓛ　14. ⓒ　15. ⓝ

[24회]

1. ⓑ　2. ⓜ　3. ⓖ　4. ⓗ　5. ⓘ　6. ⓐ　7. ⓛ　8. ⓒ　9. ⓓ　10. ⓔ
11. ⓕ　12. ⓙ　13. ⓚ　14. ⓝ　15. ⓞ

[25회]

1. ⓒ　2. ⓝ　3. ⓞ　4. ⓐ　5. ⓑ　6. ⓜ　7. ⓓ　8. ⓔ　9. ⓕ　10. ⓖ
11. ⓗ　12. ⓘ　13. ⓙ　14. ⓚ　15. ⓛ

[26회]

1. ⓔ　2. ⓖ　3. ⓕ　4. ⓗ　5. ⓘ　6. ⓙ　7. ⓐ　8. ⓑ　9. ⓒ　10. ⓓ
11. ⓚ　12. ⓛ　13. ⓜ　14. ⓞ　15. ⓝ

[27회]

1. ⓚ　2. ⓛ　3. ⓜ　4. ⓓ　5. ⓔ　6. ⓕ　7. ⓖ　8. ⓗ　9. ⓘ　10. ⓙ
11. ⓐ　12. ⓑ　13. ⓒ　14. ⓝ　15. ⓞ

1. ⓐ   2. ⓑ   3. ⓒ   4. ⓓ   5. ⓔ

속담 확실하게 알아두기

[1회]

1. ⓕ   2. ⓛ   3. ⓗ   4. ⓝ   5. ⓙ   6. ⓐ   7. ⓑ   8. ⓒ   9. ⓓ   10. ⓔ
11. ⓚ   12. ⓖ   13. ⓜ   14. ⓘ   15. ⓞ

[2회]

1. ⓒ   2. ⓙ   3. ⓖ   4. ⓝ   5. ⓞ   6. ⓐ   7. ⓑ   8. ⓛ   9. ⓜ   10. ⓓ
11. ⓔ   12. ⓚ   13. ⓕ   14. ⓘ   15. ⓗ

[3회]

1. ⓘ   2. ⓑ   3. ⓝ   4. ⓓ   5. ⓔ   6. ⓕ   7. ⓖ   8. ⓗ   9. ⓐ   10. ⓙ
11. ⓚ   12. ⓛ   13. ⓜ   14. ⓒ   15. ⓞ

[4회]

1. ⓗ   2. ⓛ   3. ⓘ   4. ⓙ   5. ⓚ   6. ⓒ   7. ⓐ   8. ⓑ   9. ⓓ   10. ⓔ
11. ⓕ   12. ⓖ   13. ⓜ   14. ⓝ   15. ⓞ

[5회]

1. ⓚ   2. ⓛ   3. ⓜ   4. ⓝ   5. ⓞ   6. ⓐ   7. ⓑ   8. ⓒ   9. ⓓ   10. ⓘ
11. ⓙ   12. ⓔ   13. ⓕ   14. ⓖ   15. ⓗ

[6회]

1. ⓒ   2. ⓑ   3. ⓔ   4. ⓕ   5. ⓖ   6. ⓗ   7. ⓝ   8. ⓞ   9. ⓓ   10. ⓐ
11. ⓘ   12. ⓙ   13. ⓜ   14. ⓚ   15. ⓛ

[7회]

1. ⓘ   2. ⓒ   3. ⓓ   4. ⓝ   5. ⓚ   6. ⓛ   7. ⓜ   8. ⓗ   9. ⓐ   10. ⓑ
11. ⓞ   12. ⓔ   13. ⓕ   14. ⓖ   15. ⓙ

[8회]

1. ⓕ   2. ⓐ   3. ⓓ   4. ⓘ   5. ⓚ   6. ⓙ   7. ⓖ   8. ⓗ   9. ⓔ   10. ⓑ
11. ⓒ

51. (D) 52. (D) 53. (C) 54. (D) 55. (C) 56. (D) 57. (C) 58. (B) 59. (D) 60. (B)
61. (D) 62. (C) 63. (C) 64. (C) 65. (D) 66. (D) 67. (A) 68. (A) 69. (C) 70. (B)
71. (C) 72. (C) 73. (C) 74. (B) 75. (B) 76. (D) 77. (D) 78. (D) 79. (D) 80. (C)

Part 4 설명문

핵심정리1)

[자주 쓰이는 표현]

1. 足を運んだ	2. 安上がり	3. 挙げる	4. あらゆる	5. 思わしくない
6. 欠かさない	7. 日暮し	8. ⓐ群を抜いた ⓑ群を抜いている		9. 遮る
10. 至急	11. 手術	12. 性分	13. 頭痛	14. すっとした
15. 世知辛い	16. 調子	17. 手が回らない	18. 言ってもしょうがない	
19. できるだけ	20. となれば	21. 時によって	22. ⓐ ＝ⓑ＝ⓒ 整える	
23. 虎になる	24. 苦手	25. 先立ち	26. つれて	27. ひとつ
28. 開きます	29. 身が入らなくて	30. 身につまされる	31. 向き	

32. ⓐ ＝ⓑ＝ⓒ もちきり

[설명문 연습]

[1]

1. 重なって　2. こそ　3. の　4. 不自由
5. 初めて，気がついた

[2]

1. はもちろん　2. という気持になった　3. 目的で　4. かえって
5. よそ，名のって

[3]

問題1. (C)　問題2. (B)　問題3. (B)　問題4. (B)　問題5. (D)
問題6. (C)

[주요 어구]

(1) ～をよそに　(2) そのうち(に)

핵심정리2)

[자주 쓰이는 표현] 1

1. 至るところ	2. 一喜一憂	3. 受け入れる	4. 請け負う	5. 移り変わり
6. おそいかかる	7. 課せられる	8. 押さえ付ける	9. 下降する	10. 勘
11. 交す	12. 義務づけられる	13. 急変する	14. 強	15. 比べる
16. 超える	17. 下がる	18. 盛んだ	19. 去る	20. しっかり

[자주 쓰이는 표현] 2

1. 承知	2. 上昇する	3. 知り抜く	4. 随行する	5. 過ぎ去る
6. 育つ	7. そつ	8. 存分	9. 騙し取る	10. 縮まる
11. 就く	12. つぶる	13. 詰めかける	14. 飛び込む	15. 問われる
16. 抜く	17. 法る	18. 上った	19. 乗り上げた	20. 引き出す

[자주 쓰이는 표현] 3

1. 潜む	2. 独り立ち	3. 表する	4. 防ぐ	5. 減り続く
6. 増す	7. 招く	8. 見いだす	9. 身動き	10. 見切る
11. 見込み	12. 満たない	13. 見舞われる	14. 見破る	15. 恵まれる
16. 持ち直す	17. 止める	18. 容疑	19. 横ばい状態	20. 夜通し
21. 呼び掛ける	22. 読み上げる	23. 以上	24. 巡回する	

[설명문 연습]

[1]

1. 欠けている	2. 積極的	3. 道路沿いに設けた	4. たった

[2]

1. べき	2. 技術の点	3. つつある	4. 人材をたくさん生み出す

[3]

1. 原因で	2. しかし, つまり, ではないだろうか	3. 占めている	4. 結果

[4]

問題1.（C）	問題2.（C）	問題3.（C）	問題4.（D）	問題5.（C）

[주요 어구]

(1) 最も	(2) 目白押し

핵심정리3)

[자주 쓰이는 표현]2

 1. 外れる　　　　2. 高め　　　　3. 梅雨は明けた　　4. 最高値　　　　5. 蒸し暑い
 6. 伴っています　　7. 最高気温　　8. 南西の風，波が高く・　　　9. 曇りがちの天気
10. 高温傾向　　　11. 晴れ間

[설명문 연습]
[1]
1. 除いて　　　　2. とりわけ

[2]
問題1.（C）　　　問題2.（C）

핵심정리 4)

[자주 쓰이는 표현]

 1. アンケート　　　2. 一変　　　　3. 一方　　　　4. 以來　　　　5. 上回り
 6. から，かけて　　7. 結果　　　　8. 懸念する　　9. 占め　　　10. 従來
11. 上位　　　　12. ずれて　　　13. 対象　　　14. 蓄える　　　15. ただし
16. 次いで　　　17. にすぎない　　18. 取り組んでいる　19. 迷って　　20. 恵まれている
21. よると　　　22. よるもの　　23. 評判　　　24. 増え続ける　25. 最も
26. もっとも　　27. リサイクル　　28. 屋台骨　　29. 問わず　　30. わたって
31. 使い道

[설명문 연습]
[1]
1. 対象に調査を行った　　　　　　2. 調査の目的　　　3. 質問項目，わたっている

[2]
1. 今回の調査で注目したいのは　　　　2. これは，ことを示しているといっていいだろう

[3]
問題1.（D）　　　問題2.（C）　　　問題3.（B）　　　問題4.（C）　　　問題5.（C）
問題6.（C）　　　問題7.（C）

핵심정리 5)

[자주 쓰이는 표현]

1. 糸口	2. 請け負って	3. 営業	4. お越し　　5. お越しください
6. 開催	7. 詳しくは	8. ⓐ ＝ⓑ 好評(こうひょう)	9. お越し頂き
10. 参加	11. 仕組み	12. 交通渋滞　　13. 情報	14. お知らせします
15. たこともあり	16. 閉めたりする	17. 調査　　18. 集い	19. 詰めかけ
20. 実施したところ	21. と並んで	22. なお　　23. なら	24. におきまして
25. に沿った	26. によると	27. によるものと考えられる	28. 狙って
29. 半額	30. 一味違う	31. 募集　　32. 本日	33. まもなく
34. ⓐ ＝ⓑ より	35. ご来店いただき	36. 話題	

[설명문 연습]

[1]

1. 降り続く　　2. 守っている　　3. 影響を受ける　　4. による

[2]

問題1.（B）　　問題2.（C）　　問題3.（D）

핵심정리6)

[자주 쓰이는 표현]

1. 一にも二にも	2. 一枚上	3. 一人前	4. 一目散に
5. 一般に	6. 傾向を受けて	7. 稼働	8. 画龍点睛
9. 肝心	10. 際立って	11. 口にしなかった	12. こと，ことから
13. さっと	14. 妨げ	15. 去る	16. 縦横無尽
17. というものではない	18. ところ	19. たところ	20. 鶴の一声
21. 手詰まり	22. お手元	23. 中途半端	24. というのは，のことです
25. と言えるだろう	26. 取り上げられている	27. 譲らないではいられない	28. 一昔前
29. 身に染みる	30. もあれば，もある	31. なんともいえない	32. 龍頭蛇尾
33. 通して	34. はじめ		

[설명문 연습]

[1]

1. 防ぐ　　2. わけにはいかない　　3. いわゆる　　4. からである

[2]

問題1.（C）　　問題2.（C）　　問題3.（B）　　問題4.（B）　　問題5.（C）

실전연습[1회]

81. (B) 82. (C) 83. (C) 84. (D) 85. (B) 86. (C) 87. (D) 88. (D) 89. (B) 90. (C)
91. (B) 92. (D) 93. (D) 94. (C) 95. (B) 96. (C) 97. (C) 98. (B) 99. (C) 100. (B)

실전연습[2회]

81. (B) 82. (D) 83. (D) 84. (B) 85. (C) 86. (A) 87. (C) 88. (C) 89. (D) 90. (A)
91. (A) 92. (C) 93. (B) 94. (C) 95. (C) 96. (C) 97. (C) 98. (B) 99. (C) 100. (C)

Section 3

1. 실전 모의고사 1

Part 1

1. (B)   2. (C)   3. (C)   4. (A)   5. (C)   6. (D)   7. (C)   8. (A)   9. (D)   10. (B)
11. (D) 12. (B) 13. (B) 14. (B) 15. (B) 16. (D) 17. (B) 18. (B) 19. (D) 20. (C)

Part 2

21. (B) 22. (C) 23. (B) 24. (C) 25. (A) 26. (D) 27. (C) 28. (C) 29. (B) 30. (C)
31. (D) 32. (B) 33. (D) 34. (A) 35. (B) 36. (D) 37. (D) 38. (B) 39. (D) 40. (A)
41. (C) 42. (D) 43. (B) 44. (D) 45. (D) 46. (B) 47. (A) 48. (B) 49. (C) 50. (A)

Part 3

51. (C) 52. (B) 53. (D) 54. (D) 55. (C) 56. (B) 57. (D) 58. (C) 59. (C) 60. (C)
61. (B) 62. (D) 63. (C) 64. (B) 65. (D) 66. (D) 67. (C) 68. (A) 69. (B) 70. (C)
71. (C) 72. (C) 73. (A) 74. (A) 75. (D) 76. (A) 77. (D) 78. (C) 79. (C) 80. (D)

Part 4

81. (C) 82. (D) 83. (B) 84. (D) 85. (C) 86. (B) 87. (A) 88. (C) 89. (D) 90. (C)
91. (C) 92. (D) 93. (B) 94. (B) 95. (C) 96. (B) 97. (B) 98. (C) 99. (D) 100. (C)

2. 실전 모의고사2

Part 1

1. (D)   2. (A)   3. (C)   4. (C)   5. (B)   6. (D)   7. (B)   8. (D)   9. (B)   10. (D)
11. (B) 12. (D) 13. (C) 14. (A) 15. (C) 16. (D) 17. (C) 18. (B) 19. (A) 20. (C)

Part 2

21. (C)	22. (B)	23. (D)	24. (C)	25. (B)	26. (D)	27. (A)	28. (B)	29. (D)	30. (B)
31. (C)	32. (A)	33. (C)	34. (B)	35. (C)	36. (C)	37. (D)	38. (D)	39. (C)	40. (B)
41. (D)	42. (D)	43. (A)	44. (B)	45. (C)	46. (C)	47. (C)	48. (C)	49. (D)	50. (C)

Part 3

51. (D)	52. (C)	53. (C)	54. (A)	55. (B)	56. (C)	57. (C)	58. (D)	59. (B)	60. (C)
61. (D)	62. (D)	63. (B)	64. (C)	65. (B)	66. (C)	67. (D)	68. (B)	69. (C)	70. (D)
71. (C)	72. (B)	73. (C)	74. (C)	75. (B)	76. (C)	77. (B)	78. (C)	79. (D)	80. (C)

Part 4

81. (C)	82. (B)	83. (C)	84. (B)	85. (D)	86. (C)	87. (D)	88. (B)	89. (D)	90. (C)
91. (A)	92. (C)	93. (B)	94. (B)	95. (C)	96. (D)	97. (D)	98. (B)	99. (C)	100. (D)

3. 실전 모의고사3

Part 1

1. (A)	2. (B)	3. (D)	4. (B)	5. (D)	6. (C)	7. (C)	8. (A)	9. (B)	10. (C)
11. (B)	12. (D)	13. (B)	14. (C)	15. (B)	16. (D)	17. (C)	18. (B)	19. (B)	20. (A)

Part 2

21. (C)	22. (C)	23. (A)	24. (C)	25. (D)	26. (B)	27. (A)	28. (C)	29. (C)	30. (B)
31. (C)	32. (D)	33. (D)	34. (D)	35. (A)	36. (B)	37. (D)	38. (C)	39. (A)	40. (B)
41. (C)	42. (D)	43. (C)	44. (B)	45. (B)	46. (B)	47. (C)	48. (B)	49. (C)	50. (A)

Part 3

51. (B)	52. (D)	53. (A)	54. (D)	55. (B)	56. (C)	57. (D)	58. (B)	59. (A)	60. (C)
61. (B)	62. (D)	63. (A)	64. (C)	65. (D)	66. (D)	67. (B)	68. (C)	69. (C)	70. (B)
71. (C)	72. (C)	73. (B)	74. (C)	75. (D)	76. (B)	77. (D)	78. (D)	79. (C)	80. (A)

Part 4

81. (C)	82. (D)	83. (C)	84. (D)	85. (B)	86. (A)	87. (B)	88. (D)	89. (B)	90. (A)
91. (B)	92. (D)	93. (D)	94. (C)	95. (C)	96. (B)	97. (A)	98. (C)	99. (D)	100. (C)

강성광

국제대학 일어일문학과 수석졸업
일본 문부성 초청 국비유학(京都大学)
중앙대학교 교육대학원 졸업(일본어교육학)
現 청문외국어학원 JPT강사

주요저서
일본어어휘의 달인이 되는 법 / 사람in
일본어 능력시험에 꼭 나오는 핵심정리 / 사람in
일본어문법백과사전 / 사람in
e-mail : khi8896@hanmail.net
daum cafe : http://cafe.daum.net/KingJPT

JPT청해 달인이 되는 법™

저자	강성광
초판발행일	2007년 1월 15일
초판 4쇄발행일	2009년 6월 26일
발행인	박효상
편집	신제찬 · 김진아
마케팅	이종선 · 이태호
표지디자인	손호준
본문디자인	글사랑(2278-3053)
출판등록	제10-1835호
발행처	사람in
주소	121-839 서울시 마포구 서교동 378-16
전화	(02)338-3555(代)
팩스	(02)338-3545
e-mail	saramin@netsgo.com
홈페이지	www.saramin.com

＊책값은 뒤표지에 있습니다.
＊파본은 바꾸어 드립니다.
＊저자와의 협약에 따라 인지는 생략했습니다.

ISBN 978-89-6049-016-1
　　　978-89-6049-013-0(Set)

JPT청해

달인이 되는 법™ 해설서

Part 1

1

(A) 二人とも歌を歌っています。
(B) みんなでゲームをしています。
(C) 女の人は食事をしています。
(D) テーブルの上にコップがあります。

| 번역 |
(A) 두 사람 다 노래를 부르고 있습니다.
(B) 모두 게임을 하고 있습니다.
(C) 여자는 식사를 하고 있습니다.
(D) 테이블 위에 컵이 있습니다.

| 어휘 | 〜とも 〜전부, 〜모두, 〜함께 **歌(うた)を歌(うた)う** 노래를 하다 **ゲーム** 게임 **食事(しょくじ)** 식사 **テーブル** 테이블 **コップ** 컵
| 정답 | (D)

2

(A) 男の人が公園で散歩をしています。
(B) 男の人が片手でドラム缶を持っています。
(C) 男の人が車の上に座っています。
(D) 男の人が車の上で作業をしています。

| 번역 |
(A) 남자가 공원에서 산책을 하고 있습니다.
(B) 남자가 한손으로 드럼통을 들고 있습니다.
(C) 남자가 차 위에 앉아 있습니다.
(D) 남자가 차 위에서 작업을 하고 있습니다.

| 어휘 | **公園(こうえん)** 공원 **散歩(さんぽ)** 산책 **片手(かたて)** 한쪽 손 **ドラム缶(かん)** 드럼통 **車(くるま)** 차 **座(すわ)る** 앉다 **作業(さぎょう)** 작업
| 정답 | (D)

3

(A) 道にはたくさんのごみが落ちています。
(B) 建物の前に大きな木が生えています。
(C) たくさんの人が走っています。
(D) ビルの横に花が植えてあります。

| 번역 |
(A) 길에는 많은 쓰레기가 떨어져 있습니다.
(B) 건물 앞에 큰 나무가 나 있습니다.
(C) 많은 사람이 달리고 있습니다.
(D) 빌딩 옆에 꽃이 심어져 있습니다.

| 어휘 | **道(みち)** 길 **ごみ** 쓰레기 **落(お)ちる** 떨어지다 **建物(たてもの)** 건물 **大(おお)きな** 큰 **木(き)** 나무*「大木(たいぼく)」(거목) **生(は)える** 나다, 자라다*「生(は)やす」(기르다, 자라게 하다) **走(はし)る** 달리다*「駆(か)ける」(달리다) **ビル** 빌딩 **横(よこ)** 옆 **花(はな)** 꽃 **植(う)える** 심다
| 정답 | (B)

4

(A) 女の人が校庭の掃除をしています。
(B) 教室で子どもたちが勉強しています。
(C) 子どもたちがいろいろなことをして遊んでいます。
(D) 校庭に遊ぶものは何もありません。

| 번역 |
(A) 여자가 교정 청소를 하고 있습니다.
(B) 교실에서 아이들이 공부하고 있습니다.
(C) 아이들이 여러 가지 것을 하며 놀고 있습니다.
(D) 교정에 놀 것은 아무것도 없습니다.

| 어휘 | **校庭(こうてい)** 교정 **掃除(そうじ)** 청소 **教室(きょうしつ)** 교실 **勉強(べんきょう)** 공부 **いろいろな** 여러 가지 **遊(あそ)ぶ** 놀다 **何(なに)も** 아무것도

| 정답 | (C)

5

(A) 道路には車が一台もありません。
(B) 横断歩道を渡っている人が何人かいます。
(C) 横断歩道の向こう側には誰もいません。
(D) 横断歩道で信号を待っているところです。

| 번역 |
(A) 도로에는 차가 한 대도 없습니다.
(B) 횡단보도를 건너고 있는 사람이 몇 명 있습니다.
(C) 횡단보도 맞은편에는 아무도 없습니다.
(D) 횡단보도에서 신호를 기다리고 있는 중입니다.

| 어휘 |　道路(どうろ) 도로　一台(いちだい) 한 대
横断歩道(おうだんほどう) 횡단보도　渡(わた)る 건
너다　向(む)こう側(がわ) 맞은편　信号(しんごう) 신
호　待(ま)つ 기다리다
| 정답 | (D)

6

(A) 着物姿の女性が腰掛けているところです。
(B) 一人の女の人がお茶を点てているところです。
(C) 三人で着物を着る練習をしているところです。
(D) みんなでお茶碗を作っているところです。

| 번역 |
(A) 기모노 차림의 여성이 걸터앉아 있는 중입니다.
(B) 한 여자가 차를 끓이고 있는 중입니다.
(C) 셋이서 기모노를 입는 연습을 하고 있는 중입니다.
(D) 모두 밥공기를 만들고 있는 중입니다.

| 어휘 |　着物姿(きものすがた) 기모노 차림　女性
(じょせい) 여성　腰掛(こしか)ける 걸터앉다=「腰(こ
し)を下(お)ろす」　お茶(ちゃ) 차　点(た)てる (차를)
타다, 휘젓다　着(き)る 입다　練習(れんしゅう) 연습
みんなで 모두　お茶碗(ちゃわん) 밥공기　作(つく)
る 만들다
| 정답 | (B)

7

(A) いろいろな種類の魚が焼かれています。
(B) 同じ大きさの魚がたらいに入っています。
(C) 何種類かの魚が無造作に置かれています。

(D) 同じ種類の魚が泳いでいます。

| 번역 |
(A) 여러 종류의 생선이 구워져 있습니다.
(B) 같은 크기의 생선이 대야에 들어있습니다.
(C) 몇 종류의 생선이 대충 놓여 있습니다.
(D) 같은 종류의 물고기가 헤엄치고 있습니다.

| 어휘 |　種類(しゅるい) 종류　魚(さかな) 생선, 물
고기　焼(や)く 굽다　同(おな)じ 같음, 동일함　たら
い 대야　無造作(むぞうさ)に 대충, 함부로　置(お)く
놓다, 두다　泳(およ)ぐ 헤엄치다
| 정답 | (C)

8

(A) 家の中から誰かがこちらを見ています。
(B) 屋根の上で猫が昼寝をしています。
(C) 民家の前に数台の車が止められています。
(D) ベランダに洗濯物が干してあります。

| 번역 |
(A) 집 안에서 누군가 이쪽을 보고 있습니다.
(B) 지붕 위에서 고양이가 낮잠을 자고 있습니다.
(C) 민가 앞에 여러 대의 차가 세워져 있다.
(D) 베란다에 세탁물이 널려져 있다.

| 어휘 |　屋根(やね) 지붕　猫(ねこ) 고양이　昼寝(ひ
るね)をする 낮잠을 자다　民家(みんか) 민가　数台
(すうだい) 여러 대　止(と)める 세우다　ベランダ 베
란다　洗濯物(せんたくもの) 세탁물　干(ほ)す (자연
풍광에) 말리다, 세탁물이나 이불을 널다*「乾(かわ)かす」
(불기에 쬐어 말리다)
| 정답 | (C)

9

(A) 道の両側にはお花畑が広がっています。
(B) 道は海に遊びに行く人々でいっぱいです。
(C) 道に沿って手入れされた植木が植えられています。
(D) 道はきれいにアスファルトで舗装されています。

| 번역 |
(A) 길 양편에는 꽃밭이 펼쳐져 있습니다.
(B) 길은 바다로 놀러가는 사람들로 가득합니다.
(C) 길을 따라 손질된 정원수가 심어져 있습니다.

(D) 길은 깨끗하게 아스팔트로 포장되어 있습니다.

| 어휘 | 道(みち) 길, 도로　両側(りょうがわ) 양측
花畑(はなばたけ) 꽃밭　広(ひろ)がる 펼쳐지다*「広
(ひろ)げる」(펼치다, 펼쳐놓다)　～に沿(そ)って　～을
(를) 따라　手入(てい)れ 손질　植木(うえき) 정원수
*「植木鉢(うえきばち)、鉢植(はちう)え」(화분)　植
(う)える 심다　アスファルト 아스팔트　舗装(ほそ
う) 포장
| 중요어구 | ～に 沿(そ)って : (길 등)을 따라, (정해진
일, 기준)에 따라
・川(かわ)に沿(そ)って進(すす)む。
　강을 따라 앞으로 나가다.
| 정답 | (C)

10

(A) 男の人が空を見上げて叫んでいます。
(B) 男の人が水面に浮かぶ鳥を眺めています。
(C) 男の人がうつむき加減に何かをしています。
(D) 男の人が釣竿を引き上げています。

| 번역 |
(A) 남자가 하늘을 우러러보고 울고 있습니다.
(B) 남자가 수면에 뜬 새를 바라보고 있습니다.
(C) 남자가 약간 숙인 자세로 무언가를 하고 있습니다.
(D) 남자가 낚싯대를 끌어올리고 있습니다.

| 어휘 | 空(そら) 하늘　見上(みあ)げる 우러러보다
叫(さけ)ぶ 외치다, 소리 내어 울다　水面(すいめん)
수면　浮(う)かぶ 뜨다　鳥(とり) 새　眺(なが)める
지그시 응시하다　うつむき加減(かげん)に 약간 숙인
자세로*「俯(うつむ)く」(고개를 숙이다)「仰(あお)ぐ」
(고개를 쳐들다)　釣竿(つりざお) 낚싯대　引(ひ)き上
(あ)げる 끌어올리다
| 정답 | (C)

11

(A) 形や大きさがてんでんばらばらな家が並んでいま
す。
(B) 二階建ての建物が向かい合って建っています。
(C) 形の異なる倉庫がいくつも連なっています。
(D) 似たり寄ったりの家が一列に並んでいます。

| 번역 |

(A) 모양이나 크기가 저마다 다른 집이 늘어서 있습니다.
(B) 이층 건물이 마주하고 서 있습니다.
(C) 모양이 다른 창고가 여러 개 건립되어 있습니다.
(D) 비슷비슷한 집이 일렬로 늘어서 있습니다.

| 어휘 | 形(かたち) 모양　大(おお)きさ 크기　てん
でんばらばら 저마다 다른　並(なら)ぶ 줄지어 늘어서
다　二階建(にかいだ)て 이층 건물　建物(たてもの)
건물　向(む)かい合(あ)う 마주보다　建(た)つ 건물
이 서다　形(かたち) 모양, 형태　異(こと)なる 다르
다, 틀리다　倉庫(そうこ) 창고　連(つら)なる 나란히
늘어서 있다　似(に)たり寄(よ)ったり 비슷비슷함　一
列(いちれつ) 일렬
| 정답 | (D)

12

(A) 女の人は肘掛けに手をかけています。
(B) 男の人はソファーの背もたれに手を置いています。
(C) みんなでソファーに座って団らんしています。
(D) 女の子は口をつぐんでそっぽを向いています。

| 번역 |
(A) 여자는 팔걸이에 손을 걸치고 있습니다.
(B) 남자는 소파 등받이에 손을 올려놓고 있습니다.
(C) 모두 소파에 앉아서 단란합니다.
(D) 여자 아이는 입을 다물고 외면하고 있습니다.

| 어휘 | 肘掛(ひじか)け 팔걸이　手(て)をかける 팔
을 걸치다　ソファー 소파　背(せ)もたれ 의자 등받이
団(だん)らん 단란　口(くち)をつぐむ 입을 다물다
そっぽを向(む)く 외면하다
| 정답 | (B)

13

(A) 駐車場で洗車をしている人がいます。
(B) 駐車場に入ろうとしている車があります。
(C) 空き地には人っ子一人いません。
(D) 空き地の横でしゃがみこんでいる人がいます。

| 번역 |
(A) 주차장에서 세차를 하고 있는 사람이 있습니다.
(B) 주차장에 들어가려고 하는 차가 있습니다.
(C) 공터에는 아무도 없습니다.
(D) 공터 옆에서 쭈그리고 앉아있는 사람이 있습니다.

｜어휘｜ 駐車場(ちゅうしゃじょう) 주차장　洗車(せんしゃ) 세차　空(あ)き地(ち) 공터　人(ひと)っ子(こ)一人(ひとり) 아무도　しゃがみこむ 쭈그리고 앉다＊「しゃがむ」(쭈그려 앉다)
｜정답｜ (D)

14

(A) 港に船が入港しているところです。
(B) ここは船の往来が激しい港です。
(C) 船から荷物を積みおろしているところです。
(D) 船着き場に何艘かの船が止まっています。

｜번역｜
(A) 항구에 배가 입항하고 있는 중입니다.
(B) 여기는 배의 왕래가 많은 항구입니다.
(C) 배에서 짐을 하역하고 있는 중입니다.
(D) 선착장에 몇 척의 배가 세워져 있습니다.

｜어휘｜ 港(みなと) 항구　船(ふね) 배　入港(にゅうこう) 입항　往来(おうらい) 왕래　激(はげ)しい 심하다　荷物(にもつ) 짐　積(つ)みおろす (화물을)싣고 내리다　船着(ふなつ)き場(ば) 선착장　艘(そう) 작은 배를 세는 말, 척　止(と)まる 서다, 정지하다
｜정답｜ (D)

15

(A) カジュアルな格好をした女性が携帯電話をかけています。
(B) 浴衣姿の女性が柱のそばに立っています。
(C) 駅の改札口付近には人影がありません。
(D) みんなあわただしく駅の構内を歩いています。

｜번역｜
(A) 캐주얼 차림을 한 여성이 휴대전화를 걸고 있습니다.
(B) 유카타 차림의 여성이 기둥 옆에 서 있습니다.
(C) 역의 개찰구 부근에는 사람이 없습니다.
(D) 모두 분주하게 역 구내를 걷고 있습니다.

｜어휘｜ カジュアル 캐주얼　格好(かっこう) 모습　携帯電話(けいたいでんわ) 휴대전화　浴衣(ゆかた) 유카타　姿(すがた) 모습　柱(はしら) 기둥　そば 옆, 근처　駅(えき) 역　改札口(かいさつぐち) 개찰구　付近(ふきん) 부근　人影(ひとかげ) 인적　あわただしい 분주하다　構内(こうない) 구내

｜정답｜ (B)

16

(A) 道ばたに雑草が生い茂っています。
(B) 道路より少し高台の所に木々が植わっています。
(C) ブロック塀にあちこち落書きがしてあります。
(D) 垣根の間から高くそびえ立つビルが見えます。

｜번역｜
(A) 길가에 잡초가 우거져 있습니다.
(B) 도로보다 약간 높은 곳에 나무들이 심어져 있습니다.
(C) 콘크리트 벽돌담에 여기저기 낙서가 되어 있습니다.
(D) 울타리 사이로 높게 솟은 빌딩이 보입니다.

｜어휘｜ 道(みち)ばた 길가　雑草(ざっそう) 잡초　生(お)い茂(しげ)る 우거지다＝「茂(しげ)る」　道路(どうろ) 도로　高台(たかだい) 주위보다 약간 높직한 평지　木々(きぎ) 나무들　植(う)わる 심어지다　ブロック 콘크리트 벽돌　塀(へい) 담　落書(らくが)き 낙서　垣根(かきね) 울타리　そびえ立(た)つ 높게 솟다＝「聳(そび)える」
｜정답｜ (B)

17

(A) 山道の階段の片方に手すりが設けられています。
(B) 老若男女が階段を駆け上がっているところです。
(C) みんな腰にウエストポーチをしています。
(D) みんなで等間隔になってコースを歩いています。

｜번역｜
(A) 산길의 계단 한 쪽에 난간이 설치되어 있습니다.
(B) 남녀노소가 계단을 뛰어올라가고 있습니다.
(C) 모두 허리에 백을 차고 있습니다.
(D) 모두 같은 간격으로 코스를 걷고 있습니다.

｜어휘｜ 山道(やまみち) 산길　階段(かいだん) 계단　片方(かたほう) 한쪽　手(て)すり 난간　設(もう)ける 설치하다　老若男女(ろうにゃくなんにょ) 남녀노소　駆(か)け上(あ)がる 뛰어올라가다　腰(こし) 허리　ウエストポーチ 허리띠에 착용하는 소형 백　等間隔(とうかんかく) 같은 간격
｜정답｜ (A)

18

(A) この道の先は右に急カーブしていて危険です。
(B) この道の先にはのどかな田園風景が広がっていま
　　す。
(C) この道の先はゆるやかな下り坂になっています。
(D) ここは何もない田舎の畦道です。

|번역|
(A) 이 길 앞은 오른쪽으로 급커브라서 위험합니다.
(B) 이 길 앞에는 한가로운 전원풍경이 펼쳐져 있습니다.
(C) 이 길 앞은 완만한 내리막길로 되어 있습니다.
(D) 여기는 아무것도 없는 시골의 논두렁길입니다.

|어휘| 先(さき) 앞, 선두　急(きゅう)カーブ 급커브
危険(きけん) 위험　のどかな 한가로운　田園(でんえ
ん) 전원　風景(ふうけい) 풍경　ゆるやかな 완만한
下(くだ)り坂(ざか) 내리막길　田舎(いなか) 시골　畦
道(あぜみち) 논두렁길
|정답| (C)

19

(A) サングラスをかけている男の人は一人もいません。
(B) 何人かの人が紙袋を下げています。
(C) みんな何かしら大きな手荷物を持っています。
(D) みんなスニーカーをはいて帽子をかぶっています。

|번역|
(A) 선글라스를 쓰고 있는 남자는 한 명도 없습니다.
(B) 몇 명이 종이 봉지를 들고 있습니다.
(C) 모두 무엇인가 큰 수하물을 들고 있습니다.
(D) 모두 스니커즈를 신고 모자를 쓰고 있습니다.

|어휘| サングラス 선글라스　紙袋(かみぶくろ) 종
이 봉지　下(さ)げる 끈이 달린 가방이나 비닐 봉지를
손에 들다(「提(さ)げる」로도 표기함)　何(なに)かしら
무엇인가　手荷物(てにもつ) 수하물　スニーカー 스니
커즈　履(は)く (신, 양말을)신다, (바지를)입다　帽子
(ぼうし)をかぶる 모자를 쓰다
|정답| (B)

20

(A) 机の上にパンフのようなものが山積みになってい
　　ます。
(B) 段ボールに何かをつめているところです。

(C) みんな着席をしてトランプをしています。
(D) みんな背伸びをしてくつろいでいます。

|번역|
(A) 책상 위에 팸플릿 같은 것이 쌓여 있습니다.
(B) 골판지상자에 무언가 채우고 있는 중입니다.
(C) 모두 앉아서 트럼프를 하고 있습니다.
(D) 모두 몸을 펴고 느긋하게 쉬고 있습니다.

|어휘| 机(つくえ) 책상　パンフ 팸플릿　山積(やま
づ)み 산적　段(だん)ボール 골판지(상자)　つめる 채
우다*「ぎっしり詰(つ)める」(빼곡히 채워 넣다)　着席
(ちゃくせき) 착석　トランプ 트럼프　背伸(せの)び
기지개를 켬　くつろぐ 느긋하게 쉬다
|정답| (A)

Part 2

21

それはだれのぼうしですか。
(A) あれは高橋さんのです。
(B) それは高橋さんのです。
(C) これは高橋さんのです。
(D) これは高橋さんのではありません。

|번역| 그것은 누구의 모자입니까?
(A) 저것은 다카하시 씨의 것입니다.
(B) 그것은 다카하시 씨의 것입니다.
(C) 이것은 다카하시 씨의 것입니다.
(D) 이것은 다카하시 씨의 것이 아닙니다.

|어휘| 誰(だれ) 누구　ぼうし 모자
|정답| (C)

22

駅までどれくらいかかりますか。
(A) いいえ、駅までは遠いです。
(B) バスの方が早いです。
(C) 歩いて20分ぐらいです。
(D) はい、あともう少しです。

|번역| 역까지 어느 정도 걸립니까?

(A) 아니요, 역까지는 멉니다.
(B) 버스가 빠릅니다.
(C) 걸어서 20분 정도입니다.
(D) 네, 앞으로 조금만 더 가면 됩니다.

|어휘| 駅(えき) 역　どれくらい 어느 정도, 얼마나　かかる 시간이나 비용이 들다, 소용되다　遠(とお)い 멀다　方(ほう) 쪽, 편　早(はや)い 빠르다　歩(ある)く 걷다　20分(にじゅっぷん) 20분　あと 앞으로, 나머지　もう少(すこ)し 좀 더
|정답| (C)

23

どうもすみませんでした。
(A) はい、どういたしまして。
(B) いいえ、気にしないでください。
(C) はい、こちらこそ。
(D) いいえ、けっこうです。

|번역| 매우 죄송했습니다.
(A) 네, 천만에요.
(B) 아니요, 신경 쓰지 마세요.
(C) 네, 저야말로.
(D) 아니요, 괜찮습니다.

|어휘| どういたしまして 천만에요　気(き)にする 신경 쓰다　こちらこそ 저야말로　けっこう 충분함
|정답| (B)

24

スーパーは何時に閉りますか。
(A) 毎朝10時からです。
(B) ええ、遅くまでやっています。
(C) いいえ、10時に閉ります。
(D) 普段は10時までです。

|번역| 슈퍼마켓은 몇 시에 닫힙니까?
(A) 매일 아침 10시부터입니다.
(B) 네, 늦게까지 합니다.
(C) 아니요, 10시에 닫힙니다.
(D) 보통은 10시까지입니다.

|어휘| スーパー 슈퍼마켓　何時(なんじ) 몇 시　閉(しま)る 닫히다　毎朝(まいあさ) 매일 아침　遅(お

そ)く 늦게, 늦음　普段(ふだん) 보통*「不断(ふだん)」으로 표기하기도 함
|정답| (D)

25

休みの日はふつう何をしますか。
(A) 温泉旅行に行きました。
(B) 家でのんびりします。
(C) 見たい映画があります。
(D) まだ、予定がありません。

|번역| 휴일에는 보통 무엇을 합니까?
(A) 온천 여행을 갔습니다.
(B) 집에서 한가롭게 있습니다.
(C) 보고 싶은 영화가 있습니다.
(D) 아직 예정이 없습니다.

|어휘| 休(やす)み 휴일＝「休(やす)みの日(ひ)」　普通(ふつう) 보통　温泉旅行(おんせんりょこう) 온천 여행　のんびり 한가로이　映画(えいが) 영화　まだ 아직　予定(よてい) 예정
|정답| (B)

26

田中さんの住んでいる所は静かですか。
(A) いいえ、うるさくて大変なんです。
(B) いいえ、高くて住みにくいんです。
(C) いいえ、遠くて不便なんです。
(D) いいえ、汚くてたえられないんです。

|번역| 다나카 씨가 살고 있는 곳은 조용합니까?
(A) 아니요, 시끄러워서 큰일입니다.
(B) 아니요, 높아서 살기 어렵습니다.
(C) 아니요, 멀어서 불편합니다.
(D) 아니요, 더러워서 참을 수 없습니다.

|어휘| 住(す)む 살다　所(ところ) 곳, 장소　静(しず)かだ 조용하다　うるさい 시끄럽다　大変(たいへん) 힘듦, 어려움　高(たか)い 높다　住(す)みにくい 살기 어렵다　遠(とお)い 멀다　不便(ふべん) 불편　汚(きたな)い 더럽다　たえる 참다, 견디다
|정답| (A)

27

ソウルまで何で行くつもりですか。
(A) フェリーは時間がかかるので、ちょっと…。
(B) そうですね。一緒に行きましょう。
(C) 飛行機で行こうかと思っているんですが。
(D) 留学するために行くつもりです。

| 번역 | 서울까지 무엇으로 갈 생각입니까?
(A) 연락선은 시간이 걸리므로, 좀….
(B) 글쎄요. 함께 갑시다.
(C) 비행기로 갈까 생각중입니다만.
(D) 유학을 위해 갈 예정입니다.

| 어휘 | ソウル 서울　何(なに)で 무엇으로　〜つもり 〜생각, 작정, 예정　フェリー 연락선　ちょっと 좀, 약간*완곡한 거절, 곤란함이나 어려움을 표현할 때 사용하는 말　一緒(いっしょ)に 함께　飛行機(ひこうき) 비행기　留学(りゅうがく) 유학　〜ために 〜위해서
| 중요어구 | 「〜ために」(〜을 위해서)는 주로 뒤에 사람의 의지를 나타내는 표현을 받아 목적을 나타낸다.
・砂糖(さとう)は、食(た)べ物(もの)を甘(あま)くするために使(つか)います。
　설탕은 음식을 달게 하기 위하여 사용합니다.
| 정답 | (C)

28

そのネックレス、どうしたんですか。
(A) あそこの鏡の前にあります。
(B) 新しいネックレスが欲しいんです。
(C) このネックレスは私のです。
(D) クリスマスに彼女からもらったんです。

| 번역 | 그 목걸이, 어디서 난 거에요?
(A) 저쪽 거울 앞에 있습니다.
(B) 새 목걸이를 갖고 싶습니다.
(C) 이 목걸이는 제 것입니다.
(D) 크리스마스에 여자친구에게서 받은 것입니다.

| 어휘 | ネックレス 목걸이　どうしたんですか 어디서 난 거에요?(궁금함이나 의문을 나타낼 때 쓰는 말)　鏡(かがみ) 거울　新(あたら)しい 새롭다, 새 것이다　欲(ほ)しい 갖고 싶다　ネックレス 목걸이　クリスマス 크리스마스
| 정답 | (D)

29

今、どちらにお勤めですか。
(A) この工場では300人以上もの人が働いています。
(B) 駅前の花屋の前で待っています。
(C) あちらに見えるのが東京銀行です。
(D) 東京駅近くの社会保険事務所です。

| 번역 | 지금, 어디에서 근무합니까?
(A) 이 공장에서는 300명 이상이 일하고 있습니다.
(B) 역 앞의 꽃집 앞에서 기다리고 있습니다.
(C) 저쪽에 보이는 것이 도쿄은행입니다.
(D) 도쿄 역 근처 사회보험사무소입니다.

| 어휘 | どちら 어느 쪽, 어디　勤(つと)め 근무　お〜です 〜하시다(존경공식)　工場(こうじょう) 공장　以上(いじょう) 이상　働(はたら)く 일하다　駅前(えきまえ) 역 앞　花屋(はなや) 꽃집　見(み)える 보이다　銀行(ぎんこう) 은행　近(ちか)く 근처, 부근　保険(ほけん) 보험　事務所(じむしょ) 사무소
| 중요어구 | 「お + 동사ます형 +です」: 〜하시다
・お決(き)まりですか。
　결정하셨습니까? 주문하시겠습니까?
・お急(いそ)ぎですか。
　바쁘십니까?
| 정답 | (D)

30

身分証明書がなくても入れますか。
(A) いいえ、ないなら仕方がないです。
(B) ええ、なければあきらめてください。
(C) いいえ、ないとだめです。
(D) ええ、なくても入れません。

| 번역 | 신분증명서가 없어도 들어갈 수 있습니까?
(A) 아니요, 없으면 방법이 없습니다.
(B) 네, 없으면 단념해 주세요.
(C) 아니요, 없으면 안 됩니다.
(D) 네, 없어도 들어갈 수 없습니다.

| 어휘 | 身分証明書(みぶんしょうめいしょ) 신분증명서　入(はい)る 들어가다　仕方(しかた)がない 방법이 없다, 도리 없다　あきらめる 단념하다　だめ 안 됨, 못씀
| 정답 | (C)

31

出発の時間を遅らせていただけないでしょうか。
(A) それでは30分繰り上げることにしましょう。
(B) 30分ぐらいならかまいませんが。
(C) 遅れるなら遅れるとはっきり言ってくださいね。
(D) こんなにのびのびになるとは思いもよらなかった
　　ですよ。

| 번역 |　출발 시간을 늦출 수 없을까요?
(A) 그럼 30분 앞당깁시다.
(B) 30분 정도라면 상관없습니다만.
(C) 늦으면 늦는다고 확실히 말해 주세요.
(D) 이렇게 자꾸 미루어질 줄은 생각지도 못했어요.

| 어휘 |　出発(しゅっぱつ) 출발　遅(おく)らせる 늦
추다, 연기하다　～ていただけないでしょうか ～해 주
실 수 있습니까?　繰(く)り上(あ)げる (날짜 등을) 앞당
기다　かまいません 상관없다, 관계없다　遅(おく)れ
る 늦다, 지각하다　のびのび (기일이) 자꾸만 미루어짐

| 중요어구 |　「요구나 부탁에 관한 표현」
「～ていただけないでしょうか」: ~해 주실 수 없겠습니
까?
・すみませんが、この荷物(にもつ)をしばらく見(み)
　ていただけないでしょうか。
　미안합니다만, 이 짐을 잠시 봐 주실 수 있겠습니까?
| 정답 |　(B)

32

もう食事の仕度はできましたか。
(A) いいえ、よくできませんでした。
(B) ええ、もう少しかかりそうです。
(C) いいえ、それほどでもありません。
(D) ええ、とっくに済ませました。

| 번역 |　이미 식사 준비는 되었습니까?
(A) 아니요, 잘 하지 못했습니다.
(B) 네, 조금 더 걸릴 것 같습니다.
(C) 아니요, 그 정도는 아닙니다.
(D) 네, 벌써 끝냈습니다.

| 어휘 |　もう～ましたか 이미~했습니까?　食事(しょ
く じ) 식사　支度(したく) 준비　とっくに 벌써, 이미
훨씬 전에　済(す)ませる 끝내다 *「済(す)む」(끝나다,

해결되다)
| 중요어구 |　「もう」는 '이미, 벌써'로 동작의 완료를 나타
낸다.
Q : 書類(しょるい)はもう読(よ)みましたか。
　　서류는 이미 읽으셨습니까?
A : いいえ、書類はまだ読んでいません。
　　아니요, 서류는 아직 읽지 않았습니다.
| 정답 |　(D)

33

どうですか、事業の方は。
(A) ええ、休まず行ってます。
(B) ええ、今日登録するつもりです。
(C) ええ、まあぼちぼちですよ。
(D) ええ、お世話様でした。

| 번역 |　어떻습니까, 사업은?
(A) 네, 쉬지 않고 가고 있습니다.
(B) 네, 오늘 등록할 예정입니다.
(C) 네, 그럭저럭 천천히 하고 있습니다.
(D) 네, 신세 많이 졌습니다.

| 어휘 |　事業(じぎょう) 사업　登録(とうろく) 등록
ぼちぼち 서서히 행하는 모양, 일이 조금씩 진행되는 모
양　お世話(せわ)様(さま)でした 신세 많이 졌습니다
| 정답 |　(C)

34

この書類、ちょっとコピーしてもらってもいいですか。
(A) 必要な枚数を入力してこのボタンを押してくださ
　　い。
(B) お忙しいところ申し訳ございません。
(C) いいんですか。では、お言葉に甘えて。
(D) はい、何部取りましょうか。

| 번역 |　이 서류, 복사 좀 해 주시겠습니까?
(A) 필요한 매수를 입력하고 이 버튼을 눌러 주십시오.
(B) 바쁘신데 죄송합니다.
(C) 괜찮습니까? 그럼, 호의에 따르겠습니다.
(D) 네, 몇 부 할까요?

| 어휘 |　書類(しょるい) 서류　コピー 복사　必要(ひ
つよう) 필요　～てもらってもいいですか ~해 주시겠
습니까?　枚数(まいすう) 매수　入力(にゅうりょく)

입력　ボタン　버튼　押(お)す　누르다　忙(いそが)し
い　바쁘다　お言葉(ことば)に甘(あま)える　상대의 호
의에 따르다, 염치없지만 그렇게 말씀하시니　何部(なん
ぶ)　몇 부　コピーを取(と)る　복사를 하다
|정답| (D)

35

あっ、この定期券、昨日で切れてる。
(A) じゃ、今日はまだだいじょうぶだね。
(B) おとといは使えたのに変だね。
(C) じゃ、ここで待ってるから買ってくれば。
(D) そんな水くさいこと言わないで。

|번역| 아, 이 정기권, 어제로 끝났어.
(A) 그럼, 오늘은 아직 괜찮네.
(B) 그저께는 썼는데 이상하네.
(C) 그럼, 여기서 기다릴 테니까 사 오는 게 어때?
(D) 그런 매정한 말 하지 마.

|어휘|　定期券(ていきけん)　정기권　切(き)れる　다
떨어지다　だいじょうぶ　문제없음, 염려 없음　おとと
い　그저께　使(つか)う　사용하다　待(ま)つ　기다리다
買(か)う　사다　水(みず)くさい　서먹서먹하다
|정답| (C)

36

田中さんたら朝から課長の機嫌を取ってばかりいるの
よ。
(A) なるほど。田中さんは几帳面な人だね。
(B) 何でも今日中に終わらせないといけないらしいよ。
(C) まったくどういう風の吹き回しだろう。
(D) 夕方には手が空きそうだけど。

|번역|　다나카 씨는 아침부터 과장의 비위를 맞추기만
하고 있어요.
(A) 과연. 다나카 씨는 꼼꼼한 사람이네.
(B) 무슨 일이 있어도 오늘 중에 끝내지 않으면 안 되는 것
　　같아요.
(C) 정말이지 무슨 바람이 불었을까.
(D) 저녁에는 한가해질 것 같은데요.

|어휘|　課長(かちょう)　과장　機嫌(きげん)を取(と)
る　비위를 맞추다　なるほど　과연　几帳面(きちょうめ
ん)　성격이 규칙적이고 꼼꼼함　何(なん)でも　무슨 일

이 있えても　今日中(きょうじゅう)　오늘 중　終(お)わ
らせる　끝내다　まったく　완전히　どういう風(かぜ)
の吹(ふ)き回(まわ)し　무슨 바람이 불었는지　夕方(ゆ
うがた)　저녁　手(て)が空(あ)く　일손이 비다
|정답| (C)

37

来週あたり、ぱあっとどこかに遊びに行かない?
(A) ごめん。今週は予定が詰まっていて、ちょっと。
(B) そうだね。どこもぱっとしないね。
(C) 狭くて汚いけどうちでよければどうぞ。
(D) せっかくだけど、今懐が寂しいから今度にするよ。

|번역|　다음 주 쯤, 확 어딘가에 놀러 가지 않을래?
(A) 미안. 이번 주는 예정이 꽉 차서 좀.
(B) 그래. 어디도 시원치 않아.
(C) 좁고 더럽지만 우리 집이라도 괜찮다면.
(D) 모처럼인데 지금 돈이 떨어져서 다음으로 할래.

|어휘|　~あたり　~쯤　ぱあっと　확(보통「ぱっと」
라고도 함)　予定(よてい)　예정　詰(つ)まる　가득 차다
ぱっとしない　시원치 않다　狭(せま)い　좁다　汚(きた
な)い　더럽다　懐(ふところ)が寂(さび)しい　돈이 떨
어지다
|정답| (D)

38

今年のお盆には里帰りなさるんですか。
(A) ええ、正月に行くことにしています。
(B) ええ、春はいい季節ですから。
(C) いいえ、旅行に行こうと思っています。
(D) いいえ、実家に帰るつもりです。

|번역|　올해 추석에는 고향에 가십니까?
(A) 네, 설에 가기로 했습니다.
(B) 네, 봄은 좋은 계절이니까요.
(C) 아니요, 여행을 가려고 생각하고 있습니다.
(D) 아니요, 친정에 돌아 갈 생각입니다.

|어휘|　お盆(ぼん)　추석　里帰(さとがえ)り　귀성
正月(しょうがつ)　설　季節(きせつ)　계절　実家(じっ
か)　친정, 본가
|정답| (C)

39

明日の飲み会、来ないんですって。
(A) ええ、楽しみにしてます。
(B) ええ、もちろんオッケーです。
(C) ええ、急用ができちゃって。
(D) ええ、早く行くつもりです。

|번역| 내일 술자리, 안 온다면서요?
(A) 네, 기대하고 있습니다.
(B) 네, 물론 오케이입니다.
(C) 네, 급한 용무가 생겨서.
(D) 네, 일찍 갈 생각입니다.

|어휘| 飲(の)み会(かい) 술자리　楽(たの)しみにする 기대하다　急用(きゅうよう) 급한 용무　できる 생기다, 나타나다　早(はや)く 일찍, 이른 시간
|정답| (C)

40

うちの子に限ってそんなことするはずがありません。
(A) お子さんの肩を持つおつもりですか。
(B) そんなにお子さんを責めないでください。
(C) お子さんを信じない親がどこにいますか
(D) あなたのお子さんでしょ。疑ってどうするんですか。

|번역| 우리 아이만은 그런 일을 할 리가 없습니다.
(A) 아드님 편을 드실 작정이십니까?
(B) 그렇게 아드님을 나무라지 말아 주십시오.
(C) 아드님을 믿지 않는 부모가 어디에 있습니까?
(D) 당신 아드님이죠? 의심하시면 어떻게 합니까?

|어휘| ~かぎって ~만은　~はずがない ~(할) 리가 없다　肩(かた)を持(も)つ 편들다　責(せ)める 나무라다　信(しん)じる 믿다　親(おや) 부모　お子(こ)さん 자제분, 어린이, 아이　疑(うたが)う 의심하다
|정답| (A)

41

課長の昇進、今回は見送られることになったそうよ。
(A) さぞかし課長のご家族もお喜びのことでしょう。
(B) 長年の努力が報われましたね。
(C) ええ、食事ものどを通らないほどショックらしいですよ。
(D) へえ、課長もなかなかやりますね。

|번역| 과장님의 승진, 이번에는 보류되었다고 하네요.
(A) 틀림없이 과장님의 가족도 기뻐할 일이네요.
(B) 여러 해의 노력이 보답 받았네요.
(C) 네, 식사도 하지 못할 만큼 충격을 받은 것 같아요.
(D) 네, 과장님도 꽤 하네요.

|어휘| 課長(かちょう) 과장님　昇進(しょうしん) 승진　見送(みおく)る 보류하다　さぞかし 틀림없이　喜(よろこ)び 경사, 기쁜 일　長年(ながねん) 여러 해　努力(どりょく) 노력　報(むく)う 보답하다　食事(しょくじ) 식사　喉(のど)を通(とお)る 목을 지나가다, 삼키다　やる 하다, 행하다
|정답| (C)

42

君って、本当にそそっかしいね。
(A) はい、お褒めいただき光栄です。
(B) はい、これがとりえですから。
(C) はい、ミスばかりしてすみません。
(D) はい、それほどでもありません。

|번역| 자네는 정말로 덜렁대는군.
(A) 네, 칭찬을 받아서 영광입니다.
(B) 네, 이것이 장점이니까요.
(C) 네, 실수만 해서 죄송합니다.
(D) 네, 그 정도는 아닙니다.

|어휘| そそっかしい 덜렁대다　褒(ほ)める 칭찬하다　光栄(こうえい) 영광　とりえ 좋은 점　ミス 실수　それほど 생각보다, 그만큼, 그렇게
|정답| (C)

43

お中元の時期だというのにデパートはがらがらでしたよ。
(A) 今が書き入れ時ですから猫の手も借りたいほどでしょうね。
(B) それは大したもんだ。景気回復の兆しが見えますね。
(C) デパートに限らず駅前の商店街も閑古鳥が鳴いてましたよ。
(D) それはそれは。人ごみでさぞお疲れになったでしょう。

| **|번역|** 백중의 시기라는데 백화점은 텅텅 비었던데요.
(A) 지금이 대목이기 때문에 매우 바쁘겠죠.
(B) 그것은 대단한 것이다. 경기회복의 조짐이 보이네요.
(C) 백화점만이 아니라 역 앞의 상점가도 장사가 안 됐어요.
(D) 저런. 혼잡해서 틀림없이 피곤하셨을 거예요.

| **|어휘|** 中元(ちゅうげん) 백중　時期(じき) 시기
がらがら 텅텅 빈 모양　書(か)き入(い)れ時(どき) 대
목　猫(ねこ)の手(て)も借(か)りたい 눈코 뜰 새 없이
바쁘다＝「忙(いそが)しい」　大(たい)した 대단한　景
気回復(けいきかいふく) 경기 회복　兆(きざ)し 조짐
商店街(しょうてんがい) 상점가　閑古鳥(かんこどり)
が鳴(な)く 장사 안 되다　それはそれは (감동사적
으로 사용하여 놀라움, 죄송함 등의 기분을 나타내는 말)
저런, 그야말로, 정말　人(ひと)ごみ 혼잡함　さぞ 틀
림없이　疲(つか)れる 피곤하다, 지치다
| **|정답|** (C)

44

こう暑いと本当にまいりますね。
(A) いつ頃、行くつもりですか。
(B) ええ、何もやる気がしないですよ。
(C) クーラーの温度を上げましょうか。
(D) では、明日の会合でお会いしましょう。

| **|번역|** 이렇게 더우면 정말로 맥을 못 추죠.
(A) 언제쯤 갈 생각입니까?
(B) 네, 아무것도 할 의욕이 생기지 않아요.
(C) 에어컨의 온도를 올릴까요?
(D) 그럼 내일 회합에서 만납시다.

| **|어휘|** まいる 맥을 못 추다　やる気(き) 의욕　クー
ラー 에어컨　温度(おんど) 온도　会合(かいごう) 회
합
| **|정답|** (B)

45

今日は給料日だし、ここは私がもちます。
(A) けっこう重いけど一人でだいじょうぶ。
(B) 悪いね。じゃ、次は僕がおごるよ。
(C) 銀行はもう閉まってると思うけど。
(D) じゃ、一人1500円ずつだね。

| **|번역|** 오늘은 월급날이고, 여기는 제가 내겠습니다.
(A) 꽤 무거운데 혼자서 괜찮아?
(B) 미안. 그럼, 다음은 내가 낼게.
(C) 은행은 벌써 닫았을 거야.
(D) 그럼, 일인 당 1500엔씩이야.

| **|어휘|** 給料日(きゅうりょうび) 월급날　もつ 부담
하다　けっこう 제법, 의외로　大丈夫(だいじょうぶ)
문제없음, 염려 없음　おごる 한턱내다　銀行(ぎんこ
う) 은행　閉(し)まる (문이)닫히다　ずつ 씩
| **|정답|** (B)

46

つぶれるまでとことん飲みましょう。今晩は帰しませ
んよ。
(A) いいですよ。まだ、終電に間に合いますから。
(B) こんなに遅くまで精が出ますね。
(C) 忘年会続きで死にそうですよ。勘弁してください。
(D) ええ、何事もほどほどに限りますね。

| **|번역|** 취할 때까지 계속 마십시다. 오늘밤은 돌려보내
지 않을 겁니다.
(A) 좋아요. 아직 막차 놓치지 않으니까요.
(B) 이렇게 늦게까지 열심히 일하네요.
(C) 계속되는 송년회로 죽을 것 같아요. 좀 봐 주세요.
(D) 네, 무슨 일이든 적당한 것이 제일이에요.

| **|어휘|** つぶれる 엉망이 되다　とことん 끝까지　今
晩(こんばん) 오늘 밤　帰(かえ)す 돌려보내다　終電
(しゅうでん) 마지막 전철　間(ま)に合(あ)う 시간에
늦지 않게 대다　精(せい)が出(で)る 열심히 일하다
忘年会(ぼうねんかい) 송년회　勘弁(かんべん) 용서
何事(なにごと)も 무슨 일이든, 어떤 일이든＝「万事(ば
んじ)」　ほどほど 적당한 모양　～に限(かぎ)る ～하
는 것이 최고다, 제일이다

| **|중요어구|** 「～に限(かぎ)る」: ～가 제일이다, ～가 최
고다＝「～が一番(いちばん)だ」
・そんな時(とき)には黙(だま)っているに限(かぎ)る。
　그럴 때에는 잠자코 있는 것이 제일이다.
| **|정답|** (C)

47

すみません。コーヒーのお代わり、いただけますか。

(A) はい、お会計ですね。あちらで承ります。
(B) はい、すぐにお持ちいたします。
(C) はい、消費税込みで510円でございます。
(D) はい、ブラックコーヒーをお願いします。

| 번역 | 실례합니다. 커피 한잔 더 부탁합니다.
(A) 네, 계산이요. 저쪽에서 받겠습니다.
(B) 네, 바로 갖다 드리겠습니다.
(C) 네, 소비세 포함해서 510엔입니다.
(D) 네, 블랙커피 주세요.

| 어휘 | お代(か)わり 다 먹고 나서 더 청함　会計(か
いけい) 계산　承(うけたまわ)る 삼가 받다　消費税
(しょうひぜい) 소비세　～込(こ)み ～을 포함　ブラ
ックコーヒー 블랙커피
| 정답 | (B)

48

今年の新人はなかなかの粒ぞろいだそうですね。
(A) ええ、仕事がのろくて困りますよ。
(B) ええ、一人しか採用しなかったんです。
(C) ええ、私もおちおちしていられませんよ。
(D) ええ、どいつもこいつも役に立ちませんよ。

| 번역 | 올해의 신입사원은 상당히 우수하다고 하네요.
(A) 네, 일이 느려서 난처해요.
(B) 네, 한 명 밖에 채용하지 않았어요.
(C) 네, 저도 안심하고 있을 수 없어요.
(D) 네, 이놈도 저 놈도 도움이 안 되네요.

| 어휘 | 新人(しんじん) 신입사원　なかなか 꽤, 제
법, 상당히　粒(つぶ)ぞろい 크기나 질이 고름, 한결같
이 우수함　のろい 둔하다, 느리다　採用(さいよう) 채
용　おちおち 안심하고　どいつもこいつも 이 녀석도
어느 녀석도, 어느 놈이나 할 것 없이　役(やく)に立(た)
つ 도움이 되다
| 정답 | (C)

49

就職意欲がなく働かない「ニート」と呼ばれる若者たち
が急増しているんですってね。
(A) 仕事をしないということはフリーターと同じって
　　ことですね。
(B) せっかくやる気があっても働けないなんてかわい

そうですね。
(C) 社会の入り口で立ち止まる彼らを救う特効薬はな
　　いのでしょうか。
(D) 若者が働けるような就職口がたくさん増えてよか
　　ったですね。

| 번역 | 취직 의욕이 없이 일하지 않는 '니트'라 불리는
젊은이들이 급증하고 있다고 해요.
(A) 일을 하지 않는다는 것은 자유직업인과 같다는 거네
　　요.
(B) 모처럼 의욕이 생겨도 일을 할 수 없다니 불쌍하네요.
(C) 사회의 초입에서 멈춰 선 그들을 살릴 특효약은 없는
　　것일까요?
(D) 젊은이들이 일할 수 있는 취직자리가 많이 늘어서 살
　　됐네요.

| 어휘 | 就職(しゅうしょく) 취직　意欲(いよく) 의
욕　ニート 말쑥한 것을 좋아하는 1980년대 전반의 젊은
세대　呼(よ)ばれる 불리다, 일컫다　若者(わかもの) 젊
은이, 젊은 사람　急増(きゅうぞう) 급증　フリーター 자
유직업인　せっかく 모처럼, 일부러, 애써　かわいそうだ
가엾다, 불쌍하다, 가련하다　入(い)り口(ぐち) 시작　立
(た)ち止(ど)まる　멈추어 서다　救(すく)う 돕다, 살
리다　特効薬(とっこうやく) 특효약　就職口(しゅうし
ょくぐち) 취직자리, 일자리　増(ふ)える 늘다
| 정답 | (C)

50

国民年金の保険料を払わない人が多いのは、なぜです
か。
(A) 公的年金に対する不信感の広がりが、未納が減らな
　　い大きな原因です。
(B) 日本の経済社会が存続する限り、決してつぶれる
　　ことはありません。
(C) 貯蓄増加の原因は低迷する国内証券市場と整備が
　　進まない社会保障にあります。
(D) 将来の社会がどのように変わろうとも、やがて訪
　　れる老後の収入確保を約束します。

| 번역 | 국민연금의 보험료를 내지 않는 사람이 많은
것은 왜 입니까?
(A) 공적연금에 대한 불신의 확대가 미납이 줄지 않는 큰
　　원인입니다.
(B) 일본의 경제사회가 존속하는 한, 결코 파산하는 일은

없습니다.
(C) 저축증가의 원인은 침체 상태의 국내 증권 시장과 정비가 진척되지 않는 사회 보장에 있습니다.
(D) 장래의 사회가 어떻게 변하더라도, 머지않아 찾아 올 노후의 수입보장을 약속합니다.

| 어휘 | 国民年金(こくみんねんきん) 국민연금　保険料(ほけんりょう) 보험료　払(はら)う 지불하다　公的(こうてき) 공적　不信感(ふしんかん) 불신감　広(ひろ)がる 널리 퍼지다, 번지다　未納(みのう) 미납　減(へ)る 줄다　原因(げんいん) 원인　経済社会(けいざいしゃかい) 경제 사회　存続(そんぞく) 존속　決(けっ)して 결코　つぶれる 파산하다　貯蓄(ちょちく) 저축　増加(ぞうか) 증가　低迷(ていめい) 나쁜 상태에서 헤어나지 못하고 헤맴　国内証券市場(こくないしょうけんしじょう) 국내 증권 시장　整備(せいび) 정비　社会保障(しゃかいほしょう) 사회보장　将来(しょうらい) 장래　やがて 머지않아　訪(おとず)れる 찾아오다　老後(ろうご) 노후　収入確保(しゅうにゅうかくほ) 수입확보　約束(やくそく) 약속
| 정답 | (A)

Part 3

51

A：そうしますと、お会計は1200円になります。
B：カードでもいいですか。
A：すみませんが、現金でお願いします。
B：じゃ、細かいのがないんで、一万円で。

| 번역 |
A : 그렇게 하면, 금액은 1200엔입니다.
B : 카드도 됩니까?
A : 죄송합니다만, 현금으로 해 주세요.
B : 그럼, 잔돈이 없어서, 1만 엔으로.

| 어휘 | 会計(かいけい) 회계, 계산　現金(げんきん) 현금　細(こま)かい (금액이)작다　お釣(つ)り 거스름돈

남자는 거스름돈을 얼마 받습니까?
(A) 카드로 결제했기 때문에 받지 않는다.

(B) 1200엔
(C) 3800엔
(D) 8800엔
| 정답 | (D)

52

A：田中さん、ご兄弟は。
B：上に姉が二人と下に妹が一人います。
A：そうすると田中さんが長男ということですね。
B：はい、そうです。

| 번역 |
A : 다나카 씨, 형제는?
B : 위에 누나가 두 명, 아래 여동생이 한 명 있습니다.
A : 그러면 다나카 씨가 장남이네요.
B : 네, 그렇습니다.

| 어휘 | 兄弟(きょうだい) 형제　姉(あね) 언니, 누나　妹(いもうと) 여동생　長男(ちょうなん) 장남

다나카 씨는 형제 중에서 몇째입니까?
(A) 첫째
(B) 둘째
(C) 셋째
(D) 넷째
| 정답 | (C)

53

A：すみませんが、この辺に交番はありませんか。
B：交番でしたら、この先にありますよ。
A：ああ、あの公園の前ですね。
B：いいえ、公園を過ぎたところにあります。

| 번역 |
A : 죄송하지만 이 근처에 파출소가 있습니까?
B : 파출소라면 이 앞에 있어요.
A : 아, 저 공원 앞이요?
B : 아니요, 공원을 지나서 있습니다.

| 어휘 | 交番(こうばん) 파출소　公園(こうえん) 공원　過(す)ぎる 지나가다　広場(ひろば) 광장　通(とお)り 도로　向(む)かい 건너편

파출소는 어디에 있습니까?

(A) 공원 앞

(B) 역 앞의 광장

(C) 곧장 간 곳

(D) 도로 건너편

| 정답 | (C)

54

B : なんか朝から頭が重くて…。

A : それはいけませんね。病院に行った方がいいですね。

B : いえ、ただの二日酔いですから心配しないでください。

A : そうですか。でも、お大事に。

| 번역 |

B : 왠지 아침부터 머리가 무거워서….

A : 그러 안되겠네요. 병원에 가는 것이 좋겠어요.

B : 아니요, 단지 숙취니까 걱정하지 마세요.

A : 그러세요? 그래도 몸 조리 잘 하세요.

| 어휘 | 病院(びょういん) 병원 ただ 단지 二日酔(ふつかよ)い 숙취 心配(しんぱい) 걱정 大事(だいじ) 소중함 ゆうべ 어젯밤 試験(しけん) 시험 勉強(べんきょう) 공부

여자는 어젯밤 무엇을 했습니까?

(A) 시험공부를 했습니다.

(B) 술을 마셨습니다.

(C) 병원에 갔습니다.

(D) 모릅니다.

| 정답 | (B)

55

B : 今日の約束のことなんだけど。

A : どうしたの。都合でも悪くなった？

B : うん。明日でもいいかな。

A : 明日はちょっと。また、こんどにしよう。

| 번역 |

B : 오늘 약속 말인데.

A : 무슨 일이야? 사정이 안 좋아?

B : 응. 내일이라도 괜찮아?

A : 내일은 좀. 다음으로 하자.

| 어휘 | 約束(やくそく) 약속 都合(つごう) 형편

둘의 약속은 언제로 하였습니까?

(A) 오늘

(B) 내일

(C) 모레

(D) 다음에

| 정답 | (D)

56

A : 窓が開けっ放しですね。閉めましょうか。

B : いいんです。今、換気をしているんです。

A : そうですか。閉め切った部屋にいると体に毒ですからね。

B : ええ、頭もすっきりするでしょう。

| 번역 |

A : 창문을 열어 둔 채네요. 닫을까요?

B : 됐어요. 지금 환기시키고 있어요.

A : 그렇습니까? 밀폐된 방에 있으면 몸에 독이 되니까요.

B : 네, 머리도 상쾌해지잖아요.

| 어휘 | 窓(まど) 창문 開(あ)けっ放(ぱな)し 연 채로 둠 換気(かんき) 환기 閉(し)め切(き)る 오랫동안 닫은 채로 두다 毒(どく) 독 すっきり 산뜻한 모양 食事(しょくじ) 식사 空気(くうき) 공기 入(い)れかえる 갈다, 교체하다 掃除(そうじ) 청소 タバコ 담배 吸(す)う 피다

남자는 무엇을 하고 있습니까?

(A) 식사를 하고 있습니다.

(B) 공기를 바꾸고 있습니다.

(C) 청소를 하고 있습니다.

(D) 담배를 피우고 있습니다.

| 정답 | (B)

57

A : すみません。焼き増し、お願いします。

B : はい。あさっての午後に出来上がります。

A : えっ、急ぎなんですけど。明日の午前中は無理ですか。

B : 可能ですが、割増料金がかかります。

| 번역 |

A : 죄송합니다. 추가 인화 부탁합니다.

B : 네. 모레 오후에 완성됩니다.

A : 아, 급한데요. 내일 오전까지 안 될까요?
B : 가능합니다만, 할증요금이 붙습니다.

|어휘| 焼(や)き増(ま)し 추가 인화　出来上(でき
あ)がる 완성되다　無理(むり) 무리　可能(かのう) 가
능　割増料金(わりましりょうきん) 할증요금　クリー
ニング屋(や) 세탁소　仕立(した)て屋(や) 재봉소　写
真屋(しゃしんや) 사진관

이 곳은 어디입니까?
(A) 세탁소
(B) 바느질 집
(C) 사진관
(D) 치과
|정답| (C)

58

B : あーあ、深夜だからなかなかつかまりませんね。
A : ええ、終電が終わったばかりですし。
B : こんなことになるならもう少し早めに抜け出して
　来るんだったな。
A : 今さら言っても後の祭ですよ。

|번역|
B : 아−. 심야라서 좀처럼 잡히지 않네요.
A : 네, 막차가 끊긴지 얼마 되지도 않았고….
B : 이럴 줄 알았다면 좀 더 일찍 빠져 나올 걸 그랬네요.
A : 지금 와서 말해봐야 무슨 소용이에요?

|어휘| 深夜(しんや) 심야　つかまる 잡히다　終電
(しゅうでん) 마지막 전철　抜(ぬ)け出(だ)す 살짝 도
망치다　後(あと)の祭(まつり) 시기를 놓치다　一軒
(いっけん) 집 한 채　はしご 이차 삼차로 장소를 옮기
며 마시는 술

두 사람은 이제부터 어떻게 합니까?
(A) 전철을 타고 간다.
(B) 택시가 오기를 기다린다.
(C) 술자리를 빠져 나온다.
(D) 한 잔 더 마시러 간다.
|정답| (B)

59

B : 実はうちの娘が来月大阪に嫁ぐことになったんです。

A : へえ、それはおめでとうございます。上のお嬢さ
　んですか。
B : いいえ、下の子です。三人姉妹の末っ子から片付
　くなんて順番が逆ですな。
A : いずれにしてもお祝いに行かせていただきますね。

|번역|
B : 실은 우리 딸이 다음 달 오사카로 시집을 가게 되었습
　니다.
A : 헤, 축하드립니다. 첫째 딸 입니까?
B : 아니요, 막내입니다. 세 자매의 막내부터 출가하다니
　순서가 반대이네요.
A : 어쨌든 축하드리러 가겠습니다.

|어휘| 娘(むすめ) 딸　嫁(とつ)ぐ 시집가다　お嬢
(じょう)さん 따님　姉妹(しまい) 자매　末(すえ)っ
子(こ) 막내　片付(かたづ)く 출가하다　順番(じゅん
ばん) 순번　逆(ぎゃく) 반대　いずれにしても 어차
피, 결국　祝(いわ)い 축하　栄転(えいてん) 영전　嫁
(よめ) 며느리　出張(しゅっちょう) 출장

남자의 막내딸은 다음 달 어떻게 합니까?
(A) 오사카로 영전하게 되었다.
(B) 오사카로 시집가게 되었다.
(C) 오사카로 출장가게 되었다.
(D) 오사카로 여행가게 되었다.
|정답| (B)

60

B : はくしょん！やばい…風邪、引いちゃったかな。
A : 湯冷めしちゃったんじゃない。そんな格好してる
　から。
B : そうだね。髪の毛も乾かしていないし。
A : 夏だからって油断しないようにね。

|번역|
B : 에취! 이런… 감기에 걸려버렸나.
A : 목욕하고 나와서 추운 거 아냐? 그런 모습을 하고 있
　어서.
B : 그러네. 머리도 말리지 않았고.
A : 여름이라고 방심하지 말라고.

|어휘| やばい 위태롭다, 위험하다　湯冷(ゆざ)め 목
욕 뒤에 느끼는 한기　格好(かっこう) 모습　髪(かみ)

の毛(け) 머리카락　乾(かわ)かす 말리다　油断(ゆだん) 방심　くしゃみ 재채기　うわさをする (남의)이야기를 하다　ほこりだらけ 먼지투성이　入浴(にゅうよく) 입욕　冷(ひ)える 식다　寒気(かんき) 한기　布団(ふとん) 이불

남자는 왜 재채기를 했습니까?
(A) 누군가가 남자의 이야기를 하고 있었으므로
(B) 방이 더러워서 먼지투성이였으므로
(C) 목욕 후, 몸이 차가워져서 한기를 느꼈으므로
(D) 이불을 덮지 않고 자 버려서
| 정답 | (C)

61

A：新聞で見たんですが、出生率が年々低下している
　そうですよ。
B：少子化がますます加速していく一方ですね。
A：このまま行くと高齢化がもっと進んで我々の年金
　も危ないですね。
B：ええ。国も子供もあてにならないし、老後の生活
　が不安ですよ。

| 번역 |
A : 신문에서 봤는데, 출생률이 매년 저하하고 있다고 해요.
B : 저 출산이 더욱 더 가속화되기만 해요.
A : 이대로 가면 고령화가 더욱 악화 되 우리의 연금도 위험해요.
B : 네. 나라도 아이들도 믿을 수 없고, 노후의 생활이 불안하네요.

| 어휘 | 新聞(しんぶん) 신문　出生率(しゅっしょうりつ) 출생률　低下(ていか) 저하　少子化(しょうしか) 소자녀화(결혼 연령이 늦어짐으로 인해 자녀수가 감소되거나 출산을 기피하는 현상)　ますます 더욱 더　加速(かそく) 가속　〜一方(いっぽう)だ 주로 한 방향으로만 치우쳐 있음, 오로지 〜뿐이다　このまま (이 상태)이대로　高齢化(こうれいか) 고령화　進(すす)む 진척되다, 진행되다　年金(ねんきん) 연금　危(あぶ)ない 위험하다　あて 기대, 의지　老後(ろうご) 노후　将来(しょうらい) 장래　年(とし)を取(と)る 나이를 먹다　健康(けんこう) 건강

| 주요어구 | 「〜(る) 一方(いっぽう)だ」: (오로지) 〜만 하다, 〜일로이다

・貿易赤字(ぼうえきあかじ)は3月(がつ)より上昇(じょうしょう)する一方(いっぽう)です。
　무역 적자는 3월부터 계속 상승하고 있습니다.

두 사람은 무엇에 대하여 걱정하고 있습니까?
(A) 아이들의 장래에 대하여
(B) 연금을 받을 수 있을까 어떨까에 대하여
(C) 나이를 먹는 것에 대하여
(D) 가족의 건강에 대하여
| 정답 | (B)

62

A：この服、どう。
B：似合うことは似合うけど、ちょっと場違いな感じ
　がするけど。
A：そうかしら。友達の結婚式なんだからこれくらい
　派手な方がいいんじゃない。
B：でも、花嫁さんより目立ったら悪いだろう。

| 번역 |
A : 이 옷, 어때?
B : 어울리기는 어울리는데, 좀 장소에 걸맞지 않은 것 같아.
A : 그래? 친구 결혼식이니까 이 정도는 화려한 편이 좋지 않을까?
B : 그래도 신부보다 눈에 띄면 안 되잖아.

| 어휘 | 服(ふく) 옷　似合(にあ)う 어울리다　場違(ばちが)い 그 자리에 어울리지 않음　感(かん)じがする 느낌이 들다　結婚式(けっこんしき) 결혼식　派手(はで) 화려함　花嫁(はなよめ)さん 신부　目立(めだ)つ 눈에 띄다　ふさわしい 어울리다　地味(じみ) 수수함

두 사람은 이 옷에 대해서 어떻게 생각하고 있습니까?
(A) 두 사람 다 너무 화려하다고 생각한다.
(B) 여자는 그 장소에 어울린다고 생각한다.
(C) 두 사람 다 너무 수수하다고 생각한다.
(D) 남자는 그 장소에 어울린다고 생각한다.
| 정답 | (B)

63

A：今日の飲み会はこのへんでお開きにしましょう。
B：一人、いくらですか。

A：ええと、24,000円を8人で割ると…一人、3千円で
すね。
B：結構、食べたり飲んだりした割りに安く上がりま
したね。

| 번역 |
A : 오늘 술자리는 이쯤에서 끝냅시다.
B : 일인당, 얼마입니까?
A : 네, 24000엔을 8명으로 나누면… 일인 당 3천 엔이네
요.
B : 꽤 먹고 마신 것에 비해 싸게 먹었네요.

| 어휘 |　飲(の)み会(かい) 회식　このへんで 이쯤에
서, 이 정도에서　お開(ひら)き 폐회　割(わ)る 나누다
結構(けっこう) 꽤, 상당히　～割(わ)りに ～에 비해
安(やす)くあがる 싸게 먹히다　予算(よさん) 예산
前(まえ)もって 미리　計算(けいさん) 계산　次(つ
ぎ)に 다음에　予約(よやく) 예약　会費(かいひ) 회비
集(あつ)める 모으다　割(わ)り勘(かん) 각자 부담

| 주요어구 |　「～のわりに」(～에 비해)/「～割(わ)りに
(は)」(～에 비해서는) : 어떤 상태에서 상식적으로 예상
되는 기준과 비교해 볼 때 그에 반하는 결과가 보통 뒤에
오는 경우에 사용한다.
・日本人(にほんじん)のわりに吉田(よしだ)さんは辛
(から)い物(もの)をよく食(た)べます。
　일본인 치고 요시다 씨는 매운 것을 잘 먹습니다.

지금, 무엇을 하고 있는 중입니까?
(A) 회식 예산을 미리 계산하고 있는 중입니다.
(B) 다음에 갈 가게에 예약을 하고 있는 중입니다.
(C) 회식을 시작하기 전에 회비를 걷고 있는 중입니다.
(D) 회식이 끝나서 각자 부담을 하고 있는 중입니다.
| 정답 |　(D)

64

A：じゃ、後はよろしく。お先に失礼するわね。
B：えっ、行っちゃうの。棚卸し、まだ済んでないの
に…。
A：悪いわね。ちょっとやぼ用があって。
B：とかなんとか言って、彼氏とデートじゃないの。

| 번역 |
A : 그럼 뒷일을 부탁해. 먼저 가 볼게.

B : 어? 가는 거야? 재고조사, 아직 안 끝났는데….
A : 미안. 볼일이 좀 있어서.
B : 이러니저러니 말하면서 남자친구랑 데이트 하는 거 아
니?

| 어휘 |　棚卸(たなおろ)し 재고조사　済(す)む 끝나
다　やぼ用(よう) 실무적인 용건　なんとか 이러니저
러니, 여러 가지　開始(かいし) 개시　済(す)ませる 끝
내다　中断(ちゅうだん) 중단　用(よう)を足(た)す
볼일을 보다, 볼일을 마치다

여자는 지금부터 어떻게 합니까?
(A) 재고조사를 시작한다.
(B) 재고조사를 끝낸다.
(C) 재고조사를 마치고 데이트 하러 간다.
(D) 재고조사를 중단하고 볼일을 보러 간다.
| 정답 |　(D)

65

B：もしもし、なにわ商事の木村と申しますが、いつ
もお世話になっております。村上部長、おられま
したらお願いしたいんですが。
A：村上はあいにく席を外しておりますが、いかがい
たしましょうか。
B：じゃ、戻りましたら木村から電話があったと伝え
ていただけませんか。
A：かしこまりました。そのように申し伝えます。

| 번역 |
B : 여보세요. 나니와 상사의 기무라라고 합니다. 항상 신
세지고 있습니다. 무라카미 부장님 계시면 부탁합니다.
A : 무라카미 부장님은 마침 자리를 비우셨는데요, 어떻게
해 드릴까요?
B : 그럼 돌아오시면 기무라에게서 전화왔었다고 전해주
십시오.
A : 알겠습니다. 그렇게 전해 드리겠습니다.

| 어휘 |　商事(しょうじ) 상사　お世話(せわ)になる
신세를 지다, 폐를 끼치다　おる 있다*「いる」의 정중한
표현　あいにく 마침　席(せき)を外(はず)す 자리를
비우다　いかが (상대의 기분, 의견 등을 묻는 말)어떻게
戻(もど)る 되돌아오다　伝(つた)える 전하다, 전달하
다　かしこまりました 명령을 받들어 모시다, 알겠습니
다　訪問(ほうもん) 방문　しばらくして 잠시 뒤, 잠깐

뒤　～あて　～앞　ことづけ 전언　頼(たの)む 부탁하다　約束(やくそく) 약속

남자는 어떻게 하기로 했습니까?
(A) 나중에 다시 한 번 전화를 하기로 했습니다.
(B) 잠시 후에 방문하기로 했습니다.
(C) 무라카미 부장 앞으로 전언을 부탁했습니다.
(D) 무라카미 부장과 만날 약속을 했습니다.
|정답| (C)

66

A：田中優子さんの連絡先が知りたいんですが。
B：個人情報につきましては公表を控えさせていただいております。
A：せめてEメールのアドレスだけでも教えていただけませんか。
B：そちらも私の口からはお答えしかねます。

|번역|
A : 다나카유코 씨의 연락처를 알고 싶은데요.
B : 개인정보에 대해서는 공표를 할 수 없습니다.
A : 하다못해 이메일 주소만이라도 가르쳐 주실 수 없나요?
B : 그것도 제가 말씀드릴 수는 없습니다.

|어휘| 連絡先(れんらくさき) 연락처　個人情報(こじんじょうほう) 개인정보　公表(こうひょう) 공표　控(ひか)える 삼가다　せめて 최소한, 하다못해　～しかねる ～(차마) 할 수 없다, 하기 어렵다　自宅(じたく) 자택　電話番号(でんわばんごう) 전화번호　～すら ～조차　～については　～에 대해서는　不在(ふざい) 부재　本人(ほんにん) 본인

남자는 여자에게 어떻게 말했습니까?
(A) 다나카 씨의 자택 전화번호는 가르쳐 줄 수 있다.
(B) 다나카 씨의 이메일 주소조차 모른다.
(C) 다나카 씨의 개인정보에 대해서는 아무것도 말할 수 없다.
(D) 다나카 씨가 지금 부재중이므로 나중에 본인에게 묻도록.
|정답| (C)

67

B：明日は午前中は自由行動で、午後は1時ちょうど発のバスでソウル市内をあちこち観光して回ります。
A：昼食はどうしたらいいですか。めいめい食べればいいですか。

B：はい、お好きなものを召し上がってください。出発の10分前までにホテルのロビーにお集まり下さい。
A：わかりました。今日はいろいろとありがとうございました。明日もよろしくお願いします。

|번역|
B : 내일 오전중은 자유행동이고, 오후는 1시 정각 출발 버스로 서울 시내를 여기저기 관광하겠습니다.
A : 점심은 어떻게 하면 되나요? 각자 먹으면 됩니까?
B : 네, 좋아하시는 것 드십시오. 출발 10분 전까지 호텔 로비에 모여 주십시오.
A : 알겠습니다. 오늘은 정말 감사했습니다. 내일도 잘 부탁드립니다.

|어휘| 午前中(ごぜんちゅう) 오전 중　自由(じゆう) 자유　行動(こうどう) 행동　午後(ごご) 오후　市内(しない) 시내　観光(かんこう) 관광　回(まわ)る 차례로 돌다, 다니다　昼食(ちゅうしょく) 점심식사　めいめい 각자　召(め)し上(あ)がる 「食(た)べる/飲(の)む」(먹다/마시다)의 존경어=「召(め)す、あがる」드시다　出発(しゅっぱつ) 출발　集(あつ)まる 모이다, 집합하다

여자는 내일 몇 시까지 호텔 로비로 갑니까?
(A) 13시 정각
(B) 12시 50분
(C) 12시 40분
(D) 12시 30분
|정답| (B)

68

B：家賃が手頃な割りに、駅から近いし、日当たりもいいし、こんな物件なかなかないですよ。
A：それもそうだけど、ユニットバスなのが玉に瑕ね。
B：それは少し我慢していただかないと。この家賃なんですから。
A：うーん、わかりました。もう少し検討させてください。

|번역|
B : 집세가 적당한 것에 비해, 역에서 가깝고, 채광도 좋

고, 이런 물건 좀처럼 없어요.

A : 그건 그렇지만 조립식 욕실인 것이 옥에 티네요.

B : 그건 조금 참지 않으면.. 집세가 싸니까.

A : 음−, 알겠습니다. 좀 더 검토해 보겠습니다.

| 어휘 |　家賃(やちん) 집세　手頃(てごろ) 걸맞음
日当(ひあ)たり 볕이 듦　物件(ぶっけん) 물건　ユ
ニットバス 변기, 세면기, 욕실 등이 일체화된 조립식 욕실
玉(たま)に瑕(きず) 옥에 티　我慢(がまん) 참음, 견딤
検討(けんとう) 검토　気(き)に入(い)る 마음에 들다
嫌(いや)だ 싫다　汚(きたな)い 더럽다, 지저분하다

여자는 이 물건에 대하여 어떻게 생각하고 있습니까?

(A) 싸고, 역에서도 가깝기 때문에 굉장히 맘에 든다.

(B) 물건은 말할 것이 없지만 조금 더 생각하고 싶다.

(C) 화장실과 욕조가 같이 있는 것이 싫다.

(D) 조립식 욕실이 낡고 더러운 것이 맘에 들지 않는다.

| 정답 |　(D)

69

A : おとといから親知らずがずきずきと痛んで、夜も
　おちおち眠れないんです。

B : どれどれ、ああんして。何でこんなになるまでほ
　っといたんですか。

A : どうしても抜く以外に方法はありませんか。

B : この状態だと抜かざるをえませんね。麻酔をして
　あっという間に終わりますから心配しないでくだ
　さい。

| 번역 |

A : 그저께부터 사랑니가 욱신욱신 아프고, 밤에도 마음
　놓고 잘 수가 없습니다.

B : 어디어디, 아 해 봐요. 왜 이렇게 될 때까지 놔뒀어요?

A : 도저히 뽑는 것 이외에 방법은 없습니까?

B : 이 상태라면 뽑지 않을 수 없어요. 마취를 하고 금방
　끝나니까 걱정하지 마세요.

| 어휘 |　親知(おやし)らず 사랑니　ずきずき 욱신욱
신　おちおち 마음 놓고, 안심하고　抜(ぬ)く 뽑다　方
法(ほうほう) 방법　状態(じょうたい) 상태　～ざるを
えない ～하지 않을 수 없다　麻酔(ますい) 마취　虫歯
(むしば) 충치　削(けず)る 깎다　治療(ちりょう) 치
료　検査(けんさ) 검사

| 주요어구 |　「～ざるを得(え)ない」(=～ないわけにはい
かない)는 '～하지 않을 수 없다' 라는 뜻으로 어떤 결론
에 대해 내키지는 않지만 어쩔 수 없이 따라야 하는 상황
임을 나타낸다.

・ことによっては、あきらめざるをえない時(とき)も
　ある。

　경우에 따라서는 포기할 수 밖에 없는 때도 있다.

여자는 지금부터 어떻게 합니까?

(A) 뽑지 않고 충치를 깎고 치료한다.

(B) 발에 마취를 한다.

(C) 사랑니를 뽑는다.

(D) 큰 병원에서 검사 받는다.

| 정답 |　(C)

70

B : 君、済まないがさっき頼んだ入力作業をいったん
　やめて、この会議の資料、ホチキスでとめといて
　くれない。

A : はい。部長、お昼はどうなさいますか。

B : 会議の資料が終わったら、出前を頼んどいてもら
　えるかな。

A : はい、いつものでいいですね。

| 번역 |

B : 자네, 미안하지만 아까 부탁한 입력 작업을 일단 중지
　하고, 이 회의 자료를 스테이플러로 찍어줄래?

A : 네. 부장님, 점심은 어떻게 할까요?

B : 회의 자료가 끝나면 배달시킬까?

A : 네, 항상 먹던 걸로 괜찮지요?

| 어휘 |　済(す)まない 미안하다　入力(にゅうりょ
く) 입력　作業(さぎょう) 작업　いったん 일단　資料
(しりょう) 자료　とめる 고정시키다　出前(でまえ)
(요리) 배달　頼(たの)む 부탁하다

여자는 지금부터 무엇을 합니까?

(A) 배달을 시키고 자료를 스테이플러로 고정시키고 나서
　입력 작업을 합니다.

(B) 스테이플러로 자료를 고정시키고 나서 배달을 시키고,
　입력 작업을 합니다.

(C) 입력 작업이 끝나고 나서 스테이플러로 자료를 고정시
　키고 배달을 시킵니다.

(D) 배달을 시키고 입력 작업을 한 후, 자료를 스테이플러

ロ 固定시킵니다.

| 정답 | (B)

71

A：あの二人、もとの鞘に収まったそうよ。

B：あんなに冷えきった夫婦関係をどうやって元通り
にしたんだろう。

A：えっ、知らないの。結婚7年目にしてようやく赤ち
ゃんを授かったのよ。

B：そうか。子は鎹って言うもんな。

| 번역 |

A：저 두 사람, 재결합했대요.

B：그렇게 냉랭했던 부부관계를 어떻게 되돌려 놓았을
까?

A：아, 몰라요? 결혼 7년차가 되어서 겨우 아이를 가졌어
요.

B：그렇구나. 자식은 부부의 결합을 굳혀주는 것이구나.

| 어휘 | もとの鞘(さや)に収(おさ)まる 원상 복귀하
다, 부부가 화해하고 다시 같이 살다 冷(ひ)えきる (애
정 따위가) 완전히 식어버리다 夫婦(ふうふ) 부부 関
係(かんけい) 관계 元通(もとどお)り 전과 같음 よ
うやく 겨우 授(さず)かる (내려)주시다 鎹(かすが
い) 꺾쇠＊「子(こ)は夫婦(ふうふ)の鎹(かすがい)」(자
식은 부부의 꺾쇠, 부부의 결합을 굳혀주는 것) 気(き)
まずい 서먹서먹하다 仲(なか)たがい 사이가 틀어짐
絆(きずな) 인연

두 사람은 어떤 이야기를 하고 있습니까?

(A) 아이가 태어나서 부부관계가 더욱 서먹서먹해 졌다는
사람의 이야기

(B) 사이가 안 좋은 부부가 원래대로 돌아 왔다는 이야기

(C) 결혼 7년 차에 아이가 생겨서 곧 헤어져 버린 부부의
이야기

(D) 부부는 설령 아이가 생기지 않아도 굳은 인연으로 맺
어져 있다는 이야기

| 정답 | (B)

72

A：あのう、今日届いたカバン、返品したいんですが。

B：状況によって方法が異なりますが、商品の破損や
交換の場合は商品到着後、7日以内に当社までお送
りください。

A：あの、ちょっと思っていたイメージと違ったので
返品したい場合は…。

B：お客様のご都合による返品の送料はお客様の負担
とさせていただきます。

| 번역 |

A：저기, 오늘 도착한 가방, 반품하고 싶은데요.

B：상황에 따라 방법이 틀린데요, 상품의 파손이나 교환
의 경우는 상품 도착 후 7일 이내에 저희 회사로 보내
주십시오.

A：저, 생각했던 이미지와 틀려서 반품하고 싶은 경우
는….

B：고객님의 상황에 의한 반품의 송료는 고객님 부담입니
다.

| 어휘 | 届(とど)く 도착하다 返品(へんぴん) 반품
状況(じょうきょう) 상황 異(こと)なる 다르다 破
損(はそん) 파손 交換(こうかん) 교환 到着(とうち
ゃく) 도착 商品(しょうひん) 상품 当社(とうしゃ)
당사 都合(つごう) 형편, 사정 送料(そうりょう) 송
료 着払(ちゃくばら)い 착불 直接(ちょくせつ) 직
접 自己負担(じこふたん) 자기부담 送(おく)り返
(かえ)す 보내온 물건 등을 되돌려 보내다, 반송하다

여자는 지금부터 어떻게 합니까?

(A) 착불로 가방을 돌려보낸다.

(B) 직접 가게에 가방을 돌려주러 간다.

(C) 반품하고 싶은 가방을 가지러 오게 한다.

(D) 송료는 자기부담으로 가방을 돌려보낸다.

| 정답 | (D)

73

B：あーあ、今月も火の車だよ。

A：改革、改革って騒いでるけど保険料が上がる一方
で私たちの生活はちっとも向上しないわね。

B：まったく政治家たちはいつも戯言を抜かしてばか
りだな。

A：そうね。選挙の前だけ調子のいいことばかり言っ
て…。

| 번역 |

B：아, 이번 달도 쪼들리네.

A：개혁, 개혁 떠들어대고 있지만 보험료가 오르기만 하
고 우리들의 생활은 조금도 향상되지 않아.

B : 정말이지 정치가들은 언제나 허튼소리만 지껄여대.

A : 그래. 선거 전에만 기세 좋은 소리만 하고….

| 어휘 | 火(ひ)の車(くるま) 빈곤에 쪼들리는 모양 改革(かいかく) 개혁 騒(さわ)ぐ 떠들다 保険料(ほけんりょう) 보험료 ちっとも 조금도 向上(こうじょう) 향상 まったく 정말로, 참말로 政治家(せいじか) 정치가 戯言(たわごと) 허튼소리 抜(ぬ)かす 지껄이다 選挙(せんきょ) 선거 調子(ちょうし)がいい 비위를 잘 맞추다, 듣기 좋은 말을 잘하다 憤(いきどお)る 분개하다 給料(きゅうりょう) 급료 国民(こくみん) 국민 治療費(ちりょうひ) 치료비 ～わりに ～인데 비해 対応(たいおう) 대응 嘘(うそ)をつく 거짓말을 하다 ～てばかりいる ～만 하고 있다 睡眠(すいみん) 수면 妨害(ぼうがい) 방해

| 주요어구 | 「～て(で)ばかりいる」: ~만 하고 있다

• 何(なに)もしないで遊(あそ)んでばかりいる.
　 아무 것도 안 하고 놀기만 하고 있다.

두 사람은 무엇에 대하여 화를 내고 있습니까?

(A) 정치가의 급료가 국민보다 훨씬 높은 것.

(B) 병원 치료비가 비싼 것에 비해 대우가 나쁜 것.

(C) 정치가는 항상 거짓말만 하는 것.

(D) 선거 차의 소리가 수면방해가 되는 것.

| 정답 | (C)

74

A : 夕べの地震、エレベーターが止まってこわかった。

B : 俺なんかまた地震がくると困るから、本棚を壁に
　 固定してもらったんだ。

A : えらいわね。私はそういうのに無頓着だから。

B : あの地震よりもっと規模が大きい地震が起こる可
　 能性もあるんだから、用心しろよ。

| 번역 |

A : 어젯밤의 지진, 엘리베이터가 멈춰서 무서웠어.

B : 나는 또 지진이 오면 곤란하니까 책장을 벽에 고정시
　 켜 놨어.

A : 대단해. 나는 그런 것에 무신경해서.

B : 그 지진보다 더 규모가 큰 지진이 일어날 가능성도 있
　 으니까 조심해.

| 어휘 | 地震(じしん) 지진 怖(こわ)い 무섭다 俺(おれ) (주로 남자가 같은 또래나 아랫사람에게 쓰는 1인

칭)나 本棚(ほんだな) 책장 壁(かべ) 벽 固定(こてい) 고정 えらい 훌륭하다, 대단하다 無頓着(むとんちゃく) 무관심함, 개의치 않음 아랑곳하지 않음 規模(きぼ) 규모 可能性(かのうせい) 가능성 用心(ようじん) 조심, 주의 備(そな)え 대비 普段(ふだん) 평소 気(き)に掛(か)ける 염려하다, 걱정하다 避難用具(ひなんようぐ) 피난용품 常備(じょうび) 상비

여자는 지진에 대하여 어떤 대비를 하고 있습니까?

(A) 책장을 고정하거나 하고 있다.

(B) 그다지 신경 쓰지 않지만 마음의 준비만은 하고 있다.

(C) 그다지 평소부터 신경 쓰고 있지 않다.

(D) 피난용품을 집에 상비하고 있다.

| 정답 | (C)

75

B : ある友人が、ペットのアライグマが「ガイライセイ
　 ブツ」に指定されちゃったって悲しんでたよ。

A : 特定外来生物のことね。指定された外国産の動物
　 や植物は、もともと日本にいる動物や植物を食べ
　 たり追い出したりするおそれがあるのよ。

B : 新しく飼うことはできないけれど、前から飼って
　 いるのならOKなんでしょ。

A : ええ、でも、許可がいるし、子どもを産ませては
　 ダメ。捨てるのはもちろん、だれかにあげたり売
　 ったりするのも禁止されていて、飼い主の責任で
　 処分しなきゃならないの。

| 번역 |

B : 어떤 친구가, 애완동물인 미국 너구리가 '외래생물'로
　 지정되어서 슬퍼했어.

A : 특정외래생물이요. 지정된 외국산 동물이나 식물은 원
　 래 일본에 있는 동물이나 식물을 먹거나 내쫓거나 할
　 우려가 있어요.

B : 새롭게 기를 수는 없지만 전부터 기르던 것은 괜찮잖
　 아요.

A : 네, 그래도 허가가 필요하고, 새끼를 낳게 하면 안 돼
　 요. 버리는 것은 물론, 누군가에게 주거나 팔거나 하는
　 것도 금지되어 있고, 주인이 책임지고 처분하지 않으
　 면 안 돼요.

| 어휘 | アライグマ 미국 너구리 外来生物(がいらいせいぶつ) 외래 생물 悲(かな)しむ 슬퍼하다 特定(とくてい) 특정 指定(してい) 지정 外国産(がいこ

くさん) 외국산　動物(どうぶつ) 동물　植物(しょくぶつ) 식물　もともと 원래, 본디　追(お)い出(だ)す 몰아내다　おそれ 염려, 우려　飼(か)う (동물을)기르다　許可(きょか) 허가　要(い)る 필요하다　産(う)む 낳다, 분만하다　捨(す)てる 버리다　禁止(きんし) 금지　飼(か)い主(ぬし) 가축 기르는 사람, 사육주　責任(せきにん) 책임　処分(しょぶん) 처분　危害(きがい) 위해　加(くわ)える 끼치다　検討(けんとう) 검토　監督(かんとく) 감독　～もとなら (조건, 한정, 영향이 미치는 범위)～하라면, ～아래라면　得(え)る 얻다　飼(か)い続(つづ)ける 계속 기르다

두 사람의 대화에 대하여 옳은 것은 무엇입니까?
(A) 미국너구리는 사람에게 위해를 끼칠 우려가 있으므로 절대로 기르지 않는 것이 좋다.
(B) 미국너구리는 현재, 특정외래생물로 지정할지 말지 검토 중이다.
(C) 주인의 감독하라면 미국너구리가 새끼를 낳아도 된다.
(D) 남자의 친구는 허가를 받으면 그대로 미국너구리를 기를 수 있다.
| 정답 | (D)

76

A : どう、トレンディー社との交渉、うまくいった。
B : それが折り合いがつかず、交渉は暗礁に乗り上げたままなんだよ。
A : このままだと両社とも共倒れになりかねないわね。
B : ああ、その前になんとか手を打たなくちゃ。

| 번역 |
A : 어때, 트랜디사와의 교섭, 잘 됐어?
B : 그게 타협이 되지 않고, 교섭은 난관에 부딪친 채야.
A : 이대로라면 두 회사 모두 망할지도 몰라.
B : 아, 그 전에 어떻게든 조치를 취하지 않으면….

| 어휘 |　交渉(こうしょう) 교섭　折(お)り合(あ)い 타협　暗礁(あんしょう)に乗(の)り上(あ)げる 뜻 밖의 어려움에 처하다　共倒(ともだお)れ 양쪽 모두 망함　～かねない ～할지도 모른다　手(て)を打(う)つ 조치를 취하다　有利(ゆうり) 유리　方向(ほうこう) 방향　失敗(しっぱい) 실패　引(ひ)き下(さ)がる 물러나다　決着(けっちゃく)がつく 결말이 나다　ひとまず 우선, 일단　軍配(ぐんばい)が上(あ)がる 승부에 이기다

| 주요어구 |　「동사ます형+かねない」=「～かもしれない」: ～하기 쉽다, ～하기 십상이다, ～할 듯하다
・座視(ざし)すれば国際問題(こくさいもんだい)になりかねない。
　좌시하면 국제 문제가 될 수 있다.

교섭은 어떻게 되었습니까?
(A) 트랜디사에 유리한 쪽으로 진행됐다.
(B) 성공의 눈앞에서 실패로 끝났다.
(C) 양자 모두 물러나지 않고 결말이 나지 않았다.
(D) 일단 이쪽이 승부에서 이겼다.
| 정답 | (C)

77

A : 田中さん、今月の営業成績見ましたよ。断トツの一位でしたね。
B : このところ、ずっと成績が低迷したままでしたが、やっと挽回できてうれしいです。
A : ずっと王座を守り続けてきた木村さんがくやしがってましたよ。
B : 今回はまぐれだと言ってもいいです。木村先輩の足下にも及びませんよ。

| 번역 |
A : 다나카 씨, 이번 달의 영업 성적 봤어요. 단독 1위던데요.
B : 요즘, 계속 성적이 저조했는데 겨우 만회할 수 있어서 기쁩니다.
A : 계속 왕좌를 지켜왔던 기무라 씨가 분해하고 있어요.
B : 이번은 요행이라고 해도 좋아요. 기무라 선배의 발끝에도 못 미쳐요.

| 어휘 |　営業(えいぎょう) 영업　成績(せいせき) 성적　断(だん)トツ 단연코 선두에 섬　一位(いちい) 1위　このところ 요즈음　低迷(ていめい) 나쁜 상태에서 헤어나지 못하여 헤맴　挽回(ばんかい) 만회　王座(おうざ) 왕좌　まぐれ 우연, 요행　先輩(せんぱい) 선배　努力(どりょく) 노력　かい 보람　実力(じつりょく) 실력　はるかに 훨씬　肩(かた)を並(なら)べる 어깨를 나란히 하다

남자는 이번 성적에 대하여 어떻게 생각하고 있습니까?
(A) 노력의 보람이 있어서 1위가 되었다.
(B) 계속 1위였기 때문에 특별히 변한 것은 없다.
(C) 실력상으로는 기무라 선배가 훨씬 훌륭하다.

(D) 이것으로 겨우 기무라 선배와 어깨를 나란히 할 수 있
  게 되었다.

| 정답 | (C)

78

B : 例の工事費の見積りが上がりましたので参上しま
    した。
A : 契約は私の一存では決めかねますので他社と比較
    検討した結果を後日お知らせ致します。
B : 今回は私どももかなり勉強させていただいており
    ますので、何とぞよろしくお願い致します。
A : はい。今日は遠いところをご苦労様でした。

| 번역 |

B : 그 공사비의 견적이 나와서 찾아뵈었습니다.
A : 계약은 저 혼자서 결정하기 어렵기 때문에 다른 회사
    와 비교검토 한 결과를 후일 알려드리겠습니다.
B : 이번에는 우리도 상당히 공부했으니 잘 부탁드립니다.
A : 네. 오늘은 멀리까지 오시고 수고 많으셨습니다.

| 어휘 | 工事費(こうじひ) 공사비   見積(みつ)もり
견적   上(あ)がる 끝나다, 마치다   参上(さんじょう)
찾아뵘   契約(けいやく) 계약   一存(いちぞん) 자기
혼자만의 생각·판단   決(き)める 결정하다, 정하다 ~か
ねる ~하기 어렵다   比較(ひかく) 비교   検討(けんと
う) 검토   後日(ごじつ) 후일   知(し)らせる 알리다,
통보하다   何(なに)とぞ 아무쪼록, 부디   遠(とお)い
ところを 먼 곳까지   ご苦労様(くろうさま) 수고하십
니다, 수고하셨습니다   意外(いがい)と 의외로   誤(あ
やま)り 실수   書(か)き直(なお)す 다시 쓰다   競合
(きょうごう) 경합   比(くら)べる 비교하다   連絡(れ
んらく)する 연락하다

| 주요어구 | 「동사ます형+かねる」: (사정이 있어) ~하기
어렵다, ~할 수 없다
・そのような提案(ていあん)には賛成(さんせい)しか
  ねます。=(賛成(さんせい)できない)
    그러한 제안에는 찬성하기 어렵습니다.

여자는 어떻게 하기로 하였습니까?
(A) 견적이 의외로 쌌기 때문에 지금 바로 계약 한다.
(B) 견적서에 실수가 많았기 때문에 다시 쓰게 한다.
(C) 경합회사와 비교하고나서 결과를 후에 연락한다.
(D) 혼자서는 계약을 할 수 없기 때문에 사장을 부른다.

| 정답 | (C)

79

B : どこもかしこも人でいっぱいだね。
A : ええ、デパート、ショッピングセンターでは「お歳
    暮商戦」がピークを迎えているからね。
B : でも、人がたくさんいる割りにはあまり買い物袋
    をさげている人は見えないね。
A : 長引く景気低迷で消費者が贈り先を絞り込む中、
    各店ともあの手この手の顧客獲得作戦でしのぎを
    削っているのよ。

| 번역 |

B : 어디나 사람들로 가득하네.
A : 네, 백화점, 쇼핑센터에서는 연말 선물 판매 경쟁이 절
    정을 이루고 있으니까.
B : 하지만 사람이 많은 것에 비해 그다지 쇼핑백을 든 사
    람은 보이지 않네.
A : 장기 경기 침체로 소비자가 선물 보낼 곳을 줄이는 사
    이, 각 점 모두는 온갖 수단의 고객획득 작전으로 맹렬
    히 싸우고 있어요.

| 어휘 | どこもかしこも 어디나   歳暮商戦(せいぼし
ょうせん) 연말선물 판매 경쟁   ピークを向(む)かえる
절정을 맞이하다   買(か)い物袋(ものぶくろ)を提(さ)
げる 쇼핑백을 들다   長引(ながび)く 오래 끌다   景気
低迷(けいきていめい) 경기 침체   消費者(しょうひし
ゃ) 소비자   贈(おく)り先(さき) 선물을 보낼 곳   絞
(しぼ)り込(こ)む 축소해 가다   各店(かくてん)とも
각 점 모두   あの手(て)この手(て) 온갖 수단   顧客(こ
かく) 고객   獲得(かくとく) 획득   作戦(さくせん) 작
전   しのぎを削(けず)る 맹렬히 싸우다   回復(かいふ
く) 회복   方向(ほうこう) 방향   向(む)かう 향하다
減少(げんしょう) 감소   買(か)い控(びか)え 사는 사
람이 매입을 중지하거나 매입량을 줄임   知恵(ちえ)を絞
(しぼ)る 지혜를 짜내다   経費削減(けいひさくげん)
경비 삭감   努(つと)める 힘쓰다

두 사람의 대화에서 무엇을 알 수 있습니까?
(A) 경기가 조금씩 회복하는 방향으로 나가고 있다.
(B) 크리스마스 선물을 사는 사람은 매년 감소하고 있다.
(C) 불경기이기 때문에 소비자가 연말 선물의 구매를 줄이
    고 있다.
(D) 어느 가게도 지혜를 짜 내 경비 삭감에 힘쓰고 있다.

| 정답 |　(C)

80

A：2001年12月のWTO加盟後、中国は「世界の工場」と
しての成長をさらに加速させているわね。

B：でも、今や生産拠点を中国に移すだけでは、中国
でのビジネスが成功しないことはすでに実証され
ているよ。

A：やっぱり中国ビジネス成功の鍵を握るのは、中国
を基点とする国際物流をいかに効率的に構築して
いくかにかかっていると思うわ。

B：中国戦略を強化する日本企業にとって、規制大
国・中国の物流事情を熟知した物流企業が欠かせ
ないパートナーとなるはずだよ。

| 번역 |

A：2001년 12월 WTO 가맹 후, 중국은 '세계의 공장' 으
로서의 성장을 더욱 가속화 하고 있어.

B：그래도 지금은 이미 생산거점을 중국으로 옮기는 것만
으로는 중국에서의 비즈니스가 성공할 수 없는 것은
이미 실증되었잖아.

A：역시 중국 비즈니스 성공의 열쇠를 쥐는 것은, 중국을
기점으로 하는 국제물류를 어떻게 효율적으로 구축해
가는가에 달려있다고 생각해.

B：중국 전략을 강화하는 일본기업에게 있어서 규제대
국·중국의 물류사정을 숙지한 물류기업이 빠뜨릴 수
없는 파트너가 될 거야.

| 어휘 |　加盟(かめい) 가맹　成長(せいちょう) 성장
加速(かそく) 가속　生産(せいさん) 생산　拠点(きょ
てん) 거점　移(うつ)す 옮기다　すでに 이미　実証
(じっしょう) 실증　鍵(かぎ) 열쇠, 실마리　基点(き
てん) 기점　国際(こくさい) 국제　物流(ぶつりゅう) 물
류　いかに 어떻게　効率的(こうりつてき) 효율적　構
築(こうちく) 구축　強化(きょうか) 강화　企業(きぎ
ょう) 기업　規制(きせい) 규제　大国(たいこく) 대국
事情(じじょう) 사정　熟知(じゅくち) 숙지　欠(か)か
す 빠뜨리다　～において (어떤 일이 이루어지는 장소,
시간을 나타냄) ～에 있어서　重(おも)きを おく 중점을
두다　百発百中(ひゃっぱつひゃくちゅう) 백발백중
取(と)っ払(ぱら)う 없애다　必(かなら)ずしも～とは
限(かぎ)らない 반드시 ～라고는 할 수 없다, 반드시～
인 것은 아니다

| 주요어구 |　必(かなら)ずしも～とは限(かぎ)らない・～

とは言(い)えない・～わけではない：「必(かなら)ずし
も」와 같은 확신도 100%의 말을 앞에 두고, 뒤에는 부정
의 예외적인 경우를 나타내는 말이 와서 '100% ～인 것은
아니다' 는 의미를 나타낸다.

・値段(ねだん)の高(たか)い物(もの)が必(かなら)ず
しもおいしいとは限(かぎ)らない。
가격이 비싼 것이 반드시 맛있다고는 할 수 없다.

두 사람의 회화의 내용과 맞는 것은 무엇입니까?
(A) 중국에 있어서는 물류보다도 생산에 중점을 두어야 한다.
(B) 중국에 생산거점을 옮기면 어떤 기업도 백발백중 성공
한다.
(C) 중국 비즈니스 성공의 열쇠는 여러 규제를 없애는 것
이다.
(D) 생산거점을 중국으로 옮겨도 반드시 성공한다고는 할
수 없다.

| 정답 |　(D)

Part 4

[81~84]

私は小学生のころから、よく「お父さんのこと好
き？」と聞かれると、「好き」と素直に答えずに、「嫌
い」と答えてしまっていました。そして、いつもなん
でこう答えてしまうのだろうと、思っていました。
なぜか素直に、「好き」と言うことを恥ずかしいと思
っていました。父は料理が好きで、友だちが遊びに
来ると、みんなに料理を作ってくれたり、風邪を引
いて休んだ時には、会社の帰りに電話をくれて、欲
しい物を買ってきてくれたりします。私には、大学3
年の姉と高校3年の兄がいます。2人とも父とは仲が
よく、いつもうらやましく思っていました。姉たち
と違うところは何だろうと考えてみたら、それは、
姉たちは父のことをいろいろ考えて行動するのに対
し、私は、自分がしたいと思ったらすぐ行動に出て
いました。他のことでは、とても素直なのに、父の
前では素直になれない自分を、いやだなあと思うよ
うになりました。これからは、友だちの前と同じよ
うな態度で、素直になれたらいいなあと思います。

| 번역 | 나는 초등학교 때부터 자주 '아빠 좋아?' 라고 물으면, '좋아' 라고 순진하게 대답하지 않고 '싫어' 라고 대답해 버렸습니다. 그리고 언제나 왜 그렇게 대답해 버리는지 생각했습니다. 왠지 솔직하게 '좋아' 라고 말하는 것을 창피하다고 생각했습니다. 아버지는 요리를 좋아해서 친구들이 놀러 오면 모두에게 요리를 만들어 주거나, 감기에 걸려서 쉴 때에는 퇴근길에 전화를 해서 갖고 싶은 것을 사다 주거나 합니다. 나에게는 대학교 3학년인 누나와 고등학교 3학년인 형이 있습니다. 둘 다 아버지와 사이가 좋아 항상 부러웠습니다. 그들과 다른 점이 무얼까 생각해 보면, 그것은 그들은 아버지를 이것저것 생각하고 행동하는 것에 비해 나는 내가 하고 싶다고 생각하면 바로 행동에 옮겼습니다. 다른 일에서는 매우 온순한데 아버지의 앞에서는 유순하지 못한 나 자신이 싫었습니다. 이제부터는 친구들 앞에서와 같은 태도로 부드러워질 수 있다면 좋겠다고 생각합니다.

| 어휘 | 素直(すなお) 순진함, 온순함, 솔직함, 부드러움, 유연함, 자연스러움 嫌(きら)い 싫음 恥(は)ずかしい 부끄럽다 料理(りょうり) 요리 風邪(かぜ)を引(ひ)く 감기에 걸리다 姉(あね) 언니, 누나 兄(あに) 형, 오빠 仲(なか)がよい 사이가 좋다 うらやましい 부럽다 行動(こうどう) 행동 態度(たいど) 태도

81

이 사람은 형제 중에 몇째 입니까?
(A) 첫째
(B) 둘째
(C) 셋째
(D) 넷째

| 어휘 | 何番目(なんばんめ) 몇 번째(순서를 나타냄)
| 정답 | (C)

82

이 사람은 아버지를 어떻게 생각하고 있습니까?
(A) 매우 싫다.
(B) 그다지 좋아하지 않는다.
(C) 좋다.
(D) 좋아하지도 싫어하지도 않는다.

| 어휘 | 大嫌(だいきら)い 아주 싫어함
| 정답 | (C)

83

다른 형제와 아버지와의 관계는 어떻습니까?
(A) 항상 싸움만 한다.
(B) 사이가 나쁘다.
(C) 사이가 좋지도 나쁘지도 않다.
(D) 사이가 좋다.

| 어휘 | 他(ほか) 다른 仲(なか)が悪(わる)い 사이가 안 좋다, 사이가 나쁘다
| 정답 | (D)

84

이 사람은 이제부터 어떻게 하고 싶다고 생각하고 있습니까?
(A) 친구를 많이 만들고 싶다.
(B) 아버지처럼 상냥한 사람이 되고 싶다.
(C) 형제와 사이좋게 지내고 싶다.
(D) 아버지 앞에서 온순해 지고 싶다.

| 어휘 | 優(やさ)しい 친절하다, 상냥하다 仲良(なかよ)い 사이가 좋다, 좋은 사이이다 素直(すなお) 온순함, 유순함
| 정답 | (D)

[85~87]

日常生活では、年代の差というものは大きく、目上の人には敬語を使うなどして接します。しかしそれがインターネット上のやりとりとなると別の話のようです。相手の顔も年齢も性別もわからない中での「会話」は、時に、ものすごく失礼で、自分勝手になりかねません。たとえば、用件のみであいさつのないメール、交流の場である掲示板での、いきなりなれなれしい文など。思わずマユをひそめてしまうようなものもあります。そのためか、メールの書き方やホームページの見方をわざわざ教えてくれるサイトもあります。でも、そこを見て思うのは、すごく当たり前のことばかり。ふだんの生活でできて当たり前のことがネット上ではできないなんて、おかしな話です。どんな時でも、どんな場所でも当たり前の礼儀、ルールを忘れないようにしたいものです。

| 번역 | 일상생활에서는 연대의 차라는 것은 커서, 윗사람에게는 경어를 쓰는 등 하여 응대합니다. 그러나 그것이

인터넷상의 대화가 되면 다른 이야기가 되는 듯합니다. 상대의 얼굴도 나이도 성별도 모르는 가운데에서의 '회화'는 때때로 굉장히 무례하고, 자기 멋대로 되기 쉽다. 예를 들어, 용건만으로 인사가 없는 메일, 교류의 장인 게시판에서의 느닷없는 반말의 문장 등. 무심코 눈살을 찌푸리게 되는 것도 있습니다. 그 때문인지 메일 쓰는 법이나 홈페이지의 보는 방법을 일부러 가르쳐 주는 사이트도 있습니다. 하지만, 그것을 보고 느껴지는 것은 매우 당연한 것 뿐. 보통 생활에서는 당연한 것이 인터넷상에서는 불가능하다는 것은 이상한 이야기입니다. 어떤 때라도 어느 장소라도 당연한 예의, 규칙을 잊지 않도록 하고 싶습니다.

| 어휘 |　日常生活(にちじょうせいかつ) 일상생활　年代(ねんだい) 연대, 세대　目上(めうえ) 윗사람　敬語(けいご) 경어　接(せっ)する 응대하다　やりとり 주고받음　年齢(ねんれい) 연령　性別(せいべつ) 성별　失礼(しつれい) 실례　勝手(かって) 제멋대로 굶　～かねない ～할지도 모른다　用件(ようけん) 용건　交流(こうりゅう) 교류　掲示板(けいじばん) 게시판　いきなり 느닷없이　なれなれしい 친한 것처럼 처신하다　マユをひそめる 눈살을 찌푸리다　見方(みかた) 보는 방법　礼儀(れいぎ) 예의　ルール 규칙

85

보통 생활에서는 윗사람에게 어떤 말을 씁니까?
(A) 반말
(B) 경어
(C) 표준어
(D) 속어

| 어휘 |　普段(ふだん) 늘, 항상, 평소　目上(めうえ)の人(ひと) 손윗사람　ため口(ぐち) 반말, 「友(とも)だち同士(どうし)で使(つか)う言葉(ことば)」(친구끼리 사용하는 말)　敬語(けいご) 경어　標準語(ひょうじゅんご) 표준어　俗語(ぞくご) 속어
| 정답 |　(B)

86

인터넷상에서는 어떤 것이 실례입니까?
(A) 상대의 얼굴이나 나이, 성별에 대하여 묻는 것
(B) 메일에 인사 없이 용건만 쓰는 것
(C) 게시판에 자신에 대하여 길게 쓰는 것
(D) 바로 답장을 보내지 않는 것

| 어휘 |　インターネット上(じょう) 인터넷상　用件(ようけん) 용건　掲示板(けいじばん) 게시판　返事(へんじ) 답장
| 정답 |　(B)

87

왜 메일 쓰는 법이나 홈페이지 보는 법을 가르쳐 주는 사이트가 있습니까?
(A) 컴퓨터가 익숙하지 않은 사람이 많기 때문에
(B) 많은 사람들이 컴퓨터를 이용하기를 바라기 때문에
(C) 예의나 규칙을 잊어버리는 사람이 있기 때문에
(D) 노인이 컴퓨터 쓰는 법을 모르기 때문에

| 어휘 |　見方(みかた) 보는 법, 견해, 사고방식　使(つか)い慣(な)れる 사용에 익숙해 지다　礼儀(れいぎ) 예의　お年寄(としよ)り 노인, 나이든 사람=「老人(ろうじん)」
| 정답 |　(C)

[88~90]

世界には天才と呼ばれる音楽家がたくさんいますが、中でも「いやしの力」があると注目されているのがピアニストのフジ子・ヘミングさんです。リストの「ラ・カンパネラ」をダイナミックかつ繊細に弾くことで知られるフジ子さん。念願がかなって東京でのコンサートに行って来ました。「フジ子・ヘミング魂のピアニスト」を読むと、彼女には不運なことがたくさんあったようです。建築家のロシア系スウェーデン人の父とピアニストの日本人の母との間に生まれたということで、いじめに遭い、やっとつかんだウィーンでのデビューコンサートは、その直前に風邪をこじらせて、耳が聞こえなくなるというアクシデントに見舞われます。けれど、いつも希望と情熱を捨てずに、ピアノとともに生きてきたフジ子さん。その演奏には迫力があって、活力がみなぎっていました。心から、強く願って努力すれば、必ずチャンスが舞い降りてくるということをコンサートを聴いて実感しました。

| 번역 |　세계에는 천재라 불리는 음악가가 많이 있지만 그 중에서도 '치유하는 힘'이 있다고 주목받고 있는 사람이 피아니스트 후지코 헤밍 씨입니다. 리스트의 '라 칸파넬라'를 다이나믹하고 섬세하게 연주하는 것으로

알려진 후지코 씨. 염원을 이루어 도쿄에서의 콘서트에 갔다 왔습니다. '후지코 헤밍, 영혼의 피아니스트'를 읽으니, 그녀에게는 불운한 일이 많이 있었던 듯 합니다. 건축가인 러시아계 스웨덴 사람인 아버지와 피아니스트인 일본인 어머니와의 사이에서 태어났다는 것으로 괴롭힘을 당하고, 겨우 잡은 빈에서의 데뷔 콘서트는 그 직전에 감기가 악화되어 귀가 들리지 않게 되는 사고가 닥쳐옵니다. 하지만 언제나 희망과 정열을 버리지 않고 피아노와 함께 살아 온 후지코 씨. 그 연주에는 박력이 있고 활력이 넘쳐흘렀습니다. 마음으로부터 간절히 원하고 노력하면 반드시 찬스가 찾아온다는 것을 콘서트를 보고 실감했습니다.

|어휘| 世界(せかい) 세계　天才(てんさい) 천재　音楽家(おんがくか) 음악가　注目(ちゅうもく) 주목　繊細(せんさい) 섬세　弾(ひ)く 연주하다　念願(ねんがん) 염원　かなう 이루어지다　魂(たましい) 영혼　不運(ふうん) 불운　建築家(けんちくか) 건축가　つかむ 붙잡다　直前(ちょくぜん) 직전　風邪(かぜ)をこじらす 감기를 악화시키다　見舞(みま)う 닥쳐오다　希望(きぼう) 희망　情熱(じょうねつ) 정열　演奏(えんそう) 연주　迫力(はくりょく) 박력　活力(かつりょく) 활력　みなぎる 넘쳐흐르다　舞(ま)い降(お)りる 훨훨 내려앉다　実感(じっかん) 실감

88

후지코 씨에게 어떤 불운한 일이 있었습니까?
(A) 건축가인 남편과 이혼한 것
(B) 부모가 이혼한 것
(C) 청력을 잃은 것
(D) 감기에 걸린 것

|어휘| 不運(ふうん) 불운　建築家(けんちくか) 건축가　夫(おっと) 남편　離婚(りこん) 이혼　視力(しりょく) 시력　失(うしな)う 잃다
|정답| (C)

89

후지코 씨는 어떤 연주를 합니까?
(A) 정확성은 부족하지만 마음이 담긴 연주
(B) 조금도 나무랄 데가 없는 연주
(C) 사람의 마음에 다가가는 것이 있고, 파워 넘치는 연주
(D) 그 장소의 분위기에 맞춰서 섬세하지만 조잡한 연주

|어휘| 演奏(えんそう) 연주　心(こころ)がこもる 정성이 담기다　一点(いってん) 한 점, 조금　非(ひ)の打(う)ちところがない 흠 잡을 데가 없다　心(こころ)に迫(せま)る 마음에 다가오다　満(み)ち溢(あふ)れる 넘쳐나다　雰囲気(ふんいき) 분위기　繊細(せんさい) 섬세　粗雑(そざつ) 조잡
|정답| (C)

90

이 사람은 후지코 씨의 콘서트에 가서 무엇을 느꼈습니까?
(A) 현대인은 아름다운 음악을 듣고 마음을 정화하는 것이 필요하다.
(B) 후지코 씨와 같은 훌륭한 피아니스트가 되고 싶다.
(C) 열심히 노력하면 반드시 좋은 기회가 온다.
(D) 젊은 시절 고생하고 나이가 들어 행복해지는 사람도 있다.

|어휘| 現代人(げんだいじん) 현대인　美(うつく)しい 아름답다　心(こころ)をいやす 마음을 치료하다　好機(こうき) 호기, 좋은 기회　到来(とうらい) 도래　幸(しあわ)せになる 행복해지다
|정답| (C)

[91~93]

いつごろからか、私は夜道ですれ違う人に対して、過剰なまでの恐怖を感じるようになりました。何かいやな目にあったというわけではありません。たぶん、犯罪の低年齢化、ストーカー被害、警察への不信感…。こういうニュースは日常的に起こり得るのだと感じているからだと思います。たとえば塾帰りの小学生や会社帰りのサラリーマンとすれ違う時も、今度こそ刺されるかと身構えてしまうのです。今の社会において、自分がいつニュースの当事者になってもおかしくありません。夜遅くには出歩かないなどの、当たり前の防犯対策しか身を守る方法がない私たちにとって、この社会は恐怖です。だんだんと、社会を信じることが出来ない世の中になりつつあるのではないでしょうか。この世から完全に凶器をなくすことは出来ないのですから、せめて何かあった時、安心して助け合える世の中になれたらよいと思います。

| 번역 | 언제부터인지 나는 밤길에서 스쳐 지나가는 사람에 대하여 지나치게 공포를 느끼게 되었습니다. 무슨 나쁜 일이 있었던 것은 아닙니다. 다만, 범죄의 저연령화, 스토커 피해, 경찰에의 불신감… 이러한 뉴스는 일상적으로 일어날 수 있다고 느끼고 있기 때문입니다. 예를 들어 학원을 마치고 귀가하는 초등학생이나 퇴근하는 샐러리맨과 지나칠 때에도 이번에야말로 찔리는 건가하고 경계하게 됩니다. 지금의 사회에 있어서 자신이 언제 뉴스의 당사자가 되어도 이상하지 않습니다. 밤늦게는 돌아다니지 않는 등의 당연한 방범대책밖에 몸을 지키는 방법이 없는 우리들에게 있어서 이 사회는 공포입니다. 점점 사회를 믿지 못하는 세상이 되어가는 것은 아닐까요? 이 세상에서 완전히 흉기를 없애는 것은 불가능하니까 적어도 무슨 일이 있을 때 안심하고 서로 도울 수 있는 세상이 되었으면 좋겠습니다.

| 어휘 | 夜道(よみち) 밤길　すれ違(ちが)う 스쳐 지나가다　過剰(かじょう) 과잉　恐怖(きょうふ) 공포　犯罪(はんざい) 범죄　被害(ひがい) 피해　警察(けいさつ) 경찰　不信感(ふしんかん) 불신감　塾(じゅく) 학원　刺(さ)す 찌르다　身構(みがま)える 경계하다　当事者(とうじしゃ) 당사자　出歩(であ)く 나다니다　防犯(ぼうはん) 방범　対策(たいさく) 대책　凶器(きょうき) 흉기　せめて 적어도＝「少(すく)なくとも」　助(たす)け合(あ)う 서로 돕다

91

왜 나는 밤길에서 스치는 사람에게 공포심을 느끼게 되었습니까?
(A) 학원을 마치고 귀가 길에 혼자서 걷고 있는데 뒤에서 얻어맞은 경험이 있으므로
(B) 이전에 스토커에게 집까지 쫓긴 적이 있으므로
(C) 뉴스에 나올 법한 사건을 당하지 않는다고는 할 수 없으므로
(D) 어릴 적 나쁜 일을 당한 것이 정신적 충격이 되어서

| 어휘 | 殴(なぐ)る 때리다, 패다, 구타하다　事件(じけん)に遭(あ)う 사건을 당하다　ひどい目(め)に遭(あ)う 혼나다, 지독한 일을 당하다＊トラウマ 정신적 충격「過去(かこ)の悪(わる)い出来事(できごと)などが後々(あとあと)にまで影響(えいきょう)を残(のこ)すこと」(과거의 나쁜 일이나 사건이 나중까지 영향을 남기는 것)을 의미하는 말이다.
| 정답 | (C)

92

나는 방범대책으로 어떤 것이 있다고 말하고 있습니까?
(A) 호신술을 배운다.
(B) 방범 벨을 평소에 가지고 다닌다.
(C) 밤늦게는 외출하지 않는다.
(D) 밤늦게 나다닐 때는 두 명 이상 행동한다.

| 어휘 | 防犯対策(ぼうはんたいさく) 방범대책　護身術(ごしんじゅつ) 호신술　学(まな)ぶ 배우다　日頃(ひごろ) 평소, 평상시　持(も)ち歩(ある)く 들고 가다, 갖고 다니다　外出(がいしゅつ) 외출
| 정답 | (C)

93

본문의 내용에 맞는 것은 무엇입니까?
(A) 나는 뒤숭숭한 세상이 되어 가고 있다고 염려하고 있다.
(B) 이 세상 속에서 흉기를 박멸할 수 없는 것은 아니다.
(C) 나는 만일의 경우에 서로 도울 수 있는 세상이 되어가고 있다고 믿고 있다.
(D) 사회의 범죄를 제로로 만드는 것은 우리들의 마음가짐에 달려있다.

| 어휘 | 物騒(ぶっそう) 세상이 뒤숭숭함　危惧(きぐ) 염려, 의구심　撲滅(ぼくめつ) 박멸　いざという時(とき) 만약의 경우, 일단 유사시　世(よ)の中(なか) 세상, 사회　犯罪(はんざい) 범죄　心(こころ)がけ 마음가짐　～次第(しだい) ～나름에 달려있음
| 주요어구 | 「～わけではない」(＝ということではない)는 '～인 것은 아니다' 라는 뜻의 완곡한 부정 표현이다.
・どんなにお金(かね)があったところで幸(しあわ)せになれるわけではない。
　아무리 돈이 있다고 한들 행복해질 수 있는 것은 아니다.
| 정답 | (A)

[94～97]

先日、学校からの帰りに乗った地下鉄の電車が、人身事故の影響で止まってしまいました。車内放送から、電車が止まっている理由と今後の見通しを説明する緊迫した声が聞こえてきました。しかし、車内の電光掲示板は事故を知らせる内容ではなく、いつもの案内だけで、何も起こっていないかのようでした。なぜこの時、私が電光掲示板を気にしたかというと、耳の不自由な方に、「電車に乗っている時、何かあるととても不安になる」と言われたことがあったからです。突然電車が止まっても、放送だけでは、耳の不自由な人には何が起こったか分かりません。その話を聞くまで私は、耳の不自由な人にとって、目から入る情報がいかに大切か、まったく気づきませんでした。今、多くの駅でバリアフリーを進めています。駅だけでなく、電車のバリアフリーも進め、だれもが安心して利用できる電車にして欲しいと思いました。

| 번역 | 어제, 하굣길에 탄 지하철의 전차가 인사 사고의 영향으로 멈춰버렸습니다. 차내 방송에서 전차가 멈춘 이유와 앞으로의 전망을 설명하는 긴박한 목소리가 들려 왔습니다. 그러나 차내의 전광게시판은 사고를 알리는 내용이 아니라 늘 나오던 안내만으로, 아무 일도 일어나지 않은 것 같았습니다. 왜 이런 때 내가 전광게시판을 신경 썼냐 하면, 귀가 불편한 분에게 '전철에 타고 있을 때 무슨 일이 생기면 매우 불안해진다' 라고 들은 적이 있기 때문입니다. 갑자기 전철이 멈춰도 방송만으로는 귀가 불편한 사람은 무슨 일이 일어났는지 모릅니다. 그 이야기를 듣기 전에 나는 귀가 불편한 사람에게 있어서 눈으로 들어오는 정보가 얼마나 중요한지 전혀 알지 못했습니다. 지금 많은 역에서 장벽 제거를 하고 있습니다. 역 뿐만이 아니라 전철의 장벽도 제거하여 누구나 안심하고 이용할 수 있는 전철이 되길 바랍니다.

| 어휘 | 人身事故(じんしんじこ) 인사 사고 影響(えいきょう) 영향 車内放送(しゃないほうそう) 차내 방송 理由(りゆう) 이유 見通(みとお)し 전망 緊迫(きんぱく) 긴박 電光(でんこう) 전광 掲示板(けいじばん) 게시판 案内(あんない) 안내 情報(じょうほう) 정보 バリアフリー 장벽 제거

94

언제 전차가 멈췄습니까?
(A) 통학도중
(B) 귀가도중
(C) 통근도중
(D) 통원도중

| 어휘 | 通学途中(つうがくとちゅう) 통학 도중
| 정답 | (B)

95

전차가 멈춘 이유는 무엇입니까?
(A) 건널목이 고장 났기 때문에
(B) 전차의 문에 가방이 끼었기 때문에
(C) 사람의 부상, 또는 사망에 의한 사고 때문에
(D) 노선에 돌이 놓여 있었기 때문에

| 어휘 | 踏(ふ)み切(き)り 건널목 故障(こしょう) 고장 挟(はさ)まる 사이에 끼이다 死亡(しぼう) 사망 線路(せんろ) 선로
| 주요어구 | 〜に よる：〜에 따른, 〜에 의한
• 地震(じしん)による津波(つなみ)で大(おお)きな被害(ひがい)が出(で)た。
  지진에 의한 해일로 큰 피해가 생겼다.)
| 정답 | (C)

96

전차가 멈추었을 때, 전광게시판은 어떻게 되어 있었습니까?
(A) 사고의 통지가 간단히 지나갔다.
(B) 사고의 통지는 없이 평소의 안내만 나왔다.
(C) 사고의 통지가 크게 나왔다.
(D) 정전 때문에 게시판에는 아무것도 표시되지 않았다.

| 어휘 | 手短(てみじか) 간략함, 간단함=「簡略(かんりゃく)」 通常(つうじょう) 통상, 보통=「普段(ふだん)」 停電(ていでん) 정전 表示(ひょうじ) 표시
| 정답 | (B)

97

이 사람이 전광게시판을 신경 쓴 이유는 무엇입니까?
(A) 옆에 귀가 불편한 사람이 있어서 걱정 되어서
(B) 좀 더 자세하게 사고 내용에 대하여 알고 싶어서
(C) 방송을 놓쳐서 다음 역을 알 수 없었기 때문에
(D) 이전 청각장애인에게서 들은 이야기를 상기했기 때문에

| 어휘 | 気(き)にする 신경 쓰다 耳(みみ)の不自由(ふじゆう)な人(ひと) 귀가 불편한 사람 詳(くわ)しい 자세하다 聞(き)き逃(のが)す 빠트리고 못 듣다=「聞(き)き漏(も)らす、聞(き)き落(おと)す」 聾者(ろうしゃ) 농아
| 정답 | (D)

産業再生機構の支援を受けて経営再建中のダイエーは14日、今冬の役員、管理職の賞与を約3割削減する方針を固めた。既存店売上高の前年割れが続いていることから、2006年2月期の経営目標を達成するには、追加のコスト削減が必要と判断した。対象は約1200人。再生機構の支援受け入れ以降、賞与をカットするのは初めて。ダイエーは今年6月、管理職188人の希望退職を実施し、11月30日付で一般職員1268人の希望退職を実施する。来年2月末の正社員は約7000人になる見通しだ。「希望退職の実施は社員全体の士気にも影響する」こともあって、賞与カットは管理職以上にとどめる。

| 번역 |　산업재생기구의 지원을 받고 경영재건중인 다이에는 14일 이번 겨울의 임원, 관리직의 상여를 약 3할 삭감할 방침을 세웠다. 기존점매상고가 계속 전년을 밑돌고 있는 것부터 06년 2월기의 경영목표를 달성하려면 추가의 가격 삭감이 필요하다고 판단했다. 대상은 약 1200명. 재생기구의 지원을 받은 이후 상여를 깎은 것은 처음. 다이에는 올해 6월, 관리직 188명의 희망퇴직을 실시하고 11월 30일부터 일반 사원 1268명의 희망퇴직을 실시한다. 내년 2월 말 정사원은 약 7000명이 될 전망이다. '희망퇴직의 실시는 사원전체의 사기에도 영향을 미친다' 는 것도 있어서 상여 삭감은 관리직 이상으로 그친다.

| 어휘 |　産業(さんぎょう) 산업　再生(さいせい) 재생　機構(きこう) 기구　支援(しえん) 지원　経営(けいえい) 경영　再建(さいけん) 재건　役員(やくいん) 임원　管理職(かんりしょく) 관리직　賞与(しょうよ) 상여　削減(さくげん) 삭감　方針(ほうしん) 방침　固(かた)める 확고히 하다　既存(きそん) 기존　目標(もくひょう) 목표　達成(たっせい) 달성　追加(ついか) 추가　判断(はんだん) 판단　対象(たいしょう) 대상　希望退職(きぼうたいしょく) 희망퇴직　実施(じっし) 실시　士気(しき) 사기　とどめる 그치다

98

올해 겨울의 보너스 삭감 대상은 어떤 사람들입니까?
(A) 계약사원
(B) 일반직원
(C) 관리직
(D) 정사원

| 어휘 |　対象(たいしょう) 대상　契約社員(けいやくしゃいん) 계약사원　一般職員(いっぱんしょくいん) 일반직원　管理職(かんりしょく) 관리직　正社員(せいしゃいん) 정사원
| 정답 |　(C)

99

다이에의 경영재건의 하나로서 옳지 않은 것은 무엇입니까?
(A) 평사원1268명의 퇴직자를 모집한다.
(B) 내년 2월 말 까지 정사원을 7000명으로 한다.
(C) 평사원의 보너스 삭감도 검토 중이다.
(D) 계장 그룹 이상의 사람들 188명의 퇴직자를 모집한다.

| 어휘 |　平社員(ひらしゃいん) 평사원　退職者(たいしょくしゃ) 퇴직자　募(つの)る 모집하다, 널리 모으다=「募集(ぼしゅう)する」　検討中(けんとうちゅう) 검토 중　係長(かかりちょう) 계장
| 정답 |　(C)

100

본문의 내용과 맞는 것은 무엇입니까?
(A) 다이에의 경영재건은 앞날이 험난할 것 같은 기색이 감돌고 있다.
(B) 다이에는 인사제도에 대하여 내년 2월까지 재검토할 태세다.
(C) 다이에는 경영목표를 달성하기 위해서 우수한 사람들의 보너스를 삭감하기로 했다.
(D) 다이에는 내년에 맞추어 이미 희망퇴직자가 쇄도해, 그 대응에 쫓기고 있다.

| 어휘 |　前途多難(ぜんとたなん) 전도다난, 앞날이 험난함　気配(けはい) 낌새, 기색　漂(ただよ)う 넘치다, 감돌다=「たちこめる」　見直(みなお)す 재고하다, 재검토하다　構(かま)え 자세, 태도, 준비, 태세　達成(たっせい) 달성　削減(さくげん) 삭감　～に向(む)けて ～에 맞추어　希望退職者(きぼうたいしょくしゃ) 희망퇴직자　殺到(さっとう) 쇄도　対応(たいおう) 대응　追(お)われる 쫓기다
| 정답 |　(C)

Part 1   사진묘사

1. 알고 넘어가기

핵심정리1 사람이 단독 혹은 복수로 등장하는 동작

단어 연습

1

|어휘| 後(うし)ろ 뒤, 뒤쪽   両手(りょうて) 양손   橋(はし) 다리   庭(にわ) 정원   餌(えさ) 먹이   背(せ) 등   ベビーカー 베이비 카, 유모차   ボタン 버튼   傘(かさ) 우산   写真(しゃしん) 사진   荷物(にもつ) 짐   髪(かみ) 머리, 머리카락   腰(こし) 허리   駆(か)け足(あし) 구보, 뛰어 감   逆立(さかだ)ち 물구나무 서기   肩車(かたぐるま) 목말   ボール投(な)げ 공 던지기   歩道橋(ほどうきょう) 육교   胡坐(あぐら) 책상다리

2

|어휘| 仕事(しごと) 일, 업무   計算(けいさん) 계산   欠伸(あくび) 하품   腕(うで) 팔   腕組(うでぐ)み 팔짱을 낌   襟(えり) 옷깃, 칼라   奥(おく) 안, 안쪽   思(おも)い思(おも)い 각기 제 나름대로   改札口(かいさつぐち) 개찰구   階段(かいだん) 계단   食券(しょっけん) 식권   片手(かたて) 한쪽 손, 한 손   切符(きっぷ)売(う)り場(ば) 매표소   客待(きゃくま)ち 손님을 기다림   金魚(きんぎょ)すくい 금붕어 건지기   うつ伏(ぶ)せ 엎드림   血圧(けつあつ) 혈압   交通整理(こうつうせいり) 교통정리   さっそうと 행동이 시원스럽고 씩씩한 모양   薄着(うすぎ) 옷을 얇게 입음

3

|어휘| 店員(てんいん) 점원   隣(となり) 옆, 이웃   帽子(ぼうし)모자   背中(せなか) 등   背伸(せの)び 발돋움을 함   スーツ 양복, 정장   前方(ぜんぽう) 전방, 앞쪽   操作(そうさ) 조작   掃除(そうじ) 청소   お揃(そろ)い 의복의 색, 무늬가 다 같음   車(くるま) 차, 자동차   すらっと 날씬하게   整理(せいり) 정리   縦(たて) 세로   たもと 바로 옆   注射(ちゅうしゃ) 주사   手前(てまえ) 맨 앞   上品(じょうひん) 우아함, 고상함   真剣(しんけん) 진지함   背筋(せすじ) 등

4

|어휘| 左手(ひだりて) 왼손   右手(みぎて) 오른손   ワンピース 원피스   一休(ひとやす)み 잠깐 쉼   びしょ濡(ぬ)れ 흠뻑 젖음   方向(ほうこう) 방향   前髪(まえがみ) 앞머리   斜(なな)め 비스듬히   熱(ねつ) 열   乗(の)り降(お)り 타고 내림   端(はし) 가장자리, 끝   食券(しょっけん) 식권   場所(ばしょ) 장소   街角(まちかど) 거리, 가두   まばら 새가 뜸, 드문드문함   切符(きっぷ)売(う)り場(ば) 매표소   真(ま)ん中(なか) 한 가운데   湖(みずうみ) 호수   水玉(みずたま)模様(もよう) 물방울 무늬   頬杖(ほおづえ) 턱을 굄

5

|어휘| 横(よこ) 옆   両端(りょうはし) 양끝, 양 가장자리   大勢(おおぜい) 많은 사람   脇(わき) 옆   身(み)ぶり手(て)ぶり 몸짓 손짓   髪(かみ) 머리   無地(むじ) 무늬가 없음   面(めん)と向(む)かって 마주보고

핵심정리2 사람의 모습, 상태, 위치

단어 연습

1

|어휘| 着(き)る 입다   指(ゆび)さす 손가락으로 가리키다   踊(おど)る 춤추다   かぶる (모자를)쓰다   おんぶする 짊어지다, 업다   泳(およ)ぐ 수영하다, 헤엄치다   切(き)る 자르다   屈(かが)む 몸이 구부러지다,

굽다 掻(か)く 긁다 駆(か)ける 달리다, 뛰어가다
おぶう 업다 刈(か)る 깎다 蹴(け)る 차다 屈(か
が)める 몸을 앞으로 굽히다, 구부리다 運(はこ)ぶ 옮
기다 くぐりぬける 빠져나가다 組(く)む 끼다, 꼬다
汲(く)む (물 등을)긷다, 푸다 くわえる (입에)물다
覆(おお)う 감싸다, 덮다, 감추다

2

|어휘| しめる 매다 腰(こし)を下(お)ろす 앉다,
걸터앉다 立(た)つ 서다 支(ささ)える 떠받치다 差
(さ)し込(こ)む 속에 집어넣다 搾(しぼ)る 짜다 腰
掛(こしか)ける 걸터앉다 しゃがむ 웅크리다, 쭈그려
앉다 する (어떤 일, 동작을)하다 座(すわ)る 앉다
背負(せお)う 짊어지다, 업다 背(せ)を向(む)ける 등
을 돌리다 抱(だ)き上(あ)げる 안아 올리다 たたく
두드리다, 치다 畳(たた)む 접다, 개키다 立(た)ち止
(ど)まる 멈추어 서다 こぐ 그네나 자전거를 탈 때 발
을 놀리다 掴(つか)まる 꽉 잡다, 붙잡다

3

|어휘| 並(なら)べる 늘어놓다 摘(つ)む 찻잎을 따
다 飛(と)び越(こ)える 뛰어넘다 掴(つか)む 붙잡
다, 쥐다 覗(のぞ)く 틈이나 구멍으로 들여다보다
覗(のぞ)き込(こ)む 안을 들여다보다 伸(の)ばす 펴
다, 뻗다 測(はか)る 재다, 달다 掃(は)く 쓸다 運
(はこ)ぶ 옮기다 引(ひ)く 끌다 広(ひろ)げる 끝이
벌어지게 하다 干(ほ)す 말리다, 건조시키다 撒(ま)
く 뿌리다, 살포하다 曲(ま)げる 구부리다 見上(み
あ)げる 올려다보다 見下(みお)ろす 내려다보다 向
(む)かい合(あ)う 마주보다 向(む)かう 향하다, 향해
서 가다

4

|어휘| 上(あ)げる 들다 渡(わた)る 건너다, 지나가
다 やる (먹이를)주다 歌(うた)う 노래하다 向(む)
く 향하다, 향하여 나아가다 売(う)る 팔다 払(はら)
う 돈을 치르다, 지불하다 向(む)ける 향하다, 그 방향
으로 돌리다 選(えら)ぶ 고르다 下(お)りる 내려가
다 歩(ある)く 걷다 入(い)れる 집어넣다 持(も)
ち上(あ)げる 들어 올리다 うつ向(む)く 머리를 숙이
다, 고개를 숙이다 埋(う)まる 가득 차다 仰(あお)ぐ
얼굴을 치켜들다 当(あ)てる 대다, 얹다 溢(あふ)れ
る 넘칠 만큼 많다 まばらだ 드문드문 있다 溢(あふ)
れかえる 사람들로 넘쳐 나다

5

|어휘| 下(お)ろす (은행에서)돈을 찾다 買(か)う
사다 切(き)る 자르다, 베다 着(き)る 입다 描(か)
く 그림을 그리다 かける 메다, 걸다 畏(かしこ)まる
황송하여 삼가다, 정좌하다 構(かま)える 꾸미다, 차리
다 借(か)りる 빌리다 抱(かか)える 껴안다, 끼다
屈(かが)む 몸이 앞으로 구부러지다, 굽다 寛(くつろ)
ぐ 편안히 쉬다 配(くば)る 나누어주다, 분배하다 く
わえる 입에 물다 叫(さけ)ぶ 큰소리로 외치다, 소리
지르다 提(さ)げる 메다, 들다 しょう 등에 업다 座
(すわ)り込(こ)む 주저앉다 揃(そろ)える 모양이나
정도를 같게 하다, 맞추다

6

|어휘| 高(たか)い 높다 寝(ね)る 드러눕다, 눕다
並(なら)べる 늘어놓다, 나란히 하다 投(な)げる 던지
다 楽(たの)しい 즐겁다 吸(す)う 담배를 피우다
つかまる 붙잡다, 잡다 突(つ)く 의지하여 짚다, 괴다
注(つ)ぐ 따르다 繋(つな)ぐ 끈 등으로 묶어 놓다, 매
다, 연결하다 通(とお)りすぎる 지나가다, 통과하다
取(と)り囲(かこ)む 에워싸다 眺(なが)める 바라보
다 立(た)ち止(ど)まる 멈추어 서다 畳(たた)む 개
다, 접다 眠(ねむ)る 자다 佇(たたず)む 잠시 멈춰
서다

7

|어휘| 乗(の)せる 태우다 上(のぼ)る 오르다 乗
(の)る 올라타다 乗(の)り出(だ)す 상체를 앞으로 쑥
내밀다 乗(の)り越(こ)える 뛰어넘다 計(はか)る
수나 양을 재다 はしゃぐ 까불면서 떠들다 低(ひく)
い 낮다 ひざまずく 꿇어앉다 広(ひろ)げる 펴다,
펼치다 拭(ふ)く 닦다 ぶつかりあう 서로 부딪치다
ぶら下(さ)がる 매달리다 ぶら下(さ)げる 손에 들다
振向(ふりむ)く 뒤돌아보다 跨(またが)る 올라타다,
걸터앉다 待(ま)つ 기다리다 丸(まる)い 둥글다 見
合(みあ)わせる 마주보다 見入(みい)る 열심히 바라
보다, 주시하다

8

|어휘| 短(みじか)い 짧다 見(み)つめる 응시하다
渡(わた)す 건네주다 結(ゆ)い上(あ)げる 매서 위로
올리다, 땋아 올리다 行(ゆ)き交(か)う 오가다 横(よ
こ)になる 눕다, 드러눕다 横(よこ)たわる 눕다 寄
(よ)りかかる 기대다 寄(よ)りかかる 기대다, 의지하

다　もたれる　벽이나, 난간에 기대다　剃(そ)る　깎다, 면도하다　塞(ふさ)ぐ　(눈, 코, 귀 따위를)막다, 가리다　描(か)く　그리다　眺(なが)める　멀리 바라보다, 둘러보다　握(にぎ)る　손으로 쥐다, 잡다　脱(ぬ)ぐ　옷, 모자, 신발을 벗다　伸(の)ばす　길게 기르다, 굽은 것을 곧게 펴다　真面目(まじめ)だ　진지하다, 성실하다　活発(かっぱつ)だ　활발하다, 쾌활하다　真剣(しんけん)だ　진지하다

 장소, 사물만 나오는 경우

단어 연습

1

|어휘|　間(あいだ)　사이　池(いけ)　연못　枝(えだ)　가지　以上(いじょう)　이상　入口(いりぐち)　입구　色(いろ)　색　色々(いろいろ)　여러 가지　上(うえ)の段(だん)　윗 단　絵(え)　그림　大(おお)きさ　크기　丘(おか)　언덕　お菓子(かし)　과자　～おき　～걸러서, ～간격으로　置(お)き場(ば)　두는 곳, 둘 곳　かご　바구니　海辺(うみべ)　해변, 바닷가, 해안　片側(かたがわ)　한쪽, 한쪽 편　一方通行(いっぽうつうこう)　일방통행　開(あ)けっぱなし　활짝 열어 놓은 채로 둠　生(い)き作(づく)り　생선회 요리

2

|어휘|　形(かたち)　물체의 모습(형태, 모양)　銀行(ぎんこう)　은행　角(かど)　모퉁이　がらがら　텅텅 비어 있는 모양　壁(かべ)　벽　公園(こうえん)　공원　同(おな)じくらい　비슷함　改札口(かいさつぐち)　개찰구　閑散(かんさん)とする　한산하다　機械(きかい)　기계　切符売場(きっぷうりば)　표 사는 곳　空席(くうせき)　공석　果物屋(くだものや)　과일가게　車(くるま)　차　3軒(げん)　3채　玄関(げんかん)　현관　間隔(かんかく)　간격　円形(えんけい)　원형　四角(しかく)　사각*「正方形(せいほうけい)」정사각형「長方形(ちょうほうけい)」직사각형「三角(さんかく)」삼각「四角(しかく)」사각「四角(しかく)い」네모지다「円形(えんけい)」원형「丸(まる)い形(かたち)」둥근 모양「六角形(ろっかくけい)」육각형「楕円形(だえんけい)」타원형「アーチ」반원형이 되게 만든 형태, 활 꼴　横断歩道(おうだんほどう)　횡단보도*「交差点(こうさてん)」교차점, 네거리「車道(しゃどう)」차도「歩道(ほどう)」보도　「踏切(ふみきり)」건널목「歩道橋(ほどうきょう)」보도교, 육교「陸橋(りっきょう)」육교「スクランブル式(しき)」교

차점에서 보행자가 어느 방향으로든 건널 수 있게 만든 방식

3

|어휘|　先(さき)　진행 방향의 앞, 앞 쪽　商品(しょうひん)　상품　食券(しょっけん)　식권　交番(こうばん)　파출소　下(した)　아래　修理(しゅうり)　수리　種類(しゅるい)　종류　商店街(しょうてんがい)　상점가　渋滞(じゅうたい)する　(교통이)정체하다　木(こ)の間(ま)隠(がく)れ　나무 사이에 가리어 보였다 안 보였다 하는 모양　逆(さか)さま　거꾸로 됨, 반대로 됨　鯉(こい)のぼり　고이노보리　雑貨(ざっか)　잡화　三段(さんだん)　삼 단　ごちゃごちゃ　매우 혼잡한 모양　自然環境(しぜんかんきょう)　자연 환경　～ずつ　～씩　隅(すみ)　구석　勾配(こうばい)　경사

4

|어휘|　上(うえ)　위　駐車場(ちゅうしゃじょう)　주차장　外(そと)　밖　洗車(せんしゃ)　세차　粗大(そだい)ゴミ　대형 쓰레기　設置(せっち)　설치　台車(だいしゃ)　짐차　立(た)ち読(よ)み　선 채로 읽음　立(た)ち食(ぐ)い　서서 먹음　棚(たな)　선반　中央(ちゅうおう)　중앙　追突事故(ついとつじこ)　추돌 사고　整然(せいぜん)と　정연하게　田園(でんえん)　전원　通(とお)り　거리　床屋(とこや)　이발소　所狭(ところせま)し　장소가 협소함　長(なが)め　약간 긴 듯함　何人(なんにん)　몇 명　入場券(にゅうじょうけん)　입장권

5

|어휘|　庭(にわ)　정원　売店(ばいてん)　매점　ビル　빌딩　乗(の)り換(か)え　갈아타는 곳(장소)　踏切(ふみきり)　건널목　ホーム　플랫폼　バラバラ　뿔뿔이 흩어져 있음　番号札(ばんごうふだ)　번호표　半開(はんびら)き　반쯤 열려 있음　左側(ひだりがわ)　왼쪽　びっしり　빈틈없이 들어 차 있는 모양　ひっそりと　고요히　乗(の)り降(お)り　타고내림　広々(ひろびろ)　매우 넓은 모양　風景(ふうけい)　풍경　縁(ふち)　가장자리　花盛(はなざか)り　꽃이 한창임　バラバラ　뿔뿔이 흩어져 있음　歩行者天国(ほこうしゃてんごく)　보행자 천국　町並(まちな)み　시내에 집, 상점 등이 늘어 서 있는 모양

6

|어휘|　窓(まど)　창　窓口(まどぐち)　창구　前(まえ)

앞 回(まわ)り 주변 窓越(まどご)し 창문 너머로 円形
(えんけい) 원형 丸形(まるがた) 원형 店先(みせさき)
가게 앞 森(もり) 숲 屋根(やね) 지붕 夕日(ゆうひ)
저녁 해 床(ゆか) 마루 ラッシュアワー 러시아워 脇
(わき) 옆, 곁

 지시문, 안내문

단어 연습

1

|어휘| 開(あ)く 열리다 置(お)く 놓다, 두다 預
(あず)ける 보관하다, 맡기다 遊(あそ)ぶ 놀다 生
(い)ける 꽃꽂이하다 植(う)える 심다 埋(う)まる
파묻히다 生(お)い茂(しげ)る 무성하다, 우거지다 指
(さ)す 가리키다 開(あ)けっぱなし 열린 채로 있음
折(お)り重(かさ)なる 포개지다, 겹쳐지다 飼(か)う
기르다, 사육하다 囲(かこ)む 둘러싸다, 에워싸다 ご
った返(がえ)す 붐비다, 혼잡하다 込(こ)む 혼잡하다,
붐비다, 북적거리다 遮(さえぎ)る 가리다, 차단하다
下(さ)がる 늘어지다, 매달리다 支(ささ)える 떠받치
다 覆(おお)う 덮어씌우다, 가리다

2

|어휘| 通(とお)る 지나가다, 통과하다 止(と)める
세우다 並(なら)べる 일렬로 나란히 하다 空(す)く
비다, 적어지다 似(に)る 비슷하다, 닮다 伸(の)びる
퍼지다, 자라다 倒(たお)れる 넘어지다 立(た)て掛
(か)ける 기대어 세워 놓다 立(た)て込(こ)む 밀집하
다 散(ち)る 꽃이 지다 積(つ)み重(かさ)ねる 겹겹
이 쌓다 積(つ)む 쌓다 敷(し)く 깔다 繁(しげ)る
우거지다, 무성하다 縛(しば)る 다발로 묶다, 매다 賑
(にぎ)わう 북적이다 そびえたつ 우뚝 솟다 はう
(덩굴이 기어가듯이) 뻗다, 뻗어 나가다 挟(はさ)む 사
이에 두다

3

|어휘| 走(はし)る 달리다 貼(は)る 바르다, 붙이다
干(ほ)す 말리다 巻(ま)く 감다 隔(へだ)てる 가로
막다, 가리다 振(ふ)り込(こ)む 계좌에 불입하다 阻
(はば)む 방해하다, 저지하다 実(みの)る 열매를 맺다
ごった返(がえ)し 혼잡을 이룸, 몹시 붐빔 横切(よこ
ぎ)る 가로지르다, 횡단하다

4

|어휘| 空(あ)き缶(かん) 빈 깡통 以外(いがい) 이외
一方通行(いっぽうつうこう) 일방통행 受付(うけつ
け) 접수 営業(えいぎょう) 영업 応募(おうぼ) 응모
大人(おとな) 어른 開店(かいてん) 개점 記入(きに
ゅう) 기입 禁煙(きんえん) 금연 禁止(きんし) 금지
時刻表(じこくひょう) 시간표 自転車(じてんしゃ)
자전거 徐行運転(じょこううんてん) 서행 운전 専用
(せんよう) 전용 粗大(そだい)ゴミ 대형 쓰레기 地
下(ちか) 지하 動物園(どうぶつえん) 동물원 24時間
(じかん)営業(えいぎょう) 24시간 영업 入会金(にゅ
うかいきん) 입회금

5

|어휘| 年中無休(ねんじゅうむきゅう) 연중무휴 払
(はら)い戻(もど)し 환불, 환급 美術館(びじゅつか
ん) 미술관 閉店(へいてん) 폐점 町並(まちな)み 거
리 無料(むりょう) 무료 メニュー 메뉴 行(ゆ)き止
(ど)まり 막다른 곳 立食(りっしょく) 서서 먹음 路
肩(ろかた) 갓길

6

|어휘| 始(はじ)まる 시작되다 払(はら)う 지불하
다 捨(す)てる 버리다 支払(しはら)う 지불하다 違
(ちが)う 다르다 詰(つ)める 간격을 좁히다 受(う)
け取(と)る 받다 捨(す)てる 버리다 分(わ)かれる
나누어지다 忘(わす)れ物(もの) 분실물

2. 실전연습문제

1

(A) 男の人は応接室でコーヒーを入れています。

(B) 男の人は給湯室でコップを洗っています。

(C) 男の人はコンビニでコピーを取っています。

(D) 男の人は自販機の前でコーラを飲んでいます。

|번역| (A) 남자는 응접실에서 커피를 끓이고 있습니다.

(B) 남자는 급탕실에서 컵을 씻고 있습니다.

(C) 남자는 편의점에서 복사를 하고 있습니다.

(D) 남자는 자판기 앞에서 콜라를 마시고 있습니다.

|어휘| 応接室(おせつしつ) 응접실 コーヒー 커피

入(い)れる 넣다(여기서는 '차를 끓이다') 給湯室(きゅうとうしつ) 급탕실 コンビニ 편의점*「コンビニエンスストア」(컨비니언스 스토아; 소형 슈퍼)의 준말 コピー 카피, 복사 自販機(じはんき) 자판기*「自動販売機(じどうはんばいき)」(자동판매기)의 준말 コーラ 콜라
| 정답 | (C)

2

(A) 男の人は窓越しに笑顔で客に話し掛けています。
(B) 男の人は窓口で難しい顔をして立っています。
(C) 男の人は窓際で悲しそうな顔をして立っています。
(D) 男の人は窓辺でうれしそうな顔をして佇んでいます。

| 번역 |
(A) 남자는 창 너머 웃는 얼굴로 손님과 이야기하고 있습니다.
(B) 남자는 창구에서 언짢은 얼굴을 하고 서 있습니다.
(C) 남자는 창가에서 슬픈 듯한 얼굴을 하고 서 있습니다.
(D) 남자는 창 주변에서 기쁜 듯한 얼굴을 하고 잠시 멈춰 서 있습니다.

| 어휘 | 窓越(まどご)し 창 너머 笑顔(えがお) 웃는 얼굴 話(はな)しかける 말을 걸다 窓口(まどぐち) 창구 窓際(まどぎわ) 창가 悲(かな)しい 슬프다 窓辺(まどべ) 창가 嬉(うれ)しい 기쁘다 佇(たたず)む 잠시 멈춰 서 있다
| 정답 | (B)

3

(A) 男の人は花壇に水をやっています。
(B) 男の人は植木の手入れをしています。
(C) 男の人は汗を流しながら畑を耕しています。
(D) 男の人はじょうろで水遣りをしています。

| 번역 |
(A) 남자는 화단에 물을 주고 있습니다.
(B) 남자는 정원수 손질을 하고 있습니다.
(C) 남자는 땀을 흘리면서 밭을 갈고 있습니다.
(D) 남자는 물뿌리개로 물을 주고 있습니다.

| 어휘 | 花壇(かだん) 화단 水(みず)をやる 물을 주다 植木(うえき) 정원수 手入(てい)れ 손질 汗(あ

せ) 땀 畑(はたけ) 밭 耕(たがや)す 갈다, 경작하다 じょうろ 물뿌리개 水遣(みずや)りをする 물을 주다
| 정답 | (D)

4

(A) スーツ姿の男性が首を斜めに傾けて電話をしているようです。
(B) スーツ姿の男性が両手にかばんを持っています。
(C) スーツ姿の男性が携帯電話でメールのやりとりをしています。
(D) スーツ姿の男性が手帳を見ながら電話で商談をしています。

| 번역 |
(A) 정장 차림의 남성이 목을 비스듬히 기울이고 전화를 하고 있는 듯합니다.
(B) 정장 차림의 남성이 양손에 가방을 가지고 있습니다.
(C) 정장 차림의 남성이 휴대 전화로 메일을 주고받고 있습니다.
(D) 정장 차림의 남성이 수첩을 보면서 전화로 상담을 하고 있습니다.

| 어휘 | スーツ姿(すがた) 정장 차림 斜(なな)め 비스듬히 傾(かたむ)ける 기울이다 両手(りょうて) 양손 やりとり 주고받음 携帯電話(けいたいでんわ) 휴대 전화 手帳(てちょう) 수첩 商談(しょうだん) 상담
| 정답 | (A)

5

(A) 男の人はトランクからスーツケースを取り出しています。
(B) 男の人はガソリンスタンドで給油してもらっています。
(C) 男の人はトランクを覗き込んで何かをしています。
(D) 男の人はボンネットを開けて点検しています。

| 번역 |
(A) 남자는 트렁크에서 슈트케이스를 꺼내고 있습니다.
(B) 남자는 주유소에서 기름을 넣고 있습니다.
(C) 남자는 트렁크를 들여다보며 무언가를 하고 있습니다.
(D) 남자는 보닛을 열고 점검하고 있습니다.

| 어휘 | トランク 트럭 スーツケース 슈트케이스

取(と)り出(だ)す 끄집어내다　ガソリンスタンド 주유소　給油(きゅうゆ) 급유, 기름을 넣음　覗(のぞ)き込(こ)む 들여다보다　ボンネット 보닛　点検(てんけん) 점검
|정답| (C)

6

(A) ぽっちゃりした女の子がポーズを取っています。
(B) ほっそりした女の子がVサインをしています。
(C) すらりとした女の子が塀にもたれています。
(D) がりがりにやせた女の子がベンチに腰掛けています。

|번역|
(A) 포동포동한 여자가 포즈를 취하고 있습니다.
(B) 홀쭉한 여자가 V사인을 하고 있습니다.
(C) 훤칠한 여자가 담에 기대어 있습니다.
(D) 비쩍 마른 여자가 벤치에 앉아 있습니다.

|어휘| ぽっちゃり 포동포동　ほっそり 호리호리한, 가느다란　すらり 훤칠함　塀(へい) 담　がりがり 비쩍 마름, 빼빼　やせる 살 빠지다, 마르다　腰掛(こしか)ける 걸터앉다
|정답| (A)

7

(A) コンビニの前で小柄な男性がたばこをくわえて立っています。
(B) 八百屋の前に傘をさした男性が立っています。
(C) 両脇に荷物を置いて男性が立っています。
(D) 雨具を持っていない男性が雨宿りをしています。

|번역|
(A) 편의점 앞에서 작은 몸집의 남자가 담배를 물고 서 있습니다.
(B) 야채 가게 앞에 우산을 쓴 남성이 서 있습니다.
(C) 양 옆에 짐을 둔 남성이 서 있습니다.
(D) 우비를 가지고 있지 않은 남성이 비를 피하고 있습니다.

|어휘| コンビニ 편의점　小柄(こがら) 작은 무늬, 작은 몸집　くわえる 입에 물다　八百屋(やおや) 야채 가게　傘(かさ) 우산　さす 쓰다　両脇(りょうわき) 양 옆　雨具(あまぐ) 우비　雨宿(あまやど)り 비를 피함
|정답| (C)

8

(A) 女の人がバスに乗り込もうとしているところです。
(B) 女の人がバスを降りようとしているところです。
(C) 女の人がタクシーをつかまえようとしています。
(D) 女の人がバスから身を乗り出しています。

|번역|
(A) 여자가 버스에 타려고 하고 있는 중입니다.
(B) 여자가 버스를 내리려고 하고 있는 중입니다.
(C) 여자가 택시를 붙잡으려고 하고 있습니다.
(D) 여자가 버스에서 몸을 앞으로 내밀고 있습니다.

|어휘| 乗(の)り込(こ)む 올라타다　降(お)りる 내리다　タクシー 택시　つかまえる 붙잡다, 붙들다　身(み) 몸　乗(の)り出(だ)す 앞으로 내밀다
|정답| (B)

9

(A) 大きさや形の違う札が整然と並べられています。
(B) おびただしい数の札のような物が吊るしてあります。
(C) いくつかの札のような物が壁に掛かっています。
(D) カラフルな札が所狭しと貼られています。

|번역|
(A) 크기나 형태가 다른 부적이 정연하게 늘어놓아져 있습니다.
(B) 엄청난 수의 부적 같은 물건이 매달려 있습니다.
(C) 몇 개의 부적 같은 물건이 벽에 걸려 있습니다.
(D) 컬러풀한 부적이 붙어 있습니다.

|어휘| 形(かたち) 형태　違(ちが)う 틀리다, 다르다　札(ふだ) 표. 글자를 적은 작은 나뭇조각*おふだ 부적　整然(せいぜん)と 정연하게　おびただしい 엄청나다　吊(つる)す 매달다, 달아매다　カラフル 컬러풀　壁(かべ) 벽　所狭(ところせま)しと 비좁을 정도로, 가득히　貼(は)る (풀 따위로)붙이다
|정답| (B)

10

(A) 車椅子を押しながら横断歩道を渡っている人がいます。
(B) 交差点で信号待ちをしている人がいます。
(C) みんな手をあげて注意深く横断歩道を渡っています。
(D) 横断歩道から少しはみ出して渡っている人がいます。

| 번역 |

(A) 휠체어를 밀면서 횡단보도를 건너고 있는 사람이 있습니다.

(B) 교차로에서 신호를 기다리고 있는 사람이 있습니다.

(C) 모두 손을 올려서 주의 깊게 횡단보도를 건너고 있습니다.

(D) 횡단보도에서 조금 벗어나 건너고 있는 사람이 있습니다.

| 어휘 | 車椅子(くるまいす) 휠체어　押(お)す 밀다, 누르다　横断歩道(おうだんほどう) 횡단보도　渡(わた)る 건너다　交差点(こうさてん) 교차로　信号待(しんごうま)ち 신호 대기　手(て)をあげる 손을 들다　注意深(ちゅういぶか)い 주의 깊다　はみ出(だ)す 불거져 나오다, 비어져 나오다　「凹(へこ)む」(움푹 들어가다, 우그러들다)

| 정답 | (D)

11

(A) 横断歩道の前を自転車が横切っているところです。

(B) 猛スピードで自転車をこいでいる人がいます。

(C) 自転車に乗ったまま片足を地面についている人がいます。

(D) みんな信号が赤に変わるのを待っています。

| 번역 |

(A) 횡단보도의 길을 자동차가 가로지르고 있는 중입니다.

(B) 맹렬한 스피드로 자전거를 타고 가는 사람이 있습니다.

(C) 자전거에 탄 채로 한쪽 발을 지면에 대고 있는 사람이 있습니다.

(D) 모두 신호가 빨강으로 변하기를 기다리고 있습니다.

| 어휘 | 横切(よこぎ)る 가로지르다　猛(もう)スピード 맹렬한 스피드　自転車(じてんしゃ) 자전거　〜たまま 〜한 채　片足(かたあし) 한쪽 발　地面(じめん) 지면　つく 짚다　変(か)わる 바뀌다, 변하다

| 정답 | (C)

12

(A) 両手に大きな荷物を持ったおばさんが横断歩道を渡ろうとしています。

(B) 台車を押しているおばさんが横断歩道を渡りきろうとしています。

(C) 乳母車をひいているおばさんが通行人に道を尋ね

ているところです。

(D) 大きな荷物を背負ったおばさんが横断歩道を渡りきったところです。

| 번역 |

(A) 양손에 커다란 짐을 든 아줌마가 횡단보도를 건너려 하고 있습니다.

(B) 짐수레를 밀고 있는 아줌마가 횡단보도를 다 건너려 하고 있습니다.

(C) 유모차를 끌고 있는 아줌마가 행인에게 길을 묻고 있는 중입니다.

(D) 커다란 화물을 등에 짊어진 아줌마가 횡단보도를 건넜습니다.

| 어휘 | 荷物(にもつ) 짐　渡(わた)りきる 다 건너다　台車(だいしゃ) 운반용 손수레　乳母車(うばぐるま) 유모차=「ベビーカー」　引(ひ)く 끌다, 당기다　通行人(つうこうにん) 통행인　尋(たず)ねる 묻다, 찾다　背負(せお)う 등에 업다, 지다

| 정답 | (B)

13

(A) 男の人と女の人は楽しそうに雑談をしています。

(B) 男の人は顔を机に近づけて何か書いているようです。

(C) 男の人は正座をして一筆書いています。

(D) 女の人は身をかがめて何かを探しているようです。

| 번역 |

(A) 남자와 여자는 즐거운 듯이 잡담을 하고 있습니다.

(B) 남자는 얼굴을 책상에 가까이하고 무언가를 쓰고 있는 것 같습니다.

(C) 남자는 정좌를 하고 편지를 쓰고 있습니다.

(D) 여자는 몸을 구부려 무언가를 찾고 있는 듯합니다.

| 어휘 | 楽(たの)しい 즐겁다　雑談(ざつだん) 잡담　机(つくえ) 책상　近(ちか)づける 가까이 대다, 접근시키다　正座(せいざ) 정좌　一筆(いっぴつ) 붓 한 자루, 간단한 편지　身(み)を屈(かが)める 몸을 앞으로 구부리다　探(さが)す 찾다

| 정답 | (B)

14

(A) 車椅子に乗ったおばあさんにおじいさんが話し掛けています。

(B) 帽子をかぶったおじいさんが車椅子を押しています。

(C) 車椅子に乗ったおばあさんの背後におじいさんが
立っています。

(D) 白髪頭のおじいさんを乗せた車椅子をおばあさん
が押しています。

│번역│

(A) 휠체어에 탄 할머니에게 할아버지가 말을 걸고 있습니다.

(B) 모자를 쓴 할아버지가 휠체어를 밀고 있습니다.

(C) 휠체어에 탄 할머니의 등 뒤에 할아버지가 서 있습니다.

(D) 백발 머리의 할아버지를 태운 휠체어를 할머니가 밀고
있습니다.

│어휘│ 車椅子(くるまいす) 휠체어　帽子(ぼうし)を
かぶる 모자를 쓰다　背後(はいご) 배후, 등 뒤　白髪
(しらが) 백발　白髪頭(しらがあたま) 백발머리　乗
(の)せる 태우다

│정답│ (C)

15

(A) 上りのエスカレーターは誰も利用していません。

(B) このエスカレーターには手すりがありません。

(C) このエスカレーターは狭いので横に二人並ぶこと
ができません。

(D) このエスカレーターは急いでいる人のために左側
を空けなければなりません。

│번역│

(A) 상행의 에스컬레이터는 아무도 이용하고 있지 않습니다.

(B) 이 에스컬레이터에는 손잡이가 없습니다.

(C) 이 에스컬레이터는 좁아서 옆으로 두 사람이 나란히
설 수 없습니다.

(D) 이 에스컬레이터는 바쁜 사람을 위해서 왼쪽을 비우지
않으면 안 됩니다.

│어휘│ 上(のぼ)り 상행「下(くだ)り」(하행)　エス
カレーター 에스컬레이터　利用(りよう) 이용　手(て)
すり 손잡이　狭(せま)い 좁다　横(よこ) 옆　急(い
そ)ぐ 급히 서둘러 가다, 서두르다　左側(ひだりがわ)
왼쪽　空(あ)ける 공간이나 시간을 비우다

│정답│ (C)

16

(A) 軒下に風鈴がいくつも吊り下げられています。

(B) 縁側にがらくたのような物が放置されています。

(C) ブロック塀のそばに瓦のような物が積み重ねてあ
ります。

(D) 塀に建築の資材がたくさん立て掛けられています。

│번역│

(A) 처마 밑에 풍경이 몇 개 매달려 있습니다.

(B) 툇마루에 잡동사니 같은 물건이 방치되어 있습니
다.

(C) 벽돌담의 옆에는 기와 같은 것이 쌓여 있습니다.

(D) 담에 건축 자재가 많이 기대어 세워져 있습니다.

│어휘│ 軒下(のきした) 처마 밑　風鈴(ふうりん) 풍
경　吊(つ)り下(さ)げる 매달다, 늘어뜨리다「吊(つ
る)す」(매달다, 달아매다)　縁側(えんがわ) 툇마루　が
らくた 잡동사니　放置(ほうち) 방치　ブロック塀(へ
い) 벽돌담　瓦(かわら) 기와　積(つ)み重(かさ)ねる
포개어 쌓다　建築(けんちく) 건축　資材(しざい) 자
재　立(た)てかける 기대어 세우다

│정답│ (C)

17

(A) 女の人が歩いている人にティッシュを配布してい
ます。

(B) 女の人が通行人からちらしを受け取っています。

(C) 女の人が通りかかった人にアンケートを取ってい
ます。

(D) 女の人が通りすがりの人にちらしを配っています。

│번역│

(A) 여자가 걷고 있는 사람에게 티슈를 나누어 주고 있습
니다.

(B) 여자가 행인에게서 전단지를 받고 있습니다.

(C) 여자가 마침 지나가는 사람에게 설문조사를 하고 있습
니다.

(D) 여자가 지나가는 사람에게 전단지를 나누어주고 있습
니다.

│어휘│ ティッシュ 티슈　配布(はいふ)する 배포하
다　散(ち)らし 전단지　アンケート 앙케트, 설문조사
配(くば)る 나누어주다　通(とお)りかかる 지나가다
通(とお)りすがり 지나는 길

│정답│ (D)

18

(A) 女の人が子供をおんぶしています。
(B) 女の人が子供をだっこしています。
(C) 女の人が子供を肩車しています。
(D) 女の人が子供の手を引いています。

| 번역 |
(A) 여자가 아이를 업고 있습니다.
(B) 여자가 아이를 안고 있습니다.
(C) 여자가 아이를 목말을 태우고 있습니다.
(D) 여자가 아이의 손을 끌고 있습니다.

| 어휘 | おんぶする 업다 だっこ 안김 肩車(かたぐるま)する 목말을 태우다 引(ひ)く 끌다
| 정답 | (B)

19

(A) この並木道は車や人が激しく往来しています。
(B) 並木道に沿って建物が立ち並んでいます。
(C) ここは若者に人気のありそうな歓楽街です。
(D) ここは人通りも少ない閑静な住宅街です。

| 번역 |
(A) 이 가로수 길은 차나 사람이 무척 많이 다니고 있습니다.
(B) 가로수 길을 따라 건물이 늘어서 있습니다.
(C) 여기는 젊은이에게 인기가 있을 법한 환락가입니다.
(D) 여기는 사람의 왕래가 적은 한적한 주택가입니다.

| 어휘 | 並木道(なみきみち) 가로수 길 激(はげ)しい 심하다 往来(おうらい) 왕래 若者(わかもの) 젊은이 人通(ひとどお)り 사람의 왕래 閑静(かんせい)だ 한가하고 고요하다 住宅街(じゅうたくがい) 주택가
| 정답 | (B)

20

(A) 本屋で店員が本の整理をしているところです。
(B) 本屋で一冊の本をみんなで回し読みしているところです。
(C) 本屋で数人の客が本を熱心に閲覧しているところです。
(D) 本屋で何人かの客が本を立ち読みしているところです。

| 번역 |
(A) 책방에서 점원이 책 정리를 하고 있는 중입니다.
(B) 책방에서 한 권의 책을 모두 돌려 읽고 있는 중입니다.
(C) 책방에서 몇 사람의 손님이 책을 열심히 열람하고 있는 중입니다.
(D) 책방에서 몇 사람의 손님이 책을 서서 읽고 있는 중입니다.

| 어휘 | 本屋(ほんや) 책방 整理(せいり) 정리 冊(さつ) (책 등을 세는 말)권 回(まわ)し読(よ)む 돌려 읽다 熱心(ねっしん) 열심 閲覧(えつらん) 열람 立(た)ち読(よ)み 서서 읽음
| 정답 | (D)

1

(A) かごは一つしかありません。
(B) かごは品物でいっぱいになっています。
(C) かごが乱雑に置いてあります。
(D) かごがいくつも積み重ねてあります。

| 번역 |
(A) 바구니는 하나밖에 없습니다.
(B) 바구니는 물품으로 가득 차 있습니다.
(C) 바구니는 난잡하게 놓여 있습니다.
(D) 바구니는 몇 개나 올려 쌓아져 있습니다.

| 어휘 | かご 바구니 品物(しなもの) 물건 乱雑(らんざつ) 난잡함 積(つ)み重(かさ)ねる 겹쳐서 쌓다
| 정답 | (D)

2

(A) 道路にはたくさんの車が走っています。
(B) 道路の向うに展望台が見えます。
(C) バス停にバスが二台止まっています。
(D) 道路にはトラックがたくさん並んでいます。

| 번역 |
(A) 도로에는 차가 많이 달리고 있습니다.
(B) 도로의 저 편에 전망대가 보입니다.
(C) 버스 정류장에 버스 두 대가 서 있습니다.
(D) 도로에는 트럭이 많이 늘어서 있습니다.

｜어휘｜ 道路(どうろ) 도로　向(む)こう 맞은편, 건너편　展望台(てんぼうだい) 전망대　バス停(てい) 버스정류장　止(と)まる 멈추다, 서다　トラック 트럭
｜정답｜ (A)

3

(A) 店の前のテーブルに空いたお皿が並べられています。
(B) 戸棚においしそうなケーキが並んでいます。
(C) 店先にメニューの見本が並べられています。
(D) おしゃれな服を着たマネキンが立っています。

｜번역｜
(A) 가게 앞 테이블에는 빈 접시가 널려 있습니다.
(B) 찬장에 맛있어 보이는 케이크가 널려 있습니다.
(C) 가게 앞에는 메뉴 견본이 널려 있습니다.
(D) 멋있는 옷을 입은 마네킹이 서 있습니다.

｜어휘｜ 店(みせ) 가게　空(あ)く 비다　お皿(さら) 접시　戸棚(とだな) 찬장　店先(みせさき) 가게 앞=「店頭(てんとう)」　見本(みほん) 견본　お洒落(しゃれ) 멋을 부림, 멋있음, 세련됨　服(ふく) 옷　マネキン 마네킹
｜정답｜ (C)

4

(A) 平時の営業時間は10時間です。
(B) 土日以外は休みです。
(C) この薬局は年中無休です。
(D) 土曜日は平日より早く閉まります。

｜번역｜
(A) 평소의 영업시간은 10시간입니다.
(B) 토요일, 일요일 이외에는 휴일입니다.
(C) 이 약국은 연중무휴입니다.
(D) 토요일은 평일보다 빨리 문을 닫습니다.

｜어휘｜ 平時(へいじ) 평시, 평상시, 평소　土日(どにち) 토요일, 일요일　営業(えいぎょう) 영업　薬局(やっきょく) 약국　年中無休(ねんじゅうむきゅう) 연중무휴　閉(し)まる 문을 닫다
｜정답｜ (D)

5

(A) 自転車をこの歩道に止めた場合駐輪代を払わなければなりません。
(B) この歩道は3時間まで自転車をただで止められます。
(C) 放置自転車はレッカー車に持っていかれます。
(D) 自転車は所定の駐輪場に止めなければなりません。

｜번역｜
(A) 자전거를 이 보도에 세우면 주차 요금을 지불해야 합니다.
(B) 이 보도는 3시간까지 자전거를 공짜로 주차할 수 있습니다.
(C) 방치 자전거는 견인차에 끌려갑니다.
(D) 자전거는 소정의 자전거 세우는 곳에 세워야 합니다.

｜어휘｜ 自転車(じてんしゃ) 자전거　歩道(ほどう) 보도　駐車代(ちゅうしゃだい) 주차 요금　払(はら)う 지불하다　放置(ほうち) 방치　レッカー 견인차　所定(しょてい) 소정　駐輪場(ちゅうりんじょう) 자전거 세우는 곳
｜정답｜ (D)

6

(A) 本があまりなく、本棚はすかすかです。
(B) 本棚の横に本が平積みにされています。
(C) 何冊かの本が床に落ちています。
(D) 本は全て本棚に収納されています。

｜번역｜
(A) 책이 별로 없이 책장이 띄엄띄엄 있습니다.
(B) 책장 옆에 책이 평평하게 쌓아져 있습니다.
(C) 몇 권의 책이 마루에 떨어져 있습니다.
(D) 책은 모두 책장에 수납되어 있습니다.

｜어휘｜ 本棚(ほんだな) 책장　すかすか 비어 있음　平積(ひらづ)み 평평하게 쌓음　何冊(なんさつ) 몇 권　床(ゆか) 마루, 바닥　全(すべ)て 모두, 전부　収納(しゅうのう) 수납
｜정답｜ (B)

7

(A) 池の周りの木々はほとんど葉が落ちています。
(B) 池には白鳥が二羽泳いでいます。
(C) 池の周りにきちんと手入れされた植木が植わっています。
(D) 池は美しく紅葉した木に囲まれています。

| 번역 |
(A) 연못 주변의 나무들은 거의 잎이 떨어져 있습니다.
(B) 연못에는 백조가 두 마리 헤엄치고 있습니다.
(C) 연못 주변에는 잘 손질된 정원수가 심어져 있습니다.
(D) 연못은 아름답게 단풍이 진 나무로 둘러싸여 있습니다.

| 어휘 | 池(いけ) 연못　葉(は)が落(お)ちる 잎이 떨어지다　白鳥(はくちょう) 백조　二羽(にわ) 2마리　泳(およ)ぐ 헤엄치다　きちんと 깔끔함, 말끔함, 깨끗함　手入(てい)れ 손질　植木(うえき) 정원수　植(う)わる 심어지다　紅葉(こうよう)する 단풍이 들다　囲(かこ)む 둘러싸다
| 정답 | (C)

8
(A) 建物の先端は丸みを帯びています。
(B) 建物の先端は鋭くとがっています。
(C) 建物の屋根の部分に時計がついています。
(D) 建物の屋根には煙突が二本あります。

| 번역 |
(A) 건물의 끝은 둥근 형태를 띠고 있습니다.
(B) 건물의 끝은 날카롭게 뾰족합니다.
(C) 건물의 지붕 부분에 시계가 달려 있습니다.
(D) 건물의 지붕에 굴뚝이 두 개 있습니다.

| 어휘 | 先端(せんたん) 선단, 끝　丸(まる)み 둥근 형태　帯(お)びる 지니다, 띠다　鋭(するど)い 날카롭다　尖(とが)る 뾰족하다　屋根(やね) 지붕　煙突(えんとつ) 굴뚝
| 정답 | (B)

9
(A) ここは駅の切符売り場です。
(B) ここは駅の待合室です。
(C) ここは駅の改札口です。
(D) ここは駅のホームです。

| 번역 |
(A) 여기는 역의 매표소입니다.
(B) 여기는 역의 대합실입니다.
(C) 여기는 역의 개찰구입니다.
(D) 여기는 역의 플랫폼입니다.

| 어휘 | 切符(きっぷ) 표　売(う)り場(ば) 파는 곳　待合室(まちあいしつ) 대합실　改札口(かいさつぐち) 개찰구　ホーム 플랫폼*「プラットホーム」의 준말
| 정답 | (C)

10
(A) 低い山がいくつも連なっています。
(B) 山のてっぺんには雪が残っています。
(C) 水面にきれいな月が映っています。
(D) 山のふもとは霧がかかってよく見えません。

| 번역 |
(A) 낮은 산이 몇 개 늘어서 있습니다.
(B) 산의 꼭대기에는 눈이 남아 있습니다.
(C) 수면에 예쁜 달이 비칩니다.
(D) 산기슭은 안개가 끼어서 잘 보이지 않습니다.

| 어휘 | 連(つら)なる 늘어서다　てっぺん 정수리, 정상　水面(すいめん) 수면　映(うつ)る (빛 등이)비치다, 어울리다　ふもと 산기슭　霧(きり) 안개
| 정답 | (B)

11
(A) これはゴミを自動的に仕分ける機械です。
(B) これはゴミを分別して収集するゴミ箱です。
(C) これは飲み物や新聞などを売っている自販機です。
(D) これは古着を回収するボックスです。

| 번역 |
(A) 이것은 쓰레기를 자동적으로 구분하는 기계입니다.
(B) 이것은 쓰레기를 구별하여 수집하는 쓰레기통입니다.
(C) 이것은 음식물이나 신분 등을 팔고 있는 자동판매기입니다.
(D) 이것은 오래된 옷을 회수하는 박스입니다.

| 어휘 | 仕分(しわ)ける 구분하다　分別(ぶんべつ) 분별　収集(しゅうしゅう) 수집　自販機(じはんき) 자판기　古着(ふるぎ) 오래된 옷　回収(かいしゅう) 회수　ボックス 박스
| 정답 | (B)

12
(A) 小型のボートが何艘か見えます。
(B) 豪華客船が港に入るところです。

(C) 手前に船が一隻通っています。
(D) 甲板で船乗りたちが手を振っています。

|번역|
(A) 소형 보트가 몇 척 보입니다.
(B) 호화 여객선이 항구에 들어오는 중입니다.
(C) 바로 앞에 배 한 대가 지나가고 있습니다.
(D) 갑판에서 선원들이 손을 흔들고 있습니다.

|어휘| 小型(こがた) 소형　艘(そう) 척(작은 배 등을 세는 단위)　豪華(ごうか) 호화　客船(きゃくせん) 객선　港(みなと) 항구　隻(せき) 척(배 등을 세는 단위)　通(とお)る 지나가다　甲板(かんぱん) 갑판　船乗(ふなの)り 선원
|정답| (C)

13
(A) 店員が食べ物を包んでいるところです。
(B) 店主が店を閉めようとしています。
(C) 男の人が食料品をバッグに入れています。
(D) 客が品物の代金を払っているところです。

|번역|
(A) 점원이 먹을 것을 포장하고 있는 중입니다.
(B) 가게 주인이 가게를 닫으려 하고 있습니다.
(C) 남자가 식료품을 가방에 넣고 있습니다.
(D) 손님이 물건의 대금을 지불하려고 하고 있는 중입니다.

|어휘| 店員(てんいん) 점원　包(つつ)む 싸다, 포장하다　店主(てんしゅ) 가게 주인　食料品(しょくりょうひん) 식료품　バック 백, 가방　品物(しなもの) 물건　代金(だいきん) 대금　払(はら)う 돈을 내다, 지불하다
|정답| (D)

14
(A) 宝くじ売り場に行列が出来ています。
(B) 窓口の女性はこちらを見て笑っています。
(C) 客が窓口の女性と話しています。
(D) 宝くじ売り場に客の姿はありません。

|번역|
(A) 복권 판매대에 행렬이 있습니다.
(B) 창구의 여자는 이쪽을 보고 웃고 있습니다.

(C) 손님이 창구의 여자와 이야기하고 있습니다.
(D) 복권 판매대에 손님의 모습이 없습니다.

|어휘| 宝(たから)くじ 복권　行列(ぎょうれつ) 행렬　窓口(まどぐち) 창구　売(う)り場(ば) 매장, 판매장　姿(すがだ) 모습
|정답| (D)

15
(A) 障子に虎の絵が描かれています。
(B) ふすまはぴったりと閉まっています。
(C) 床の間に掛け軸がかかっています。
(D) 玄関のドアが開けっぱなしになっています。

|번역|
(A) 장지문에 호랑이 그림이 그려져 있습니다.
(B) 장지문은 꼭 닫혀 있습니다.
(C) 객실 상좌에 족자가 걸려 있습니다.
(D) 현관문이 열려진 채로 있습니다.

|어휘| 障子(しょうじ) 장지, 미닫이 문　虎(とら) 호랑이　ふすま 맹장지, 장지문　ぴったりと 문 등이 어긋나거나 틈이 없이 잘 맞는 모양　床(とこ)の間(ま) 객실 상좌의 바닥을 좀 높인 곳　掛(か)け軸(じく) 족자　玄関(げんかん) 현관
|정답| (B)

16
(A) 大きな車が道を塞いで止まっています。
(B) 道端に車が違法駐車してあります。
(C) 駐車場には車が四台止められています。
(D) 路肩に数台の車が放置されています。

|번역|
(A) 커다란 차가 길을 막고 서 있습니다.
(B) 길가에 차가 위법 주차하고 있습니다.
(C) 주차장에는 차가 네 대 서 있습니다.
(D) 갓 길에 몇 대의 차가 방치되어 있습니다.

|어휘| 塞(ふさ)ぐ 막다　道端(みちばた) 길가　違法(いほう) 위법　路肩(ろかた) 갓 길, 길 어깨, 벼랑길의 길 어깨　数台(すうだい) 여러 대　放置(ほうち) 방치
|정답| (C)

17

(A) この販売機はお金を入れると食べたい料理が出て
きます。

(B) この販売機は一円玉と五円玉が使えません。

(C) この販売機は千円札以外のお札を使えません。

(D) この販売機は一度お金を入れたら取り消すことが
できません。

| 번역 |
(A) 이 판매기는 돈을 넣으면 먹고 싶은 음식이 나옵니다.

(B) 이 판매기는 1엔과 5엔짜리 동전을 사용할 수 없습니다.

(C) 이 판매기는 천 엔짜리 지폐 이외의 지폐를 사용할 수
없습니다.

(D) 이 판매기는 한 번 돈을 넣으면 취소할 수 없습니다.

| 어휘 | 販売機(はんばいき) 판매기　料理(りょうり)
요리　玉(たま) 동전　札(さつ) 지폐(공손한 표현으로
「お札(さつ)」라고도 함)　以外(いがい) 이외　取(と)
り消(け)す 취소하다
| 정답 | (B)

18

(A) 観光バスが橋を渡っているところです。

(B) 青々とした木々の下にバスが止めてあります。

(C) 運転手がバスを洗車しているところです。

(D) 石畳の上にバスが縦列駐車しています。

| 번역 |
(A) 관광버스가 다리는 건너고 있는 중입니다.

(B) 파릇파릇한 나무들 아래에 버스가 서 있습니다.

(C) 운전수가 버스를 세차하고 있는 중입니다.

(D) 판판한 돌 위에 버스가 종렬 주차하고 있습니다.

| 어휘 | 観光(かんこう) 관광　橋(はし) 다리　洗車
(せんしゃ) 세차　石畳(いしだたみ) 판판한 돌　縦列
(じゅうれつ) 종렬 *横列(おうれつ) 횡렬　駐車(ちゅ
うしゃ) 주차
| 정답 | (B)

19

(A) ここはフレッシュな果物を生産者が直売する所で
す。

(B) ここは新鮮な野菜だけを売っているスーパーです。

(C) ここはとれたての野菜を農家の人たちが直接販売
する所です。

(D) ここは鮮度のいい魚を売っている魚屋です。

| 번역 |
(A) 여기는 신선한 과일을 생산자가 직접 파는 장소입니다.

(B) 여기는 신선한 야채만 팔고 있는 슈퍼입니다.

(C) 여기는 막 딴 야채를 농가 사람들이 직접 판매하는 장
소입니다.

(D) 여기는 신선도가 좋은 생선을 팔고 있는 생선 가게입
니다.

| 어휘 | フレッシュ 프레시, 신선함　生産者(せいさ
んしゃ) 생산자　直売(ちょくばい) 직판　新鮮(しんせ
ん) 신선　野菜(やさい) 야채　農家(のうか) 농가　直
接(ちょくせつ) 직접　販売(はんばい) 판매　鮮度(せ
んど) 신선도　魚屋(さかなや) 생선 가게
| 정답 | (C)

20

(A) 全てのお墓には色とりどりのお花が供えられてい
ます。

(B) 墓石の前でお墓参りに来た人たちが食事をしてい
ます。

(C) ほとんどの墓石の周りは雑草が生い茂っています。

(D) 墓地の上の方に白いガードレールが見えます。

| 번역 |
(A) 모든 묘에는 각양각색의 꽃이 헌화되어 있습니다.

(B) 묘비 앞에서 성묘 온 사람들이 식사를 하고 있습니다.

(C) 거의 모든 묘비 주위에는 잡초가 무성하게 자라나 있
습니다.

(D) 묘지의 위쪽에 하얀 가드레일이 보입니다.

| 어휘 | 全(すべ)て 모든　お墓(はか) 묘　色(いろ)
とりどり 각양각색　供(そな)える 바치다, 드리다, 올
리다　墓石(はかいし) 묘비, 묘석　雑草(ざっそう) 잡
초　生(お)い茂(しげ)る 무성해지다, 우거지다　墓参
(はかまい)り 성묘　墓地(ぼち) 묘지　ガードレール
가드레일
| 정답 | (D)

1

(A) 様々な商品が倉庫に保管されています。
(B) 数々の商品が所狭しと収納されています。
(C) 色とりどりの商品がショーウインドーにディスプレーされています。
(D) いろいろな商品が種類別に陳列されています。

|번역|
(A) 여러 가지 상품이 창고에 보관되어 있습니다.
(B) 여러 가지 상품이 빽빽이 수납되어 있습니다.
(C) 갖가지 색의 상품이 쇼윈도에 디스플레이 되어 있습니다.
(D) 여러 가지 상품이 종류별로 진열되어 있습니다.

|어휘| 様々(さまざま) 여러 가지　商品(しょうひん) 상품　倉庫(そうこ) 창고　保管(ほかん) 보관　数々(かずかず) 여러 가지　収納(しゅうのう) 수납　とりどり 저마다, 가지각색의　ショーウインドー 쇼윈도　ディスプレー 디스플레이, 진열　種類(しゅるい) 종류　陳列(ちんれつ) 진열
|정답| (D)

2

(A) この建物はレンガ造りで小さな窓がいくつもついています。
(B) この建物は木造で二階部分に煙突がついています。
(C) この建物の上部には十字架が立っています。
(D) この建物の外壁にはつたがはっています。

|번역|
(A) 이 건물은 벽돌로 만들어져 있고 자그마한 창이 몇 개 달려 있습니다.
(B) 이 건물은 목조로 2층 부분에 굴뚝이 달려 있습니다.
(C) 이 건물 위 부분에는 십자가가 서 있습니다.
(D) 이 건물의 외벽에는 담쟁이덩굴이 뻗어 있습니다.

|어휘| 建物(たてもの) 건물　レンガ 연와, 벽돌　木造(もくぞう) 목조　煙突(えんとつ) 굴뚝　十字架(じゅうじか) 십자가　外壁(がいへき) 외벽　つた 담쟁이덩굴
|정답| (C)

3

(A) ここはお年寄りが安心して暮せる県立の老人ホームです。
(B) ここは県民なら自由に利用できるスポーツセンターです。
(C) ここは事故などで後遺症が残った人に回復の訓練をする施設です。
(D) ここは共稼ぎの夫婦のために子供を預かってくれる福祉施設です。

|번역|
(A) 여기는 노인들이 안심하고 살 수 있는 현립 양로원입니다.
(B) 여기는 현민이라면 자유롭게 이용할 수 있는 스포츠센터입니다.
(C) 여기는 사고 등의 후유증이 남은 사람에게 회복 훈련을 하는 시설입니다.
(D) 여기는 맞벌이 부부를 위해 아이를 맡아 주는 복지시설입니다.

|어휘| お年寄(としよ)り 노인　安心(あんしん) 안심　暮(くら)す 살다, 생활하다　県立(けんりつ) 현립　老人(ろうじん) 노인　県民(けんみん) 현민　スポーツセンター 스포츠센터　後遺症(こういしょう) 후유증　回復(かいふく) 회복　訓練(くんれん) 훈련　共稼(ともかせ)ぎ 맞벌이　預(あず)かる 맡기다　福祉(ふくし) 복지
|정답| (C)

4

(A) バスやタクシーは右側の道を通らなければなりません。
(B) 車両はいったんここで引き返さなければなりません。
(C) 乗用車は右側の道を通れば良いです。
(D) 左側の道はバスやタクシー以外だったら通れます。

|번역|
(A) 버스나 택시는 우측 도로를 지나가서는 안 됩니다.
(B) 차량은 일단 여기서 돌아가야 합니다.
(C) 승용차는 우측 도로를 지나가면 됩니다.
(D) 왼쪽 도로는 버스나 택시가 아니라면 지날 수 있습니다.

|어휘| 右側(みぎがわ) 오른쪽　車両(しゃりょう) 차량　いったん 일단　引(ひ)き返(かえ)す 되돌아가다, 돌아오다　乗用車(じょうようしゃ) 승용차　以外(いがい) 이외　通(とお)る 지나가다, 통과하다

|정답| (C)

5

(A) 鉄板の上に包丁が二本置いてあります。
(B) お皿の上に栓抜きが二つ置かれています。
(C) 鉄板の上に物を切るための道具が置いてあります。
(D) お皿の上に釘を打つための道具が置かれています。

|번역|
(A) 철판 위에 식칼이 2개 놓여 있습니다.
(B) 접시 위에 병따개가 2개 놓여 있습니다.
(C) 철판 위에 물건을 자를 때 쓰는 도구가 놓여 있습니다.
(D) 접시 위에는 못을 박을 때 쓰는 도구가 놓여 있습니다.

|어휘| 鉄板(てっぱん) 철판　包丁(ほうちょう) 식칼　栓抜(せんぬ)き 병따개　道具(どうぐ) 도구　釘(くぎ) 못
|정답| (C)

6

(A) この駐車場は平日の昼間のみ駐車することができます。
(B) この駐車場は土曜日1時間利用すれば料金は三百円です。
(C) この駐車場は夜間利用すれば料金が割り増しされます。
(D) この駐車場は平日2時間以上利用すれば料金が割引されます。

|번역|
(A) 이 주차장은 평일 낮에만 주차가 가능합니다.
(B) 이 주차장은 토요일 1시간 이용하면 요금이 3백 엔입니다.
(C) 이 주차장은 야간 이용을 하면 요금이 할증됩니다.
(D) 이 주차장은 평일 2시간 이상 이용하면 요금이 할인됩니다.

|어휘| 駐車場(ちゅうしゃじょう) 주차장　平日(へいじつ) 평일　昼間(ひるま) 주간, 낮　夜間(やかん) 야간　割(わ)り増(ま)し 할증　割引(わりびき) 할인
|정답| (B)

7

(A) ここは海外からの輸入品を売っている店のようで

す。
(B) ここは割引価格で販売しているアウトレットの店です。
(C) ここは特産物を売っている土産屋のようです。
(D) ここは古美術品や希少価値のある古道具を売っている骨董屋です。

|번역|
(A) 여기는 해외에서의 수입품을 팔고 있는 가게 같습니다.
(B) 여기는 할인 가격으로 판매하고 있는 소매점입니다.
(C) 여기는 특산물을 팔고 있는 선물 가게 같습니다.
(D) 여기는 고 미술품이나 희소가치가 있는 고도구를 팔고 있는 골동품 가게입니다.

|어휘| 価格(かかく) 가격　アウトレット 아울렛, 소매점　土産屋(みやげや) 선물 가게　古美術品(こびじゅつひん) 고미술품　希少価値(きしょうかち) 희소가치　骨董屋(こっとうや) 골동품 가게
|정답| (C)

8

(A) これは今やっている映画についての広告です。
(B) これはこれから公開する映画を予告するちらしです。
(C) これはこの劇場で今上演しているミュージカルの看板です。
(D) これはこれから上演する劇についての宣伝ポスターです。

|번역|
(A) 이것은 지금 하고 있는 영화에 관한 광고입니다.
(B) 이것은 앞으로 공개할 영화를 예고하는 전단지입니다.
(C) 이것은 이 극장에서 지금 상연하고 있는 뮤지컬의 간판입니다.
(D) 이것은 앞으로 상연할 극에 대한 선전 포스터입니다.

|어휘| 映画(えいが) 영화　広告(こうこく) 광고　公開(こうかい) 공개　予告(よこく) 예고　劇場(げきじょう) 극장　上演(じょうえん) 상연　ミュージカル 뮤지컬　看板(かんばん) 간판　宣伝(せんでん) 선전
|정답| (A)

9

(A) 住民課の窓口にいる男性が手続きを終えて、帰ろうとしているところです。
(B) 住民課の窓口に大勢の人が詰め掛け、職員はその
　　対応に追われています。
(C) 住民課の窓口の女性職員が男の人の対応をしてい
　　るところです。
(D) 住民課の前に備えられている椅子に座って、男性
　　が順番待ちをしています。

|번역|
(A) 주민과의 창구에 있는 남자가 수속을 끝내고 돌아가려
　　고 하고 있습니다.
(B) 주민과의 창구에 많은 사람들이 몰려들어 직원은 그
　　대응에 쫓기고 있습니다.
(C) 수민과의 창구의 여성 식원은 남사에게 응내를 하고
　　있는 중입니다.
(D) 주민과의 앞에 준비되어 있는 의자에 앉아서 남자는
　　순번을 기다리고 있습니다.

|어휘|　住民課(じゅうみんか) 주민과　窓口(まどぐ
ち) 창구　手続(てつづ)き 수속　終(お)える 끝내다
大勢(おおぜい) 많은　詰(つ)めかける 몰려들다　職
員(しょくいん) 직원　対応(たいおう) 대응　追(お)う
쫓다　備(そな)える 준비하다　順番(じゅんばん) 순번
|정답|　(C)

10
(A) みんなポーズを取って、むっとしています。
(B) みんなポーズを取って、ぼうっとしています。
(C) みんなポーズを取って、きょとんとしています。
(D) みんなポーズを取って、にこっとしています。

|번역|
(A) 모두 포즈를 취하고 꾹 참고 있습니다.
(B) 모두 포즈를 취하고 멍하게 하고 있습니다.
(C) 모두 포즈를 취하고 멀거니 있습니다.
(D) 모두 포즈를 취하고 방긋 웃고 있습니다.

|어휘|　むっと 꾹 참는 모양　ぼうっと 흐릿한 모양,
멍한 모양　きょとんと (놀라거나 어안이 벙벙하여) 멍
하니, 멀거니, 멍청히　にこっと 방긋 웃는 모양
|정답|　(D)

11
(A) 食事が済んで、お茶を飲んでいるところです。

(B) テーブルの上の料理にはほとんど箸がつけられて
　　いません。
(C) 洋風の料理をぎこちない手つきで食べています。
(D) 一つの料理をみんなで箸をつつき合って食べてい
　　ます。

|번역|
(A) 식사가 끝나서 차를 마시고 있는 중입니다.
(B) 테이블 위의 요리에는 거의 젓가락을 대고 있지 않습
　　니다.
(C) 서양 음식을 어색한 손놀림으로 먹고 있습니다.
(D) 한 가지의 음식을 모두 젓가락으로 집적거리면서 먹고
　　있습니다.

|어휘|　食事(しょくじ) 식사　済(す)む 끝나다　お
茶(ちゃ) 차　料理(りょうり) 요리　箸(はし) 젓가락
ぎごちない 어색하다, 서투르다　手(て)つき 손놀림,
손을 놀리는 모양　つつく 젓가락 등으로 집적거리다
|정답|　(B)

12
(A) チケット売り場は大勢の客でにぎわっています。
(B) この人たちは劇場に入場するために並んでいます。
(C) チケット売り場には人影もなく、ひっそりと静ま
　　りかえっています。
(D) この人たちは公衆電話を使うために並んでいます。

|번역|
(A) 티켓 판매소는 많은 사람들로 혼잡합니다.
(B) 이 사람들은 극장에 입장하기 위해 서 있습니다.
(C) 티켓 판매소에는 인적이 없고 조용합니다.
(D) 이 사람들은 공중전화를 사용하려고 서 있습니다.

|어휘|　大勢(おおぜい) 많은　賑(にぎ)わう 붐비다
入場(にゅうじょう) 입장　人影(ひとかげ) 인적　ひっ
そり 조용한 모양　静(しず)まりかえる 아주 조용해지
다, 잠잠해지다, 쥐 죽은 듯이 조용하다　公衆(こうしゅ
う) 공중　使(つか)う 사용하다
|정답|　(A)

13
(A) ドア付近でおばさんが携帯電話をかけています。
(B) おじさんはパンフレットのような物が置かれた棚
　　の前にいます。

(C) 出入り口のドアはガラス張りなので外がよく見えます。
(D) 出入り口のドアは回転式になっています。

|번역|
(A) 문 부근에서 아주머니가 휴대 전화를 걸고 있습니다.
(B) 아저씨는 팸플릿 같은 물건이 놓여 있는 선반 앞에 있습니다.
(C) 출입구의 문은 유리로 되어 있어 밖이 잘 보입니다.
(D) 출입구의 문은 회전식으로 되어 있습니다.

|어휘| 付近(ふきん) 부근　携帯(けいたい) 휴대(전화)　パンフレット 팸플릿　棚(たな) 선반　出入(でい)り口(ぐち) 출입구　回転(かいてん) 회전
|정답| (C)

14
(A) かわいそうな子供たちがままごとをして遊んでいます。
(B) 無邪気な子供たちが隠れん坊をして遊んでいます。
(C) 怖そうな子供たちが列に割り並みしようとしています。
(D) かわいらしい子供たちが並んで立っています。

|번역|
(A) 귀여운 아이들이 소꿉놀이를 하며 놀고 있습니다.
(B) 천진난만한 아이들이 숨바꼭질을 하고 놀고 있습니다.
(C) 무서운 아이들이 줄에 새치기를 하려고 하고 있습니다.
(D) 사랑스러운 아이들이 서서 줄을 서고 있습니다.

|어휘| ままごと 소꿉놀이, 소꿉질　遊(あそ)ぶ 놀다　無邪気(むじゃき)な 순진한, 천진난만한　隠(かく)れん坊(ぼう) 숨바꼭질　怖(こわ)い 무섭다　割(わ)り込(こ)み 새치기　かわいらしい 사랑스럽다
|정답| (D)

15
(A) 男の人は上を向いて男の子に話しかけているようです。
(B) 男の子はうつむいていじけているようです。
(C) 男の人はあごに手を当てて下の方を見ています。
(D) 男の子は空を見上げて万歳のポーズを取っています。

|번역|
(A) 남자는 위를 향해 남자아이에게 말을 걸고 있는 듯합니다.
(B) 남자아이는 내려다보며 움츠러드는 듯합니다.
(C) 남자는 턱에 손을 대고 아래를 보고 있습니다.
(D) 남자아이는 하늘을 올려다보며 만세 포즈를 하고 있습니다.

|어휘| うつむく 내려다보다　いじける 움츠러들다　あご 턱　見上(みあ)げる 올려다보다　万歳(ばんざい) 만세
|정답| (C)

16
(A) 二人とも注意深く何かを読んでいます。
(B) 女の人だけが机の上で何かを読んでいます。
(C) 二人とも同じ姿勢で何かを書いています。
(D) 男の人は女の人が書いているところを見ています。

|번역|
(A) 두 사람 모두 주의 깊게 무언가를 읽고 있습니다.
(B) 여자만 책상 위에서 무언가를 읽고 있습니다.
(C) 두 사람 모두 같은 자세로 무언가를 쓰고 있습니다.
(D) 남자는 여자가 쓰고 있는 것을 보고 있습니다.

|어휘| 注意深(ちゅういぶか)い 주의 깊다　姿勢(しせい) 자세
|정답| (C)

17
(A) 二人とも袖を捲り上げて手分けして井戸水を汲み上げています。
(B) 二人とも水溜りから水をすくおうとしているところです。
(C) 二人とも湧き水をおいしそうに飲んでいます。
(D) 二人ともズボンの裾を捲り上げて水の中で足をばたばたさせています。

|번역|
(A) 두 사람 모두 소매를 걷어 올려 분담하여 우물을 퍼 올리고 있습니다.
(B) 두 사람 모두 고여있는 물을 퍼 내고 있는 중입니다.
(C) 두 사람 모두 샘물을 맛있게 마시고 있습니다.
(D) 두 사람 모두 바지를 걷어 올려 물 속에서 발을 파닥파닥 하고 있습니다.

｜어휘｜ 袖(そで) 소매　捲(まく)り上(あ)げる 걷어 올리다　手分(てわ)け 분담　井戸(いど) 우물　汲(く)み上(あ)げる 퍼 올리다　水溜(みずたま)り 웅덩이　掬(すく)う 퍼 올리다　涌(わ)き水(みず) 솟아나는 물　裾(すそ) 옷자락　ばたばた 팔락팔락
｜정답｜ (B)

18

(A) フェンスに沿って自動車がきっちりと駐車されています。

(B) ぎちぎちと自転車が止められていて出すのが大変そうです。

(C) 自転車置き場にオートバイ以外は止められていません。

(D) 駐輪場から自転車を出すのを女の人が手伝っています。

｜번역｜

(A) 펜스를 따라 자동차가 빽빽이 주차되어 있습니다.

(B) 빽빽이 자전거가 세워져 있어서 빼는 것이 힘들어 보입니다.

(C) 주륜장에 오토바이 이외는 세워져 있지 않습니다.

(D) 주륜장에서 자전거를 빼는 것을 여자가 돕고 있습니다.

｜어휘｜ フェンス 펜스, 울타리　ぎちぎち 삐걱삐걱, 빽빽이　大変(たいへん) 큰일　置(お)き場(ば) 두는 곳, 장소　オートバイ 오토바이　手伝(てつだ)う 돕다
｜정답｜ (B)

19

(A) ラッシュアワーでホームは人であふれています。

(B) ホームの両側に新幹線が停車しています。

(C) 乗客は新幹線に早く乗るように車掌にせかされています。

(D) 駅のホームに貨物列車が入ってきたところです。

｜번역｜

(A) 러시아워라서 홈은 사람으로 넘쳐 납니다.

(B) 홈의 양측에 신칸센이 정차해 있습니다.

(C) 승객은 신칸센에 빨리 타도록 차장에게 재촉받고 있습니다.

(D) 역 홈에 화물열차가 들어오고 있는 중입니다.

｜어휘｜ ラッシュアワー 러시아워　あふれる 넘쳐 나다　両側(りょうがわ) 양측　新幹線(しんかんせん) 신칸센　停車(ていしゃ) 정차　乗客(じょうきゃく) 승객　車掌(しゃしょう) 차장　せかす 재촉하다, 서두르다　貨物(かもつ) 화물　列車(れっしゃ) 열차
｜정답｜ (B)

20

(A) 男の人は海岸に打ち寄せる波を眺めています。

(B) 男の人は飼育しているイルカにえさをやっています。

(C) 男の人は綱を手にして水面を見ています。

(D) 男の人は大きな網で魚をとっています。

｜번역｜

(A) 남자가 해안으로 밀려오는 파도를 바라보고 있습니다.

(B) 남자는 사육하고 있는 돌고래에게 먹이를 주고 있습니다.

(C) 남자는 밧줄을 손에 든 채 수면을 보고 있습니다.

(D) 남자는 커다란 그물로 물고기를 잡고 있습니다.

｜어휘｜ 海岸(かいがん) 해안　打(う)ち寄(よ)せる 몰려들다　波(なみ) 파도　眺(なが)める 바라보다　飼育(しいく) 사육　イルカ 돌고래　餌(えさ) 먹이　綱(つな) 밧줄, 로프　水面(すいめん) 수면　網(あみ) 그물　魚(さかな) 물고기, 생선
｜정답｜ (C)

1

(A) この人たちはマラソンをしています。

(B) この人たちはボールを蹴っています。

(C) この人たちは階段を上っています。

(D) この人たちは道を歩いています。

｜번역｜

(A) 이 사람들은 마라톤을 하고 있습니다.

(B) 이 사람들은 볼을 차고 있습니다.

(C) 이 사람들은 계단을 올라가고 있습니다.

(D) 이 사람들은 길을 걷고 있습니다.

｜어휘｜ マラソン 마라톤　蹴(け)る 차다　階段(かいだん) 계단
｜정답｜ (D)

2

(A) 鳥かごの中に鳥が2羽います。
(B) この部屋にはエアコンが付いています。
(C) テレビの上に花瓶が置いてあります。
(D) 押入れのドアが開けっぱなしになっています。

│번역│
(A) 새장 안에 새가 2마리 있습니다.
(B) 이 방에는 에어컨이 붙어 있습니다.
(C) 텔레비전 위에 화병이 놓여 있습니다.
(D) 벽장문이 열려진 채로 되어 있습니다.

│어휘│ 鳥(とり)かご 새장　羽(は) 마리(새 등을 세는 단위)　エアコン 에어컨　花瓶(かびん) 화병　押(お)し入(い)れ 벽장　開(あ)けっ放(ぱな)し 열어 둔 채로 둠
│정답│ (B)

3

(A) 両手を上に大きく広げている人がいます。
(B) 女の人は隣の人にそっと耳打ちをしています。
(C) ベンチに腰掛けているのは一人だけです。
(D) 誰一人立っている人はいません。

│번역│
(A) 양손을 위로 크게 벌리고 있는 사람이 있습니다.
(B) 여자는 옆 사람에게 가만히 귓속말을 하고 있습니다.
(C) 벤치에 앉아 있는 사람은 한 사람 뿐입니다.
(D) 아무도 서 있는 사람은 없습니다.

│어휘│ 両手(りょうて) 양손　広(ひろ)げる 펴다, 펼치다　隣(となり) 이웃, 옆집　そっと 가만히, 소곤소곤　耳打(みみう)ち 귓속말　腰掛(こしか)ける 앉다, 걸터앉다
│정답│ (A)

4

(A) この人たちは飛行機に乗るところです。
(B) この人たちは甲板の上から見送りの人に手を振っています。
(C) この人たちはロッククライミングをしています。
(D) この人たちは高い所からこちらを見ています。

│번역│
(A) 이 사람들은 비행기에 타려고 하는 중입니다.

(B) 이 사람들은 갑판 위에서 전송하는 사람에게 손을 흔들고 있습니다.
(C) 이 사람들은 암벽 등반을 하고 있습니다.
(D) 이 사람들은 높은 곳에서 이쪽을 보고 있습니다.

│어휘│ 飛行機(ひこうき) 비행기　甲板(かんぱん) 갑판　見送(みおく)り 전송　手(て)を振(ふ)る 손을 흔들다　ロッククライミング 암벽 등반
│정답│ (D)

5

(A) 大きい熊が川を横断しています。
(B) 何人かのおじさんが向こうから歩いて来ています。
(C) 子供がつり橋から下を見下ろしています。
(D) つり橋を渡っている子供がいます。

│번역│
(A) 커다란 곰이 강을 건너고 있습니다.
(B) 몇 사람의 아저씨가 저쪽에서부터 걸어오고 있습니다.
(C) 아이가 현수교에서 아래를 내려다보고 있습니다.
(D) 현수교를 건너고 있는 아이가 있습니다.

│어휘│ 熊(くま) 곰　横断(おうだん) 횡단　向(む)こう 건너편　つり橋(ばし) 조교, 흔들다리　見下(みお)ろす 내려다 보다　子供(こども) 아이
│정답│ (D)

6

(A) 天井にポスターが貼られています。
(B) 四角いテーブルの上にいろいろな物が置かれています。
(C) 畳の上にペットボトルが転がっています。
(D) 障子はぴったりと閉まっていません。

│번역│
(A) 천장에 포스터가 붙여져 있습니다.
(B) 네모진 테이블 위에 여러 가지 물건이 놓여 있습니다.
(C) 다다미 위에 페트병이 뒹굴고 있습니다.
(D) 장지문은 꽉 닫혀 있지 않습니다.

│어휘│ 天井(てんじょう) 천장　四角(しかく)い 네모지다, 사각이다　畳(たたみ) 다다미　ペットボトル 페트병　転(ころ)がる 구르다, 굴러가다　障子(しょうじ) 장지문　ぴったり 꽉, 잘　閉(し)まる 닫히다

| 정답 | (B)

7

(A) 7人中 3人は短パンを穿いています。
(B) 一番上の右から2番目の人は右目に前髪がかかって
　　います。
(C) 長袖を着ている人は誰もいません。
(D) みんなお揃いの履物を履いています。

| 번역 |
(A) 7명 중 3사람이 짧은 바지를 입고 있습니다.
(B) 가장 위의 오른쪽에서 2번째 사람은 오른쪽 눈에 앞머
　　리가 걸쳐 있습니다.
(C) 긴 소매를 입고 있는 사람은 아무도 없습니다.
(D) 모두 같은 신발을 신고 있습니다.

| 어휘 | 短(たん)パン 짧은 바지　穿(は)く (바지, 치
마 따위를) 입다　前髪(まえがみ) 앞머리　長袖(ながそ
で) 긴소매　お揃(そろ)い 같은　履物(はきもの) 신발
履(は)く (신을) 신다
| 정답 | (B)

8

(A) この人たちは何かを話し合っているところです。
(B) この人たちは宴会をしているところです。
(C) この人たちはマージャンをしているところです。
(D) この人たちは劇を鑑賞しているところです。

| 번역 |
(A) 이 사람들은 무언가를 서로 이야기하고 있습니다.
(B) 이 사람들은 연회를 하고 있는 중입니다.
(C) 이 사람들은 마작을 하고 있는 중입니다.
(D) 이 사람들은 극을 감상하고 있는 중입니다.

| 어휘 | 宴会(えんかい) 연회　マージャン 마작　劇
(げき) 극　鑑賞(かんしょう) 감상
| 정답 | (A)

9

(A) 床の間に絵が掛かっています。
(B) みんなで抱き合って喜んでいます。
(C) みんなで笑いながら乾杯をしています。
(D) みんなビールを飲み干したところです。

| 번역 |
(A) 객실 상좌에 그림이 걸려 있습니다.
(B) 모두 서로 껴안고 기뻐하고 있습니다.
(C) 모두 웃으면서 건배를 하고 있습니다.
(D) 모두 맥주를 막 다 마셨습니다.

| 어휘 | 床(とこ)の間(ま) 객실 상좌의 바닥을 좀 높인
곳으로 장식품이나 꽃꽂이 등을 둠　抱(だ)き合(あ)う
껴안다　喜(よろこ)ぶ 기뻐하다　笑(わら)う 웃다　乾
杯(かんぱい) 건배　飲(の)み干(ほ)す 다 마시다
| 정답 | (C)

10

(A) これは劇の開演時間を知らせる電光掲示板です。
(B) これは銀行の窓口の順番を知らせる電光掲示板で
　　す。
(C) これは電車の発車時刻を知らせる電光掲示板です。
(D) これは交通情報を知らせる電光掲示板です。

| 번역 |
(A) 이것은 연극 시작 시간을 알리는 전광게시판입니다.
(B) 이것은 은행의 창구의 번호를 알리는 전광게시판입니
　　다.
(C) 이것은 전차의 발차 시각을 알리는 전광게시판입니다.
(D) 이것은 교통 정보를 알리는 전광게시판입니다.

| 어휘 | 開演(かいえん) 개연(연극 시작)　電光(でん
こう) 전광　掲示板(けいじばん) 게시판　銀行(ぎんこ
う) 은행　窓口(まどぐち) 창구　順番(じゅんばん) 순
번, 번호　発車(はっしゃ) 발차　時刻(じこく) 시각
交通(こうつう) 교통　情報(じょうほう) 정보
| 정답 | (C)

11

(A) 空き地には粗大ゴミが放置されています。
(B) 通りは車が渋滞しています。
(C) 道路沿いに家が何軒か立ち並んでいます。
(D) 通りの向こうに一軒家が建っています。

| 번역 |
(A) 공터에는 큰 쓰레기가 방치되어 있습니다.
(B) 거리는 차가 정체되어 있습니다.
(C) 도로를 따라서 집이 몇 채가 줄서 있습니다.
(D) 거리 저 편에 집 한 채가 서 있습니다.

｜어휘｜ 空(あ)き地(ち) 공터, 빈터　粗大(そだい) 거칠고 큼　粗大(そだい)ゴミ 대형 쓰레기　放置(ほうち) 방치　通(とお)り 거리　渋滞(じゅうたい) 정체　道路沿(どうろぞ)い 도로가　軒(けん) 채(집을 세는 수사)　建(た)つ 건물 등이 서다, 세워지다
｜정답｜ (D)

12

(A) 右側の乗り物には誰も乗っていません。
(B) この乗り物は3人乗りです。
(C) 乗り物は一台しか走っていません。
(D) 手前の乗り物から子供が乗り出しています。

｜번역｜
(A) 오른쪽의 탈 것에는 아무도 타고 있지 않습니다.
(B) 이 탈 것은 3인용입니다.
(C) 탈 것은 한 대밖에 달리고 있지 않습니다.
(D) 바로 앞의 탈 것에서 아이가 몸을 내밀고 있습니다.

｜어휘｜ 右側(みぎがわ) 오른쪽　乗(の)り物(もの) 탈 것　走(はし)る 달리다　手前(てまえ) 자기 앞 쪽　乗(の)り出(だ)す 상체를 앞으로 내밀다
｜정답｜ (A)

13

(A) 二人とも足を組んで座っています。
(B) 左の女の人は鞄をひざの上に置いています。
(C) 二人とも揃いの服装でガッツポーズをしています。
(D) 二人は書類にサインをしています。

｜번역｜
(A) 두 사람 모두 다리를 꼬고 앉아 있습니다.
(B) 왼쪽 여자는 가방을 무릎 위에 올려놓고 있습니다.
(C) 두 사람 다 같은 옷을 입고 포즈를 취하고 있다.
(D) 두 사람은 서류에 사인을 하고 있습니다.

｜어휘｜ 足(あし)を組(く)む 다리를 꼬다　鞄(かばん) 가방　膝(ひざ) 무릎　～とも ～모두 다　揃(そろ)いの服装(ふくそう) 같은 복장　書類(しょるい) 서류　サイン 사인, 서명
｜정답｜ (B)

14

(A) 前列の人たちは全員下駄を履いています。

（오른쪽 단）

(B) 会場で募金を募っている人がいます。
(C) 女の人はみんな着物を着ています。
(D) 後ろの列の真ん中の人は背広を着ています。

｜번역｜
(A) 앞 열의 사람들은 전원 게다를 신고 있습니다.
(B) 회장에서 모금을 모으고 있는 사람이 있습니다.
(C) 여자는 모두 기모노를 입고 있습니다.
(D) 뒷줄의 한 가운데에 있는 사람은 양복을 입고 있습니다.

｜어휘｜ 前列(ぜんれつ) 앞 열　下駄(げた) 게다, 왜나막신　会場(かいじょう) 회장　募金(ぼきん) 모금　募(つの)る 모으다　着物(きもの) 기모노
｜정답｜ (D)

15

(A) 参拝者がひしめく境内には高い塔がそびえています。
(B) 一番奥の建物は二階建ての木造アパートです。
(C) 左手の小さい建物には鐘が吊り下がっています。
(D) ここは飲み屋が立ち並ぶ歓楽街です。

｜번역｜
(A) 참배자가 북적대는 경내에는 높은 탑이 솟아 있습니다.
(B) 제일 안에 있는 건물은 2층 건물의 목조 아파트입니다.
(C) 왼쪽의 작은 건물에는 종이 매달려 있습니다.
(D) 여기는 술집이 줄지어 늘어선 환락가입니다.

｜어휘｜ 参拝者(さんぱいしゃ) 참배자　ひしめく 북적대다　境内(けいだい) 경내　塔(とう) 탑　そびえる 치솟다　奥(おく) 안　二階建(にかいだ)て 2층 건물　木造(もくぞう) 목조　鐘(かね) 종　吊(つ)り下(さ)がる 매달리다　立(た)ち並(なら)ぶ (건물이)줄지어 늘어서다　歓楽街(かんらくがい) 환락가
｜정답｜ (C)

16

(A) 桜の木の下でみんな酒盛りをしているところです。
(B) 礼服を着た男女が整列しています。
(C) 桜の下は大勢の晴れ着姿の人たちでにぎわっています。
(D) みんなで集合写真を撮っているところです。

｜번역｜
(A) 벚나무 아래에서 모두 술을 따르고 있는 중입니다.

(B) 예복을 입은 남녀가 정렬해 있습니다.
(C) 벚나무 아래는 많은 나들이 옷차림의 사람들로 북적댑니다.
(D) 모두 단체 사진을 찍고 있는 중입니다.

|어휘| 酒盛(さかも)り 술을 따름　礼服(れいふく) 예복　整列(せいれつ) 정렬　大勢(おおぜい) 많은 사람　晴(は)れ着(ぎ) 나들이옷　集合(しゅうごう) 집합
|정답| (C)

17
(A) この人は口に物を入れたまましゃべっています。
(B) この人は白い歯を見せて微笑んでいます。
(C) この人は口を半開きにしたまま寝ています。
(D) この人は歯茎を丸出しに笑っています。

|번역|
(A) 이 사람은 입에 음식을 넣은 채 말하고 있습니다.
(B) 이 사람은 하얀 이를 보이며 미소 짓고 있습니다.
(C) 이 사람은 입을 벌린 채 자고 있습니다.
(D) 이 사람은 잇몸을 드러내고 웃고 있습니다.

|어휘| しゃべる 말하다　微笑(ほほえ)む 미소 짓다　半開(はんびら)き 반 정도 열림　歯茎(はぐき) 잇몸　丸出(まるだ)し 몽땅 드러냄
|정답| (B)

18
(A) 店員が忙しそうに客から注文を取っています。
(B) 店内は空席がないほど混んでいます。
(C) 店内には照明がなく各テーブルにろうそくがともっています。
(D) 手前の5人以外は誰もこっちを見ていません。

|번역|
(A) 점원이 바쁜 듯이 손님으로부터 주문을 받고 있습니다.
(B) 가게 안은 공석이 없을 정도로 차 있습니다.
(C) 가게 안에는 조명이 없이 각 테이블에 촛불이 켜져 있습니다.
(D) 바로 앞의 다섯 사람 이외에는 아무도 이쪽을 보고 있지 않습니다.

|어휘| 空席(くうせき) 공석　混(こ)む 차다 혼잡하다　照明(しょうめい) 조명　点(とも)る 불이 켜지다

|정답| (D)

19
(A) 中央の男の人は口ひげを生やしています。
(B) 窓際の男の人はテーブルの上に両腕を置いています。
(C) 3人とも真剣な顔付きで起立しています。
(D) みんな顔を見合わせて座っています。

|번역|
(A) 중앙의 남자는 수염을 기르고 있습니다.
(B) 창가의 남자는 테이블 위에 양팔을 올려놓고 있습니다.
(C) 3명 모두 진지한 표정으로 기립하고 있습니다.
(D) 모두 얼굴을 서로 바라보고 앉아 있습니다.

|어휘| 髭(ひげ) 수염　生(は)やす 기르다　真剣(しんけん) 진지함　顔付(かおつ)き 표정　起立(きりつ) 기립
|정답| (B)

20
(A) 木にほうきが立て掛けてあります。
(B) 木のそばに収穫したみかんが置いてあります。
(C) 木に果実がたくさん生っています。
(D) 木陰で人々が休憩しています。

|번역|
(A) 나무에 비가 기대져 있습니다.
(B) 나무 곁에 수확한 귤이 놓여 있습니다.
(C) 나무에 과실이 많이 열려 있습니다.
(D) 나무 그늘에서 사람들이 쉬고 있습니다.

|어휘| ほうき 비　収穫(しゅうかく) 수확　みかん 귤　果実(かじつ) 과실, 과일　生(な)る (열매가)열리다　木陰(こかげ) 나무 그늘　休憩(きゅうけい) 휴식
|정답| (C)

▶ 핵심정리 1에서 핵심정리 4까지는 해설내용 없음.
▶ 정답은 본서의 정답 부분 참조

핵심정리5 의성어, 의태어

≫ 자주 쓰이는 표현

1

| 어휘 |　あっさり 간단하게, 쉽게　いらいら 안달복달하거나 초조한 모양　うつらうつら 꾸벅꾸벅*「いねむり(居眠り)」(앉아서 졸음)「うとうと」(꾸벅꾸벅)「こっくり」(꾸벅꾸벅)　うきうき 신이 나서 마음이 들뜬 모양　うろうろ 우왕좌왕하는 모습. 어정버정, 허둥지둥　おずおず 주뼛주뼛　おどおど 두렵거나 자신이 없어 침착하지 못한 모양. 벌벌, 주저주저, 흠칫흠칫　がくんと 어떤 상태에서 다른 상태로 바뀌는 모양. 갑작스럽게 크게 변하는 모양. 탁, 확, 부쩍, 돌연히　がたがた ① 단단한 물건이 부딪혀 나는 소리. 덜커덩덜커덩 ② 추위나 두려움으로 몸이 떨리는 모양. 와들와들　がっしり ① 튼튼함, 견고함 ② 야무지게, 꽉　がぶがぶ 액체를 기운차게 마시는 모양. 벌컥벌컥, 벌떡벌떡　がみがみ 시끄럽게 꾸짖거나 잔소리를 심하게 하는 모양. 앙알앙알, 쨍쨍, 딱딱, 으드등*「小言(こごと)を言(い)う」(잔소리를 하다)　からから 몹시 목이 마른 모양. 바싹바싹　がらがら ① 딱딱한 물건이 무너지는 소리. 우르르, 와르르 ② 안이 텅 비어 있는 상태*「空(す)く」(비다)　からり 날씨가 활짝 갠 모양　かんかん 몹시 골내는 모양. 노발대발*「非常(ひじょう)に怒(おこ)る」(몹시 화내다)　がんがん 골치가 몹시 아픈 모양. 욱신욱신, 지끈지끈　きっかり 정확히, 정각에　きちんと ① 단정한 모양 ② 또박또박, 정확히, 깔끔한　ぎっしり 많은 것이 빈틈없이 들어 있는 모양. 꽉, 가득

2

| 어휘 |　きっぱり 딱 잘라, 단호히(「断(こと)わる」(거절하다, 거부하다)와 잘 어울림)　ぐっと 꾹, 꽉　げらげら 껄껄　ぐずぐず 꾸물꾸물　くっきり 뚜렷하게, 선명히　ぐっすり 푹 잠듦, 곤히 잠든 모양(「眠(ねむ)る」(자다)와 잘 어울림)　くたくた 움직일 수 없을 정도로 매우 지쳐 있는 모양. 지침, 녹초가 됨　くらくら 현기증이 나는 모양. 어찔어찔　ぐらぐら ① 연속적으로 불안정하게 크게 흔들리는 모양. 흔들흔들 ② 부글부글, 펄펄 ③ 생각이나 기분이 흔들려 안정되지 않은 상태. 갈팡질팡=「ぐらつく」(동요하다, 흔들리다)　げんなり 싫증이 나

거나 권태 등으로 마음이 내키지 않아 진절머리가 나는 모양　こつこつ 꾸준한 모습=「真面目(まじめ)、一生懸命(いっしょうけんめい)」　こっそり 살짝, 살그머니, 남몰래*「そっと、ひそかに」　ごろごろ ① 데굴데굴 ② 우르르(천둥소리) ③ 빈둥빈둥　ざあざあ 많은 비가 오는 모양. 쏴아쏴아　さっぱり 깨끗한 모양. 산뜻, 말쑥, 후련　しくしく ① 끊임없이 찌르듯이 아픈 모양. 쌀쌀, 콕콕 ② 훌쩍훌쩍　しとしと 부슬부슬　しんしん 보슬보슬　ずきずき 상처가 쑤시거나 아픈 모양. 욱신욱신　すっきり 산뜻한 모양. 세련된 모양. 말끔히, 싹

3

| 어휘 |　すっぽり ① 푹 뒤집어 쓴 모양 ② 쉽게 빠지거나 끼워지는 모양　すやすや 아이가 편히 잠자는 모양. 새근새근　ずるずる 질질, 줄줄　すれすれ 아슬아슬함　そわそわ 안절부절　たじたじ 상대에게 압도되어 쩔쩔매는 모양　たっぷり ① 충분한 모양. 많이, 충분히, 잔뜩 ② 충분하고 여유가 있는 모양. 넉넉, 낙낙　だらだら ① 액체가 방울져 떨어지는 모양. 뚝뚝, 줄줄 ② 싫증나도록 길게 끄는 모양. 질질, 지루하게　ちびちび 홀짝홀짝, 찔끔찔끔　ちらっと 언뜻, 잠깐, 힐끗　ちりぢり 뿔뿔이, 산산이*「ばらばら」(뿔뿔이)　つべこべ 이것저것 시끄럽게 이유나 불평을 말하는 모양　つるつる 표면이 매끈한 모양. 반들반들, 매끈매끈　どかんと 한꺼번에 크게 변동하는 모양. 확, 왕창　とぼとぼ 터벅터벅　にこにこ 생긋생긋　のんびり 한가롭고 평온한 모양. 유유히, 한가로이=「慌(あわ)ただしくなくゆとりがある。」(분주하지 않고 여유가 있다.)　ぱくぱく 덥석덥석, 음식을 게걸스럽게 먹어 치움　ぱっと ① 갑자기 상태가 바뀌는 모양. 휙, 홱 ② 일시에 퍼지는 모양. 벌떡, 확, 쫙 ③ 부정을 수반하여 눈에 번쩍 띄거나 두드러진 모양　はらはら ① 아슬아슬, 조마조마 ② 팔랑팔랑, 뚝뚝

4

| 어휘 |　ばらばら ① 갑자기 세차게 떨어지거나 불규칙하게 날아오는 모양, 후두둑 ② 따로따로 흩어져 있는 모양　ぱらぱら 책 등을 넘기는 모양. 훌훌　びくびく 무서워서 떠는 모양. 벌벌　ひそひそ 소곤소곤　ひやひや 마음이 조마조마한 모양　ひょっこり 불쑥, 뜻밖에　ぶつぶつ 투덜투덜, 중얼중얼　ぺこぺこ 배가 몹시 고픈 모양*「お腹(なか)が空(す)く、腹(はら)が減(へ)る」(배고프다)　べたべた ① 물건이 들러붙어 끈적끈적 ② 치덕치덕 붙임(「貼(は)る」(붙이다)와 잘 어울림)　ぺらぺら ① 특히 프린트처럼 하나로 묶이지 않은 것 등을 넘

기는 모양. 펄렁펄렁 ②「～と」의 꼴로 외국어를 잘 구사함. 술술, 줄줄 ぽかぽか 따스하게 느껴지는 모양. 따끈따끈, 포근함*「ほかほか」(따끈따끈, 후끈후끈)「小春日和(こはるびより)」(초겨울인데도 봄처럼 따뜻한 날) ぽつんと 혼자 외따로 있는 모양 ぼろぼろ 물건이나 옷 등이 형편없이 낡고 해진 모양. 해어져 너덜너덜함 ぼろぼろ 뚝뚝 むかむか 속이 메슥메슥하다 めきめき 두드러지게 변화하는 모양. 눈에 띄게, 무럭무럭, 부쩍=「めっきり」 よちよち 어린애들이 걷는 모양. 아장아장 わくわく 기대, 기쁨으로 울렁울렁, 두근두근

≫ 자주 쓰이는 표현

1

|어휘| 頭打(あたまう)ち 한계점, 시세가 막힌 상태 石橋(いしばし)をたたいて渡(わた)る 돌다리도 두들겨 보고 건너다 急(いそ)がば回(まわ)れ 급할수록 돌아가라 一(いち)から 처음부터 一見(いっけん) 한번 잠깐 봄, 언뜻 보기에 一石二鳥(いっせきにちょう) 일석이조 受(う)け皿(ざら) 불필요한 인원이나 부진 기업을 떠맡는 단체 馬(うま)が合(あ)わない 마음이 맞지 않다*「馬(うま)が合(あ)う」(마음이 맞다) うわべ 겉, 표면, 외관 顔負(かおま)け 상대의 역량 등에 압도됨, 무색해짐

2

|어휘| かける 쓰다, 소비하다, 들이다 数(かず)で劣(おと)る 숫자로 뒤진다, 수적으로 열세이다 ～(た)からといって ～라고 해서 気(き)が立(た)つ 흥분하다, 신경이 곤두서다 気分(きぶん)が悪(わる)い 기분이 나쁘다*우리말에서의 ‘기분이 나쁘다’는 심리적인 상태를 나타내지만, 일본말의 「気分が悪い」는 ‘몸의 상태가 안 좋다’라는 몸의 상태를 나타낸다. 그 외에 ‘(심리적으로)기분이 나쁘다’의 뜻으로는 다음과 같은 여러 가지의 표현들이 있다.「腹(はら)が立(た)つ/頭(あたま)にくる」(화가 치밀어 오르다)「気分(きぶん)を害(がい)する」(기분을 상하게 하다)「しゃくに触(さわ)る」(마음에 들지 않아 불쾌하다)「不愉快(ふゆかい)だ」(불쾌하다) 牛耳(ぎゅうじ)をとる 좌지우지하다 きりがない 끝이 없다, 한이 없다 ～くせに ～인 주제에, ～임에도 불구하고 ～さえ～ば 조건만 충족되면, ～만～하면 猿(さる)も木(き)から落(お)ちる 원숭이도 나무에서 떨어진다

3

|어휘| 次第(しだい)に 조금씩, 점차로 所詮(しょせん) 결국 ただ (접속사)단, 그러나, 그렇지만*「ただし」(앞에 나온 내용에 대하여 보류, 조건, 주석을 첨가하는 말) 立(た)つ鳥(とり)あとを濁(にご)さぬ 떠날 때에는 뒤처리를 깨끗이 하라*「立(た)つ鳥(とり)あとを濁(にご)さず」 たった (부사)다만, 단지, 겨우, 오직=「ほんの」「わずか」(수량이 적음을 강조하는 말) 因(ちな)みに 이와 관련하여, 덧붙여서 말하면 ～(た)ところ ～(한) 즉, ～(한) 결과 次々(つぎつぎ)と 차례 차례로, 계속해서, 잇달아 二兎(にと)を追(お)う者(もの)はいっとをも得(え)ず 두 마리 토끼를 쫓는 자는 한 마리도 얻지 못한다 猫(ねこ)の手(て)も借(か)りたい 대단히 바빠서 일손이 모자란다

4

|어휘| 猫(ねこ)の額(ひたい) 고양이의 이마(면적이 극히 좁다는 비유) 寝耳(ねみみ)に水(みず) 아닌 밤중에 홍두깨(뜻밖의 돌발 사건으로 놀람) 羽目(はめ)になった*羽目(はめ)になる(입장(처지)이 되다) 腹(はら)を割(わ)る 본심을 털어놓다 ピンからキリまで 처음부터 끝까지, 최고급에서 최하위까지 袋(ふくろ)の鼠(ねずみ) 독 안에 든 쥐(도망갈 데가 없는 상태의 비유) ほっとする 한숨 돌리다, 한숨 놓다 待(ま)ち遠(どお)しい 몹시 기다려지다 身(み)から出(で)た錆(さび) 자업자득 無茶苦茶(むちゃくちゃ) 엉망임, 당치 않음

5

|어휘| 用件(ようけん)に入(はい)る 용건에 들어가다 ～割(わり)には ～에 비해서는 雨(あめ)降(ふ)って地(じ)固(かた)まる 비 온 뒤에 땅이 굳어진다 いざという時(とき) 만일의 경우 疑(うたが)い 혐의 打(う)ち出(だ)す (주의, 주장 등을)명확히 내세우다 欧米(おうべい) 구미 肝心要(かんじんかなめ) 특히 중요한 것 希望退職(きぼうたいしょく) 희망 퇴직 ～くせに 그런데도, ～이면서도, ～주제에

6

|어휘| 激増(げきぞう) 격증, 급격하게 증가함 懸念(けねん) 근심, 걱정 功(こう)を立(た)てる 공을 세우다 今後(こんご) 앞으로, 향후 生活(せいかつ) 생활 補償(ほしょう) 보상 今後(こんご)の～ことで 앞으

어진다

로의 ~하는 것으로 ~ごとに ~마다 相談(そうだん)
に乗(の)る 상담에 응하다 次々(つぎつぎ)と 차례로,
연달아 募(つの)る 심해지다, 더해지다 出番(でば
ん) 등장해서 활약하는 장면 取(と)り組(く)む 어떤
일에 몰두하여 맞붙다

7

|어휘| 取(と)り消(け)す 취소하다 取(と)り調(し
ら)べ 조사, 문초 ~に当(あ)たる ~에 해당하는 ~
に応(こた)えて 상대의 기대, 희망에 부응하여, ~에 응
하여 ~に限(かぎ)って ~에 한해서 ~に応(こた)え
る ~에 보답하다, 응하다 ~に伴(ともな)って ~에
따라 ~に乗(の)り出(だ)す ~에 착수하다 ~に巻
(ま)き込(こ)まれる ~에 말려들다 ~にもかかわら
ず ~임에도 불구하고

8

|어휘| ~に向(む)かう ~하는 방향으로 나가다 ~に
よって ~에 의(근거)하여, ~에 따라 馬脚(ばきゃく)
をあらわす 마각을 드러내다, 본색을 드러내다, 숨기고
속이는 일이 노출되다 ~離(ばな)れ ~에서 떠난 상태
開(ひら)き 격차 骨(ほね)がある 기골이 있다 見回
(みまわ)る (순찰이나 구경을 하기 위해)돌아보다 目
当(めあ)て 목표(물), 목적 矢(や)の催促(さいそく)
연달아 심하게 요구하거나 재촉함, 성화같은 독촉 唯一
(ゆいいつ) 유일

9

|어휘| ~を明(あき)らかにする ~을 밝히다 ~を控
(ひか)えている ~(을)를 앞두다 ~を共(とも)にす
る ~을 함께 하다 ~を迎(むか)える ~을 맞이하다
~をめぐる ~을 둘러싼/관련한 ~を申(もう)し立
(た)てる ~을(를) 제기하다

▶ 핵심정리 7에서 핵심정리 8까지는 해설내용 없음.

21

仕事も一段落しましたし、この辺でお茶でもしましょ
うか。
(A) ええ、結構なお手前でございました。
(B) すみませんが、コーヒーよりお茶の方が好きなん
　　です。
(C) そうですね。私はよく緑茶を好んで飲みます。

(D) ええ、私もちょうど一息入れようと思っていたと
　　ころなんです。

|번역| 일도 한 단계 끝났고, 이 쯤에서 차 한 잔 할까
요?
(A) 네, 훌륭한 다도의 예법이었습니다.
(B) 죄송하지만, 커피보다 차가 좋은데요.
(C) 글쎄요. 저는 녹차를 즐겨 마십니다.
(D) 네, 저도 딱 잠깐 쉬려고 했던 참입니다.

|어휘| 一段(いちだん) 일단, 한단계 辺(へん) 주변,
근처 結構(けっこう) 훌륭함, 좋음, 충분함 手前(て
まえ) 자기 앞, 체면, 다도의 예법(양식), 솜씨 緑茶(り
ょくちゃ) 녹차 好(この)む 좋아하다, 애호하다 一息
入(ひといきい)れる 잠시 쉬다
|정답| (D)

22

顔色が悪いようですが、どうかなさったんですか。
(A) ええ、よく睡眠を取ったので化粧の乗りがいいん
　　です。
(B) 昔から写真写りには自信があるんです。
(C) ええ、昨日雨に降られてちょっと風邪気味なんです。
(D) 天気予報では午後から雨が降るって言ってました。

|번역| 안색이 안 좋은 것 같은데, 무슨 일 있었습니
까?
(A) 네, 잘 자서 화장이 잘 먹었어요.
(B) 옛날부터 사진발에는 자신이 있습니다.
(C) 네, 어제 비를 맞아서 조금 감기 기운이 있습니다.
(D) 일기예보에서는 오후부터 비가 온다고 했습니다.

|어휘| 顔色(かおいろ)が悪(わる)い 안색이 안 좋다
睡眠(すいみん) 수면 睡眠(すいみん)を取(と)る 수
면을 취하다 化粧(けしょう) 화장 乗(の)る 잘 묻다,
잘 먹다 写(うつ)る 찍다 写真写(しゃしんうつ)り
사진의 찍힘새 自信(じしん) 자신 風邪気味(かぜぎ
み) 감기 기운 天気予報(てんきよほう) 일기예보 午
後(ごご) 오후
|정답| (C)

23

今日はいろいろとありがとうございました。では、失
礼します。

(A) ああ、お帰りなさい。早かったわね。
(B) いえいえ、何のお役にも立てませんで。それでは、
　　また。
(C) はい、すぐにうかがいますので今しばらくお待ち
　　ください。
(D) いいえ、そんなに気を落とさないで下さい。

│번역│　오늘 여러 가지로 감사했습니다. 그럼, 실례하
겠습니다.
(A) 아, 어서 와. 빨리 왔네.
(B) 아니요, 아무 도움도 되지 못해서. 그럼, 또.
(C) 네, 즉시 여쭤 볼 테니 지금 잠시 기다려 주세요.
(D) 아니요, 그렇게 낙심하지 마세요.

│어휘│　役(やく)に立(た)つ 도움이 되다　うかがう
「聞(き)く」(묻다)의 겸양어　気(き)を落(お)とす 낙심
하다, 실망하다
│정답│　(B)

24

田中さん、あとでコーヒーでも飲みませんか。
(A) いいですね。別にあしたでも構いませんよ。
(B) そうですね。仕事に区切りがついたら飲みましょう。
(C) それでは、来週にいたしましょう。
(D) いい考えですね。じゃ、また今度ということで。

│번역│　다나카 씨, 나중에 커피라도 마실래요?
(A) 좋아요. 특별히 내일이라도 상관없어요.
(B) 글쎄요. 일에 매듭이 지어지거든 마십시다.
(C) 그럼, 다음 주에 합시다.
(D) 좋은 생각이네요. 그럼, 또 다음에 하는 것으로.

│어휘│　別(べつ)に 특별히　構(かま)う 상관하다
区切(くぎ)り 중도에서 끊음　区切(くぎ)りがつく 매
듭이 지어지다
│정답│　(B)

25

僕は大学を卒業したらすぐ日本に留学するつもりなん
です。
(A) それはそうと、いつお戻りになったんですか。
(B) それはいいですね。日本はどうでしたか。
(C) そうですか。くれぐれもお体に気をつけてがんば
　　ってください。

(D) そうですか。空港には何時頃着く予定ですか。

│번역│　나는 대학을 졸업하면 바로 일본에 유학할 생
각입니다.
(A) 그건 그렇고, 언제 돌아왔습니까?
(B) 그거 좋네요. 일본은 어땠습니까?
(C) 그렇습니까? 아무쪼록 몸조심하고 열심히 하세요.
(D) 그렇습니까? 공항에는 몇 시쯤 도착할 예정입니까?

│어휘│　大学(だいがく) 대학　卒業(そつぎょう) 졸
업　留学(りゅうがく) 유학　それはそうと 그건 그렇
고　くれぐれも 부디, 모쪼록　空港(くうこう) 공항
着(つ)く 도착하다
│정답│　(C)

26

金さん、例のお見合いはうまくいきましたか。
(A) ええ、父は思ったより元気そうで安心しました。
(B) ええ、お陰様で。来週また相手の方と会うことに
　　しました。
(C) ええ、やるだけのことはやったのできっと受かる
　　はずです。
(D) ええ、そこには子供の頃よく行きました。

│번역│　김씨, 그 이야기하던 맞선은 잘 됐습니까?
(A) 네, 아버지는 생각보다 건강한 것 같아 안심했습니다.
(B) 네, 덕분에. 다음 주 또 상대분과 만나기로 했습니다.
(C) 네, 할 것은 했기 때문에 꼭 합격될 거예요.
(D) 네, 그 곳은 어렸을 때 자주 갔었습니다.

│어휘│　例(れい)の 예의, 그=「あの」　見合(みあ)い
맞선　元気(げんき) 건강함　きっと 틀림없이, 꼭　受
(う)かる 합격되다

│주요어구│　きっと : かならず보다는 신뢰도가 떨어지
며, 판단 내용이 동작을 수반하지 않는 단순사실에 근거한
추측이나 추정표현이 뒤에 오며, かならず와는 달리 부정
표현이 뒤에 올 수 있다.
・彼女(かのじょ)はきっと忙(いそが)しいだろう。
　그녀는 틀림없이 바쁠 것이다.
│정답│　(B)

27

部長は映画をよく見に行かれるほうですか。

(A) ああ、見に行ったことは何度かあるぞ。

(B) ううん、連続で3本ぐらいは見られると思うよ。

(C) いや、年に1、2回ぐらいしか見に行かないな。

(D) ううん、アクション物はあまり好きじゃないんだ。

| 번역 | 부장님은 영화 자주 보러 가게 되는 편입니까?

(A) 아, 보러 간 적은 몇 번인가 있는데.

(B) 아니, 연속으로 3편 정도는 볼 수 있어.

(C) 아니, 일 년에 1,2번 정도 밖에 보러 안 가.

(D) 아니, 액션물은 별로 안 좋아해.

| 어휘 | 連続(れんぞく) 연속　アクション物(もの)
액션물

| 주요어구 | よく : 자주, 흔히

・わたしはよく映画(えいが)を見(み)に行(い)きます。
　나는 자주 영화를 보러 갑니다.

・彼(かれ)はよく散歩(さんぽ)に出(で)かけた。
　그는 자주 산보하러 나갔다.

| 정답 | (C)

28

最後まで責任を持ってしますので、この仕事は私にや
らせてください。

(A) ええ、彼のような人材はなかなか発掘できません。

(B) そこまで言うのならあなたにやってもらいましょ
う。

(C) 本当にいいんですか。では、遠慮なくいただきま
す。

(D) 分かりました。では、私がいたしましょうか。

| 번역 | 끝까지 책임감을 갖고 할테니까, 이 일은 나에
게 시켜 주십시오.

(A) 네, 그와 같은 인재는 좀처럼 발굴할 수 없습니다.

(B) 그렇게 까지 말하니 당신한테 맡겨 보죠.

(C) 정말로 괜찮습니까? 그럼, 사양않고 받겠습니다.

(D) 알겠습니다. 그럼 제가 할까요?

| 어휘 | 責任(せきにん)を持(も)つ 책임을 지다　発
掘(はっくつ) 발굴　遠慮(えんりょ) 사양, 삼감
| 정답 | (B)

29

すみませんが、この近くに郵便局はありますか。

(A) ええ、記念切手なら近所の郵便局で買えます。

(B) 私のうちから郵便局までは目と鼻の先です。

(C) 郵便局は5時までなので急いだ方がいいですよ。

(D) いえ、このあたりにはありませんよ。

| 번역 | 실례지만, 이 근처에 우체국 있습니까?

(A) 네,기념우표라면 근처 우체국에서 살 수 있습니다.

(B) 집에서 우체국까지는 코앞입니다.

(C) 우체국은 5시까지니까 서두르는 편이 좋겠네요.

(D)아니요, 이 근처에는 없습니다.

| 어휘 | 近(ちか)く 근처=「近所(きんじょ)」　郵便局
(ゆうびんきょく) 우체국　記念切手(きねんきって)
기념우표　目(め)と鼻(はな)の先(さき)　가깝다=「近
(ちか)い」　急(いそ)ぐ 서두르다　あたり 근처 부근
| 정답 | (D)

30

いけない。もうこんな時間だ。そろそろおいとましな
くては。

(A) ようこそいらっしゃいました。さあ、どうぞお上
　　がり下さい。

(B) えっ、もうお帰りになるんですか。もう少しゆっ
　　くりしていってください。

(C) いいえ、どういたしまして。こちらこそありがと
　　うございました。

(D) お客さん、すみませんがもう閉店なんです。

| 번역 | 할 수 없네. 벌써 이 시간이야. 슬슬 가 봐야겠
네.

(A) 잘 오셨습니다. 자. 올라가세요.

(B) 네? 벌써 가십니까? 좀 더 있다 가세요.

(C) 아니요, 천만의 말씀입니다. 저야말로 감사했습니다.

(D) 손님, 죄송합니다만 폐점 시간입니다.

| 어휘 | おいとまする(いたす) 실례하다, 작별하다
閉店(へいてん) 폐점
| 정답 | (B)

31

この部屋、ちょっと寒いようですけど。

(A) 雲行きが怪しいのになかなか雨が降りませんね。

(B) それでは、何か冷たい物でもお持ちしましょうか。

(C) 隣りの高いビルのせいで日当たりが悪いですから。

(D) ええ、ここは南向きの最高の物件です。

| 번역 | 이 방, 좀 추운 것 같은데.
(A) 구름 움직임이 이상한데 좀처럼 비가 내리지 않네.
(B) 그럼, 뭔가 차가운 것이라도 가져올까요.
(C) 옆 고층 빌딩 탓에 햇빛이 잘 안 들어서.
(D) 네, 여기는 남향의 최고의 건물입니다.

| 어휘 | 雲行(くもゆ)き 구름의 움직임 怪(あや)しい 이상하다 日当(ひあ)たりが悪(わる)い 햇빛이 잘 안 든다 南向(みなむ)き 남향 最高(さいこう) 최고 物件(ぶっけん) 물건
| 정답 | (C)

32
引っ越しパーティーの食材は揃っていますか。
(A) ええ、今から買い出しに行ってきます。
(B) ええ、さっき買い物に行って全部買っておきました。
(C) ええ、お腹が空いていたのですっかり食べてしまいました。
(D) ええ、もう一度みんなに聞いて検討してみます。

| 번역 | 이사 파티에 쓸 재료는 갖춰져 있습니까?
(A) 네, 지금부터 사러 나갔다 오겠습니다.
(B) 네, 조금 전에 시장 보러 가서 전부 사 두었습니다.
(C) 네, 배가 고파서 전부 먹어 버렸습니다.
(D) 네, 한 번 더 모두에게 물어서 검토해 보겠습니다.

| 어휘 | 引(ひ)っ越(こ)し 이사 食材(しょくざい) 식재*「食事材料(しょくじざいりょう)」(식사 재료)의 준말 揃(そろ)う 빠짐없이 다 갖춰지다 お腹(なか)が空(す)く 배고프다, 공복이다 検討(けんとう) 검토
| 정답 | (B)

33
木村さんのうちでは何かペットを飼っていますか。
(A) いいえ、見かけに寄らず運動は得意ではないんです。
(B) いいえ、母が動物が苦手なものですから飼えないんです。
(C) ええ、週に1回近所の大型スーパーでまとめて買います。
(D) ええ、時々気が向いた時に買いに行きます。
| 번역 | 기무라 씨 집에서는 뭔가 애완동물을 키우고 있습니까?
(A) 아니요, 겉보기와는 달리 운동을 잘 하지 못합니다.
(B) 아니요, 엄마가 동물을 싫어해서 키우지 않습니다.
(C) 네, 한 주에 1번 근처에 대형 슈퍼에서 모아서 삽니다.
(D) 네, 때때로 마음이 내킬 때에 사러 갑니다.

| 어휘 | 飼(か)う 키우다 見(み)かけに寄(よ)らず 겉보기와는 다르다 得意(とくい) 뛰어남, 잘함 苦手(にがて) 못하여 자신이 없음, 싫어함 大型(おおがた) 대형 気(き)が向(む)く 마음이 내키다
| 정답 | (B)

34
このシャーペン、ちょっと書きにくいですね。
(A) 私も彼のことずっと憎いと思っていました。
(B) はい、意外と太っていますから持ちにくいですね。
(C) その割りには安かったですね。
(D) シャーペンというより紙の方が悪いんじゃないでしょうか。

| 번역 | 이 샤프, 좀 쓰기 힘드네요.
(A) 나도 그를 계속 미워하고 있었습니다.
(B) 네, 의외로 굵어서 잡기 힘드네요.
(C) 그에 비해서는 쌌었지요.
(D) 샤프라기보다 종이가 나쁜 거 아닐까요?

| 어휘 | ~割(わり)には ~에 비해서는
| 정답 | (D)

35
渡辺さんは見るからにいける口ですね。
(A) ええ、残業がなければ行けるんですが。
(B) いいえ、明日は朝一番に会議があって行けません。
(C) とんでもありません。たしなむ程度ですよ。
(D) いえいえ、口はうまい方じゃありません。

| 번역 | 와타나베 씨는 보기에 술을 잘 마실 것 같아요.
(A) 네, 잔업이 없으면 갈 수 있는데.
(B) 아니요, 내일은 아침에 제일 먼저 회의가 있어서 갈 수 없습니다.
(C) 당치도 않습니다. 즐기는 정도입니다.
(D) 아니요, 말을 잘하는 사람이 아닙니다.

| 어휘 | いける口(くち) 술을 잘 마실 것 같은 사람

程度(ていど) 정도
| 정답 | (C)

36

中山さんに待望の第一子が生まれたそうですよ。
(A) それはよかった。予定日はいつですか。
(B) それはありがたい。それじゃ、さっそくお礼をし
なくちゃ。
(C) それはおめでたい。それじゃ、さっそくお祝いを
しなくちゃ。
(D) それはお気の毒に。励ましに行かなくちゃ。

| 번역 | 나카야마 씨에게 기다리고 바라던 첫 아이가
태어났대요.
(A) 그거 잘됐네요. 예정일은 언제입니까?
(B) 그거 감사하네요. 그럼, 즉시 인사해야 겠네.
(C) 그거 경사롭군. 그럼, 즉시 축하해야 겠네.
(D) 그거 불쌍하네요. 격려하러 가지 않으면 안 되는데.

| 어휘 | 待望(たいぼう) 대망   気(き)の毒(どく) 가
엾음   励(はげ)ます 격려하다
| 정답 | (C)

37

あの、すみません。このスープ、ちょっと冷めてるよ
うなんですけど。
(A) 申し訳ございません。ただ今、焼き直しますから。
(B) 申し訳ございません。あたためてすぐにお持ちい
たします。
(C) 失礼致しました。ただ今、お切り替えいたします。
(D) 失礼いたしました。すぐに冷やしますから。

| 번역 | 저기, 실례지만, 이 수프 좀 식은 것 같은데요.
(A) 죄송합니다. 지금, 다시 구워 올게요.
(B) 죄송합니다. 따뜻하게 해서 바로 가져오겠습니다.
(C) 실례했습니다. 지금, 새로 바꿔 드리겠습니다.
(D) 실례했습니다. 바로 차게 해 드릴게요.

| 어휘 | 冷(さ)める 식다, 차가워지다   切(きり)替
(か)える 바꾸다다   冷(ひ)やす차게 하다
| 정답 | (B)

38

ねえ、この店、クーラーがあまりきいてないと思わな
い?
(A) そうだね。店の人に言って、もう少し弱くしても
らおうか。
(B) 分かった。もう少しボリュームを上げてもらうよ。
(C) うそでしょ。そんな話聞いてないけど。
(D) そうだね。もうちょっと強くしてもらえるように
言ってみるよ。

| 번역 | 있잖아, 이 가게, 에어컨이 별로 안 킨 것 같지
않아?
(A) 그렇군. 가게 주인에게 말해서 좀 더 약하게 해 달라고
할까?
(B) 알았어. 좀 더 볼륨 높여 달라고 하자.
(C) 거짓말. 그런 얘기 못 들었어.
(D) 그렇군. 좀 더 세게 해 달라고 말할게.

| 어휘 | 弱(よわ)い 약하다   強(つよ)い 강하다
| 정답 | (D)

39

先週温泉旅行に行ったんですが、そこで加藤さんに会
いましたよ。
(A) へえ、そうですか。ついでにパンフレットをもら
ってきてくれませんか。
(B) へえ、そうですか。残念ですがまた次の機会に。
(C) へえ、そうですか。旅先で会うとは奇遇ですね。
(D) へえ、そうですか。では、楽しいご旅行を。

| 번역 | 지난 주 온천 여행 갔는데, 거기서 카토 씨 만났
어요.
(A) 네? 그래요? 그런 김에 팸플릿 가져다주시지 않겠습니
까?
(B) 네? 그래요? 유감스럽지만 다음 기회에.
(C) 네? 그래요? 여행지에서 만나다니 이상한 인연이네요.
(D) 네? 그래요? 그럼, 좋은 여행을.

| 어휘 | 旅先(たびさき) 여행지   パンフレット 팸플
릿, 소책자   奇遇(きぐう) 기우, 이상한 인연으로 만남
| 정답 | (C)

40

高橋さん、今週の日曜日お宅にお邪魔してもよろしい
でしょうか。
(A) 勉強中なので邪魔しないで欲しいんですけど。

(B) ええ、ちょうどその日は空いていますからおいで
　　ください。
(C) よろしければお邪魔させていただきます。
(D) 休日なので遠慮した方がいいと思いますよ。

|번역| 다카하시 씨, 이번 주 일요일 놀러 가도 됩니
까?
(A) 공부 중이라서 방해받고 싶지 않은데요.
(B) 네, 마침 그 날은 비워져 있으니까 오세요.
(C) 괜찮다면 실례하겠습니다.
(D) 휴일이기 때문에 삼가는 쪽이 좋다고 생각해요.

|어휘| 邪魔(じゃま)する 방해하다
|정답| (B)

41

ご都合がよろしければ明日の午後にお目にかかりたい
のですが。
(A) 申し訳ございません。あいにく席を外しているの
　　ですが。
(B) 鍵はかかっていないと思いますから、ご自由にど
　　うぞ。
(C) そうですね。それでしたら予定どおりということ
　　ですね。
(D) 申し訳ありませんが、午後は予定が詰まっており
　　まして。

|번역| 괜찮으시다면, 내일 오후에 뵙고 싶은데요.
(A) 죄송합니다. 공교롭게 자리에 없습니다 만.
(B) 열쇠는 걸려 있지 않을 거니까, 자유롭게 .
(C) 그러네요. 그렇다면 예정 대로네요.
(D) 죄송합니다만, 오후는 예정이 가득 차 있어서.

|어휘| 詰(つ)まる 가득 차다
|정답| (D)

42

このチリ産のワインは確かにおいしいけど、ちょっと
癖があるわね。
(A) うん。初めのうちはそうなんだけど慣れればやみ
　　つきになるよ。
(B) うん。三日坊主にならないようにいい習慣は続け
　　るべきだね。
(C) ううん。確かにチリから輸入したワインって書い

てあるけど。
(D) うん。悪い癖は早いうちに直さなければいけない
　　からね。

|번역| 이 칠레 산 와인은 분명히 맛있지만, 독특한
맛이 있어.
(A) 응. 처음에는 그렇지만, 익숙해지면 끊을 수 없게 되
지.
(B) 응. 작심삼일이 되지 않도록 좋은 습관은 계속해야만
한다.
(C) 아니. 틀림없이 칠레로부터 수입한 와인이라고 써 있
는데.
(D) 응. 나쁜 습관은 빨리 고쳐야 하니까.

|어휘| 癖(くせ) 버릇, 편향된 성격이나 성질　やみつ
き (나쁜) 버릇이 들어서 고칠 수 없게 됨, 고질이 됨　三
日坊主(みっかぼうず) 작심삼일
|정답| (A)

43

お客様、申し訳ありませんが、ただ今そちらの商品は
切らしているんですが。
(A) そうですか。電気が切れたのなら交換してもらっ
　　てください。
(B) そうですか。どうしても欲しいので取り寄せても
　　らえませんか。
(C) それでもかまいませんから、早く会計してください。
(D) なるべく早くしてほしいんですが、修理はいつ頃
　　までにできますか。

|번역| 손님, 죄송합니다만, 지금 그쪽 상품은 떨어졌
습니다.
(A) 그래요? 전기가 끊긴 거라면 교환해 주세요.
(B) 그래요? 꼭 갖고 싶은데, 주문해 주실 수 없나요?
(C) 그래도 상관없으니까, 빨리 계산해 주세요.
(D) 가능한 한 빨리 해 줬으면 좋겠는데 언제쯤 수리됩니
까?

|어휘| 取(と)り寄(よ)せる 주문하다, 가져오게 하다
なるべく 가능한 한, 되도록
|정답| (B)

44

今度のキャンペーンの時に着るユニフォームの件なん

ですが、このデザインでいかがでしょうか。
(A) なかなかの出来だとは思うけど、ちょっと少ない
　　んじゃないかな。
(B) う～ん。これは若い人には似合っても年配の人に
　　は向かないんじゃないかな。
(C) 時間のことは気にしないで、もっとゆっくりやっ
　　ていいよ。
(D) ユニフォームが汚れちゃったから家で洗濯しな
　　きゃ。

|번역| 이번 캠페인 때 입을 유니폼 말인데요. 이 디
자인 어떻습니까?
(A) 꽤 괜찮다고 생각하지만, 곧 될 거라고 생각하는데 좀
　　적지 않나요?
(B) 글쎄. 이건 젊은 사람에게는 어울리는데 나이든 사람
　　에게는 안 그럴 것 같은데요.
(C) 시간은 신경 쓰지 말고, 좀 더 천천히 하세요.
(D) 유니폼이 더러워졌으니까 집에서 빨아 와야겠다.

|어휘| 出来(でき) 완성됨, 성적, 수확　汚(よご)れ
る 더러워지다
|정답| (B)

45
それでは石橋会長は何時頃お戻りになりますか。
(A) 恐れ入りますが、お戻りになりましたらお電話い
　　ただけますか。
(B) 石橋でございますね。はい、確かに承りました。
(C) あいにく何時に戻るか分かりかねますが。
(D) よろしければご伝言を承りましょうか。

|번역| 그럼 이시바시 회장님은 몇 시쯤 돌아오십니
까?
(A) 죄송합니다만, 돌아오시면 전화해주시겠습니까?
(B) 이시바시이시군요. 네, 확실하게 들었습니다.
(C) 공교롭게도 몇 시에 돌아올지 모르겠습니다만.
(D) 괜찮으시다면 전할 말씀 있으십니까?

|어휘| 伝言(でんごん) 전언
|정답| (C)

46
明日忘年会があるそうですが、出席なさいますか。
(A) ちょっと顔だけ出してすぐに帰るって言ってたよ。

(B) ええ、彼女のことだから出席しそうだね。
(C) ええ、年に一度のことだからきっと出席するはず
　　だよ。
(D) 社長も来られるし、出席しないって訳にはいかな
　　いだろう。

|번역| 내일 친목회가 있다고 하는데, 참석하실 겁니
까?
(A) 얼굴만 내밀고 곧장 돌아온다고 말했어.
(B) 응. 그녀 때문에 참석할 것 같아.
(C) 응. 일 년에 한 번 하는 거니까 꼭 참석할 겁니다.
(D) 사장님도 오시고, 출석하지 않을 수는 없을 걸.

|어휘| 忘年会(ぼうねんかい) 친목회, 망년회
|정답| (D)

47
このカフェ、結構いい雰囲気なのにいつ来てもガラガ
ラだね。
(A) やっぱり宣伝の効果が出てるのかな。
(B) うん、今は書き入れ時だから込むのは当然だよ。
(C) 大通りから離れたちょっと奥まったところにある
　　からね。
(D) そうだろう。コーヒーの味もなかなかだろう。

|번역| 이 카페, 꽤 분위기 있는데 언제 와도 텅텅 비
어 있네.
(A) 역시 선전의 효과가 있는 걸까.
(B) 응. 지금은 대목 때니까 붐비는 것은 당연해.
(C) 번화가에서 떨어진 좀 후미진 곳에 있어서.
(D) 그렇지. 커피 맛도 괜찮지.

|어휘| 書(か)き入(い)れ時(どき) 대목 때　奥(お
く)まる 후미지다, 쑥 들어가다
|정답| (C)

48
どう、明日締め切りのレポート、今日中に終わりそう？
(A) うーん。ちょっと厳しいけどやれるだけやってみ
　　るよ。
(B) うーん。ちょっと細かいけどがんばってみるよ。
(C) うーん。ちょっと寂しいけど我慢するよ。
(D) うーん。ちょっとむなしいけど仕方ないよ。

| 번역 | 어때, 내일 제출할 리포트, 오늘 중에 끝날 거 같아?
(A) 글쎄, 좀 힘들긴 해도 할 수 있는 한 해 볼 거야.
(B) 글쎄, 좀 까다롭긴 해도 노력해 볼 거야.
(C) 글쎄, 좀 외롭긴 해도 참을게.
(D) 글쎄, 좀 허무하긴 해도 어쩔 수 없어.

| 어휘 | むなしい 허무하다, 공허하다, 헛되다
| 정답 | (A)

49

あれ、お金が足りないなあ。すまないが、誰か立て替えておいてくれないか。
(A) 一万円札を千円札10枚に替えてもらえばいいんですね。
(B) いえ、ここは私が持ちます。いつもご馳走になってばかりですから。
(C) 分かりました。ここは私が立てますのでご心配なく。
(D) それなら、あそこにATMがあるので私がお金を下ろしてきます。

| 번역 | 어, 돈이 부족하네. 미안하지만, 누군가 대신 내 주지 않을래?
(A) 1만 엔 권을 천 엔짜리 10장으로 바꾸면 좋겠네.
(B) 아니, 이번엔 내가 부담 할게. 항상 신세 졌으니까.
(C) 알겠어. 이번엔 내가 할 테니까 걱정.하지 마.
(D) 그렇다면, 저기에 ATM이 있으니까 내가 돈을 찾아올게.

| 어휘 | すまない 미안하다　立(た)て替(か)える 입체 하다, 대신 치르다　持(も)つ 부담하다
| 정답 | (B)

50

みんなで力を合わせてがんばってきたこのプロジェクトもようやく山を越したね。
(A) ええ、やっと終わりが見えて来ましたね。
(B) ええ、水が足りなくて喉がからからでしたね。
(C) ええ、山道が険しくて登るのが大変でしたね。
(D) ええ、ここまで来ればあとは降りるだけですね。

| 번역 | 모두 힘을 모아 열심히 했던 프로젝트도 겨우 고비를 넘겼네.
(A) 네. 겨우 끝이 보이네요.

(B) 네. 물이 모자라서 목이 바짝 말랐어요.
(C) 네. 산길이 험해서 올라오는 게 힘들었어요.
(D) 네. 여기까지 오면 다음은 내려가는 것뿐이네.

| 어휘 | 力(ちから)を合(あ)わせる 힘을 합치다　ようやく 겨우, 가까스로, 간신히　山(やま)を越(こ)す 고비를 넘기다　水(みず)が足(た)りない 물이 부족하다　喉(のど)がからからだ 목이 타다, 목이 마르다　険(けわ)しい 험하다, 험상궂다, 험악하다　登(のぼ)る 오르다
| 정답 | (A)

21

教室の後ろの席の人、黒板の字が見えますか。
(A) はい、どうも。
(B) はい、どうぞ。
(C) はい、どうにか。
(D) はい、そうですね。

| 번역 | 교실 뒷자리 사람, 칠판 글씨 보입니까?
(A) 네, 고맙습니다.
(B) 네, 부디.
(C) 네, 그런 대로.
(D) 네, 글쎄요..

| 어휘 | 教室(きょうしつ) 교실　後(うし)ろ 뒤, 뒤쪽　席(せき) 자리　黒板(こくばん) 칠판　見(み)える 보이다　どうにか (충분하지는 않지만 가능하다) 이럭저럭, 그런 대로, 겨우겨우
| 정답 | (C)

22

すみません。大変お待たせしてしまって。
(A) いいえ、こちらこそ。
(B) いいえ、私も今来たところです。
(C) はい、私もそうなんです。
(D) 10分ぐらいお待ちになったでしょう。

| 번역 | 죄송합니다. 많이 기다리게 해서.
(A) 아니요, 저야말로.
(B) 아니요, 저도 지금 막 왔습니다.
(C) 네, 저도 그렇습니다.

(D) 10分 정도 기다리셨죠.

|어휘| 大変(たいへん) 매우, 대단히　待(ま)たせる
기다리게 하다
|정답| (B)

23

あそこに置いてあるパンフレット、もらってもいいで
すか。
(A) はい、ご遠慮なくいただいてください。
(B) はい、私にも1部くれませんか。
(C) ええ、どうぞご自由にお持ち帰り下さい。
(D) いいえ、1部しかないのでもらわないで下さい。

|번역| 저기 놓인 팸플릿, 가져도 됩니까?
(A) 네, 사양 말고 받아 주세요.
(B) 네, 나에게도 1부 주시겠습니까?
(C) 네, 마음대로 가져가세요.
(D) 아니요, 1부밖에 없으니까 받지 마세요.

|어휘| パンフレット 팸플릿　遠慮(えんりょ) 사양,
거절　自由(じゆう)に 자유롭게　持(も)ち帰(かえ)り
가지고 감
|정답| (C)

24

もしもし、加藤と申しますが、佐藤さんいらっしゃた
らお願いしたいんですが。
(A) 申し訳ございません。佐藤はあいにく本日お休み
　　をいただいておりますが。
(B) かしこまりました。佐藤が戻ったらそのように申
　　し伝えておきます。
(C) その件でしたら今すぐ担当の者をお呼びしますの
　　で、少々お待ち下さい。
(D) それでは、何時頃お戻りになるかご存じですか。

|번역| 여보세요, 가토라고 하는데요, 사토 씨 계시면
부탁드립니다.
(A) 죄송합니다. 사토 씨는 공교롭게도 오늘 쉬는 날입니
　　다만.
(B) 알겠습니다. 사토 씨가 돌아오면 그렇게 전하겠습니다.
(C) 그 건이라면 지금 곧 담당자를 부를 테니 조금만 기다
　　려 주세요.
(D) 그럼, 몇 시쯤 돌아오실 지 아십니까?

|어휘| 申(もう)す 말씀드리다,「言う」(말하다)의 겸
양어　あいにく 공교롭게도　かしこまりました 알았
습니다, 분부대로 하겠습니다　件(けん) 건, 건수　ご存
(ぞん)じですか 알고 계십니까?「知(し)っていますか」
(알고 있습니까?)의 존경어
|정답| (A)

25

じゃあ、来週の飲み会はどこでやることになったの。
(A) 多分そういうことになるんじゃないかな。
(B) 部長の都合で再来週の金曜日に延びたそうだよ。
(C) 多分けちだからあげないんじゃないかな。
(D) はっきり分かんないけど、いつものとこだと思う
　　よ。

|번역| 그럼, 다음 주 회식은 어디서 하기로 됐어?
(A) 아마도 그렇게 되는 게 아닐까?
(B) 부장님 사정으로 다음다음주 금요일로 연기됐대.
(C) 아마도, 인색하니까 주지 않는 거 아닐까?
(D) 정확히는 모르겠지만, 항상 가는 곳 일거야.

|어휘| 来週(らいしゅう) 다음주　飲(の)み会(かい)
회식　都合(つごう) 형편, 사정　再来週(さらいしゅ
う) 다음다음주　延(の)びる 연기되다, 연장되다　けち
인색함
|정답| (D)

26

今回のコマーシャルの企画だけど、いまいちパッとし
ないな。
(A) そうですね。もう少しパッと光った方がいいです
　　ね。
(B) そうですね。かなりいい線行ってるんじゃないで
　　しょうか。
(C) そうですね。確かにマンネリの感がありますね。
(D) そうですね。斬新なところがいいですね。

|번역| 이번 광고 기획 말이야, 뭔가 조금 눈을 끌지
못 하는 것 같아.
(A) 글쎄요. 좀 더 확 번쩍이는 것이 좋겠네요.
(B) 글쎄요. 꽤 좋은 방향으로 가고 있는 것 아닌가요?
(C) 글쎄요. 확실히 매너리즘에 빠진 느낌이 드네요.
(D) 글쎄요. 참신한 점이 좋네요.

| 어휘 | 企画(きかく) 기획　パットしない 두드러지
게 눈을 끌지 못하다　光(ひか)る 빛나다, 번쩍이다　かな
り 꽤, 상당히　いい線(せん)行(い)っている 좋은 상태
이다, 합격선에 이르다　確(たし)かに 확실히, 틀림없이
マンネリ 매너리즘　斬新(ざんしん)だ 참신하다
| 정답 | (C)

27

大学4年生になったから、前より少しは余裕ができた
でしょう。
(A) そうですね。でも、前住んでいた所の方が狭いで
　　す。
(B) ええ、お金持ちのお坊っちゃま、お嬢様が多いで
　　す。
(C) とんでもない。就職活動や卒論で遊ぶどころじゃ
　　ありませんよ。
(D) ええ、いくらか定期貯金もできるようになってう
　　れしいです。

| 번역 | 4학년이 되니까 전보다 조금은 여유가 생겼죠?
(A) 그래요. 하지만 전에 살았던 곳이 좁아요.
(B) 네, 부잣집 도련님, 아가씨가 많습니다.
(C) 천만에요. 취직 활동이나 졸업논문으로 놀 형편이 아
　　니에요.
(D) 네, 다소 정기적금도 할 수 있게 되어 기쁘다.

| 어휘 | 余裕(よゆう) 여유　狭(せま)い 좁다　お金
(かね)持(も)ち 부자　お坊(ぼっ)ちゃん 도련님　お
嬢様(じょうさま) 아가씨　就職活動(しゅうしょくか
つどう) 취직 활동　卒論(そつろん) 졸업논문　いくら
か 조금, 다소, 얼마간　定期貯金(ていきちょきん) 정
기적금　嬉(うれ)しい 기쁘다

| 주요어구 | ～どころじゃない：'(그와 같은 활동을 할
수 있는) ～할 상황이 아니다, ～할 계제(처지)가 아니다'
라는 뜻으로, 명사, 동사의 기본형이 온다.
・こう天気(てんき)が悪(わる)くては海水浴(かいすい
　よく)どころじゃありません。
　이렇게 날씨가 나빠서는 해수욕을 할 상황이 아닙니다.
| 정답 | (C)

28

ちょっと言いにくいんだけど、5万円ほど都合つかな
いかなあ。

(A) 今日はちょっと都合が悪いんですけど。
(B) いいえ、とんでもない。結構ですよ。
(C) 給料日前なんでちょっと難しいですね。
(D) 都合がいい日はいつですか。

| 번역 | 좀 말하기 어려운데, 5만 엔 정도 마련되겠어?
(A) 오늘은 좀 사정이 안 좋은데요.
(B) 아니요, 천만에요. 됐습니다.
(C) 월급날 전이라서 좀 어렵네요.
(D) 형편이 괜찮은 날은 언제입니까?

| 어휘 | 都合(つごう) 형편, 사정*「都合(つごう)がつ
く」(돈이 마련되다, 돈이 변통되다)　給料日(きゅうり
ょうび) 월급날　都合(つごう)がいい 시간을 낼 수 있
다, 시간적으로 형편이 좋다

| 주요어구 | 동사ます형+にくい：'좀처럼 ～않다, ～하
기 거북(불편)하다, ～하기 어렵다' 라는 뜻으로 사물의
고유 속성이나 편리성 유무를 나타내는 말이다.
・小(ちい)さい活字(かつじ)は読(よ)みにくい。
　작은 활자는 읽기 불편하다.
・油(あぶら)は水(みず)に溶(と)けにくい。
　기름은 물에 녹지 않는다.
| 정답 | (C)

29

例の提案、会議にかけたんだろう。どうなったの。
(A) ああ、あれは雇用されることになりましたよ。
(B) ああ、あれは落第してしまいましたよ。
(C) ああ、あれはすんなりと通りましたよ。
(D) ああ、あれはだいぶよくなったみたいですよ。

| 번역 | 그 제안, 회의에 올렸지? 어떻게 됐어?
(A) 아, 그거 고용되게 되었어요.
(B) 아, 그거 낙제했습니다.
(C) 아, 그거 순조롭게 통과됐어요.
(D) 아, 그거 꽤 잘 된 것 같아요.

| 어휘 | 例(れい) 그=「あの」　提案(ていあん) 제안
雇用(こよう) 고용　落第(らくだい) 낙제　すんなり
순조롭게, 척척, 쉽게　通(とお)る 통과하다　だいぶ
상당히, 꽤
| 정답 | (C)

30

明日の結婚式のスピーチ、人前で話すなんて気が重い
なあ。
(A) 思ったより重たくないから、気にしない方がいい
　　ですよ。
(B) でも、もらう人はきっと喜んでくれるでしょう。
(C) 田中さんもずいぶん気が短い人のようですね。
(D) そう言えば、田中さんははじめてでしたっけ。

| 번역 | 내일 결혼식 스피치, 사람들 앞에서 말하는 거
라 걱정된다.
(A) 생각보다 무겁지 않으니까, 신경 쓰지 않는 게 좋아요.
(B) 하지만, 받는 사람은 꼭 기뻐해 줄 거예요.
(C) 다나카 씨도 꽤 성질이 급한 것 같아요.
(D) 그러고 보니, 다나카 씨는 처음이죠.

| 어휘 | 結婚式(けっこんしき) 결혼식　人前(ひとま
え) 사람들 앞　気(き)が重(おも)い 마음이 무겁다　思
(おも)ったより 생각보다　きっと 꼭　気(き)が短(み
じか)い 성질이 급하다　そう言(い)えば 그러고 보니
初(はじ)めて 경험상 처음
| 정답 | (D)

31

つかぬことを伺いますが、ブラジルに行ったことがあ
りますか。
(A) あまり上手ではありませんが、片言なら話せます。
(B) いいえ、あまりしたことがないので分かりません。
(C) ブラジルと言えばサッカーが強いことで知られて
　　いますね。
(D) 行きたいとは思っていますが、まだ一度もありま
　　せん。

| 번역 | 엉뚱한 질문입니다만, 브라질에 가 본 적이 있
습니까?
(A) 별로 잘하지는 않지만, 한마디 정도는 말할 수 있습니다.
(B) 아니요, 별로 해 본 적이 없어서 모르겠습니다.
(C) 브라질이라고 하면 축구가 강한 것으로 알려져 있죠.
(D) 가고 싶다고는 생각하고 있습니다만, 아직 한 번도 없
　　습니다.

| 어휘 | つかぬこと 전혀 관계없는 일, 엉뚱한 일　伺
(うかが)う 묻다　片言(かたこと) 한마디의 말, 서투른
말씨

| 정답 | (D)

32

あんなに首を長くして待っていた映画の試写会なのに
どうして行かないんですか。
(A) 今朝から部長の機嫌が何となくいいんです。
(B) 朝っぱらから上司に叱られるし、何でこんなにつ
　　いていないんでしょう。
(C) 残念なことに急に都合が悪くなってしまったんで
　　す。
(D) 会社を首になるなんて寝耳に水の話です。

| 번역 | 그렇게 목 빠지게 기다리던 영화 시사회인데
왜 안가는 겁니까?
(A) 오늘 아침부터 부장님 기분이 왠지 모르게 좋습니다.
(B) 이른 아침부터 상사에게 꾸중을 듣는 등, 왜 이렇게 오
　　늘은 재수가 없는 거지.
(C) 유감스럽지만 갑자기 사정이 안 좋아졌습니다.
(D) 회사에서 해고되다니 아닌 밤중에 홍두깨.

| 어휘 | 首(くび)を長(なが)くする 목 빠지게 기다리
다, 학수고대하다　試写会(ししゃかい) 시사회　機嫌
(きげん)がいい 기분이 좋다　何(なん)となく 어쩐지,
왠지 모르게　朝(あさ)っぱら 이른 아침, 아침 일찍　叱
(しか)る 꾸짖다, 야단치다　ついていない 재수가 없
다, 되는 일이 없다　首(くび)になる 해고되다=「解雇
(かいこ)される」　寝耳(ねみみ)に水(みず) 아닌 밤중
에 홍두깨
| 정답 | (C)

33

お客様、丈の長さはこのくらいでよろしいでしょうか。
(A) はい、これが当店おすすめの人気商品です。
(B) ええ、駅から遠いですが静かでなかなか住みやす
　　いです。
(C) ええ、今は長めが流行っいるのでそれぐらいで結
　　構です。
(D) はい、どうぞお気軽にお問い合わせ下さい。

| 번역 | 손님, 길이는 이 정도가 괜찮으십니까?
(A) 네, 이것이 저희 가게의 추천 인기 상품입니다.
(B) 네, 역에서 멀지만 조용해서 꽤 살기 편합니다.
(C) 네, 지금은 긴 것이 유행하니까 그 정도면 됐습니다.
(D) 네, 부디 부담 없이 문의해 주십시오.

| 어휘 | 丈(たけ) 신장, 키, 높이, 길이 長(なが)さ 길이 当店(とうてん) 당점, 저희 가게 お勧(すす)め 추천 人気商品(にんきしょうひん) 인기 상품 長(なが)め 약간 긴 것 流行(はや)る 유행하다 気軽(きがる) 부담이 없음, 소탈함 問(と)い合(あ)わせる 문의하다

| 주요어구 | 長(なが)さ(길이) : 「さ」형용사 어간에 붙어 그와 같은 성질, 상태, 정도 등 본래 의미가 갖는 속성 자체를 나타낸다. 重(おも)さ(무게) 苦(くる)しさ(괴로움) 嬉(うれ)しさ(기쁨) 親切(しんせつ)さ(친절함)
・あの山(やま)の高(たか)さは何(なん)メートルですか。
　저 산의 높이는 몇 미터입니까?

| 정답 | (C)

34

すみませんが、オリンピックの開会式は何時からですか。
(A) もうすぐ始まりますよ。
(B) オリンピックは中国で開かれます。
(C) 多分6時までだったと思います。
(D) 今、3時10分前です。

| 번역 | 실례합니다만, 올림픽 개회식은 몇 시부터 합니까?
(A) 이제 곧 시작됩니다.
(B) 올림픽은 중국에서 열립니다.
(C) 아마도 6시까지였다고 생각해요.
(D) 지금, 3시10분전입니다.

| 어휘 | 開会式(かいかいしき) 개회식 始(はじ)まる 시작되다 開(ひら)かれる 열리다
| 정답 | (A)

35

素敵なブレスレットですね。どうしたんですか。
(A) これはこうやって手首に飾るものですよ。
(B) これはデパートの装飾品売り場で売っています。
(C) 結婚記念日に旦那にもらったんです。
(D) イタリア製でとても値が張ったんですよ。

| 번역 | 멋진 팔찌이군요. 어디서 났습니까?
(A) 이건 이렇게 해서 손목에 거는 거예요.
(B) 이건 백화점 장식품 파는 곳에서 팝니다.

(C) 결혼 기념일에 영감한테 받은 거예요.
(D) 이탈리아제로 가격이 많이 나갔습니다.

| 어휘 | 素敵(すてき) 아주 멋짐, 매우 근사함 ブレスレット 브레이슬렛, 팔찌 手首(てくび) 손목 飾(かざ)る 장식하다, 꾸미다 装飾品(そうしょくひん) 장식품 結婚記念日(けっこんきねんび) 결혼 기념일 旦那(だんな) 영감, 나리, 손님 양반 値(ね)が張(は)る 가격이 비싸게 치이다
| 정답 | (C)

36

あ、パクさんじゃないですか。お久しぶりですね。
(A) 本当にご無沙汰しておりました。お変りありませんか。
(B) はい、卒業して以来ですから久しぶりに会いました。
(C) 風邪がぶり返すとよくないですからお大事に。
(D) 一人暮しだと寂しくてホームシックにかかりますね。

| 번역 | 아, 박 씨 아닙니까? 오랜만입니다.
(A) 정말로 소식이 없었어요. 별일 없으시죠?
(B) 네, 졸업 한 이후니까 오랜만에 만났습니다.
(C) 감기가 도지면 좋지 않으니까 조심하세요.
(D) 혼자 살면 외로워서 향수병에 걸리죠.

| 어휘 | 久(ひさ)しぶり 오랜만임 沙汰(さた) 소식, 기별, 통지 ご無沙汰(ぶさた) 격조함, 소식을 전하지 못함 お変(かわ)りありませんか 별고 없으십니까? 卒業(そつぎょう) 졸업 風邪(かぜ) 감기 ぶり返(かえ)す 도지다, 다시 악화되다 お大事(だいじ)に 몸조리 잘 하세요

| 주요어구 | ～て以来(いらい)(～한 이후로) : 과거의 어떤 시점부터 그와 같은 일이 현재까지도 계속되고 있음을 나타내는 말로 ～た以来(いらい)로 표현하지 않도록 주의하도록 한다.
・彼(かれ)とは結婚(けっこん)して以来(いらい)ずっと会(あ)っていない。
　그와는 결혼한 이후로 쭉 만나지 못했다.
| 정답 | (A)

37

本日はお忙しいところをお邪魔しまして…。

(A) 今度は邪魔しないように気をつけてください。
(B) いいえ、とんでもない。また、何かありましたら
　　どうぞ。
(C) 本当に皆さん遅くまでがんばっていらっしゃいま
　　すね。
(D) ええ、最近残業も増えて忙しいみたいですよ。

| 번역 |　오늘 바쁘신 데 방해해서….
(A) 다음에는 방해되지 않도록 조심해 주세요.
(B) 아니요. 무슨 말씀을 또, 뭔가 있으시면 오세요.
(C) 정말 여러분들 늦게 까지 수고하십니다.
(D) 네, 최근 잔업도 늘어서 바쁜 것 같아요.

| 어휘 |　本日(ほんじつ) 오늘　忙(いそが)しい 바쁘
다　邪魔(じゃま) 방해　とんでもない 어처구니없다,
천만에요　遅(おそ)くまで 늦게 까지　残業(ざんぎょ
う) 잔업　増(ふ)える 늘다, 증가하다

| 주요어구 |　~ないようにする (~하지 않도록 하다) : 내
용 지시 (~하게, ~하도록)를 나타낸다. 또 목적이나 무언
가를 부탁하거나 하는 당부하는 뉘앙스가 있다.
・電気(でんき)を無駄使(むだづか)いしないように気
　(き)を付(つ)けなさい。
　전기를 낭비하지 않도록 주의하세요.
| 정답 |　(B)

38
さっき頼んでおいたやつ、コピーしておいてくれた。
(A) はい、終り次第すぐ参るとお伝え下さい。
(B) はい、ホッチキスで留めて部長の机の上に置いて
　　おきました。
(C) はい、総務課の鈴木さんに頼んでおきました。
(D) はい、今からコピーしてくれるそうです。

| 번역 |　전에 부탁한 것, 복사해 줬어?
(A) 네, 최종 결제 후 간다고 전해 주세요.
(B) 네, 스테이플러로 묶어서 부장님 책상 위에 두었습니다.
(C) 네, 총무과 스즈키 씨에게 부탁해 뒀습니다.
(D) 네, 지금부터 복사해 준다고 합니다.

| 어휘 |　さっき 아까, 조금 전　頼(たの)む 부탁하다
参(まい)る「行(い)く、来(く)る」(가다, 오다)의 겸양
어　留(と)める 멈추다, 잠그다, 고정시키다, 묶다*「ホ
ッチキスで留(と)める」(스테이플러로 묶다)　机(つく

え) 책상　総務課(そうむか) 총무과
| 주요어구 |　동사ます형+次第(しだい) : ①~하는 대로,
~하는 즉시, ~하자마자=「~したら(すると)すぐに」
・結果(けっか)が分(わ)かり次第(しだい)、直(ただ)
　ちに通知(つうち)します。
　결과를 아는 대로 곧 통지하겠습니다.
| 정답 |　(B)

39
このキーボードはすごく打ちやすいですね。
(A) やっぱりデパートで買うと高いですからね。
(B) 安物買いの銭失いとはこのことですね。
(C) ええ、私もそこが気に食わないんです。
(D) ええ、私も結構重宝しているんですよ。

| 번역 |　이 키보드는 꽤 치기 쉽네요.
(A) 역시 백화점에서 사면 비싸니까요.
(B) 싼 것이 비지떡이네요.
(C) 네, 저도 그것이 맘에 들지 않아요.
(D) 네, 저도 꽤 아끼고 있어요.

| 어휘 |　キーボードを打(う)つ 키보드를 치다　安物
(やすもの)買(か)いの銭(ぜに)失(うしな)い 싼 물건
은 품질이 나쁘기 때문에 결과적으로 손해라는 뜻, 싼 것
이 비지떡　気(き)に食(く)わない 마음에 안 들다　重
宝(ちょうほう) 아낌, 소중히 여김, 애용함
| 정답 |　(D)

40
すみません。この小包をイギリスに送りたいんですが。
(A) イギリスへは何時の飛行機で発つんですか。
(B) イギリスですね。航空便と船便、どちらにします
　　か。
(C) うらやましいですね。私もついて行きたいです。
(D) そうですか。いつ頃送ったか覚えていますか。

| 번역 |　실례합니다. 이 소포 영국으로 보내고 싶은데
요.
(A) 영국에는 몇 시 비행기로 떠납니까?
(B) 영국이요. 항공편과 선편, 어느 쪽으로 하시겠습니까?
(C) 부럽네요. 저도 따라 가고 싶습니다.
(D) 그렇습니까? 언제쯤 보냈는지 기억합니까?

| 어휘 |　小包(こづつみ) 소포　送(おく)る 보내다

発(た)つ 출발하다, 떠나다　航空便(こうくうびん) 항공편　船便(ふなびん) 선편, 배편　羨(うらや)ましい 부럽다　覚(おぼ)える 기억하다
|정답| (B)

41

あれ、どうしたんだろう。このビデオ動きませんね。
(A) そんなことないはずですけど。よく聞いてください。
(B) 変ですね。テープを早送りしたんですか。
(C) おかしいですね。テープをちゃんと巻き戻ししましたか。
(D) 古い割りにはけっこうきれいに映っていますね。

|번역| 어, 왜 그렇지? 이 비디오 안 움직여.
(A) 그럴 리가 없는데요. 잘 들어주세요.
(B) 이상하네요. 테이프를 빨리 감기를 했습니까?
(C) 이상하네요. 테이프를 감아 났습니까?
(D) 낡은데 비해 제법 깨끗하게 나오네요.

|어휘| 動(うご)く 움직이다　変(へん)だ 이상하다　早送(はやおく)り 비디오, 카세트테이프 따위의 빨리 감기　おかしい 이상하다　巻(ま)き戻(もど)し 비디오, 카세트테이프 따위의 되감기　古(ふる)い 오래되다, 낡다　～割(わり)には ～비해서는　映(うつ)る 비치다, 나오다
|정답| (C)

42

それでは、みなさん。夏休みの計画表、なるべく早めに出してくださいね。
(A) 冬もいいですけど、夏もそれなりにいいですね。
(B) はい。明日は遅刻しないように気をつけますので。
(C) まだはっきりとは決まっていませんが今年に行く予定です。
(D) それが、まだ予定が立たないんですが。

|번역| 그럼 여러분. 여름방학 계획표, 가능한 한 빨리 내세요.
(A) 겨울도 좋은데, 여름도 나름대로 괜찮네요.
(B) 네. 내일은 지각하지 않도록 조심할 테니까.
(C) 아직 확실하게는 정하지 않았지만 올해 갈 예정입니다.
(D) 그게, 아직 예정이 서지 않았습니다만

|어휘| 夏休(なつやす)み 여름방학　なるべく 될 수 있는 한, 되도록　早(はや)め 정한 시간보다 조금 빠름, 이름　遅刻(ちこく) 지각　決(き)まる 정해지다, 결정되다　予定(よてい)が立(た)つ 예정이 서다
|정답| (D)

43

こんなにぶ厚い資料、今日中に全部読まなければならないんですか。
(A) ええ、明日本社に送るので一応全部持って来てください。
(B) ええ、明日取引先に渡すので一応全部目を通してください。
(C) ええ、明日発表するので一応全部集めてください。
(D) ええ、明日返すので全部書いてみてください。

|번역| 이렇게 두꺼운 자료, 오늘 중으로 전부 읽어야 합니까?
(A) 네, 내일 본사에 보낼 거니까 일단 전부 가져오세요.
(B) 네, 내일 거래처에 건네줄 거니까 일단 전부 보세요.
(C) 네, 내일 발표할 거니까 일단 전부 모아 주세요.
(D) 네, 내일 돌려줄 거니까 전부 써 보세요.

|어휘| ぶ厚(あつ)い 두껍다　資料(しりょう) 자료　今日中(きょうじゅう)に 오늘 중으로　本社(ほんしゃ) 본사　一応(いちおう) 일단, 우선　取引先(とりひきさき) 거래처　渡(わた)す 건네다, 건네주다　発表(はっぴょう) 발표　集(あつ)める 모으다　返(かえ)す 돌려주다, 반환하다
|정답| (B)

44

申し訳ありません。お借りしたCD、どこかに置き忘れてきちゃったみたいなんですけど。
(A) よろしかったらまた貸していただけますか。
(B) 自分でやりますからほっといてください。
(C) 大切なものですから絶対に置き忘れないでください。
(D) 新しい物を買うので気にしないでください。

|번역| 죄송합니다. 빌린 CD 어딘가에 두고 온 것을 잊어버린 것 같은데요.
(A) 괜찮으시면 또 빌려주시겠습니까?
(B) 스스로 할 테니까 안심하세요.

(C) 소중한 거니까 절대로 잃어버리지 마세요.
(D) 새로운 걸 살 거니까 신경 쓰지 마세요.

| 어휘 | 借(か)りる 빌리다   置(お)き忘(わす)れる
두고 오다, 두고 내리다   貸(か)す 빌려주다   自分(じ
ぶん)で 스스로   放(ほ)っとく 내버려두다, 팽개치다,
돌보지 않다   気(き)にする 신경 쓰다
| 정답 | (D)

45
やっと期末試験が終わりましたね。
(A) ええ、朝夕ずいぶん冷え込みますね。
(B) ええ、あんなに笑って、ずいぶんいい気なもので
すね。
(C) ええ、試験が終わってほっとしました。
(D) ええ、いよいよ山場にさしかかりますね。

| 번역 | 겨우 기말 시험이 끝났네요.
(A) 네, 아침저녁으로 꽤 추워졌네요.
(B) 네, 그렇게 웃으니, 꽤 기분 좋은 것 같네요.
(C) 네, 시험이 끝나서 한시름 놨어요.
(D) 네, 드디어 절정에 접어들었네요.

| 어휘 | 期末試験(きまつしけん) 기말시험   朝夕(あ
さゆう) 조석, 아침저녁   冷(ひ)え込(こ)む 갑자기 기
온이 내리다   笑(わら)う 웃다   ほっと 한 숨 쉬는 모
양, 겨우 안심하는 모양   いよいよ 드디어, 마침내「つ
いに、とうとう」   山場(やまば) 진행하고 있는 사물의
절정, 고비   さしかかる 접어들다, 다다르다, 그시기에
들다
| 정답 | (C)

46
あの、この果物は皮ごと食べられるんですか。
(A) いいえ、ちゃんと切ってください。
(B) いいえ、ちゃんとむいてください。
(C) いいえ、ちゃんと削ってください。
(D) いいえ、ちゃんと食べてください。

| 번역 | 저기, 이 과일은 껍질째 먹을 수 있나요?
(A) 아니요, 꼭 자르세요.
(B) 아니요, 꼭 껍질을 벗기세요.
(C) 아니요, 꼭 깎으세요.
(D) 아니요, 꼭 먹으세요.

| 어휘 | 果物(くだもの) 과일   皮(かわ) 껍질   ～ご
と   ～째   切(き)る 자르다   剥(む)く 껍질을 벗기다=
「はぐ、はがす」   削(けず)る 얇게 깎다, 삭감하다
| 정답 | (B)

47
何もありませんけど、どうぞたくさんお上がりくださ
い。
(A) わあ、すごいご馳走ですね。
(B) 本当になにもありませんね。
(C) それじゃ、お邪魔します。
(D) いえ、どこかにあるはずです。

| 번역 | 아무것도 없지만, 부디 많이 드세요.
(A) 와, 굉장한 진수성찬이네요.
(B) 정말로 아무것도 없네요.
(C) 그럼, 실례하겠습니다.
(D) 아니요, 어딘가에 있을 겁니다.

| 어휘 | お上(あ)がりください 많이 드세요   ご馳走
(ちそう) 좋은 음식, 융숭한 대접   お邪魔(じゃま)しま
す 실례하겠습니다

| 주요어구 | ～はず : はずは 어떤 객관적인 근거에 입각
한 판단이라는 기분으로 ‘(당연히) ～할 것임’의 뜻이다.
다른 표현으로 하자면 ～にちがいない(～임에 틀림없다)
를 들 수 있다. 즉, 多(おお)いはずです는 多(おお)いに
ちがいない(많을 것임에 틀림없다)로 풀면 된다.
・電車(でんしゃ)で行(い)けばもっとはやく着(つ)く
  はずです。
  전철로 가면 좀더 빨리 도착할 겁니다.
| 정답 | (A)

48
あっ、誰? 牛乳を出しっぱなしにしたのは。
(A) ええ、お腹の調子が悪くて下痢気味なんです。
(B) そうですね。改良されておいしくなりましたね。
(C) あっ、それは今飲むところなんです。
(D) 私はあたためて飲むのが好きなんです。

| 번역 | 아, 누구야? 우유를 내놓은 채로 방치한 사람
이?
(A) 네, 배 속이 안 좋아서 설사할 것 같습니다.
(B) 글쎄요. 개량되어서 맛있어 졌어요.

(C) あ、今飲むところだったんですよ。
(D) 私は温かくして飲むのが好きです。

|어휘| 誰(だれ) 누구　牛乳(ぎゅうにゅう) 우유
出(だ)しっぱなし 내놓은 채로 그대로 둠　お腹(なか)
배　調子(ちょうし)が悪(わる)い 몸 상태가 좋지 않다
下痢気味(げりぎみ) 설사 기운　改良(かいりょう) 개
량　温(あたた)める 따뜻하게 하다, 덥히다
|정답| (C)

49

あれ。ここにあった俺の教科書、見なかった。
(A) それなら、この前全部読んじゃったけど。
(B) さっき自分でかばんに入れてなかったっけ。
(C) 前に一度見たことがあるよ。
(D) ああ、よく見たよ。ありがとう。

|번역| 어? 여기 있던 내 교과서 못 봤어?
(A) 그거라면, 이전에 전부 읽었는데.
(B) 아까 자기가 가방에 넣지 않았어?
(C) 전에 한번 본 적이 있어.
(D) 아, 잘 봤어. 고마워.

|어휘| 俺(おれ) 나(남자가 자신을 가리키는 말)　教
科書(きょうかしょ) 교과서　さっき 아까, 조금 전　一
度(いちど) 한 번
|정답| (B)

50

田中君、すまないが、この書類のコピーを3部、いや
4部とっておいてくれるかな。
(A) はい、急いで書類をとって来ます。
(B) はい、4部でよろしいですね。
(C) はい、確かに置いておきます。
(D) はい、だいたい3、4部ですね。

|번역| 다나카 군, 미안한데, 이 서류 복사 3부, 아니
4부 해 줄래요.
(A) 네, 서둘러서 서류를 가져오겠습니다.
(B) 네, 4부면 되십니까?
(C) 네, 확실히 놓아두겠습니다.
(D) 네, 대강 3, 4부 말이죠.

|어휘| 書類(しょるい) 서류　コピーをとる 복사하

다　よろしい 괜찮다, 되다
|정답| (B)

21

あれ、トイレの窓が少し開いていますね。
(A) 何かあったのではないかと本当に驚きました。
(B) はい。今日は寒いですからね。
(C) ちょっと待ってください。今開けています。
(D) 換気のためにいつも少し開けてあるんです。

|번역| 어, 화장실 창문이 조금 열려 있네요.
(A) 뭔가 있었던 것은 아닐까 하고 정말 놀랐습니다.
(B) 네. 오늘은 추우니까요.
(C) 잠깐 기다리세요. 지금 열고 있어요.
(D) 환기 때문에 항상 조금 열려 있어요.

|어휘| 開(あ)く 열리다　驚(おどろ)く 놀라다　開
(あ)ける 열다　換気(かんき) 환기
|정답| (D)

22

そろそろ夏休みが終りますけど宿題は全部やってしま
いましたか。
(A) はい、これからしようと思っています。
(B) ええ、なかなかやりがいがあります。
(C) いいえ、まだ少し残っています。
(D) いいえ、あげませんでした。

|번역| 슬슬 여름방학이 끝나는데 숙제는 전부 했습니
까?
(A) 네, 이제부터 하려고 합니다.
(B) 네, 꽤 한 보람이 있습니다.
(C) 아니요, 아직 조금 남았습니다.
(D) 아니요, 주지 않았습니다.

|어휘| そろそろ 슬슬　宿題(しゅくだい) 숙제　な
かなか 상당히, 꽤(긍정문에서)　かい 보람＊「やりがい」
(어떤 일을 하는 보람)　残(のこ)る 남다　あげる 주다
|정답| (C)

23

あの、すみませんがテキストを家に忘れて来たんです

が。
(A) じゃ、しようがないので今日はこれを使ってください。
(B) じゃ、明日にでも新しいのを買って来てください。
(C) じゃ、仕方ないので隣の人を見てください。
(D) じゃ、済まないですが隣の人に話してください。

| 번역 | 저, 죄송합니다만 교과서를 집에 두고 왔는데요.
(A) 그럼, 어쩔 수 없으니 오늘은 이걸 사용하세요.
(B) 그럼, 내일이라도 새로운 것을 사 오세요.
(C) 그럼, 방법이 없으니 옆 사람을 봐 주세요.
(D) 그럼, 미안하지만 옆 사람에게 말하세요.

| 어휘 | 忘(わす)れる 잊다 使(つか)う 사용하다 新(あたら)しい 새롭다 仕方(しかた)ない 방법이 없다 隣(となり) 옆 済(す)まない 미안하다
| 정답 | (A)

24

あら、本田さん。お出掛けですか。
(A) いいえ、ずっと家にいました。
(B) ええ、明日は出かけるつもりです。
(C) ええ、友達が遊びに来ました。
(D) ええ、ちょっとそこまで。

| 번역 | 어, 혼다 씨, 어디 나가십니까?
(A) 아니요, 계속 집에 있었습니다.
(B) 네, 내일은 나갈 생각입니다.
(C) 네, 친구가 놀러 왔습니다.
(D) 네, 잠깐 좀.

| 어휘 | 出掛(でか)ける 외출하다, 나가다 ずっと 쭉, 계속
| 정답 | (D)

25

ねえねえ、木村さんの娘さん、もう中学生だって。
(A) やっぱり小学生の時がかわいくてよかったね。
(B) もうそんなに大きくなったんですね。
(C) わあ、早いですね。もうそんな時間ですか。
(D) 高校に入学するのが楽しみですね。

| 번역 | 있잖아. 키무라 씨 딸, 벌써 중학생이래.

(A) 역시 초등학생 때가 귀엽고 좋았어.
(B) 벌써 그렇게 커졌네.
(C) 와. 빠르네, 벌써 시간이 그렇게 되었습니까?
(D) 고등학교에 입학하는 게 좋은 모양이네요.

| 어휘 | 娘(むすめ) 딸 中学生(ちゅうがくせい) 중학생 やっぱり 역시 小学生(しょうがくせい) 초등학생 高校(こうこう) 고등학교
| 정답 | (B)

26

もしもし、鈴木さんのお宅ですか。佐藤と申しますが。
(A) いらっしゃいませ。お待ちしておりました。こちらへどうぞ。
(B) あ、佐藤さんですか。お久しぶりですね。
(C) はじめまして。私は佐藤と申します。
(D) 佐藤さんは今いませんけど、どちら様ですか。

| 번역 | 여보세요, 스즈키 씨 댁이죠? 사토라고 합니다만.
(A) 어서 오세요, 기다리고 있었습니다. 이쪽으로.
(B) 아, 사토 씨입니까? 오랜만입니다.
(C) 처음 뵙겠습니다. 저는 사토라고 합니다.
(D) 사토 씨는 지금 없는데, 누구십니까?

| 어휘 | お宅(たく) 댁 申(もう)す 말씀드리다 久(ひさ)しぶり 오래간만임 どちら様(さま) 어느 사람(だれ의 공손한 말)
| 정답 | (B)

27

キムさんは日本語がお上手ですね。どのくらい勉強されたんですか。
(A) ええと、五冊ぐらいです。
(B) ええと、半年ぐらいです。
(C) ええと、まだ二月です。
(D) ええと、三人ぐらいです。

| 번역 | 김 씨는 일본어 잘하네요. 어느 정도 공부 하셨습니까?
(A) 음, 5권 정도입니다.
(B) 음, 6개월 정도입니다.
(C) 음, 아직 2월입니다.
(D) 음, 3명 정도입니다.

│어휘│ 上手(じょうず) 능숙함 冊(さつ) 권(책자 등을 세는 말) 半年(はんとし=二はんねん) 반년
│정답│ (B)

28

わあ、かっこいい車ですね。どこのですか。
(A) 東京から来ました。
(B) 本田さんのです。
(C) ドイツのです。
(D) 月賦で買ったんです。

│번역│ 와, 차 멋있다. 어디 꺼 입니까?
(A) 도쿄에서 왔어요.
(B) 혼다 씨의 것입니다.
(C) 독일제품입니다.
(D) 월부로 산 것입니다.

│어휘│ かっこいい 멋지다, 근사하다 月賦(げっぷ) 월부
│정답│ (C)

29

この春から一人暮らしをされているそうですが、いかがですか。
(A) 一人ですから本当にうれしいです。
(B) 一人ですからきっと喜びます。
(C) 一人ですから本当に楽しみです。
(D) 一人ですから気ままで楽しいです。

│번역│ 이번 봄부터 혼자 살게 되었다고 하는데, 어떻습니까?
(A) 혼자이기 때문에 정말 신납니다.
(B) 혼자이기 때문에 정말 기쁩니다.
(C) 혼자이기 때문에 정말 기대됩니다.
(D) 혼자이기 때문에 마음대로 할 수 있어서 즐겁습니다.

│어휘│ 一人暮(ひとりぐら)し 혼자 생활함 うれしい 기쁘다 きっと 꼭, 반드시 喜(よろこ)ぶ 기뻐하다 楽(たの)しみ 즐거움, 낙 気(き)まま 제 멋대로 함 楽(たの)しい 즐겁다
│정답│ (D)

30

吉田さんはどの方ですか。ご挨拶しに行かなくては。

(A) 吉田さんは髭を生やしている人です。
(B) 吉田さんはとてもいい人です。
(C) 吉田さんは大阪の人です。
(D) 吉田さんは日本人です。

│번역│ 요시다 씨는 어느 분입니까? 인사하러 가야하는데….
(A) 요시다 씨는 수염을 기르고 있는 사람입니다.
(B) 요시다 씨는 매우 좋은 사람입니다.
(C) 요시다 씨는 오사카 사람입니다.
(D) 요시다 씨는 일본 사람입니다.

│어휘│ 方(かた) 분, 「人(ひと)」의 높임말 挨拶(あいさつ) 인사 髭(ひげ)を生(は)やす 수염을 기르다 「髭(ひげ)をそる」(면도하다)
│정답│ (A)

31

ねえ、このカセットテープには何が入ってるの。
(A) もういっぱいだから何も要らないよ。
(B) 好きなやつ、今すぐ入れてよ。
(C) 日本の歌謡曲だよ。
(D) うん、入ってるよ。

│번역│ 있잖아, 이 카세트테이프에는 뭐가 들어 있는 거야?
(A) 이미 가득하니까 아무것도 필요 없어.
(B) 좋아하는 것, 지금 바로 넣어.
(C) 일본 가요 곡이야.
(D) 응, 들어 있어.

│어휘│ 入(はい)る 들다 要(い)る 필요하다 やつ 녀석, 것, 놈(사람, 사물을 함부로 부르는 말) 入(い)れる 넣다 歌謡曲(かようきょく) 가요곡
│정답│ (C)

32

もしよろしければ買い物につきあってくれませんか。
(A) せっかくですが、今つきあってる人がいるんで。
(B) いいんですか。いい人を紹介してくださいね。
(C) 構いませんよ。どこに行くんですか。
(D) いいですよ。何を買ってきましょうか。

│번역│ 만약 괜찮다면 쇼핑하러 같이 안 갈래요?

(A) 일부러 생각해 준건데, 지금 같이 갈 사람이 있어서.
(B) 괜찮습니까? 좋은 사람을 소개해 주세요.
(C) 좋아요. 어디로 갑니까?
(D) 좋아요. 뭘 사 올까요?

│어휘│ つきあう 행동을 같이하다, 사귀다 せっかく
모처럼, 일부러, 애써 **紹介(しょうかい)** 소개 **構(か
ま)わない** 관계없다, 상관없다
│정답│ (C)

33

ソウルに滞在中は何から何までお世話になり、本当に
ありがとうございました。
(A) そうですか。それは楽しみですね。
(B) いいえ、すっかりご馳走になってしまって。
(C) そんなことありませんよ。では、さっそくホテル
　　に参りましょう。
(D) いいえ、なんのお構いもできませんで。

│번역│ 서울에 체재하는 동안 모든 걸 신세지게 되어,
정말 감사했습니다.
(A) 그렇습니까? 그거 기대가 되는군요.
(B) 아니요, 완전히 대접받아서.
(C) 그런 거 아니에요. 그럼, 즉시 호텔에 갑시다.
(D) 아니요, 아무런 대접도 못해 드려서.

│어휘│ **滞在中(たいざいちゅう)** 체재 중 **何(なに)
から何(なに)まで** 하나에서 열까지 모두, 모조리 **ご馳
走(ちそう)になる** 대접받다 **さっそく** 즉시 **参(ま
い)る** 가다, 오다(겸양어) **お構(かま)い** 손님 접대*
「おかまいもできません」(대접이 변변찮습니다)
│정답│ (D)

34

お客様、こちらは禁煙席ですので、おタバコはちょっ
と…。
(A) ありがとうございます。火を貸してもらえますか。
(B) あっ、これは気が付きませんで失礼しました。
(C) 禁煙してから2週間経ちました。
(D) ええ、もちろんですとも。

│번역│ 손님, 이쪽은 금연석이므로, 담배는 좀….
(A) 고맙습니다. 불을 빌려주시겠습니까?
(B) 어, 미처 신경 쓰지 못해서 실례했습니다.

(C) 금연한 지 2주 지났습니다.
(D) 네, 물론이고말고요.

│어휘│ **禁煙席(きんえんせき)** 금연석 **火(ひ)** 불
貸(か)す 빌려주다 **気(き)が付(つ)く** 주의나 생각이
미치다 **経(た)つ** 시간이 지나다, 경과하다 **とも** (종조
사의 경우)아무렴~고 말고
│정답│ (B)

35

今から行っても最終電車に間に合うかな。
(A) うーん。ちょっと楽しそうだね。
(B) うーん。ちょっとギリギリかもね。
(C) うーん。ちょっと大胆だね。
(D) うーん。ちょっとわくわくしますね。

│번역│ 지금 가도 막차를 탈수 있을까?
(A) 응. 좀 재미있을 것 같네.
(B) 응. 좀 빠듯할지도 모르겠네.
(C) 응. 좀 대담하군.
(D) 응. 좀 두근거리는걸.

│어휘│ **最終電車(さいしゅうでんしゃ)** 최종 열차, 막
차 **間(ま)に合(あ)う** 시간에 대다, 도움이 되다, 그런
대로 족하다, 필요를 채우다*「間(ま)に合(あ)っている」
(충분하다, 필요 없다, 괜찮다)-관용적 표현으로 시험에
잘 나오는 표현임 **楽(たの)しい** 즐겁다, 재미있다 **ギ
リギリ** 빠듯함, 극한 상태에 이름, 한계점에 도달함 **大
胆(だいたん)** 대담함 **わくわく** 기대감으로 가슴이 두
근거리는 모양
│정답│ (B)

36

あれ、あの時計、5, 6分遅れてますね。
(A) ええ、もうだいぶ待っているというのにまだ来ま
　　せんね。
(B) ええ、今はもう時代遅れです。
(C) ええ、正しい時刻に合わせてもすぐに狂ってしま
　　うんです。
(D) ええ、待っている暇はないので先に出発しましょ
　　う。

│번역│ 어, 저 시계, 5, 6분 늦네요.
(A) 네, 이미 꽤 기다리고 있는데 아직 안 오는군요.

(B) 네, 지금은 시대에 뒤떨어진 것입니다.
(C) 네, 바른 시간에 맞춰도 곧 고장 나 버려요.
(D) 네, 기다릴 여유가 없으니까 먼저 출발합시다.

| 어휘 |　遅(おく)れる 늦어지다　だいぶ 상당히, 제법
時代遅(じだいおく)れ 시대에 뒤떨어짐　正(ただ)し
い 바르다　時刻(じこく) 시각　合(あ)わせる 맞추다
狂(くる)う 미치다, 열중하다, 고장나다　暇(ひま) 짬,
여유　出発(しゅっぱつ) 출발

| 정답 |　(C)

37

へえ、このワイン、初めて飲みましたけど、けっこう
いけますね。
(A) ええ、これなら車を運転しても平気でしょう。
(B) そうでしょう。口当たりもなめらかだし。
(C) ええ、強いから酒の回りも早いでしょう。
(D) 飲酒運転になるので今は行かない方がいいですよ。

| 번역 |　어, 이 와인, 처음 마셨는데, 꽤 좋네요.
(A) 네, 이거라면 차를 운전해도 괜찮죠.
(B) 그렇죠. 맛도 매끄럽고.
(C) 네, 강하니까 술이 빨리 취하겠지요.
(D) 음주운전이 되니까 지금은 가지 않는 게 좋겠어요.

| 어휘 |　いける 맛있다, 괜찮다, 좋다=「うまい、おい
しい」　平気(へいき) 대수롭지 않음, 아무렇지도 않음,
태연함　口当(くちあ)たり 맛　なめらかだ 매끈매끈
함, 매끄러움, 거침이 없는 모양, 순조로운 모양　強(つ
よ)い 강하다, 세다　酒(さけ)の回(まわ)り 술기운이
돎　飲酒運転(いんしゅうんてん) 음주운전

| 정답 |　(B)

38

先生。あの、この問題がどうしても解けないんですけ
ど。
(A) 仕方ないですね。じゃ、それは引いといてくださ
　　い。
(B) 先生だからと言って、全部解けるとは限りません
　　よ。
(C) 「継続は力なり」とはこのことですね。
(D) 分からないのは飛ばして、あとでやってみてくだ
　　さい。

| 번역 |　선생님. 저, 이 문제가 아무리 해도 풀리지가
않아요.
(A) 방법이 없네. 그럼, 그것은 빼 놓도록 하세요.
(B) 선생님이라고 해서, 전부 풀 수 있는 것은 아니에요.
(C) '계속은 힘이다' 라는 것은 이거네요.
(D) 모르는 것은 건너뛰고, 나중에 해보세요.

| 어휘 |　どうしても 아무래도　解(と)ける 풀리다, 해
결되다　仕方(しかた)がない 방법이 없다, 도리가 없다
引(ひ)く 수를 줄이다, 빼다　継続(けいぞく) 계속　飛
(と)ばす 건너뛰다　あとで 나중에

| 주요어구 |　～からといって～らと解서*「～からと言
(い)って～とは限(かぎ)らない」（～라고 해서, ～한 것은
아니다）

・日本人(にほんじん)だからといって、日本文化(にほ
んぶんか)についてよく知(し)っているとは限(かぎ)
りません。
일본인이라고 해서 일본 문화에 대해서 잘 알고 있다고
는 할 수 없습니다.

| 정답 |　(D)

39

あれっ、課長。おはようございます。今日はお早いで
すね。
(A) うん、夕べは残業で遅かったから、今日は早く帰
　　らないとね。
(B) いつも働き詰めだからたまの休日ぐらいはのんび
　　りしないとね。
(C) ああ、今日は朝一で社長を交えた打ち合わせがあ
　　るもんでね。
(D) うん、電車を一本見逃してしまったからね。

| 번역 |　어, 과장님. 안녕하세요. 오늘은 빠르시네요.
(A) 응. 어제 저녁은 잔업으로 늦었으니까, 오늘은 빨리 가
　　는 거야.
(B) 항상 내리 일만 하니까 가끔 있는 휴일 정도는 여유 있
　　게 보내지 않으면.
(C) 아, 오늘은 아침에 사장이 참석하는 회의가 있어서.
(D) 응. 전차를 한대 놓쳐 버렸기 때문에.

| 어휘 |　夕(ゆう)べ 어젯밤　残業(ざんぎょう) 잔업
働(はたら)き詰(づ)め 내리 일을 함　～詰(づ)め（동
사 ます형에 붙어）내리～함, 꼬박～함　交(まじ)える

섞다, 끼게 하다   一本(いっぽん) (노선을 세는 단위)한 대   見逃(みのが)す 놓치다, 못 보고 넘기다
| 정답 | (C)

40

この建物は百年以上も前に建てられたんですって。
(A) へえ、だから新しくてきれいなんですね。
(B) へえ、でも、その割にはしっかりしてますね。
(C) へえ、道理で設備が最新型なわけですね。
(D) へえ、設計の段階で間違えたんでしょうね。

| 번역 | 이 건물은 백년 이상 전에 세워진 거래.
(A) 네, 그래서 새롭고 깨끗한 거네요.
(B) 네, 그런데, 그에 비해 튼튼하네요.
(C) 네, 그 때문에 설비가 최신형인 거군요.
(D) 네, 설계 단계에서 틀린 거네요.

| 어휘 | 建物(たてもの) 건물   百年(ひゃくねん) 백년   以上(いじょう) 이상   建(た)てる 건물을 짓다, 세우다   その割(わり)には 그에 비해서는   しっかり 튼튼히, 견실하게   道理(どうり)で 과연, 그 때문, 어쩐지   設備(せつび) 설비   最新型(さいしんがた) 최신형   設計(せっけい) 설계   段階(だんかい) 단계   間違(まちが)える 틀리다, 잘못하다, 실수하다
| 정답 | (B)

41

きのう、買ったばかりの新車を傷つけられちゃいましてね。
(A) それはそれは。今はお元気ですか。
(B) それはそれは。ついてますね。
(C) それはそれは。もう怪我は治りましたか。
(D) それはそれは。ひどいいたずらですね。

| 번역 | 어제, 산지 얼마 안 된 새 차를 누가 흠나게 해 버렸어.
(A) 정말. 지금은 건강하십니까?
(B) 그야말로. 재수가 좋군요.
(C) 그거 참. 상처는 이제 나았습니까?
(D) 그야말로. 장난이 심하네요.

| 어휘 | 新車(しんしゃ) 새 차   傷(きず)つける 상처를 입히다, 물건 등을 흠나게 하다, 파손하다   それはそれは 정말, 참으로, 그야말로   ついている 재수가 좋다

怪我(けが) 상처   治(なお)る 낫다, 치료되다   ひどい 정도가 심하다   いたずら 장난
| 정답 | (D)

42

今日は昨日と打って変ってよく晴れてるわね。
(A) そうだね。雲行きが怪しいね。
(B) そうだね。雲一つない日本晴れだね。
(C) そうだね。ほんとに朝からよく降るね。
(D) そうだね。早く止んでほしいね。

| 번역 | 오늘은 어제와는 완전히 달리 아주 화창하군요.
(A) 그렇군. 구름의 움직임이 이상하네.
(B) 그렇군. 구름 한 점 없는 아주 맑은 날씨네요.
(C) 그렇군. 정말로 아침부터 잘 내리네.
(D) 그렇군. 빨리 멈췄으면 좋겠네.

| 어휘 | 打(う)って変(か)わる 싹 달라지다, 돌변하다   晴(は)れる 날씨가 개다   雲行(くもゆ)き 구름의 움직임   怪(あや)しい 의심스럽다, 수상쩍다   日本晴(にほんば)れ 아주 맑은 날씨   止(や)む 눈, 비가 그치다
| 정답 | (B)

43

では、何かございましたらお気軽にお電話ください。
(A) いいえ、何でもありません。
(B) 今日はちょっと…明日なら何とかなります。
(C) ええ、さっそくお電話さしあげます。
(D) はい。どうもありがとうございます。

| 번역 | 그럼. 뭔가 있으시면 주저마시고 연락 주세요.
(A) 아니요, 아무것도 없습니다.
(B) 오늘은 좀… 내일이라면 어떻게든 됩니다.
(C) 네, 즉시 전화 드리겠습니다.
(D) 네, 감사합니다.

| 어휘 | 気軽(きがる) 손쉬움, 부담 없음   何(なん)とか 어떻게 좀, 어떻게든   さっそく 곧장, 급히=「早急(そうきゅう)、至急(しきゅう)」
| 정답 | (D)

44

お忙しいところすみませんが、田中部長にお目にかかりたいんですが。

(A) いいえ、私は田中じゃありませんが。
(B) かしこまりました。すぐに電話をかけさせます。
(C) はじめまして。本社から参りました鈴木と申します。
(D) 失礼ですが、お約束はおありでしょうか。

| 번역 | 바쁘신 데 죄송합니다. 다나카 부장님을 뵙고 싶은데요.
(A) 아니요, 저는 다나카가 아닙니다.
(B) 알겠습니다. 곧 전화를 걸게 하겠습니다.
(C) 처음 뵙겠습니다. 본사에서 온 스즈키라고 합니다.
(D) 실례지만, 약속은 하셨습니까?

| 어휘 | 忙(いそが)しい 바쁘다　お目(め)にかかる 뵙다, 「会(あ)う」의 겸양어　かしこまりました 알겠습니다, 분부대로 하겠습니다　本社(ほんしゃ) 본사　約束(やくそく) 약속　参(まい)る 「가다, 오다」의 겸사말

| 주요어구 | 존경 표현
① お(ご)+동사ます형(한자어)+になる : ～하시다
② お(ご)+동사ます형(한자어)+ください : ～해 주세요
③ お+동사ます형+です : ～이시다
| 정답 | (D)

45

パーティーの後片付け、どうしますか。
(A) 急いで支度してください。
(B) とりあえずそのままにしておいてください。
(C) 鍋を火にかけてください。
(D) いいんですが。悪いですね。

| 번역 | 파티 후 정리, 어떻게 할 겁니까?
(A) 빨리 준비해 주세요.
(B) 일단, 그대로 해주세요.
(C) 냄비를 데워 주세요.
(D) 괜찮겠습니까? 미안하군요.

| 어휘 | 後片付(あとかたづ)け 뒷정리, 뒤처리　支度(したく) 준비, 채비　とりあえず 일단, 우선　そのまま 그대로　鍋(なべ) 냄비　火(ひ)にかける 불에 올리다, 데우다
| 정답 | (B)

46

あさっての結婚式、欠席するって本当なの。

(A) ええ、そうらしいですね。
(B) ええ、出席した方がよさそうですね。
(C) ええ、出席するべきです。
(D) ええ、出席するはずだったんですけど。

| 번역 | 모레 결혼식, 결석한다니 정말이야?
(A) 네, 그런 것 같네요.
(B) 네, 출석하는 편이 좋을 것 같군요.
(C) 네, 출석해야만 합니다.
(D) 네, 출석하려고 했는데요.

| 어휘 | 明後日(あさって) 모레　結婚式(けっこんしき) 결혼식　本当(ほんとう) 정말, 사실　出席(しゅっせき) 출석
| 정답 | (D)

47

この飲み会が終わったら、もう一軒寄ってかない。
(A) ええ、もうすっかりできあがってしまいました。
(B) そうですか。それは残念ですね。
(C) そうしたいのですが、終電に間に合わなくなるので。
(D) 本当ですか。じゃ、何をしましょうか。

| 번역 | 이 술자리 끝나고, 한 집 더 들릴까?
(A) 네. 이미 완전히 취해 버렸습니다.
(B) 그래요? 그거 유감스럽네요.
(C) 그렇게 하고 싶지만, 막차를 놓치게 되니까.
(D) 정말입니까? 그럼, 뭘 할까요?

| 어휘 | 飲(の)み会(かい) 술자리, 회식　一軒(いっけん) 한집　寄(よ)る 들르다　すっかり 완전히, 아주, 몽땅　できあがる 거나하게 취하다　終電(しゅうでん) 막차
| 정답 | (C)

48

ついついクレジットカードを使い過ぎちゃって、借金で首が回らないんだ。
(A) クレジットカードはいざという時に本当に便利だね。
(B) 大変だね。どこかいい病院、紹介してあげようか。
(C) そうだね。現金よりクレジットカードを使った方が得だね。

(D) かわいそうだけど、そういうのを「身から出た錆」
　　って言うんだよ。

｜번역｜　그만 신용카드를 너무 사용해서, 빚이 많아 옴
쭉 못 한다.
(A) 신용카드는 만약의 경우에 정말 편리하군.
(B) 큰일이네, 어딘가 좋은 병원, 소개해 줄까?
(C) 그래요. 현금보다 카드를 사용하는 편이 이득이네요.
(D) 안 됐지만, 그런 것을 '자업자득' 이라고 말해.

｜어휘｜　つい　어느덧, 그만, 무심결에　借金（しゃっき
ん）빚　首（くび）が回（まわ）らない　빚이 많아 옴쭉 못
하다　いざという時（とき）만약의 경우, 일단유사시
現金（げんきん）현금　かわいそう　불쌍함, 가엾음　身
（み）から出（で）た錆（さび）자업자득, 자승자박
｜정답｜　(D)

49

あれ、蛍光灯が切れそうですね。
(A) そうですね。そろそろ取り替えなきゃいけません
　　ね。
(B) そうですね。ハサミを借りてきますね。
(C) そうですね。電気代を払いに行かないと。
(D) そうですね。電気をつけた方がいいですね。

｜번역｜　어, 형광등이 다 닳은 것 같아요.
(A) 그렇군요. 슬슬 바꾸지 않으면 안 되겠군요.
(B) 그렇군요. 가위를 빌려 오세요.
(C) 그렇군요. 전기요금을 내지 않으면….
(D) 그렇군요. 전기를 켜는 게 좋겠군요.

｜어휘｜　蛍光燈（けいこうとう）형광등　切（き）れる
수명이나 본래의 기능이 다 되다, 다 떨어지다　取（と）り
替（か）える　새것 등으로 바꾸다, 교체하다　挟（はさ）み
가위　電気代（でんきだい）を払（はら）う　전기요금을
지불하다　電気（でんき）をつける　전기를 켜다
｜정답｜　(A)

50

このオートロック、絶対故障しないって聞いたんです
けど本当ですか。
(A) はい、オートロックなはずですけど。
(B) はい、絶対とは言い切れません。
(C) もちろんですとも。故障はあり得ません。

(D) いいえ、故障はありません。

｜번역｜　이 자동 잠금장치, 절대 고장 나지 않는다고
들었는데 정말입니까?
(A) 네, 자동 잠금 장치일 텐데요.
(B) 네, 절대라고는 확실히 말할 수 없어요.
(C) 물론이에요. 고장은 있을 수 없습니다.
(D) 아니요, 고장은 없습니다.

｜어휘｜　絶対（ぜったい）절대로　故障（こしょう）고
장　絶対（ぜったい）절대　言（い）い切（き）る　잘라 말
하다, 단언하다＝「断言（だんげん）する」　〜とは言（い）
い切（き）れない　〜라고는 단언할 수 없다
｜주요어구｜　「あり得（え）ない」는 '있을 수 없다' 라는 의
미고, 반대 의미는「あり得（う）る」（있을 수 있다）이다.
・彼（かれ）が失敗（しっぱい）するなんてあり得（え）な
　い。
　그가 실패하다니 있을 수 없다.
＊「〜を禁（きん）じ得（え）ない」〜을 금할 수 없다
｜정답｜　(C)

Part 3　회화문

① 일상생활

회화 연습

1
A : 山田（やまだ）さん、仕事（しごと）はもう済（す）み
　　ましたか。
B : いいえ、まだ少（すこ）し残（のこ）っています。だ
　　けど、あと20分（ぷん）ほどで終（お）わると思（お
　　も）います。
A : それでは下（した）の喫茶店（きっさてん）で待（ま）
　　っています。
B : じゃ、後（あと）で。
｜정답｜　(D)

2
A : いい車（くるま）ですね。どこのですか。
B : ドイツのです。
A : 高（たか）かったでしょう。
B : いいえ、中古（ちゅうこ）なのであまり高（たか）く

なかったです。
| 정답 | (B)

3

A：薬局が地下にあるって聞いたんですけど、どこか
　分からなくて。
B：薬局はもう1つ下の階ですよ。
A：えっ、ここは地階じゃないんですか。
B：そうですけど、薬局は地下2階にあるんですよ。
| 정답 | (C)

4

A：この資料(しりょう)、もう少(すこ)し見(み)やす
　くできない?
B：じゃ、カラーにして字(じ)も大(おお)きくしてみ
　るよ。
A：カラーは、後(あと)でコピーが大変(たいへん)だ
　からいいわよ。
B：それもそうだね、じゃ、ちょっと待(ま)ってて。
| 정답 | (B)

5

A：あ、井上さん、もういいの?
B：はい、おかげさまで。本当にご迷惑をおかけ致し
　ました。
A：いいえ。それより、これからは健康が一番よ。仕
　事熱心なのはいいけど、体を大切にね。
B：はい。ありがとうございます。あ、それから、会
　社の皆さんからお見舞いをいただきまして、本当
　にありがとうございました。
| 정답 | (D)

6

A：山田さんの趣味は時計を集めることでしたよね。
B：ええ、腕時計だけでも30個ぐらい持ってます。
A：わあ、30個も? 私から見ると、時計は時間さえ分
　かればいいように思えるんですが。
B：普通はそう思うようですね。でも、私にとって時
　計は服と同じなんです。季節や気分によって変え
　ています。
| 정답 | (C)

7

A：この二三日でずいぶん過ごしやすくなったと思わ

ない。
B：そうだね。前はエアコンなしでは寝られなかった
　のにね。
A：朝方なんて窓を開けっぱなしだと寒いぐらい。
B：うん。諺にもあるけど、一五日を過ぎるとやっぱ
　り違うね。
| 정답 | (C)

8

B：あの電子(でんし)レンジ、いくらするか調(しら)
　べた。
A：うん、28,000円(えん)だって。
B：けっこういい値段(ねだん)だなあ。
A：そう。そんなもんじゃない。
| 정답 | (D)

② 비즈니스

회화 연습

1

A：どうしたの? 30分も遅刻よ。
B：出社していきなり部長に呼び出されちゃって。
A：えー?! そうだったの? でも、どうして?
B：先週の金曜日、飲み会の時にぼくが新入社員の女
　性たちに失礼なことをしたって言うんだよ。
| 정답 | (B)

2

B：今度(こんど)入(はい)った河本君(かわもとくん)、
　ちゃんとやってる?
A：うん、バリバリとは言(い)えないけど、言(い)われ
　たことはきちんとやってるわ。
B：じゃ、よかった。最初(さいしょ)はちょっと心配(し
　んぱい)だったんだ。なにしろ、あの髪(かみ)だろ。
A：ああ、茶髪(ちゃぱつ)のこと? 今(いま)多(おお)い
　わよ。髪(かみ)を染(そ)めてピアスしてる人(ひと)
　って。
| 정답 | (B)

3

B：あ、もしもし、ABC自動車の井上ですが、田中さ
　んお願いいたします。
A：田中はただいまミーティング中でございます。
B：あ、そうですか。では、またこちらからお掛け直

し致します。

A：申し訳ございません。

| 정답 | (B)

4

A：今度の支店長、まだ30代なんですって。

B：若く見えると思ったら、本当に若かったんだね。

A：前の支店長が50だったし、40代の半ばくらいかと思っていたわ。

B：僕も。でも実年齢より上に見られるくらいじゃないと、支店長は務まらないよ。

| 정답 | (B)

5

A：携帯電話(けいたいでんわ)って便利(べんり)ですよね。

B：いやあ、私(わたし)は携帯電話(けいたいでんわ)ノイローゼなんですよ。こんな物(もの)がなければ外回(そとまわ)りをしていて疲(つか)れたら、喫茶店(きっさてん)にでも入(はい)ってのんびりできるんですが。

A：でも、どこにいるか、相手(あいて)には見(み)えませんよ。お気(き)になさらなければいいんじゃないですか。

B：それがうちの社(しゃ)の部長(ぶちょう)ときたら、耳(みみ)がよくて周(まわ)りの音(おと)から居場所(いばしょ)を察知(さっち)してしまうんです。

| 정답 | (C)

③ 의문사 및 구체적인 내용을 묻는 문제

회화 연습

1

A：すみません、この雑誌(ざっし)のバックナンバーを探(さが)しているんですが。

B：はい、いつのをお探(さが)しですか。

A：2ヶ月(かげつ)前(まえ)のなんですけど。

B：あ、8月(がつ)号(ごう)のはここにありますね。

| 정답 | (C)

2

A：悪いけど、小林課長にそこにあるコピーを渡して来てもらえる。

B：いいですけど、これ全部持って行くんですか。

A：ううん、1人2部ずつ渡るように持って行ってほしいの。

B：えっと、あそこは全部で8人でしたよね。分かりました。

| 정답 | (D)

3

A：今日はこの仕事を終わらせないと帰ろうにも帰れないわね。

B：でも、三井電気の資料が届かないことには、続きができないんだよ。

A：かといって、今やっておけることもなさそうだし、食事でもしておく？

B：いいよ、とりあえず三井電気の分は抜いてデータを出してしまおう。

| 정답 | (B)

4

A：今日もジョギングするの？

B：するよ。どうして？

A：かぜで熱があるのに大丈夫？

B：平気平気。健康のためのジョギングなんだから。

| 정답 | (B)

5

B：札幌に明日の午前11時までに着く飛行機をお願いします。

A：申し訳ございませんが、午前便は全て満席になっておりまして。

B：そうですか、じゃあ今夜のなるべく遅い便でお願いします。

A：はい、では19時50分発の便で席をお取りいたします。

| 정답 | (C)

6

A：山田くんって、すごく歌が上手なんだって？

B：ええ、まあね。誰に聞いたの？

A：井上君。

B：なるほど。先週井上達とカラオケに行ったんだ。

| 정답 | (C)

7

B：いらっしゃいませ。どのような絵をお探しですか。

A：来月友達が結婚するので、そのお祝いに。

B：それでしたら、こちらの絵はいかがですか。明る
　くて新婚のご家庭によく合いますよ。
A：そうですね。友達は花が大好きなので、ちょうど
　いいです。

| 정답 | (B)

8

A：タイ旅行はどうでしたか。
B：それが、文字が全然分からなくて苦労しました。
A：英語表記もあったんじゃないですか。
B：ええ、それだけが頼りでしたね。

| 정답 | (B)

9

B：あの、ここにあった喫茶店はなくなっちゃったん
　ですか。
A：いえ、新館の方に移動することになりまして。
B：そうですか。新館へはどう行けばいいんですか。
A：いえ、オープンは来週になるんですよ。

| 정답 | (D)

10

A：来週の土日にお花見に行くんです。
B：えっ、東京の桜はもう散っていますよ。
A：だから、桜を追いかけて、北の仙台にドライブで
　すよ。
B：それじゃあ、再来週は北海道まで行かなきゃなり
　ませんね。

| 정답 | (D)

▶핵심정리 4~5는 해설생략

51

A：明日何か用意しなければならないものはあります
　か。
B：身分証明書と認め印を持ってきてください。
A：証明書は社員証でもかまいませんか。
B：できればパスポートや運転免許証がいいす
　ね。

| 번역 |
A：내일 뭔가 준비하지 않으면 안 되는 것이 있습니까?

B：신분증명서와 도장을 가져오세요.
A：증명서는 사원증이어도 괜찮습니까?
B：가능하면 여권이나 운전 면허증이 좋겠네요.

| 어휘 | 用意(ようい) 용의, 준비　身分(みぶん) 신분
証明書(しょうめいしょ) 증명서　認(みと)め印(いん)
보통 쓰는 약식의 도장, 막도장　社員証(しゃいんしょ
う) 사원증　パスポート 여권　運転免許証(うんてんめ
んきょしょう) 운전 면허증　卒業(そつぎょう) 졸업
印鑑(いんかん) 인감　保険証(ほけんしょう) 보험증
判子(はんこ) 도장

준비할 것은 무엇입니까?
(A) 졸업증명서와 인감
(B) 사원증과 운전 면허증
(C) 보험증과 사진
(D) 여권과 도장

| 정답 | (D)

52

B：今日はどのようにいたしましょうか。
A：揃えるだけでいいです。
B：はい。前はどうしましょうか。
A：眉毛に少しかかる程度でお願いします。

| 번역 |
B：오늘은 어떻게 해 드릴까요?
A：정리만 해주세요.
B：네. 앞은 어떻게 할까요?
A：눈썹에 약간 걸칠 정도로 해주세요.

| 어휘 | 揃(そろ)える 가지런히(정돈)하다　眉毛(ま
ゆげ) 눈썹　程度(ていど) 정도　銀行(ぎんこう) 은행
花屋(はなや) 꽃가게　紳士服(しんしふく) 신사복　美
容院(びよういん) 미용실
여기는 어디입니까?
(A) 은행
(B) 꽃가게
(C) 신사복 파는 곳
(D) 미용실

| 정답 | (D)

53

B：この遊園地、初デートの時に来たんだよね。

A：ここに来るの今日が始めてよ。一体、誰と一緒に
　来たの。
B：あれっ、違ったっけ。映画館だっけ。
A：もう。ぜんぜん覚えてないのね。コンサートに行
　ったじゃない。

| 번역 |
B : 이 유원지 첫 데이트 때 왔던 곳이네.
A : 여기에 온 거 오늘이 처음이야. 도대체, 누구랑 같이
　온 거야.
B : 어. 아닌가?. 영화관이었나?
A : 정말. 전혀 기억 못 하고 있구나. 콘서트 갔었잖아.

| 어휘 | 遊園地(ゆうえんち) 유원지　初(はつ) 첫(접
두어)　一体(いったい) 도대체　映画館(えいがかん)
영화관　全然(ぜんぜん) 전혀　覚(おぼ)える 기억하
다, 외우다　初(はじ)めて 경험상 처음, 비로소, 첫 번째
食事(しょくじ) 식사　遊(あそ)ぶ 놀다

첫 번째 데이트는 무엇을 했습니까?
(A) 레스토랑에서 식사를 했다.
(B) 영화를 보러 갔다.
(C) 콘서트에 갔다.
(D) 유원지에서 놀았다.
| 정답 | (C)

54
A：この暑さでネクタイなんか締めて大変でしょ。と
　ころで内定とれたの?
B：う～ん、なんとか一社はとれたんだけど、そこは
　あんまし行きたくないんだ。
A：ぜいたく言ってる場合じゃないでしょ。このご時
　世に。
B：それもそうなんだけどね。

| 번역 |
A : 이 더위에 넥타이 따위 매고 힘들지. 그런데 취직됐
　어?
B : 아니, 겨우 한 회사는 됐지만, 거기는 별로 가고 싶지
　않아.
A : 사치스럽게 말할 상황이 아니잖아. 요즘 세상에.
B : 그것도 그렇지만.

| 어휘 | 締(し)める 매다　内定(ないてい) 내정　ぜ

いたく 사치　場合(ばあい) 경우　時世(じせい) 변천
하는 세상, 시대, 시세　就職活動(しゅうしょくかつど
う) 취직활동　ようやく 겨우, 이럭저럭, 간신히　ほっ
とする 한숨 돌리다, 안심하다　そろそろ 이제, 그만,
슬슬　めぼしい 눈에 띄다, 두드러지다, 괜찮다　見(み)
つかる 눈에 띄다, 발견되다　狙(ねら)う 노리다, 겨냥
하다

남자의 취직 활동은 어떻습니까?
(A) 간신히 갈 곳이 정해져서 안심하고 있다.
(B) 슬슬 취직 활동을 시작하려고 준비하고 있다.
(C) 몇 군데인가 내정을 받았지만 괜찮은 곳이 없다.
(D) 한 곳 발견됐지만, 더욱 좋은 회사를 노리고 있다.
| 정답 | (D)

55
B：約束は確か6時半だったよね。
A：いえ、6時ですが。30分ぐらい遅らせましょうか。
B：いや、安全のために1時間ぐらい見ておこう。
A：分かりました。では、すぐ先方に連絡します。

| 번역 |
B : 약속은 확실히 6시 반이었지.
A : 아니요, 6시입니다만. 30분 정도 늦출까요?
B : 아니, 안전을 위해서 1시간 정도 해 두자.
A : 알겠어요. 그럼, 바로 저쪽에 연락하겠습니다.

| 어휘 | 約束(やくそく) 약속　確(たし)か 확실히, 틀
림없이　遅(おく)らせる 늦게 하다, 늦추다　先方(せん
ぽう) 상대편, 저쪽　連絡(れんらく) 연락

약속 시간은 몇 시가 되었습니까?
(A) 6시
(B) 6시 반
(C) 7시
(D) 7시 반
| 정답 | (C)

56
A：本日のランチメニューはスパゲッティーかカレー
　ライスでございます。
B：どうしよう。じゃ、スパゲッティー、いやカレー
　にしてください。
A：はい。デザートにコーヒーかアイスクリームがつ

きますが、どちらがよろしいですか。
B：じゃ、コーヒーをお願いします。先に持ってきて
　　もらえますか。

| 번역 |
A：오늘의 런치 메뉴는 스파게티나 카레라이스입니다.
B：어쩌지. 그럼 스파게티, 아니 카레로 할게요.
A：네. 디저트로 커피나 아이스크림이 있는데 어떤 걸로
　　하시겠습니까?
B：커피 주세요. 먼저 가져다 주실 수 있나요?

| 어휘 | 本日(ほんじつ) 오늘　先(さき)に 먼저, 우선
注文(ちゅうもん) 주문　紅茶(こうちゃ) 홍차

손님은 무엇을 주문했습니까?
(A) 카레라이스와 홍차
(B) 스파게티와 카레라이스와 커피
(C) 카레라이스와 아이스크림
(D) 카레라이스와 커피
| 정답 | (D)

57

B：メンテナンスのためエレベーターの運転を中止し
　　ますので、しばらくご不便をおかけいたします。
A：えっ、どこか故障でもしたんですか。
B：いいえ、定期的にしているものです。
A：そうですか。　分かりました。

| 번역 |
B：보수 때문에 엘리베이터의 운전을 중지하기 때문에,
　　잠깐 불편을 끼치겠습니다.
A：어, 어딘가 고장이라도 났습니까?
B：아니요, 정기적으로 하고 있는 것입니다.
A：그래요? 알겠습니다.

| 어휘 |　メンテナンス「maintenance」 건물, 기계 등의
보수, 관리　中止(ちゅうし) 중지　しばらく 잠시, 잠
깐　故障(こしょう) 고장　定期的(ていきてき) 정기적
電気代(でんきだい) 전기 요금　節約(せつやく) 절약
検査(けんさ) 검사　運転手(うんてんしゅ) 운전수　交
代(こうたい) 교대

왜 엘리베이터 운전을 중지합니까?
(A) 전기요금을 절약하기 위해

(B) 고장 났기 때문에
(C) 검사를 하기 위해
(D) 운전수가 교대하기 때문에
| 정답 | (C)

58

B：ああ、疲れた。ここらで一服しましょうか。
A：いいですね。あら、灰皿がないですね。持ってき
　　ましょうか。
B：あ、いいんです。禁煙中でして。
A：じゃ、お茶でも飲みましょうか。

| 번역 |
B：아-, 피곤해. 이쯤에서 잠깐 쉴까요?
A：좋아요. 어. 재떨이가 없네요. 가져올까요?
B：아, 괜찮아요. 금연 중이라.
A：그럼, 차라도 마실까요?

| 어휘 |　ここら 이 근처, 이 근방, 이쯤　一服(いっぷ
く) 잠깐 쉼, 담배를 한 대 피움　灰皿(はいざら) 재떨이
禁煙中(きんえんちゅう) 금연 중　続(つづ)ける 계속
하다　休憩(きゅうけい) 휴게, 휴식

둘은 이제 무엇을 하려고 하고 있습니까?
(A) 일을 그대로 계속한다.
(B) 휴식을 한다.
(C) 담배를 핀다.
(D) 한잔 마시러 간다.
| 정답 | (B)

59

B：8日の2時からので二席お願いしたいんですが。
A：離れた席でよろしければご用意できますが。ご一
　　緒ですと翌日の4時からのしかございませんが。
B：そうですか。じゃ、一緒の席でお願いします。
A：はい、かしこまりました。

| 번역 |
B：8일 2시에 시작하는 것으로 두 자리 부탁합니다만.
A：떨어진 자리도 괜찮으시다면 준비가 가능합니다만. 함
　　께 앉는 자리라면 다음날 4시에 시작하는 것 밖에 없
　　습니다.
B：그렇습니까? 그럼, 함께 앉는 자리로 부탁합니다.
A：네, 알겠습니다.

｜어휘｜ 離(はな)れる 떨어지다　席(せき) 좌석　用意(ようい) 준비　一緒(いっしょ) 함께, 같이　翌日(よくじつ) 다음날　ござる 있으시다, 「ある」의 높임말　かしこまる '알다'의 겸양어　公演(こうえん) 공연

남자는 언제 공연에 갑니까?
(A) 4일 2시
(B) 7일 2시
(C) 8일 4시
(D) 9일 4시
｜정답｜ (D)

60

A : 木村さんってあの黒縁眼鏡の人ですか。
B : そうそう。あの大きな眼鏡をかけた人。
A : でも、ちょっと年の割りには老けてないですか。
B : えっ、違うよ。色つきじゃなくてその隣りにいる
　　人だよ。

｜번역｜
A : 기무라 씨라면 저 검은 테 안경을 쓴 사람입니까?
B : 맞아요. 저기 큰 안경을 쓴 사람.
A : 근데, 조금 나이에 비해 나이가 들어 보이지 않습니까?
B : 네? 아니에요. 색이 들어간 안경이 아니라 그 옆에 있는 사람이에요.

｜어휘｜ 黒縁(くろぶち) 검은 테　眼鏡(めがね) 안경　〜の割(わ)りに 〜에 비해　老(ふ)ける 늙다, 나이 들어 보이다　違(ちが)う 틀리다　色(いろ)つき 색이 들어가 있음　隣(となり) 옆, 이웃

기무라 씨는 어떤 사람입니까?
(A) 동그란 선글라스를 낀 사람
(B) 검은 프레임의 색이 들지 않은 안경을 쓴 사람
(C) 색이 들어간 네모진 안경을 쓴 사람
(D) 큰 선글라스를 쓴 사람
｜정답｜ (B)

61

B : 田中君、このコピーは何だい。
A : 遅くなって申し訳ありません。たくさんあったものですから。
B : これは、私が頼んだやつと違うぞ。
A : あ、失礼しました。それは鈴木課長の分でした。

｜번역｜
B : 다나카 군, 이 복사는 뭐지?
A : 늦어져서 죄송합니다. 생각보다 양이 많았기 때문에.
B : 이건, 내가 부탁한 거랑 다르네.
A : 아, 죄송합니다. 그건 스즈키 과장님 것이네요.

｜어휘｜ 遅(おそ)い 늦다　申(もう)し訳(わけ)ありません 죄송합니다　違(ちが)う 틀리다, 다르다　頼(たの)む 부탁하다　長(かちょう) 과장

상사는 부하에게 무엇을 주의시키고 있습니까?
(A) 복사가 늦은 것
(B) 복사의 매수가 틀린 것
(C) 스즈키 과장에게 복사를 먼저 건네주지 않은 것
(D) 복사한 것이 부탁한 것과 틀린 것
｜정답｜ (D)

62

A : 例の大規模なプロジェクトは順調に進んでいますか。
B : 暗中模索をしながらようやくめどが立ったところだよ。
A : 長いトンネルを抜けたんですね。もう何年もこのプロジェクトにたずさわっているんですよね。
B : ああ。もうじきそれも報われそうだよ。

｜번역｜
A : 대규모 프로젝트는 순조롭게 진행되고 있습니까?
B : 암중모색을 하면서 간신히 계획이 섰던 참이에요.
A : 긴 터널을 지났군요. 벌써 몇 년째 이 프로젝트에 종사하고 있네요.
B : 아. 이제 곧 그것도 보답받을 것 같아요.

｜어휘｜ 大規模(だいきぼ) 대규모　順調(じゅんちょう) 순조로움　暗中模索(あんちゅうもさく) 암중모색　ようやく 겨우, 간신히　めどが立(た)つ 전망이 서다, 계획이 서다　トンネル 터널　抜(ぬ)ける 빠지다　携(たずさ)わる 관계하다, 종사하다　じき (시간, 거리가 가까움을 나타내는 말)곧, 바로=「すぐ」　報(むく)う 보답하다, 갚다

프로젝트는 어떻게 되고 있습니까?
(A) 겨우 공사가 착공되기 시작한 참이다.
(B) 프로젝트는 중단한 채로이다.

(C) 겨우 실현의 전망이 선참이다.

(D) 이제 곧 터널이 완성 될 것 같다.

|정답| (C)

63

A：何と言っても休みが多くていいでしょう。

B：そう思われがちですが、部活動の先生なんかやっちゃうと休日もよくつぶれるし。

A：そっか。教えるだけでいいわけじゃないんですね。

B：意外とこまごまとした用事が多いんですよ。

|번역|

A : 뭐니 뭐니 해노 쉬는 날이 많아서 좋죠?

B : 그렇게 생각하기 쉽지만, 동아리 선생 등을 하면 휴일도 금방 없어지고.

A : 그래요? 가르치는 것만으로 되는 게 아니네요.

B : 의외로 자잘한 업무가 많아요.

|어휘| がち ~경향이 많음, 쉬움 部活動(ぶかつどう) 부 활동, 동아리 休日(きゅうじつ) 휴일 つぶれる 잃게 되다, 틀어지다 意外(いがい) 의외 こまごま 자질구레한 모양, 자세한 모양 用事(ようじ) 볼일, 용건 職業(しょくぎょう) 직업 警察官(けいさつかん) 경찰관 保母(ほぼ) 보모 教師(きょうし) 교사 インストラクター 지도원, 강사

남자의 직업은 무엇입니까?

(A) 경찰관

(B) 보모

(C) 교사

(D) 강사

|정답| (C)

64

A：あれ。今日のネクタイやけに地味じゃない。

B：そう。これでも一番派手めなやつなんだけどな。

A：まあ、私がするわけじゃないからいいんだけど。

B：じゃ、今度はもっと派手なのにトライしてみるよ。

|번역|

A : 어. 오늘 넥타이 너무 수수한 거 아냐?

B : 그래? 가장 화려한 건데.

A : 뭐, 내가 하는 것이 아니니까 괜찮기는 하지만.

B : 그럼, 이번에는 좀 더 화려한 것으로 시도해 볼게.

|어휘| やけに 몹시, 지독히, 매우 地味(じみ) 수수함, 검소함 派手(はで) 화려한 모양 ~わけじゃない=~わけではない=ということではない '~인 것은 아니다' 라는 완곡한 부정 표현 今度(こんど) 이번 トライ 시도 似合(にあ)う 잘 맞다, 걸맞다, 어울리다

넥타이를 어떻게 생각하고 있습니까?

(A) 여자는 어울린다고 생각한다.

(B) 여자는 화려하다고 생각한다.

(C) 남자는 화려한 편이라고 생각한다.

(D) 남자는 맞지 않는다고 생각한다.

|정답| (C)

65

B：お客さん、傘をお忘れですよ。

A：あ、すみません。うっかり置き忘れるところでしたよ。

B：もう、すっかりやんだみたいですね。

A：ええ、傘が邪魔になっちゃいました。

|번역|

B : 손님, 우산을 잊으셨네요.

A : 아, 고마워요. 무심코 두고 내릴 뻔했네요.

B : 벌써, 완전히 그친 것 같네요.

A : 네, 우산이 거추장스럽게 되었네요.

|어휘| 傘(かさ) 우산 うっかり 무심코, 무의식중에 置(お)き忘(わす)れる 두고 내리다, 가지고 오는 것을 잊다 すっかり 모두, 완전히, 몽땅, 온통 やむ 멈추다, 그치다 降(ふ)り出(だ)す 비, 눈 따위가 내리기 시작하다 降(ふ)り続(つづ)く 계속 내리다

오늘은 어떤 날씨입니까?

(A) 소나기가 내렸다.

(B) 계속 비가 내리고 있다.

(C) 당장 이라도 비가 내리기 시작할 것 같다.

(D) 지금은 이미 비가 그쳤다.

|정답| (D)

66

A：ご注文はお決まりですか。

B：コーヒーをひとつお願いします。

A：ホットとアイス、どちらがよろしいですか。

B：あ、冷たいのにして下さい。

| 번역 |

A : 주문하시겠습니까?

B : 커피 한잔 주세요.

A : 따뜻한 것과 차가운 것, 어느 쪽이 좋으세요?

B : 음, 찬 걸로 주세요.

| 어휘 | 注文(ちゅうもん) 주문　お決(き)まりですか
정하셨습니까?　よろしい 좋다, 괜찮다, 바람직하다　冷
(つめ)たい　차갑다

손님은 무엇을 마십니까?

(A) 따뜻한 커피

(B) 아이스크림

(C) 차가운 차

(D) 아이스 커피

| 정답 | (D)

67

B : あれ、こんなところで何してるの。

A : えっ、ウインドーショッピングよ。この服、欲しいん
だけど、今給料日前だからぐっと我慢してるのよ。

B : そうなんだ。給料日はあさってだからもう少しの
辛抱だね。

A : ええ、あさってまで売れなければいいんだけど。

| 번역 |

B : 어, 이런데서 뭐하고 있는 거야.

A : 아, 아이쇼핑. 이 옷, 탐나는데, 지금이 월급날 전이라
서 꾹 참고 있어.

B : 그렇구나. 월급날은 내일 모레이니까 조금 더 참아야
겠네.

A : 응, 내일 모레까지 팔리지 않는다면 좋을 텐데.

| 어휘 | ウインドーショッピング 아이쇼핑　給料日
(きゅうりょうび) 월급날　我慢(がまん) 참음, 자제
あさって 모레　辛抱(しんぼう) 참음　計算(けいさ
ん) 계산

여자는 무엇을 하고 있습니까?

(A) 옷을 보고 있다.

(B) 월급 계산을 하고 있다.

(C) 선물할 옷을 사고 있다.

(D) 가게에 있는 사람과 얘기하고 있다.

| 정답 | (A)

68

A : 木村さん、今日は燃えるごみの日じゃないですよ。

B : あれっ、今日は何曜日でしたっけ。

A : 月曜ですよ。燃えないごみが今日で、燃えるごみ
は水曜ですよ。

B : じゃ、あさってまで待たなければいけませんね。

| 번역 |

A : 기무라 씨, 오늘은 타는 쓰레기 버리는 날이 아닙니다.

B : 네? 오늘 무슨 요일이더라.

A : 월요일이에요. 타지 않는 쓰레기가 오늘이고, 타는 쓰
레기는 수요일이에요.

B : 그럼, 내일 모레까지 기다려야겠네요.

| 어휘 | 燃(も)えるごみ　타는 쓰레기(가연성 쓰레기)
燃(も)えないごみ　타지 않는 쓰레기(불가연성 쓰레기)
捨(す)てる　버리다

타지 않는 쓰레기는 언제 버립니까?

(A) 월요일

(B) 화요일

(C) 수요일

(D) 금요일

| 정답 | (A)

69

A : すみませんが、交番はどこにありますか。

B : この道をまっすぐ行くと交差点に出ます。そこを
左に曲がると花屋がありますが、その向かい側で
す。

A : 交差点を右に曲がるんですね。

B : いえ、左に曲がるんです。

| 번역 |

A : 실례지만, 파출소는 어디에 있습니까?

B : 이 길을 곧장 가면 교차로가 나옵니다. 거기를 왼쪽으
로 돌면 꽃가게가 있는데, 그 맞은편입니다.

A : 교차로를 오른쪽으로 도는 거네요.

B : 아니오. 왼쪽으로 도는 겁니다.

| 어휘 | 交番(こうばん) 파출소의 속칭　まっすぐ 곧
장, 쭉 곧음　交差点(こうさてん) 교차로　曲(ま)がる
돌다　向(む)かい側(がわ) 맞은 쪽, 맞은 편

파출소는 어디에 있습니까?
(A) 꽃집 오른쪽
(B) 교차로 맞은편
(C) 꽃집 맞은편
(D) 교차로와 꽃집 사이
| 정답 | (C)

70

B : 何ですか、それは?
A : 豆乳です。最近すごく流行ってるんだそうです。
B : どうですか、お味の方は?
A : う～ん、正直言って少し癖がありますね。でも、
　　体にはすごくいいんですって。

| 번역 |
B : 이게 뭐예요?
A : 두유예요. 최근 대단히 유행하고 있대요.
B : 어때요? 맛은.
A : 음, 솔직히 말해서 조금 독특한 맛이 나네요. 그렇지
　　만, 몸에는 매우 좋대요.

| 어휘 |　豆乳(とうにゅう) 두유　流行(はや)る 유행
하다　味(あじ) 맛　正直(しょうじき) 정직　癖(くせ)
독특한 경향, 독특한 상태, 버릇　健康(けんこう) 건강

어떤 음료입니까?
(A) 너무 단 것
(B) 건강에 좋은 것
(C) 맛있는 것
(D) 마시기 쉬운 것
| 정답 | (B)

71

A : ねえ、昨日一次会が終わった後、二人でどこへ行
　　ったの。みんながうわさしてたわよ。
B : そんなこと聞くなよ。言わぬが花って言うだろ。
A : えっ、何のことだかさっぱりわかんないわ。
B : だから、そのまま家に帰っただけだよ。

| 번역 |
A : 저기, 어제 일차 끝나고, 둘이 어디 갔었어? 모두 뒷 얘
　　기했어.
B : 그런 거 묻지 마. 모르는 게 약이라고 하잖아.
A : 응? 무슨 말인지 전혀 모르겠네.

B : 그래서, 그대로 집에 갔을 뿐이야.

| 어휘 |　一次会(いちじかい) 술자리, 1차 모임　うわ
さ 어떤 사람이나 일에 대한 말, 뒷공론, 소문　言(い)わ
ぬが花(はな) 입밖에 내어 말하지 않는 것이 오히려 낫다
さっぱり 전혀, 조금도　そのまま 그대로　秘密(ひみ
つ) 비밀　面白(おもしろ)み 재미

남자가 말하고 싶지 않았던 이유는?
(A) 사람들에게 알리고 싶지 않은 비밀이 있어서.
(B) 집에 바로 가고 싶지 않아서.
(C) 확실히 말해도 재미없기 때문에(이득이 없어서).
(D) 말헤도 이헤헤 주지 않기 때문에.
| 정답 | (C)

72

B : 何だか雲行きが怪しくなってきましたね。傘、持
　　ってきましたか。
A : いいえ。ここんとこ天気予報が外れてばかりいま
　　すね。
B : 傘を買うのも何だし、タクシーをつかまえましょ
　　うか。
A : あ、私は大丈夫です。駅からすぐなので。

| 번역 |
B : 왠지, 구름 움직임이 이상해지고 있네. 우산 가져왔어
　　요?
A : 아니오. 요즘은 일기예보가 맞지 않네요.
B : 우산을 사는 것도 그렇고, 택시 잡을까요?
A : 나는 괜찮아요. 역에서 금방이니까.

| 어휘 |　雲行(くもゆ)き 구름이 움직이는 모양, 사태가
되어 가는 모양　怪(あや)しい 수상하다　傘(かさ) 우
산　予報(よほう) 예보　外(はず)れる 빗나가다, 어긋
나다　捕(つか)まえる 붙잡다, 붙들다　大丈夫(だいじ
ょうぶ) 괜찮음, 걱정 없음　置(お)き忘(わす)れ 둔 곳
을 잊음, 가지고 오는 것을 잊음　つもり 생각, 예정

왜 우산이 없었습니까?
(A) 전철 안에 놓고 내려서.
(B) 집이 역에서 가까워서.
(C) 일기예보에서 비가 오지 않는다고 했기 때문에.
(D) 택시로 갈 생각이었기 때문에.
| 정답 | (C)

73

B：では、来週の火曜日は5時でよろしいですか。

A：5時でもいいんですが、できれば3時ぐらいがありがたいんですが。

B：3時はちょっときびしいので、4時ということでいかがでしょうか。

A：ええ、かまいません。では、お待ちしております。

| 번역 |

B：그럼, 다음 주 화요일 5시 괜찮습니까?

A：5시도 괜찮은데, 될 수 있으면 3시 정도가 좋겠는데요.

B：3시는 조금, 힘들겠어요. 4시는 어떠십니까?

A：네, 괜찮습니다. 그럼 기다리겠습니다.

| 어휘 | できれば 가능하면, 될 수 있으면　約束(やくそく) 약속　厳(きび)しい 엄하다, 어렵다

약속 시간은 언제입니까?

(A) 2시

(B) 3시

(C) 4시

(D) 5시

| 정답 | (C)

74

A：毎日帰りが遅くて大変ね。

B：出荷した商品に不良品があって、その処理に追われているんだよ。

A：とかなんとか言って、どこかで一杯ひっかけてるんじゃない？

B：冗談は休み休み言えよ。本当に仕事だって。

| 번역 |

A：매일 귀가가 늦어서 큰일이네.

B：출하한 상품에 불량품이 있어서, 그 처리에 쫓기고 있어.

A：그러니 저러니 말하며, 어디서 한잔하는 거 아냐?

B：농담 좀 작작해라. 정말로 일 때문이야.

| 어휘 | 遅(おそ)い 늦다　出荷(しゅっか) 출하　不良品(ふりょうひん) 불량품　処理(しょり) 처리　追(お)う 쫓다, 따르다　一杯(いっぱい)ひっかける 한잔 걸치다　冗談(じょうだん) 농담　休(やす)み休(やす)み 쉬엄쉬엄, 작작　納品(のうひん) 납품　転職(てんしょく) 전직　アフターファイブ 근무 시간이 끝난 5시

이후　通(かよ)う 다니다

왜 매일 귀가가 늦습니까?

(A) 업무 후 귀가하는 길에 술을 마시기 때문에.

(B) 납품했던 것에 문제가 있어서.

(C) 밤에 하는 일로 바꿨기 때문에.

(D) 근무시간이 끝나고 비즈니스 스쿨에 다니고 있어서.

| 정답 | (B)

75

B：ねえ、今度東急シネマで試写会やるんだけど、行かない。

A：うん。いいけど。タイトルは何。

B：「今会いにゆきます」

A：ごめん。邦画はあんまり興味ないんだ。

| 번역 |

B：저기, 이번에 도큐 시네마에서 시사회하는 데 안 갈래?

A：응. 좋은데, 제목이 뭐야?

B：'지금 만나러 갑니다'

A：미안, 국내 영화는 별로 흥미가 없어.

| 어휘 | 試写会(ししゃかい) 시사회　邦画(ほうが) 방화, 자기 나라에서 만든 영화　興味(きょうみ) 흥미　誘(さそ)う 권하다　野球(やきゅう) 야구　演劇(えんげき) 연극

남자는 무엇을 권하고 있습니까?

(A) 야구

(B) 영화

(C) 연극

(D) 콘서트

| 정답 | (B)

76

A：4つの中で、指輪よりカバンが安いのよね。

B：そう。そして、カバンが靴より高い。

A：で、指輪よりネックレスが高い。

B：とりあえず値段は気にしないでいいから。どれが一番欲しいの。

| 번역 |

A：4개 중에서 반지 보다 가방이 싸네.

B : 그래. 그리고 가방이 구두보다 비싸.
A : 그리고, 반지보다 목걸이가 비싸.
B : 일단, 가격은 신경 안 써도 괜찮아. 뭐가 제일 갖고 싶어?

| 어휘 | 値段(ねだん) 가격 気(き)にする 신경 쓰다
欲(ほ)しい 필요하다, 갖고 싶다 靴(くつ) 구두, 신발
指輪(ゆびわ) 반지

가장 비싼 것은 무엇입니까?
(A) 구두
(B) 가방
(C) 반지
(D) 목걸이
| 정답 | (D)

77

A : スーツを2着ですね。お急ぎですか。
B : いいえ。ゆっくりでいいですよ。
A : それでは、仕上がりはあさってになります。午後5
　　時以降に取りに来てください。
B : じゃ、よろしくお願いします。

| 번역 |
A : 정장 두벌이군요. 급하십니까?
B : 아니오. 천천히 해도 괜찮습니다.
A : 그럼, 다 되는 날이 내일 모레입니다. 오후 5시 이후에
　　찾으러 오세요.
B : 그럼, 잘 부탁합니다.

| 어휘 | スーツ「suit」 슈트, 한 벌의 양복 ～着(ちゃ
く) (의복을 세는 단위)～벌 仕上(しあ)がる 마무리되
다, 다 되다, 완성되다 以降(いこう) 이후 写真屋(し
ゃしんや) 사진관 洋服屋(ようふくや) 양복점 クリ
ーニング屋(や) 세탁소

여기는 어떤 가게입니까?
(A) 비디오 대여점
(B) 사진점
(C) 양복점
(D) 세탁소
| 정답 | (D)

78

B : どうしたの。ケーキなんか買って来て。何かのお

祝い？
A : お祝いじゃなきゃ、ケーキは買っちゃいけないの？
B : そんなことは言ってないよ。
A : うちの近所に新しくケーキ屋ができたのよ。

| 번역 |
B : 무슨 일이야. 케이크 같은 거 사 오고. 뭔가 축하할 일
　　이라도.
A : 축하할 일이 아니면 케이크 사면 안 돼?
B : 그런 말은 안 했어.
A : 집 근처에 새롭게 케이크 가게가 생겼어.

| 어휘 | お祝(いわ)い 축히(행사), 축하 선물 近所
(きんじょ) 근처 結婚記念日(けっこんきねんび) 결
혼기념일 誕生日(たんじょうび) 생일 見(み)つける
찾(아내)다, 발견하다

여자는 왜 케이크를 사 왔습니까?
(A) 둘의 결혼기념일이기 때문에
(B) 남자의 생일이기 때문에
(C) 아이의 생일이기 때문에
(D) 집 근처에 케이크 가게를 발견해서
| 정답 | (D)

79

A : 週末はどうしようか。何かいいアイディアある。
B : 天気がよければピクニックとかどう。
A : でも、天気予報によると週末は雨が降るそうよ。
B : それじゃ、映画でも見に行こう。

| 번역 |
A : 주말에 어떻게 할까? 뭔가 좋은 생각 있어?
B : 날씨가 좋다면 피크닉 같은 거 어때?
A : 하지만, 일기예보에 따르면, 주말은 비 온대.
B : 그러면, 영화라도 보러 가자.

| 어휘 | 週末(しゅうまつ) 주말 天気(てんき) 날씨
天気予報(てんきよほう) 일기예보 映画(えいが) 영
화

주말은 어떻게 하기로 했습니까?
(A) 피크닉 간다.
(B) 그 날 날씨에 따라 바뀐다.
(C) 피크닉을 하고 영화를 본다.

(D) 영화를 본다.

| 정답 | (D)

80

A : 駅前に新しくオープンしたレストランの味、どうだった。

B : もう最悪だったよ。

A : えっ、そんなにひどかったの。

B : ああ。おまけに値段も高かったよ。

| 번역 |

A : 역 앞에 새롭게 오픈한 레스토랑 맛 어땠어?

B : 최악이었어.

A : 어? 그렇게 심했어?

B : 응. 게다가 가격도 비쌌어.

| 어휘 | 味(あじ) 맛　最悪(さいあく) 최악　おまけに 게다가　手頃(てごろ) 알맞음, 적당함　まずい 맛이 없다

역 앞 레스토랑은 어땠습니까?

(A) 사람이 많아서 들어갈 수 없었다.

(B) 맛은 없었지만 가격은 적당했다.

(C) 맛도 없고 비쌌다.

(D) 기억 안 난다.

| 정답 | (C)

Part 4　설명문

핵심정리 1. 개인소개

>> 자주 쓰이는 표현

1

| 어휘 | 足(あし)を運(はこ)ぶ 발걸음을 하다, 발길을 옮기다, 들르다　安上(やすあ)がり 싸게 먹힘=「割安(わりやす)だ」(다른 것에 비해 값이 쌈)　挙(あ)げる 올리다, 거행하다　あらゆる 모든　思(おも)わしい 바람직하다, 좋다고 생각하다　欠(か)かす 빠뜨리다, 거르다　~暮(ぐ)らし ~생활　群(ぐん)を抜(ぬ)く 발군이다, 동류 중에서 가장 뛰어나다　遮(さえぎ)る 차단하다, 막다, 가리다　至急(しきゅう 급히, 서둘러=「急(いそ)いで」　手術(しゅじゅつ 수술　性分(しょうぶん) 천성, 타고난 성질=「質(たち)」　頭痛(ずつう) 두통　すっと

する 상쾌해지다, 개운해지다, 후련해지다　世知辛(せちがら)い 세상살이가 살아가기 힘들다　調子(ちょうし) (신체나 기계 등의)상태　手(て)が回(まわ)らない 세세한 데까지 손이 미치지 못하다　~てもしょうがない ~해도 소용없다　できるだけ 가능한 한, 최대한　~となれば・~とする場合(ばあい)は ~가 되면, ~하는 경우는　時(とき)によって 때에 따라서　整(ととの)える 단정히 하다, 조절하다, 준비하다　虎(とら)になる 사납게 주정을 부리다　苦手(にがて) 다루기 벅찬 상대, 대하기 싫은 상대　~に先立(さきだ)ち/~に先立(さきだ)って ~에 앞서　~につれて ~함에 따라, ~하자 점점 더　~一(ひと)つ (최소한의 것을 강조하거나 한정할 때 사용)~하나, ~정도　開(ひら)く 행사를 열다, 개최하다　身(み)が入(はい)る 내키다, 맘에 들다, 집중해서 열심히 하다　身(み)につまされる 다른 사람의 불행 등이 자신의 일처럼 여겨진다, 남의 일 같지 않다　~向(む)き ~인 사람(사람들)　もちきり 소문, 화제가 계속 하나에만 집중됨, 오직 그것으로 자자함, 떠들썩함

>> 설명문 연습

1

| 어휘 | 去年(きょねん) 작년　長男(ちょうなん) 장남　出産(しゅっさん) 출산　目(め)が回(まわ)る 눈코 뜰 새 없이 바쁘다　金融機関(きんゆうきかん) 금융 기관　第一(だいいち) 제일, 최고, 우선　就職(しゅうしょく) 취직　希望(きぼう) 희망　結婚(けっこん) 결혼　反対(はんたい) 반대　日常生活(にちじょうせいかつ) 일상생활　重(かさ)なる 겹치다　~こそ ~야말로　の 동사를 명사화하는 경우, 「の」앞에 나온 내용을 체언 화한 「の」로 형식명사 「こと」대신에 사용하는 경우임　不自由(ふじゆう) 결함이 있어 의도대로 되지 않아 불편함　初(はじ)めて 처음, 처음으로　気(き)がつく 알다, 깨닫다, 주의가 미치다

2

| 어휘 | 仕事(しごと) 일, 업무　関係(かんけい) 관계　健康(けんこう) 건강　気持(きもち) 기분, 마음(어떤 사람이나 사물에 대해서 품는 마음 상태로 외부의 반응에 의해 촉발되는 일차적인 마음 상태를 의미함)　大学進学(だいがくしんがく) 대학 진학　帰国(きこく) 귀국　約束(やくそく) 약속　遅(おそ)い 늦다　よそ 다른 곳, 딴 곳　電話(でんわ)をかける 전화를 걸다　相手(あいて) 상대　間違(まちが)う 틀리다, 잘못하다, 실

수하다　確(たし)かめる 확인하다　〜た後(あと) 〜한 뒤　姓名(せいめい) 성명　先方(せんぽう) 상대방, 상대측　〜はもちろん 〜은 물론　気持(きもち)になる 기분이 되다, 마음이 들다　目的(もくてき) 목적　かえって 오히려, 도리어, 반대로　名乗(なの)る 이름, 신분 따위를 밝히다

3

|問題1| わたしは、ことし高等学校を卒業して、大学に入りました。今は、親類のうちに住んでいますが、そのうちに、どこかにアパートを見つけて、移ることにしています。東京は、前に修学旅行で一度来たことがありますが、東京で生活するのは今度が初めてです。わたしの生まれは北海道で、現在、家族はみんな北海道に住んでいます。

|번역| 저는 올해 고등학교를 졸업하고 대학에 진학했습니다. 지금은 친척집에서 살고 있습니다만, 빠른 시일 내에 아파트를 구해서 옮기려고 합니다. 도쿄에는, 전에 수학여행으로 한 번 온 적이 있지만, 도쿄에서 생활하는 것은 이번이 처음입니다. 저의 고향은 홋카이도로, 현재 가족은 모두 홋카이도에 살고 있습니다.

|어휘| 今年(ことし) 금년　高等学校(こうとうがっこう) 고등학교*줄여서「高校(こうこう)」　卒業(そつぎょう) 졸업　親類(しんるい) 친척　〜に住(す)む 〜에 살다　見(み)つける 찾다, 찾아내다　移(うつ)る 옮기다　修学旅行(しゅうがくりょこう) 수학여행　今度(こんど) 이번　初(はじ)めて 처음, 최초　生(う)まれ 출생지, 태어난 곳　北海道(ほっかいどう) 북해도=홋카이도　現在(げんざい) 현재　独(ひと)り暮(ぐ)らしをする 독신 생활을 하다　仕事(しごと)を探(さが)す 일을 찾다
|정답| (C)

|問題2| 団塊の世代の私は自宅で産婆さんにとりあげられたが、5歳違いの私の妹は病院で生まれている。最近はほとんどすべての赤ちゃんが病院で産声をあげる。かつての産婆さんの役割は、産科医の下働きとなってしまった。そして、お産が行われる部屋の外で、おろおろしながら、産湯をわかす父親の姿も見かけなくなった。人生の始点は、自宅から病院へと完全に移っている。
人生の終点はどうだろう。以前は、死にゆく人は、

自分の日常が刻まれた寝室の枕べに家族や親しい人に来てもらって、最後の別れをかわすことができた。

|번역| 전후 베이비붐 세대인 나는 자택에서 산파가 받았지만, 5살 차이의 여동생은 병원에서 태어났다. 최근은 거의 모든 아기가 병원에서 첫 울음을 터트린다. 예전의 산파의 역할은, 산부인과 의사 밑에서 일하는 처지가 되어 버렸다. 그리고 분만이 행해지는 방 밖에서, 허둥지둥하며 목욕물을 데우는 아버지의 모습도 보이지 않게 되었다. 인생의 시점은, 자택에서 병원으로 완전히 옮겨가고 있다.
인생의 종점은 어떨까? 이전에는, 죽어 가는 사람은, 자신의 일상이 새겨진 침실의 머리맡에 가족이나 친한 사람이 와서, 최후의 이별을 나눌 수가 있었다.

|어휘| 団塊(だんかい)の世代(せだい) 1949년 전후 베이비붐 세대*「団塊(だんかい)」(단괴)는 '덩어리' 의 뜻*「塊(かたまり)」(덩어리, 뭉치)　自宅(じたく) 자택　産婆(さんば) 산파　取(と)り上(あ)げる 아기를 받다, 해산을 돕다　産声(うぶごえ) 아기의 첫 울음소리　かつて 일찍이, 옛날에, 이전에=「以前(いぜん)」「昔(むかし)」　役割(やくわり) 역할　産科(さんか) 산과, 산부인과=「産婦人科(さんふじんか)」　下働(したばたら)き 남 밑에서 일함　お産(さん) 분만　おろおろする 허둥지둥하다, 허둥거리다　産湯(うぶゆ) 아기를 목욕시키는 물　産湯(うぶゆ)を沸(わ)かす 첫 목욕물을 끓이다　姿(すがた) 모습　見(み)かける 우연히 보다, 언뜻 보다　始点(してん) 시점, 출발점「終点(しゅうてん)」(종점)　移(うつ)る 옮기다, 이동하다　日常(にちじょう) 일상　刻(きざ)む 새기다　枕(まくら) 베개　寝室(しんしつ) 침실　まくらべ 베갯머리, 머리맡　親(した)しい 친하다　最後(さいご) 마지막, 최후　別(わか)れ 이별
|정답| (B)

|問題3| しかし、現在では、事故などの突然の死を別にすれば、ほとんどの人が、病院の部屋の天井を見つめながら、死を待つようになった。死ぬ場所も自宅から病院に変ってきているのである。
もちろん、生まれ、死ぬ場面で手厚い医療が受けられるのはよいことだろう。出産にともなう危険は薄らいだし、先端医療技術によって命を長らえる患者も多い。しかし、その半面、生まれ、死ぬ場所のこうした変化によって、人生の始めと終りの主催者は、本人とその家族から、医師へと変っていった。

あらたに生まれ出る者を迎え、死者を送る、という
古くからの家族の役割は弱まっている。家族の生活
の中に、出産や死がはっきりとした姿を現さなくなっ
たことによって、私たちは、「生きる」ことに対する感
覚の深さ、鋭さを徐々に失ってはいないだろうか。

| **번역** | 그러나 현재는, 사고 등의 돌연사를 별도로 하
면, 대부분의 사람이 병원실의 천장을 응시하면서, 죽음
을 기다리게 되었다. 죽는 장소도 자택에서 병원으로 바
뀌어 지고 있는 것이다.
물론, 태어나고, 죽는 장면에서 융숭한 의료를 받을 수 있
는 것은 좋은 일일 것이다. 출산에 따른 위험은 덜해졌고,
첨단 의료 기술에 의해 생명을 늘릴 수 있는 환자도 많다.
그러나 그 반면, 태어나, 죽는 장소의 이러한 변화에 의해,
인생의 시작과 끝의 주최자는 본인과 그 가족에서, 의사로
바뀌어 갔다.
새로이 태어나는 자를 환영하고, 사자를 배웅한다는 옛날
부터의 가족의 역할은 약해지고 있다. 가족의 생활 안에,
출산이나 죽음이 확실한 모습을 나타나지 않게 됨에 따라,
우리들은, '산다' 는 것에 대한 감각의 깊이, 예민함을 서
서히 잃고 있는 것은 아닐까.

| **어휘** | 事故(じこ) 사고 突然(とつぜん) 돌연, 갑작
스러움 天井(てんじょう) 천장 手厚(てあつ)い 극
진하다, 융숭하다, 정중하다 医療(いりょう) 의료 出
産(しゅっさん) 출산 ～に伴(ともな)う ～에 동반하
다, ～에 수반하다 危険(きけん) 위험 薄(うす)らぐ
덜해지다 先端(せんたん) 첨단 医療(いりょう) 의료
技術(ぎじゅつ) 기술 命(いのち) 목숨, 생명 長(な
が)らえる 오래 살다, 언제까지나 생존하다 患者(かん
じゃ) 환자 その半面(はんめん) 그 반면 変化(へん
か) 변화 主催者(しゅさいしゃ) 주최자 本人(ほんに
ん) 본인 新(あら)たに 새로이 迎(むか)える 맞이하
다 死者(ししゃ) 사자, 죽은 사람 弱(よわ)まる 약해
지다, 약화되다 感覚(かんかく) 감각 鋭(するど)い
예리하다, 날카롭다 徐々(じょじょ)に 서서히 失(う
しな)う 잃어버리다 自宅(じたく) 자택 生(う)まれ
る 태어나다, 출생하다 自由自在(じゆうじざい) 자유
자재 判断(はんだん) 판단 身(み)を委(ゆだ)ねる
몸을 의지하다, 몸을 맡기다
| **정답** | (B)

| **問題4** | 煮たり、温めたり、ちょっと手を加えるだけ
で、食べられるものを「インスタント食品」と呼んでい

る。スーパーの棚に山と積まれているところからもわ
かるように、大量に消費されている。
インスタント食品の代表、何と言っても、インスタン
ト・ラーメンだろう。インスタント・ラーメンの第一
号である、N社の「チキンラーメン」が売り出されたの
は1958年夏だったが、それからわずか2年ほどのうちに
インスタント・ラーメンのメーカーは300社となった。
それほど爆発的に売れたのである。インスタント・ラ
ーメンはその後も、うなぎ上りに生産量を伸ばしてい
る。

| **번역** | 끓이거나, 데우거나, 약간 손을 본 것만으로,
먹을 수 있는 것을 '인스턴트식품' 이라고 부르고 있다.
슈퍼의 선반에 산처럼 쌓아져 있는 것에서도 알 수 있듯
이, 대량으로 소비되고 있다.
인스턴트식품의 대표, 뭐니 뭐니 해도, 인스턴트 라면일 것
이다. 인스턴트 라면의 제 1호인 N사의 '치킨라면' 의 매출
이 시작된 것은 1958년 여름이었는데, 그 이후 약 2년 정도
안에 인스턴트 라면의 메이커는 300사가 되었다. 그 만큼
폭발적으로 팔린 것이다. 인스턴트 라면은 그 후에도, 빠르
게 생산량을 늘리고 있다.

| **어휘** | 煮(に)る 삶다, 끓이다, 조리다 温(あたた)め
る 따뜻하게 하다, 데우다 棚(たな) 선반 山(やま)と
積(つ)まれる 산처럼 쌓이다 大量(たいりょう) 대량
消費(しょうひ) 소비 食品(しょくひん) 식품 代表
(だいひょう) 대표 第一号(だいいちごう) 제1호 売
(う)り出(だ)す 팔기 시작하다, 대대적으로 팔다 わず
か 불과, 고작 爆発的(ばくはつてき) 폭발적 売(う)
れる 팔리다 うなぎ上(のぼ)り 사물의 정도, 가치가
잇달아 올라감(*보통 「うなぎ登(のぼ)り」라고 함) 生
産量(せいさんりょう) 생산량 伸(の)ばす 늘리다
誤(あやま)る 잘못하다, 틀리다 手(て)を加(くわ)え
る 손을 보다=「手(て)をいれる」 当初(とうしょ) 당초
売(う)れ行(ゆ)き 팔림새, 매상 ものすごい 굉장하
다, 대단하다, 엄청나다
| **정답** | (B)

| **問題5** | 学生時代の下宿生活で、インスタント・ラー
メンの世話にならなかった人はいないのではないだろ
うか。私の友人の中には、2週間、すべての食事をイ
ンスタント・ラーメンですました、というツワモノが
いる。最近、一人暮しの若い男性や学生が、インスタ
ント・ラーメンばかりを食べすぎて、栄養障害を起し

たという話もよく聞く。
　ある統計によれば、6割くらいの家庭が1週間に1回以
上ラーメンを食べており、そのうち7割以上がインス
タントものを利用している。71年に登場したカップ
メンとあわせて、インスタント・ラーメンは日本の
国民食と言えよう。

| 번역 | 학생시절의 하숙 생활에서, 인스턴트 라면의
신세를 지지 않았던 사람은 없지 않을까. 내 친구 중에
는, 2주일간, 모든 식사를 인스턴트 라면으로 끝냈다고
하는 용사가 있다. 최근, 독신 생활의 젊은 남성이나 학
생이, 인스턴트 라면만을 먹어서, 영양 부족을 일으킨다
고 하는 이야기도 종종 듣는다.
한 통계에 의하면, 60% 정도의 가정이 1주일에 1회 이상
라면을 먹고, 그 중 70% 이상이 인스턴트 음식을 이용하
고 있다. 71년에 등장한 컵 라면과 아울러 인스턴트 라면
은 일본의 국민식이라 말할 수 있다.

| 어휘 |　学生時代(がくせいじだい) 학생 시절　下宿
(げしゅく) 하숙　世話(せわ) 도움, 신세　友人(ゆうじ
ん) 친구　済(す)ます 때우다, 해결하다　強者(つわも
の) 수완가, 실력자, 강자=「猛者(もさ)」　一人暮(ひと
りぐ)らし 독신 생활　栄養(えいよう) 영양　障害(し
ょうがい) 장애　起(お)こす 문제를 일으키다　統計
(とうけい) 통계　家庭(かてい) 가정　登場(とうじょ
う) 등장　国民食(こくみんしょく) 국민식　すべて 모
조리, 모두　食事(しょくじ) 식사　済(す)ます 끝내다,
마치다, 대신에 때우다
| 정답 |　(D)

| 問題6 |　値段の安さ(菓子パン1個の値段で、1食まか
なえる)と料理(?)の簡単さ(3分でできる)が人気の秘
訣だ。そこには、日本人の食生活の特徴がいくつか表
れている。1つは、昼食に手間や時間をかけたがらな
い、という点である。ソバやカレーライスをあわただ
しく食べて、すぐ職場にもどる、というサラリーマン
の生活スタイルの延長上に、インスタント・ラーメン
はある。もう1つは、インスタント・ラーメンが一人
用の食品である、という点だ。ちょっと手を加えれば
食べられるし、保存もきくうえに、1食ずつ分かれてい
る。カップメンにいたっては、容器までついており、
単身者には実に便利な食品なのである。インスタント
ラーメンが国民食となっているのは、日本人の食生活
の貧しさを表している、とみることもできる。「飽食の

時代」「グルメの時代」などと言われるが、毎日、口にし
ているものは、案外、画一的で単調な味になっている
のかもしれない。

| 번역 | 싼 가격 (과자 빵 1개 가격으로 한 끼를 때울 수
있다) 과 요리(?)의 간단함 (3분 완성) 이 인기의 비결이
다. 거기에는, 일본인의 식생활의 특징이 몇 가지 나타나
고 있다. 하나는, 점심에 수고나 시간을 들이고 싶지 않다.
라는 점이다. 메밀국수나　카레라이스를 분주히 먹고, 바
로 직장에 돌아가는 샐러리맨의 생활 스타일의 연장선상
에, 인스턴트 라면은 있다. 또 하나는, 인스턴트 라면이 일
인용 식품이라는 점이다. 약간 손을 보면 먹을 수 있고, 보
존도 가능한 데다 한 끼씩 나누어져 있다. 컵 라면에 이르
러서는, 용기까지 붙어 있어, 독신자에게는 실로 편리한
식품인 것이다. 인스턴트 라면이 국민식이 되고 있는 것
은, 일본인의 식생활의 빈곤함을 나타낸다고 보는 것도 가
능하다. '포식의 시대', '미식가의 시대' 등으로 불리지만,
매일, 입에 달고 있는 것은, 의외로 획일적이고 단조로운
맛이 되고 있는지도 모른다.

| 어휘 |　値段(ねだん) 가격　菓子(かし) 과자　賄う
(まかなう) 식사를 마련해 주다　料理(りょうり) 요리
簡単(かんたん) 간단함　秘訣(ひけつ) 비결　特徴(と
くちょう) 특징　昼食(ちゅうしょく) 점심　手間(て
ま)をかける 시간을 들이다　職場(しょくば) 직장　延
長上(えんちょうじょう) 연장(선)상　保存(ほぞん)
보존　分(わ)かれる 나뉘다　容器(ようき) 용기　単身
者(たんしんしゃ) 혼자 사는 사람　貧(まず)しさ 빈약
함, 가난함　飽食(ほうしょく) 포식　グルメ 미식가
口(くち)にする 먹다=「食(た)べる」　案外(あんがい)
의외로　画一的(かくいつてき) 획일적　単調(たんち
ょう) 단조로움　味(あじ) 맛　食生活(しょくせいか
つ) 식생활　済(す)ませる 끝내다, 마치다　あっさりし
た 산뜻한, 담백한, 개운한
| 정답 |　(C)

| 주요 어구 |
(1) ～をよそに : ～을 팽개치고, ～을 무시하고=「～と関
　　(かか)わりなく」
(2) そのうち(に) : 언젠가, 곧, 머지않아=「近(ちか)いう
　　ちに」「いつか」

핵심정리 2. 뉴스/신문 기사

》》설명문 연습

1

|어휘| 現代人(げんだいじん) 현대인　自然(しぜん) 자연　政府(せいふ) 정부　公害対策(こうがいたいさく) 공해 대책　汚染(おせん) 오염　排(はい)ガス 배기가스　測定局(そくていきょく) 측정국　前後(ぜんご) 전후　常時(じょうじ) 상시, 항상　濃度(のうど) 농도　一本(いっぽん) 한 자루, 한 병, 하나(가늘고 긴 것을 가리키는 말)　道路(どうろ) 도로　植物(しょくぶつ) 식물　生態系(せいたいけい) 생태계　範囲(はんい) 범위　自然破壊(しぜんはかい) 자연 파괴　広(ひろ)がる 확대되다　欠(か)ける 모자라다, 부족하다　積極的(せっきょくてき) 적극적　~沿(ぞ)い　~가　設(もう)ける 설치하다　たった 단, 그저, 겨우(수량이 적은 상황을 묘사 하는 말)

2

|어휘|　政府(せいふ) 정부　失業者(しつぎょうしゃ) 실업자　対策(たいさく) 대책　工場(こうじょう) 공장　地球上(ちきゅうじょう) 지구상　森林(しんりん) 삼림　複雑(ふくざつ) 복잡　至(いた)るところで 가는 곳마다, 도처에서　開発(かいはつ) 개발　工業化(こうぎょうか) 공업화　課題(かだい) 과제　海外援助(かいがいえんじょ) 해외 원조　金額(きんがく)を増(ふ)やす 금액을 늘리다　専門的(せんもんてき) 전문적　知識(ちしき) 지식　学(まな)ぶ 배우다　育(そだ)つ 자라다　~べき (의무)~하는 것이 마땅하다, ~할 것이다, ~해야 한다(문어(文語) 조동사로 '상대방에게 응당 그렇게 해야 함' 또는 '당연하다는 뜻이나, 응당 그렇게 해야 할 것' 을 나타냄. 접속은 동사 기본형 접속, する는「すべき」)　技術(ぎじゅつ) 기술　~つつある ~하는 중이다, 계속 ~하고 있다(진행형으로 해석하면 되는데 의미를 묻는 문제가 나올 경우 선택 문항 중「~ている」「~ているところ」가 있는 것을 고르면 됨)　人材(じんざい) 인재　生(う)み出(だ)す 만들어 내다

3

|어휘| 工場(こうじょう) 공장　排出(はいしゅつ) 배출　酸性(さんせい) 산성　水産資源(すいさんしげん) 수산 자원　保護(ほご) 보호　養殖漁業(ようしょくぎょぎょう) 양식 어업　盛(さか)ん 활발함, 유행함　貝(かい) 조개　環境(かんきょう) 환경　汚染(おせん) 오염　防止(ぼうし) 방지　中小企業(ちゅうしょうきぎょう) 중소 기업　大部分(だいぶぶん) 대부분　新聞社(しんぶんしゃ) 신문사　内閣(ないかく) 내각　支持率(しじりつ) 지지율　原因(げんいん) 원인　しかし 그러나, 하지만, 그렇지만　つまり 결국, 즉, 요컨대　占(し)める 차지하다　結果(けっか) 결과

4

|問題1| 今朝、中野区の教員、鈴木あきおさん(四十三歳)が出勤の支度をしているとき、隣の空屋から火が出ているのに気づきました。奥さんが消防署へ電話する間に、鈴木さんは火を消そうとしましたが、一人ではどうすることもできません。この時、近くの道路工事の現場で働いていた、五、六人の労働者が駆け付けて、協力して火を消し止めました。消防車が来たときには、この人たちは、もう工事現場へ戻って、何事もなかったように仕事を始めていました。この人たちは、東北地方の農村から出稼ぎに来ている人たちだとのことです。おかげで、鈴木さんのうちは無事でした。火事の原因については、今、消防署で調べています。

|번역| 오늘 아침, 나카노구의 교원인 스즈키 아키오 씨(43세)가 출근 준비를 하고 있을 때, 이웃의 빈집에서 불이 났다는 것을 알았습니다. 부인이 소방서에 전화하는 사이에, 스즈끼 씨는 불을 꺼 보려고 했지만, 혼자서는 역부족이었습니다. 그 때, 근처 도로 공사 현장에서 일을 하고 있던 대, 여섯 명의 노무자가 급히 달려와 협력해서 겨우 불길을 잡을 수 있었습니다. 소방차가 왔을 때 이 분들은 이미 공사 현장으로 돌아가 아무 일도 없었다는 듯 일을 시작하고 있었습니다. 이 분들은 동북 지방의 농촌에서 돈을 벌기 위해 온 것이었습니다. 덕분에, 스즈끼 씨의 집은 무사했습니다. 화재의 원인에 대해서는, 소방서에서 조사 중입니다.

|어휘| 今朝(けさ) 오늘 아침　教員(きょういん) 교원　出勤(しゅっきん) 출근　支度(したく) 채비, 준비　隣(となり) 이웃, 옆집　空家(あきや) 빈 집, 비어 있는 셋집　火(ひ)が出(で)る 불이 나다　気(き)づく 눈치 채다, 알아차리다　消防署(しょうぼうしょ) 소방서　消(け)す 끄다　道路工事(どうろこうじ) 도로 공사　現場(げんば) 현장　労働者(ろうむしゃ) 노동자　駆(か)け付(つ)ける 급히 달려오다　協力(きょうりょく) 협력　消(け)し止(と)める 불길을 잡다　消防車(しょう

ぼうしゃ）消防車　戻（もど）る 되돌아가다　何事（なに
ごと）もない 아무 일도 없다, 아무렇지도 않다　東北（と
うほく）동북　農村（のうそん）농촌　稼（かせ）ぐ 돈을
벌다*「出稼（でかせ）ぎ」（한때 타지에 가서 돈벌이를 함,
또는 그 사람）　無事（ぶじ）무사함　原因（げんいん）원
인　調（しら）べる 조사하다　工事現場（こうじげんば）
공사 현장
|정답|（C）

|問題2| 新聞記事というのは、我が身に関わることを
書かれたらわかると思いますが、微妙なところが欠落
していることがあったりして、三歩も四歩も退いて考
えなければならないし、あまり額面通りに受け取って
はいけない。特に人の精神に関わることは無惨な出来
事で、読んだほうも叫びたくなるところですが、そこ
は五十歩も百歩も退くとして、大変難しい問題です。

|번역| 신문 기사라는 것은 자신에 관련된 일이 쓰여진
다면, 이해할 거라고 생각합니다만, 미묘한 점이 누락되어
있는 것이 있거나 해서, 세 걸음, 네 걸음이나 물러나서 생
각하지 않으면 안 되고, 지나치게 액면 그대로 받아들여서
도 안 된다. 특히 사람의 정신에 관한 일은 무참한 사건으
로 읽는 쪽도 부르짖고 싶어질 정도이지만, 거기서 오십
보나 백 보를 물러나기란 매우 어려운 문제입니다.

|어휘| 新聞記事（しんぶんきじ）신문 기사　我（わ）が
身（み）자신, 자기의 입장, 처지　～に関（かか）わる ～
에 관계되다　微妙（びみょう）미묘　欠落（けつらく）
결락, 누락　退（しりぞ）く 물러나다, 물러서다　額面通
（がくめんどお）り 액면 그대로　無惨（むざん）잔인함,
참혹함, 무참함　出来事（できごと）일어난 일, 사건　叫
（さけ）ぶ 외치다　大変（たいへん）힘듦, 어려움　受
（う）け取（と）る 받아들이다　憶測（おくそく）억측　虚
言（きょげん）허언, 거짓말=「嘘（うそ）」「そら言（ごと）」
ねじ曲（ま）げる 왜곡하다, 비틀어 구부리다　抜（ぬ）
け落（お）ちる 누락되다, 빠지다　話（はなし）に尾（お）
ひれをつける 과장해서 이야기하다, 말을 과장하다
|정답|（C）

|問題3| 東京はたいへんな勢いで変わりつつある。東
京駅近くにあった都庁は新宿に移転し、高層ビルがまた
一つふえた。新都庁の高さは243m、地上48階建てだ。
狭い土地を有効に利用するため、建物は高く高くなっ
ていく。今や東京に住もうと思ったら、高所恐怖症な

どと言ってはいられない。もっとも、高さを自覚しな
い子供が育っていくのもまた恐ろしいことだ。

|번역| 도쿄는 엄청난 기세로 변화하고 있다. 도쿄
역 근처에 있던 도청은 신주쿠로 이동하고, 고층 빌딩이
또 하나 늘었다. 신도청의 높이는 243m, 지상 48층 건물
이다.
좁은 토지를 유효하게 이용하기 위해, 건물은 높이 높이
올라가고 있다. 바야흐로 도쿄에 살려고 생각한다면, 고소
공포증 따위를 말해서는 안 된다. 그렇다고는 하지만, 높
이를 자각하지 않는 아이가 자라나는 것도 또한 무서운 일
이다.

|어휘| 勢（いきお）い 기세, 힘　～つつある （동작이
나 작용이 진행 중임을 나타냄）～하고 있다, ～중이다
近（ちか）く 근처, 부근　都庁（とちょう）도청, 「東京都
（とうきょうと）」의 행정을 맡아보는 관청　移転（いて
ん）이전　高層（こうそう）ビル 고층 빌딩　高（たか）さ
높이　地上（ちじょう）지상　～階建（かいだ）て ～층짜
리 건물　土地（とち）토지　有効（ゆうこう）유효　今
（いま）や 지금이야말로, 이제야말로, 바야흐로　高所恐
怖症（こうしょきょうふしょう）고소공포증　自覚（じ
かく）자각　育（そだ）つ 자라다　恐（おそ）ろしい 무
섭다　好（この）む 좋아하다, 흥미를 가지다　高価（こう
か）고가
|정답|（C）

|問題4| 東京湾13号の埋め立て地を中心とする「ウォ
ーターフロント開発」で、波の寄せる浜辺は姿を消し、
近代的なビルが次々に建設されている。私が小学生の
ころは遠足でよく潮干狩に行ったものだが、貝の生息
できる浅瀬がどのくらい残っているだろうか。
地下開発による都市計画も目白押しだ。東京の地下
には、すでに地下鉄網や下水管、ガス管などが縦横
に張りめぐらされている。

|번역| 도쿄만 13호의 매립지를 중심으로 하는 '워터
프론트 개발'로, 파도가 밀려오는 해변은 모습을 감추
고, 근대적인 빌딩이 차례로 건설되고 있다. 내가 초등학
생일 때는 소풍으로 자주 썰물의 간석지에서 조개 등을
캐러 가곤 했지만, 조개가 서식할 수 있는 여울이 어느
정도 남아 있을까.
지하 개발에 의한 도시계획도 집중되어 있다. 도쿄의 지하
에는, 이미 지하철 망이나 하수관, 가스관 등이 종횡으로

둘러쳐져 있다.

| 어휘 | 東京湾(とうきょうわん) 도쿄만 埋(う)め立
(た)て地(ち) 매립지 中心(ちゅうしん) 중심 開発
(かいはつ) 개발 波(なみ)が寄(よ)せる 파도가 밀려
오다 海辺(うみべ) 해변 姿(すがた)を消(け)す 모습
을 감추다, 자취를 지우다 近代的(きんだいてき) 근대
적 次々(つぎつぎ)と 연달아, 계속하여 建設(けんせ
つ) 건설 遠足(えんそく) 소풍＊明後日(あさって)の遠
足(えんそく)が楽(たの)しみだ. (모레의 소풍이 기다
려진다.) 潮干狩(しおひがり) (썰물의 간석지에서) 조
개 등을 캐는 일 貝(かい) 조개 生息(せいそく) 서식
浅瀬(あさせ) (바다, 강의)얕은 곳, 얕은 여울, 여울＊「浅
瀬(あさせ)にあだなみ。」(생각이 얕은 사람일수록 소란
스러움의 비유. 빈 수레가 더 요란하다.) 残(のこ)る 남
다 地下開発(ちかかいはつ) 지하 개발 都市計画(と
しけいかく) 도시 계획 目白押(めじろお)し 빽빽이 늘
어섬 縦横(じゅうおう) 종횡 すでに 이미, 벌써 地
下鉄網(ちかてつもう) 지하철 망 下水管(げすいかん)
하수관 ガス管(かん) 가스관 張(は)り巡(めぐ)らす
(휘장, 경계망, 정보망)뺑 둘러치다 見学(けんがく) 견
학 触(ふ)れ合(あ)う 접촉하다, 서로 통하다
| 정답 | (D)

| 問題5 | しかし、高価な土地を有効利用するためには、
上に伸びるだけでは足りず、もぐらのように深く深くも
ぐる。具体化された案としては、1995年完成予定の東
京湾横断道路(深度40m)、都心新宿弾丸道路(深度
50~60m)などがある。地下輸送路をつくって、移動を
スムーズにというわけだ。東京から大阪への移動は今の
ところ新幹線を利用するか、飛行機で飛ぶかだ
が、JRのリニアモーターカーが走るようになれば、時速
500kmで行き来でき、時間は半分になるそうだ。
「ゆっくり景色を楽しみながら乗るのが楽しいのに、
何を好んで地下を走るのだろう」と嘆きたくなるが、
東京に住んでいるかぎり、この環境の変化からは逃
れられないようだ。
国際都市である東京は、刻々と姿を変えていく。

| 번역 | 그러나, 고가의 토지를 유효하게 이용하기 위
해서는, 위로 늘리는 것만으로는 부족해 두더지같이 깊
게 깊게 파고든다. 구체화된 안으로서는, 1995년 완성
예정의 도쿄만 횡단 도로 (심도40m), 도심 신주쿠 총알
도로 (심도50~60m) 등이 있다. 지하 운송로를 만들고,

이동을 원활하게 하기 위한 것이다.
도쿄에서 오사카로의 이동은 지금으로서는 신칸센을 이용
하거나, 비행기로 가거나지만, JR의 자기 부상 열차가 달
리게 되면, 시속 500Km로 왕래가 가능하고, 시간은 반으
로 줄어든다고 한다.
'느긋이 경치를 즐기면서 타는 것이 즐거운데, 무엇이 좋
다고 지하를 달리는 걸까' 라고 탄식하고 싶어지지만, 도쿄
에 살고 있는 한, 이 환경의 변화로부터는 피할 수 없을 것
이다. 국제도시인 도쿄는, 시시각각 모습을 바꾸어 간다.

| 어휘 | 高価(こうか) 고가 土地(とち) 토지 有効利
用(ゆうこうりよう) 유효하게 이용함 伸(の)びる 자
라다, 늘다, 향상되다 足(た)りず 부족하다=「足(た)り
ない」 もぐら두더지 潜(もぐ)る 물속에 잠겨 들다,
기어들다 具体化(ぐたいか) 구체화 完成予定(かんせ
いよてい) 완성 예정 横断道路(おうだんどうろ) 횡단
도로 深度(しんど) 심도, 깊이의 정도 都心(としん)
도심 弾丸(だんがん) 탄환, 총알 地下輸送路(ちかゆ
そうろ) 지하 수송로 スムーズ 스무스, 지체되지 않고
원활함 今(いま)のところ 현 단계로서는, 지금으로서
는 利用(りよう) 이용 AかB A 혹은 B リニアモー
ターカー 자기 부상 열차 走(はし)る 달리다 時速(じ
そく) 시속 行(い)き来(き)・行(ゆ)き来(き) 왕래
半分(はんぶん) 반, 반절 景色(けしき)を楽(たの)し
む 경치를 즐기다 好(この)む 좋아하다, 바라다 嘆く
(なげく) 한탄하다, 탄식하다 ～に住(す)んでいる ～
에 살고 있다 ～かぎり ～하는 한 環境(かんきょう)
환경 変化(へんか) 변화 逃(のが)れる 도망가다 国
際都市(こくさいとし) 국제 도시 刻々(こくこく) 일
각일각, 시시각각(주로 「刻々(こくこく)と」의 형태로 사
용됨) 利点(りてん) 이점 交通費(こうつうひ) 교통
비 安(やす)く済(す)む 싸게 해결되다 移動(いどう)
이동 円滑(えんかつ) 원활 制限速度(せいげんそく
ど) 제한 속도
| 정답 | (C)

| 주요 어구 |
(1) 最(もっと)も : '그렇다고는 하지만, 하기는, 다만' 이
라는 뜻으로 앞 내용을 긍정한 다음에 조건이나 주석
을 덧붙이는 것으로 이견이 있다는 뜻을 나타낸다.
(2) 目白押(めじろお)し : 동박새가 나뭇가지에 떼 지어
앉듯이 많은 물건이나 사람이 한곳에 모여 혼잡을 이
룸＊「目白(めじろ)」(동박새)

핵심정리 3. 날씨/ 일기 예보

〉〉 자주 쓰이는 표현

2

|어휘| 外(はず)れる 빗나가다, 안 맞다, 벗어나다 高(たか)め 높은듯함*「형용사의 어간+め」어느 쪽인가 하면 비교적 그 성질을 지닌다는 뜻을 나타냄 梅雨(つゆ)が明(あ)ける 장마가 끝나다 最高値(さいこうち) 최고치 蒸(む)し暑(あつ)い 무덥다 伴(ともな)う 동반하다, 함께 가다 最高気温(さいこうきおん) 최고 기온 南西(なんせい) 남서 波(なみ)が高(たか)い 파도가 높다 曇(くも)りがちの天気(てんき) 흐리기 쉬운 날씨, 흐린 경향이 많다*「동사ます형+がち」(〜하기 쉽다, 자주 〜하다) 高温傾向(こうおんけいこう) 고온 경향 晴(は)れ間(ま) 구름 사이, 또는 그 틈으로 보이는 맑은 하늘

〉〉 설명문 연습

1

|어휘| 毎年(まいとし) 매년 厳(きび)しい 정도가 심하다, 혹독하다 除(のぞ)く 제외하다 とりわけ 특히, 유난히, 그 중에서도

2

|問題1| 日本(にほん)は季節(きせつ)の移(うつ)り変(か)わりのほかに、地形(ちけい)の関係(かんけい)で気候(きこう)には地域差(ちいきさ)も見(み)られる。例(たと)えば、夏季(かき)に降雨量(こううりょう)の多(おお)い地方(ちほう)、冬季(とうき)に積雪量(せきせつりょう)の多(おお)い地方(ちほう)、四季(しき)を通(つう)じて温度(おんど)の変化(へんか)のあまりない地方(ちほう)と、その違(ちが)いはさまざまである。

|번역| 일본은 계절의 변화 이외에, 지형의 관계로 기후에는 지역차도 보인다. 하기에 강우량이 많은 지방, 동기에 적설량이 많은 지방, 사계절을 통해서 온도의 변화가 별로 없는 지방도, 그 차이는 가지각색이다.

|어휘| 季節(きせつ) 계절 移(うつ)り変(か)わり 변천, 변이 地形(ちけい) 지형 関係(かんけい) 관계 気候(きこう) 기후 地域差(ちいきさ) 지역차 夏季(かき) 하기 降雨量(こううりょう) 강우량 冬季(と

うき) 동계 積雪量(せきせつりょう) 적설량 温度(おんど) 온도 変化(へんか) 변화 違(ちが)い 차이 様々(さまざま) 가지가지, 여러 가지

|정답| (C)

|問題2| 今日、2月20日は、全国的に暖かい、穏やかな天気で、東京地方の気温は、午前中に13度を越えました。各地の最低気温も、ほとんど平年より10度前後高く、四月初めの、桜の季節になりました。これは、日本全体が、高気圧に覆われたからですが、この天気も、今日1日だけで、またぐずついた曇り空に逆もどりすると、気象台では言っています。なお、今週後半には、かなり強い低気圧が、日本海を北東に進み、関東地方には、20メートルを超す南の風が吹く見込みです。その影響で、海や山は相当荒れますから、漁船は特に注意が必要です。

|번역| 오늘, 2월 20일은, 전국적으로 따뜻하고 온화한 날씨였으며, 도쿄 지방의 기온은, 오전 중에 13도를 넘었습니다. 각지의 최저 기온도 거의 평년 보다 10도 전 후 높았고, 4월 초순의 벚꽃의 계절이 되었습니다. 이것은, 일본 전체가 고기압의 영향을 받았기 때문입니다만, 이 날씨도 오늘 하루로, 다시 흐린 하늘로 돌아간다고 기상대에서 말했습니다. 게다가 이번 주 후반에는 꽤 강한 저기압이 일본해의 북동쪽으로 전진해, 관동 지방에는, 20미터가 넘는 남풍이 불 전망입니다. 그 영향으로 바다와 산의 날씨는 상당히 거칠어질 것이므로 어선은 특히 주의가 필요합니다.

|어휘| 暖(あたた)かい 따뜻하다 穏(おだ)やか 평온함, 온후함 地方(ちほう) 지방 気温(きおん) 기온 越(こ)える 넘다, 넘어가다 各地(かくち) 각지 最低気温(さいていきおん) 최저 기온 ほとんど 거의 平年(へいねん) 평년 前後(ぜんご) 전후 初(はじ)め 초 桜(さくら)の季節(きせつ) 벚꽃 계절 全体(ぜんたい) 전체 高気圧(こうきあつ) 고기압 覆(おお)われる 「覆(おお)う」(덮다, 싸다)의 수동형 ぐずつく 날씨가 시원하지 않다, 끄무레하다 曇(くも)り空(ぞら) 흐린 하늘 逆(ぎゃく)もどり 제자리로 되돌아감 気象台(きしょうだい) 기상대 後半(こうはん) 후반 低気圧(ていきあつ) 저기압 北東(ほくとう) 북동쪽 進(すす)む 진행하다, 발달하다 超(こ)す 넘다, 초과하다 見込(みこ)み 전망, 예상 影響(えいきょう) 영향 相当(そうとう) 대단한 정도에 가까움, 꽤, 제법, 적잖이

荒(あ)れる 거칠어지다, 사나워지다　漁船(ぎょせん) 어선　注意(ちゅうい) 주의

| 정답 |　(C)

핵심정리 4. 설문 통계에 관한 내용

》》자주 쓰이는 표현

| 어휘 |　アンケート　앙케이트, 질문　一変(いっぺん) 일변, 완전히 바뀜　〜一方(いっぽう) 〜하는 한편　以来(いらい) 이래, 이후로　上回(うわまわ)る 상회하다, 웃돌다　〜から〜にかけて 〜부터〜에 걸쳐서(기간)　結果(けっか) 결과　懸念(けねん)する 염려하다　占(し)める 차지하다　従来(じゅうらい) 종래=「これまで」　上位(じょうい) 상위　ずれる 바른 상태에서 빗나가다　対象(たいしょう) 대상　蓄(たくわ)える 저축하다, 체력이나 지식을 쌓다　ただし 단, 다만(앞 문장에 대하여 보충적인 설명, 조건, 예외를 나타내는 말)　次(つ)いで 뒤이어, 계속하여　〜に過(す)ぎない 〜에 지나지 않다　〜に取(と)り組(く)む 〜에 몰두하다, 〜에 들러붙다　〜に迷(まよ)う 〜을 잃다, 헤매다　〜に恵(めぐ)まれている 〜이 풍부하다, 〜의 축복을 받다, 〜이 운 좋게 주어지다　〜によると 〜에 의하면　〜によるものだ 〜에 의한 것이다　評判(ひょうばん) 평판*「評判(ひょうばん)が悪(わる)い」(평판이 나쁘다)　増(ふ)え続(つづ)ける 계속 늘다　最(もっと)も 가장　もっとも 그렇다고는 하지만, 다만, 단지　リサイクル 재활용　屋台骨(やたいぼね) 기반　〜を問(と)わず 〜을 불문하고　〜にわたって 〜에 걸쳐서(전체에)　使(つか)い道(みち) 용도, 쓸모

》》설명문 연습

1

| 어휘 |　今年(ことし) 금년　中旬(ちゅうじゅん) 중순　〜月初(がつはじ)め 〜월 초　区民(くみん) 구민　企業(きぎょう) 기업　労働組合(ろうどうくみあい) 노동 조합　意識(いしき) 의식　比較(ひかく) 비교　相互理解(そうごりかい) 상호 이해　促進(そくしん) 촉진　基礎資料(きそしりょう) 기초 자료　家庭(かてい) 가정　職業(しょくぎょう) 직업　余暇(よか) 여가　国際感覚(こくさいかんかく) 국제 감각　人生観(じんせいかん) 인생관　宗教(しゅうきょう) 종교　対象(たいしょう) 대상　調査(ちょうさ) 조사　目的(もくてき)

목적　質問項目(しつもんこうもく) 질문 항목　渡(わた)る 두루 미치다, 고루 배부되다, 돌아가다

2

| 어휘 |　高齢化(こうれいか) 고령화　収入(しゅうにゅう) 수입　各国(かっこく) 각국　今日(こんにち) 오늘날　能力(のうりょく)を生(い)かす 능력을 살리다(발휘하다)　調査(ちょうさ) 조사　注目(ちゅうもく) 주목　示(しめ)す 나타내다

3

| 問題1 |　テレビ、新聞、電話、自動車、冷蔵庫の5つのうちで、生活するうえでどれが最も必要だろうか。日米国民の生活必需品意識を調査したアンケート（1980年実施）によれば、アメリカ人では冷蔵庫と答えた人が一番多かったそうだ（42%）。それに対して、日本人はテレビをあげた人が最も多かった（31%）。日本人が世界で一番長い時間、テレビを視聴している、というデータもある。受像機の普及の度合い、番組の内容の豊富さ、放映時間といった点からしても、日本人は世界で一番テレビ好きな国民と言えそうだ。

| 번역 |　텔레비전, 신문, 전화, 자동차, 냉장고 이렇게 5가지 중에서 어느 것이 생활하는 데에 가장 필요할까? 일본과 미국 국민의 생활필수품 의식을 조사한 앙케이트(1980년 실시)에 의하면, 미국에서는 냉장고라고 대답한 사람이 가장 많았다고 한다(42%). 여기에 반해 일본인은 텔레비전을 꼽은 사람이 가장 많았다(31%).
일본인은 세계에서 가장 장시간 텔레비전을 시청하고 있다는 데이터도 있다. 수상기의 보급 정도, 풍부한 프로그램의 내용, 방영 시간이라는 점만 하더라도 일본인은 세계에서 가장 텔레비전을 좋아하는 민족이라고 말할 수 있다.

| 어휘 |　自動車(じどうしゃ) 자동차　冷蔵庫(れいぞうこ) 냉장고　〜のうちで 〜중에서　生活(せいかつ) 생활　〜うえで 〜하는 데에 있어　最(もっと)も 가장　必需品(ひつじゅひん) 필수품　意識(いしき) 의식　調査(ちょうさ) 조사　実施(じっし) 실시　〜によれば 〜에 의하면　〜に対(たい)して 〜에 반하여　視聴(しちょう) 시청　データ 데이터, 정보　受像機(じゅぞうき) 수상기　普及(ふきゅう) 보급　度合(どあ)い 정도　番組(ばんぐみ) 프로그램　豊富(ほうふ) 풍부　〜からしても 〜만 하더라도　放映時間(ほうえいじかん) 방영 시간

| 정답 | (D)

| 問題2 | 日本でテレビ放送が始まったのは1953年、人は街頭や喫茶店に置かれたテレビが写し出す野球やプロレスの中継に群がった。そして、高度成長の中、「三種の神器」のひとつに数えられ、テレビは急速に家庭に浸透していった。家族がつどう部屋に置かれたテレビは、家庭団欒の主役、家庭のなかの最もおしゃべりな一員となった。

| 번역 | 일본에서 텔레비전 방송이 시작된 것은 1953년, 사람들은 거리나 찻집에 놓여 있는 텔레비전이 비춰 내는 야구나 프로레슬링의 중계에 모여들었다. 그리고 고도 성장기에 '세 종류의 신기(神器)'의 하나로 꼽혀, 텔레비전은 급속히 가정에 침투해 갔다. 가족이 모이는 방에 놓인 텔레비전은 가정에서 단람함의 주역, 가족 중에서 가장 수다스러운 일원이 되었다.

| 어휘 | 放送(ほうそう) 방송   街頭(がいとう) 가두   喫茶店(きっさてん) 찻집   映(うつ)す 비추다   野球(やきゅう) 야구   中継(ちゅうけい) 중계   群(むら)がる 떼지어 모이다, 군집하다   高度成長(こうどせいちょう) 고도 성장   三種(さんしゅ) 3종류   神器(じんぎ) 신기(특히, 일본 왕위「王位(おうい)」의 상징인 세 가지 신기)   数(かぞ)える 셈하다, 열거하다   急速(きゅうそく) 급속   浸透(しんとう) 침투   ~ていった ~해 갔다   集(つど)う 모이다=「集(あつ)まる」   団欒(だんらん) 단란*「家族団欒(かぞくだんらん)」(가족이 단란하고 화목함)   主役(しゅやく) 주역   一員(いちいん) 일원

| 정답 | (C)

| 問題3 | われわれは、居間にくつろぎながら、アポロの月面着陸や、70年前後の若者の反乱、ロッキード事件証人喚問等の歴史的事件を、ブラウン管の小窓から熱心にのぞきみる。テレビ・タレントは近所の若者たちよりも感じよく見えるし、コマーシャルは時代のセンスといったものをさりげなく教えてくれる。テレビは、手品師の帽子のように、次から次へと、多彩な画像を提供してわれわれを飽きさせない。
　とは言うものの、なれ親しんだ、この「家族」の底の浅いおしゃべりと無意味な明るさにウンザリすることもある。また、番組中の性的なシーンや下品なしぐさが、良識ある人々の眉をしかめさせたりもする。しかし、テレビは、良くも悪くも、時代の雰囲気を現しているメディアであり、われわれとテレビの親密なつき合いが今後も当分続くことは確かだろう。

| 번역 | 우리들은, 거실에 느긋하게 자리 잡고 앉아서 아폴로호의 달 표면 착륙과 70년대 전후의 젊은이들의 반란, 로키드사건 증인 환문 등의 역사적 사건을 브라운관의 작은 창으로부터 열심히 들여다본다. 텔레비전에 나오는 탤런트는 근처의 젊은이들보다 더 멋있어 보이고, 광고는 시대의 센스라고 하는 것들을 아무렇지 않게 가르쳐 준다. 텔레비전은, 마술사의 모자처럼, 계속해서 다채로운 화상을 제공하며 우리들을 질리지 않게 한다.
하지만, 익숙해지고 친해진 이 '가족' 의 생각 없는 수다와 무의미한 빛에 지긋지긋함을 느끼는 경우가 있다. 또, 프로그램 중의 성을 강조하는 장면이나 저속한 행동 등이 교양 있는 사람들의 눈썹을 찌푸리게 하기도 한다.
그러나, 텔레비전은 좋지도 나쁘지도 않은, 시대의 분위기를 나타내는 대중 매체이며, 우리들과 텔레비전의 친밀한 관계가 앞으로도 당분간 계속될 것은 확실하다.

| 어휘 | 我々(われわれ) 우리들   居間(いま) 거실   くつろぐ 느긋하게 편히 쉬다, 휴식하다   月面(げつめん) 달의 표면   着陸(ちゃくりく) 착륙   前後(ぜんご) 전후   若者(わかもの) 젊은이   反乱(はんらん) 반란   証人(しょうにん) 증인   喚問(かんもん) 환문, 청문회   歴史的(れきしてき) 역사적   事件(じけん) 사건   小窓(こまど) 작은 창   熱心(ねっしん) 열심   のぞく 들여다보다, 엿보다   近所(きんじょ) 근처, 이웃   コマーシャル 광고, CM   さりげない 아무렇지 않은 듯하다, 그런 티를 보이지 않다=「なにげない」   手品師(てじなし) 마술사   帽子(ぼうし) 모자   次(つぎ)から次(つぎ)へと 계속해서, 연달아   多彩(たさい) 다채로움, 다양함   映像(えいぞう) 영상   提供(ていきょう) 제공   飽(あ)きる 싫증나다, 질리다   とは言(い)うものの 그렇다고는 하나   慣(な)れ親(した)しむ 익숙해져 즐기다, 익숙해지고 친숙해지다   底(そこ) 밑바닥   浅(あさ)い 얕다   無意味(むいみ) 무의미   明(あか)るさ 명랑함, 밝음   うんざり 지긋지긋함   性的(せいてき) 성적   シーン 신, 장면   下品(げひん) 하급, 저급   仕種(しぐさ) 무대의 동작   良識(りょうしき) 양식   眉(まゆ) 눈썹   しかめる 찡그리다, 찌푸리다   良(よ)くも悪(あし)くも 좋건 나쁘건   雰囲気(ふんいき) 분위기   現(あらわ)す 나타내다   メディア 미디어   親密(しんみつ) 친밀   付(つ)き合(あ)い 교제, 사귐   今後(こんご)も 앞으로도

=「これから先(さき)も」「これからも」 当分(とうぶん)
당분간 続(つづ)く 계속되다 確(たし)か 확실함
|정답| (B)

|問題4| 「夏休みにロンドンに行って、毎日、コンサ
ートに行くつもりです。ミュージカル、クラシック音楽
、ジャズ、ロック、あっ、もちろん美術館にも行きま
すよ。だって向こうのほうが入場料がずっと安いんで
すから」、木村君は、そんな言葉を残してイギリスに旅
立って行った。
イギリスでは美術館は安いどころか、大英博物館やナ
ショナルギャラリーなどは、無料で入場できる。日本
では、最低1000円は払わされるところだろう。

|번역| '여름방학에 런던에 가서 매일 콘서트에 갈 예
정입니다. 뮤지컬, 클래식 음악, 재즈, 락, 아 물론 미술관
에도 갈 겁니다. 왜냐하면 그쪽이 입장료가 훨씬 싸니까
요.' 기무라 군은, 그런 말을 남기고 영국으로 여행길에 올
랐다.
영국에서는 미술관은 저렴할 뿐만 아니라, 대영 박물관이
나 내셔널 갤러리 등은, 무료로 입장할 수 있다. 일본에서
는, 최저 1000엔은 지불해야 할 것이다.

|어휘| 夏休(なつやす)み 여름방학 音楽(おんが
く) 음악 美術館(びじゅつかん) 미술관 向(む)こう
그쪽, 그 곳 入場料(にゅうじょうりょう) 입장료 言
葉(ことば) 말 残(のこ)す 남기다 旅立(たびだ)つ
여행길에 오르다 博物館(はくぶつかん) 박물관 無料
(むりょう) 무료 最低(さいてい) 최저 払(はら)う
지불하다
|정답| (C)

|問題5| コンサートにしてもそうだ。最低でも3000
円、外国から招いた演奏者だったり、有名な音楽家の
コンサートに行こうと思ったら、1万円は覚悟しなけ
ればならない。
「週に1回くらいは生の音楽を聞きに行きたいと思って
も、とても入場料が払えませんよ。だからレコードで
我慢してるんです」と木村君は言っていたが、こんな思
いをしているのは彼だけではないだろう。ではどうし
て、こんなに入場料が高いのだろう。楽団のフルート
奏者である友人に聞いたら、「簡単な理由ですよ。公的
補助が少ないからです。」ということだった。
|번역| 콘서트라 하더라도 그렇다. 최저라도 3000엔,

외국에서 초대한 연주자거나, 유명한 음악가의 콘서트에
가려 한다면, 1만 엔은 각오하지 않으면 안 된다.
'주에 1회 정도는 생음악을 들으러 가고 싶어도, 입장료가
너무 비쌉니다. 그래서 레코드로 참고 있습니다' 라고 기무
라 군은 말하고 있는데, 이런 생각을 하는 것은 그 만이 아
닐 것이다.
그럼 어째서 이렇게 입장료가 비싼 것일까. 악단의 플룻
주자인 친구에게 물었더니, '이유는 간단해요. 공적 보조
가 적기 때문이죠 '라는 것이었다.

|어휘| 外国(がいこく) 외국 招(まね)く 초대하다
演奏者(えんそうしゃ) 연주자 覚悟(かくご) 각오 一
回(いっかい) 1회, 한 번 生(なま)の音楽(おんがく)
생음악 我慢(がまん)する 참다, 인내하다 楽団(がく
だん) 악단 奏者(そうしゃ) 주자, 연주자 簡単(かん
たん) 간단 公的(こうてき) 공적 補助(ほじょ) 보조
少(すく)ない 적다
|정답| (C)

|問題6| 彼は日本では3本の指に入るほど有名なフル
ート奏者だが、それでも生活していくのは苦しいそう
だ。気になって、国家予算のなかで文化予算が占める
割合を調べてみた。国家予算はふえ続けているのに、
文化予算は横ばいないしは減ってきている。しかもフ
ランスと比べた場合、フランスが約0.9%を文化予算と
しているのに対して、日本は0.07%、国民1人当たりに
するとフランスの1/15にすぎない。
イギリスは、国立劇場に年間約100億円、音楽に20億
円、その他演劇や舞踊にも補助金を出している。それ
に対して、日本では、演劇、バレー、舞台芸術への補
助金は約20億円、楽団の補助にいたってはごくわずか
だ。これでは、優秀な指揮者や演奏者たちが外国に逃
げ出すのも無理はない。

|번역| 그는 일본에서는 세 손 가락 안에 들 정도로 유
명한 플룻 주자지만, 그래도 생활하는 것은 어렵다고 한다.
마음에 걸려서, 국가 예산안에서 문화 예산이 차지하는 비
율을 조사해 보았다. 국가 예산은 계속 늘어가고 있는데,
문화 예산은 변동 없음 내지는 감소해 오고 있다. 게다가
프랑스와 비교했을 경우, 프랑스가 약 0.9%를 문화 예산
에 쓰는데 대해, 일본은 0.07%, 국민 1인당으로 하면 프
랑스의 1/15에 불과하다.
영국은, 국립극장에 연간 약 100억 엔, 음악에 20억 엔,
그 외 연극이나 무용에도 보조금을 내고 있다. 거기에 비

해, 일본에서는, 연극, 발레, 무대예술에의 보조금은 약 20억 엔, 악단의 보조에 이르러서는 극히 적다. 이래서는, 우수한 지휘자나 연주자들이 외국으로 도망치는 것도 무리는 아니다.

|어휘| 指(ゆび) 손가락　苦(くる)しい 괴롭다　気(き)になる 걱정이 되다　国家予算(こっかよさん) 국가 예산　文化(ぶんか) 문화　占(し)める 차지하다　割合(わりあい) 비율　調(しら)べる 조사하다, 찾아보다　増(ふ)え続(つづ)ける 계속 늘어나다　横(よこ)ばい 변동없음　ないしは 내지　1人当(ひとりあ)たり 1인당　~にすぎない ~에 지나지 않는다　国立劇場(こくりつげきじょう) 국립 극장　年間(ねんかん) 년 간　演劇(えんげき) 연극　舞踊(ぶよう) 무용　補助金(ほじょきん) 보조금　舞台(ぶたい) 무대　芸術(げいじゅつ) 예술　~にいたっては ~에 이르러서는　極(ごく) 극히　わずか 얼마 안 됨　優秀(ゆうしゅう) 우수　指揮(しき) 지휘　逃(に)げ出(だ)す 도망치다, 달아나다 =「逃走(とうそう)する」

|정답| (C)

|問題7| 近年、立派な劇場、コンサートホール、美術館が次々と建てられている。日本の企業や資産家が、ゴッホやピカソの絵を途方もない金額で落札したというニュースもよく聞く。
日本では、建物や美術品など、形をもった、財産になるものに対しては、膨大な投資がなされる。しかし、芸術家や俳優の養成というような、形にならないものへの投資は極端に少ない。何ともせせこましい話である。
新聞を広げると、今日も一流アーチストたちのコンサートの広告が目にとびこむ。行きたいものはたくさんあるが、財布の中身と相談して決めることにしよう。

|번역| 근래, 멋진 극장, 콘서트 홀, 미술관이 차례로 건설되고 있다. 일본의 기업이나 자산가가 고흐나 피카소의 그림을 터무니없는 금액으로 낙찰했다는 뉴스도 종종 듣는다. 일본에서는, 건물이나 미술품 등, 형태를 가진, 자산이 될 물건에 대해서는, 방대한 투자가 이루어진다. 그러나 예술가나 배우의 양성과 같은 형태가 없는 것에의 투자는 극단적으로 적다. 정말 옹졸한 이야기이다.
신문을 펼치면, 오늘도 일류 아티스트들의 콘서트 광고가 눈에 들어온다. 가고 싶은 곳은 많이 있지만, 지갑 속과 상의해서 결정하기로 하자.

|어휘| 近年(きんねん) 근년, 최근 수년=「近頃(ちかごろ)」　建(た)てる 건물이 세워지다　企業(きぎょう) 기업　資産家(しさんか) 자산가　途方(とほう) 수단, 방법, 방도*「途方(とほう)もない」(터무니없다)　金額(きんがく) 금액　落札(らくさつ) 낙찰　建物(たてもの) 건물　形(かたち) 형태　膨大(ぼうだい) 방대함　投資(とうし) 투자　俳優(はいゆう) 배우　養成(ようせい) 양성　極端(きょくたん)に 극단적으로　何(なん)とも (감동사적으로 사용하여) 정말로, 참으로　せせこましい 옹졸하다, 좀스럽다, 비좁고 답답하다　広(ひろ)げる 펼치다　一流(いちりゅう) 일류　広告(こうこく) 광고　目(め)に飛(と)び込(こ)む 눈에 들어오다　財布(さいふ) 지갑　中身(なかみ) 속에 든 것, 내용물　相談(そうだん) 의논, 상담

|정답| (C)

핵심정리 5. 안내/ 공지 사항

〉〉 자주 쓰이는 표현

|어휘| 糸口(いとぐち) 실마리, 단서　請(う)け負(お)う 일을 맡다　営業(えいぎょう) 영업　お越(こ)し 왕림하심, 오심　お越(こ)しください 오십시오　開催(かいさい) 개최　詳(くわ)しくは 자세한 것은=「詳(くわ)しいことは、詳細(しょうさい)は」　好評(こうひょう) 호평　越(こ)す 오시다, 「行(い)く、来(く)る」의 존경어　参加(さんか) 참가　仕組(しく)み ① 방법, 계획 ② 구조　交通(こうつう) 교통　渋滞(じゅうたい) 정체　情報(じょうほう) 정보　知(し)らせる 알리다, 통지하다　~たこともあり ~한 요인(점)도 있고, ~하기도 하여　~たり ~たりする ~하거나 ~하거나 하다　調査(ちょうさ) 조사　集(つど)い 모임, 회합, 집회　詰(つ)め掛(か)ける 사람이 몰려들다　実施(じっし) 실시　~たところ　~한 바　~と並(なら)んで ~와 함께　なお 또, 또한　~なら (앞에 있는 내용을 한정하여)~라면　~におきまして (장소)~에서　~に沿(そ)った (정해진 일, 기준)~을 따라, ~을 따라 나 있는　~によると ~에 의하면　~によるものと考(かんが)えられる ~에 의한 것으로 생각 된다　狙(ねら)う 노리다　半額(はんがく) 반액　一味違(ひとあじち)う 다른 것에는 없는 각별한 맛이 있다　募集(ぼしゅう) 모집　本日(ほんじつ) 오늘　間(ま)もなく 곧, 얼마 안 되어　より ~부터 (「より」는 「から」와 마찬가지로 모두 시간과 장소의 기점을 나타낼 때 명사와 같이 쓰며

「より」는 약간 격식을 갖춘 느낌을 줌) 来店(らいてん)
내점, 가게에 와 주심 話題(わだい) 화제

>> 설명문 연습

1

| 어휘 | 梅雨(つゆ) 장마 時期(じき) 시기 自然保護
運動(しぜんほごうんどう) 자연보호 운동 参加(さん
か) 참가 原生林(げんせいりん) 원시림, 원생림 観光
開発(かんこうかいはつ) 관광 개발 守(まも)る 지키
다, 막다 発生(はっせい) 발생 台風(たいふう) 태풍
交通事故(こうつうじこ) 교통 사고 道路(どうろ) 도
로 一日中(いちにちじゅう) 하루 종일 渋滞(じゅう
たい) 정체 동사ます형+続(つづ)ける 계속~하다*「降
(ふ)り続(つづ)く」(계속해서 비가 내린다) 守(まも)
る 지키다, 막다 影響(えいきょう)を受(う)ける 영향
을 받다

2

| 問題1 | みなさま、本日は「楽しいバスの旅」をご利用
いただき、ありがとうございます。まもなく、みなさ
まをバスの中へご案内いたしますので、もうしばらく
お待ちください。車内にお入りになりましたら、安全
のために、シートベルトはしめておいてください。大
きな荷物はこちらで預かりますので、ここにおいて
いてください。その他の手荷物はお席の上のたなをお
使いください。バスは出発すると、1時間はどこにも
止まりませんので、トイレに行っておいてください。
みなさまのお席の前にポケットがあります。その中に
本日のスケジュールが入っていますので、ごらんくだ
さい。

| 번역 | 여러분, 오늘은(도) '즐거운 버스 여행'을 이용
해 주셔서 감사합니다. 곧 여러분을 버스 안으로 안내해 드
릴 것이므로 잠시 기다려 주십시오. 차내에 들어가시면 안
전을 위해서 안전벨트를 매 주십시오. 큰 짐은 이쪽에서 보
관할 것이므로 여기에 두어 주십시오. 그 외의 작은 짐은
좌석 위쪽 선반을 이용해 주세요. 버스는 출발하면 1시간
은 정차하지 않기 때문에 화장실에 다녀오실 분은 (지금)
다녀오시기 바랍니다. 여러분의 좌석 앞에 주머니가 있는
데, 거기에 오늘의 스케줄이 들어 있으므로 참고하세요.

| 어휘 | 本日(ほんじつ) 오늘 楽(たの)しい 즐겁다
旅(たび) 여행 まもなく 머지않아, 곧 しばらく 잠

시 車内(しゃない) 차내 シートベルト 안전벨트 締
(し)める 매다, 잠그다 ～ておく ～해 두다 荷物(に
もつ) 짐 預(あず)かる 맡다, 보관하다 手荷物(てに
もつ) 손에 들 수 있는 작은 짐 席(せき) 좌석 棚(た
な) 선반 出発(しゅっぱつ) 출발 止(と)まる 서다,
정지하다 ポケット 주머니 ご覧(らん)ください 보
십시오 邪魔(じゃま) 방해 座席(ざせき) 좌석
| 정답 | (B)

| 問題2 | 日本は電車が時間通りに走ることで有名で
す。ですから、電車が遅れることはあまりありません。
しかし、事故などで電車が遅れたために遅刻してしま
った場合は、学校や職場に「遅延証明書」を持って行きま
す。これで電車が遅れたことを証明します。切符や定
期券を駅員に見せると、改札口でこの証明書をくれま
す。電車が遅れたら、みなさんも忘れずにこの証明書
をもらいましょう。

| 번역 | 일본은 전철이 정해진 시간대로 운행하는 것으
로 유명합니다. 그렇기 때문에 전철이 많이 늦어지는 일은
거의 없습니다. 그러나 사고 등으로 전철이 늦어져서 지각
하게 되는 경우에는 학교나 직장에 '지연 증명서'를 가지
고 갑니다. 이것으로 전철이 지연되었다는 것을 증명합니
다. 표나 정액권을 역원에게 보여주면 개찰구에서 이 증명
서를 줍니다. 전철이 늦어진다면 여러분도 잊지 말고 이
증명서를 받아 보세요.

| 어휘 | 時間通(じかんどお)り 시간대로 走(はし)る
달리다 遅(おく)れる 늦다, 지각하다 事故(じこ) 사
고 遅刻(ちこく) 지각 学校(がっこう) 학교 職場
(しょくば) 직장 遅延証明書(ちえんしょうめいしょ)
지연 증명서 切符(きっぷ) 표 定期券(ていきけん)
정기권 駅員(えきいん) 역원 見(み)せる 보이다 改
札口(かいさつぐち) 개찰구 忘(わす)れる 잊다 も
らう 받다 まっさきに 맨 먼저, 맨 처음 担任(たんに
ん) 담임 上司(じょうし) 상사 携帯電話(けいたいで
んわ) 휴대 전화 口頭(こうとう) 구두, 입으로 말함
特(とく)に 특히, 특별히
| 정답 | (C)

| 問題3 | さあ、次の商品は、今アメリカで話題のパ
ワーキャッチャーのご紹介です。運動不足で、お悩み
のみなさまにお送りする驚きのパワーキャッチャー。
使い方はとても簡単。体の気になるところにパワーキ

ャッチャーをのせるだけで、ほら!このとおり。のせにく
いところには、専用ベルトをこのようにつけて巻け
ば、どこにでも使えます。形は丸くて、体にぴったり。
四角い窓には、残り時間や運動量を表示します。こ
の窓、中央にあるから見やすいんです。また、窓の
左右にはボタンがあります。この三角のボタンで強
さと早さがかえられます。便利なパワーキャッチャ
ー、いつもは4,900円、4,900円のところ、今日はな
んともう一つおつけして、4,900円。ぜひ、今すぐお
電話を!!

| 번역 | 자, 다음 상품은, 지금 미국에서 화제인 '파워 캐
쳐' 입니다. 운동 부족으로 고민 중인 여러분께 보내드리는
깜짝 놀랄 만한 '파워 캐쳐'. 사용 방법은 무척 간단. 신체
의 신경 쓰이는 부분에 '파워 캐쳐'를 얹어 놓는 것만으
로, 자, 보세요! 보시는 그대로. 얹어 놓기 힘든 부분에는,
전용 벨트를 이렇게 채워서 매면, 어디든지 사용 가능합니
다. 둥근 모양에 몸에 착. 네모난 창에는, 남은 시간이나
운동량을 표시합니다. 이 창은, 중앙에 있기 때문에 보기
쉽습니다. 또, 창의 좌우에는 버튼이 있는데 이 삼각형 모
양의 버튼으로 강도와 속도를 자유자재로 바꿀 수 있습니
다. 편리한 '파워 캐쳐', 종전에는 4900엔, 4900엔인 것
을, 오늘은 특별히 하나 더 추가해서 4900엔. 바로 지금
꼭 전화하세요!

| 어휘 | 次(つぎ) 다음　商品(しょうひん) 상품　話題
(わだい) 화제　紹介(しょうかい) 소개　運動不足(う
んどうぶそく) 운동 부족　悩(なや)み 고민, 걱정　驚
(おどろ)き 놀람, 깜짝 놀람　使(つか)い方(かた) 사용
법　簡単(かんたん) 간단　体(からだ) 몸　気(き)にな
る 신경 쓰이다　乗(の)せる 올려 놓다　専用(せんよ
う) 전용　巻(ま)く 감다, 매다　形(かたち) 모양　丸
(まる)い 둥글다　ぴったり 빈틈이 없이 딱 맞는 모양
四角(しかく)い 네모지다, 사각이다　残(のこ)り時間
(じかん) 남은 시간　運動量(うんどうりょう) 운동량
表示(ひょうじ) 표시　中央(ちゅうおう) 중앙　左右
(さゆう) 좌우　三角(さんかく) 삼각　強(つよ)さ 강
력함　早(はや)さ 빠름　便利(べんり) 편리　何(なん)
と (놀람이나 감탄을 나타내는 말)무려, 얼마나, 너무, 정
말로　ぜひ 꼭　向(む)く 적합하다, 어울리다, 알맞다
汗(あせ)をかく 땀을 흘리다　ゴミを残(のこ)す 티끌
을 남기다　ほこりを立(た)てる 먼지를 일으키다
| 정답 | (D)

》》 자주 쓰이는 표현

| 어휘 | 一(いち)にも二(に)にも 무엇보다 먼저　一枚
上(いちまいうえ) 한수 위　一人前(いちにんまえ) (솜
씨, 능력 등이)한 사람 몫을 할 수 있음, 제 몫을 할 만함
一目散(いちもくさん)に 곁눈질 한 번 않고 곧장 내달
리는 모양, 쏜살같이　一般(いっぱん)に ~がち 일반적
으로 ~하기 쉬움　傾向(けいこう)を受(う)ける 경향
을 받다　稼働(かどう) 가동　画竜点睛(がりょうてん
せい) 화룡점정, 가장 중요한 끝마무리를 빠뜨림　肝心
(かんじん) 가장 중요함　際立つ(きわだつ) 눈에 띄다,
두드러지다　口(くち)にする 입에 담다, 말하다　~こ
と、~ことなどから ~라는 것, ~라는 것 등을 이유로
さっと 동작, 변화 등이 재빠른 모양, 휙, 훌쩍　妨(さま
た)げる (「~をさまたげない」의 꼴로)~하여도 무방하
다, ~하여도 괜찮다　去(さ)る 지나간, 지난　縦横無尽
(じゅうおうむじん) 종횡무진　~というものではない
~라고 할 수 없다 , ~인 것은 아니다　~ところ ~한데,
~중에도　~たところ ~한 바, ~했더니　鶴(つる)の
一声(ひとこえ) 학의 일성, 유력자의 한 마디　手詰まり
(てづまり) 대처할 수단, 방법이 없어짐, 특히, 금전 면에
서 꼼짝 못하게 됨　手元(てもと) 바로 곁　中途半端
(ちゅうとはんぱ) 어중간함, 흐지부지함　~というの
は~のことです ~라는 것은~을 말합니다　~と言
(い)えるだろう ~라고 말 할 수 있을 것이다　~が取
(と)り上(あ)げられる ~이(가) 이슈화되고 있다, ~이
문제화되고 있다　~ないではいられない ~하지 않고
는 견딜 수 없다　一昔前(ひとむかしまえ) 돌이켜보아
옛날로 느껴질 만한 과거의 한 시기(보통 10년쯤 전을 말
함)　身(み)に染(し)みる 몸에 사무치다　~もあれば
~もある ~도 있지만, ~도 있다　なんともいえない
뭐라고 말로는 표현하기 어려운　竜頭蛇尾(りゅうとう
だび) 용두사미　~を通(とお)して ~을 통하여(수단),
~동안 계속, 내내)　~をはじめ ~을 비롯하여

》》설명문 연습

1

| 어휘 | 高速道路(こうそくどうろ) 고속도로　両側
(りょうがわ) 양측, 양쪽　騒音(そうおん) 소음　企業
秘密(きぎょうひみつ) 기업 비밀　資料(しりょう) 자
료　職場(しょくば) 직장　若者(わかもの) 젊은이　嫌

(きら)う 싫어하다　労働力不足(ろうどうりょくぶそく) 노동력 부족　悩(なや)む 고민하다　年寄(としよ)り 노인　年金(ねんきん) 연금　頼(たよ)る 의지하다　老人(ろうじん) 노인　数(すう) 수　増(ふ)える 늘다　「減(へ)る」(줄다)　防(ふせ)ぐ 막다, 방지하다　～わけにはいかない (현실적인 입장, 상황을 고려할 때) 할 수는 없다　いわゆる 소위, 이른바, 흔히 말하는　～からである ～이기 때문이다

2

| 問題1 |　学食で人気が高いのは麺類です。みなさんは「月見うどん」を食べたことがありますか。月を見ながら食べるうどん？ いいえ、そうではありません。卵が入っていて、月のように見えることから、こう呼ばれているのです。また、油あげが入ったものは「きつねうどん」、揚げ玉の入ったものは「たぬきうどん」と動物の名前のついたものもあるんですよ。

| 번역 |　학교 식당에서 인기가 많은 것은 면 종류입니다. 여러분은 '츠기미우동'을 먹어 본 적이 있습니까? 달을 보면서 먹는 우동? 아니오, 그런 것이 아닙니다. 달걀이 들어 있어 달처럼 보이는 데서 이렇게 부르게 된 것입니다. 또, 유부가 들어 있는 것은 '여우 우동', 튀김 부스러기가 들어 있는 것은 '너구리 우동' 이라고, 동물의 이름을 붙인 것도 있습니다.

| 어휘 |　学食(がくしょく) 학교 식당　人気(にんき) 인기　麺類(めんるい) 면 종류　月見(つきみ) 달구경, 날계란을 얹은 국수나 우동　卵(たまご) 달걀　呼(よ)ぶ 부르다　油(あぶら)あげ 유부　きつね 여우　揚(あ)げ玉(たま) 튀김할 때 생기는 튀김 부스러기　たぬき 너구리　動物(どうぶつ) 동물　名前(なまえ)がつく 이름이 붙다　初(はじ)めて (경험상) 처음으로　黄身(きみ) 노른자위, 난황　地球(ちきゅう) 지구
| 정답 |　(C)

| 問題2 |　あなたは占いを信じますか？ 日本には占い好きの人が多いようで、新聞、雑誌、テレビの朝のニュース番組にも、占いのコーナーがあります。もっとも一般的なのは、星座占いでしょう。他にも、血液型占いや生年月日を使った占いなどがあります。動物占いというのがはやったこともありました。街で見かける占い師は、手相占いや人相占い、カードを使った占い、名前で占う姓名判断など、いろいろな方法であなたのこ

とを占ってくれます。一度ためしてみてはいかが？

| 번역 |　당신은 점을 믿습니까? 일본에는 점을 보는 것을 좋아하고 또 그것을 잘 믿는 사람들이 많고, 신문, 잡지, 텔레비전의 아침 뉴스 프로그램에서도 운세 코너가 있습니다. 가장 일반적인 것은 별자리 운세입니다. 그 외에도 혈액형으로 보는 점이나 생년월일로 보는 점 등이 있습니다. 동물 점이라는 것이 유행했던 적도 있습니다. 거리에서 볼 수 있는 점쟁이는, 손금이나 인상으로 보는 점, 카드를 사용한 점, 이름으로 보는 점 등 여러 가지 방법으로 당신의 점을 봐 줄 것입니다. 한 번 시도해 보면 어때요?

| 어휘 |　占(うらな)い 점, 운세　信(しん)じる 믿다　占(うらな)い好(ず)き 점보는 것을 무척 좋아하고 또 잘 믿는 그런 사람　雑誌(ざっし) 잡지　一般的(いっぱんてき) 일반적　星座(ほしざ) 별자리, 성좌　血液型(けつえきがた) 혈액형　生年月日(せいねんがっぴ) 생년월일　動物(どうぶつ) 동물　流行(はや)る 유행하다　街(まち) 길　見(み)かける 우연히 보다, 언뜻 보다　占(うらな)い師(し) 점술사　手相(てそう) 손금　人相(にんそう) 인상　姓名判断(せいめいはんだん) 이름으로 점을 보는 것　方法(ほうほう) 방법　占(うらな)う 점치다　試(ため)す 한 번 시도해 보다, 시험해 보다
| 정답 |　(C)

| 問題3 |　「出前」と「デリバリー」は、どちらも「電話で食べ物を注文すると、自宅まで届けてくれる。」という意味です。でも、ちょっとイメージが違うようです。「出前」というと、お店の中でも食べることができるし、配達もしてくれるときに使うようです。また、日本的な食べ物、例えば「そば」「すし」「ラーメン」「親子どん」「うなどん」などは「出前」という言葉が合っているような感じがします。一方、「デリバリー」は、配達を専門にしているお店をイメージします。例えば「ピザ」や、最近では「中華料理」専門のデリバリー店も増えてきました。

| 번역 |　'出前(でまえ)'와 'デリバリー'는 둘 다 모두 '전화로 음식을 주문하면, 자택까지 배달해 준다'는 의미입니다. 그렇지만, 이미지 등에서의 차이점은 있습니다. '出前(でまえ)' 라고 하는 것은, 가게 안에서도 그 음식을 먹을 수 있고, 배달도 해 주는 경우 사용합니다. 또 일본식 음식, 예를 들어 소바, 스시, 라면, 오야꼬동, 우나동 등은

'出前(でまえ)'가 어울리는 느낌입니다. 한편, 'デリバ
リー'는, 배달을 전문으로 하는 가게를 말합니다. 피자를
예로 들 수 있는데 최근에는 중화요리 전문 'デリバリー'
가게도 증가했습니다.

| 어휘 | 出前(でまえ) 주문에 의한 요리 배달, 또는 그
요리 デリバリー 배달 전문 注文(ちゅうもん) 주문
自宅(じたく) 자택 届(とど)ける 보내다, 전하다 イ
メージ 이미지 違(ちが)う 다르다, 틀리다 お店(み
せ) 가게 配達(はいたつ) 배달 合(あ)う 맞다 感
(かん)じ 느낌 感(かん)じがする 느낌이 들다 一方
(いっぽう) 한편 専門(せんもん) 전문 例(たと)えば
에를 들면 中華料理(ちゅうかりょうり) 중화 요리, 중
국 요리 増(ふ)える 늘다, 증가하다 蕎麦(そば) 메
밀, 메밀국수 寿司(すし) 초밥
| 정답 | (B)

| 問題4 | 「はい」なのか「いいえ」なのか、はっきりし
ないのは、日本人の悪いくせだなんて話をよく聞きま
す。確かに、日本人は、本当の気持ちがわからない「あ
いまい」な返事をすることが多いようです。でも、好き
でもない人から映画に誘われて、はっきり「行きたくあ
りません」とはなかなか言えません。そんなときは、
「ちょっと都合が…」とか「また今度…」などとことわる
といいでしょう。
　私は、それが礼儀だと思うんですが、あなたなら、ど
うこたえますか?

| 번역 | '네' 인지 '아니요' 인지 확실히 하지 않는 것은,
일본인의 나쁜 습관이다라는 이야기를 자주 듣습니다. 확
실히 일본인은 본심을 잘 알 수 없는 애매한 대답을 하는
경우가 많습니다.
그러나, 좋아하지도 않는 사람으로부터 영화를 같이 보러
가자는 말을 들었을 때 확실히 '싫습니다' 라고는 좀처럼
말하기 어렵습니다. 그럴 때에는 '좀 사정이…' 라든지 '다
음에 또…' 등으로 거절하면 좋겠지요.
저는, 그것이 예의라고 생각합니다만, 당신이라면 어떻게
대답하겠습니까?

| 어휘 | はっきり 분명히, 확실히 癖(くせ) 버릇 確
(たし)かに 확실히 曖昧(あいまい) 애매함 返事(へ
んじ) 대답 映画(えいが) 영화 誘(さそ)う 권하다,
권유하다 なかなか (부정어를 수반하여)좀처럼 都合
(つごう) 형편, 사정 断(ことわ)る 거절하다 儀(れ

いぎ) 예의 答(こた)える 대답하다 あやふや 분명하
지 않은 모양, 믿음직스럽지 못한 모양, 애매함, 불확실함
ぼそぼそと 매우 가는 모양, 가까스로 살아가는 모양, 겨
우겨우, 근근이
| 정답 | (B)

| 問題5 | 「消費者のニーズが多様化し、女性の考え方
や感覚が企画や販売に欠かせないものになった。その
ため女性がその能力を生かせる職場が増えてきてい
る。」これはあるデパートの人事担当者が大学の職業セミ
ナーで発言したことである。しかし現状では、企業側が
本当の優秀な女子社員を求めているとは思えない。

| 번역 | '소비자의 필요가 다양화하고, 여성의 사고방식
이나 감각이 기업이나 판매에 빠뜨릴 수 없는 것이 되었다.
그 때문에 여성이 그 능력을 살리는 직업이 늘고 있다.' 이
것은 어느 백화점의 인사 담당자가 대학의 직업 세미나에
서 발언한 것이다. 그러나 현 상황에서는, 기업 측이 정말
로 우수한 여자 사원을 바라고 있다고는 생각할 수 없다.

| 어휘 | 消費者(しょうひしゃ) 소비자 多様化(たよ
うか) 다양화 女性(じょせい) 여성 考(かんが)え方
(かた) 사고방식 感覚(かんかく) 감각 企画(きかく)
기획 販売(はんばい) 판매 欠(か)かせない 빠뜨릴
수 없다 人事担当者(じんじたんとうしゃ) 인사 담당
자 発言(はつげん) 발언 現状(げんじょう) 현상, 현
재의 상황 企業側(きぎょうがわ) 기업 측 優秀(ゆう
しゅう) 우수 求(もと)める 구하다, 바라다 採用者
(さいようしゃ) 채용자 増(ふ)やす 늘리다 獲得(か
くとく) 획득
| 정답 | (C)

[81~84]

外国語を自由自在に話せる人を見ていると、本当に
うらやましいです。私も彼らのようになれたらいい
と思います。私は今アメリカ、カリフォルニアに住
んでいます。高校二年生です。父は商社につとめて
いて、父の海外てんきんでアメリカに来ました。こ
ちらには日本人学校はないので、現地の学校に通って
います。当然英語で授業が行われます。来たばかりの

|번역| 외국어를 자유자재로 말하는 사람을 보고 있으면, 정말 부럽습니다. 저도 그들처럼 잘하면 좋겠다고 생각합니다. 저는 지금 미국, 캘리포니아에 살고 있습니다. 고등학교 2학년입니다. 아버지는 상사에 근무하셔서, 아버지의 해외전근으로 미국에 왔습니다. 이곳에는 일본인학교가 없어서, 현지의 학교에 다니고 있습니다. 당연히 영어로 수업을 합니다. 온지 얼마 되지 않아서는, 영어를 거의 몰랐습니다. 선생님의 말은 물론 알아들을 수 없었습니다. 반에는 전혀 영어가 불편하지 않은 일본인학생도 있습니다. 벌써, 몇 년이나 미국에 살고 있는 사람들입니다. 저는 미국에 온지 2년 지났지만, 그들처럼 능숙하게 영어로 말할 수는 없습니다. 겨우, 수업에 따라갈 정도입니다.

|어휘| 自由自在(じゆうじざい) 자유자재　羨(うらや)ましい 부럽다　高校(こうこう) 고교, 고등학교　商社(しょうしゃ) 상사　海外転勤(かいがいてんきん) 해외 전근　現地(げんち) 현지　通(かよ)う 정기적으로 다니다, 통근하다, 통학하다　授業(じゅぎょう) 수업　行(おこな)う 행하다, 실시하다　ちんぷんかんぷん 종잡을 수 없는 행위나 말, 횡설수설(「ちんぷんかん」이라고도 함)　全(まった)く 전혀, 전적으로　不自由(ふじゆう)しない 불편하지 않다　経(た)つ 시간이 흐르다, 경과하다　かろうじて 겨우, 간신히, 가까스로

81

왜 이 사람은 미국에 살고 있습니까?
(A) 미국에서 사는 것이 꿈이었으므로,
(B) 아버지가 미국에서 일하게 되었으므로
(C) 영어를 유창하게 하고 싶었으므로
(D) 친척이 살고 있으므로

|어휘| 住(す)む 살다(주거하다)　夢(ゆめ) 꿈　働(はたら)く 일하다　ぺらぺら 유창함　親戚(しんせき) 친척
|정답| (B)

82

상사에서 일하고 있는 사람은 누구입니까?
(A) 나
(B) 형
(C) 아버지
(D)친척 삼촌

|어휘| お兄(にい)さん 형　叔父(おじ)さん 숙부, 백부, 아저씨
|정답| (C)

83

이 사람은 지금 어디에서 공부하고 있습니까?
(A) 미국의 일본인학교
(B) 일본 고등학교
(C) 미국 고등학교
(D) 일본 대학

|어휘| 勉強(べんきょう) 공부　大学(だいがく) 대학
|정답| (C)

84

이 사람의 영어수준은 지금 어느 정도입니까?
(A) 전혀 영어가 불편하지 않는 수준
(B) 간단한 인사정도 할 수 있는 수준
(C) 거의 말할 수 없는 수준
(D) 겨우 수업에 따라갈 정도의 수준

|어휘| レベル 레벨, 수준　簡単(かんたん) 간단함
|정답| (D)

[85~87]

| **번역** | 손님 여러분께 부탁드립니다. 차내에서는 휴대전화 이용과 바닥에 앉는 행위는, 주위의 손님께 폐가 되므로, 삼가하여주시기 바랍니다. 또한, 차내 혼잡시에는 심장 고동 조정기 등에 영향을 줄 위험이 있으므로, 휴대전화의 전원을 꺼주시기 바랍니다. 쾌적하고, 밝은 차내 분위기를 위해, 협력과 이해 부탁드립니다. 오늘, 도쿄 선을 이용해주셔서 대단히 감사드립니다.

| **어휘** | 車内(しゃない) 차내　携帯電話(けいたいでんわ) 휴대 전화　使用(しよう) 사용　床(ゆか) 마루, 바닥　座(すわ)り込(こ)む 주저앉다, 들어가 앉다　迷惑(めいわく) 피해, 폐　混雑(こんざつ) 혼잡　心臓(しんぞう) 심장　ペースメーカー 페이스메이커, 심장에 전기 충격을 가해 심실 수축을 일으키게 하는 장치, 고동 조정기　影響(えいきょう)を与(あた)える 영향을 주다　恐(おそ)れ 두려움, 공포　電源(でんげん) 전원　快適(かいてき) 쾌적함　本日(ほんじつ) 오늘　誠(まこと)に 참으로, 정말로

85

이 방송이 나오는 장소는 어디입니까?
(A) 비행기 안
(B) 전차 안
(C) 버스 안
(D) 배 안

| **어휘** | 場所(ばしょ) 장소　船(ふね) 배
| **정답** | (B)

86

차내에서 폐가 되는 행동은 무엇입니까?
(A) 신문을 넓게 펼쳐서 읽는 것
(B) 심장 고동 조정기를 달고 있는 것
(C) 휴대전화로 이야기 하거나, 바닥에 앉는 것
(D) 옆의 사람과 큰 소리로 떠드는 것

| **어휘** | 行為(こうい) 행위　広(ひろ)げる 펼치다　隣(とな)り 옆　大声(おおごえ) 큰소리
| **정답** | (C)

87

전차가 혼잡 할 경우에는 어떻게 해야 합니까?
(A) 문 근처에 서지 않는다.
(B) 창을 연다.

(C) 어른에게 자리를 양보한다.
(D) 휴대전화의 전원을 끈다.

| **어휘** | 近(ちか)く 근처, 부근　お年寄(としよ)り 노인　席(せき)を譲(ゆず)る 자리를 양보하다
| **정답** | (D)

[88~90]

花粉症の症状を出さないためには、なんといっても「花粉を吸い込まない」ことが重要です。そのためには、やはり「マスク」が有効です。その「マスク」もちょっとした工夫で、さらに効果を発揮します。その工夫というのは、「マスクの間に湿ったガーゼをはさむ」というものです。これで、今まで以上にマスクが花粉を防いでくれます。また「メガネ」も普通のタイプより、完全に目を囲ってしまうゴーグルタイプの方が、より効果的です。見落としがちですが、帽子は髪の毛につく花粉を防いでくれます。そして、表面がツルツルしたコートを着るとカンペキです。なぜ表面がツルツルがいいかというと、花粉を落としやすいからです。最後に快適に過ごすためには、「家に入る時に、しっかり花粉を落とす」ことです。出来るだけ家の中に入れないように、しっかりと落とすことが大切です。

| **번역** |
꽃가루 알레르기의 증상을 막기 위해서는, 뭐니 뭐니 해도, '꽃가루를 빨아들이지 않는' 것이 중요합니다. 그러기 위해서는 역시 '마스크'가 필요합니다. 그 '마스크'도 약간만 머리를 쓰면, 더 한층 효과를 발휘합니다. 이 궁리라고 하는 것은 '마스크 사이에 젖은 가제를 집어넣은' 것입니다. 그것으로, 지금까지의 이상으로 마스크가 꽃가루를 막아줍니다. 또, '안경'도 보통의 타입보다, 완전히 눈을 둘러싸는 고글타입이, 보다 효과적입니다. 간과하기 쉽지만, 모자는 머리카락에 붙는 꽃가루를 막아줍니다. 그리고 표면에 매끈매끈한 겉옷을 입으면 완벽합니다. 왜 표면이 매끈매끈 한 것이 좋은가 하면, 꽃가루를 떨어뜨리기 쉽기 때문입니다. 마지막으로 쾌적하게 지내기 위해서는, '집에 들어가기 전에, 확실히 꽃가루를 털어내는' 것입니다. 가능한 한 집안에 들어가지 않도록, 확실히 털어 내는 것이 중요합니다.

| **어휘** | 花粉症(かふんしょう) 꽃가루 알레르기　症

状(しょうじょう) 증상　吸(す)い込(こ)む 빨아들이다, 흡입하다　有効(ゆうこう) 유효　ちょっとした 대수롭지 않은, 약간만　工夫(くふう) 궁리함, 생각을 짜냄　効果(こうか) 효과　発揮(はっき) 발휘　湿(しめ)る 축축해지다, 눅눅해지다, 습기 차다　挟(はさ)む 끼우다, 사이에 끼다　防(ふせ)ぐ 막다, 방지하다　普通(ふつう) 보통　囲(かこ)う 에워싸다, 둘러싸다＝「囲(かこ)む」　効果的(こうかてき) 효과적　見落(みお)とす 간과하다, 빠뜨리고 보다　帽子(ぼうし) 모자　髪(かみ)の毛(け) 머리카락　快適(かいてき) 쾌적함　しっかりと 똑똑히, 확실히, 빈틈없이　大切(たいせつ) 소중함, 중요함

88

꽃가루 알레르기에 걸리지 않기 위해 어떻게 하면 됩니까?
(A) 손을 자주 닦거나, 자주 양치질을 한다.
(B) 병원에 가서 예방주사를 맞는다.
(C) 시판되는 예방약을 먹는다.
(D) 꽃가루를 마시지 않도록 한다.

│어휘│ うがい 양치질　予防注射(よぼうちゅうしゃ) 예방 주사　市販(しはん) 시판
│정답│ (D)

89

왜 표면이 매끈매끈한 윗옷을 입는 것이 좋습니까?
(A) 꽃가루가 붙어있는 것이 보이므로
(B) 꽃가루를 털어내는 것이 편하므로
(C) 꽃가루가 붙기 어려우니까
(D) 꽃가루가 붙기 쉬우므로

│어휘│ 表面(ひょうめん) 표면　つるつる 표면이 매끈한 모양, 반들반들, 매끈매끈　楽(らく)だ 편하다
│정답│ (B)

90

집에 들어가기 전에 무엇을 해야 합니까?
(A) 구두를 벗는다.
(B) 안경과 마스크를 벗는다.
(C) 꽃가루를 확실히 턴다.
(D) 손과 발을 닦는다.

│어휘│ 靴(くつ) 구두　脱(ぬ)ぐ 벗다　眼鏡(めがね) 안경　外(はず)す 떼다, 풀다, 벗다

│정답│ (C)

[91～94]

CMや広告で見かける「新発売」「新商品」という宣伝文句。これを見ると今までにない、斬新な、今まで以上の品質という印象を受けるが、新発売というフレーズは一体いつまで使えるものなのだろうか。これに関する決まりはないのが実情である。しかし、いつまでも新発売とすると逆に印象が悪くなることもあって、業界ごとに大体決まっている。例えば車の場合は1～2ヶ月、お菓子なら1～3ヶ月、薬品に関しては申請から認可まで何年もかかるものもあり、1年以上新発売というものもある。家電製品は1年以上「新」を使わないことになっているが、家電製品・パソコンは商品の入れ替えが頻繁なため、夏の新商品、秋モデルというような、限定的な表現を使うことが増えて、単に「新発売」というフレーズを使うことは少なくなっている。

│번역│ CM이나 광고에서 눈에 띄는 '신 발매', '신제품' 이라고 선전하는 문구. 그걸 보면, 지금까지는 없는, 참신한, 지금까지 이상의 품질이라는 인상을 받지만, 신 발매라는 타이틀은, 대체 언제까지 쓸 수 있는 것일까. 그것에 관한 규정이 없는 것이 실정이다. 그러나 계속해서 신 발매라고 하면 역으로 인상이 나빠질 때도 있어, 업계마다 대체로 정해져 있다. 예를 들어 차의 경우 1~2개월, 과자라면 1~3개월, 약품에 관해서는 신청부터 인가까지 몇 년도 걸리는 것이 있어, 1년 이상 신 발매라고 하는 것도 있다. 가전제품은 1년 이상 '신' 을 못쓰게 되어있지만, 가전제품, 컴퓨터는 상품의 교체가 빈번하기 때문에, 여름 신상품, 가을 모델 같은 식으로, 한정적인 표현을 쓰는 것이 늘어, 단순히 '신 발매' 라는 말을 붙이는 것은 적어지고 있다.

│어휘│ 広告(こうこく) 광고　見掛(みか)ける 눈에 띄다, 보다　新発売(しんはつばい) 신 발매　新商品(しんしょうひん) 신상품　宣伝(せんでん) 선전　文句(もんく) 문구　今(いま)までにない 유래가 없는, 지금까지 없는, 여태껏 없던　斬新(ざんしん) 참신　品質(ひんしつ) 품질　印象(いんしょう) 인상　一体(いったい) 도대체, 대관절　決(き)まり 규정, 규칙, 결정　実情(じつじょう) 실정　逆(ぎゃく)に 역으

로, 반대로 **業界(ぎょうかい)** 업계 **大体(だいたい)**
대강, 대략 **薬品(やくひん)** 약품 **申請(しんせい)**
신청 **認可(にんか)** 인가 **家電製品(かでんせいひ
ん)** 가전 제품 **入(い)れ替(か)え** 교체, 갈아 넣음
頻繁(ひんぱん) 빈번 **限定的(げんていてき)** 한정적
表現(ひょうげん) 표현 **単(たん)に** (「ただ」「のみ」
「ばかり」등을 수반하여)단순히, 단지, 그저 **フレーズ**
문구

91

'신 발매'라는 문구를 보면 어떤 인상을 받습니까?

(A) 내용물은 아무것도 변한 게 없다.

(B) 지금까지보다도 질이 좋다.

(C) 선전비가 많이 들어 비싸 보인다.

(D) 신용할 수 없다.

| **어휘** | **目(め)にする** 우연히 보다 **中身(なかみ)** 내
용물, 내용 **変(か)わる** 바뀌다, 변하다 **質(しつ)** 질
宣伝費(せんでんひ) 선전비 **信用(しんよう)** 신용
| **정답** | (B)

92

'신 발매'라는 문구는 얼마동안 사용할 수 있습니까?

(A) 1~2개월

(B) 1~3개월

(C) 1년 이내

(D) 상품에 따라 다르다

| **어휘** | **以内(いない)** 이내   **~によって** ~에 따라
違(ちが)う 다르다, 틀리다
| **정답** | (D)

93

왜 가전제품과 컴퓨터는 '신 발매'라는 말을 그다지 사용
하지 않습니까?

(A) 특별히 이유는 없다

(B) 사용해도 사용하지 않아도 매출에 영향이 없으므로

(C) 예전부터 쓰지 않기로 정했으므로

(D) 상품의 교체를 자주 함으로

| **어휘** | **特(とく)に** 특히   **売(う)り上(あ)げ** 매상,
매출 **しばしば** 자주, 종종
| **정답** | (D)

94

이 문장은 어떤 것에 대해 이야기 하고 있습니까?

(A) 신상품의 이름

(B) 신상품의 광고

(C) 신 발매의 기간

(D) 여름의 신상품

| **어휘** | **期間(きかん)** 기간 **夏(なつ)** 여름
| **정답** | (C)

[95~97]

現在気象庁は津波の発生のおそれがある場合に、地
震発生からおよそ3分を目標に津波警報、または津波
注意報を発表しています。しかし、過去には気象庁
から津波予報が発表される前に、津波が到達してしま
った例があります。1993年の北海道南西沖地震です。
当時気象庁は地震発生5分後に大津波警報を発表しま
したが、震源に近かった奥尻島では地震発生から2〜
3分で津波が押し寄せてきました。海岸で揺れを感じ
たら、すぐに高台へ避難することが大事です。

| **번역** | 현재기상청은 해일의 발생의 위험이 있는 경우
에, 지진발생으로부터 3분을 목표로 해일경보, 또는 해일
주의보를 발표하고 있습니다. 그러나 과거에는 기상청으
로 부터의 해일예보가 발표되기 전에, 해일이 도착한 예가
있습니다. 1993년의 홋카이도 남서 먼 바다 지진입니다.
당시 기상청은 지진발생 5분 후에 대해일 경보를 발표했으
나 진원에 근접한 오쿠시리섬에서는 지진발생으로부터
2~3분 만에 해일이 밀어닥쳐 버렸습니다. 해안에서 흔들
림을 느끼면, 바로 높은 곳으로 피난하는 것이 중요합니다.

| **어휘** | **現在(げんざい)** 현재 **気象庁(きしょうちょ
う)** 기상청 **津波(つなみ)** 해일 **発生(はっせい)** 발생
恐(おそ)れ 염려, 우려 **地震(じしん)** 지진 **警報(け
いほう)** 경보 **注意報(ちゅういほう)** 주의보 **発表(は
っぴょう)** 발표 **過去(かこ)** 과거 **予報(よほう)** 예보
到達(とうたつ) 도달 **沖(おき)** 앞바다, 먼 바다 **当時
(とうじ)** 당시 **震源(しんげん)** 진원 **押(お)し寄(よ)
せる** 밀려오다, 밀려들다 **海岸(かいがん)** 해안 **揺
(ゆ)れ** 흔들림 **高台(たかだい)** 고지대, 주위보다 좀
높고 평평한 지역 **非難(ひなん)** 비난 **大事(だいじ)**
소중함, 중요함

95

해일경보는 지진발생으로부터 대략 몇 분을 목표로 발표
합니까?

(A) 2분

(B) 3분

(C) 4분

(D) 5분

| 어휘 | 目標(もくひょう) 목표
| 정답 | (B)

96

해일예보가 있기 전에 해일이 왔던 곳은 어디입니까?

(A) 간토 동쪽 먼 바다

(B) 후쿠오카현 서쪽 먼 바다

(C) 홋카이도 남서 먼 바다

(D) 산리쿠 먼 바다

| 정답 | (C)

97

해안에서 지진이 일어났을 때, 어떻게 해야 합니까?

(A) 바로 피하지 말고 해일경보의 발표를 기다린다.

(B) 당황하지 말고 아무것도 하지 않는다.

(C) 바로 높은 곳으로 피한다.

(D) 경찰에 통보한다.

| 어휘 | 起(お)きる 일이 생기다, 발생하다   逃(に)げる
도망치다   慌(あわ)てる 당황하다   通報(つうほう) 통보
| 정답 | (C)

[98~100]

今日の関東甲信越地方は、晴れや曇りで長野県の一部
では雨となっています。関東地方の南部ではおおむね
晴れますが、夕方からは曇りになるでしょう。甲信越
地方や関東地方北部では曇りですが、午前中は時々晴
れる見込みです。前線の影響を受けやすい長野県や
関東地方北部の山沿いでは昼過ぎには雨が降るでし
ょう。明日は、前線が本州に停滞する見込みです。
このため、全般に曇りとなり、甲信越地方では朝晩
を中心に雨の降る所があるでしょう。関東近海は、
今日は次第に波が高くなり、明日は波が高いでしょ
う。また、濃い霧のため見通しの悪い所がある見込
みです。船舶は注意してください。

| 번역 | 현재, 간토 고신에츠지방은, 개자마자 흐리고, 나
가노현의 일부는 비가 내리고 있습니다. 간토 고신에츠지
방의 오늘은, 간토지방 남부는 대체로 맑겠으나, 저녁부터
는 흐리겠습니다. 오전중은 때때로 맑을 것으로 예상됩니
다. 전선의 영향을 받기 쉬운 나가노현이나 간토지방 북부
의 산간부에서는 낮부터는 비가 올 것 같습니다. 내일은
전선이 혼슈에 정체할 것으로 예상됩니다. 그로 인해, 전
반적으로 흐리고, 고신지방에는 아침저녁을 중심으로 비
가 오는 곳이 있겠습니다. 간토 근해는, 오늘은 점차 파도
가 높아지고, 내일은 파도가 높을 것으로 예상합니다. 또,
진한 안개로 인해 조망이 좋지 않은 곳도 있을 것이라고
예상됩니다. 선박은 주의 바랍니다.

| 어휘 | 現在(げんざい) 현재   地方(ちほう) 지방
おおむね 대략, 대체로   晴(は)れ 맑음, 갬   曇(くも)
り 흐림   南部(なんぶ) 남부   夕方(ゆうがた) 저녁때,
저녁 무렵   北部(ほくぶ) 북부   午前中(ごぜんちゅう)
오전중   見込(みこ)み 예측, 전망   前線(ぜんせん) 전
선   影響(えいきょう) 영향   山沿(やまぞ)い 산간 지
역, 산을 따라 펼쳐진 지역   昼過(ひるす)ぎ 낮결, 오후
停滞(ていたい) 정체   全般(ぜんぱん)に 전반적으로
朝晩(あさばん) 아침 저녁   次第(しだい)に 점차, 차츰
波(なみ) 파도   濃(こ)い 짙다, 진하다   霧(きり) 안개
見通(みとお)し 조망, 전망   船舶(せんぱく) 선박   注
意(ちゅうい) 주의

98

간토지방 남부의 오늘 날씨는 저녁부터 어떻게 될 것으
로 예상됩니까?

(A) 맑다

(B) 흐리다

(C) 비가내림

(D) 눈이 내림

| 정답 | (B)

99

정오가 지나 비가 올 것으로 예상되는 곳은 어디입니까?

(A) 간토지방의 남부

(B) 간토 근해

(C) 나가노현과 간토지방 북부의 산간부

(D) 혼슈

| 정답 | (C)

100

진한 안개가 발생하므로, 무엇에 신경을 씁니까?

(A) 차의 운전

(B) 배의 운전

(C) 우산 쓰는 방법

(D) 의상

|어휘| 運転(うんてん) 운전　船(ふね) 배　傘(かさ) 우산　さし方(かた) 우산을 쓰는 법

|정답| (B)

[81~84]

> パクさんは自動車会社で働いている独身の男性です。営業を担当しています。彼は日本の大学の経営学部を卒業し、韓国に帰らず日本で就職活動をし、大手のこの自動車会社に採用されました。入社して一年目は外国人という珍しさもあって、けっこう売れました。パクさんの所属しているところは、東京西部地区営業所です。パクさんはその東京西部の山に近い地域が担当エリアです。営業所の壁には営業成績のグラフがはってあります。パクさんは入社してからずっと五番以内の成績でした。自分でもすごいと思っていました。ところが、最近はなかなか成績が伸びず、外の社員にどんどん追い越されていきます。営業社員は20名いますが、今では下から数えたほうが早いぐらいの成績です。この間も所長さんに「最近、君は成績が振るわないね」と言われてしまいました。国に帰って、実家の仕事を継ぐべきか悩んでいます。

|번역| 박 씨는 자동차 회사에서 일하고 있는 독신의 남성입니다. 영업을 담당하고 있습니다. 그는 일본의 대학에서 경영학부를 졸업하고, 한국에 돌아가지 않고, 구직하여, 대기업인 이 자동차회사에 채용되었습니다. 입사하고 1년간은 외국인이라는 특이한 점도 있어서, 꽤 인기가 있었습니다. 박 씨가 소속되어있는 곳은 도쿄서부지구영업소입니다. 박 씨는 그 도쿄서부의 산에 가까운 지역이 담당 구역입니다. 영업소 벽에는 영업성적 그래프가 붙어있습니다.박 씨는 입사해서 계속 5위 이내의 성적이었습니다. 자기가 생각해도 대단하다고 생각하고 있었습니다. 그런데, 최근은 좀처럼 성적이 늘지 않아, 다른 사원에게 점점 추월당하고 있습니다. 영업 사원은 20명 있는데, 지금은 아래에서 세는 편이 빠를 정도의 성적입니다. 얼마 전에도 소장으로부터 '최근, 자네 실적이 좋지 않네' 라는 말을 들어버렸습니다. 고국으로 돌아가 가업을 이어야 하는 걸까? 하고 고민하고 있습니다.

|어휘| 独身(どくしん) 독신　男性(だんせい) 남성　営業(えいぎょう) 영업　担当(たんとう) 담당　経営学部(けいえいがくぶ) 경영학부　卒業(そつぎょう) 졸업　就職活動(しゅうしょくかつどう) 취직 활동　大手(おおて) 대기업, 큰 회사(동업종 중에서 특히 규모가 큰 회사, 기업)　採用(さいよう) 채용　入社(にゅうしゃ) 입사　珍(めずら)しい 참신하다, 신기하다　結構(けっこう) 제법　売(う)れる 팔리다　所属(しょぞく) 소속　地区(ちく) 지구　地域(ちいき) 지역　壁(かべ) 벽　成績(せいせき) 성적　凄(すご)い 훌륭하다, 멋지다, 지나치다　伸(の)びる 늘다, 증가하다　追(お)い越(こ)す 추월하다, 앞지르다　数(かぞ)える 수를 세다　この間(あいだ) 일전, 요전에　所長(しょちょう) 소장　振(ふ)るう 번성하다, 진작되다, 실력이 발휘되다　継(つ)ぐ 잇다, 상속하다, 이어가다　悩(なや)む 고민하다

81

박 씨는 어떤 일을 하고 있습니까?

(A) 차를 만드는 일

(B) 차를 파는 일

(C) 차를 수리하는 일

(D) 차 디자인을 하는 일

|어휘| 作(つく)る 만들다　売(う)る 팔다　修理(しゅうり) 수리　デザイン 디자인

|정답| (B)

82

박 씨의 지금의 실적은 영업사원들 중에 어떻습니까?

(A) 선두

(B) 2위

(C) 5위

(D) 상당히 아래

|어휘| トップ 톱, 선두　かなり 꽤, 상당히

|정답| (D)

83

소장은 박 씨의 업무 상태를 어떻게 보고 있습니까?

(A) 외국인이지만 열심히 하고 있다.

(B) 이제부터 점점 늘 것이다

(C) 의욕이 없어 보인다.

(D) 이전의 기세가 없어져간다

| 어휘 | ぶり 모습, 모양 がんばる 노력하다, 분발하다 やる気(き) 할 마음, 의욕 勢(いきお)い 기세, 형세 無(な)くなる 없어지다

| 정답 | (D)

84

박 씨는 앞으로 어떻게 하려고 생각하고 있습니까?

(A) 이 상태로 일본에서 일을 계속한다.

(B) 고국에 돌아가, 가업을 이을지 고민하고 있다.

(C) 실적을 높이기 위해 노력한다.

(D) 다른 회사로 전직한다.

| 어휘 | このまま 이대로 家業(かぎょう) 가업 迷(まよ)う 망설이다, 헤매다

| 정답 | (B)

[85~87]

「うそ」はもちろん悪いことですが、時と場合によっては、何かの役に立つ「いいうそ」もあります。日本語には「うそも方便」という極めて便利な言葉もあります。一番の方便は、学校の先生の「うそ」でしょう。子供を勇気づけたり、元気づけたりするために、先生はわざと「うそ」をつくことがあります。例えば、教育で跳び箱が跳べない子供や鉄棒ができない子供に「君は上手なんだよ」と持ち上げたり、本当は下手なのに、「上手だったね」とほめてあげたりする。そうすれば、子供は次はがんばろうと思うのである。仮に、それがうそだとわかっていても、子供には先生の気持ちは通じるものである。また、親も先生と同様に、子供を育てる上で、よくうそをつきます。よくできたことをほめてあげるのは当然ですが、うまくできなかったことでも、ほめた方がいいでしょう。このような先生や親の「うそ」は、教育的にも道徳的にも認められる「うそ」です。

| 번역 | '거짓말'은 물론 나쁜 것이지만, 때와 상황에 따라서는, 뭔가의 도움이 되는 '좋은 거짓말'도 있습니다. 일본어에는 '거짓말도 방편'이라는 더없이 편한 말도 있습니다. 제일의 방편은 선생님의 '거짓말'일 것입니다. 아이에게 용기나 기운을 주기위해, 선생님은 일부러 '거짓말'을 할 때가 있습니다. 예를 들어, 체육시간에 뜀틀을 넘지 못하거나 철봉을 못하는 아이지만, '너 잘하는구나'라고 치켜세우거나, 실제로는 못하지만, '잘했구나'라고 칭찬하거나 한다. 그러면, 아이는 다음은 열심히 해야겠다고 생각하는 것이다. 가령, 그것이 거짓말인걸 알았다고 하더라도, 아이에게는 선생님의 마음이 통하기 마련이다. 또, 부모도 선생님과 마찬가지로, 아이를 키우는 데 있어 자주 거짓말을 합니다. 잘 한 것을 칭찬해주는 것은 당연하지만, 잘 하지 못한 것도, 칭찬하는 것이 좋을 것입니다. 이러한 선생님과 부모의 '거짓말'은, 교육적으로도 도덕적으로도 인정할 수 있는 '거짓말'입니다.

| 어휘 | 時(とき)と場合(ばあい)によっては 때와 상황에 따라서는 役(やく)に立(た)つ 도움이 되다 方便(ほうべん) 방편 極(きわ)めて 극히, 매우 勇気(ゆうき)づける 용기를 주다 元気(げんき)づける 기운을 북돋우다 わざと (고의성으로) 일부러 嘘(うそ)をつく 거짓말 하다 例(たと)えば 예를 들면 体育(たいいく) 체육 跳(と)び箱(ばこ) 뜀틀 跳(と)ぶ 뛰다, 뛰어넘다 鉄棒(てつぼう) 철봉 持(も)ち上(あ)げる 들어 올리다 誉(ほ)める 칭찬하다 仮(かり)に 만약, 만일, 가령 通(つう)じる 마음이 전달되다, 통하다 同様(どうよう)に 마찬가지로 育(そだ)てる 키우다 親(おや) 부모 教育的(きょういくてき) 교육적 道徳的(どうとくてき) 도덕적 認(みと)める 인정하다

85

'좋은 거짓말'이라는 것은 어떤 거짓말입니까?

(A) 철봉을 잘 못하지만, '잘했습니다'라고 아이가 선생님에게 하는 거짓말.

(B) 선생님이나 부모가 아이에게 하는 모든 거짓말

(C) 운동을 잘못하는 아이를 격려하기 위해 '잘했구나'라는 식으로 선생님이 하는 거짓말.

(D) 숙제를 하지 않았는데, '이미 했어요'라고, 아이가 부모에게 하는 거짓말.

| 어휘 | 全(すべ)て 모두, 모든 勵(はげ)ます 격려하다 宿題(しゅくだい) 숙제

| 정답 | (C)

86

'거짓말도 방편'이라는 말은 어떤 의미입니까?
(A) 하나의 수단으로써 때로는 거짓말도 필요하다.
(B) 선생님이나 부모는 특별히 거짓말하는 것이 용서된다.
(C) 어떤 경우에도, 거짓말을 하는 것은 좋지 않다.
(D) 거짓말은 도움이 되므로, 많이 하는 편이 좋다.

| 어휘 | 手段(しゅだん) 수단   許(ゆる)す 허가하다, 허용하다, 용서하다
| 정답 | (A)

87

사실은 못하지만, '잘했구나'라고 칭찬해주면 아이는 어떻게 생각합니까?
(A) 속이는 거니까, 열심히 하지말자.
(B) 열심히 했는데도, 왜 잘 안될까.
(C) 다음은 잘해야지.
(D) 왜 거짓말을 할까.

| 어휘 | 次(つぎ) 다음
| 정답 | (C)

[88~90]

> 日本各地に大きな被害をもたらしながら北上した台風16号は三十一日午前、青森県に最接近した。県内では台風の接近、通過に伴い、風雨が強まり交通機関に乱れが生じたほか、小・中・高校四百六十校余りが臨時休校や授業短縮の措置を取るなど、市民生活に影響が出た。しかし人的被害はなく、一部の建物や農作物に被害はあったものの大規模な災害には至らなかった。一方、収穫を控えた津軽地方のリンゴ園では一部で落果被害が生じたが、台風の規模に比べて軽微な被害にとどまり、生産者はほっとした表情で後片付けや農作業に追われた。

| 번역 | 일본각지에 큰 피해를 초래하며 북상한 태풍 16호는 31일 오전, 아오모리현에 가장 가까이 접근했다. 현 내에는 태풍의 접근, 통과에 따라, 비바람이 세져 교통기관의 혼란을 일으킨 한편, 초, 중, 고교 460학교 남짓이 임시휴교 또는 수업단축조치를 취하는 등, 시민생활에 영향

을 주었다. 그러나 인명피해는 없었고, 일부 건물과 농작물 피해는 있었지만, 대규모 재해가 일어나지는 않았다. 한편, 수확을 앞둔 쓰가루지방의 사과과수원에는 일부 과수원에서 낙과피해가 일어났지만, 태풍의 규모에 비교해 경미한 피해에 머물러, 생산자는 한숨 돌린 표정으로 뒷정리와 농지 작업에 열심이었다.

| 어휘 | 各地(かくち) 각지   被害(ひがい) 피해   北上(ほくじょう) 북상   台風(たいふう) 태풍   最接近(さいせっきん) 최접근   通過(つうか) 통과   ～に伴(ともな)う ～를(을) 수반하다, 동반하다   風雨(ふうう) 폭풍우, 바람과 비   強(つよ)まる 강해지다, 세지다   交通機関(こうつうきかん) 교통기관   乱(みだ)れ 흐트러짐, 문란, 혼란   生(しょう)じる 발생하다   余(あま)り 여, 남짓   臨時(りんじ) 임시   休校(きゅうこう) 휴교   授業(じゅぎょう) 수업   短縮(たんしゅく) 단축   措置(そち) 조치   建物(たてもの) 건물   人的被害(じんてきひがい) 인적 피해   農作物(のうさくぶつ) 농작물   ～(た)ものの ～하지만, ～하나, ～해도   大規模(だいきぼ) 대규모   災害(さいがい) 재해   至(いた)る 이르다, 도달하다   一方(いっぽう) 한편   収穫(しゅうかく) 수확   控(ひか)える 앞두다   落果被害(らっかひがい) 낙과 피해   生(しょう)じる 발생하다, 생기다   規模(きぼ) 규모   比(くら)べる 비교하다   軽微(けいび) 경미   ～(に)とどまる ～에 지나지 않다   生産者(せいさんしゃ) 생산자   ほっとする 한숨 돌리다   表情(ひょうじょう) 표정   後片付(あとかたづ)け 뒷정리, 뒤처리   農作業(のうさぎょう) 농업, 농사일   追(お)う 쫓다, 뒤를 쫓다

88

아오모리현 내의 초·중·고교는 태풍으로 인해 어떤 조치를 취했습니까?
(A) 비바람이 약해질 때까지 학교에서 아이들을 기다리게 했다.
(B) 체육수업은 실내에서 하도록 했다.
(C) 학교를 쉬거나, 수업을 일찍 끝냈다.
(D) 수영수업은 중지시켰다.

| 어휘 | 弱(よわ)まる 약해지다   待機(たいき) 대기   体育(たいいく) 체육   室内(しつない) 실내   早(はや)め 일찍   水泳(すいえい) 수영   中止(ちゅうし) 중지
| 정답 | (C)

89

이번 태풍은 어떤 피해를 주었습니까?

(A) 16명이 불어난 하천에 떠내려가 행방불명되었다.

(B) 31명이 쓰러진 나무에 부딪쳐 중경상을 입었다.

(C) 학교에 있던 초 중 고교생 460명이 가벼운 상처를 입었다.

(D) 피해는 없었다.

| 어휘 |　与(あた)える 주다, 수여하다　増水(ぞうすい) 증수, 물이 불어남　河川(かせん) 하천　行方不明(ゆくえふめい) 행방불명　倒(たお)れる 쓰러지다, 넘어지다　ぶつかる 부딪치다, 충돌하다　重軽傷(じゅうけいしょう) 중경상　負(お)う 부상을 입다　怪我(けが) 부상, 상처

| 정답 |　(D)

90

사과과수원의 생산자는 왜 안심했습니까?

(A) 태풍이 컸던 것에 비해 피해가 적었으므로

(B) 사과가 전부 떨어져 버렸으므로

(C) 태풍의 피해 없이 지나갔으므로

(D) 태풍이 진로를 바꿔 다른 곳으로 이동했으므로

| 어휘 |　~た割(わ)りに ~한 데 비해　被害(ひがい)にあう 피해를 당하다　~ずに済(す)む ~하지 않고 끝나다(해결되다)　進路(しんろ) 진로

| 정답 |　(A)

[91~93]

> 高速道路の状況ですが、日本道路交通情報センターによりますと、渋滞している高速道路は、いずれも下り線で、午前11時現在、東名高速が神奈川県の大和トンネルを先頭に23キロ、東北道の群馬県館林(たてばやし)インターで38キロ、中央道では元八王子バス停付近を先頭に17キロ続いています。
> また、名神(めいしん) 高速は岐阜県の大垣(おおがき) インターから東名高速につながり39キロ。中国自動車道では、宝塚東トンネルから名神高速まで38キロとなっています。
> 高速道路の下りのピークは5月3日と予測されていますが、29日も通行には、普段の3倍から5倍程度の時間がかかると見られています。

| 번역 |　고속도로의 상황입니다. 일본 도로 교통정보 센터에 의하면, 정체중인 고속도로는, 모두 하행선으로, 오전 11시 현재, 도메이고속도로가 가나가와현의 야마토터널을 선두로 23키로, 도호쿠도의 군마현 다테바야시 인터체인지에서 38키로, 츄오도에서는 전 하치오우지 버스정류소부근을 선두로 17키로로 이어지고 있습니다. 또, 메이신 고속은 기후현의 오오가끼 인터체인지부터 도메이고속에 이르는 39키로. 주고쿠 자동차도에서는, 다카라즈카 히가시터널부터 메이신고속까지 38키로로 나타나고 있습니다. 고속도로의 하행의 피크는 5월 3일로 예측되고 있습니다만, 29일도 통행은 평소의 3배에서 5배정도의 시간이 걸릴 것으로 보고 있습니다.

| 어휘 |　高速道路(こうそくどうろ) 고속도로　状況(じょうきょう) 상황　交通情報(こうつうじょうほう) 교통 정보　渋滞(じゅうたい) 정체　いずれも 모두　下(くだ)り線(せん) 하행선　先頭(せんとう) 선두　バス停(てい) 버스 정류장　付近(ふきん) 부근　自動車道(じどうしゃどう) 자동차 도로　予測(よそく) 예측　通行(つうこう) 통행　普段(ふだん)/不断(ふだん) 평소

91

고속도로의 상황은 어떻습니까?

(A) 하행선이 막히고 있다

(B) 상하행선 모두 막히고 있다.

(C) 상행선이 원활하다.

(D) 상하행선 모두 텅텅 비어 있다.

| 어휘 |　上下線(じょうげせん) 상, 하행선　上(のぼ)り線(せん) 상행선

| 정답 |　(A)

92

주코쿠자동차도의 하행선은 어떤 상황입니까?

(A) 보수공사로 인해 그 부근이 붐비고 있다.

(B) 추돌사고로 인해 그 부근이 한 쪽 통행.

(C) 다카라즈카 히가시터널부터 메이신고속까지 38키로 정체하고 있다.

(D) 차선공사로 인해 그 부근이 통행금지.

| 어휘 |　補修(ほしゅう) 보수　工事(こうじ) 공사　込(こ)み合(あ)う 북적거리다, 붐비다　追突事故(ついとつじこ) 추돌사고　片側(かたがわ) 한쪽, 한쪽편　車

線工事(しゃせんこうじ) 차선 공사　通行止(つうこうど)め 통행금지
| 정답 | (C)

93

29일 고속도로의 하행을 이용해서, 평소 2시간 걸리는 곳을 간다면 몇 시간 걸릴 것 같습니까?
(A) 3시간에서 5시간
(B) 6시간에서 10시간
(C) 9시간에서 15시간
(D) 평소와 같다.

| 어휘 | 変(か)わらない 다르지 않다, 변함이 없다
| 정답 | (B)

[94~96]

不規則な生活とストレスで、現代人の国民病とまでいわれる「不眠」。徳島県内の百貨店などでは、よりよい眠りを売り文句にした数万円もする高級布団や枕がよく売れ、薬局では睡眠改善薬がヒットしている。浅い眠りに悩むお年寄りから生活が不規則になりがちな若者まで幅広い需要を背景に、「快眠」市場が目を覚まし、活発化している。気になる値段はシングル三万八千円からと、一般のものと比べ少々割高ながら、一カ月に約三十枚と売れ行き好調だ。人気は最も高い七万円の商品だそうだ。

| 번역 | 불규칙적인 생활과 스트레스로, 현대인의 국민병으로 까지 일컬어지는 '불면'. 도쿠시마현 내의 백화점 등에서, 보다 편안한 잠을 잘 수 있다는 선전 문구를 붙여, 수만 엔이나 하는 고급의 침구와 베게가 잘 팔리고, 약국에서는 수면개선약이 히트하고 있다. 얕은 잠에 고민하는 노인에서부터 생활이 불규칙해지기 쉬운 젊은이들까지 폭넓은 수요층을 배경으로, '숙면' 시장이 눈을 뜨고 활성화 중이다. 신경 쓰이는 가격은 싱글 3만8천 엔부터, 일반의 제품과 비교해 조금 비싼 편이지만, 1개월에 약 30장은 순조롭게 팔린다. 인기 있는 것은 가장 비싼 7만 엔짜리 상품이라고 한다.

| 어휘 | 不規則(ふきそく) 불규칙　現代人(げんだいにん) 현대인　国民病(こくみんびょう) 국민병　不眠(ふみん) 불면　百貨店(ひゃっかてん) 백화점　眠(ねむ)り 수면　売(う)り文句(もんく) 판매 촉진을 위한 선전 문구　高級(こうきゅう) 고급　布団(ふとん) 이불　枕(まくら) 베개　薬局(やっきょく) 약국　睡眠(すいみん) 수면　改善(かいぜん) 개선　お年寄(としよ)り 노인　若者(わかもの) 젊은이　幅広(はばひろ)い 폭이 넓다　需要(じゅよう) 수요　背景(はいけい) 배경　目(め)を覚(さ)ます 잠을 깨다　活性化(かっせいか) 활성화　値段(ねだん) 가격　一般(いっぱん) 일반　比(くら)べる 비교하다　少々(しょうしょう) 다소, 약간　割高(わりだか) 품질, 분량 등에 비하여 가격이 비쌈　売(う)れ行(ゆ)き 팔림새, 매상　好調(こうちょう) 호조　人気(にんき) 인기　最(もっと)も 가장　商品(しょうひん) 상품

94

도쿠시마현 내의 백화점에서는 무엇이 잘 팔리고 있습니까?
(A) '숙면' 을 약속하는 수면 개선 약
(B) 스트레스 해소를 위한 건강 상품
(C) '숙면' 을 판매 문구로 한 비싼 베개와 이불
(D) 보다 잘 잘 수 있다는 문구를 붙인 고급침대

| 어휘 | 売(う)れる 팔리다　解消(かいしょう) 해소　健康(けんこう)グッズ 건강 상품　セールストーク 판매 문구　高級(こうきゅう) 고급
| 정답 | (C)

95

어떤 사람들이 '숙면' 시장을 고조시키고 있습니까?
(A) 스트레스가 많은 직장인
(B) 공부스트레스에 시달리는 수험생
(C) 얕은 잠을 자는 노인과 생활이 불규칙적인 젊은이 등
(D) 매일 집안일에 쫓기는 주부

| 어휘 | 市場(しじょう) 시장　盛(も)り上(あ)げる 분위기를 살리다, 북돋우다, 고조시키다　悩(なや)ます 골머리 앓다, 골치 아프다　受験生(じゅけんせい) 수험생　浅(あさ)い 잠을 잘 못 이루다, 얕다　家事(かじ) 가사　主婦(しゅふ) 주부
| 정답 | (C)

96

'불면' 은 어떤 병이라고 일컬어지고 있습니까?
(A) 병이라고는 할 수 없다.

(B) 불치의 병
(C) 현대인의 국민병
(D) 생활 습관병

|어휘| 不治(ふち) 불치　病(やまい) 병, 장기질환
習慣病(しゅうかんびょう) 습관병
|정답| (C)

[97~100]

町のゴミ収集場所に行くと、まだ使えそうな電気製品がたくさん捨てられている。古くなった、飽きた、もっといいものが欲しい、隣の家で新製品を買ったなど、人はさまざまな理由をつけて、古いものを捨て、新しいものを買う。だから、ゴミはどんどん増える。ところが、中には修理に修理を重ね、何年も何十年も使う人もいる。こういう人はものを大切に使ったという理由で、ほめられる。もし、人間すべてが倹約家で新しいものをなかなか買わない人ばかりだったら、どうなるだろうか。新しい商品は当然売れないだろう。売れなければ、販売業、流通業の人がまず困る。さらに、生産も減少するだろう。そして、経済全体が停滞する。ものを安易に捨てるのは、もちろんいいことではない。しかし、古いものを捨てるから、新しいものが生まれるとも言える。ものを捨てることを一方的に非難するのも見当違いではないか。ものを捨てることは、経済を動かす原動力でもあるのだ。

|번역| 마을의 쓰레기 수집 장소에 가보면, 아직 쓸 수 있을 것 같은 진자제품이 많이 버려져있다. 오래됐다, 질렸다, 좀 더 좋은 것을 갖고 싶다, 이웃에서 신제품을 샀다 등, 사람은 여러 가지 이유를 붙여, 오래된 것을 버리고 새것을 산다. 그래서 쓰레기는 점점 늘어간다. 그런데, 그중에는 수리에 수리를 더해, 몇 년이나 몇 십 년이나 쓰는 사람도 있다. 그런 사람은 물건을 소중하게 쓴다는 이유로, 칭찬받는다. 만약, 사람들 전체가 절약가에 새것을 좀처럼 사지 않는 사람들만 있다면, 어떻게 될까. 새로운 상품은 당연히 안 팔리지 않을까. 팔리지 않게 되면, 판매업, 유통업의 사람이 먼저 곤란하다. 아울러, 생산도 줄 것이다. 그리고 경제전체가 정체한다. 물건을 쉽게 버리는 것은 물론 좋은 것은 아니다. 그러나 오래된 것을 버리니까, 새것이 생산된다고 할 수 있다. 물건을 버리는 것을 일방적으로 비난하는 것도 상황을 잘못 판단하는 것이 아닐까. 물건을 버

리는 것은, 경제를 움직이는 원동력이기도 한 것이다.

|어휘| 町(まち) 마을　収集(しゅうしゅう) 수집
場所(ばしょ) 장소　電気製品(でんきせいひん) 전기
제품　捨(す)てる 버리다　飽(あ)きる 싫증나다, 질리
다　様々(さまざま) 갖가지　修理(しゅうり) 수리　重
(かさ)ねる 겹치다, 포개다　倹約家(けんやくか) 검약
가, 절약가　商品(しょうひん) 상품　販売業(はんばい
ぎょう) 판매업　流通業(りゅうつうぎょう) 유통업
困(こま)る 곤란하다, 난처하다　さらに 게다가, 거기
에　減少(げんしょう) 감소　停滞(ていたい) 정체　安
易(あんい) 안이함　生(う)まれる 태어나다　一方的
(いっぽうてき) 일방적　非難(ひなん) 비난　見当違
(けんとうちが)い 대중이 틀림, 예상, 짐작이 어긋남, 엉
뚱함　動(うご)かす 움직이다　原動力(げんどうりょ
く) 원동력

97

어째서 쓰레기가 늘고 있습니까?
(A) 자원이 되는 쓰레기를 분별해서 버리지 않으므로
(B) 전기 제품 등은 빨리 고장 나도록 만들어져 있으므로
(C) 여러 가지 이유를 붙여 오래된 것은 버리고, 새것을 사
　므로
(D) 일회용제품이 많으므로

|어휘| 増(ふ)える 늘다　資産(しさん) 자산　分別
(ぶんべつ) 분별, 구분, 분리＊「分別(ふんべつ)」(분별,
판단력)　壊(こわ)れる 부서지다, 망가지다　使(つか)
い捨(す)て 한 번 쓰고 버림, 일회용 물건
|정답| (C)

98

어떤 사람이 보통 칭찬을 받습니까?
(A) 아직 쓸 수 있는 것을 버리는 사람
(B) 몇 번이나 수리를 해서 오래도록 그 제품을 쓰는 사람
(C) 오래된 것을 버리는 사람
(D) 불필요한 것을 버리고 새것을 사는 사람

|어휘| 普通(ふつう) 보통　何度(なんど) 몇 번　品
物(しなもの) 물건　不要(ふよう) 불필요
|정답| (B)

99

만약, 세상에 새것을 좀처럼 사지 않는 사람뿐이라면, 어

떻게 됩니까?

(A) 생산이 감소하고, 품질이 떨어진다.

(B) 메이커 끼리의 시장경쟁이 사라진다.

(C) 생산이 줄어들고, 경제 발전이 되지 않는다.

(D) 쓰레기도 늘지 않고, 물질적인 풍요로움이 실현가능하다.

|어휘| 世(よ)の中(なか) 세상　品質(ひんしつ) 품질　~同士(どうし) ~끼리　市場競争(しじょうきょうそう) 시장 경쟁　無(な)くなる 없어지다　発展(はってん) 발전　物質的(ぶっしつてき) 물질적　豊(ゆた)かだ 풍부하다, 풍족하다　実現(じつげん) 실현

|정답| (C)

100

경제를 움직이는 원동력은 무엇이라고 하고 있습니까?

(A) 새것을 만들어 내는 것

(B) 쓰레기를 최소한으로 억제하는 고안

(C) 오래된 것을 버리는 것

(D) 물건을 아끼는 마음

|어휘| 産(う)み出(だ)す 만들어 내다　最小限(さいしょうげん) 최소한　抑(おさ)える 억누르다, 억제하다　工夫(くふう) 궁리, 연구

|정답| (C)

Section 3

[실전 모의고사 1회]

Part 1

1

(A) この人はビデオカメラを持って電車に乗り込んでいるところです。
(B) この人はビデオカメラで電車を撮っています。
(C) この人は電車を運転中です。
(D) この人は電車の窓から手を振っています。

|번역|
(A) 이 사람은 비디오카메라를 갖고 전차에 타려고 하고 있습니다.
(B) 이 사람은 비디오카메라로 전차를 찍고 있습니다.
(C) 이 사람은 전차를 운전하고 있습니다.
(D) 이 사람은 전차의 창문으로 손을 흔들고 있습니다.

|어휘| 持(も)つ 가지다 乗(の)り込(こ)む 탈것에 올라타다 撮(と)る (사진 등을)찍다 手(て)を振(ふ)る 손을 흔들다 運転(うんてん) 운전
|정답| (B)

2

(A) この人たちは白い衣装を着て踊りを踊っています。
(B) この人たちは腕を組んでスキップをしています。
(C) この人たちは親指を前に突き出してポーズを取っています。
(D) この人たちは向かい合って見つめ合っています。

|번역|
(A) 이 사람들은 하얀 의상을 입고 춤을 추고 있습니다.
(B) 이 사람들은 팔짱을 끼고 스킵하고 있습니다.
(C) 이 사람들은 엄지손가락을 앞으로 쑥 내밀어 포즈를 취하고 있습니다.
(D) 이 사람들은 서로 마주보고 있습니다.

|어휘| 白(しろ)い 희다 衣装(いしょう) 의상 踊(お)る 춤추다 腕(うで) 팔 スキップ 스킵(한 발씩 번갈아 가면서 뛰면서 가는 것) 親指(おやゆび) 엄지손가락 突(つ)き出(だ)す 내밀다 ポーズを取(と)る 포즈를 취하다 向(む)かい合(あ)う 서로 마주보다 見(み)つめあう 서로 바라보다
|정답| (C)

3

(A) みんな立ち上がって歌っています。
(B) みんなスプーンとフォークで何かを食べています。
(C) 真ん中の女の人がマイクを握って歌を歌っています。
(D) 立っている人は手にグラスを持っています。

|번역|
(A) 모두 일어나서 노래하고 있습니다.
(B) 모두 스푼과 포크로 무언가를 먹고 있습니다.
(C) 한가운데에 있는 여자가 마이크를 쥐고 노래를 부르고 있습니다.
(D) 서 있는 사람은 손에 글라스를 들고 있습니다.

|어휘| 立(た)ち上(あ)がる 일어서다, 기립하다 歌(うた)う 노래하다 スプーン 스푼 フォーク 포크 食(た)べる 먹다 真(ま)ん中(なか) 한가운데 マイク 마이크 握(にぎ)る 쥐다, 잡다
|정답| (C)

4

(A) 携帯電話が並べてあります。

(B) 携帯電話をかけています。
(C) 携帯電話の形はみんな同じです。
(D) 携帯電話はどれも980円からです。

| 번역 |
(A) 휴대 전화가 진열되어 있습니다.
(B) 휴대전화를 걸고 있습니다.
(C) 휴대 전화의 모양은 모두 같습니다.
(D) 휴대 전화는 모두 980엔부터 입니다.

| 어휘 | 携帯(けいたい) 휴대 電話(でんわ) 전화 かける 걸다 掃除(そうじ) 청소
| 정답 | (A)

5

(A) この人は半袖を着て眼鏡をかけています。
(B) この人はエプロンをつけてマスクをしています。
(C) この人はかた肘をついてこちらを見ています。
(D) この人は新聞を読んでいます。

| 번역 |
(A) 이 사람은 반소매를 입고 안경을 끼고 있습니다.
(B) 이 사람은 에이프런을 걸치고 마스크를 하고 있습니다.
(C) 이 사람은 한 쪽 팔꿈치를 짚고 이 쪽을 보고 있습니다.
(D) 이 사람은 신문을 읽고 있습니다.

| 어휘 | 半袖(はんそで) 반소매 眼鏡(めがね) 안경 エプロン 에이프런(앞치마) つける 걸치다 マスク 마스크 かた肘(ひじ) 한 쪽 팔꿈치 新聞(しんぶん) 신문
| 정답 | (C)

6

(A) この人たちは工場で働いています。
(B) この人たちはマラソンをしています。
(C) この人たちは座って食事をしています。
(D) この人たちはカジュアルな服装をしています。

| 번역 |
(A) 이 사람들은 공장에서 일하고 있습니다.
(B) 이 사람들은 마라톤을 하고 있습니다.
(C) 이 사람들은 앉아서 식사를 하고 있습니다.
(D) 이 사람들은 캐주얼한 복장을 하고 있습니다.

| 어휘 | 工場(こうじょう) 공장 働(はたら)く 일하다

マラソン 마라톤 座(すわ)る 앉다 食事(しょくじ) 식사 カジュアル 캐주얼 服装(ふくそう) 복장
| 정답 | (D)

7

(A) 3人ともVサインをしています。
(B) 部屋のカーテンは開けっぱなしになっています。
(C) テーブルの上にいくつかのカップが置いてあります。
(D) 立っている人もいれば腰掛けている人もいます。

| 번역 |
(A) 세 사람 모두 V사인을 하고 있습니다.
(B) 방의 커튼은 열려진 채로 되어 있습니다.
(C) 테이블의 위에 몇 개의 컵이 놓여져 있습니다.
(D) 서 있는 사람도 있고 앉아 있는 사람도 있습니다.

| 어휘 | ~とも ~모두 サイン 사인 部屋(へや) 방 カーテン 커튼 あける 열다 ~ぱなし ~한 채로 있다 なる 되다 テーブル 테이블 上(うえ) 위 いくつ 몇 개
| 정답 | (C)

8

(A) 衣紋掛けに何着かの洋服が掛っています。
(B) 色とりどりの着物が引き出しにしまってあります。
(C) 服が部屋のあちこちに散らかっています。
(D) 日本の伝統的な服が吊してあります。

| 번역 |
(A) 옷걸이에 몇 벌의 양복이 걸려 있습니다.
(B) 갖가지 색의 옷이 서랍에 닫혀져 있습니다.
(C) 옷이 방 여기저기에 널브러져 있습니다.
(D) 일본 전통적인 옷이 걸려 있습니다.

| 어휘 | 衣紋掛(えもんか)け 옷걸이 とりどり 저마다, 제각각의 引(ひ)き出(だ)し 서랍 しまる 닫히다 散(ち)らかる 흩어지다, 널브러지다 伝統的(でんとうてき) 전통적 吊(つる)す 걸다
| 정답 | (A)

9

(A) 台所には流し台がありません。
(B) 棚の扉が全部開いています。
(C) この部屋には人気がありません。

(D) 台所に蛍光灯がついています。

| 번역 |
(A) 주방에는 개수대가 없습니다.
(B) 선반 문이 전부 열려 있습니다.
(C) 이 방에는 인기척이 없습니다.
(D) 주방에 형광등이 켜져 있습니다.

| 어휘 | 台所(だいどころ) 주방 流(なが)し台(だい)
개수대 棚(たな) 선반 扉(とびら) 문 人気(ひとけ)
인기척 蛍光灯(けいこうとう) 형광등
| 정답 | (D)

10
(A) ここは劇場のチケット売り場です。
(B) ここには券売機が数台置かれています。
(C) ここは食券を販売している所です。
(D) ホームはたくさんの人で混雑しています。

| 번역 |
(A) 여기는 극장의 티켓 판매대입니다.
(B) 여기는 티켓 판매기가 여러 대 놓여 있습니다.
(C) 여기는 식권을 판매하는 곳입니다.
(D) 홈은 많은 사람들로 붐비고 있습니다.

| 어휘 | 劇場(げきじょう) 극장 チケット 티켓 売
(う)り場(ば) 매표소 券売機(けんばいき) 티켓 판매기
数台(すうだい) 몇 대 置(お)かれる 놓이다 食券(し
ょっけん) 식권 販売(はんばい) 판매 所(ところ) 장
소 ホーム 홈 たくさん 많은 混雑(こんざつ) 혼잡
| 정답 | (B)

11
(A) この建物には窓が一つもありません。
(B) 美術館の前に行列ができています。
(C) これは平屋の木造校舎です。
(D) 建物の二階部分に大きな窓があります。

| 번역 |
(A) 이 건물에는 창문이 하나도 없습니다.
(B) 미술관 앞에는 행렬이 나 있습니다.
(C) 이 건물은 단층집 목조 건물입니다.
(D) 건물의 이층 부분에 커다란 창문이 있습니다.

| 어휘 | 建物(たてもの) 건물 窓(まど) 창문 一(ひ
と)つ 한 개 美術館(びじゅつかん) 미술관 行列(ぎょ
うれつ) 행렬 平屋(ひらや) 단층집 木造校舎(もくぞ
うこうしゃ) 목조 교사
| 정답 | (D)

12
(A) 犬が空き地を走り回っています。
(B) 犬が地面の上にお座りをしています。
(C) 男の人は犬に芸をやらせています。
(D) 何匹かの犬が飼い主にじゃれています。

| 번역 |
(A) 개가 공터를 뛰어다니고 있습니다.
(B) 개가 지면 위에 앉아 있습니다.
(C) 남자는 개에게 묘기를 시키고 있습니다.
(D) 몇 마리의 개가 주인에게 장난치고 있습니다.

| 어휘 | 犬(いぬ) 개 空(あ)き地(ち) 공터 走(はし)
り回(まわ)る 마구 뛰어다니다 地面(じめん) 지면 芸
(げい) 묘기 やらせる 시키다 何匹(なんびき) 몇 마리
飼(か)い主(ぬし) 먹이를 주는 주인 じゃれる 장난치다
| 정답 | (B)

13
(A) この人は煙草を吸い終わったところです。
(B) この人は欄干に寄りかかっています。
(C) この人は通りすぎる船を眺めているところです。
(D) この人は煙草に火をつけているところです。

| 번역 |
(A) 이 사람은 담배를 막 다 피웠습니다.
(B) 이 사람은 난간에 기대서 있습니다.
(C) 이 사람은 지나가는 배를 바라보고 있는 중입니다.
(D) 이 사람은 담배에 불을 붙이고 있는 중입니다.

| 어휘 | 煙草(たばこ) 담배 吸(す)う 피다 終(お)わ
る 끝나다 欄干(らんかん) 난간 通(とお)りすぎる 지
나쳐 가다 船(ふね) 배 眺(なが)める 바라보다
| 정답 | (B)

14
(A) 二人のうち一人は真っ青な顔をしています。
(B) 二人ともにっこり微笑んでいます。

(C) この二人はとても寂しそうな顔をしています。
(D) 二人のうち一人は不安におびえた顔をしています。

| 번역 |
(A) 두 사람 중 한 사람은 새파란 얼굴을 하고 있습니다.
(B) 두 사람 모두 방긋 미소를 짓고 있습니다.
(C) 이 두 사람은 무척 외로운 듯한 얼굴을 하고 있습니다.
(D) 두 사람 중 한 사람은 불안에 떠는 얼굴을 하고 있습니다.

| 어휘 | 真(ま)っ青(さお) 새파란 顔(かお) 얼굴 にっこり 방긋 寂(さび)しい 외롭다 不安(ふあん) 불안 おびえる 떨다
| 정답 | (B)

15
(A) この人たちは応接間でくつろいでいるところです。
(B) 女の人たちは腕を組んでいます。
(C) みんなジャンプをして空中に浮いています。
(D) この人たちはきびしい表情をしています。

| 번역 |
(A) 이 사람들은 응접실에서 느긋하게 쉬고 있습니다.
(B) 여자들은 팔짱을 끼고 있습니다.
(C) 모두 점프하여 공중에 떠 있습니다.
(D) 이 사람들은 엄한 얼굴을 하고 있습니다.

| 어휘 | 応接間(おうせつま) 응접실 くつろぐ 느긋하게 쉬다 ジャンプ 점프 空中(くうちゅう) 공중 厳(きび)しい 엄하다, 엄격하다
| 정답 | (B)

16
(A) つり橋を渡っているところです。
(B) みんなリュックサックを背負っています。
(C) 靴を脱いでいる人がいます。
(D) みんなでハイキングをしているところです。

| 번역 |
(A) 현수교를 건너고 있는 중입니다.
(B) 모두 배낭을 등에 메고 있습니다.
(C) 구두를 벗고 있는 사람이 있습니다.
(D) 모두 하이킹을 하고 있는 중입니다.

| 어휘 | つり橋(つりばし) 현수교, 조교 背負(せお)

う ぢだ, 메다 ハイキング 하이킹
| 정답 | (D)

17
(A) みんなで円陣を組んでいるところです。
(B) この人たちの周りにはいろいろな店が立ち並んでいます。
(C) 旗を掲げてこちらを見ている人がいます。
(D) みんな道ばたにしゃがんで話し合っています。

| 번역 |
(A) 모두 원을 만들고 있습니다.
(B) 이 사람들 주변에는 여러 가게가 늘어서 있습니다.
(C) 깃발을 들고 이 쪽을 보고 있는 사람이 있습니다.
(D) 모두 길가에 쭈그리고 앉아 서로 이야기하고 있습니다.

| 어휘 | 円陣(えんじん) 원형 모양의 진 立(た)ち並(なら)ぶ 늘어서다 旗(はた) 기, 깃발 揚(あげる) 올리다 道(みち)ばた 길 가, 도로변 しゃがむ 쭈그리고 앉다 話(はな)し合(あ)う 서로 이야기하다
| 정답 | (B)

18
(A) この人は手で頭を掻いています。
(B) この人は座って紙に何かを書いています。
(C) この人はペンを持ったまま居眠りをしています。
(D) この人は椅子の背にもたれ掛かっています。

| 번역 |
(A) 이 사람은 손으로 머리를 긁고 있습니다.
(B) 이 사람은 앉아서 무언가를 쓰고 있습니다.
(C) 이 사람은 펜을 잡은 채 앉아서 졸고 있습니다.
(D) 이 사람은 의자 뒤에 기대어 앉아 있습니다.

| 어휘 | 掻(か)く 긁다 居眠(いねむ)り 앉아서 조는 행위 もたれる 기대다
| 정답 | (B)

19
(A) この部屋は家具が一つもなくがらんとしています。
(B) 壁にピカソが書いたような派手な絵が掛っています。
(C) この二人はモデルのように足を組んで座っています。
(D) 二人とも椅子に肘をかけて座っています。

│번역│
(A) 이 방은 가구가 하나도 없이 텅 비어 있습니다.
(B) 벽에 피카소가 그린 것 같은 멋진 그림이 걸려 있습니다.
(C) 이 두 사람은 모델같이 다리를 꼬고 앉아 있습니다.
(D) 두 사람 모두 의자에 앉아 있습니다.

│어휘│ 家具(かぐ) 가구　がらんと 텅 빈　壁(かべ)
벽　モデル 모델
│정답│ (D)

20

(A) テーブルの上に空き缶が転がっています。
(B) 空いたワイングラスが倒れたままになっています。
(C) ケーキの上にろうそくが何本か立っています。
(D) テーブルの上にビールジョッキが置いてあります。

│번역│
(A) 테이블 위에 빈 깡통이 뒹굴고 있습니다.
(B) 빈 와인글라스가 넘어진 채로 있습니다.
(C) 케이크 위에 양초 몇 개가 서 있습니다.
(D) 테이블 위에 맥주잔이 놓여 있습니다.

│어휘│ 転(ころ)がる 뒹굴고 있다, 방치되어 있다　ワ
イングラス 와인글라스　ケーキ 케이크　ろうそく 양초
ビールジョッキ 맥주 잔
│정답│ (C)

Part 2

21

この前二人で見つけたあのレストラン、昨日入ってみ
ました。
(A) ああ、この店ね。
(B) ああ、あの店ね。
(C) その店に入りましたか。
(D) こんど行きましょう。

│번역│ 요전에 둘이 발견한 그 레스토랑, 어제 들어가
봤습니다.
(A) 아, 이 가게 말이죠.
(B) 아. 그 가게 말이죠.
(C) 그 가게에 들어갔습니까?

(D) 다음에 갑시다.

│어휘│ この前(まえ) 요전, 일전=「この間(あいだ)」
見(み)つける 찾아내다, 발견하다　昨日(きのう) 어제
店(みせ) 가게

│주요어구│ あの：「あ(저)」와「そ(그)」처럼 눈앞에 보
이는 여러 가지 사물을 가리키는 경우와는 달리, 대화중에
나오는「そ」와「あ」의 의미는 다음과 같다.「そ」는 자신과
상대방 중 어느 한 쪽이 대화 중 나온 내용을 알고 있지 못
한 경우이고,「あ」는 자신과 상대방이 대화 내용에 나온
사실을 서로 알고 있는 경우이다. 즉, 대화 당사자가 서로
알고 있는 내용이나 회상하는 말에 대한 지칭으로「あの」,
「あんな」,「あんなに」처럼「あ」가 사용됨을 알아야 한다.
이때「その」는 불가하다.
・あの人(ひと)とは昔(むかし)からの知(し)り合(あ)
いです。 –서로 알고 있는 내용
(그 사람과는 예전부터 알고 있는 사이입니다.)
│정답│ (B)

22

お生まれはどちらですか。
(A) 早稲田大学です。
(B) 1980年生まれです。
(C) ちゃきちゃきの江戸っ子です。
(D) 大学4年生です。

│번역│ 태어난 곳은 어디입니까?
(A) 와세다 대학입니다.
(B) 1980년생입니다.
(C) 순 에도 토박이입니다.
(D) 대학 4학년입니다.

│어휘│ 生(う)まれ 태어난 고장, 출생지　ちゃきちゃ
きの江戸(えど)っ子(こ) 순 에도 토박이
│정답│ (C)

23

昨日交差点を渡っている時、もう少しで車にひかれる
ところでした。
(A) 大変でしたね。救急車を呼びましたか。
(B) 無事で何よりでした。
(C) 医者に診てもらいましたか。
(D) それは、残念でしたね。

| 번역 | 어제 교차로를 건너고 있을 때, 하마터면 차에 치일 뻔했었습니다.
(A) 큰일이었네요. 구급차를 불렀습니까?
(B) 무사해서 다행입니다.
(C) 의사에게 검진 받았습니까?
(D) 그건, 유감입니다.

| 어휘 | 交差点(こうさてん) 교차점, 교차로　渡(わた)る 건너다　もう少(すこ)しで 하마터면　ひく (차가 사람이나 동물을) 치다　救急車(きゅうきゅうしゃ) 구급차　無事(ぶじ) 무사함　何(なに)より 더할 나위 없음　医者(いしゃ) 의사　診(み)る 진찰하다　残念(ざんねん) 안타끼움, 유감스러움

| 주요어구 |「기본형+ところ」는 아직 시작하지 않은 상태 즉, '막 ~하려는 참' 을 의미한다.
・危(あや)うく車(くるま)にひかれるところだった。
　（하마터면 차에 치일 뻔했다.）

| 정답 | (B)

24

すみません。そのペン、ちょっと貸していただけますか。
(A) はい、どうも。
(B) はい、貸してあげます。
(C) はい、どうぞ。
(D) はい、借りてもらいます。

| 번역 | 죄송합니다. 그 펜, 좀 빌려주실 수 있나요?
(A) 네, 정말 미안합니다.
(B) 네, 빌려 주겠습니다.
(C) 네, 여기 있어요.
(D) 네, 빌려 받았습니다.

| 어휘 | 貸(か)す 빌려주다　借(か)りる 빌리다　どうも「しつれいしました」의 압축된 말씨, 정말, 참, 매우　どうぞ 권하거나 부탁할 때 아무쪼록, 부디, 어서

| 주요어구 |「요구나 부탁에 관한 표현」
「～てもらえますか」「～ていただけますか」(~해 주실 수 있겠습니까?)
・すみません、ちょっとテレホンカードを貸(か)してもらえませんか。
　（미안합니다. 잠깐 전화카드를 빌려주실 수 있겠습니까?）
・すみませんが、この荷物(にもつ)をしばらく見(み)

ていただけますか。
　（미안합니다만, 이 짐을 잠시 봐 주실 수 있겠습니까?）

| 정답 | (C)

25

どうぞ、お召し上がりください。
(A) では、遠慮なくいただきます。
(B) では、よくいただきます。
(C) では、上がってもいいですか。
(D) では、お待ちしています。

| 번역 | 어서, 드세요.
(A) 그럼, 사양 않고 먹겠습니다.
(B) 그럼, 잘 먹겠습니다.
(C) 그럼, 먹어도 괜찮습니까?
(D) 그럼, 기다리겠습니다.

| 어휘 | 召(め)し上(あ)がる 드시다　遠慮(えんりょ)なく 사양 않고　いただく「食(た)べる/飲(の)む」(먹다/마시다)의 겸양어　あがる 드시다,「食(た)べる/飲(の)む」(먹다/마시다)의 존경어(「めしあがる、召(め)す」라고도 함)

| 정답 | (A)

26

高橋と申しますが、田中さんはご在宅でしょうか。
(A) いいえ、家にずっといました。
(B) はい、たった今出かけたところです。
(C) はい、まだ帰っていません。
(D) いいえ、おりませんが。

| 번역 | 다카하시라고 합니다만, 다나카 씨 댁에 계십니까?
(A) 아니요, 집에 계속 있었습니다.
(B) 네, 지금 막 외출했습니다.
(C) 네, 아직 돌아오지 않았습니다.
(D) 아니요, 없는데요.

| 어휘 | 在宅(ざいたく) (자기)집에 있음　たった 다만, 그저, 겨우, 단지　たった今(いま) 지금 막, 방금

| 주요어구 |「おる」(있다) :「いる」(있다)의 겸양어
・部長(ぶちょう)の山本(やまもと)は、ただいま外出(がいしゅつ)しております。
　（부장인 야마모토는 지금 외출 중입니다.）

| 정답 | (D)

27

これ、お気に召さないかもしれませんが、プレゼント
です。
(A) いいんですか。つまらないものですけど。
(B) いいんですか。もらいました。
(C) いいんですか。いただいても。
(D) いいんですか。ほんの気持ちです。

| 번역 | 이거, 마음에 드실지 모르겠지만, 선물이에요.
(A) 괜찮습니까? 별거 아니지만.
(B) 괜찮습니까? 받았습니다.
(C) 괜찮습니까? 받아도.
(D) 괜찮습니까? 그저 마음의 표시입니다.

| 어휘 | お気(き)に召(め)す 마음에 드시다, 「気(き)
にいる」의 존경 표현 つまらない 하찮다, 가치가 없다
ほんの 기껏, 고작, 겨우, 불과
| 정답 | (C)

28

失礼ですが、結婚なさっていますか。
(A) はい、結婚しました。
(B) いいえ、一人じゃありません。
(C) いいえ、まだ一人です。
(D) はい、そうするつもりです。

| 번역 | 실례지만, 결혼하셨습니까?
(A) 예, 결혼했습니다.
(B) 아니요, 혼자가 아닙니다.
(C) 아니요, 아직 혼자입니다.
(D) 네, 그럴 예정입니다.

| 어휘 | 結婚(けっこん) 결혼 なさる 하시다, 「する」
(하다)의 존경어
| 주요어구 | 「まだ」(아직)는 할 생각이 있으나, 동작이
완료되지 않은 지금까지 계속되는 상태를 말한다. 「いい
え」일 경우에는 「まだ〜ていません」이라고 해야 한다.
만약 「いいえ、しませんでした」라고 대답하면 이는 이
미 끝난 일이어서 앞으로도 할 의사가 없음을 나타낸다.
「まだ」의 의미를 무시하고 「まだ〜ませんでした」처럼 직
역을 하는 일이 없도록 하자.
A：そうですか。 もうテキストを買(か)いましたか。

(그렇습니까. 벌써 교과서를 샀습니까?)
B：いいえ、まだ買(か)っていません。
(아뇨, 아직 안 샀습니다.)
| 정답 | (C)

29

授業が終わったら映画でも見に行きませんか。
(A) この辺に映画館はないですよ。
(B) 昨日見たばかりですから、ちょっと。
(C) うん、別に行かなくてもいいですよ。
(D) 年に1、2度しか見ないです。

| 번역 | 수업이 끝나면 영화라도 보러 갈래요?
(A) 이 근처에 영화관 없어요.
(B) 어제 봐서 좀.
(C) 응. 특별히 가지 않아도 됩니다.
(D) 1년에 1, 2번 밖에 안 봅니다.

| 어휘 | 授業(じゅぎょう) 수업 辺(へん) 주변 映画
館(えいがかん) 영화관 昨日(きのう) 어제 別(べつ)
に 별로, 특별히, 각별히
| 주요어구 | 「ちょっと」: 반대거나 부정적인 견해를
완곡하게 표현한다) 좀, 조금, 약간
A：ここでタバコを吸(す)ってもいいですか。
(여기서 담배를 피워도 됩니까?)
B：あのう、タバコは ちょっと…。
(저, 담배는 좀…(곤란합니다).)
| 정답 | (B)

30

この食べ残し、どうしましょうか。
(A) 汚れを落としてげた箱の中にしまってください。
(B) しわがひどいのでアイロンをかけてください。
(C) もったいないからラップをかけて取っておいてく
ださい。
(D) 一まとめにして机の引き出しに入れておいてくだ
さい。

| 번역 | 이 먹고 남은 거, 어떻게 할까요?
(A) 때를 없앤 다음 신발장 안에 넣어 주세요.
(B) 주름이 심하니까 다리미질해 주세요.
(C) 아까우니까 랩을 씌어서 놓아주세요.
(D) 하나로 모아서 책상 서랍에 넣어 주세요.

| 어휘 | 食(た)べ残(のこ)し 먹다 남김, 또는 먹다 남긴 음식　汚(よご)れを落(お)とす 때를 벗기다, 세탁을 하다　げた箱(ばこ) 신발장　しまう 넣다　しわ 주름　アイロンをかける 다림질을 하다　もったいない 아깝다　ラップをかける 랩을 씌우다　取(と)る 간직하여 두다, 보존하다　一(ひと)まとめにする 일괄, 하나로 합치다
| 정답 | (C)

31

あ～あ、お腹がぺこぺこで死にそう。
(A) じゃ、トイレに行った方がいいよ。
(B) じゃ、もう食べない方がいいよ。
(C) じゃ、薬でも買って来ようか。
(D) じゃ、どこかに食べに行こう。

| 번역 | 아～. 배고파서 죽을 거 같아.
(A) 그럼, 화장실에 가는 것이 좋아.
(B) 그럼. 더 이상 먹지 않는 게 좋아.
(C) 그럼, 약이라도 사 올까?
(D) 그럼, 어딘가 먹으러 가자.

| 어휘 | お腹(なか) 배　ぺこぺこ 배가 몹시 고픔　死(し)ぬ 죽다　薬(くすり) 약
| 정답 | (D)

32

いらっしゃいませ。何かお探しのものでもございますか。
(A) いえ、まだ見つかりません。
(B) いえ、ただ見ているだけです。
(C) いえ、落し物はありません。
(D) いえ、特に用はないです。

| 번역 | 어서 오세요. 뭔가 찾으시는 것이라도 있습니까?
(A) 아니요, 아직 보지 않았습니다.
(B) 아니요, 그냥 보는 겁니다.
(C) 아니요, 잃어버린 물건은 없습니다.
(D) 아니요, 특별히 일은 없습니다.

| 어휘 | 探(さが)す 찾다　見(み)つかる 들키다, 발견되다　落(おと)し物(もの) 분실물　特(とく)に 특히, 특별히＝「とりわけ、殊(こと)に」　用(よう) 볼일, 용건
| 주요어구 | 정중어 「ござる」: 말하는 사람이 직접 상대

방에게 점잖게 격식을 차려 말하는 경어법으로 「です/ます형」처럼 반말이 아닌 공손한 말투를 말한다. 또한 「ございます」는 「あります(있습니다)」, 「～でございます」는 「です(입니다)」의 보다 공손한 말이다.
| 정답 | (B)

33

次の授業までまだかなり時間あるね。
(A) あの先生、いつも遅刻ばかりしてるからね。
(B) いつの間にこんな時間になったんだろう。
(C) うん。早く終わらないかな。
(D) そうだね。どうやって時間をつぶそうか。

| 번역 | 다음 수업까지 꽤 시간이 있어.
(A) 그 선생, 항상 지각하니까
(B) 어느새 이 시간이 된 거지.
(C) 응. 빨리 끝나지 않을까.
(D) 그러네. 어떻게 시간을 때울까?

| 어휘 | 次(つぎ) 다음　授業(じゅぎょう) 수업　かなり 꽤, 상당히　遅刻(ちこく) 지각　ばかり ～뿐, ～만(그것에 한정한다는 뜻을 나타냄)　いつの間(ま)に 어느새　早(はや)く 빨리, 일찍　どうやって 어떻게(방법)　時間(じかん)をつぶす 시간을 보내다(허비하다, 없애다)
| 정답 | (D)

34

思いきって中山さんに告白しちゃった。
(A) へえ、それでうまくいったの。
(B) 気を落とさないで。まだ、チャンスがあるよ。
(C) へえ、それはお気の毒に。
(D) おめでとう。いつ結婚するの。

| 번역 | 생각 끝에 나카야마 씨에게 고백했다.
(A) 어? 그래서 잘됐어?
(B) 실망하지 마. 또 찬스가 있잖아.
(C) 어? 그거 딱하네.
(D) 축하해. 언제 결혼해?

| 어휘 | 思(おも)いきって 대담하게, 과감하게　告白(こくはく) 고백　うまくいく 일이 잘 되다, 잘 풀리다　気(き)を落(お)とす 낙심하다, 낙담하다　気(き)の毒(どく) 딱함, 불쌍함　おめでとう 축하합니다
| 정답 | (A)

35

木村さんのところはご主人が単身赴任なさってるそう
ですね。
(A) ええ、毎日夫の帰りが遅いので大変です。
(B) ええ、初めのうちは寂しかったですが今はもう慣
　　れました。
(C) ええ、夜勤明けなので少し疲れています。
(D) ええ、うちは庭付きの一戸建てですけど。

| 번역 | 기무라 씨 댁은 남편께서 단신부임하셨다고 들
었습니다.
(A) 네, 매일 남편 귀가가 늦어서 큰일이에요.
(B) 네, 처음에는 외로웠는데 지금은 익숙해졌어요.
(C) 네, 야근이 끝나서 조금 지쳐 있어요.
(D) 네, 집은 정원이 딸린 단독주택인데….

| 어휘 | ご主人(しゅじん) 남의 남편 単身赴任(たん
しんふにん) 단신부임 毎日(まいにち) 매일 夫(おっ
と) 남편 帰(かえ)り 귀가 初(はじ)めのうちは 처음
에는, 처음 동안은 寂(さび)しい 외롭다, 쓸쓸하다 慣
(な)れる 익숙해지다, 적응이 되다 夜勤(やきん) 야근
明(あ)け 어떤 일이 끝남, 끝난 직후 疲(つか)れる 피
곤하다, 지치다 庭付(にわつ)き 정원이 딸려있음 一戸
建(いっこだ)て 단독 주택
| 정답 | (B)

36

営業部の佐藤さん、地方支社に左遷されるんですって。
(A) そうですか。おめでたいですね。
(B) そうですか。うらやましいですね。
(C) そうですか。にくたらしいですね。
(D) そうですか。お気の毒ですね。

| 번역 | 영업부의 사토 씨, 지방 지사로 좌천된대.
(A) 그래요? 축하해요.
(B) 그래요? 부럽네요.
(C) 그래요? 밉상스럽네요.
(D) 그래요? 가엾네요.

| 어휘 | 営業部(えいぎょうぶ) 영업부 地方(ちほう)
지방 支社(ししゃ) 지사 左遷(させん) 좌천 めでた
い 경사스럽다, 축하할 만하다 うらやましい 부럽다
にくたらしい 밉상스럽다 お気(き)の毒(どく) 딱함,
안되었음, 불쌍함

37

おてんばな娘で手がかかって困っています。
(A) お怪我はありませんでしたか。
(B) よくできたお嬢さんですね。
(C) 人なつこい息子さんですね。
(D) いいじゃないですか。子供は元気な方が。

| 번역 | 왈가닥 딸 때문에 폐를 끼쳐서 곤란합니다.
(A) 상처는 없었습니까?
(B) 잘 자란 따님이네요.
(C) 붙임성 있는 아들이군요.
(D) 좋지 않습니까? 아이들은 건강한 것이.

| 어휘 | おてんば 말괄량이 娘(むすめ) 딸 手(て)が
かかる 폐를 끼치다 困(こま)る 곤란하다, 난처해지다
怪我(けが) 상처 お嬢(じょう)さん 따님(남의 딸을 높
여 부르는 말) 人(ひと)なつこい 사람을 잘 따르다, 붙
임성이 있다 息子(むすこ) 아들
| 정답 | (D)

38

スーパーのレジに並んでいたらおばさんに割り込みさ
れちゃった。
(A) よそよそしいにも程があるよな。
(B) ずうずうしいにも程があるよな。
(C) なれなれしいにも程があるよな。
(D) かいがいしいにも程があるよな。

| 번역 | 슈퍼 계산대에 서 있었는데 아줌마한테 새치기
당했다.
(A) 쌀쌀해도 정도가 있지.
(B) 뻔뻔해도 정도가 있지.
(C) 버릇없어도 정도가 있지.
(D) 바지런해도 정도가 있지

| 어휘 | 割(わ)り込(こ)む 새치기하다, 끼어들기하다
よそよそしい 쌀쌀하다 程(ほど)がある 정도가 있다
ずうずうしい 뻔뻔스럽다 なれなれしい 허물없다, 버
릇없다 かいがいしい 바지런하다, 활발하다
| 정답 | (B)

39

学園祭の出し物、何がいいかな。
(A) じゃ、受付の係りは僕がするよ。
(B) 悪い。今、懐が寂しいんだ。
(C) 僕はそれほど芸達者じゃないよ。
(D) う〜ん、日本の伝統舞踊なんかどうかな。

│번역│ 학원 축제에서 할 상연 작품, 뭐가 좋을까.
(A) 그럼, 접수 담당은 내가 할게.
(B) 미안. 지금 가진 돈이 없어.
(C) 나는 그 정도로 재주가 뛰어난 사람이 아니야
(D) 아니, 일본의 전통 무용 같은 거 어떨까.

│어휘│ 学園祭(がくえんさい) 학원 축제 出(だ)し物
(もの) 상연 작품, 공연 작품 受付(うけつけ) 접수 係
(かか)り 담당 懐(ふところ)が寂(さび)しい 가진 돈
이 적다(없다), 가난하다=「懐(ふところ)が寒(さむ)い」
芸達者(げいたっしゃ) 재주가 뛰어난 사람 伝統(でん
とう) 전통 舞踊(ぶよう) 무용
│정답│ (D)

40

中山君は一人暮らしだけど、食事どうしてるの。
(A) ほとんど外食だけど、休日は自炊してるよ。
(B) 恥ずかしいけど、親のすねをかじってるよ。
(C) 誰からも干渉されないから気楽でいいよ。
(D) 朝食はパンだったから昼はスパッゲティにするよ。

│번역│ 나카야마 군은 혼자 살고 있는데, 식사는 어떻게
해?
(A) 거의 외식하는데, 휴일은 자취해요.
(B) 부끄럽지만, 부모님한테 신세지고 있어요.
(C) 누구에게도 간섭받지 않으니까 편해서 좋아요.
(D) 아침 식사는 빵이었으니까 점심은 스파게티로 할거야.

│어휘│ 一人暮(ひとりぐら)し 혼자서 삶 食事(しょ
くじ) 식사 外食(がいしょく) 외식 休日(きゅうじつ)
휴일 自炊(じすい) 자취 恥(は)ずかしい 부끄럽다 す
ね 정강이 かじる 갉아 먹다＊「親(おや)のすねをかじ
る」(독립하지 못하고 부모에게 얹혀살다) 干渉(かんし
ょう) 간섭 朝食(ちょうしょく) 조식 ,아침 식사 昼
(ひる) 점심
│정답│ (A)

41

あれっ、今なんか物音が聞こえなかった?
(A) えっ、そう。初耳じゃない。
(B) えっ、そう。小耳に挟んだんじゃない。
(C) えっ、そう。空耳じゃない。
(D) えっ、そう。寝耳に水じゃない。

│번역│ 어, 지금 무슨 소리 들리지 않았어?
(A) 어, 그래? 처음 듣는 거 아냐?
(B) 어, 그래? 언뜻 들은 거 아냐
(C) 어, 그래? 잘못 들은 거 아냐?
(D) 어, 그래? 아닌 밤중에 홍두깨 아냐?

│어휘│ なんか 무엇인가 物音(ものおと) 무슨 소리
初耳(はつみみ) 초문, 처음 들음 小耳(こみみ)に挟(は
さ)む 언뜻 듣다 空耳(そらみみ) 잘못 들음, 못 들은 체
함 寝耳(ねみみ)に水(みず) 아닌 밤중에 홍두깨
│정답│ (C)

42

あら、やだ。手ががさがさだわ。
(A) ちゃんと手を洗った方がいいよ。
(B) 肌にうるおいがあるね。
(C) 手が空いたなら、これ手伝って。
(D) 水仕事をよくするからだね。

│번역│ 어머, 뭐야. 손이 꺼칠꺼칠해.
(A) 꼭 손을 씻는 게 좋아
(B) 피부가 촉촉하네.
(C) 일손이 비면, 이거 좀 도와줘.
(D) 물 닿는 일을 자주 하니까 그렇지.

│어휘│ がさがさ 꺼칠꺼칠=「がちがち」(가슬가슬, 꺼
칠꺼칠) ちゃんと 착실하게 차근차근 하는 모양, 꼼꼼
히, 틀림없이 手(て)を洗(あら)う 손을 씻다 肌(はだ)
피부 潤(うるお)い 알맞은 습기, 촉촉함 手(て)が空
(あ)く 한가하다, 일손이 비다 手伝(てつだ)う 거들다,
돕다 水仕事(みずしごと) 물일(특히 부엌일, 빨래 등)
│정답│ (D)

43

こんなにうっとうしい天気が続くとさすがにまいるね。
(A) うん。給料日はまだまだ先だからね。
(B) うん。いい加減晴れてほしいよね。

(C) にわか雨だからずっと降り続きそうだね。
(D) 蒸し暑くて気分がいいね。

|번역|
이렇게 찌뿌드드한 날씨가 계속되면 역시 질려.
(A) 응. 월급날은 아직 앞으로 많이 남았기 때문에.
(B) 응. 적당히 개었으면 좋겠다.
(C) 소나기라서 계속 내릴 것 같군.
(D) 무더워서 기분이 좋아요.

|어휘| うっとうしい 음울하다, 찌뿌드드하다, 성가시다 さすがに 과연, 역시 まいる 질리다, 지다 給料日(きゅうりょうび) 월급날 まだまだ 아직 いい加減(かげん) 적당함, 알맞음 晴(は)れる 날이 개다, 맑다 にわか 별안간*「にわか雨(あめ)」(소나기) ずっと 쭉, 계속 蒸(む)し暑(あつ)い 무덥다

|주요어구| 「~てほしい」(~하길 원하다) *요구나 부탁에 관한 표현
• 自分(じぶん)の子供(こども)に幸(しあわ)せになってほしいと願(ねが)わない親(おや)はいない。
　（자기 자식이 행복하길 바라지 않는 부모는 없다.)
|정답| (B)

44

最近、あちこちでインフルエンザがはやってるみたいだね。
(A) うん、僕も流行に後れないようにしないと。
(B) ふ～ん、インターネットで注文してみようかな。
(C) サンキュ。さっそくトライしてみるよ。
(D) うん、空気も乾いてるし、うがいをよくしないとね。

|번역| 최근, 여기저기서 인플루엔자가 유행하고 있는 것 같아.
(A) 응. 나도 유행에 따라가려고 하지 않으면.
(B) 흠, 인터넷에서 주문해 볼까.
(C) 고마워, 즉시 시도해 볼게.
(D) 응. 공기도 건조하고, 양치질을 자주 하지 않으면.

|어휘| 最近(さいきん) 최근 流行(はや)る 유행하다 流行(りゅうこう) 유행 後(おく)れる 남보다 뒤지다 注文(ちゅうもん) 주문 さっそく 즉시, 곧장 空気(くうき) 공기 乾(かわ)く 마르다, 건조하다 うがいをす

る 양치질을 하다
|정답| (D)

45

どうしたの。そんな浮かぬ顔をして。
(A) 給料がアップしたんだよ。
(B) 歯の浮くようなお世辞だね。
(C) 浮気なんかするわけないだろ。
(D) 最近、仕事がうまくいってなくてね。

|번역| 왜 그래? 그런 우울한 얼굴을 하고.
(A) 월급이 상승했어.
(B) 속 보이는 겉치레이군.
(C) 기분이 들 뜰 이유가 없잖아.
(D) 최근 일이 잘 안 돼.

|어휘| 浮(う)かぬ顔(かお) 우울한 얼굴 歯(は)が浮(う)く 역겹다, 아니꼽다, 속이 보이다 世辞(せじ) 겉치레 인사, 알랑거리는 말 浮気(うわき) 바람을 핌 最近(さいきん) 최근 うまくいく 일이 잘 되어 가다
|정답| (D)

46

この話、絶対内緒にしてくれる？
(A) だいじょうぶ。私は尻が重いから。
(B) だいじょうぶ。私は口が堅いから。
(C) だいじょうぶ。私は腰は重いから。
(D) だいじょうぶ。私は頭が固いから。

|번역| 이 이야기, 절대 비밀로 해 줄래?
(A) 괜찮아. 나는 동작이 굼뜨니까.
(B) 괜찮아. 나는 해서는 안 될 소리를 함부로 말하지 않으니까.
(C) 괜찮아. 나는 엉덩이가 무거우니까.
(D) 괜찮아. 나는 머리가 단단하니까.

|어휘| 絶対(ぜったい) 절대로 内緒(ないしょ) 비밀 尻(しり)が重(おも)い 동작이 굼뜨다 口(くち)が堅(かた)い 해서는 안 될 소리를 함부로 말하지 않다 腰(こし)が重(おも)い 엉덩이가 무겁다 頭(あたま) 머리 固(かた)い 단단하다
|정답| (B)

47

こんなにおいしくて、このボリュームというのは割安

じゃないですか。
(A) そうですね。手頃な値段だからお客さんも多いんですね。
(B) そうですね。値段の割に量が少ないですね。
(C) そうですね。庶民にはなかなか手が届きませんね。
(D) そうですね。安いけど味がいまいちですね。

| 번역 | 이렇게 맛있고, 이런 양에 값이 싼 거 아니야?
(A) 그래요. 적당한 가격이니까 손님도 많네요.
(B) 그래요. 가격에 비해 양이 적네요.
(C) 그래요. 서민은 좀처럼 손이 가지 않네요.
(D) 그래요. 싸지만 맛이 좀 없네요.

| 어휘 | 割安(わりやす) (물건에 비해)값이 쌈　手頃(てごろ) 적당함　値段(ねだん) 가격　～の割(わ)りに ～에 비해　量(りょう) 양　庶民(しょみん) 서민　手(て)が届(とど)く 손이 미치다, 할 수 있다(보통 부정형으로 사용되는 어구임)　味(あじ) 맛　いまいち 어딘지 약간, 무언가 조금(다소 모자란 느낌이라는 어감임)
| 정답 | (A)

48

山田さんはよくテニスをなさいますか。
(A) いえ、なかなか腕が上がりません。
(B) ええ、暇さえあればコートに向かいます。
(C) いえ、それ程でもないですよ。
(D) ええ、高校時代にしただけです。

| 번역 | 야마다 씨는 자주 테니스를 하십니까?
(A) 아니요, 좀처럼 솜씨가 늘지 않습니다.
(B) 네, 틈만 있으면 코트로 향합니다.
(C) 아니요, 그 정도는 아닙니다.
(D) 네, 고교 시절에 한 것뿐입니다.

| 어휘 | 腕(うで)が上(あ)がる 솜씨가 늘다　暇(ひま) 여유, 짬　向(むか)う 향하다, 나가다　それほどでもない 그 정도는 아니다　高校時代(こうこうじだい) 고교 시절

| 주요어구 | 「～さえ～ば」(～만 ～면) : 한 가지 예를 들어 다른 것을 유추시키거나, 가정조건을 나타내는 글에서, 하나의 사항을 한정지어 다른 것은 상관하지 않는다는 뜻을 나타낸다.
・パンさえあればよい。
　(빵만 있으면 된다.)

| 정답 | (B)

49

遅刻しそうだったから、近道したら渋滞にはまっちゃってね。
(A) 石橋を叩いて渡るとはこのことだね。
(B) 早起きは三文の得とはこのことだね。
(C) 急がば回れとはこのことだね。
(D) 狐につままれたようだね。

| 번역 | 지각할 것 같으니까, 지름길로 왔더니, 교통정체를 만났어.
(A) 돌다리도 두들겨 건너라 라는 것은 이걸 말하는 거네.
(B) 아침에 일찍 일어나면 무언가 좋은 일이 있다는 것이지요.
(C) 바쁠수록 돌아가라는 것은 이걸 말하는 거네.
(D) 여우에게 홀린 것 같군요.

| 어휘 | 近道(ちかみち) 지름길, 빠른 길　はまる 꼭 끼이다, 빠지다　石橋(いしばし)を叩(たた)いて渡(わた)る 돌다리를 두드려 보고 건너다　早起(はやお)きは三文(さんもん)の得(とく) 아침에 일찍 일어나면 무언가 좋은 일이 있다　急(いそ)がば回(まわ)れ 급할수록 돌아가라　狐(きつね)につままれる 여우에게 홀리다
| 정답 | (C)

50

日本は地震が多くて怖いね。
(A) 被害に遭わないようにしっかりとした対策をすべきだね。
(B) 先生の雷が落ちないように気を付けなきゃ。
(C) そんなお茶をにごしたような言い方、やめてくれよ。
(D) そんなたわごと聞いている暇はないよ。

| 번역 | 일본은 지진이 잦아서 무서워.
(A) 피해를 당하지 않도록 단단히 대책을 세워야 한다.
(B) 선생님의 벼락이 떨어지지 않도록 조심하지 않으면.
(C) 그렇게 얼버무리는 말버릇, 그만해.
(D) 그런 시시한 소리 듣고 있을 여유 없어.

| 어휘 | 地震(じしん) 지진　被害(ひがい) 피해　遭(あ)う 만나다, 겪다　雷(かみなり)が落(お)ちる 불호령이 떨어지다　お茶(ちゃ)を濁(にご)す 적당히 해서 그 자리를 넘기다　たわごと 농담, 시시한 소리, 잠꼬대,

허튼 소리
| 정답 | (A)

Part 3

51

A : あ〜、疲れた。やっと宿題が終わったね。
B : うん。この本どうする。本棚にしまおうか。
A : あ、それはそのままにしておいて。
B : ああ。

| 번역 |
A : 아 피곤해. 겨우 숙제가 끝났네.
B : 응 이 책 어떻게 할거야? 책장에 넣을까?
A : 아, 그거 그대로 둬.
B : 응.

| 어휘 | やっと 겨우 宿題(しゅくだい) 숙제 本棚
(ほんだな) 책장 しまう 넣다, 간직해 두다 そのまま
(그 상태) 그대로

남자는 지금부터 무엇을 합니까?
(A) 책을 읽습니다.
(B) 책을 정리합니다.
(C) 아무것도 안 합니다.
(D) 숙제를 합니다.
| 정답 | (C)

52

A : 湯加減はいかがですか。熱かったら水を入れてく
　　ださいね。
B : あっ、大丈夫です。ちょうどいいです。
A : ここにバスタオル、置いておきますから。
B : いろいろとすみません。

| 번역 |
A : 물 온도는 어때요? 뜨거우면 물을 넣으세요.
B : 음, 괜찮아요. 딱 좋아요.
A : 여기에 목욕 수건 두었어요.
B : 여러모로 감사합니다.

| 어휘 | 湯(ゆ) 끓인 물, 더운 물, 뜨거운 물 加減(かげ
ん) 가감, 조절함, 알맞음 熱(あつ)い 뜨겁다 台所(だ
いどころ) 부엌 風呂場(ふろば) 목욕탕

남자는 어디에 있습니까?
(A) 부엌
(B) 목욕탕
(C) 레스토랑
(D) 수영장
| 정답 | (B)

53

A : 鈴木さんは何人兄弟ですか。
B : 三人兄弟の末っ子です。
A : もしかして長男ですか。
B : ええ、男は私一人だけだったので甘やかされて育
　　ちました。

| 번역 |
A : 스즈키 씨는 형제가 몇 명입니까?
B : 3명중 막내입니다.
A : 혹시 장남입니까?
B : 네, 남자는 저 혼자여서 응석받이로 자랐습니다.

| 어휘 | 何人兄弟(なんにんきょうだい) 몇 형제 末
(すえ)っ子(こ) 막내 長男(ちょうなん) 장남 甘(あま)
やかす 응석을 받아주다 育(そだ)つ 자라다, 성장하다

스즈키 씨 형제에 대해 바른 것은 어느 것입니까?
(A) 스즈키 씨는 여동생이 둘입니다.
(B) 스즈키 씨는 여동생과 누나가 있습니다.
(C) 스즈키 씨는 형과 남동생이 있습니다.
(D) 스즈키 씨는 누나가 둘입니다.
| 정답 | (D)

54

A : どうしたんですか、目が腫れていますよ。
B : 昨日会社の人たちとの飲み会があって午前様だっ
　　たんです。
A : 付き合いもいいですけど、お酒はほどほどにした
　　方がいいですよ。
B : ええ、分かってはいるんですけどねえ。

| 번역 |
A : 무슨 일이에요. 눈이 부어 있어요.

B : 어제 회사 사람들과 회식이 있어 새벽에 귀가했어요.
A : 교제도 좋지만 술은 적당히 하는 것이 좋아요.
B : 예, 알고는 있지만.

|어휘| 腫(は)れる 붓다 飲(の)み会(かい) 회식 午前
様(ごぜんさま) 밤늦게까지 술을 마시고 한밤이나 새벽에
귀가하는 사람 付(つ)き合(あ)い 교제, 사귐 ほどほどに
する 적당하게 하다 ちびちび 조금씩, 홀짝홀짝 一気(い
っき)に 단숨에, 한꺼번에 二日酔(ふつかよ)い 숙취

여자는 무엇을 말하고 싶은 것입니까?
(A) 술은 조금씩 마시지 않고 단숨에 마시는 것이 좋다.
(B) 눈이 붓는 것은 좋지 않다.
(C) 숙취는 좋지 않다.
(D) 술을 많이 마시면 안 된다.
|정답| (D)

55
B : 木村さんの家はどれですか。
A : 右から三軒目です。
B : ああ、あの真ん中の家ですね。
A : ちょっと寄っていきませんか。何もないですけど。

|번역|
B : 기무라 씨 집은 어느 것입니까?
A : 오른쪽에서 3번째 집입니다.
B : 아, 저 한 가운데 집이군요.
A : 잠깐 들렀다 가시겠습니까? 아무 것도 없지만.

|어휘| 右(みぎ) 오른쪽 軒(けん) ~채(집, 건물을 세
는 말) 三軒(さんげん) (집이)3채 ~目(め) ~째

|주요어구| 「~目」는 '~째' 라는 뜻으로, 차례, 서열을
나타낸다.
• 二番目(にばんめ)の交差点(こうさてん)を右(みぎ)
  に曲(ま)がると駅(えき)があります。
  (두 번째 교차점을 오른쪽으로 돌면 역이 있습니다.)

집은 몇 채 지어져 있습니까?
(A) 3채
(B) 4채
(C) 5채
(D) 6채
|정답| (C)

56
B : あ、石田さん。買い物ですか。
A : ええ、お客さんが来るんでケーキを買いに行って
  きたんです。木村さんは。
B : 私は銀行に行ってきました。
A : あっ、思い出させてくれてありがとう。私も行か
  ないと…。

|번역|
B : 아. 이시다 씨. 쇼핑하셨어요?
A : 네, 손님이 오셔서 케이크를 사러 갔다 오는 겁니다.
  기무라 씨는요.
B : 저는 은행에 갔다 왔어요.
A : 아. 생각나게 해 주셔서 고마워요. 저도 가지 않으
  면….

|어휘| 買(か)い物(もの) 쇼핑, 장봄 銀行(ぎんこ
う) 은행 思(おも)い出(だ)す 생각해 내다, 상기하다,
생각나다

이시다 씨는 이제 어디에 갑니까?
(A) 케이크 가게
(B) 은행
(C) 집
(D) 회사
|정답| (B)

57
B : どうしたんですか。そのケガ。もしかして夫婦げ
  んか。
A : まさか。駅の階段でちょっと…。
B : 転んだんですか。
A : ええ。降りるとき、後ろから誰かに押されたんで
  す。

|번역|
B : 왜 그래요? 그 상처. 혹시 부부 싸움.
A : 역 계단에서 좀….
B : 넘어진 거예요?
A : 네, 내려 올 때, 뒤에서 누군가가 밀었어요.

|어휘| 怪我(けが) 상처 夫婦(ふうふ)げんか 부부
싸움 階段(かいだん) 계단 脱(ぬ)ぐ 벗다 押(お)す
밀다 転(ころ)ぶ 넘어지다, 구르다

여자는 왜 상처가 났습니까?
(A) 부부 싸움을 해서.
(B) 계단에서 신발이 벗겨져서
(C) 사람을 뒤에서 강하게 밀어서
(D) 계단에서 넘어져서
| 정답 | (D)

58

B : この冷蔵庫はいかがですか。省エネタイプだし大
　　きくてたっぷり入りますよ。
A : 私は一人暮しなので小さい方がいいんですけど。
B : 大は小を兼ねるといいますし、大きい方が何かと
　　便利だと思いますけど。
A : ワンルームなので狭くて大きいのは入らないんです。

| 번역 |
B : 이 냉장고는 어떻습니까? 에너지 절약형이고 커서 많
　　이 들어갑니다.
A : 저는 혼자 살아서 작은 것이 좋은데요.
B : 큰 것은 작은 것을 대신할 수 있어서 좋고, 큰 것이 여
　　러모로 편리할 거라고 생각해요.
A : 원룸이라서 좁기 때문에 큰 것은 들어가지 않아요.

| 어휘 | 冷蔵庫(れいぞうこ) 냉장고　省(しょう)エネ 에
너지 절약　たっぷり 듬뿍 많이　大(だい)は小(しょう)を
兼(か)ねる 큰 것은 작은 것을 대신할 수도 있다　何(なに)
かと 이것저것, 여러 가지로, 여러모로　狭(せま)い 좁다

여자는 어떤 냉장고를 삽니까?
(A) 절약형 냉장고
(B) 많이 들어가는 냉장고
(C) 작은 크기의 냉장고
(D) 편리한 냉장고
| 정답 | (C)

59

A : もうこんな時間ですか。そろそろ失礼しなくては。
B : えっ、もう帰っちゃうんですか。まだ、いいじゃ
　　ないですか。
A : でも、終電がなくなっちゃうんで。
B : そうですか。じゃ、仕方がないですね。

| 번역 |
A : 벌써 이 시간입니까? 슬슬 돌아가야.

B : 네? 벌써 돌아가시는 거예요? 아직, 괜찮잖아요.
A : 하지만, 막차가 끊어져서.
B : 그래요? 그럼, 어쩔 수 없네요.

| 어휘 | 終電(しゅうでん) 막차　泊(と)まる 묵다
| 주요어구 | 「そろそろ」(이만 슬슬)는 어떤 시기, 상태가
되어가는 모양을 나타낸다.
・じゃ、 そろそろ失礼(しつれい)します。
　(그럼 이만 가보겠습니다. 시간이 다 되었습니다.)

여자는 이제부터 어떻게 합니까?
(A) 버스로 돌아간다.
(B) 아직 돌아가지 않는다.
(C) 전철로 돌아간다.
(D) 남자 집에서 묵는다.
| 정답 | (C)

60

A : 田中さん、おはようございます。今日はいい天気
　　ですね。
B : そうですね。そうだ。明日プールにでも行きませ
　　んか。
A : いいですね。あ、でもあさって英語のテストがあ
　　りますから。
B : そうですか。じゃ、また今度にしましょう。

| 번역 |
A : 다나카 씨, 안녕하세요. 오늘 날씨가 좋네요.
B : 그렇군요. 맞다. 내일 수영장 안 갈래요?
A : 좋군요. 아, 그런데 모레 영어 시험이 있어서.
B : 그렇습니까? 그럼 다음에 가요.

| 어휘 | 洗濯(せんたく) 세탁, 빨래　サボる 게으름 피
우다

여자는 내일 무엇을 합니까?
(A) 빨래를 합니다.
(B) 시험을 건너뛴다.
(C) 시험공부를 한다.
(D) 수영장에 간다.
| 정답 | (C)

61

A : あ、いけない。ストーブつけっぱなしで来ちゃった。

B：えっ、どうしよう。もう高速に乗っちゃったよ。

A：でも、引き返さなきゃ。火事にでもなったら大変
よ。

B：仕方がないな。じゃ、次のインターで降りよう。

| 번역 |

A：아. 갈 수 없어. 스토브 켜 놓은 채로 와 버렸어.

B：어? 어떡해. 벌써 빨리 가는 걸 타 버렸잖아.

A：하지만, 되돌아가지 않으면. 화재라도 나면 큰일이야.

B：어쩔 수 없네. 그럼, 다음 인터체인지에서 내리자.

| 어휘 |　引(ひ)き返(かえ)す 되돌아가다(오다)　火事
(かじ) 화재　消(け)す 끄다　目的地(もくてきち) 목적
지

둘은 이제부터 어떻게 합니까?

(A) 집에 있는 사람에게 전화를 합니다.

(B) 스토브를 끄러 갑니다.

(C) 그대로 목적지까지 갑니다.

(D) 인터체인지를 나가서 생각합니다.

| 정답 | (B)

62

A：木下さんは何かスポーツをしていますか。

B：いいえ。ずっと前からサッカーをやりたいと思っ
てはいるんですが。

A：やっぱりお忙しいからできないんでしょう。

B：忙しいと言うより人を集めるのが大変でなかなか
できないんですよ。

| 번역 |

A：기노시타 씨는 뭔가 운동을 하고 있습니까?

B：아니요. 오래 전부터 축구를 하고 싶다고 생각은 하고
있는데.

A：역시 바빠서 불가능하죠.

B：바쁜 것보다는 사람을 모으는 것이 어려워서 좀처럼
안되네요.

| 어휘 |　忙(いそが)しい 바쁘다　集(あつ)める 모으
다　なかなか 좀처럼　苦手(にがて) 잘하지 못함, 서투
름　仲間(なかま) 한패, 동아리, 동료

기노시타 씨는 왜 축구를 하지 않습니까?

(A) 운동을 못해서.

(B) 돈이 드니까.

(C) 시간이 없어서.

(D) 아는 사람이 없어서.

| 정답 | (D)

63

B：あ〜、おなかがぺこぺこだよ。何かある?

A：昼ごはんの残りならあるけど。これじゃ量が足り
ないわね。

B：そうか。今から作るのも時間がかかるしなあ。

A：今日はもう遅いし、たまには何か取りましょうよ。

| 번역 |

B：아〜, 배고파. 뭐 있어?

A：점심에서 남은 거라면 있는데. 이걸로 양이 부족해요.

B：그래? 지금부터 만드는 것도 시간이 걸리지?

A：오늘은 벌써 늦었고, 가끔은 뭔가 사 먹읍시다.

| 어휘 |　ぺこぺこ 몹시 배가 고픈 모양　残(のこ)り 남
은 것(분량), 나머지　量(りょう) 양　足(た)りない 부
족하다, 모자라다　遅(おそ)い 늦다　たまに 어쩌다가
일어나는 모양, 드문 모양　出前(でまえ) 요리 배달　頼
(たの)む 부탁하다

둘은 지금부터 어떻게 합니까?

(A) 외식을 한다.

(B) 있는 것으로 뭔가 만든다.

(C) 배달시킨다.

(D) 남은 걸 먹는다.

| 정답 | (C)

64

A：今晩9時からのドラマ、面白いってすごい話題にな
ってますよ。

B：でも、今日は残業があるから、見られそうにもあ
りません。

A：えっ、どうして。録画すればいいじゃないですか。

B：うちのビデオ、タイマーが壊れているんです。

| 번역 |

A：오늘 밤 9시부터 하는 드라마 재미있다고 대단한 화제
가 되고 있어.

B：하지만, 오늘은 야근이 있어서, 볼 수 없어.

A：응? 왜? 녹화하면 되잖아.

B : 우리 집 비디오 타이머가 고장 났어.

|어휘| 話題(わだい) 화제 残業(ざんぎょう) 잔업
録画(ろくが) 녹화 壊(こわ)れる 깨지다, 파손되다, 고
장 나다 予約(よやく) 예약

남자는 왜 드라마를 볼 수 없습니까?
(A) 비디오가 없어서.
(B) 녹화 예약을 할 수 없어서.
(C) 텔레비전이 망가져서
(D) 일하는 중이라
|정답| (B)

65

B : ゴミ箱がもういっぱいになったね。これ、捨てて
　　来るよ。
A : それ、生ゴミだから今日はだめよ。
B : えっ、今日は水曜日じゃなかったっけ。
A : 今日は燃えるゴミの日。生ゴミは火木土よ。

|번역|
B : 쓰레기통이 벌써 가득 찼네. 이거 버리고 올게.
A : 그거, 음식물 쓰레기니까 오늘은 안 돼.
B : 응? 오늘 수요일 아니었나?
A : 오늘은 타는 쓰레기 버리는 날이야. 음식물 쓰레기는
　　화 · 목 · 토요일이야

|어휘| ゴミ箱(ばこ) 쓰레기통 捨(す)てる 버리다
生(なま)ごみ 음식물 쓰레기 燃(も)える 타다

|주요어구| 「っけ」(~였더라, ~였지) : 종조사로 잊었
던 일이나 분명하지 않은 일을 묻거나 확인할 때 쓰는 표
현이다.
・これ、何(なん)という花(はな)でしたっけ。
　(이게 무슨 꽃이었죠?)
・明日(あした)のパーティー、場所(ばしょ)はどこだ
　ったっけ。
　(내일 파티, 장소는 어디였더라?)

음식물 쓰레기를 버려도 되는 날은 무슨 요일입니까?
(A) 수요일
(B) 화요일, 수요일, 목요일
(C) 화요일, 금요일
(D) 화요일, 목요일, 토요일

|정답| (D)

66

A : 最近コンピューターの調子が悪くて困ってるんで
　　すよ。
B : 電話をして一度見てもらったらどうですか。
A : 見てもらったんですけど、もう寿命だって言われ
　　たんです。
B : じゃ、そろそろ新しいのに買い換えなきゃいけま
　　せんね。

|번역|
A : 최근 컴퓨터 상태가 나빠져서 곤란해요.
B : 전화해서 한번 점검 받아 보면 어때?
A : 점검 받아 봤는데, 벌써 수명이 다 됐대.
B : 그럼, 슬슬 새 거로 바꿔야 겠네.

|어휘| 最近(さいきん) 최근 調子(ちょうし) 상태
困(こま)る 곤란하다 寿命(じゅみょう) 수명 買(か)
い換(か)える 사서 바꾸다 故障(こしょう) 고장 性能
(せいのう) 성능 修理(しゅうり) 수리

왜 컴퓨터 상태가 안 좋습니까?
(A) 고장이 나서
(B) 성능이 나빠서
(C) 수리를 안 해서
(D) 낡아서
|정답| (D)

67

B : 川上さん、来月の社員旅行、もちろん行きますよ
　　ね。
A : う～ん、どうしようかな。どうせまた温泉でしょ
　　う。毎年マンネリでつまらないわ。
B : 確かにそうですけど、予算が予算ですからね。
A : たまには少し足が出てもいいから思いきって海外
　　にでも行けばいいのに。

|번역|
B : 가와카미 씨, 다음 달 사원 여행, 물론 가죠?
A : 아니요, 어떻게 할까, 어차피 또 온천이겠죠? 매년 똑
　　같아서 시시해요.
B : 분명히 그렇지만, 예산이 예산이니까.
A : 때로는 조금 예산을 넘어도 좋으니까 과감히 해외라도

가면 좋을 텐데.

|어휘| 社員(しゃいん) 사원 旅行(りょこう) 여행
どうせ また 어차피, 어떻든, 하여간 マンネリ 매너리
즘, 천편일률 つまらない 시시하다, 재미없다 予算(よ
さん) 예산 足(あし)が出(で)る 예산을 초과하다, 적자
가 나다 ためらう 망설이다

|주요어구| 「思(おも)いきって」: 대담하게, 과감하게
・思(おも)いきって受験(じゅけん)することにした.
 (과감하게 응시하기로 했다.)

여자는 왜 여행을 망설이고 있습니까?
(A) 예산이 직어서
(B) 해외에 가니까
(C) 매번 온천에 가니까
(D) 모든 사람과 온천에 들어가고 싶지 않아서
|정답| (C)

68

A : 鈴木さん、昼のニュース見ましたか。
B : いいえ。何かあったんですか。
A : 今朝電車の脱線事故があって多くの死傷者が出た
　　そうですよ。
B : へえ、知りませんでした。最近、電車の事故が相
　　次いで起こりますね。

|번역|
A : 스즈키 씨, 점심 뉴스 봤어요?
B : 아니오. 뭔가 있었어요?
A : 오늘 아침 전차 탈선 사고가 나서 많은 사상자가 나왔
　　대요.
B : 네? 몰랐어요. 최근 전차 사고가 연달아 일어나네요.

|어휘| 昼(ひる) 점심, 낮 今朝(けさ) 오늘 아침 脱
線(だっせん) 탈선 死傷者(ししょうしゃ) 사상자 相
次(あいつ)ぐ 잇달다, 연달다

전차 사고는 언제 일어났습니까?
(A) 오늘 아침
(B) 오늘 점심
(C) 어제 아침
(D) 어제 점심
|정답| (A)

69

B : 田中君、確か君英語できたよね。
A : ええ、一応英文科を出ていますけど。
B : さっそくなんだけど明日カナダから急にお客さん
　　が来ることになったんだ。ちょっと頼めるかな。
A : はい、分かりました。それで何時の飛行機でいら
　　っしゃるんですか。

|번역|
B : 다나카 군, 틀림없이 영어 할 수 있죠?
A : 네. 일단 영문과를 나왔지만.
B : 갑작스럽지만 내일 캐나다에서 갑자기 손님이 오게 됐
　　어. 좀 부탁할 수 있을까?
A : 네, 알겠습니다. 그럼 몇 시 비행기로 오십니까?

|어휘| 確(たし)か 아마, 거의, 짐작하건데=「たぶん」
一応(いちおう) 일단 英文(えいぶん) 영문 さっそく
즉시 いらっしゃる 「来(く)る」의 존경어 頼(たの)む
부탁하다 空港(くうこう) 공항 同行(どうこう) 동행

다나카 씨는 내일 무엇을 합니까?
(A) 남자에게 영어를 가르친다.
(B) 손님을 공항까지 마중하러 나간다.
(C) 비행기 티켓을 예약한다.
(D) 손님과 캐나다로 동행한다.
|정답| (B)

70

A : あっ、もうこんな時間。親がうるさいから帰らな
　　きゃ。
B : まだ、電車ある?
A : 電車がなかったら、タクシーで帰るわ。
B : じゃ、そこまで送っていくよ。

|번역|
A : 어, 벌써 이렇게 시간이 되었네. 부모님한테 잔소리 들
　　으니까 돌아가야 돼.
B : 아직, 전철 있어?
A : 전철이 없으면, 택시로 갈게.
B : 그럼, 거기까지 데려다 줄게.

|어휘| 親(おや) 부모 うるさい 말이 많다, 잔소리가
많다 送(おく)る 바래다 주다, 배웅하다=「見送(みお
く)る」 拾(ひろ)う 줍다, 집어타다*「タクシーを拾(ひ

ろ）う」(택시를 잡다) 逃(のが)す 놓치다

여자는 이제부터 어떻게 합니까?
(A) 택시로 간다.
(B) 택시를 잡지 못하면 전철로 돌아간다.
(C) 막차를 놓치면 택시로 돌아간다.
(D) 남자가 집까지 데려다 준다.
　|정답| (C)

71

A : どちらにいらっしゃるんですか。
B : 名古屋です。友達が住んでいるので、出張がてら
　　会って来ようかと思っているんです。
A : それは楽しみですね。じゃ、しばらくは東京に
　　戻らないんですか。
B : それが、仕事が立て込んでいてとんぼ帰りしなけ
　　ればならないんです。

|번역|
A : 어디로 가십니까?
B : 나고야요. 친구가 살고 있어서, 출장 간 김에 만나고
　　올까 해요.
A : 그거 재밌겠네요. 그럼 당분간 도쿄에 안 돌아오십니
　　까?
B : 그게, 일이 몰려서 바로 돌아와야 해요.

|어휘| 住(す)んでいる 살다 出張(しゅっちょう)
출장 しばらく 잠깐, 당분간 戻(もど)る 돌아오다 立
(た)て込(こ)む 붐비다, 몰리다 とんぼ帰(がえ)り 곧
되돌아옴 ～ついでに (～하는)김에, ～기회에 겸사겸사
|주요어구| 「～がてら」: (앞에 오는 내용이 주가 되고
뒤에 오는 내용이 부수적인 것이 되어) ～하는 김에, ～을
겸하여
・買(か)い物(もの)がてら、町(まち)まで行(い)って
　こよう。
　(쇼핑할 겸 시내까지 갔다 와야겠다.)

남자는 이제부터 어떻게 합니까?
(A) 나고야에 출장가서 도쿄로 당분간 돌아오지 않는다.
(B) 나고야에서 관광하는 김에 친구를 만나고 도쿄로 돌아
　　온다.
(C) 나고야에서 일하는 김에 친구를 만나고 바로 도쿄로
　　돌아온다.
(D) 나고야에서 일이 많아 도쿄로 당분간 돌아오지 않는다.

　|정답| (C)

72

B : 明日のコンパ、いつものところでいいよね。
A : ええ。それで誰が来るの。
B : それもいつもと同じメンバーだけど、時間は1時間
　　繰り上げて6時からにするよ。
A : ああ、よかった。私家が遠いからいつもお母さん
　　に小言を言われてたのよ。

|번역|
B : 내일 친목회, 항상 했던 곳이 괜찮겠지.
A : 응. 그럼 누가 와?
B : 그것도 언제나 같은 멤버이지. 그런데 시간은 1시간 앞
　　당겨서 6시부터 할거야.
A : 음. 잘됐네. 우리 집이 멀어서 항상 엄마한테 잔소리
　　들었어.

|어휘| コンパ 다과회, 친목회 繰(く)り上(あ)げる
앞당기다, 앞으로 올리다 小言(こごと) 잔소리 顔(か
お)ぶれ 참가한 사람들, 면면, 멤버

내일 예정에서 변경된 것은 무엇입니까?
(A) 친목회 장소가 바뀌었다.
(B) 친목회 시간이 늦어졌다.
(C) 친목회 시간이 빨라졌다.
(D) 친목회 참가자 멤버가 바뀌었다.
　|정답| (C)

73

A : このデジカメがいいんじゃない。7万円で手頃だし。
B : 三脚付きか…。でも、プリンターは別売りで2万5
　　千円だよ。それよりビデオムービーのほうがお得
　　だと思うけど。値段も2万円しか高くないし。
A : それだっていろんなアクセサリーが必要じゃない。
　　いろいろ揃えると12万円はするわよ。
B : しょうがない。今回は君の選んだので決まり。ビ
　　デオムービーは見送るよ。

|번역|
A : 이 디지털카메라 괜찮지 않아? 7만 엔으로 적당하고.
B : 삼각대 붙어 있나…. 그런데 프린터를 별도로 2만5천
　　엔에 파네. 그것보다 비디오카메라가 이득이라 생각
　　해. 가격도 2만 엔 밖에 비싸지 않고.

A : 그거라면 여러 가지 액세서리가 필요하지 않아? 여러 가지 하면 12만 엔은 할 거야.

B : 어쩔 수 없네. 이번은 네가 선택한 데로 정하지. 비디오카메라는 보류해 두고.

| 어휘 |　手頃(てごろ) 적당함, 알맞음=「適当(てきとう), ころあい」 三脚(さんきゃく) 삼각 받침대　別売(べつう)り 별도 판매　お得(とく) 이익이 됨　値段(ねだん) 가격　揃(そろ)える　갖추어지다　アクセサリー 액세서리　見送(みおく)る 보류하다, 미루다

둘은 무엇을 얼마에 삽니까?
(A) 디지털가메리와 프린티를 9만5천 엔에 산다.
(B) 비디오카메라와 액세서리를12만 엔에 산다.
(C) 비디오카메라를 9만 엔에 산다.
(D) 디지털카메라와 삼각대를 9만5천 엔에 산다.

| 정답 |　(A)

74

A : 決めた。私A定食にするわ。ダイエット中だから。

B : そんなにあっさりしたもの食べたら、夕飯まで持たないよ。僕はこれ、B定食。

A : そんなに油っこいもの食べるの。胃にもたれるわよ。

B : そうかな。でも力が出ないよりいいだろ。

| 번역 |

A : 정했어. 나는 A정식으로 할래. 다이어트 중이니까.

B : 그렇게 간단하게 먹으면, 저녁까지 못 견뎌. 나는 이거 B정식.

A : 그렇게 기름진 거 먹는다고? 소화 안 될걸.

B : 그런가? 그래도 힘이 안 나는 것보단 낫잖아.

| 어휘 |　定食(ていしょく) 정식　あっさり 산뜻하게, 시원스럽게, 간단하게　油(あぶら) 기름　油(あぶら)っこい 기름지다, 느끼하다　胃(い) 위　刺身(さしみ) 회　もたれる 속이 더부룩하다*「胃(い)がもたれる」(위가 더부룩하다)　焼(や)き肉(にく) 불고기

둘은 무엇을 먹으려고 합니까?
(A) 여자는 생선회 정식으로 남자는 불고기 정식.
(B) 여자는 불고기 정식으로 남자는 생선회 정식.
(C) 여자도 남자도 불고기 정식.
(D) 여자도 남자도 생선회 정식

| 정답 |　(A)

75

B : すみません。この辺に靴を修理するところはありませんか。

A : え〜と。この辺で…。あっ、そうそう。あそこに大きいビルが見えるでしょう。

B : ええ。

A : あのビルの隣が花屋で、そのわきの細い道を抜けるとデパートがありますよ。そのデパートの2階です。

| 번역 |

B : 실례합니다. 이 근처에 구두 수리하는 곳은 없습니까?

A : 음. 이 주변이라. 아, 그래그래. 저기에 큰 빌딩이 보이죠?

B : 네.

A : 저 빌딩 옆이 꽃집이고, 그 옆에 좁은 길을 지나면 백화점이 있어요. 그 백화점 2층입니다.

| 어휘 |　辺(へん) 주변　靴(くつ) 구두　修理(しゅうり) 수리　花屋(はなや) 꽃가게　細(ほそ)い 가늘다, 좁다　わき 옆, 곁　抜(ぬ)ける 빠지다, 지나다, 빠져나가다

신발을 수리하는 곳은 어디에 있습니까?
(A) 큰 빌딩 옆 꽃집
(B) 큰 빌딩 옆 백화점
(C) 큰 빌딩 옆을 지나 나오는 길
(D) 꽃집 옆길을 지나면 나오는 백화점

| 정답 |　(D)

76

A : 最近村上さんの様子おかしくないですか。やっぱり転勤が気にかかるんでしょうか。

B : えっ、村上さん、転勤は意外と喜んでいましたよ。地方のおいしい空気が吸えるって。

A : じゃ、どうしたんでしょう。体のどこか悪いんでしょうかね。

B : いや、あれじゃないですか。ほら、今度手塩にかけて育てた娘さんが嫁に行くから。

| 번역 |

A : 최근 무라카미 씨 모습 이상하지 않아요? 역시 전근이 걱정되는 걸까요.

B : 네? 무라카미 씨. 전근은 의외로 기뻐하고 있어요. 지
　　방의 맑은 공기를 마실 수 있다고.
A : 그럼, 왜 그럴까요. 몸이 안 좋은 걸까요.
B : 아니요, 그거 아닐까요? 이번에 손수 돌봐 키운 딸이
　　시집가니까.

| 어휘 |　様子(ようす) 상태　おかしい 이상하다=「変
(へん)だ」　転勤(てんきん) 전근　気(き)にかかる 걱
정되다　意外(いがい)と 의외로　喜(よろこ)ぶ 기뻐하
다　空気(くうき) 공기　吸(す)う 호흡하다, 들이마시다
手塩(てしお) 돌봐 주는 일＊「手塩(てしお)にかける」
(손수 돌보아 기르다)　嫁(よめ)に行(い)く 시집가다

왜 무라카미 씨의 모습이 이상한 걸까요?
(A) 딸이 결혼해서
(B) 몸 상태가 안 좋아서
(C) 딸과 싸워서
(D) 지방으로 전근 가게 되어서
| 정답 |　(A)

77
B : あ、すみません。どちらへ。
A : 5階の東西産業に行きたいんですが。
B : ええと、そうでしたらここ1階は従業員専用ですの
　　で、ご面倒様ですが地下1階をご利用いただけます
　　か。
A : わかりました。地下に止めればいいんですね。

| 번역 |
B : 아, 실례지만 어디 가세요.
A : 5층 토자이산업에 가고 싶은데요.
B : 음, 그렇다면 여기 1층은 종업원 전용이므로, 번거로
우시겠지만 지하1층을 이용해 주시겠습니까?
A : 알겠습니다. 지하에 세우면 되겠네요.

| 어휘 |　産業(さんぎょう) 산업　従業員(じゅうぎょ
ういん) 종업원　専用(せんよう) 전용　ご面倒様(めん
どうさま) 번거로우심, 성가심　地下(ちか) 지하　止
(と)める 세우다, 멈추게 하다　駐車場(ちゅうしゃじょ
う) 주차장

여기는 어디입니까?
(A) 엘리베이터
(B) 회사 안내 데스크

(C) 빌딩 안내 데스크
(D) 빌딩 주차장
| 정답 |　(D)

78
B : どうしたの。こんなに遅れて。心配したよ。
A : ごめんごめん。電車が40分も遅れちゃって。
B : 事故でもあったの。
A : うん。なんか飛び込み自殺があったみたい。

| 번역 |
B : 어떻게 된 거야. 이렇게 늦고. 걱정했어.
A : 미안, 미안. 전철이 40분이나 늦게 왔어.
B : 사고라도 났어?
A : 응. 뭔가 투신자살이 있었던 거 같아.

| 어휘 |　遅(おく)れる 늦다　事故(じこ) 사고　飛(と)
び込(こ)む 뛰어들다　飛(と)び込(こ)み自殺(じさつ)
투신자살　線路(せんろ) 선로　踏(ふ)み切(き)り 건널
목　故障(こしょう) 고장　人身事故(じんしんじこ) 인
명 사고　川(かわ)に落(お)ちる 강에 떨어지다

왜 전차가 늦었습니까?
(A) 선로에 돌이 있어서
(B) 건널목이 고장 나서
(C) 인명 사고가 있어서.
(D) 전철이 강에 떨어져서
| 정답 |　(C)

79
A : 来週お見えになる外国のお客さんにどんな料理を
　　もてなせばいいかしら。
B : やっぱり日本料理がいいんじゃない。おすしとか
　　天ぷらとか。
A : でも、外国の方の口に合うかどうか分からない
　　し、日本に来たから日本料理っていうのもあまり
　　にも単純だし。
B : そうかな。相手の方もきっと伝統的な料理を期待
　　しているはずだよ。それに最近世界的に健康ブー
　　ムだって言うし。

| 번역 |
A : 다음 주 오실 외국 손님에게 어떤 요리를 대접하면 좋
　　을까.

B : 역시 일본 요리가 좋지 않아? 초밥이라든지 튀김이라
든지.

A : 하지만, 외국사람 입에 맞을지 어떨지 모르고, 일본에
왔으니까 일본 요리라는 건 너무나도 단순하고.

B : 그럴까? 상대방도 분명히 전통 요리를 기대하고 있을
거야. 게다가 최근 세계적으로 건강 붐이라 하고….

|어휘| もてなす 대접하다, 환대하다 口(くち)に合
(あ)うかどうかわからない 입에 맞으실지 어떨지 모르
겠다 単純(たんじゅん) 단순 期待(きたい) 기대 最近
(さいきん) 최근 世界的(せかいてき)に 세계적으로 健
康(けんこう) 건강 好(この)む 좋아하다 즐기다 바라다

|주요어구| 「お見(み)えになる」(오시다) : 来る(오다)
의 존경어이다. 그 외에 「いらっしゃる/おいでになる/おこ
しなる」(오시다) 등이 있다.

• 今度(こんど)はいつこちらへお見(み)えになります
か。
（다음에는 언제 이쪽에 오십니까?）

여자는 무엇을 걱정하고 있습니까?
(A) 손님이 일본의 것을 좋아할지 어떨지 걱정이다
(B) 손님이 자기 집에 와서 식사를 할지 어떨지 걱정이다.
(C) 손님이 일본 음식을 좋아하며 먹을지 어떨지 걱정이다
(D) 손님이 건강할지 어떨지 걱정이다.
|정답| (C)

80

A : 昨日は本当にむかついちゃった。

B : そうよね。待ち合わせの時間に1時間も遅れて来る
なんて。

A : 遅れるのは仕方ないけど、どうして前もって一言
連絡してくれなかったのかな。

B : それもそうよね。遅れることは前から分かってた
くせにね。

|번역|
A : 어제 정말 화가 치밀었다.
B : 그렇지. 약속 시간에 1시간이나 늦게 와서.
A : 늦은 것은 어쩔 수 없지만, 왜 미리 한마디라도 연락
안 했는지.
B; 그것도 그러네. 늦는 건 미리 알았을 텐데.

|어휘| むかつく 울컥거리다, 메슥거리다, 화가 치밀

다 待(ま)ち合(あ)わせ 만남, 약속 前(まえ)もって
미리 一言(ひとこと) 한마디, 한 말씀 連絡(れんらく)
연락 遅刻(ちこく) 지각 場所(ばしょ) 장소 間違(ま
ちが)える 틀리다, 실수하다

|주요어구| 「～くせに」～하면서, ～주제에 ‥

• 知(し)っているくせに教(おし)えてくれない。
（알고 있으면서 가르쳐 주지 않는다.）

여자가 화난 최고의 이유는 무엇입니까?
(A) 남자가 지각해서
(B) 친구가 지각해서
(C) 친구가 약속 장소를 틀려서
(D) 친구가 지각할 것을 말해 주지 않아서
|정답| (D)

Part 4

[81～84]

今日は10月12日月曜日。おととい、インターナショ
ナルスポーツ大会があった。現在、クアラルンプー
ルにはアメリカ系、フランス系、イギリス系の学校
など全部で11の外国人学校があるそうだ。もちろん
日本人学校もある。私は日本人学校に通っている。
きのうはその11の外国人学校が集まる一年に一回の
大スポーツ大会だった。朝、6時に起きて軽い朝ご飯
を食べ、父に車で会場まで連れて行ってもらった。
朝から小雨が降っていて、ちょっと元気が出ない。
でも、日本人学校の代表に選ばれたので、いっしょ
うけんめい走らなければならないと思った。私は800
メートル競走のリレーにアンカーとして出場した。
残念ながら、四位でメダルは取れなかった。

|번역| 오늘은 10월 12일 월요일. 그저께 인터내셔널 스
포츠 대회가 있었다. 현재 쿠알라룸푸르에는 미국계, 프랑
스계, 영국계 학교 등 전부해서 11개의 외국인 학교가 있다
고 한다. 물론 일본인 학교도 있다. 나는 일본인 학교에 다
니고 있다. 어제는 그 11개 외국인 학교가 모이는 1년에 한
번 있는 큰 스포츠 대회였다. 아침, 6시에 일어나 가벼운
아침을 먹고, 아버지에게 차로 대회장까지 데려다 달라고
했다. 아침부터 가랑비가 내려, 약간 기운이 나지 않는다.
하지만 일본인 학교 대표로 선발되었기 때문에, 열심히 달

려야 한다고 생각했다. 나는 800미터 경주 릴레이에 마지막 주자로 출장했다. 아쉽게도, 4위로 메달은 따지 못했다.

| 어휘 |　一昨日(おととい) 그저께　全部(ぜんぶ)で 전부 합쳐　通(かよ)う 다니다　集(あつ)まる 모이다　会場(かいじょう) 대회장　連(つ)れる 동행하다, 데리고 가다　小雨(こさめ) 가랑비　元気(げんき)が出(で)る 기운이 나다　代表(だいひょう) 대표　選(えら)ぶ 뽑다, 선발하다　一生懸命(いっしょうけんめい) 열심히　走(はし)る 달리다　競走(きょうそう) 경주　出場(しゅつじょう) 출장, 경기에 나감　アンカー 릴레이에서 마지막 주자　残念(ざんねん)ながら 아쉽게도　メダルを取(と)る 메달을 따다

81

스포츠 대회가 있었던 것은 언제입니까?
(A) 10월 12일 월요일
(B) 10월 11일 일요일
(C) 10월 10일 토요일
(D) 10월 9일 금요일

| 어휘 |　大会(たいかい) 대회
| 정답 |　(C)

82

왜 이 사람은 기운이 나지 않았습니까?
(A) 아침부터 눈이 내렸기 때문에
(B) 아침부터 흐렸기 때문에
(C) 아침부터 아버지에게 야단맞았기 때문에
(D) 아침부터 비가 내렸기 때문에

| 어휘 |　元気(げんき)が出(で)ない 기운이 안 난다　曇(くも)る 날씨가 흐리다　叱(しか)る 꾸짖다, 야단치다
| 정답 |　(D)

83

왜 분발해서 달려야 한다고 생각했습니까?
(A) 이번이 마지막 스포츠 대회이므로
(B) 학교 대표로서 달리기 때문에
(C) 일본인으로서 자존심이 있으므로
(D) 가족이 보고 있으므로

| 어휘 |　走(はし)る 달리다　今回(こんかい) 이번　最後(さいご) 마지막

| 정답 |　(B)

84

출장한 경기 결과는 어떻게 되었습니까?
(A) 우승해서 메달을 땄다.
(B) 근소한 차이로 2위가 되어 버렸다.
(C) 간신히 3위로 입상할 수가 있었다.
(D) 입상하지 못하고, 4위에 그쳤다.

| 어휘 |　出場(しゅつじょう) 출장　競技(きょうぎ) 경기　優勝(ゆうしょう) 우승　タッチの差(さ) 근소한 차 (흔히 「ワンタッチの差(さ)」라고도 함)　ぎりぎり 한도, 빠듯함, 마감 직전　入賞(にゅうしょう) 입상
| 정답 |　(D)

[85~87]

毎度、ワイン専門店エノテカをご利用いただきありがとうございます。お中元はもうお決まりですか。今年のお中元はエノテカのワインを贈ってみてはいかがでしょうか。7月1日から15日の間にギフト用ワインをお買い上げいただくと全国配送料を無料サービスいたします。しかも、冬のギフトが5％割引になる特典付きです。一部セール品を除くすべてのワインが対象となります。もちろん、ワインのタイプや予算など商品選定のご相談も承りますので「お中元に何を贈ろう…」とお悩みの方は、ぜひエノテカのワインをご利用ください。皆様のご来店を心よりお待ちいたしております。

| 번역 |　언제나, 와인 전문점 에노테카를 이용해 주셔서 감사합니다. 백중 선물은 이미 정하셨습니까? 금년 백중 선물은 에노테카의 와인을 선물해 보시면 어떨까요? 7월 1일부터 15일 사이에 선물용 와인을 구입하시면 전국 배송료를 무료 서비스하겠습니다. 게다가 겨울 선물이 5% 할인되는 특전이 덧붙여 있습니다. 일부 세일 품목을 제외하고 모든 와인이 대상이 되겠습니다. 물론 와인 타입이나 예산 등 상품 선정에 대한 상담도 받고 있사오니 '백중 선물로 무엇을 보낼까?' 하고 고민하시는 분은 꼭 에노테카의 와인을 이용해 주십시오. 여러분의 방문을 진심으로 기다리고 있겠습니다.

| 어휘 |　毎度(まいど) 매번　専門店(せんもんてん)

전문점 中元(ちゅうげん) 백중, 백중날의 선물 贈(お
く)る 보내다 配送料(はいそうりょう) 배송료 割引
(わりびき) 할인 特典付(とくてんつ)き 특전이 딸려
있음 除(のぞ)く 제외하다 対象(たいしょう) 대상 予
算(よさん) 예산 商品選定(しょうひんせんてい) 상품
선정 相談(そうだん) 상담, 의논 承(うけたまわ)る
삼가 받다, 받잡다 悩(なや)み 고민, 고민함 皆様(みな
さま) 여러분 来店(らいてん) 내점 心(こころ)より
진심으로

85

기간 중, 선물용 와인을 사면 어떤 특전이 있습니까?
(A) 국내외 어디라도 배송료가 할인되거나, 포장이 무료가
된다.
(B) 와인을 한 병 할인해 받을 수 있다.
(C) 국내에 한해, 배송료가 공짜이고, 연말선물이 5% 할인
된다.
(D) 지금 인기 있는 와인을 무료로 시음할 수 있다.

|어휘| 期間中(きかんちゅう) 기간 중 特典(とくて
ん) 특전 国内外(こくないがい) 국내외 配送料(はいそ
うりょう) 배송료 割引(わりびき) 할인=「値引(ねび)
き」 ラッピング 래핑, 포장(포장지나 리본 실 등을 잘 어
울리게 조화시켜 포장하는 것을 말함) おまけ 값을 깎음,
할인, 덤 お歳暮(せいぼ) 세모, 연말 試飲(しいん) 시음
|정답| (C)

86

지금 계절은 언제입니까?
(A) 봄
(B) 여름
(C) 가을
(D) 겨울

|어휘| 季節(きせつ) 계절 春(はる) 봄 夏(なつ) 여
름 秋(あき) 가을 冬(ふゆ) 겨울*「春夏秋冬(しゅん
かしゅうとう)」(춘하추동)
|정답| (B)

87

이 가게에서는 어떤 상담에 응해 줍니까?
(A) 희망하는 가격이나 타입에 맞는 와인을 고르는 것
(B) 희망에 맞는 취직자리를 찾는 것
(C) 백중 선물을 보내는 상대를 고르는 것

(D) 자신에게 딱 맞는 옷을 고르는 것

|어휘| 店(みせ) 가게 相談(そうだん)に乗(の)る
상담에 응하다 希望(きぼう) 희망 値段(ねだん) 가격
タイプ 타입 就職先(しゅうしょくさき) 취직 자리
探(さが)す 찾다 服(ふく) 옷 お中元(ちゅうげん) 백
중 선물 贈(おく)る 선물하다, 주다, 보내다=「与(あた)
える、あげる」 選(えら)ぶ 고르다, 선택하다 ぴった
り 딱 맞음 服(ふく) 옷
|정답| (A)

[88~90]

科学技術の進歩は目を見はるものがある。特にテレビ
の出現は我々の生活を一気に変革した。テレビの最大
の特徴は、戦争でも、自然災害でも、大統領の葬式で
も、世界中のあらゆる出来事をリアルタイムで我々に
見せてくれることである。いろいろなところへ行かな
くても、相手が来てくれるのである。つまり、我々は
いながらにして世界中の出来事を見ることができるの
である。反面、テレビは家庭から団らんを奪ったとも
言うことができる。テレビがない時代は、みんなご飯
を食べながら、おしゃべりに花が咲いた。しかし、テ
レビが茶の間に来てからは、みんなテレビを見るよう
になってしまった。話をしたらテレビの音が聞こえな
いので、自然に会話はなくなる。

|번역| 과학 기술의 진보는 놀랄만하다. 특히 텔레비전의
출현은 우리의 생활을 단숨에 변화시켰다. 텔레비전의 최대
특징은, 전쟁에서도 자연 재해에서도, 대통령의 장례식에서
도, 전 세계의 모든 사건을 실시간으로 우리에게 보여주는
것이다. 여러 곳에 가지 않더라도 상대가 와 주는 것이다.
즉 우리들은 앉은 채로 전 세계의 사건을 볼 수가 있는 것이
다. 반면 텔레비전은 가정으로부터 단란함을 빼앗았다고도
말할 수가 있다. 텔레비전이 없는 시대는, 모두 밥을 먹으면
서 이야기의 꽃을 피웠다. 그러나 텔레비전이 거실에 오고
부터는 모두 텔레비전을 보게 되어 버렸다. 말을 하면 텔레
비전 소리가 들리지 않으므로 자연히 대화는 없어진다.

|어휘| 科学(かがく) 과학 技術(ぎじゅつ) 기술 進
歩(しんぽ) 진보 目(め)を見(み)はる 눈을 크게 뜨다,
눈이 휘둥그레지다 出現(しゅつげん) 출현 我々(われ
われ) 우리들 一気(いっき)に 단숨에, 단번에 変革
(へんかく) 변혁 最大(さいだい) 최대 特徴(とくちょ

う) 특징 戦争(せんそう) 전쟁 自然(しぜん) 자연 災害(さいがい) 재해 大統領(だいとうりょう) 대통령 葬式(そうしき) 장례식 世界中(せかいじゅう) 전세계 あらゆる 일체의, 온갖, 모든 出来事(できごと) 사건 リアルタイム 즉시 응답, 실시간 つまり 즉 いながらにして 앉은 채로, 들어앉아서 反面(はんめん) 반면 団(だん)らん 단란함 奪(うば)う 빼앗다, 탈취하다 おしゃべりに花(はな)が咲(さ)く 이야기 꽃이 피다 茶(ちゃ)の間(ま) 거실

88

텔레비전의 가장 큰 특징이라면 무엇입니까?
(A) 의자에 앉지 않아도 누워서 볼 수 있는 것.
(B) 식사를 하면서 텔레비전을 볼 수 있는 것.
(C) 세계에서 일어난 일이나 사건을 즉시에 볼 수 있는 것.
(D) 다른 용무를 보면서 텔레비전을 볼 수 있는 것.

| 어휘 | 最(もっと)も 가장, 제일=「一番(いちばん)」 特徴(とくちょう) 특징 椅子(いす) 의자 横(よこ)になる 눕다 事柄(ことがら) 일, 일의 형편, 사항, 사정 即時(そくじ)に 즉시, 곧, 바로 用事(ようじ) 볼일, 용무
| 정답 | (C)

89

왜 텔레비전은 가정에서 단란함을 뺏었다고 말할 수 있습니까?
(A) 텔레비전을 보기위해 자신의 방에 가 버리기 때문에.
(B) 식사를 하면서, 모두 즐겁게 대화하기 때문에.
(C) 가족과 지내는 것보다 텔레비전이 재미있기 때문에.
(D) 텔레비전 소리를 의식하고 회화를 하지 않기 때문에.
| 어휘 | 奪(うば)う 빼앗다 楽(たの)しい 즐겁다 語(かた)り合(あ)う 대화하다 過(す)ごす 지내다
| 정답 | (D)

90

텔레비전에 대한 설명으로서 바른 것은 어느 것입니까?
(A) 실시간으로 전달되는 것은 국내 사건뿐이다.
(B) 텔레비전 보급은 우리들의 생활을 완전히 바꾸는 데는 미치지 못했다.
(C) 텔레비전 앞에 앉은 채로 전 세계의 뉴스를 볼 수 있다.
(D) 최신 뉴스를 알고 싶다면 인터넷 쪽이 빠르다.

| 어휘 | 説明(せつめい) 설명 伝(つた)える 전하다, 전달하다 出来事(できごと) 사건, 사고 普及(ふきゅう) 보급 一変(いっぺん) 일변, 완전히 바꿈 至(いた)る 이르다, 도달하다 世界中(せかいじゅう) 전 세계 最新(さいしん) 최신
| 정답 | (C)

[91~94]

今年も12月24日が来た。街はクリスマス一色だ。サンタクロース、クリスマスツリー、デコレーションケーキ。また12月はボーナスの季節でもある。デパートはクリスマスプレゼントをいっぱい並べて、父親たちのボーナスを待っている。クリスマスはデパートの金儲けのためだけにあるように見える。「クリスマスイブ」の日本語訳は「聖夜」だ。ところが、酔っぱらいのドンチャン騒ぎ。飲み会が朝まで続く。最近では、静かにクリスマスの夜を、というホテルのディナーが流行している。若者たちがそんなホテルの企業宣伝にだまされ、何万円もの金を払う。愚かなことだ。日本人はいつからクリスマスにバカ騒ぎをするようになったのだろうか。クリスマスは外国の、しかも、キリスト教国の習慣だ。外国のものを取り入れて、自分のものにしてしまうのは悪いことではない。しかし、クリスマスのバカ騒ぎはいただけない。やめろとは言わないが、自分の姿をもう一度見直してもらいたい。

| 번역 | 올해도 12월 24일이 왔다. 거리는 크리스마스 일색이다. 산타클로스, 크리스마스트리, 데코레이션 케이크. 또 12월은 보너스의 계절이기도 하다. 백화점은 크리스마스 선물을 가득 진열하고, 아버지들의 보너스를 기다리고 있다. 크리스마스는 백화점의 돈벌이만을 위해 있는 것처럼 보인다. '크리스마스이브' 의 일본어 번역은 '성탄 전야' 이다. 하지만 술주정꾼들의 취해 떠들고 야단법석을 피는 모습. 회식이 아침까지 이어진다. 최근에는 조용히 크리스마스의 밤을, 이라는 호텔 디너가 유행하고 있다. 젊은이들이 그런 호텔의 기업 선전에 속아, 몇 만 엔의 돈을 지불한다. 어리석은 짓이다. 일본은 언제부터 크리스마스에 실없이 떠들어대게 된 것일까? 크리스마스는 외국의, 게다가 기독교를 믿는 나라의 풍습이다. 외국 것을 받아들여, 자기 나라 것으로 만들어 버리는 것은 나쁜 것은 아니다. 하지만 크리스마스의 공연히 야단법석을 떠는 것은 받아들일 수 없다. 그만두라고는 말하지 않겠으나, 자신의 모습을 다시 한 번 바라보았으면 한다.

| 어휘 |　今年(ことし) 금년　街(まち) 번화한 거리　一色(いっしょく) 일색　金儲(かねもう)け 돈벌이　聖夜(せいや) 성야, 성탄 전야　酔(よ)っぱらい 술 취한 사람, 술주정꾼　ドンチャン騒(さわ)ぎ 마시고 노래하고 야단법석을 떨거나 소란하게 함　習慣(しゅうかん) 습관, 풍습　バカ騒(さわ)ぎ 공연히 떠들어댐　取(と)り入(い)れる 거두어들이다, 받아들이다, 도입하다　止(や)める 그만하다, 중지하다　姿(すがた) 모습　見直(みなお)す 다시 한 번 잘 보다, 재점검하다

91

크리스마스이브의 거리 모습은 어떻습니까?

(A) 경기가 안 좋으므로 크리스마스트리나 데코레이션 케이크 등 거의 볼 수 없다.

(B) 교회 앞에서 기독교인이 찬송가를 부르고, 신성한 분위기에 싸여있다.

(C) 산타크로스나 크리스마스트리 등으로 크리스마스 분위기에 싸여있다.

(D) 특별히 평소와 차이가 없다.

| 어휘 |　街(まち) 거리, 시가지, 도심　様子(ようす) 모습　景気(けいき) 경기　教会(きょうかい) 교회　賛美歌(さんびか) 찬송가　神聖(しんせい) 신성함　雰囲気(ふんいき) 분위기　包(つつ)む 둘러싸다, 에워싸다　普段(ふだん) 평소
| 정답 |　(C)

92

크리스마스 때에 백화점이 기대하는 것은 무엇입니까?

(A) 아버지가 아이들을 위해 산타크로스가 되어 주는 것.

(B) 데코레이션 케이크가 많이 팔리는 것.

(C) 레스토랑에 많은 손님이 오는 것.

(D) 부모가 아이에게 줄 크리스마스 선물이 많이 팔리는 것.

| 어휘 |　時期(じき) 시기　期待(きたい) 기대　売(う)れる 팔리다　親(おや) 부모
| 정답 |　(D)

93

최근 젊은이에게 인기가 있는 크리스마스 밤을 보내는 방법은 무엇입니까?

(A) 가족과 조용히 집에서 성탄 전야를 보낸다.

(B) 호텔에서 차분하게 저녁을 먹는다.

(C) 애인과 스키를 타러 간다.

(D) 유명한 가수의 콘서트를 보러 간다.

| 어휘 |　最近(さいきん) 최근, 요즘　若者(わかもの) 젊은이　落(お)ち着(つ)く 안정되다, 차분하다　夕食(ゆうしょく) 저녁
| 정답 |　(B)

94

이 사람은 일본인의 크리스마스 습관에 대해서 어떤 식으로 생각하고 있습니까?

(A) 크리스마스는 일본 것은 아니나, 단순한 이벤트라고 생각되므로 야단법석을 부려도 상관없다.

(B) 외국 습관을 흉내 내는 깃은 나쁘지 않으나, 마시고 먹고 야단법석을 떠는 태도는 다시 한 번 생각해 주었으면 한다.

(C) 외국 것을 받아들이는 것은 좋은 일이고, 요란하게 야단법석을 부리는 것도 일년에 한 번 정도는 좋다고 생각한다.

(D) 기독교 국가도 아닌데 크리스마스 밤을 축하하는 것이 잘못되었다고 생각한다.

| 어휘 |　習慣(しゅうかん) 습관　どんな風(ふう)に 어떤 식으로　単(たん)なる 단순한　真似(まね)する 흉내 내다　態度(たいど) 태도　祝(いわ)う 축하하다　間違(まちが)う 틀리다, 잘못하다
| 정답 |　(B)

[95~97]

ある国のタバコの販売量が今年に入って、急に減ってしまった。タバコ会社によると、2002年1月の第一週のタバコの販売量は6100万箱だった。昨年12月は第一週が6600万箱、第二週が7500万箱、第三週が7800万箱、第四週が9300万箱と次第に増えていたのに、急にブレーキがかかった結果になった。その大きな理由は「禁煙」だ。タバコ会社では新年を迎え、禁煙を決意した人が増えたことが大きな原因だと分析している。禁煙でも禁酒でも、新年を迎えて、決意を新たにする人が多い。しかし、それが三日坊主で終わってしまうのも、世の常である。この国のタバコの販売量はその後、じょじょに増加しているそうである。ということは、「禁煙」が三日坊主で終わってしまった人が非常に多かったということになる。

| **번역** | 어떤 나라의 담배 판매량이 금년 들어, 갑자기 줄어 버렸다. 담배 회사에 의하면 2002년 1월 첫 주 담배 판매량은 6100만 갑이었다. 작년 12월은 첫 주가 6600만 갑, 둘째 주가 7500만 갑, 셋째 주가 7800만 갑, 넷째 주가 9300만 갑으로 점차 늘었는데 갑자기 브레이크가 걸린 결과가 되었다. 그 큰 이유는 '금연'이다. 담배 회사에서는 새해를 맞이하여, 금연을 결의한 사람이 늘어난 것이 큰 원인이라고 분석하고 있다. 금연도 금주도 신년을 맞이하여, 결의를 새롭게 하는 사람이 많다. 그러나 그것이 작심삼일로 끝나 버리는 것도, 세상에 흔히 있는 일이다. 이 나라의 담배 판매량은 그 후 서서히 증가하고 있다고 한다. 그렇다면, 금연이 작심삼일로 끝나는 경우가 대단히 많았다는 것이 된다.

| **어휘** | 販売量(はんばいりょう) 판매량　次第(しだい)に 점차, 차츰　迎(むか)える 맞이하다　決意(けつい) 결의　分析(ぶんせき) 분석　禁酒(きんしゅ) 금주　新(あら)たにする 새로이 하다, 새롭게 하다　三日坊主(みっかぼうず) 작심삼일　世(よ)の常(つね) 세상에 흔히 있는 일, 세상의 관례　徐々(じょじょ)に 서서히　増加(ぞうか) 증가　非常(ひじょう)に 몹시, 대단히

95

왜 담배 판매량이 2002년에 들어서 급격히 줄었습니까?
(A) 담배 가격이 올랐기 때문에
(B) 신년은 바빠서 담배를 피울 여유가 없을 정도이기 때문에
(C) 새해에 담배를 끊으려고 결의한 사람이 늘었기 때문에
(D) 담배로 인해 병이 난 사람이 늘었기 때문에

| **어휘** | 急(きゅう)に 갑자기 =「突然(とつぜん)」　値段(ねだん) 값, 가격　新年(しんねん) 신년, 새해　慌(あわ)ただしい 황망하다, 분주하다　年明(としあ)け 새해, 연초
| **정답** | (C)

96

이 나라의 작년 12월의 담배 판매량의 설명으로 맞는 것은 어느 것입니까?
(A) 첫 주부터 넷째 주가 됨에 따라 판매량이 감소하고 있다.
(B) 첫 주부터 넷째 주가 됨에 따라 판매량이 증가하고 있다.
(C) 첫 주부터 넷째 주까지 판매량은 일정하다.
(D) 첫 주부터 넷째 주까지 판매량은 일정치 않다.

| **어휘** | 昨年(さくねん) 작년　減少(げんしょう) 감소　増加(ぞうか) 증가　一定(いってい) 일정　ばらつきがある 불규칙하다, 일정하지 않다
| **정답** | (B)

97

이 나라의 담배 판매량은 그 후, 조금씩 늘고 있는 것은 왜 그렇습니까?
(A) 담배 회사의 광고에 의해
(B) 금연에 실패한 사람이 또 담배를 피우기 시작했기 때문에
(C) 흡연자의 저 연령화가 진행되고 있기 때문에
(D) 담배 회사가 소비를 부추기는 광고를 내보내기 때문에

| **어휘** | 販売量(はんばいりょう) 판매량　喫煙者(きつえんしゃ) 흡연자　若年化(じゃくねんか) 저 연령화　消費(しょうひ)を扇(あお)る 소비를 부추기다　派手(はで) 화려함　CMを流(なが)す 광고를 내보내다
| **정답** | (B)

[98~100]

電車に乗っているときに気になるものといえば、携帯電話の音です。車内放送でも「車内では携帯電話のご使用はご遠慮下さい」と何度も流れているにもかかわらず、大きな音を鳴らして使用している人がいます。電源を切るまでしなくてもよいと思いますが、音量の設定はしなくてはいけないと思います。今の携帯電話にはバイプレータ機能がついているはずです。なぜそれを活用しないのでしょう。着メロが流行っているようですが、公共の場で他人に聞かせる必要はないはずです。迷惑なのは着メロだけではありません。キー操作の音です。たいていの人は「ＯＦＦ」に設定していると思うのですが、たまに「ピ、ピ、ピ」と静かな車内に聞こえてきたりします。以上のことは携帯電話の設定を替えればよいものです。しかし声の大きさはそういうわけにはいきません。設定もそうですが、1人1人のマナーさえちゃんとできていれば迷惑に思うことはないでしょう。

| **번역** | 전차를 타고 있을 때에 신경이 쓰이는 것으로

말하자면, 휴대전화 소리입니다. 차내 방송에서도 '차내에서는 휴대전화 사용을 삼가 주십시오'라고 몇 번이고 나오고 있음에도 불구하고 큰 소리를 울리며 사용하는 사람이 있습니다. 전원을 끄는 것까지는 안 해도 좋다고 생각합니다만 음량 설정은 해야 한다고 생각합니다. 요즘 휴대전화에는 진동 기능이 붙어 있을 겁니다. 왜 그것을 활용하지 않는 것일까요? 착신음이 유행하고 있는 것 같습니다만 공공의 장소에서 타인에게 들려 줄 필요는 없을 것입니다. 폐가 되는 것은 착신음만은 아닙니다. 키를 조작하는 소리입니다. 대개의 사람들은 'OFF'로 설정하고 있다고 생각합니다만, 가끔 '삐, 삐, 삐'하고 조용한 차내에 들려오곤 합니다. 이와 같은 것은 휴대전화의 설정을 바꾸면 되는 것입니다. 그러나 목소리의 크기는 그렇게 할 수 없습니다. 설정도 그렇습니다만 한 사람 한 사람의 매너만 확실하게 되어 있다면 불편함을 느끼는 일은 없겠지요.

│어휘│　遠慮(えんりょ) 삼가, 사양　鳴(な)らす 소리를 내다, 울리다　電源(でんげん) 전원　音量(おんりょう) 음량　設定(せってい) 설정　機能(きのう) 기능　着(ちゃく)メロ 착신음　流行(はや)る 유행하다　公共(こうきょう) 공공　他人(たにん) 타인　操作(そうさ) 조작

98

이 사람은 전차 안에서 무엇이 신경이 쓰인다고 말하고 있습니까?
(A) 차내 방송
(B) 몸의 냄새
(C) 휴대전화 소리
(D) 옆 사람과 말하는 소리

│어휘│　放送(ほうそう) 방송　体(からだ) 몸　臭(にお)い 냄새
│정답│　(C)

99

전차 안에서 어떤 방송이 나옵니까?
(A) 치한 등의 불편을 주는 행위는 중단하라는 방송
(B) 좌석은 많은 사람이 앉을 수 있도록 좁혀 앉으라는 방송
(C) 신문은 선반에 놓지 말고 가지고 가라는 방송
(D) 휴대전화를 사용하지 말라는 방송

│어휘│　痴漢(ちかん) 치한　行為(こうい) 행위　詰(つ)める 간격을 좁히다　網棚(あみだな) 선반　持(も)

ち帰(かえ)る 가지고 가다
│정답│　(D)

100

이 사람은 차내에서 모두가 어떻게 하길 바라고 있습니까?
(A) 반드시 휴대전화의 전원을 꺼주길 원한다.
(B) 휴대전화로 통화는 하지 않고 메일만 하길 원한다.
(C) 휴대전화 설정을 소리가 안 나도록 해주길 바란다.
(D) 휴대 전화로 말할 때는 주변 사람에게 확실히 들리도록 말하길 원한다.

│어휘│　車内(しゃない) 차내　電源(でんげん)を切(き)る 전원을 끄다　通話(つうわ) 통화　設定(せってい) 설정
│정답│　(C)

[실전 모의고사 2]

Part 1

1

(A) 二人は背広を着ています。
(B) 二人は手をつないでいます。
(C) 二人はけんかをしています。
(D) 二人は肩を組んでいます。

│번역│
(A) 두 사람은 양복을 입고 있습니다.
(B) 두 사람은 손을 잡고 있습니다.
(C) 두 사람은 싸움을 하고 있습니다.
(D) 두 사람은 어깨동무하고 있습니다.

│어휘│　背広(せびろ) 양복　つなぐ 잡다　喧嘩(けんか) 싸움　肩(かた) 어깨　組(く)む 꼬다
│정답│　(D)

2

(A) こちらを見ている人は誰もいません。
(B) みんなで座ってバーベキューをしています。
(C) テーブルの上に空き缶がたくさんあります。

(D) 火の近くには消火器が置いてあります。

| 번역 |
(A) 이 쪽을 보고 있는 사람은 아무도 없습니다.
(B) 모두 앉아서 바비큐 파티를 하고 있습니다.
(C) 테이블 위에 빈 깡통이 많이 있습니다.
(D) 불 가까이에는 소화기가 놓여 있습니다.

| 어휘 | 誰(だれ) 누구　バーベキュー 바비큐 파티　空(あ)き缶(かん) 빈 깡통, 빈 캔　消火器(しょうかき) 소화기
| 정답 | (A)

3

(A) これは映画のチケットを買うための機械です。
(B) これは自動的に写真を撮ってくれる機械です。
(C) これはお金を入れてボタンを押すと飲み物が出てくる機械です。
(D) これはたばこを販売している機械です。

| 번역 |
(A) 이것은 영화 티켓을 사는 기계입니다.
(B) 이것은 자동으로 사진을 찍어 주는 기계입니다.
(C) 이것은 돈을 넣고 버튼을 누르면 음료수가 나오는 기계입니다.
(D) 이것은 담배를 판매하는 기계입니다.

| 어휘 | 映画(えいが) 영화　チケット 티켓　自動的(じどうてき) 자동적　機械(きかい) 기계　ボタン 버튼　飲(の)み物(もの) 음료수　販売(はんばい) 판매
| 정답 | (C)

4

(A) この人たちは座って音楽を聴いています。
(B) 教卓の上に大きいカセットデッキがあります。
(C) 黒板に何か貼ってあります。
(D) 立ってる人は一人もいません。

| 번역 |
(A) 이 사람들은 앉아서 음악을 듣고 있습니다.
(B) 교탁 위에 큰 카세트 플레이어가 있습니다.
(C) 흑판에 무언가 붙어 있습니다.
(D) 서 있는 사람은 아무도 없습니다.

| 어휘 | 音楽(おんがく) 음악　聴(き)く 듣다　教卓(きょうたく) 교탁　カセットデッキ 카세트 플레이어　黒板(こくばん) 흑판　貼(は)る 붙다
| 정답 | (C)

5

(A) 女の人の後ろにある仕切りの高さは天井と同じくらいです。
(B) 女の人の後方にある仕切りの向こうにドアがあります。
(C) 女の人がキャビネットのドアを開けています。
(D) 仕切りに時計がかけてあります。

| 번역 |
(A) 여자 뒤에 있는 칸막이의 높이는 천장과 거의 같습니다.
(B) 여자 뒤쪽에 있는 칸막이의 저편에 문이 있습니다.
(C) 여자가 캐비닛의 문을 열고 있습니다.
(D) 칸막이에 시계가 걸려 있습니다.

| 어휘 | 仕切(しき)り 칸막이　天井(てんじょう) 천장　キャビネット 캐비닛　時計(とけい) 시계
| 정답 | (B)

6

(A) ここにある花は全部同じ種類です。
(B) 花の長さが全部きれいに揃っています。
(C) 咲いている花は一本もありません。
(D) この花束にはいくつかのつぼみがあります。

| 번역 |
(A) 여기에 있는 꽃은 전부 같은 종류입니다.
(B) 꽃의 길이는 전부 예쁘게 다듬어져 있습니다.
(C) 피어 있는 꽃은 한 송이도 없습니다.
(D) 이 꽃다발에는 몇 개의 봉오리가 있습니다.

| 어휘 | 全部(ぜんぶ) 전부　種類(しゅるい) 종류　揃(そろ)う 다듬다　咲(さ)く 피다　花束(はなたば) 꽃다발　つぼみ 봉오리
| 정답 | (D)

7

(A) 売店の店員がレジの前で客に話しかけています。
(B) 売店の前には何人かの通行人がいます。
(C) 売店は大勢の客でにぎわっています。

(D) 売店で客が会計をしてもらっています。

| 번역 |
(A) 매점의 점원이 계산대 앞에서 손님과 이야기하고 있습니다.
(B) 매점의 앞에는 몇 사람이 지나가고 있습니다.
(C) 매점은 많은 사람들로 붐비고 있습니다.
(D) 매점에서 손님이 계산하고 있습니다.

| 어휘 | 売店(ばいてん) 매점 店員(てんいん) 점원 レジ 계산대 通行(つうこう) 통행 大勢(おおぜい) 많은 賑(にぎ)わう 붐비다 会計(かいけい) 회계, 계산
| 정답 | (B)

8
(A) この人は誰かに手を振っています。
(B) この人は両手をポケットに入れています。
(C) この人は腰を曲げて何かを拾っています。
(D) この人はお腹に手を当てています。

| 번역 |
(A) 이 사람은 누군가에게 손을 흔들고 있습니다.
(B) 이 사람은 양손을 포켓에 넣고 있습니다.
(C) 이 사람은 허리를 구부려 무언가를 줍고 있습니다.
(D) 이 사람은 배에 손을 대고 있습니다.

| 어휘 | 両手(りょうて) 양손 ポケット 포켓 入(い)れる 넣다 腰(こし) 허리 曲(ま)げる 구부리다 当(あ)てる 닿다
| 정답 | (D)

9
(A) 赤ちゃんをおんぶしている女の人がいます。
(B) 乳母車のそばに女の人がいます。
(C) 赤ちゃんをだっこしている人はいません。
(D) 建物の前には何も置いてありません。

| 번역 |
(A) 아기를 업고 있는 여자가 있습니다.
(B) 유모차의 옆에 여자가 있습니다.
(C) 아기를 안고 있는 사람은 없습니다.
(D) 건물 앞에는 아무것도 놓여져 있지 않습니다.

| 어휘 | 赤(あか)ちゃん 아기 おんぶする 업다 乳母

車(うばぐるま) 유모차 だっこする 안다
| 정답 | (B)

10
(A) どの人も頭に何かをかぶって演奏しています。
(B) みんな派手な衣装を着て集まっています。
(C) カジュアルな服を着た人たちが並んでいます。
(D) 一列になって、舞台の上で演奏しています。

| 번역 |
(A) 모든 사람이 머리에 무언가를 쓰고 연주하고 있습니다.
(B) 모두 멋진 의상을 입고 모여 있습니다.
(C) 케주얼한 옷을 입은 사람들이 줄 서 있습니다.
(D) 일렬로 서서 무대 위에서 연주하고 있습니다.

| 어휘 | かぶる 쓰다 演奏(えんそう) 연주 派手(はで)だ 멋지다, 화려하다 衣装(いしょう) 의상 集(あつ)まる 모이다 並(なら)ぶ 줄 서다 カジュアル 캐주얼 一列(いちれつ) 일렬
| 정답 | (D)

11
(A) 女の人が足を組んで窓の外を眺めています。
(B) 女の人が片肘をついた方の手で何かを持っています。
(C) 女の人が両手で紙コップをにぎりしめています。
(D) 女の人が片ひざを立てながらコーヒーを飲んでいます。

| 번역 |
(A) 여자가 다리를 꼬고 창밖을 바라보고 있습니다.
(B) 여자가 한쪽 팔꿈치를 닿은 쪽 손에 무언가를 들고 있습니다.
(C) 여자가 양 손에 종이컵을 꼭 쥐고 있습니다.
(D) 여자가 한쪽 무릎을 세우면서 커피를 마시고 있습니다.

| 어휘 | 片肘(かたひじ) 한 쪽 팔꿈치 紙(かみ) 종이 握(にぎ)り締(し)める 꼭 쥐다 膝(ひざ) 무릎
| 정답 | (B)

12
(A) 二人は苦虫をつぶしたような顔をしています。
(B) 二人はつらそうな表情をしています。
(C) 二人は寂しそうな表情をしています。

(D) 二人は微笑を浮かべています。

| 번역 |
(A) 두 사람은 벌레를 씹은 듯한 얼굴을 하고 있습니다.
(B) 두 사람은 괴로운 듯한 표정을 하고 있습니다.
(C) 두 사람은 외로운 듯한 표정을 하고 있습니다.
(D) 두 사람은 미소를 띠우고 있습니다.

| 어휘 | 苦虫(にがむし) 씹으면 쓸 것 같은 벌레 潰(つ
ぶ)す 찌그러뜨리다, 으깨다 表情(ひょうじょう) 표정
微笑(びしょう, ほほえみ) 미소 浮(う)かべる 띄우다
| 정답 | (D)

13
(A) みんなラケットを振り上げています。
(B) 床に倒れている人が何人かいます。
(C) 床に落ちたシャトルを拾っている人がいます。
(D) みんなでネットを張っているところです。

| 번역 |
(A) 모두 라켓을 치켜들고 있습니다.
(B) 바닥에 쓰러져 있는 사람이 몇몇 있습니다.
(C) 바닥에 떨어진 셔틀을 집고 있는 사람이 있습니다.
(D) 모두 네트를 치고 있습니다.

| 어휘 | 振(ふ)り上(あ)げる 치켜 올리다, 치켜들다 床
(ゆか) 마루, 바닥 倒(たお)れる 쓰러지다 シャトル
셔틀콕 張(は)る (장비 등을) 치다
| 정답 | (C)

14
(A) 袖無しを着た少年が男女のカップルのそばにいます。
(B) おもちゃの周りには黒山のような人だかりができ
　　ています。
(C) 大きな人形の前で子供がポーズを取っています。
(D) 店の前に長い行列ができています。

| 번역 |
(A) 민소매 옷을 입은 소년이 남녀 커플 옆에 있습니다.
(B) 장난감의 주변에는 사람이 몰려 있습니다.
(C) 커다란 인형 앞에 아이가 포즈를 취하고 있습니다.
(D) 가게 앞에 긴 행렬이 서 있습니다.

| 어휘 | 袖無(そでな)し 민소매 少年(しょうねん) 소

년 男女(だんじょ) 남녀 おもちゃ 장난감 周(まわ)
り 주변 黒山(くろやま) 사람이 구름처럼 많이 모인 모
양 人(ひと)だかり 많은 사람이 모임, 또는 그 군중 人
形(にんぎょう) 인형
| 정답 | (A)

15
(A) 二人は向き合って見詰め合っています。
(B) 二人はばらばらの方向を見ています。
(C) 二人は少し間隔をおいて立っています。
(D) 二人はぴったりと寄り添って腰掛けています。

| 번역 |
(A) 두 사람은 서로 마주보며 바라보고 있습니다.
(B) 두 사람은 서로 다른 방향을 보고 있습니다.
(C) 두 사람은 조금 간격을 두고 서 있습니다.
(D) 두 사람은 서로 바싹 달라붙어서 앉아 있습니다.

| 어휘 | 向(む)き合(あ)う 서로 마주보다 見(み)つ
め合(あ)う 마주 바라보다 少(すこ)し 조금 間隔(か
んかく) 간격 ぴったり 꼭 寄(よ)り添(そ)う 붙어
있다
| 정답 | (C)

16
(A) 女の人たちはそっぽを向いて立っています。
(B) ぬいぐるみのそばで女の人たちが清掃しています。
(C) 女の人たちは馬にえさをやっています。
(D) 二人とも腰を屈めて腕を組んでいます。

| 번역 |
(A) 여자들은 다른 쪽을 향해 서 있습니다.
(B) 봉제 인형의 옆에서 여자들이 청소하고 있습니다.
(C) 여자들은 말에 먹이를 주고 있습니다.
(D) 둘 다 허리를 구부리고 팔짱 끼고 있습니다.

| 어휘 | そっぽ 다른 쪽, 옆쪽 縫(ぬ)いぐるみ 봉제
인형 清掃(せいそう) 청소 餌(えさ) 먹이 腰(こし)
を屈(かが)める 허리를 구부리다
| 정답 | (D)

17
(A) リュックをしょっている人はいません。
(B) みんなで一斉にお祈りをしています。

(C) ほとんどの人が長ズボンを履いています。
(D) 全員で階段を上ったり降りたりしています。

|번역|
(A) 배낭을 멘 사람은 없습니다.
(B) 모두 일제히 기도를 하고 있습니다.
(C) 대부분의 사람들이 긴 바지를 입고 있습니다.
(D) 전원이 계단을 올라갔다 내려갔다 하고 있습니다.

|어휘| リュック 배낭, 가방　しょう 메다　一斉(いっ
せい)に 일제히　祈(いの)り 기도　ほとんど 대부분
上(あ)がる 올라가다　降(お)りる 내려가다
|정답| (C)

18
(A) この横断歩道には信号機がありません。
(B) ここは歩行者が横断するための道です。
(C) 車道の脇にはきれいな花が植えられています。
(D) この道はまっすぐ行くと行き止まりがあります。

|번역|
(A) 이 횡단보도에는 신호기가 없습니다.
(B) 여기는 보행자가 횡단하는 길입니다.
(C) 차도의 옆에는 예쁜 꽃이 심어져 있습니다.
(D) 이 길은 곧장 가면 막다른 길이 있습니다.

|어휘| 横断歩道(おうだんほどう) 횡단보도　信号機
(しんごうき) 신호기　歩行者(ほこうしゃ) 보행자　車
道(しゃどう) 차도　脇(わき) 옆　まっすぐ 곧장　앞　行
(ゆ)き止(ど)まり 막다름, 종말
|정답| (B)

19
(A) ごつごつとした岩の上で3人がこちらを見ています。
(B) 石段の上から3人が下を見下ろしているところで
　　す。
(C) びっしりと苔に覆われた岩間から3人が顔を覗かせ
　　ています。
(D) 3人は岩に腰を下ろして一息ついているところです。

|번역|
(A) 울퉁불퉁한 바위의 위에 세 사람이 이쪽을 보고 있습
　　니다.
(B) 돌계단 위에서 세 사람이 아래를 내려다보고 있는 중

입니다.
(C) 빈틈없이 이끼에 덮인 바위 사이에서 세 사람이 얼굴
　　을 슬쩍 내비치고 있습니다.
(D) 세 사람은 돌에 걸터앉아 잠깐 쉬고 있는 중입니다.

|어휘| ごつごつ 울퉁불퉁　岩(いわ) 바위　石段(い
しだん) 돌계단　見下(みお)ろす 내려다보다　びっしり
빈틈없이　苔(こけ) 이끼　覆(おお)う 덮다　覗(のぞ)か
せる 슬쩍 내비치다　一息(ひといき) 잠깐 쉼
|정답| (A)

20
(A) 男の人はこれから就寝しようとしているところで
　　す。
(B) 男の人は食事の後片付けをしています。
(C) 男の人は箸を持ったまま目を細めています。
(D) ここはファーストフード店の中です。

|번역|
(A) 남자는 이제 취침하려고 하고 있습니다.
(B) 남자는 식사 후 정리를 하고 있습니다.
(C) 남자는 젓가락을 든 채 눈을 가늘게 하고 있습니다.
(D) 여기는 패스트푸드 가게 안입니다.

|어휘| 就寝(しゅうしん) 취침　後片付(あとかたづ)
け 뒤처리　箸(はし) 젓가락　細(ほそ)める 가늘게 하다
ファーストフード 패스트푸드
|정답| (C)

Part 2

21
このマンション、駅から遠いのにずいぶん高いですね。
(A) そうですね。中古のマンションですからね。
(B) そうですね。もう少し低い方がいいですね。
(C) そうですね。高すぎて手が出ません。
(D) そうですね。歩いて五分ぐらいがいいですね。

|번역| 이 맨션 역에서 먼데 꽤 비싸네요.
(A) 그렇네요. 중고 맨션이니까요.
(B) 그렇네요. 좀 더 낮은 게 좋겠어요.
(C) 그렇네요. 너무 비싸서 무리입니다.

(D) そうですね。歩いて5分ぐらいが良さそうですね。
(D) 그렇네요. 걸어서 5분 정도가 좋겠네요.

|어휘| ずいぶん 아주, 상당히, 제법＝「非常(ひじょう)に」 中古(ちゅうこ) 중고 低(ひく)い 낮다 高(たか)い 비싸다 手(て)が出(で)ない 자신에게 무리이다
|정답| (C)

22

残業ですか。精が出ますね。
(A) 頭が痛いので早退してもいいですか。
(B) 連休明けで仕事がたまっているんです。
(C) すぐに病院に行くつもりです。
(D) 風邪をぶり返してしまったんです。

|번역| 잔업 하세요? 열심히 하시네요.
(A) 머리가 아픈데 조퇴해도 될까요?
(B) 연휴 끝이라 일이 쌓여 있습니다.
(C) 바로 병원에 갈 생각입니다.
(D) 감기가 도져 버렸습니다.

|어휘| 残業(ざんぎょう) 잔업 精(せい)が出(で)る 힘써 일하다, 일에 힘쓰다 早退(そうたい) 조퇴＝「早退(はやび)け」 連休明(れんきゅうあ)け 연휴가 막 끝난 시기 たまる 쌓이다, 밀리다＝「滞(とどこお)る」 すぐに 금방, 곧 ぶり返(かえ)す (병이) 도지다
|정답| (B)

23

あれ、このケーキどうしたの。
(A) 甘さが控え目でおいしいでしょう。
(B) 後片付けは私がしますから。
(C) 冷たいので歯にしみました。
(D) 取引先からのいただきものです。

|번역| 어, 이 케이크 어디서 난 거야?
(A) 단맛이 적은 편이어서 맛있죠?
(B) 뒷정리는 내가 할 테니까
(C) 차가워서 이가 아프다
(D) 거래처에서 받은 겁니다.

|어휘| 甘(あま)さ 단맛 控(ひか)え目(め) 약간 적은 듯함 後片付(あとかたづ)け 뒷정리 冷(つめ)たい 차다 しみる 자극하다, 아프다 取引先(とりひきさき) 거래처

|주요어구| 「さ」는 형용사 어간에 붙어 그와 같은 성질, 상태, 정도 등 본래 의미가 갖는 속성 자체를 나타낸다. 「高(たか)さ」(높이), 「長(なが)さ」(길이), 「重(おも)さ」(무게), 「苦(くる)しさ」(괴로움), 「嬉(うれ)しさ」(기쁨), 「親切(しんせつ)さ」(친절함)
・あの山(やま)の高(たか)さは何(なん)メートルですか。
(저 산의 높이는 몇 미터입니까?)
|정답| (D)

24

今朝、出勤したら事務所のドアが開けっぱなしで、中には誰もいなかったんですよ。
(A) 山田さんはいつも注意深いですからね。
(B) きっと誰か閉めたはずですから大丈夫ですよ。
(C) えっ、泥棒にでも入られたんでしょうか。
(D) 風通しがよくていいですね。

|번역| 오늘 아침, 출근했더니 사무실 문이 열려 있었고, 안에는 아무도 없었어요.
(A) 야마다 씨는 항상 주의 깊으니까요.
(B) 꼭 누군가 닫을 테니까 괜찮아요.
(C) 어, 도둑이라도 들어온 거예요?
(D) 통풍이 잘 되서 좋네요.

|어휘| 出勤(しゅっきん) 출근 事務所(じむしょ) 사무실 開(あ)けっ放(ぱな)し 열린 채로 있음 注意深(ちゅういぶか)い 주의 깊다 閉(し)める 닫다 大丈夫(だいじょうぶ) 문제없음, 괜찮음 泥棒(どろぼう) 도둑 風通(かぜとお)しがいい 통풍이 잘 되다
|주요어구| 「～っぱなし」(～채로 되어 있음)
・立(た)ちっぱなしでいる。
(선 채로 있다.)
|정답| (C)

25

週末に受けた日本語の試験はどうだった?
(A) 僕はいつも一夜漬けの勉強で試験を受けてるよ。
(B) 山をかけて勉強したところが出て、ばっちりだったよ。
(C) 遅刻しそうだったからタクシーで会場まで行ったよ。
(D) 教室にクーラーがなくて暑くて死にそうだったよ。

｜번역｜ 주말에 본 일본어시험은 어땠어?
(A) 나는 항상 벼락치기로 시험 봐.
(B) 나올 것이라고 추측하고 공부한 곳이 나와서 괜찮았다.
(C) 지각할 것 같아서 택시로 회장까지 갔다.
(D) 교실에 에어컨이 없어서 더워 죽을 것 같았다.

｜어휘｜ 週末(しゅうまつ) 주말 試験(しけん)を受(う)ける 시험을 보다 一夜漬(いちやづ)け 벼락치기 山(やま)をかける 이런 것이 나올 것이라고 추측하다, 요행수를 노리다 ばっちり 빈틈없이 수입을 얻는 모양 짭짤하다 遅刻(ちこく) 지각
｜정답｜ (B)

26

どうしたんですか。顔色がすぐれませんね。
(A) 社長の顔色をうかがってばかりいますね。
(B) はい、これから最善を尽くしてがんばります。
(C) 二度としないように気をつけます。
(D) 夕べからぜんぜん食欲がないんです。

｜번역｜ 왜 그래요? 안색이 좋지 않네요.
(A) 사장 안색을 보고만 있습니다.
(B) 네, 지금부터 최선을 다해서 노력하겠습니다.
(C) 두 번 다시 하지 않도록 조심하겠습니다.
(D) 저녁때부터 전혀 식욕이 없습니다.

｜어휘｜ 顔色(かおいろ)がすぐれない 안색이 안 좋다 顔色(かおいろ)をうかがう 눈치를 보다 最善(さいぜん)を尽(つ)くす 최선을 다하다 食欲(しょくよく)がない 식욕이 없다
｜정답｜ (D)

27

先方に渡す書類、どこにやった。
(A) それがどこにも見当たらないんです。
(B) ファックスで送ってもらいましょうか。
(C) 見え透いたうそをつくのはやめてください。
(D) それが見覚えがありません。

｜번역｜ 상대측에 건넬 서류, 어디에 두었어?
(A) 그것이, 어디에도 눈에 띄지가 않아요.
(B) 팩스로 받을까요?
(C) 빤한 거짓말 그만하세요.
(D) 그게 본 기억이 없습니다.

｜어휘｜ 先方(せんぼう) 상대방, 저쪽 書類(しょるい) 서류 見当(みあ)たる 발견되다, 눈에 띄다 見(み)え透(す)く 속까지 환히 비쳐 보이다 うそをつく 거짓말하다 止(や)める 그만하다, 중단하다 見覚(みおぼ)えがない 본 기억이 없다
｜정답｜ (A)

28

遅いわね。どこで油を売ってたの?
(A) わざわざ遠くまで行かなくてもコンビニで売ってるよ。
(B) ついふらふらと飲み屋に入っちゃったんだ。
(C) それじゃ、スタンドでガソリンを給油してもらおう。
(D) 分かった。なるべく早く帰って来るよ。

｜번역｜ 늦었네. 어디서 놀다 온 거야.
(A) 일부러 먼 데까지 가지 않아도 편의점에서 팔아요.
(B) 그만 얼떨결에 술집에 들어갔어.
(C) 그럼, 주유소에서 기름을 넣자.
(D) 알았어, 가능한 한 빨리 돌아올 거예요.

｜어휘｜ 油(あぶら)を売(う)る 잡담 등으로 농땡이 치다 =「道草(みちくさ)を食(く)う」 わざわざ 일부러(호의를 가지고 상대를 위해 유익한 일을 하는 경우) つい (절제해야 한다고 생각은 하지만 자신도 모르게) 그만 ふらふら 얼떨결에, 힘이 없는 모양 飲(の)み屋(や) 술집 給油(きゅうゆ) 급유 なるべく 가능한 한, 될 수 있으면 =「できるだけ」
｜정답｜ (B)

29

領収書はお客さんに渡さなくてもいいですか。
(A) はい、渡さなくてはいけません。
(B) いいえ、渡してはいけません。
(C) はい、渡してもいいですよ。
(D) いいえ、渡さなければなりません。

｜번역｜ 영수증은 손님에게 전해 주지 않아도 괜찮습니까?
(A) 네, 건네지 않으면 안 됩니다.
(B) 아니요, 건네서는 안 됩니다.
(C) 네, 건네도 괜찮습니다.
(D) 아니요, 건네지 않으면 안 됩니다.

|어휘| 領収書(りょうしゅうしょ) 영수증 渡(わた)
す 건네다, 넘기다
|정답| (D)

30

本田さん、ついに念願の新車を手にいれたそうよ。
(A) うらやましいな。僕なんかいつも着た切り雀だよ。
(B) うらやましいな。僕なんかぽんこつ車をなかなか
　　手放せないよ。
(C) うらやましいな。僕なんかたまにしか洗車しない
　　よ。
(D) うらやましいな。僕なんかめったに遊びに行かな
　　いよ。

|번역| 혼다 씨, 결국 소원하던 새 차를 갖게 되었대.
(A) 부럽네. 나 같은 건 항상 단벌 신사야.
(B) 부럽네. 나는 고물차를 좀처럼 처분할 수 없어.
(C) 부럽네. 나는 가끔 밖에 세차를 안 해요.
(D) 부럽네, 나는 좀처럼 놀러 안 가요.

|어휘| ついに 드디어, 끝끝내 念願(ねんがん) 염원,
숙원, 바람 新車(しんしゃ) 새 차 手(て)にいれる 수
중에 넣다, 입수하다 羨(うらや)ましい 부럽다 着(き)
たきり雀(すずめ) 단벌 신사 ぽんこつ車(ぐるま) 고
물 차 なかなか (문장 뒤에 부정의 말을 수반하여)좀처
럼, 도저히, (긍정의 말을 수반하여)상당히, 꽤=「かなり」
手放(てばな)す 팔아넘기다 たまに 가끔, 때때로 洗
車(せんしゃ) 세차 めったに 거의, 좀처럼
|정답| (B)

31

あ～あ、あんな店に入んなきゃよかった。
(A) えっ、よかったね。あの店、そんなにうまいの。
(B) へえ、いいな。僕も行けばよかった。
(C) えっ、あの店、そんなにまずいの。
(D) じゃ、入んなくてよかったね。

|번역| 아, 저런 가게 안 들어갔으면 좋았을 걸.
(A) 와, 잘됐네. 그 가게 그렇게 맛있어.
(B) 어, 좋은데. 나도 갔으면 좋았을걸.
(C) 어. 그 가게, 그렇게 맛이 없어?
(D) 그럼, 안 들어가길 잘했네.

|어휘| 店(みせ) 가게 まずい 맛없다

|정답| (C)

32

あれっ、どうしたんですか。ガラスの破片が散らばっ
ていますね。
(A) 手が滑って、うっかりグラスを割ってしまったん
　　です。
(B) 手が滑って、うっかりグラスを破ってしまったん
　　です。
(C) 手が滑って、うっかりグラスをつぶしてしまった
　　んです。
(D) 手が滑って、うっかりグラスを切ってしまったん
　　です。

|번역| 어, 왜 그래요? 유리 파편이 흩어져 있네요.
(A) 손이 미끄러져서, 무심코 유리컵을 깼습니다.
(B) 손이 미끄러져서, 무심코 유리컵을 부수었습니다.
(C) 손이 미끄러져서, 무심코 유리컵을 부수었습니다.
(D) 손이 미끄러져서, 무심코 유리컵을 잘라 버렸습니다.

|어휘| 破片(はへん) 파편 散(ち)らばる 흩어지다
手(て)が滑(すべ)る 손이 미끄러지다 割(わ)る 나누
다, 깨다, 쪼개다 破(やぶ)る 깨다, 부수다, 어기다 潰
(つぶ)す 으깨다, 잘게 부수다
|정답| (A)

33

田中部長はいらっしゃいませんか。では、明日あらた
めてうかがいます。
(A) 明日は必ず参ります。本当に申し訳ありませんで
　　した。
(B) 田中は明日お伺いできないと存じますが。
(C) ご足労をおかけいたしましたのに恐縮です。
(D) いいえ、受付にうかがってください。

|번역| 다나카 부장은 안 계십니까? 그럼, 내일 다시
오겠습니다.
(A) 내일은 틀림없이 오십니다. 정말로 죄송합니다.
(B) 다나카는 내일 갈 수 없을 거라는데요.
(C) 일부러 오시게 해서 죄송합니다.
(D) 아니요, 접수하는 곳에 물어 보세요.

|어휘| 改(あらた)めて 다시, 재차, 차후에 ご足労
(そくろう) 일부러 가도록(오도록)하게 함 恐縮(きょ

うしゅく) 황송하게 여김, 죄송스럽게 여김 受付(うけ
つけ) 접수처, 안내소, 창구
|정답| (C)

34

中山君、今回も成績がだんトツ一位だったんですって。
(A) すごいな。彼の努力には頭が重いよ。
(B) すごいな。彼の努力には頭が下がるよ。
(C) すごいな。彼の努力には頭を抱えるよ。
(D) すごいな。彼の努力には頭に来るよ。

|번역| 나카야마군, 이번에도 성적 1등 했대.
(A) 대단하네요. 그의 노력에는 머리가 무거워요.
(B) 대단하네요. 그의 노력에는 머리가 숙여져요.
(C) 대단하네요. 그의 노력에는 고민한다.
(D) 대단하네요. 그의 노력에는 부아가 난다.

|어휘| 成績(せいせき) 성적 断(だん)トツ 월등, 발
군*「断(だん)トツの成績(せいせき)」(월등한 성적) 凄
(すご)い 훌륭하다, 대단하다, 굉장하다 努力(どりょ
く) 노력 頭(あたま)が下(さ)がる 머리가 수그러지다,
존경하다 頭(あたま)を抱(かか)える 고민하다, 난처해
하다 頭(あたま)に来(く)る 부아가 나다
|정답| (B)

35

今日は絶好の行楽日和ですね。こんな日はどこかに出
かけないともったいないですね。
(A) 雨降りは家で読書するのに限ります。
(B) 残念ですね。今度一緒に行きましょう。
(C) 私は出不精ですから家にいる方が好きです。
(D) そうですね。来週の日曜日はどうですか。

|번역| 오늘은 절호의 나들이가기 좋은 날씨네요. 이
런 날은 어딘가 안 나가면 아까워요.
(A) 비가 오는 날은 집에서 독서하는 게 제일이다.
(B) 유감이네요. 다음에 같이 갑시다.
(C) 나는 외출을 싫어하는 타입이라서 집에 있는 것을 좋
아해요.
(D) 글쎄요. 다음 주 일요일은 어때요?

|어휘| 絶好(ぜっこう) 절호 行楽(こうらく) 행락
日和(ひより) 좋은 날씨 行楽日和(こうらくびより)
행락에 알맞은 날씨 雨降(あめふ)り 비가 옴, 또는 비가

오는 날씨 読書(どくしょ) 독서 出不精(でぶしょう)
외출을 싫어함, 또는 그런 사람(성격)
|정답| (C)

36

今度会社の近くにおしゃれな店がオープンしましたが、ご存
知ですか。
(A) いいえ、一度しかそこで食べたことがありません。
(B) はい、知っていません。どの辺にありますか。
(C) いいえ、知りませんが。その店は何の店ですか。
(D) いいえ、あの店には二度と行きたくありません。

|번역| 이번 회사 근처에 화려한 상점이 오픈했는데,
아십니까?
(A) 아니요, 한번밖에 거기서 먹어 본 적이 없어요.
(B) 네, 모릅니다. 어디 부근에 있습니까?
(C) 아니요, 모르겠는데요. 그 가게 무슨 상점입니까?
(D) 아니요, 저 가게에는 두 번 다시 가고 싶지 않습니다.

|어휘| 近(ちか)く 근처 お洒落(しゃれ) 모양, 분위
기가 멋짐, 세련됨 店(みせ) 가게 ご存知(ぞんじ) 알고
계시다, 생각하시다, 「知る」(알다)/「思う」(생각하다)의 존
경어 二度(にど)と 두 번 다시*「二度(にど)と～まい」
(두 번 다시 ～지 않겠다)처럼 부정 표현과 잘 어울린다.

|주요어구| 「知(し)っていますか」(아십니까?) : 「知(し)
る」는 타동사로 학습을 통해 얻은 지식이나 지적인 측면을
말하는 표현이다. 그러므로 단순히 '모르다'의 반대개념에
가깝다.사전 학습여부를 묻는 경우 '알고 있다'라는 표현
은 현재 상태를 나타내는 「知っている」로 해야 한다.
Q:この機械(きかい)の使(つか)い方(かた)を知(し)っ
　ていますか。
　이 기계의 사용법을 알고 있습니까?
A:はい。知(し)って います。/ いいえ。知(し)りませ
　ん。
　예. 알고 있습니다. / 아니오. 모릅니다.
|정답| (C)

37

三井商事の田中と申しますが、鈴木課長にお目にかか
りたいんですが。
(A) もう少しお待ちすれば、鈴木課長にお目にかかれ
　ると思います。
(B) 今いらっしゃいませんが。お約束はいただいてお

りますでしょうか。
(C) 失礼ですが、お名前は何とおっしゃいますか。
(D) 申し訳ございません。ただいま席を外しております。

| 번역 | 미츠이 상사의 다나카라고 하는데요, 스즈키 과
장님을 뵙고 싶습니다만.
(A) 조금만 더 기다리면, 스즈키 과장님을 뵐 수 있을 거라
    생각합니다.
(B) 지금 안 계십니다만. 약속은 하셨는지요?
(C) 실례합니다만, 성함이 어떻게 되십니까?
(D) 죄송합니다. 지금 자리를 비우셨습니다.

| 어휘 | お目(め)にかかる 뵙다, 「会(あ)う」(만나다)
의 겸양어 ただいま 지금, 막, 방금 席(せき)を外(は
ず)す 자리를 비우다
| 정답 | (D)

38

ぜひ今晩見てもらいたいテレビ番組があるんだけど、
見る時間ある?
(A) うん、多分。残業があったら見せると思うよ。
(B) まだ、分かんないけど、残業があったら見えない
    と思うよ。
(C) うん、多分。残業さえなければ見えると思うよ。
(D) まだ、分かんないけど、残業さえなければ見られ
    ると思うよ。

| 번역 | 꼭 오늘 밤 봐주었으면 하는 프로그램이 있는
데, 볼 시간 있어?
(A) 응, 아마도. 잔업이 있으면 보여줄 거야.
(B) 아직, 모르겠는데, 잔업이 있으면 보이지 않을 거야.
(C) 응, 아마도. 잔업만 없으면 볼 수 있을 거야.
(D) 아직, 모르겠는데, 잔업만 없으면 볼 수 있어.

| 어휘 | 番組(ばんぐみ) (텔레비전)프로 多分(たぶ
ん) 아마 残業(ざんぎょう) 잔업 見(み)せる 보여주
다 見(み)える 보이다

| 주요어구 | 「～さえ～ば」(~만~면)의 꼴로 한 가지 예
를 들어 다른 것을 유추시키거나, 가정 조건을 나타내는
글에서, 그 조건만으로 일이 충족됨을 나타냄. 또는 하나
의 사항을 한정지어 다른 것은 상관하지 않는다는 뜻을 나
타낸다.
| 정답 | (D)

39

世話になった人へ二週間以内に必ず礼状を出すように
しています。
(A) へえ、田中さんって面倒くさがり屋なんですね。
(B) へえ、田中さんって意外と涙もろいたちなんですね。
(C) へえ、田中さんってずいぶんまめな人なんですね。
(D) へえ、田中さんって見かけによらずずぼらな性格
    なんですね。

| 번역 | 신세를 끼쳤던 사람에게 2주 이내에 꼭 감사장
을 보내도록 하고 있습니다.
(A) 허, 다나카 씨는 아주 귀찮아하시는군요.
(B) 허, 다나카 씨는 의외로 눈물이 많은 분이군요.
(C) 허, 다나카 씨는 꽤 성실한 분이군요.
(D) 허, 다나카 씨는 겉보기와 달리 흐리터분한 성격이군요.

| 어휘 | 世話(せわ)になる 신세를 지다 礼状(れいじ
ょう) 감사장, 사례 편지 面倒(めんどう)くさがり屋
(や) 아주 귀찮아하는 사람, 몹시 성가시게 여기는 사람
涙(なみだ)もろい 눈물을 잘 흘리다, 잘 감동하다 まめ
だ 부지런하다, 성실하다 ずぼらだ 흐리터분하다
| 정답 | (C)

40

部長、ちょっといいですか。ご相談したいことがある
んですが。
(A) 相談に乗りたいことって一体何だい。
(B) すまないが、今ちょっと取り込んでいるから後に
    してくれ。
(C) いや、特に悩んでいることはないはずだが。
(D) よし、分かった。そこまで言うなら相談に乗って
    もらおう。

| 번역 | 부장님, 잠깐 괜찮으십니까? 상담하고 싶은 게
있는데요.
(A) 상담을 하고 싶다니 도대체 뭐야?
(B) 미안하지만, 지금 좀 바쁘니까 나중에 해줘.
(C) 특별히 걱정하는 건 없을 테지만
(D) 좋아 알았어. 그렇게까지 말하니 상담해 주지.

| 어휘 | 取(と)り込(こ)む 어수선하다, 복잡하다 後
(あと)にする 나중에 하다 特(とく)に 특별히 悩(な
や)む 고민하다

| 정답 | (B)

41

あの人、本当にひょうきんな人ですね。
(A) そうですね。彼女にはもう愛想が尽きました。
(B) そうですね。つまらない話ばかりして困っています。
(C) そうですね。怒らせないように気をつけます。
(D) そうですね。いつも彼女に笑わされてばかりいます。

| 번역 | 저 사람, 정말로 익살스러운 사람이네요.
(A) 그래요. 그녀에게는 이미 정나미가 떨어졌습니다.
(B) 그래요. 시시한 얘기만 해서 곤란합니다.
(C) 그래요. 화나게 하지 않도록 조심합니다.
(D) 그래요. 항상 그녀로 인해 웃기만 합니다.

| 어휘 | ひょうきんだ 소탈하고 익살스러움　愛想(あいそ)が尽(つ)きる 정나미가 떨어지다　つまらない 하찮다, 시시하다　困(こま)る 곤란하다, 난처하다　怒(おこ)る 화나다　笑(わら)わされる 웃다, 웃게 되다
| 정답 | (D)

42

どなたか先に前に出て自己紹介をなさっていただけますか。
(A) すみませんが、後でなさってもかまいませんか。
(B) はい、後でさせていただきます。
(C) では、誰もいないようなので私がいたします。
(D) 勤務先は東京ですが、住まいは横浜です。

| 번역 | 어떤 분인가 먼저 앞에 나와 자기소개를 해주셨으면 좋겠습니다.
(A) 죄송합니다만, 나중에 해도 괜찮습니까?
(B) 네, 나중에 해 드리겠습니다.
(C) 그럼, 아무도 없는 것 같으니까 제가 하겠습니다.
(D) 근무처는 도쿄인데, 주거지는 요코하마입니다.

| 어휘 | 自己紹介(じこしょうかい) 자기소개　勤務先(きんむさき) 근무처　住(す)まい 주거, 주소, 살이
| 정답 | (D)

43

田中さん、抽選でハワイ旅行に当たったんですって。
(A) それはラッキーでしたね。
(B) 日頃の行いが悪いからですね。
(C) きっと罰が当たったんですね。
(D) それは不幸中の幸いでしたね。

| 번역 | 다나카 씨, 추첨으로 하와이 여행에 당첨됐대.
(A) 그거 행운이네.
(B) 평소의 몸가짐이 나쁘기 때문이에요.
(C) 틀림없이 벌 받은 거예요.
(D) 그건 불행 중 다행이네요.

| 어휘 | 抽選(ちゅうせん) 추첨　当(あ)たる 들어맞다, 적중하다　日頃(ひごろ) 평소　行(おこな)いが悪(わる)い 품행(행실)이 나쁘다　罰(ばつ)が当(あ)たる 처벌을 받다　不幸中(ふこうちゅう)の幸(さいわ)い 불행 중 다행
| 정답 | (A)

44

遅くなって本当に申し訳ありません。おわびにごちそうさせてください。
(A) 気にかかって食事ものどを通りません。
(B) そんなに気になさらないでください。
(C) 本当に気が気でないです。
(D) 気になってしかたがないです。

| 번역 | 늦어져서 정말 죄송합니다. 사과하는 의미로 한턱 내겠습니다.
(A) 신경 쓰여서 식사도 목을 안 넘어갑니다.
(B) 그렇게 걱정하지 마세요.
(C) 정말로 안절부절 못합니다.
(D) 걱정이 되어 어쩔 수 없네요.

| 어휘 | おわび 사죄, 사과(의 말)　気(き)にかかる 마음에 걸리다, 걱정이 되다 =「気(き)になる」　気(き)に障(さわ)る 마음에 거슬리다, 불쾌하게 느끼다　気(き)が気(き)でない 안절부절 못하다
| 정답 | (B)

45

この店は、毎日営業してるんですか。
(A) ええ、一日中外回りをしているので疲れます。
(B) ええ、毎日マイカー通勤をしています。
(C) 第三土曜日のみ休ませて頂いております。

(D) 朝の9時から夜の10時までやってます。

|번역| 이 가게는 매일 영업하고 있습니까?
(A) 네, 하루 종일 외근을 하고 있어서 피곤합니다.
(B) 네, 매일 제 차로 통근하고 있습니다.
(C) 3번째 토요일만 쉬고 있습니다.
(D) 아침 9시부터 밤 10시까지 하고 있습니다.

|어휘| 営業(えいぎょう) 영업 のみ 만, 뿐 一日中(いちにちじゅう) 하루 종일 外回(そとまわ)り 외근 通勤(つうきん) 통근
|정답| (C)

46

中山はただ今こちらに向かっておりまして、あと20分ぐらいかかると思いますが、いかがいたしましょうか。
(A) 恐れ入りますが、こちらでお待ちになりたいのですが。
(B) 了解しました。ここで待っていろということですね。
(C) さしつかえなければ、こちらで待たせていただきたいのですが。
(D) よろしければ、こちらで待っていただきたいのですが。

|번역| 나카야마는 지금 이 쪽으로 오고 있으니, 앞으로 20분 정도 걸릴 거라 생각하는데 어떻게 할까요?
(A) 죄송하지만, 여기서 기다리고 싶은데요.
(B) 알겠습니다. 여기서 기다리라는 거네요.
(C) 지장이 없으면, 여기서 기다리고 싶습니다만.
(D) 괜찮으시다면, 여기서 기디리셨으면 힙니다만.

|어휘| 恐(おそ)れ入(い)ります 죄송합니다, 송구스럽습니다 了解(りょうかい) 양해 さしつかえ 지장
|정답| (C)

47

この夏、田中先生が一時帰国するそうですが、あなたに会いたがっていましたよ。
(A) そうですか。私もきっと見るつもりです。
(B) そうですか。私もきっとご覧に入れます。
(C) そうですか。私もぜひお目にかかりたいです。
(D) そうですか。私もぜひお目にかけたいです。

|번역| 이번 여름, 다나카 선생님이 잠깐 귀국한다고 하는데 당신을 만나고 싶어 해요.
(A) 그래요? 나도 꼭 볼 생각입니다.
(B) 그래요? 나도 꼭 보여드리겠습니다.
(C) 그래요? 나도 꼭 뵙고 싶습니다.
(D) 그래요? 나도 꼭 보여드리고 싶습니다.

|어휘| この夏(なつ) 이번 여름 一時(いちじ) 일시 帰国(きこく) 귀국 お目(め)にかかる 뵙다, 「会う」(만나다)의 겸양어 ご覧(らん)にいれる 보여 드리다, 「見せる」(보이다)의 겸양어(「お目(め)にかける」로도 사용함)
|정답| (C)

48

あ～あ、彼からまたデートをすっぽかされちゃった。
(A) 君の彼ってああ見えても意外と几帳面なんだね。
(B) のろけ話はいい加減にしてくれよ。もう聞き飽きたよ。
(C) 埋め合わせに今度何かおいしい物でもおごってもらいなよ。
(D) そうだな。夜景が美しい所がいいんじゃないかな。

|번역| 아, 그에게서 또 데이트를 바람맞았어.
(A) 네 애인 그렇게 보여도 의외로 성실하고 꼼꼼하구나.
(B) 주책없는 소리 이제 그만 좀 해. 이미 진저리가나.
(C) 보충하는 의미로 다음에 뭔가 맛있는 거 사 달라고 해.
(D) 그런가. 야경이 아름다운 곳이 좋지 않을까.

|어휘| すっぽかす 어기다 几帳面(きちょうめん) 착실하고 꼼꼼한 모양 のろけ話(ばなし) 자기 아내나 애인과의 사적인 이야기를 자랑삼아 이야기함, 또는 그런 류의 이야기 *「のろける」(자기 아내의 이야기를 남 앞에서 자랑스럽게 늘어놓다) 聞(き)き飽(あ)きる 싫증이 나도록 듣다 埋(う)め合(あ)わせ 벌충, 보충 おごる 한턱내다, 대접하다 夜景(やけい) 야경 美(うつく)しい 아름답다
|정답| (C)

49

日本で死者百人を超える電車の脱線事故が起きたそうですよ。
(A) ラッシュ時はダイヤがよく乱れますからね。
(B) 電車の乗客は全員無事でしたか。
(C) 不景気だから自殺者が後を絶ちませんね。

(D) 前代未聞のむごたらしい事故ですね。

|번역| 일본에서 사망자 100명을 넘는 전철 탈선 사고가 났다고 합니다.
(A) 러시아워 때는 운행이 자주 차질을 빚기 때문이지요.
(B) 전차 승객은 전원 무사했습니까?
(C) 불경기이니까 자살자가 끊이지 않네요.
(D) 전대미문의 비참한 사고이군요.

|어휘| 死者(ししゃ) 사망자 超(こ)える 넘다, 초과하다 脱線事故(だっせんじこ) 탈선 사고 ダイヤが乱(みだ)れる 열차 시각표가 엉망이 되다, 열차 운행에 혼란이 일어나다 むごたらしい 비참하나, 잔혹하다
|정답| (D)

50

やっぱりゴールデンウイークだからすごい人ごみだね。
(A) そうだね。ごみ捨て場にごみがあふれちゃってるね。
(B) そうだね。どこもかしこも金におおわれているね。
(C) そうだね。ぼうっとしてたら迷子になりそうだね。
(D) そうだね。連休だというのにがらがらだね。

|번역| 역시 황금연휴라서 사람이 많네.
(A) 맞아. 쓰레기장에 쓰레기가 넘쳐 있네.
(B) 맞아. 여기나 저기나 금으로 덮여 있네.
(C) 맞아. 멍하고 있으면 미아가 될 것 같다.
(D) 맞아. 연휴인데 텅텅 비어 있네.

|어휘| ゴールデンウイーク 골든 위크, 황금연휴 ごみ捨(す)て場(ば) 쓰레기장 覆(おお)う 표면을 덮다 ぼうっと 멍한 모양 迷子(まいご) 미아 連休(れんきゅう) 연휴 がらがら 텅텅 비어 있는 모양
|정답| (C)

Part 3

51

A : まず、塩こしょうで味をつけます。
B : はい、入れました。次は醤油ですね。
A : いいえ、醤油は香りづけですから、火を止めてか

ら入れます。
B : なるほど。料理はタイミングですね。

|번역|
A : 우선 소금, 후추로 맛을 냅니다.
B : 네, 넣었어요. 다음은 간장이네요.
C : 아니요, 간장은 향을 내는 거라서, 불을 끄고 넣습니다.
D : 역시, 요리는 타이밍이군요.

|어휘| 塩(しお) 소금 こしょう 후추 味(あじ)をつける 맛을 내다 醤油(しょうゆ) 간장 香(かお)りづけ 향을 냄 火(ひ)を止(と)める 불을 끄다 なるほど 과연, 정말 料理(りょうり) 요리 調理(ちょうり) 조리

간장은 언제 넣습니까?
(A) 소금, 후추를 넣기 전
(B) 소금, 후추를 넣고 난 다음
(C) 조리를 하는 도중
(D) 조리가 끝난 다음
|정답| (D)

52

A : みなさん、よく聞いてください。明日のテストは25ページから57ページまでです。
B : 先生、43ページまでしかやってませんけど。
A : あ、そうでしたか。失礼。じゃ、そこまでにしましょう。
B : はい、分かりました。

|번역|
A : 여러분, 잘 들으세요. 내일 시험은 25페이지부터 57페이지까지입니다.
B : 선생님, 43페이지까지 밖에 안 했는데요.
A : 아, 그랬어요? 그럼, 거기까지 합시다.
B : 네, 알겠습니다.

|어휘| 範囲(はんい) 범위

내일 시험 범위는 어떻게 됩니까?
(A) 25페이지부터57페이지까지
(B) 44페이지부터 57페이지까지
(C) 25페이지부터 43페이지까지
(D) 44페이지부터 56페이지까지
|정답| (C)

53

B：ちょっとお尋ねしますが、ドラッグストアはどこ
　　にありますか。
A：ええと、あの交差点を渡ったところに大型のスー
　　パーがありますよね。
B：ええ。あの青い看板の…。
A：ドラッグストアはあの向こうです。

│ 번역 │

B：말씀 좀 여쭙겠습니다. 약국이 어디에 있습니까?
A：음, 저 교차로를 건넌 곳에 대형 슈퍼가 있죠.
B：네. 저 파란 간판.
A：약국은 그 맞은편에 있습니다.

│ 어휘 │ 尋(たず)ねる 찾다, 묻다, 방문하다　渡(わた)
る 건너다　看板(かんばん) 간판

약국은 어디에 있습니까?
(A) 슈퍼 앞에 있습니다.
(B) 슈퍼 뒤에 있습니다.
(C) 슈퍼 맞은편에 있습니다.
(D) 슈퍼 안에 있습니다.
│ 정답 │ (C)

54

A：いつも何時頃お休みになりますか。
B：そうですね。特にやることがない時は10時頃には
　　床に就きますが…。
A：へえ、意外ですね。そんなに早いとは。
B：でも来週から期末テストが始まりますから、この
　　頃は3時間ぐらい遅く寝ます。

│ 번역 │

A：항상 몇 시 정도에 주무십니까?
B：글쎄요. 특별히 할 일이 없을 때는 10시 정도에는 잠자
　　리에 듭니다.
A：네? 의외네요. 그렇게 빨리라고는….
B：하지만 다음 주부터 기말 시험이 시작되어 요즘은 3시
　　간 정도 늦게 잡니다.

│ 어휘 │ 床(とこ)に就(つ)く 잠자리에 들다　期末(き
まつ) 기말

최근, 남자는 몇 시쯤에 잡니까?

(A) 밤 1시경
(B) 밤 10시경
(C) 밤 3시경
(D) 밤 8시경
│ 정답 │ (A)

55

A：あの、時計の修理をお願いしたいんですけど。
B：はい、どうしたんですか。
A：電池切れでもないのに針が全然動かないんです。
　　いつ頃できますか。
B：明日は定休日ですから、あさって来てください。

│ 번역 │

A：저, 시계 수리하고 싶은데요.
B：네, 무슨 문제가 있습니까?
A：전지가 다 닳은 것도 아닌데 바늘이 전혀 움직이지 않
　　아요. 언제쯤 됩니까?
B：내일은 정기 휴일이니까, 모레 오세요.

│ 어휘 │ 修理(しゅうり) 수리　電池(でんち) 전지　針
(はり) 침, 바늘　動(うご)く 움직이다　定休日(ていき
ゅうび) 정기 휴일

여자는 시계를 언제 가지러 갑니까?
(A) 내일
(B) 2일 후
(C) 정기 휴일
(D) 3일 후
│ 정답 │ (B)

56

A：田中さんはもうお帰りになりましたか。
B：ええ、もう退社したと思いますけど。
A：でも、あれは田中さんのコートじゃないですか。
B：あ、そうですね。じゃ、まだどこかにおりますね。

│ 번역 │

A：다나카 씨는 벌써 돌아갔습니까?
B：네, 벌써 퇴근한 것 같은데요.
A：그런데, 저것은 다나카 씨 코트 아닙니까?
B：아. 그렇군요. 그럼 아직 어딘가에 있나 봐요.

│ 어휘 │ 退社(たいしゃ) 퇴근　自宅(じたく) 자택　取

引先(とりひきさき) 거래처

다나카 씨는 어디에 있습니까?
(A) 자택
(B) 역
(C) 회사
(D) 거래처
|정답| (C)

57

A：あの、すみません。このマジックいくらですか。
B：一本120円です。五本買うと500円に安くなるので
　　お買得ですよ。
A：じゃ、十本ください。あ、あと領収書もらえます
　　か。
B：はい。領収書のお名前は…。

|번역|
A：저, 실례지만, 이 매직 얼마예요?
B：한 자루에 120엔입니다. 5자루 사면 500엔으로 싸기
　　때문에 손해는 없습니다.
A：그럼, 10자루 주세요. 아, 그리고 영수증 받을 수 있어요?
B：네. 영수증 이름은….

|어휘| マジック 매직(매직펜의 준말) 買得(かいど
く) 싸게 사서 이득이 있음 領収書(りょうしゅしょ) 영
수증

여자는 매직 대금으로 얼마를 지불합니까?
(A) 120엔
(B) 500엔
(C) 1000엔
(D) 1200엔
|정답| (C)

58

B：すみません。この靴で黒いのはありますか。
A：黒は全部売り切れで今は茶色しか残っていないん
　　です。
B：そうですか。じゃ、また来ます。
A：また、よろしくお願いします。

|번역|
B：실례합니다. 이 구두로 검은 색 있어요?

A：검은 색은 전부 팔려서 지금은 갈색 밖에 안 남아 있어요.
B：그래요? 그럼, 다시 오겠습니다.
A：또, 오세요(잘 부탁드립니다).

|어휘| 売(う)り切(き)れる 다 팔리다 茶色(ちゃい
ろ) 갈색 注文(ちゅうもん) 주문

남자는 어떻게 합니까?
(A) 검은 구두를 샀다.
(B) 갈색 구두를 샀다.
(C) 검은 구두를 주문했다.
(D) 아무것도 사지 않았다.
|정답| (D)

59

A：すみません。ここで降ろしてください。
B：はい。1260円です。
A：すみません。大きいのしかなくて。
B：いいえ。8740円のお返しです。お確かめください。

|번역|
A：실례지만 여기서 내려 주세요.
B：네. 1260엔입니다.
A：죄송해요. 큰 돈 밖에 없어서.
B：괜찮아요. 잔돈 8740엔입니다. 확인해 보세요.

|어휘| 降(お)ろす 내리다 確(たし)かめる 확실히
하다, 확인하다 切符(きっぷ) 표

둘은 어디에 있습니까?
(A) 슈퍼 계산대
(B) 택시 안
(C) 레스토랑
(D) 역 표 파는 곳
|정답| (B)

60

B：高橋先生、日本語で履歴書を書いたんですが、ち
　　ょっとチェックしていただけませんか。
A：キムさん、悪いけど今手が離せないから、田中先
　　生にチェックしてもらってくれる？
B：田中先生は今日は学校にいらっしゃらないようで
　　すが。
A：そうですか。じゃ、後で見ますから、そこの机の

上に置いておいて。

| 번역 |
B : 다카하시 선생님, 일본어로 이력서를 썼는데요, 좀 봐
　　주세요.
A : 김 군, 미안하지만 지금 바빠서, 다나카 선생한테 체크
　　해 받을래?
B : 다나카 선생님은 오늘 학교 안 오시는 것 같은데요.
A : 그래요? 그럼, 나중에 볼 테니까, 그 책상 위에 둬.

| 어휘 |　いただく「もらう」의 겸양어　離(はな)す　떼
다, 놓다, 풀다　机(つくえ)　책상

누가 이력서를 체크합니까?
(A) 다나카 선생님
(B) 아무도 안봅니다.
(C) 다카하시 선생님
(D) 김 군
| 정답 |　(C)

61

B : もしもし、田中部長いらっしゃいますか。
A : 失礼ですが、お名前をいただけますでしょうか。
B : あ、これは失礼しました。昭和アルミの中田です。
A : 中田様ですね。ただ今お電話をお回ししますので、
　　しばらくお待ち下さい。

| 번역 |
B : 여보세요. 다나카 부장님 계십니까?
A : 실례합니다만, 성함이 어떻게 되십니까?
B : 아, 실례했습니다. 쇼와 알루미늄의 나카타라고 합니다.
A : 나카타 씨요. 바로 전화 돌려 드릴 테니 조금만 기다려
　　주세요.

| 어휘 |　ただ今(いま)　지금　アルミ　알루미늄　電話(で
んわ)を回(まわ)す　전화를 돌리다　しばらく　잠깐, 당
분간　電話(でんわ)をつなぐ　전화를 연결하다

여자는 이제부터 무엇을 합니까?
(A) 다나카 부장과 얘기한다.
(B) 다나카 부장을 찾으러 간다.
(C) 다나카 부장을 부르러 간다.
(D) 다나카 부장에게 전화를 연결한다.
| 정답 |　(D)

62

B : キャビネット、もう満杯だなあ。
A : そうですね。もうひとつ購入してもらいましょう
　　か。
B : いや、それより資料を少し整理した方がいいよ。
　　いらないものも多そうだし。
A : それもそうですね。

| 번역 |
B : 캐비닛, 벌써 가득 찼어.
A : 그러네. 하나 더 사 달라고 할까?
B : 아니, 그것 보다 자료를 조금 정리하는 게 좋겠어. 필
　　요 없는 것도 많은 것 같고.
A : 그렇긴 하네.

| 어휘 |　キャビネット　캐비닛　満杯(まんぱい)　가득
참　購入(こうにゅう)　구입　処分(しょぶん)　처분

둘은 이제부터 무엇을 합니까?
(A) 캐비닛을 산다.
(B) 필요없는 캐비닛을 처분한다.
(C) 아무것도 하지 않는다.
(D) 필요없는 자료를 처분한다.
| 정답 |　(D)

63

B : すみません。この染み取れますか。
A : これ、何をつけちゃったんですか。
B : インクです。
A : 取れると思いますが、染み抜きは別料金をいただ
　　くことになりますが…。

| 번역 |
B : 실례합니다. 이 얼룩 지워질까요?
A : 이거, 뭐 묻힌 거예요?
B : 잉크요.
A : 지워질 거라 생각하지만, 얼룩빼기는 별도 요금을 받
　　고 있는데요.

| 어휘 |　染(し)み　얼룩　染(し)み抜(ぬ)き　얼룩빼기
化粧品(けしょうひん)　화장품　文房具(ぶんぼうぐ)屋
(や)　문방구점

둘은 어디에 있습니까?

(A) 문방구점
(B) 세탁소
(C) 양복 매장
(D) 화장품 매장
|정답| (B)

64

A：上田君、転職おめでとう。
B：ありがとう。この不況の中、すんなり決ってよか
　　ったよ。
A：どう、新しい職場は。
B：う～ん、前の会社より、うんと働きやすいんだけ
　　ど、こき使われる割に給料が少ないのが玉に瑕な
　　んだよね。

|번역|
A：우에다 군, 전근 축하해.
B：고마워. 이 불황기에, 순조롭게 정해져서 잘됐네.
A：어때? 새 직장은.
B：음, 전에 있던 회사 보다, 일하기는 쉬운데, 혹사당하
　　는 거에 비해 급료가 적은 게 옥에 티야.

|어휘| 転勤(てんきん) 전근　不況(ふきょう) 불황
すんなり 척척, 순조롭게, 쉽게　決(き)まる 결정되다,
정해지다　うんと 몹시, 썩, 매우, 실컷　こき使(つか)
う 혹사하다　割(わ)りに 비해　玉(たま)に瑕(きず)
옥에 티

전에 있던 회사보다 좋아진 점은 무엇입니까?
(A) 혹사당하지 않게 됐다.
(B) 월급이 올랐다.
(C) 일하기 쉬워졌다.
(D) 아무것도 바뀌지 않았다.
|정답| (C)

65

B：どう、この方が前より広く見えるでしょう？
A：わあ、ほんとだ。一人でよく移動できたわね。で
　　もソファーの位置が少し窓に近すぎるんじゃない。
B：そうかなあ、この方がスペースがたっぷり取れて
　　いいんだけど。
A：でも、こんなに近くに置いたら窓が開けにくくな
　　い。

|번역|
B：어때, 전보다 넓어 보이지？
A：와, 정말. 혼자서 잘 바꾸네. 그런데 소파 위치가 창문
　　에 너무 가까운 거 아냐？
B：그런가? 이게 공간을 많이 활용할 수 있어서 좋지만 말야.
A：하지만, 이렇게 가깝게 놓으면 창문 열기 힘들지 않아？

|어휘| 移動(いどう) 이동　位置(いち) 위치　近(ちか)
すぎる 너무 가깝다　たっぷり 많이　掃除(そうじ) 청소
配置(はいち) 배치　付(つ)き替(か)える 바꿔 달다

남자는 무엇을 합니까?
(A) 방 청소를 했다.
(B) 소파 위치를 바꿨다.
(C) 새로운 소파를 샀다.
(D) 커튼을 바꿔 달았다.
|정답| (B)

66

B：すみません。まだ席ありますか。
A：ええ、大丈夫ですよ。
B：ああ、間に合ってよかった。大人二枚、お願いし
　　ます。
A：CMの後、すぐ始まりますから、お急ぎください。

|번역|
B：실례지만, 아직 자리 있습니까？
A：네, 괜찮아요.
B：아, 때마침 잘됐다. 어른2장, 주세요.
A：광고 후, 바로 시작하니까, 서둘러 주세요.

|어휘| 席(せき) 자리, 좌석　間(ま)に合(あ)う 때에
맞다　切符売(きっぷう)り場(ば) 표 파는 곳, 매표구　映
画館(えいがかん) 영화관

남자는 어디에 있습니까?
(A) 역 표 파는 곳
(B) 버스 안
(C) 영화관
(D) 편의점
|정답| (C)

67

B：高そうなノート型パソコンですね。買ったんです

か。

A：ええ、ずっと欲しくてやっと手に入れたんですけ
どまだ全然使ってないんです。

B：えっ、それはもったいないですねえ。マニュアル
は付いてたでしょう。

A：それが専門用語が多すぎて私にはちんぷんかんぷ
んなんです。

| 번역 |

B：비싸 보이는 노트북이네요. 샀습니까?

A：네, 계속 갖고 싶어서 겨우 샀는데 아직 전혀 사용 안
하고 있어요.

B：네? 아깝네요. 매뉴얼 붙어 있었죠.

A：그게 전문용어가 너무 많아서 대체 어떤 말을 하는지
알 수가 없네요.

| 어휘 |　~型(がた) ~형(타이프)=「タイプ」 やっと
겨우, 간신히　専門用語(せんもんようご) 전문용어　ち
んぷんかんぷん 종잡을 수 없음, 그런 말　借(か)りる
빌리다　無(な)くす 잃어버리다

여자는 왜 컴퓨터를 사용하지 않나요?

(A) 매뉴얼을 잃어버려서

(B) 다른 사람한테 빌린 거라서

(C) 사용 방법이 어려워서.

(D) 매뉴얼이 어려워서.

　| 정답 |　(D)

68

B：高橋さん、海外に転勤するんだって。

A：えっ、どうして知ってるの。誰から聞いたの。

B：この間、鈴木さんが田中さんに話してるのを小耳
に挟んだんだよ。

A：まだ、確実ではないからあまり人に話さないでね。

| 번역 |

B：다카하시 씨, 해외로 전근가게 됐다던데.

A：네? 어떻게 알았어. 누구한테 들었어.

B：요전에, 스즈키 씨가 다나카 씨한테 말하는 것을 언뜻
들었어.

A：아직, 확실하지 않으니까 사람들한테 말하지 마.

| 어휘 |　海外(かいがい) 해외　転勤(てんきん) 전근
小耳(こみみ)に挟(はさ)む 언뜻 듣다　確実(かくじつ)

확실함

다카하시 씨가 전근 가는 것을 말한 것은 누구입니까?

(A) 다카하시 씨

(B) 스즈키 씨

(C) 다나카 씨

(D) 남자

　| 정답 |　(B)

69

A：わあ、面白そうなDVDですね。これちょっと貸し
てもらえませんか。

B：ごめんなさい。これ僕のじゃなくて木村さんに借
りたのなんです。

A：じゃ、私が木村さんに一言断ってから直接返しま
すから。

B：そうですか。じゃ、必ずそうして下さいね。

| 번역 |

A：와, 재밌을 것 같은 DVD네요. 이거 좀 빌려줄 수 있어
요?

B：미안합니다. 이거 내 것이 아니고 기무라 씨에게 빌린
거예요.

A：그럼, 내가 기무라 씨에게 말하고 직접 돌려줄게요.

B：그럴까요? 그럼, 꼭 그렇게 해주세요.

| 어휘 |　貸(か)す 빌려주다　僕(ぼく) 나　~のじゃな
くて ~가 아니라　借(か)りる 빌리다　一言(ひとこと)
한마디, 한마디 말　断(ことわ)る 거절하다, 미리 말하
다　直接(ちょくせつ) 직접　返(かえ)す 돌려주다, 반
환하다

| 주요어구 |　「~じゃなくて」: 명사 구문에서는 선택의
의미가 강하다. 명사가 연결되는 「A じゃなくて B」의 경
우는 'A가 아니라 B다'의 뜻으로 한 마디로 「なくて」의
의미는 선택이다.

・このノートブックは私(わたし)のじゃなくて同僚(ど
うりょう)に借(か)りたものです。
　(이 노트북은 내 것이 아니라 동료에게 빌린 것입니다.)

여자는 DVD를 어떻게 합니까?

(A) 보고 남자에게 돌려준다.

(B) 보고 비디오 가게에 돌려준다.

(C) 보고 기무라 씨에게 돌려준다.

(D) 보고 남자에게 빌려준다.

| 정답 | (C)

70

A：あ、電車が来た。
B：すごい込んでいますね。一本見送りませんか。
A：でも、この時間は本数が少ないんですよ。
B：そうですか。じゃ、しょうがないですね。

| 번역 |

A : 아. 전철 왔다.
B : 대단히 붐비네요. 한 대 보낼까요?
A : 하지만, 이 시간은 전철수가 적어요.
B : 그래요? 그럼, 어쩔 수 없네요.

| 어휘 | 電車(でんしゃ) 전차　込(こ)む 붐비다　一本
(いっぽん) (차량) 한 대　見送(みおく)る 타지 않고 그
냥 보내다　本数(ほんすう) 차량 대 수　少(すく)ない
적다　歩(ある)く 걷다
| 주요어구 | 「本(ほん)」은 연필, 담배, 우산, 막대, 넥타이
등 가늘고 긴 것을 세는 조수사이다. 특히 전화, 편지 등의 한
통, 지하철이나 전차의 차량 댓 수 등을 세는 말이기도 하다.

둘은 이제부터 어떻게 합니까?
(A) 전철을 타지 않고 걷는다.
(B) 다음 전철을 탄다.
(C) 택시를 탄다.
(D) 이번에 온 전철을 탄다.
| 정답 | (D)

71

B：もしもし、お袋。今日会社の友達を2、3人連れて
　　帰るから。
A：えっ、そんなに急に言われても。何も用意できな
　　いわよ。
B：大丈夫だよ。もうみんなできあがってるからちょ
　　っとしたもので。
A：わかったわ。あるもので何とかするわ。

| 번역 |

B : 여보세요. 어머니. 오늘 회사 친구 2, 3명 데리고 갈게요.
A : 응? 그렇게 갑자기 말하면. 아무 것도 준비할 수 없어.
B : 괜찮아요. 이미 모두 취해 있으니까 아무거나 (줘요).
A : 알았어. 있는 걸로 뭐 좀 하지 뭐.

| 어휘 | お袋(ふくろ) 어머니(성년 남자가 자기 어머니
를 남에게 대하여 말할 때에 씀)　連(つ)れる 데리고 가
다, 인솔하다, 동반하다　用意(ようい) 준비　大丈夫(だ
いじょうぶ) 괜찮음　できあがる 취하다　ちょっとした
もの 평범한 것　掃除(そうじ) 청소　簡単(かんたん)
간단함　沸(わか)す 끓이다, 데우다

여자는 이제부터 무엇을 합니까?
(A) 방을 청소한다.
(B) 술을 사러 간다.
(C) 간단한 요리를 만든다.
(D) 목욕물을 데운다.
| 정답 | (C)

72

A：すみません。10時発京都行きの切符を大人一枚く
　　ださい。
B：はい、そうしますと自由席の乗車券が6000円で、
　　特急券が4000円ですので合わせまして1万円になり
　　ます。
A：あの、禁煙席で指定席がいいんですが。
B：禁煙席はありますが、あいにく指定席は満席でし
　　て…。

| 번역 |

A : 실례합니다. 10시 출발 교토행 표, 어른 한 장 주세요.
B : 네. 그러면 자유석 승차권이 6000엔이고, 특급표가
　　4000엔이니까 합쳐서 1만 엔입니다.
A : 저기, 금연석에 지정석이 좋겠는데요.
B : 금연석은 있는데, 공교롭게도 지정석은 다 차서….

| 어휘 | 乗車券(じょうしゃけん) 승차권　特急券(とっ
きゅけん) 특급표　満席(まんせき) 만석　指定席(して
いせき) 지정석

여자는 어떤 열차를 탑니까?
(A) 담배 피울 수 있는 자유석
(B) 담배 피울 수 없는 자유석
(C) 담배 피울 수 있는 지정석
(D) 담배 피울 수 없는 지정석
| 정답 | (B)

73

B：それで、週末もできますか。うちとしては週末を含

む週5日以上働ける人を希望しているんですが。
A：はい。ただ、今月は部活の発表会の練習があって
　　週3回しかできないんですが。
B：じゃ、来月からは大丈夫なんですね。
A：はい、午後からでしたら。

| 번역 |
B : 그럼, 주말도 됩니까? 우리로서는 주말을 포함한 주 5
　 일 이상 일할 수 있는 사람을 원하는데요.
A : 네. 다만, 이번 달은 특별활동 발표회 연습이 있어서
　 주 3회 밖에 안 되는데요.
B : 그럼, 다음 달부터는 괜찮은 거죠.
A : 네, 오후부터라면.

| 어휘 | 週末(しゅうまつ) 주말 含(ふく)む 포함하다
希望(きぼう) 희망 ただ 보통, 단지, 다만 発表会(は
っぴょうかい) 발표회

여자의 아르바이트 스케줄은 어떻게 됩니까?
(A) 이번 달은 오후, 발표회 후에는 오전.
(B) 다음 달은 주 3회, 이번 달은 주 5회.
(C) 이번 달은 주3회, 발표회 후에는 주 5회 오후.
(D) 다음 달은 주말만, 이번 달은 주 3회 오전.
| 정답 | (C)

74
B：やっぱりあきらめるしかないかな。大きいからな
　　あ。
A：大きいとガス代もばかにならないし。
B：でも、毎日乗るわけじゃないから。それより保険
　　料だよ。このクラスから急に高くなっちゃうんだ
　　よ。
A：そうよね。月賦にすると利子も高いしね。

| 번역 |
B : 역시 포기할 수밖에 없는 건가. 크니까.
A : 크면 가스 요금도 보통이 아니고.
B : 하지만, 매일 타는 건 아니니까. 그것보다 보험료가 문
　 제야. 이 등급부터 갑자기 비싸졌어.
A : 그러네. 월부로 하면 이자도 높고.

| 어휘 | 諦(あきら)める 포기하다, 단념하다 ばかにな
らない 무시할 수 없다 ～わけではない ～인 것은 아니
다 =「～ということではない」 保険料(ほけんりょう)

보험료 急(きゅう)に 갑자기 月賦(げっぷ) 월부 利子
(りし) 이자

둘은 무엇에 대해서 얘기하고 있습니까?
(A) 맨션
(B) 가스레인지
(C) 차
(D) 에어컨
| 정답 | (C)

75
B：あれっ、もう桜の開花宣言が出たよ。今年は去年
　　よりずいぶん早いね。
A：何言ってるの。これ、九州地方の桜じゃない。
B：どうりでおかしいと思ったよ。じゃ、東京は2、3
　　週間後だね。
A：ねえ、その頃みんなで上野公園にお花見に行きま
　　しょうよ。

| 번역 |
B : 어. 벌써 벚꽃 개화 방송이 나오네. 올해는 작년보다
　 꽤 빠르네.
A : 뭐라고 하는 거야. 이거, 규슈 지방의 벚꽃 말하는 거
　 아냐?
B : 어쩐지 이상하다 했어. 그럼, 도쿄는 2,3주 후네.
A : 응. 그때 모두 우에노 공원에 꽃구경 가자.

| 어휘 | 開花(かいか) 개화 宣言(せんげん) 선언 ず
いぶん 꽤 どうりで 어쩐지 おかしい 이상하다 花見
(はなみ)に行(い)く 꽃구경 가다 地方(ちほう) 지방
計画(けいかく)を立(た)てる 계획을 세우다

둘은 지금 무엇을 하고 있습니까?
(A) 공원에서 벚꽃을 보며 즐기고 있다.
(B) 텔레비전을 보면서 벚꽃 얘기를 하고 있다.
(C) 규슈 지방을 여행하고 있다.
(D) 규슈에 있는 벚꽃을 보러 갈 계획을 세우고 있다.
| 정답 | (B)

76
A：社長、今日のスケジュールですが、午後に取引先
　　で開かれる予定だったパーティーはキャンセルに
　　なりました。
B：そうか。じゃ、せっかく時間が空いたことだし現場

にでも行ってこようかな。他に変更はないかね。

A：ええ、午前中は本田建設さんがご来社、夜は予定
　　が入っていません。

B：それじゃ、そのまままっすぐ帰ればいいんだな。

| 번역 |

A：사장님, 오늘 스케줄 말인데요. 오후에 거래처에서 열
　　릴 예정이었던 파티가 취소되었습니다.

B：그래? 그럼, 모처럼 시간이 비고 현장에라도 갔다 올
　　까. 다른 변경은 없으니까.

A：네. 오전 중은 혼다 건설 사장님이 회사에 오시고, 저
　　녁에는 예정이 없습니다.

B：그림, 그대로 바로 집에 가면 되겠네.

| 어휘 |　取引先(とりひきさき)　거래처　開(ひら)かれ
る　시작되다　せっかく　모처럼　空(あ)く　비다　現場(げ
んば)　현장　変更(へんこう)　변경　建設(けんせつ)　건
설　来社(らいしゃ)　회사를 방문함　面談(めんだん)　면
담　寄(よ)る　들르다

오늘 오후, 사장의 스케줄은 어떻게 됩니까?
(A) 파티에 참가하고 곧장 귀가한다.
(B) 혼다 건설 사장과 면담하고 파티에 간다.
(C) 공장에 간 다음 집에 간다.
(D) 공장에 간 다음 회사에 들른 후 집에 간다.
| 정답 |　(C)

77

A：加藤さん、どうですか。一人暮しは。

B：いやあ、掃除とか洗濯とか大変ですよ。妻のあり
　　がたみがわかりましたよ。

A：そんなこと言って、けっこう羽伸ばしてるんじゃ
　　ないですか。

B：確かにそれは言えますね。どんなに遅く帰っても
　　うるさく言う人がいないですから。

| 번역 |

A：가토 씨, 혼자 생활하는 거 어때요?

B：음, 청소나 빨래 같은 게 힘드네요. 아내의 고마움을
　　알겠어요.

A：그렇게 말하고, 꽤 자유롭죠?

B：분명히 그렇긴 해요. 늦게 들어가도 시끄럽게 말하는
　　사람이 없으니까요.

| 어휘 |　一人暮(ひとりぐら)し　혼자 사는 것　ありがた
み　고마움　羽伸(はねの)ばす　날개를 펴다, 속박에서 벗
어나다　泊(と)まる　묵다　単身赴任(たんしんふにん)
단신 부임　가족과 떨어져 근무지에서 혼자 사는 것　一緒
(いっしょ)に　함께　暮(くら)す　살다, 생활하다

남자는 지금 무엇을 말하고 있습니까?
(A) 출장으로 호텔에 묵고 있다.
(B) 단신부임해 살고 있다.
(C) 혼자 여행을 하고 있다.
(D) 가족과 같이 살고 있다.
| 정답 |　(B)

78

B：ねえ、このチーズケーキ、味が少し変じゃない。
　　酸味が強すぎる気がするけど。

A：どれどれ。あ〜、これはね、もともとそんな味な
　　のよ。

B：そうかな。賞味期限も過ぎてるみたいだし。お腹
　　こわしたらどうしよう。

A：平気だってば。私がさっき味見したんだから。

| 번역 |

B：있잖아, 이 치즈 케이크 맛이 조금 변하지 않았어? 신
　　맛이 너무 많이 느껴지는데.

A：어디어디. 아~ 이거 원래 그런 맛이야.

B；그런가. 유통 기한도 지난 것 같고. 배탈 나면 어떡해.

A：아무렇지도 않아. 내가 좀 전에 맛 봤어.

| 어휘 |　味(あじ)　맛　変(へん)だ　이상하다　酸味
(さんみ)　신맛　もともと　원래, 본디　賞味期限(し
ょうみきげん)　먹을 수 있는 기한　お腹(なか)を壊
(こわ)す　배탈 나다　味見(あじみ)　맛봄　腐(くさ)
る　부패하다

여자는 뭐라고 말하고 있습니까?
(A) 이 케이크는 좀 전에 막 산 것이기 때문에 괜찮다.
(B) 이 케이크는 신맛이 강해도 맛있다.
(C) 이 케이크는 좀 전에 조금 먹었기 때문에 괜찮다.
(D) 이 케이크는 유통 기한이 지나서 부패됐다.
| 정답 |　(C)

79

A：韓国から遊びに来る友達を迎えに成田空港まで行

きたいんですが、どう行ったらいいですか。
B：早いのは成田エクスプレスだけど、安いのは京成
　スカイライナーじゃないかな。
A：私は学生だからやっぱり安い方がいいです。東京
　から出ていますか。
B：東京にはとまらないけど、上野駅に出てから乗れ
　ばいいと思いますよ。

| 번역 |
A : 한국에서 놀러 오는 친구를 마중하러 나리타공항까지
　가고 싶은데 어떻게 가면 좋을까요?
B : 빠른 건 나리타 익스프레스인데, 싼 것은 케이세이 스
　카이라이나 아닐까.
A : 난 학생이니까 역시 싼 게 좋겠어요. 도쿄에서 출발합
　니까?
B : 도쿄에는 서지 않지만, 우에노역에 나가서 타면 될 거
　예요.

| 어휘 |　迎(むか)える　맞이하다, 마중하다　空港(くう
こう) 공항

여자는 어떻게 해서 나리타공항까지 갑니까?
(A) 도쿄에서 전철을 탄다.
(B) 우에노역으로 가서 버스를 탄다.
(C) 우에노역에서 도쿄에 간 다음 전철을 탄다.
(D) 도쿄에서 우에노에 간 다음 전철을 탄다.
| 정답 |　(D)

80

A：この粉薬は毎食後30分以内に、カプセルは夜寝る
　前に一つ飲んでください。
B：あの、仕事で車を使うんですが、大丈夫でしょう
　か。
A：ええ、車の運転には問題ないですよ。
B：わかりました。ありがとうございます。

| 번역 |
A : 이 가루약은 식후 30분 이내에, 캡슐은 밤에 자기 전에
　하나 드세요.
B : 저기, 업무로 운전을 하는데 괜찮을까요?
A : 네, 차 운전은 문제없습니다.
B : 알겠습니다. 고맙습니다.

| 어휘 |　粉薬(こなぐすり) 가루약　以内(いない) 이내

運転(うんてん) 운전

남자는 약을 어떻게 먹습니까?
(A) 아침과 점심 식사 후에 가루약을 먹고, 자기 전에 캡슐
　약을 하나 먹는다.
(B) 아침과 저녁 식사 후에 가루약을 먹고, 자기 전에 캡슐
　약을 하나 먹는다.
(C) 아침과 점심과 저녁 식사 후에 가루약을 먹고, 자기 전
　에 캡슐 약을 하나 먹는다.
(D) 아침과 점심과 저녁 식사 전에 가루약을 먹고, 자기 전
　에는 먹지 않는다.
| 정답 |　(C)

Part 4

[81～84]

私は子供が三人います。上から18才、16才、12才で
す。この18才の長男は今年の4月、ようやく大学に入
学しました。この子は小さい頃から、ずいぶん親に心
配をかけました。近所の友だちにけがをさせる、けん
かをする、勉強はしない、と悪いことばかりする問題
児でした。妻は何度も先生に呼び出され、学校に行
きました。それでも高校はなんとか合格しました。
いったい、いつ勉強したのか、わかりませんでした
が、とにかく高校は受かりました。高校に入ってか
らは、今度は音楽に夢中になり、いつもギターを持
って学校に通っていました。こんな勉強嫌いの子供
でも、大学入試が近づくと、少しはあせって勉強を
始めたようでした。一流ではありませんが、まあま
あの大学に合格できました。親としては、人生の大
きな山を一つ越えてほっとしているところです。

| 번역 |　나는 아이가 3명 있습니다. 위부터 18살, 16살,
12살입니다. 이 18살 장남은 금년 4월, 마침내 대학에 입
학했습니다. 이 아이는 어릴적부터 매우 부모에게 걱정을
끼쳤습니다. 이웃 친구들에게 부상을 입히고, 싸움을 하
고, 공부를 안 하는 등 나쁜 일만 저지르는 문제아였습니
다. 아내는 몇 번이고 선생에게 불려 학교에 갔습니다. 그
래도 고등학교는 어떻게든 합격했습니다. 도대체 언제 공
부를 했는지, 알 수 없었습니다만 하여간 고등학교는 합격

했습니다. 고등학교에 들어가서는 이번에는 음악에 빠져, 항상 기타를 가지고 학교에 다녔습니다. 이런 공부를 싫어하는 아이도, 대학 입시가 다가오자, 조금씩 초조해져서 공부를 시작하게 된 것 같습니다. 일류는 아니었지만 적당한 대학에 합격할 수 있었습니다. 부모로서는 인생의 큰 산을 한 번 넘고 안도하고 있는 중입니다.

| 어휘 | 子供(こども) 아이 長男(ちょうなん) 장남 今年(ことし) 금년 ようやく 겨우, 간신히 ずいぶん 꽤, 상당히 親(おや) 부모 近所(きんじょ) 근처, 부근 問題児(もんだいじ) 문제아 呼(よ)び出(だ)す 불러내다 なんとか 이럭저럭, 어떻게 合格(ごうかく) 합격 とにかく 여하튼, 여하긴, 이쨌든 受(う)かる 합격하다 ~に夢中(むちゅう)だ ~에 열중하다(몰두하다)

81

이 사람의 가족은 몇 명입니까?
(A) 3명
(B) 4명
(C) 5명
(D) 6명

| 어휘 | 家族(かぞく) 가족
| 정답 | (C)

82

위 아이는 어릴 때 어떤 아이였습니까?
(A) 부모 말을 잘 듣는 어른스러운 아이
(B) 친구와 싸움을 하거나, 학교에서도 문제가 많은 아이
(C) 열심히 공부에 힘쓰는 아이
(D) 이웃 친구들과 사이좋게 노는 아이

| 어휘 | 幼(おさな)い 어리다 大人(おとな)しい 어른스럽다, 얌전하다 喧嘩(けんか) 싸움 仲(なか)よく 사이좋게
| 정답 | (B)

83

이 사람은 위 아이가 어떻게 대학에 합격했다고 생각합니까?
(A) 원래 학교 성적이 좋았기 때문에
(B) 운이 좋았기 때문에
(C) 대학 입시 전에 어떻든 공부를 했기 때문에
(D) 전날에 공부한 것이 그대로 시험에 나왔기 때문에

| 어휘 | もともと 원래, 본디 成績(せいせき) 성적 運(うん)が良(よ)い 운이 좋다 一応(いちおう) 대강, 대충, 어쨌거나, 우선은 そのまま 그대로
| 정답 | (C)

84

이 사람은 위 아이가 대학에 진학해서 어떤 기분입니까?
(A) 곤란해 하고 있다.
(B) 안심하고 있다.
(C) 안타깝다.
(D) 걱정이다.

| 어휘 | 進学(しんがく) 진학 困(こま)る 곤란하다, 난처하다 安心(あんしん) 안심 残念(ざんねん) 유감, 안타까움 心配(しんぱい) 걱정
| 정답 | (B)

[85~87]

ABC航空カードの入会キャンペーンを実施いたしております。ただ今、ABC航空カードに新規入会される方にもれなくABC航空オリジナルグッズと2000マイルのボーナスマイルをプレゼントいたします。また抽選で2組4名様にソウル往復ペアチケットを差し上げます。詳細はABC航空ホームページか電話にてご案内いたしております。

| 번역 | ABC항공 카드 입회 캠페인을 실시하고 있습니다. 지금 ABC항공 카드에 신규 입회하시는 분에게 빠짐없이 ABC항공 오리지널 상품과 2000마일 보너스 마일을 선물하고 있습니다. 또 추첨을 통해 2개조 4분에게 서울 왕복 티켓을 드립니다. 상세한 내용은 ABC항공 홈페이지 또는 전화로 안내하고 있습니다.

| 어휘 | 航空(こうくう) 항공 入会(にゅうかい) 입회 実施(じっし) 실시 ただ今(いま) 지금, 방금 新規(しんき) 신규 もれなく 빠짐없이, 모두 抽選(ちゅうせん) 추천 組(くみ) 조, 패 往復(おうふく) 왕복 差(さ)し上(あ)げる 드리다 詳細(しょうさい) 상세한 내용

85

ABC항공 카드 회원에 새로 되면 모두 무엇을 받을 수

있습니까?

(A) 오리지널 쿠션과 커플 티켓

(B) 커플 티셔츠와 온천여행

(C) 항공 티켓과 2000마일 포인트

(D) 오리지널 상품과 2000마일 포인트

| 어휘 | 航空(こうくう) 항공　温泉(おんせん) 온천
| 정답 | (D)

86

서울 왕복 커플 티켓을 받을 수 있는 사람은 어떤 사람입니까?

(A) 캠페인 중 ABC항공 카드 회원이 된 사람이라면 누구든지

(B) 기간 중, 2만 마일 이상의 포인트를 적립한 ABC항공 카드 회원

(C) 캠페인 중, ABC항공 카드 회원이 된 사람 중에서 추첨에서 당첨된 사람

(D) 기간 중, ABC항공을 이용한 사람 중에서 추첨에 당첨된 사람

| 어휘 | 往復(おうふく) 왕복　貯(た)める 모으다, 쌓아두다　抽選(ちゅうせん) 추첨　当(あ)たる 당첨되다, 적중하다
| 정답 | (C)

87

캠페인에 대해서 좀 더 자세하게 알고 싶을 경우, 어떻게 하면 됩니까?

(A) 직접 ABC항공에 가서 묻는다.

(B) 공항에 붙어있는 포스터를 본다.

(C) 공항 안내 데스크에 묻는다.

(D) ABC항공의 홈페이지나 전화로 문의한다.

| 어휘 | 詳(くわ)しい 자세하다　直接(ちょくせつ) 직접　張(は)る 바르다, 붙이다　問(と)い合(あ)わせる 문의하다
| 정답 | (D)

[88~90]

気象庁は27日午前、沖縄が梅雨明けする一方、東北で梅雨入りした模様と発表した。一方で首都圏は早くも梅雨明けを思わせるような猛暑が連日続き、九州の一部などで取水制限が始まっている。首都圏の水ガメでもこの時期としては深刻な水不足が心配されている。東北は15日遅い梅雨入りとなった。観測史上3番目に遅い記録。沖縄は例年に比べ6日早く梅雨入りし、4日遅い梅雨明けとなった。九州から東北にかけては10〜11日に梅雨入りしたが、梅雨前線を押し上げるはずの太平洋高気圧の動きが鈍く、小雨が続いている。一方、梅雨のない札幌では6月23、24日、2日続けて最高気温が30度を超える連続真夏日を記録したほか、北見市では23日に最高気温34.2度と、5月の北海道の気温としては観測史上最高を記録した。

| 번역 | 기상청은 27일 오전, 오키나와가 장마가 개는 한편, 도호쿠에서 장마가 시작된 모양이라고 발표했다. 한편으로 수도권은 일찍이도 장마가 갠 것을 연상시키는 듯 한 폭염이 연일 계속되고, 큐슈 일부 등에서 취수 제한이 시작되고 있다. 수도권의 댐에서도 이 시기에서는 심각한 물 부족이 염려되고 있다. 도호쿠는 15일 늦은 장마가 시작되었다. 관측사상 3번째로 늦은 기록. 오키나와는 예년에 비해 6일이나 빨리 장마가 시작되고, 4일 늦은 장마 종료가 되었다. 큐슈에서 도호쿠에 걸쳐서는 10일~11일에 장마가 시작되었으나, 장마 전선을 끌어올릴 것으로 생각했던 태평양 고기압의 움직임이 둔하고, 가랑비가 계속되고 있다. 한편 장마가 없는 삿포로에서는 6월 23일, 24일, 이틀 연속해서 최고 기온이 30도를 넘는 연속적인 한여름 날씨를 기록하는 외에, 기타미시에서는 23일에 최고기온 34.2도, 5월 홋카이도 기온으로서는 관측사상 최고를 기록했다.

| 어휘 | 気象庁(きしょうちょう) 기상청　梅雨明(つゆあ)け 장마가 갬　梅雨入(つゆい)り 장마가 시작됨　模様(もよう) 모양　発表(はっぴょう) 발표　首都圏(しゅとけん) 수도권　猛暑(もうしょ) 폭염　連日(れんじつ) 연일　取水制限(しゅすいせいげん) 취수 제한　水(みず)ガメ 저수 댐　深刻(しんこく) 심각　水不足(みずぶそく) 물 부족　観測史上(かんそくしじょう) 관측사상　遅(おそ)い 늦다, 느리다　記録(きろく) 기록　例年(れいねん) 예년　梅雨前線(ばいうぜんせん) 장마전선　押(お)し上(あ)げる 밀어 올리다, 들어 올리다　太平洋高気圧(たいへいようこうきあつ) 태평양 고기압　動(うご)き 움직임, 활동　鈍(にぶ)い 둔하다, 무디다　小雨(こさめ) 가랑비　超(こ)える 넘다, 초월하다　真夏日(まなつび) 한여름 날씨　最高気温(さいこうきおん) 최고 기온

88

27일에 기상청은 어떤 발표를 했습니까?

(A) 오키나와에서 장마가 시작되고, 도호쿠에서 장마가 끝난 것 같다.

(B) 오키나와에서 장마가 끝나고, 도호쿠에서는 장마가 시작된 것 같다.

(C) 오키나와와 도호쿠가 동시에 장마에 들어간 것 같다.

(D) 오키나와와 도호쿠가 동시에 장마가 끝난 것 같다.

| 어휘 | 同時(どうじ)に 동시에　梅雨(つゆ)に入(はい)る 장마가 시작되다　梅雨(つゆ)が明(あ)ける 장마가 끝나다

| 정답 | (B)

89

수도권의 댐에 대해서 뭐라고 말하고 있습니까?

(A) 연일 오는 비로 저수량이 증가하고 있다.

(B) 예년대로 비가 내렸으므로 특별히 문제는 없다.

(C) 저수량이 많으므로 심각한 물 부족 지역에 물을 나눠 주고 있다.

(D) 연일되는 폭염으로 인해 저수량이 상당히 적어지고 있다.

| 어휘 | 貯水量(ちょすいりょう) 저수량　例年通(れいねんどお)り 예년대로, 예년처럼　地域(ちいき) 지역　分(わ)ける 나누다　かなり 꽤, 상당히

| 정답 | (D)

90

금년 장마는 예년에 비해 어떠했습니까?

(A) 오키나와는 예년보다 4일 늦게 장마가 시작되었다.

(B) 오키나와는 예년보다 6일 늦게 장마가 끝났다.

(C) 도호쿠는 예년보다 15일 늦게 장마가 시작되었다.

(D) 도호쿠는 예년보다 15일 늦게 장마가 끝났다.

| 어휘 | 比(くら)べる 비교하다

| 정답 | (C)

[91~93]

2004年の日本人女性の平均寿命は85.59歳で20年連続の長寿世界一になったことが22日、厚生労働省が公表した簡易生命表で分かった。男性の78.64歳も世界2位で、男女とも過去最高を更新した。平均寿命は前年に比べ、女性が0.26歳、男性が0.28歳延びた。男女差は0.02歳縮まり、6.95歳。2004年生まれの赤ちゃんが80歳まで生きる割合は女性が76.8%、男性は55.2%だった。海外の平均寿命は、女性の2位が香港の84.3歳で、次いでスイス、フランス。男性の1位はアイスランドの78.8歳で、3位に香港の78.5歳が入り、スウェーデン、スイスが続いた。

| 번역 | 2004년 일본인 여성의 평균 수명은 85.59세로 20년 연속 장수 세계 제일이 된 것이 22일, 후생노동성이 발표한 간이생명표를 통해 밝혀졌다. 남성 78.64세도 세계 2위로, 남녀 모두 과거 최고를 경신했다. 평균 수명은 전년에 비해 여성이 0.26세, 남성이 0.28세 늘었다. 남녀 차는 0.02세로 좁혀져 6.95세. 04년 태어난 아기가 80세까지 생존할 비율은 여성이 76.8%, 남성은 55.2%였다. 해외의 평균 수명은 여성 2위가 홍콩 84.3세이고, 이어서 스위스, 프랑스. 남성 1위는 아이슬란드로 78.8세, 3위에 홍콩 78.5세가 들어가고, 스웨덴, 스위스가 이어졌다.

| 어휘 | 女性(じょせい) 여성　平均寿命(へいきんじゅみょう) 평균수명　連続(れんぞく) 연속　長寿(ちょうじゅ) 장수　厚生労働省(こうせいろうどうしょう) 후생노동성　公表(こうひょう) 공표　簡易(かんい) 간이　生命(せいめい) 생명　表(ひょう) 표　男性(だんせい) 남성　最高(さいこう) 최고　更新(こうしん) 경신　延(の)びる 늘어나다　男女(だんじょ) 남녀　縮(ちぢ)まる 줄어들다　次(つ)いで 이어서

91

2003년 남성의 평균 수명은 몇 살입니까?

(A) 78.36세

(B) 78.64세

(C) 85.33세

(D) 85.59세

| 어휘 | 何歳(なんさい) 몇 살

| 정답 | (A)

92

이번 후생노동성의 발표로 어떤 것을 알았습니까?

(A) 일본인 남성이 20년 계속해서, 세계에서 가장 수명이 짧은 것을 알았다.

(B) 일본인의 평균 수명이 남녀 모두 20년 연속해서 장수 세계 제일임을 알았다.

(C) 일본인 여성이 20년 계속해서 세계 속에서 가장 장수
　하는 것임을 알았다.
(D) 일본인 여성의 평균 수명이 아쉽게도 2위가 되어 버린
　것을 알았다.

| 어휘 |　短(みじか)い 짧다　長生(ながい)き 오래 삶,
장수　惜(お)しくも 아쉽게도, 아깝게도
| 정답 |　(C)

93
해외 여성의 평균 수명에서 2위와 3위는 각각 어느 나라
입니까?
(A) 아이슬란드와 홍콩
(B) 홍콩과 스위스
(C) 스위스와 프랑스
(D) 미국과 영국

| 어휘 |　それぞれ 저마다, 각기, 각각
| 정답 |　(B)

[94~96]

仕事などで長い時間パソコンと向き合っている方、
肩こりがひどい、視力低下、頭痛などで悩んでいる
方に強い味方のサプリメント「ツカレトレール」が好
評発売中です。キャンペーン中、この「ツカレトレー
ル」を当店の会員カードのご提示で通常8,000円を
20%オフとさせていただきます。ただし、初回購入
時に限ります。肩こりや首こりは7割以上眼精疲労が
原因といわれています。夏の強い紫外線予防にも
効果がありますので、ぜひお試しください。

| 번역 |　업무 등으로 오랜 시간 동안 컴퓨터와 마주 대하
고 있는 분, 어깨 결림이 심하다, 시력 저하, 두통 등으로
고민하고 있는 분에게 강력한 도움이 될 '츠카레토레루'
가 호평 발매중입니다. 캠페인 중에, 이 '츠카레토레루'를
당점 회원 카드를 제시하시면 통상 8000엔을 20% 할인해
드리겠습니다.
단, 최초 구입 시에 한합니다. 어깨 결림이나 목이 결리는
것은 70% 이상이 안구 피로가 원인이라고 합니다. 여름철
강한 자외선 예방에도 효과가 있으므로, 꼭 시험해 보시기
바랍니다.

| 어휘 |　向(む)き合(あ)う 마주 보다, 마주 대하다　肩

凝(かたこ)り 어깨 결림　視力低下(しりょくていか)
시력 저하　頭痛(ずつう) 두통　悩(なや)む 고민하다
強(つよ)い 강하다, 세다　味方(みかた) 자기편, 아군
好評(こうひょう) 호평　発売中(はつばいちゅう) 발매
중　提示(ていじ) 제시　通常(つうじょう) 통상　初回
(しょかい) 첫 회　購入時(こうにゅうじ) 구입 시　〜に
限(かぎ)る 〜에 한하다　眼精(がんせい) 안정, 눈동자
疲労(ひろう) 피로　紫外線(しがいせん) 자외선　予防
(よぼう) 예방　効果(こうか) 효과　試(ため)す 시험하
여 보다=「試(こころ)みる」

94
'츠카레토레루'는 어떤 때에 복용하면 좋습니까?
(A) 임신했을 때
(B) 눈이 나빠졌을 때
(C) 배가 고플 때
(D) 심한 운동을 한 때

| 어휘 |　妊娠(にんしん) 임신　お腹(なか)が空(す)く
배가 고프다
| 정답 |　(B)

95
기간 중 회원 카드를 보이면 '츠카레토레루'는 얼마에 살
수 있습니까?
(A) 8000엔
(B) 7200엔
(C) 6400엔
(D) 5600엔

| 어휘 |　期間中(きかんちゅう) 기간 중　見(み)せる
보이다
| 정답 |　(C)

96
어깨 결림이나 목 결림의 70% 이상의 원인은 무엇이라
고 말합니까?
(A) 무거운 것을 지나치게 든 경우
(B) 과격한 다이어트
(C) 신경을 지나치게 쓴 경우
(D) 눈의 피로

| 어휘 |　重(おも)たい 무겁다, 묵직하다　過激(かげ
き) 과격　神経(しんけい) 신경　眼(め)눈　疲(つか)れ

피로

| 정답 | (D)

[97~100]

| 번역 | 우리들 주변에는 여러 가지 보험이 있다. 자동차
보험, 상해보험, 생명보험, 해외여행보험 등. 여러분은 어
떤 보험에 들어 있습니까? 일전에 이런 일이 있었다. 형이
회사에서 돌아오는 길에 사고를 만난 것이다. 상대는 18세
소년으로 오토바이를 운전하고 있었다. 원인은 소년의 전
방 부주의. 형이 신호기가 없는 횡단보도를 건너려고 할
때 소년의 오토바이가 횡단보도에 돌진해 온 것이다. 사고
를 목격했던 길을 지나던 사람이 즉시 경찰에 통보해 주었
으므로 형은 병원으로 후송되었다. 다행히 큰 부상은 아니
어서, 그것은 다행이었으나 소년이 자동차 보험에 들어있
지 않았으므로 형은 자신의 상해보험을 사용하여 많은 액
수의 치료비를 스스로 지불하지 않으면 안 되었다. 역시,
만약의 경우를 위해 보험에 들어두는 것이 좋을 것이다.

| 어휘 | 身(み)の回(まわ)り 신변, 주변, 매일의 생활
保険(ほけん) 보험　自動車保険(じどうしゃほけん) 자
동차보험　傷害保険(しょうがいほけん) 상해보험　生命
保険(せいめいほけん) 생명보험　海外旅行保険(かいが
いりょこうほけん) 해외여행보험　先日(せんじつ) 일
전　帰(かえ)り道(みち) 돌아오는 길, 돌아가는 길　事故
(じこ)に遭(あ)う 사고를 만나다　原因(げんいん) 원
인　前方(ぜんぽう) 전방　不注意(ふちゅうい) 부주의

信号機(しんごうき) 신호기　横断歩道(おうだんほど
う) 횡단보도　渡(わた)る 건너다　突(つ)っ込(こ)む
돌진하다, 돌입하다　目撃(もくげき) 목격　通(とお)り
がかりの人(ひと) 지나가던 사람　警察(けいさつ) 경찰
通報(つうほう) 통보　幸(さいわ)いなことに 다행히
多額(たがく) 다액, 고액　治療費(ちりょうひ) 치료비
自分(じぶん)で 스스로　支払(しはら)う 지불하다　い
ざという時(とき) 만약의 경우

97

이 사람 형이 집에 돌아가는 도중 무엇이 일어났습니까?
(A) 형이 운전하던 승용차와 오토바이가 접촉했다.
(B) 형이 운전한 오토바이와 자동차가 부딪쳤다.
(C) 형이 차를 운전 중에 아이가 뛰어나왔다.
(D) 형이 횡단보도를 건너려고 할 때 오토바이가 돌진해
　　왔다.

| 어휘 | 途中(とちゅう) 도중　起(お)こる 사고가 일어
나다　乗用車(じょうようしゃ) 승용차　接触(せっしょ
く) 접촉　突(つ)っ込(こ)む 돌입하다, 돌진하다
| 정답 | (D)

98

사고 원인은 무엇이었습니까?
(A) 형이 신호무시를 해서 횡단보도를 건넜기 때문
(B) 18세 소년이 앞을 잘 보지 않았기 때문에
(C) 형이 잘 확인을 하지 않고 우회전했기 때문에
(D) 18세 소년이 운전하는 차가 스피드를 너무 냈기 때문
　　에

| 어휘 | 事故(じこ) 사고　原因(げんいん) 원인　信号
無視(しんごうむし) 신호무시　確認(かくにん) 확인
右折(うせつ) 우회전　「左折(させつ)」(좌회전)　スピー
ドを出(だ)す 스피드를 내다
| 정답 | (B)

99

사고 후, 형은 어떻게 되었습니다.
(A) 심한 부상을 당해 오래 동안 입원하는 처지가 되었다.
(B) 목격자가 경찰에 통보했으므로 경찰에 붙잡혀 버렸다.
(C) 목격자가 경찰에 통보해 준 덕분에 병원에 운반되어
　　무사했었다.
(D) 정신적 충격 때문에 회사에 갈 수 없게 되었다.

｜어휘｜ 入院(にゅういん) 입원 目擊者(もくげきし
ゃ) 목격자 捕(つか)まる 잡히다, 붙잡히다 無事(ぶ
じ) 무사함 精神的(せいしんてき) 정신적
｜정답｜ (C)

100
'만일의 경우'란 어떤 때를 말합니까?
(A) 회사나 학교에서 귀가할 때
(B) 자동차 등을 운전하고 있을 때
(C) 보험에 가입하려고 할 때
(D) 갑자기 사고 등이 일어났을 때

｜어휘｜ いざという時(とき) 만일의 경우, 여차할 때
帰宅(きたく) 귀택, 귀가 加入(かにゅう) 가입 急(き
ゅう)に 갑자기
｜정답｜ (D)

[실전 모의고사 3]

Part 1

1
(A) 箸を手にしてこちらを見ている人が何人かいます。
(B) この人たちの後ろの壁には何も貼ってありません。
(C) みんなで輪になって会議をしています。
(D) みんなで笑いながらグラスを手にしています。

｜번역｜
(A) 젓가락을 손에 쥐고 이쪽을 보고 있는 사람이 몇 명 있
습니다.
(B) 이 사람들 뒤쪽의 벽에는 아무것도 붙어 있지 않습니다.
(C) 모두 둥그렇게 모여 회의를 하고 있습니다.
(D) 모두 웃으면서 글라스를 손에 쥐고 있습니다.

｜어휘｜ 箸(はし) 젓가락 手(て)にする 들다, 손에 쥐다
壁(かべ) 벽 貼(は)る 붙다 輪(わ) 원*「輪(わ)になる」
(원형을 이루다) 会議(かいぎ) 회의 笑(わら)う 웃다
｜정답｜ (A)

2
(A) ここは曲がりくねった危険な道路です。

(오른쪽 단)
(B) 道端に草が青々と茂っています。
(C) 何台かのバイクが道を走行しています。
(D) 自動車が自転車を追い越そうとしています。

｜번역｜
(A) 여기는 구불구불 구부러진 위험한 도로입니다.
(B) 길가에 풀이 푸르게 우거져 있습니다.
(C) 오토바이 몇 대가 길을 주행하고 있습니다.
(D) 자동차가 자전거를 추월하려고 하고 있습니다.

｜어휘｜ 曲(ま)がりくねる 꼬불꼬불 구부러지다 危険
(きけん) 위험 道路(どうろ) 도로 道端(みちばた) 길
가, 도로변 草(くさ) 풀 青々(あおあお)と 푸릇푸릇하
게, 푸르게 茂(しげ)る 우거지다, 무성하다 追(お)い越
(こ)す 뒤쫓다, 추월하다
｜정답｜ (B)

3
(A) みんなでくつろいでコーヒーを飲んでいるところ
です。
(B) セーターを羽織っている人がいます。
(C) 二人の人が半そでを着ています。
(D) 頭の上に手をのせている人がいます。

｜번역｜
(A) 모두 한가롭게 편히 쉬면서 커피를 마시고 있는 중입
니다.
(B) 스웨터를 겉에 걸쳐 입은 사람이 있습니다.
(C) 두 사람이 반소매 옷을 입고 있습니다.
(D) 머리 위에 손을 얹고 있는 사람이 있습니다.

｜어휘｜ くつろぐ 편히 쉬다 羽織(はお)る 겉옷을 걸
쳐 입다 半袖(はんそで) 반소매 頭(あたま) 머리 手
(て)を乗(の)せる 손을 얹다
｜정답｜ (D)

4
(A) この人は運転免許の試験を受けに来た人です。
(B) 掲示板の前に大きな封筒をかかえた青年が立って
います。
(C) この人はアルバイトの面接に来た人です。
(D) 掲示板は男の人の背の高さとほぼ同じです。

｜번역｜

(A) 이 사람은 운전면허 시험을 치러 온 사람입니다.
(B) 게시판의 앞에 커다란 봉투를 껴안은 청년이 서 있습니다.
(C) 이 사람은 아르바이트의 면접에 온 사람입니다.
(D) 게시판은 남자의 키와 거의 같습니다.

| 어휘 | 免許(めんきょ) 면허 試験(しけん)を受(う)ける 시험을 보다 掲示板(けいじばん) 게시판 封筒(ふうとう) 봉투 抱(かか)える 안다, 껴안다 アルバイト 아르바이트 面接(めんせつ) 면접 ほぼ 거의, 대략 同(おな)じ 같다
| 정답 | (B)

5

(A) 二人で数学の勉強をしているところです。
(B) ホワイトボードに書かれた字を消している人がいます。
(C) この部屋の壁一面に落書きがしてあります。
(D) ホワイトボードに何かを書いている人がいます。

| 번역 |
(A) 두 사람이 수학을 공부하고 있는 중입니다.
(B) 화이트보드에 쓰인 글씨를 지우고 있는 사람이 있습니다.
(C) 이 방의 벽면 가득 낙서가 써져 있습니다.
(D) 화이트보드에 무언가를 쓰고 있는 사람이 있습니다.

| 어휘 | 数学(すうがく) 수학 勉強(べんきょう) 공부 ホワイトボード 화이트보드 書(か)かれる 쓰여 지다 消(け)す 지우다, 끄다 壁(かべ) 벽 落書(らくが)き 낙서
| 정답 | (D)

6

(A) みんな前を向いて何かを発表しているところです。
(B) 全員手を後ろに組んで突っ立っています。
(C) みんなそれぞれの方向を見ています。
(D) スーツ姿の男性は一人しかいません。

| 번역 |
(A) 모두 앞을 향해 무언가를 발표하고 있는 중입니다.
(B) 전원 뒷짐을 지고 우두커니 서 있습니다.
(C) 모두 제각각의 방향을 보고 있습니다.
(D) 정장 차림의 남성이 한 사람밖에 없습니다.

| 어휘 | 前(まえ)を向(む)く 앞을 향하다 発表(はっ

9

(A) みんな手には何も持っていません。
(B) お皿を片手に持っている人がいます。
(C) 立って食べている人は一人もいません。
(D) 全員手に何かしら持っています。

|번역|

(A) 모두 손에는 아무것도 가지고 있지 않습니다.
(B) 접시를 한 손에 들고 있는 사람이 있습니다.
(C) 서서 먹고 있는 사람은 한 명도 없습니다.
(D) 전원 손에 무언가를 가지고 있습니다.

|어휘| お皿(さら) 접시 片手(かたて) 한쪽 손 全員(ぜんいん) 전원
|정답| (B)

10

(A) 男の人たちは川辺で釣りをしています。
(B) 二人とも塀にもたれて立っています。
(C) 男の人たちの後ろには大きい滝が見えます。
(D) 二人は背を向けて立っています。

|번역|

(A) 남자들은 강 근처에서 낚시를 하고 있습니다.
(B) 두 사람 모두 담에 기대어서 있습니다.
(C) 남자들의 뒤에는 커다란 폭포가 보입니다.
(D) 두 사람은 등을 지고 서 있습니다.

|어휘| 川辺(かわべ) 강가 釣(つ)り 낚시 塀(へい) 담 もたれる 기대다 滝(たき) 폭포 背(せ)を向(む)ける 등을 보이다
|정답| (C)

11

(A) この部屋に人影はありません。
(B) 机のそばに段ボール箱が置いてあります。
(C) 部屋のブラインドが半分閉っています。
(D) 机の上にノート型パソコンが置いてあります。

|번역|

(A) 이 방에 인기척은 없습니다.
(B) 책상 옆에 골판지 상자가 놓여 있습니다.
(C) 방의 블라인드가 반 닫혀 있습니다.
(D) 책상 위에 노트형 컴퓨터가 놓여 있습니다.

|어휘| 人影(ひとかげ) 사람의 그림자, 사람의 모습 机(つくえ) 책상 段(だん)ボール 골판지 箱(はこ) 상자 ブラインド 블라인드 半分(はんぶん) 반 ノート 노트 型(かた) 형 パソコン 퍼스널 컴퓨터
|정답| (B)

12

(A) この人たちの背景には青空が広がっています。
(B) この人たちはソファーに掛けてくつろいでいます。
(C) この人たちはテーブルを囲んでミーティングをしています。
(D) この人たちは野外で食事をしています。

|번역|

(A) 이 사람들의 배경에는 파란 하늘이 펼쳐져 있습니다.
(B) 이 사람들은 소파에 앉아서 쉬고 있습니다.
(C) 이 사람들은 테이블을 둘러싸고 회의를 하고 있습니다.
(D) 이 사람들은 외야에서 식사를 하고 있습니다.

|어휘| 背景(はいけい) 배경 青空(あおぞら) 푸른 하늘 広(ひろ)がる 널리 퍼지다 掛(か)ける 앉다 寛(くつろ)ぐ 유유자적하다, 편안히 쉬다 囲(かこ)む 둘러싸다, 에워싸다 ミーティング 회의 野外(やがい) 야외
|정답| (D)

13

(A) 部屋の中央に大きな柱時計があります。
(B) モニターのような物が何台も置いてあります。
(C) この部屋は物が少なくとても殺風景です。
(D) 空いている席はひとつもありません。

|번역|

(A) 방 중앙에 커다란 괘종시계가 있습니다.
(B) 모니터 같은 물건이 몇 대 놓여 있습니다.
(C) 이 방은 물건이 적어 무척 살풍경 합니다.
(D) 비어 있는 자리는 하나도 없습니다.

|어휘| 中央(ちゅうおう) 중앙 柱時計(はしらどけい) 괘종시계 殺風景(さっぷうけい) 살풍경, 매몰차고 흥취가 없음 空(あ)く 자리가 비다
|정답| (B)

14

(A) みんな揃いの振り付けで踊っています。

(B) ペアになって柔軟体操をしています。
(C) 男女が楽しそうにチークダンスを踊っています。
(D) みんなで激しいダンスを踊っています。

| 번역 |
(A) 모두 같은 안무로 춤추고 있습니다.
(B) 쌍이 되어서 유연체조를 하고 있습니다.
(C) 남녀가 즐거운 듯이 치크 댄스를 추고 있습니다.
(D) 모두 격렬한 댄스를 추고 있습니다.

| 어휘 | 揃(そろ)い 빠짐없이 모두 갖추어짐, 갖추어진 것, 가지런함 振(ふ)り付(つ)け 안무 按舞(あんぶ) 踊(おど)る 춤추다 ペア 페어, 쌍, 싹 柔軟(じゅうなん) 유연 体操(たいそう) 체조 男女(だんじょ) 남녀 チークダンス 치크 댄스 激(はげ)しい 격렬하다
| 정답 | (C)

15
(A) 座席には背もたれがありません。
(B) 女の人の前に荷物が横たわっています。
(C) 窓から太陽の光がさんさんと差し込んでいます。
(D) この電車には窓がありません。

| 번역 |
(A) 좌석에는 등받이가 없습니다.
(B) 여자 앞에 짐이 가로누워 있습니다.
(C) 창문에서 햇빛이 반짝반짝 들이비치고 있습니다.
(D) 이 전차에는 창문이 없습니다.

| 어휘 | 座席(ざせき) 좌석 背(せ)もたれ 등받이 横(よこ)たわる 가로눕다, 길게 눕다 太陽(たいよう) 태양 光(ひかり) 빛 さんさん 반짝반짝 差(さ)し込(こ)む 들이비치다
| 정답 | (B)

16
(A) バンジージャンプをしようとしているところです。
(B) ちょうどつり橋を渡りきろうとしているところです。
(C) みんな一列に並んで行進しています。
(D) つり橋の周りは森林が生い茂っています。

| 번역 |
(A) 번지점프를 하려고 하는 중입니다.

(B) 막 현수교를 다 건너려고 하는 중입니다.
(C) 모두 일렬로 서서 행진하고 있습니다.
(D) 현수교의 주변은 삼림이 무성합니다.

| 어휘 | つり橋(ばし) 현수교 渡(わた)る 건너다 一列(いちれつ)に並(なら)ぶ 일렬로 서다, 한 줄로 늘어서다 行進(こうしん) 행진 森林(しんりん) 삼림, 숲 生(お)い茂(しげ)る 무성해지다, 우거지다
| 정답 | (D)

17
(A) この人は座禅を組んで瞑想にふけっているところです
(B) この人はあぐらをかいて頭を掻いているところです。
(C) この人は丸いテーブルの上で何かを執筆しているところです。
(D) この人は辞書を引いて何かを調べているところです。

| 번역 |
(A) 이 사람은 좌선을 하고 명상에 빠져 있는 중입니다.
(B) 이 사람은 책상다리를 하고 머리를 긁고 있는 중입니다.
(C) 이 사람은 둥근 테이블 위에서 무언가를 쓰고 있는 중입니다.
(D) 이 사람은 사전을 찾아 조사하고 있는 중입니다.

| 어휘 | 座禅(ざぜん) 좌선 瞑想(めいそう) 명상 ふける 탐닉하다, 어떤 일에 골몰하다, 빠지다 あぐらをかく 책상다리를 하고 앉다 頭(あたま)を掻(か)く 머리를 긁다 丸(まる)い 둥글다 執筆(しっぴつ) 집필 辞書(じしょ) 사전 調(しら)べる 조사하다, 찾다
| 정답 | (C)

18
(A) みんな白い歯を見せて笑っています。
(B) 何人かで飲み会をしているところです。
(C) 店員が注文を取りに来ています。
(D) 縁のない眼鏡をかけている人がいます。

| 번역 |
(A) 모두 하얀 이를 보이고 웃고 있습니다.
(B) 몇 사람이 모여서 술을 마시고 있습니다.

(C) 점원이 주문을 받으러 와 있습니다.
(D) 테두리 없는 안경을 낀 사람이 있습니다.

| 어휘 | 歯(は) 이 飲(の)み会(かい) 술 마시는 모임,
회식 店員(てんいん) 점원 注文(ちゅうもん) 주문 縁
(ふち) 가장자리, 테두리 眼鏡(めがね) 안경
| 정답 | (B)

19

(A) 木の下で何組かの若い男女がべたべたしていると
ころです。
(B) 何人かが集まって木陰で和やかな雰囲気で食事を
しているところです。
(C) 男女数人が気まずい雰囲気で立食パーティーをし
ています。
(D) 敷物を敷いてその上で寝そべっている人がいます。

| 번역 |
(A) 나무 아래에서 몇 조의 남녀가 달라붙어 놀고 있는 중
입니다.
(B) 몇 사람인가가 모여서 나무 그늘 아래서 온화한 분위
기로 식사를 하고 있습니다.
(C) 남녀 몇 사람이 거북한 분위기에서 서서 먹는 파티를
하고 있습니다.
(D) 깔개를 깔고 그 위에서 엎드려 있는 사람이 있습니다.

| 어휘 | 組(くみ) 조 べたべた 달라붙음 木陰(こか
げ) 나무 그늘 和(なご)やか 온화함 雰囲気(ふんい
き) 분위기 立食(たちぐい) 입식, 서서 먹음 敷物(しき
もの) 깔개 敷(し)く 깔다 寝(ね)そべる 배를 깔고 엎
드리다
| 정답 | (B)

20

(A) ブロック塀の近くに溶けきらない雪が残っていま
す。
(B) この家の一階部分には窓が一つもありません。
(C) 家の前には花が植えてあるプランターいくつもあ
ります。
(D) 軒下にハンガーに吊した洗濯物が干してあります。

| 번역 |
(A) 벽돌담 가까이에 아직 다 녹지 않은 눈이 남아 있습니다.
(B) 이 집의 1층 부분에는 창문이 하나도 없습니다.

(C) 집의 앞에는 꽃이 심어져 있는 화분이 몇 개 있습니다.
(D) 처마 밑에 행거에 매달린 세탁물이 널려 있습니다.

| 어휘 | 塀(へい) 담 溶(と)ける 녹다 植(う)える
심다 プランター 화분 軒下(のきした) 처마 밑 ハン
ガー 행거, 양복 걸이 吊(つる)す 매달다 洗濯物(せん
たくもの) 세탁물, 빨래거리 干(ほ)す 말리다
| 정답 | (A)

Part 2

21

お客さんが来るから、ケーキでも買ってきてくれない?
(A) いいよ。アイスは何個買ってくればいいの?
(B) いいよ。一人前で十分でしょ?
(C) いいよ。何個買ってくればいいの。
(D) いいよ。何ヶ月の定期を買ってこようか。

| 번역 | 손님이 오시니까, 케이크라도 사 오지 않을래?
(A) 좋아. 얼음은 몇 개 사오면 좋을까?
(B) 좋아. 1인분이면 충분하지?
(C) 좋아. 몇 개 사면 좋을까?
(D) 좋아. 몇 개월짜리 정기권을 사 올까?

| 어휘 | 何個(なんこ) 몇 개 一人前(いちにんまえ) 1
인분, 한 사람 몫 定期(ていき) 일정한 기간*「定期券(て
いきけん)」의 준말
| 정답 | (C)

22

では、駅の五番出口を出たところで会いましょう。
(A) ええ、早くても来週いっぱいかかりそうです。
(B) ええ、間に合うようにします。
(C) でも外はだいぶ寒いですよ。
(D) いえ、今会社を出たところです。

| 번역 | 그럼, 역 5번 출구를 나온 곳에서 만납시다.
(A) 네, 빨라도 다음 주 내내 걸릴 것 같습니다.
(B) 네, 때에 맞추도록 하겠습니다.
(C) 그런데 밖이 꽤 추워요.
(D) 아니요, 지금 회사를 막 나온 참입니다.

| 어휘 | 出口(でぐち) 출구

| 정답 | (C)

23

すみません、隣の席空いてますか。
(A) すみません、ここは取っているんです。
(B) いいえ、空いてます。
(C) はい、いつがよろしいでしょうか。
(D) ええと、どの辺に座りましょうか。

| 번역 | 실례합니다. 옆자리 비었습니까?
(A) 아니요, 자리 있어요.
(B) 아니요, 비어 있습니다.
(C) 네, 언제가 좋습니까?
(D) 음. 어디에 앉을까요?

| 어휘 | 空(あ)く 자리나 시간이 비다 どの辺(へん) 어느 부근 座(すわ)る 앉다
| 정답 | (A)

24

願書はちゃんと受理されたの?
(A) ああ、本当にめちゃくちゃでした。
(B) はい、締め切りに間に合わなかったんです。
(C) もちろん、何の問題もなかったよ。
(D) いえ、なんとかぎりぎりセーフでした。

| 번역 | 원서는 확실히 받아들여졌어?
(A) 아. 정말 엉망진창이었어.
(B) 네, 마감일에 못 맞췄어요.
(C) 물론, 아무 문제 없었어요.
(D) 아니요, 어떻게든 간신히 살아남았습니다.

| 어휘 | 願書(がんしょ) 원서 ちゃんと ①바로, 깨끗하게 ②확실히, 틀림없이, 완벽하게 受理(じゅり) 받아들임 めちゃくちゃ 엉망진창 締(し)め切(き)り 마감 なんとか 어떻게든, 그럭저럭 ぎりぎり 용인된 한계점에 다다른 모양, 빠듯함 セーフ 살아남
| 정답 | (C)

25

どうも朝から下痢気味なんです。
(A) だから顔色がいいんですね。
(B) 道理で食欲があると思いました。
(C) 雲行きが怪しくなってきましたね。

(D) そう言えば青白い顔をしていますね。

| 번역 | 이거 참 아침부터 설사 기미가 보여요.
(A) 그래서 안색이 좋군요.
(B) 그 때문에 식욕이 있다고 생각했어요.
(C) 구름의 움직임이 이상해졌네요.
(D) 그러고 보니 창백한 얼굴을 하고 있네요.

| 어휘 | 下痢(げり) 설사 ~気味(ぎみ)(접미어로) ~기미, 경향 顔色(かおいろ) 안색, 얼굴색 道理(どうり)で 어쩐지, 과연, 그 때문에 食欲(しょくよく) 식욕 雲行(くもゆ)き가 怪(あや)しい 날씨가 수상하다, 형세가 불온하다 青白(あおじろ)い 창백하다, 해쓱하다
| 정답 | (D)

26

勝てないとは思うけどやるだけやってみましょう。
(A) 負けたらどうするんですか。
(B) そうですね。だめで元々ですよね。
(C) 勝てないといいんですけどね。
(D) やっぱりやってみてよかったです。

| 번역 | 이기지 못할 거라고 생각하지만 하는데 까지 해 봅시다.
(A) 지면 어떻게 할 거예요?
(B) 그래요. 안 돼도 본전치기죠.
(C) 못 이기면 좋을텐데.
(D) 역시 해 보기를 잘했습니다.

| 어휘 | 勝(か)つ 이기다, 승리하다 負(ま)ける 지다, 패하다 駄目(だめ) 못씀, 해서는 안 됨 元々(もともと) 본전치기, 본전
| 정답 | (B)

27

お昼は食べすぎちゃったから夕飯は軽いものにしよう。
(A) じゃあ、そばにでもする。
(B) じゃあ、ステーキにでもする。
(C) じゃあ、スナックにでもする。
(D) じゃあ、とんかつにでもする。

| 번역 | 점심은 너무 많이 먹었으니까 저녁은 가볍게 하자.
(A) 그럼, 국수로 할까?

(B) そうだ、ステーキにしようか？
(C) そうだ、スナックにしようか？
(D) そうだ、とんかつにしようか？

| **어휘** | お昼(ひる) 점심 夕食(ゆうしょく) 저녁 軽
(かる)い 가볍다, 부담 없다
| **정답** | (A)

28

雨はまだ降ってますか。
(A) はい、水不足で困っています。
(B) はい、今にも降り出しそうです。
(C) いいえ、もう上がっていますよ。
(D) いいえ、夜更けまで降り続くそうです。

| **번역** | 비 아직 내리고 있습니까?
(A) 네, 물 부족으로 곤란합니다.
(B) 네, 지금이라도 내릴 것 같습니다.
(C) 아니요, 벌써 그쳤어요.
(D) 아니요, 밤늦게까지 계속 내린대요.

| **어휘** | 水不足(みずぶそく) 물 부족 今(いま)にも
지금이라도, 당장이라도 夜更(よふ)け 심야 降(ふ)り続
(つづ)く 눈, 비가 계속 내리다

| **주요어구** | 동작, 행위의 계속과 중지
「もう」:이미, 이제(동작, 상태의 중지) / 「まだ」:아직, 여
전히(동작 상태의 계속)
・まだ宿題(しゅくだい)が半分(はんぶん)以上(いじょ
う)残(のこ)っている。
　아직 숙제가 반 이상 남아 있다.
| **정답** | (C)

29

失礼ですが、金子というのはどんな漢字を使いますか。
(A) 幾帳面でまじめな感じの人です。
(B) そんなに気を使わないでもいいですよ。
(C) 金銀の金という字に子供の子です。
(D) お金がたくさん貯まるという意味です。

| **번역** | 죄송하지만, '가네코'라는 것은 어떤 한자를
씁니까?
(A) 성실하고 착실한 느낌의 사람입니다.
(B) 그렇게 신경 쓰지 않아도 됩니다.

(C) '킹킹'의 '킹'이라는 글자에 '코도모'의 '코' 입니다.
(D) 돈이 많이 모인다는 의미입니다.

| **어휘** | 幾帳面(きちょうめん) 꼼꼼한 모양, 성실함 ま
じめ 착실함, 성실함 金銀(きんぎん) 금은 字(じ) 글
자, 글씨 貯(た)まる 돈이 모이다
| **정답** | (C)

30

失礼いたします。ご注文はお決まりですか。
(A) 連れが二人いるんですがいいですか。
(B) コーヒーを二つとチーズケーキを一つお願いしま
す。
(C) 今メニューを見てるんでもうちょっと待ってもい
いですか。
(D) それはいつものお決まりの文句ですね。

| **번역** | 실례합니다. 주문하시겠습니까?
(A) 동행인이 2명인데 괜찮습니까?
(B) 커피 두 잔하고, 치즈 케이크 하나 주세요.
(C) 지금 메뉴를 보고 있으니 좀 더 기다릴까요?
(D) 그런 늘 하는 틀에 박힌 말입니다.

| **어휘** | 注文(ちゅうもん) 주문 お決(きま)りですか
결정하셨습니까?, 주문하시겠습니까? 決(き)まり文句
(もんく) 틀에 박힌 말, 상투적인 말
| **정답** | (B)

31

田中先生の授業、休講だって。
(A) じゃ、どこの教室でやるのかな。
(B) 遅刻しちゃう。早く行かなきゃ。
(C) えっ、せっかく徹夜してレポート仕上げたのに。
(D) 先生、大丈夫かな。お見舞いに行こうか。

| **번역** | 다나카 선생님 수업 휴강이래.
(A) 그럼, 어느 교실에서 할까.
(B) 지각이다. 빨리 가야 돼.
(C) 어. 모처럼 밤새서 보고서를 끝냈는데.
(D) 선생님, 괜찮으실까. 문병 갈까?

| **어휘** | 休講(きゅうこう) 휴강 せっかく 모처럼, 애
써 徹夜(てつや) 철야 仕上(しあ)げる 일을 끝내다,
마무리하다, 성공하다 見舞(みま)い 문안, 문병

| 정답 | (C)

32

二度とこのような事がないように厳重に注意してください。
(A) まだ二度目だから大目に見ましょう。
(B) 二度あることは三度ありますからね。
(C) いいえ、うっかりミスをしただけです。
(D) すみません。何とお詫びをしたらいいのか…。

| 번역 | 두 번 다시 이런 일이 없도록 엄중히 주의하세요.
(A) 아직 두 번째이니까 너그럽게 넘어갑시다.
(B) 두 번 있던 것은 3번도 있을 수 있으니까.
(C) 아니요, 깜빡 실수한 것 뿐 입니다.
(D) 죄송합니다. 뭐라 사과를 해야 좋을지….

| 어휘 | 二度(にど)と 두 번 다시 厳重(げんじゅう) 엄중 注意(ちゅうい) 주의 二度目(にどめ) 두 번째 大目(おおめ)に見(み)る 잘 봐 주다, 관대하게 처리하다, 눈감아주다 うっかり 깜빡, 무심코 詫(わ)びる 사죄하다, 사과하다
| 정답 | (D)

33

駅前のデパートは何時まで開いていますか。
(A) この商品は大変人気でして、ただ今売切れです。
(B) 朝9時までに開店の準備をします。
(C) 申し訳ございませんが、空いてる席はありません。
(D) 確か営業時間は夜9時までだったと思いますが。

| 번역 | 역 앞 백화점 몇 시까지 엽니까?
(A) 이 상품은 대단히 인기가 있어서, 지금 다 팔렸습니다.
(B) 아침 9시까지 개점 준비를 합니다.
(C) 죄송합니다만, 빈자리가 없습니다.
(D) 분명히 영업시간은 밤 9시까지였다고 생각합니다만….

| 어휘 | 商品(しょうひん) 상품 売切(うりき)れ 매절, 매진 閉店(へいてん) 폐점 準備(じゅんび) 준비 確(たし)か 아마, 틀림없이, 짐작하건데=「たぶん」*「確(たし)か~と思(おも)います」(아마~라고 생각합니다)의 꼴로 쓰임
| 정답 | (D)

34

田中さんの会社は仕事始めはいつからですか。
(A) 大学を卒業して以来、働き詰めの毎日です。
(B) 毎週水曜日は定休日となっております。
(C) 普通は9時から始まりますが、早い時は8時半からです。
(D) 例年通り、三が日が終わったらすぐです。

| 번역 | 다나카 씨의 회사는 시무식은 언제입니까?
(A) 대학을 졸업한 이래, 매일 바쁘게 일만 합니다.
(B) 매주 수요일은 정기 휴일입니다.
(C) 보통은 9시부터 시작되는데 빠르면 8시 반부터 합니다.
(D) 여느 해와 동일하게, 정월 초부터 3일 후에 바로 시작합니다.

| 어휘 | 仕事始(しごとはじ)め 시무식(그 해의 첫 업무를 시작함) 働(はたら)き詰(づ)め 일만 함 定休日(ていきゅうび) 정기휴일 普通(ふつう) 보통 例年通(れいねんどお)り 예년과 같이 三(さん)が日(にち) 정월 초하루부터 초사흘까지의 3일간
| 정답 | (D)

35

ねえ、今度駅前にオープンしたお店に行ってみようか。
(A) いいね。あそこは値段の割においしいって評判だよ。
(B) いいね。あそこは店の雰囲気もすごくよくていまいちらしいよ。
(C) いいね。あそこはどこにでもあるような店だから新鮮だよ。
(D) いいね。あそこはサービスも大したことないから行ってみよう。

| 번역 | 있잖아. 이번에 역 앞에 오픈한 가게 가볼까?
(A) 좋아. 거기는 가격에 비해 맛있다는 평판이야.
(B) 좋아. 거기는 가게 분위기도 매우 좋아서 좀 그런 것 같아.
(C) 좋아. 거기는 어디라도 있을 법한 가게라서 신선해.
(D) 좋아. 거기는 서비스도 대단하지 않으니까 가 보자.

| 어휘 | 値段(ねだん) 가격 評判(ひょうばん)だ 소문이 자자하다, 비교적 평판이 좋다 雰囲気(ふんいき) 분위기 いまいち 좀=「いまひとつ」 新鮮(しんせん) 신

선함 大(たい)した 굉장한, 대단한*보통 부정어를 수
반하여「大したことない」(별 것 아니다)

| **주요어구** |「割(わ)りに」(비교적, 생각 외로),「案外(あ
んがい)」(의외로),「わりあい」,「わりと」(비교적)와 의
미상 유사하다.
· あそこのお菓子(かし)は安(やす)いわりにおいしい
  のでご近所(きんじょ)の人(ひと)に評判(ひょうば
  ん)です。
  저 집 과자는 싼 데 비해 맛있어서 근처 사람들에 평판
이 좋습니다.
| **정답** | (A)

36

すみませんが、ちょっとお伺いしたいことがあるんで
すが。
(A) いいですよ。先方に一緒に伺いましょう。
(B) ええ、何をお聞きになりたいんですか。
(C) 日曜日は家にずっといるつもりです。
(D) どうぞ。遠慮なく召し上がってください。

| **번역** | 실례합니다만 좀 여쭈어 보고 싶은 게 있는데요.
(A) 좋습니다. 저쪽에 같이 여쭤 봅시다.
(B) 네, 뭘 묻고 싶으신 가요.
(C) 일요일은 집에 쭉 있을 계획입니다.
(D) 어서, 사양 말고 드세요.

| **어휘** | 先方(せんぽう) 저쪽, 상대방, 상대편 伺(うか
が)う 여쭈어 보다, 뵙다 ずっと 쭉, 계속 遠慮(えんり
ょ)なく 사양 말고
| **정답** | (B)

37

えっ、いくら何でも一人でこんなに食べきれませんよ。
(A) じゃ、もう一人前追加した方がいいですね。
(B) 一人でそんなによく食べましたね。
(C) お代わりならありますから全部食べても構いませ
   んよ。
(D) 残したって大丈夫なんですから。

| **번역** | 어, 아무리 뭐래도 혼자서 이렇게 다 먹을 수는
없어요.
(A) 그럼, 1인분 더 추가하는 게 좋겠네요.
(B) 혼자서 잘 먹었네요.

(C) 더 있으니까 전부 먹어도 괜찮아요.
(D) 남겨도 괜찮습니다.

| **어휘** | 追加(ついか) 추가 お代(か)わり 새로 추가함
残(のこ)す 남기다 大丈夫(だいじょうぶ) 문제없음,
괜찮음
| **정답** | (D)

38

あ、川田さん。何か冷たい物をお願い。
(A) じゃ、クーラーをつければいいですね。
(B) おっしゃる意味がよく分かりませんが。
(C) アイスコーヒーでよろしいですか。
(D) 分かりました。すぐに冷やしてきます。

| **번역** | 어, 가와다 씨. 차가운 거 부탁해요.
(A) 그럼, 에어컨을 켜는 게 좋겠네요.
(B) 말씀하신 의미를 잘 모르겠는데요.
(C) 아이스 커피 괜찮으십니까?
(D) 알겠습니다. 곧 차게 하겠습니다.

| **어휘** | おっしゃる 말씀하시다 冷(ひ)たい 차다 ク
ーラーをつける 에어컨을 켜다 冷(ひ)やす 차게 하다,
식히다
| **정답** | (C)

39

それでは、迫力ある映像を存分にお楽しみ下さい。
(A) わあ、やっぱり大画面で見ると違いますね。
(B) わあ、実にうまいですね。
(C) わあ、臨場感のある音ですね。
(D) わあ、小さくてかわいらしいですね。

| **번역** | 그럼, 박력 있는 영상 마음껏 즐기세요.
(A) 와, 역시 큰 화면으로 보면 다르네요.
(B) 와, 정말 맛있네요.
(C) 와, 현장감이 나는 음이군요.
(D) 와, 작고 귀여운 것 같아요.

| **어휘** | 迫力(はくりょく) 박력 映像(えいぞう) 영상
存分(ぞんぶん)に 마음대로, 마음껏 楽(たの)しむ 즐
기다 大画面(だいがめん) 큰 화면 実(じつ)に 정말로,
참으로 かわいらしい 귀엽다, 깜찍하다 臨場感(りん
じょうかん) 임장감, 현장감

| 정답 | (A)

40

あ、中井さん。どうもしばらく。
(A) またしばらくお会いできませんね。
(B) 久しぶりですね。元気でした。
(C) いいえ、どういたしまして。
(D) 昨日は本当にご馳走様でした。

| 번역 | 어, 나카이 씨. 오래간만.
(A) 또 당분간 만날 수 없네요.
(B) 오래간만이에요. 건강했어요?
(C) 아니요, 천만에요.
(D) 어제는 정말로 잘 먹었습니다.

| 어휘 | ご馳走(ちそう)さま 잘 먹었습니다
| 정답 | (B)

41

あいにく山田は出張中で水曜には戻る予定でございます。
(A) では火曜日ならいらっしゃるんですね。
(B) ではいつお帰りになるんでしょうか。
(C) では水曜日にあらためてお電話いたします。
(D) では後でまた参ります。

| 번역 | 공교롭게도 야마다 씨는 출장 중이라서 수요일
에는 돌아올 예정입니다.
(A) 그럼 화요일이면 계시겠네요.
(B) 그럼 언제 오시는 겁니까?
(C) 그럼 수요일에 다시 전화하겠습니다.
(D) 그럼 나중에 다시 오겠습니다.

| 어휘 | あいにく 공교롭게도 出張中(しゅっちょうち
ゅう) 출장 중 あらためて 다시, 재차, 차후에 参(ま
い)る 「가다, 오다」의 겸양어
| 정답 | (C)

42

あなた、昨日若い子と歩いていたでしょう。
(A) そんな話、聞いてません。聞き違いじゃないです
か。
(B) そんなこと分かりません。他の人に聞いてみて下
さい。

(C) それはまだ見ていません。どうでしたか。
(D) そんなの知りませんよ。人違いじゃないですか。

| 번역 | 당신, 어제 젊은 사람이랑 걷고 있었죠.
(A) 그런 얘기, 못 들었어요. 잘못 들은 거 아니에요?
(B) 그거 모르겠어요. 다른 사람에게 들어보세요.
(C) 그건 아직 안 봤어요. 어땠습니까?
(D) 그런 거 모르겠어요. 사람 잘못 본 거 아니에요?

| 어휘 | 若(わか)い 젊다 聞(き)き違(ちが)い 잘 못
들음 人違(ひとちが)い 사람 잘못 봄
| 정답 | (D)

43

一人暮しは寂しいのでペットを飼うことにしました。
(A) そうですか。もううまく吹けるようになりました
か。
(B) そうですか。ふとんよりもずっと寝心地がいいで
しょう。
(C) そうですか。うちにも子犬がいるんですよ。
(D) そうですか。捨てる時は粗大ごみになってお金も
かかりますよ。

| 번역 | 혼자 사는 것은 외로워서 애완동물을 키우기로
했습니다.
(A) 그래요? 벌써 잘 불 수 있게 되었습니까?
(B) 그래요? 이불보다 훨씬 잘 때 기분이 좋죠?
(C) 그래요? 우리 집에도 새끼 강아지가 있어요.
(D) 그래요? 버릴 때는 대형 쓰레기가 되어 돈도 듭니다.

| 어휘 | 一人暮(ひとりぐら)し 독신 생활, 혼자 살아감
=「独身生活(どくしんせいかつ)」 寂(さび)しい 쓸쓸하
다, 외롭다 ペットを飼(か)う 애완동물을 기르다 吹
(ふ)く 불다 布団(ふとん) 이불 ずっと 훨씬=「はるか
に」 寝心地(ねごこち) 잘 때의 기분 子犬(こいぬ) 강
아지 捨(す)てる 버리다 粗大(そだい)ごみ (텔레비
전, 냉장고 등) 대형 쓰레기
| 정답 | (C)

44

新しいグループのリーダーとして君を推薦しておいた
よ。
(A) 誰がそんな勝手なまねをしたんですか。
(B) それはどうもありがとうございました。

(C) 私もそうしていただけるとありがたいです。
(D) なるほどそれはいい考えですね。

| 번역 |　새로운 조의 리더로 자네를 추천했어.
(A) 누가 그런 제멋대로의 행동을 했습니까?
(B) 그건 매우 고맙습니다.
(C) 저도 그렇게 해 주실 수 있다면 감사하겠습니다.
(D) 과연, 그거 역시 좋은 생각이네요.

| 어휘 |　推薦(すいせん) 추천　勝手(かって) 제멋대로
굶, 자기 좋을 대로 함　まね 흉내, 짓, 동작
| 정답 |　(B)

45

お客様、貴重品でしたらフロントでお預かりいたしま
すが。
(A) 車でしたら、ホテルの前に止めてありますけど。
(B) では、このハンドバック、お願いできるかしら。
(C) ええ、肌身離さず持ち歩いています。
(D) では、ロッカーはどこにあるんですか。

| 번역 |　손님, 귀중품이라면 프론트에서 보관해 드릴 수
있습니다만.
(A) 차라면, 호텔 앞에 세워져 있는데요.
(B) 그럼, 이 핸드백 부탁해도 될까요.
(C) 네, 항상 소중하게 몸에 가지고 다니고 있습니다.
(D) 그럼, 사물함은 어디에 있습니까?

| 어휘 |　貴重品(きちょうひん) 귀중품　お預(あず)か
りいたします 맡아드리다, 보관해 드리다　肌身(はだ
み) 몸, 살갗　肌身離(はだみはな)さず 항상 소중하게
몸에 지니고

| 주요어구 |　「お(ご) +ます형(한자어) +する(いたす)」
(겸양 표현~해 드리다, ~하다)
・一万円(いちまんえん)お預(あず)かりしました。
　만 엔 받았습니다.
| 정답 |　(B)

46

うちの社長ったら、言い出したら聞かないんだから。
(A) 男のくせにおしゃべりなんだから。
(B) だからワンマン社長って言われてるんだね。
(C) 年のせいか最近だんだん耳が遠くなってきてるら

しいよ。
(D) もっと聞こえるように大きな声で言った方がいい
んじゃない。

| 번역 |　우리 사장님은 말이지, 한 번 말하면 듣지를 않
는다니까.
(A) 남자인 주제에 수다쟁이라니까
(B) 그러니까, 독선적인 사장이라고 하지.
(C) 나이 탓인지 최근 점점 귀가 어두워지는 것 같아.
(D) 좀 더 잘 들리도록 큰 소리로 말하는 게 좋지 않을까?

| 어휘 |　うち 우리(자신이 속해 있는 집단, 자기의 동료,
조직, 단체를 가리킬 때 쓰는 말)　~ったら ~은 말이지,
~은 말이야　言(い)い出(だ)す 말을 시작하다, 말을 꺼
내다　おしゃべり 수다스러움, 수다쟁이　ワンマン 원
맨, 독재자　年(とし)のせいか 나이 탓인지　耳(みみ)が
遠(とお)い 귀가 어둡다, 귀가 잘 안 들린다　聞(き)こえ
る 들리다

| 주요어구 |　「せいか」(~탓인지)는 분명하지는 않으나
이러이러한 이유로의 의미로 결과는 좋은 결과, 나쁜 결과
모두를 수용할 수 있다.
・年(とし)のせいか、この頃(ごろ)疲(つか)れやすい。
　나이 탓인지 요즘 쉬 피로해지곤 한다.)
「~のくせに」~인 주제에=「~のに」「~にもかかわらず」
「~(の)くせに」는 앞에 온 대상이나 내용에 대해 비난이
나 반발의 기분을 수반하는 말이다. 주로 회화체에서 많이
사용된다.
・知(し)らないくせに知(し)ったかぶりをする。
　모르는 주제에 아는 척을 한다.
| 정답 |　(B)

47

今度の日曜、行けないことはないんでしょう。
(A) うん、多分行けないと思う。
(B) じゃ、いつがいいんですか。
(C) うん、行けるとは思うんだけど…。
(D) そんなわけがないでしょう。

| 번역 |　이번 일요일, 갈 수 없는 건 아니잖아요?
(A) 응. 아마도 갈 수 없을 거 같아.
(B) 그럼. 언제가 좋습니까?
(C) 응. 갈 수는 있는데
(D) 그럴 이유가 없잖아.

| 어휘 | 今度(こんど) 이번

| 주요어구 | 「～わけがない」：～(일)리가 없다
• そんなことをするはずがない。
　그런 일을 할 리가 없다.
• 北海道(ほっかいどう)で熱帯(ねったい)の植物(しょくぶつ)が育(そだ)つわけがない。
　홋카이도에서 열대 식물이 자랄 리가 없다.
| 정답 | (C)

48

郵便局ならすぐそこですよ。
(A) 何だ、あっという間にできましたね。
(B) 何だ、目と鼻の先ですね。
(C) 何だ、灯台下暗しですね。
(D) 何だ、転ばぬ先の杖ですね。

| 번역 | 우체국이라면 바로 거기 있어요.
(A) 이런, 눈 깜짝 할 사이에 됐네요.
(B) 이런, 코앞이네요.
(C) 이런, 등잔 밑이 어둡네요.
(D) 이런, 유비무환이네요.

| 어휘 | 郵便局(ゆうびんきょく) 우체국　あっという間(ま) 눈 깜짝 할 사이　目(め)と鼻(はな)の先(さき) 매우 가깝다=「近(ちか)い」　灯台(とうだい)もと暗(くら)し 등잔 밑이 어둡다　転(ころ)ばぬ先(さき)の杖(つえ) 넘어지기 전의 지팡이, 유비무환
| 정답 | (B)

49

日本語を専攻していますが、日本の小説には歯が立ちません。
(A) 歯が弱いので堅いものがかめません。
(B) 歯が浮くようなお世辞はやめてください。
(C) へえ、日本語の小説ってそんなに難しいんですか。
(D) へえ、日本語ってそんなに面白いんですか。

| 번역 | 일본어를 전공하고 있지만, 일본 소설은 벅찹니다.
(A) 이가 약해서 딱딱한 것을 씹을 수 없습니다.
(B) 속 보이는 아부는 관두세요.
(C) 네? 일본어 소설이 그렇게 어렵습니까?
(D) 네? 일본어가 그렇게 재밌습니까?

| 어휘 | 専攻(せんこう) 전공　小説(しょうせつ) 소설　歯(は)が立(た)たない　(상대하기)벅차다, 감당 못하다　堅(かた)い 딱딱하다　噛(か)む 음식을 씹다　歯(は)が浮(う)く 역겹다, 속보이다　お世辞(せじ) 아부, 아첨, 알랑거림
| 정답 | (C)

50

あまり召し上がりませんね。お口に合いませんか。
(A) すみません。さっき食べたばかりなものですから。
(B) ええ、うまく口裏を合わせておいたつもりだったんですが。
(C) 口が小さすぎて一口では無理ですよ。
(D) ええ、もっと小さく切ってもらえますか。

| 번역 | 별로 안 드셨네요. 입에 맞지 않습니까?
(A) 죄송합니다. 전에 막 먹고 온 참이라서.
(B) 네, 이야기할 내용을 잘 맞춰 둘 생각이었는데.
(C) 입이 너무 작아서 한 입은 무리입니다.
(D) 네, 좀 더 작게 잘라 주세요.

| 어휘 | お口(くち)に合(あ)う 입맛에 맞다　口裏(くちうら) 말귀, 이야기 할 내용　一口(ひとくち) 한 입

| 주요어구 | 「～たばかりだ」～한지 얼마 안 되었다
• 今朝(けさ)出張(しゅっちょう)から戻(もど)ったばかりです。
　(오늘 아침 출장에서 막 돌아왔습니다.)
| 정답 | (A)

Part 3

51

A : すいません。このセットをください。
B : はい、こちらでお召し上がりですか。
A : いいえ、持ち帰りにして下さい。
B : はい、お包みしますので少々お待ち下さい。

| 번역 |
A : 실례합니다. 이 세트 주세요.
B : 네, 여기서 드실 겁니까?
A : 아니요, 가져갈 겁니다.
B : 네, 포장하는 동안 조금만 기다려 주세요.

| 어휘 | お召(め)し上(あ)がる '먹다, 마시다'의 존경 표현 持(も)ち帰(かえ)り 산 물건을 직접 가지고 돌아감 包(つつ)む 포장하다, 싸다 喫茶店(きっさてん) 찻집, 카페

여기는 어디입니까?
(A) 편의점
(B) 패스트푸드점
(C) 은행
(D) 카페
| 정답 | (B)

52

A : 悪いけど、窓を閉めてくれない。
B : いいけど。どうしたの。寒いの。
A : ううん。そんなんじゃなくて、資料を整理してる
　　から。
B : ああ、そうだね。

| 번역 |
A : 미안한데, 창문 좀 닫아 줄래?
B : 좋은데. 왜? 추워?
A : 아니. 그게 아니라, 자료를 정리하고 있어서.
B : 아. 그러네.

| 어휘 | 閉(し)める 닫다 資料(しりょう) 자료 整理(せいり) 정리 蒸(む)し暑(あつ)い 무덥다 飛(と)ぶ 날다

여자는 왜 창문을 닫아 달라고 부탁하고 있습니까?
(A) 추워서
(B) 감기에 걸려서
(C) 너무 더워서
(D) 자료가 바람에 날아가 버리니까
| 정답 | (D)

53

B : 初めて使うので使い方が分からないんですが。
A : 簡単ですよ。糸もあらかじめセットされています
　　から。まず電源を入れてください。
B : はい、入れました。
A : あとは足元のペダルを踏んで縫うだけです。

| 번역 |
B : 처음 쓰는 거라 사용법을 잘 모르겠어요.

A : 간단해요. 실도 미리 세팅되어 있으니까. 우선, 전원을
　　켜 주세요.
B : 네, 켰어요.
A : 다음은 발밑에 페달을 밟고 꿰매기만 하면 돼요.

| 어휘 | 糸(いと) 실 電源(でんげん) 전원 足元(あしもと) 발 밑 踏(ふ)む 밟다 縫(ぬ)う 꿰매다 ミシン 미싱, 재봉틀 自転車(じてんしゃ) 자전거

어떤 것의 사용법을 설명하고 있습니까?
(A) 재봉틀
(B) 자전거
(C) 전자 오르간
(D) 컴퓨터
| 정답 | (A)

54

A : では、明後日は何時に会いましょうか。
B : ええと、9時頃はいかがでしょうか。
A : すみませんが、午前中はちょっと用事があるもの
　　で。
B : そうですか。では、昼食の後がいいですね。

| 번역 |
A : 그럼, 모레 몇 시에 만날까요?
B : 음, 9시경은 어때요?
A : 죄송합니다만, 오전 중은 볼일이 있어서요.
B : 그렇습니까? 그럼, 점심 후가 좋겠군요.

| 어휘 | 明後日(あさって) 모레 午前中(ごぜんちゅう) 오전 중 用事(ようじ) 볼일 昼食(ちゅうしょく) 점심 午後(ごご) 오후

둘은 모레 언제 만나기로 했습니까?
(A) 오전9시
(B) 오후9시
(C) 아침
(D) 오후
| 정답 | (D)

55

B : 大学の近くに文房具屋がありますか。
A : ええ、校門の目の前にありますよ。
B : そうですか。私はぜんぜん見かけたことがないん

ですけど。

A：建物の地下にあるんですよ。コーヒーショップの
　下です。

| 번역 |

B : 대학교 근처에 문방구점이 있습니까?

A : 네, 교문 바로 앞에 있어요.

B : 그래요? 전혀 본 적이 없어요.

A : 건물 지하에 있어요. 커피숍 밑입니다.

| 어휘 | 文房具屋(ぶんぼうぐや) 문방구점　校門(こう
もん) 교문　目(め)の前(まえ) 눈앞　地下(ちか) 지하

문방구점은 어디에 있습니까?

(A) 대학교 안

(B) 건물 지하

(C) 커피숍 바로 앞

(D) 건물 2층

| 정답 | (B)

56

A：あれ、今日は20日でしたっけ。

B：いいえ、違いますよ。

A：でも、新聞は20日の日付になってるんだけど。

B：ああ、それ。おとといの新聞ですよ。

| 번역 |

A : 어, 오늘이 20일이었어요?

B : 아니요, 틀려요.

A : 근데, 신문은 20일이라고 되어 있는데.

B : 아, 그거요? 그저께 신문이에요.

| 어휘 | 二十日(はつか) 20일　違(ちが)う 틀리다, 다르다
日付(ひづけ) 날짜　おととい 그저께　休(やす)み 휴일

오늘은 며칠입니까?

(A) 18일

(B) 20일

(C) 22일

(D) 휴일

| 정답 | (C)

57

A : 川田さん、今日は休みですって。

B：昼飯一緒に食べる約束してたんだけど。風邪でも
　引いたのかな。

A：それが、お子さんが急に入院することになったら
　しいんですよ。

B：それは大変ですね。

| 번역 |

A : 가와다 씨, 오늘 쉬는 날 이라고?

B : 점심 약속했었는데, 감기라도 걸린 걸까.

A : 그게, 아이가 갑자기 입원하게 됐나 봐.

B : 그거 참 안됐군.

| 어휘 | 昼飯(ひるめし) 점심　風邪(かぜ)を引(ひ)く
감기에 걸리다　入院(にゅういん) 입원　具合(ぐあい)
が悪(わる)い 상태가 안 좋다

가와다 씨는 왜 쉽니까?

(A) 입원해서

(B) 힘들어서

(C) 감기 걸려서

(D) 아이 상태가 안 좋아서

| 정답 | (D)

58

B：これ、速達でお願いします。

A：はい、カナダですね。400円です。

B：それから、この小包も航空便でお願いします。

A：航空便は1600円ですね。そうしますと合わせまし
　て2000円になります。

| 번역 |

B : 이거, 속달로 해주세요.

A : 네, 캐나다네요. 400엔입니다.

B : 그리고, 이 소포도 항공편으로 보내 주세요.

A : 항공편은 1600엔 입니다. 그렇게 하면 합쳐서 2000엔
입니다.

| 어휘 | 速達(そくたつ) 속달　航空便(こうくうびん)
항공편　郵便局(ゆうびんきょく) 우체국　美容院(びよ
ういん) 미용실

여기는 어디입니까?

(A) 꽃집

(B) 우체국

(C) 미용실
(D) 레스토랑
| 정답 | (B)

59

B : かわいいですね。お母さんそっくりですね。
A : まあ、ありがとうございます。今8ヶ月なんです。
B : そうですか。名前は。
A : ゆうこです。

| 번역 |

B : 귀엽네요. 엄마랑 꼭 닮았네요.
A : 고맙습니다. 지금 8개월 됐어요.
B : 그래요? 이름이?
A : 유코예요.

| 어휘 | そっくり 꼭 닮음, 그대로임 妹(いもうと) 여동생 奥(おく)さん 부인(남의 아내를 높여 부르는 호칭)

'유코'는 누구의 이름입니까?
(A) 아이의 이름
(B) 엄마의 이름
(C) 남자의 여동생의 이름
(D) 부인의 이름
| 정답 | (A)

60

A : どうかしましたか。
B : レバーを引いてもお釣りが出てこないんですよ。
A : 故障のようですね。お店の人に言った方がいいですよ。
B : そうですね。そうします。

| 번역 |

A : 왜 그러십니까?
B : 레버를 당겨도 거스름돈이 나오지 않아요.
A : 고장 난 것 같네요. 가게 주인에게 말하는 게 좋아요.
B : 그래요. 그렇게 해야겠어요.

| 어휘 | お釣(つ)り 거스름돈 故障(こしょう) 고장 冷蔵庫(れいぞうこ) 냉장고 自動販売機(じどうはんばいき) 자동판매기 魚釣(うおつり) 낚시

둘은 무엇에 대해 얘기하고 있습니까?
(A) 냉장고
(B) 슈퍼에서 계산하는 사람
(C) 자동판매기
(D) 낚시
| 정답 | (C)

61

A : もしもし、出前をお願いしたいんですが。
B : ありがとうございます。では、まず住所をお願いします。
A : 2丁目のライオンズマンション501号室です。
B : はい。それでは、ご注文は。

| 번역 |

A : 여보세요, 배달 부탁하고 싶은데요.
B : 감사합니다. 그럼, 우선 주소 불러 주세요.
A : 2가에 있는 라이온즈 맨션 501호 입니다.
B : 네. 그럼. 주문은?

| 어휘 | 出前(でまえ) 주문한 요리를 배달함, 요리 배달 住所(じゅしょ) 주소 注文(ちゅうもん) 주문 通信販売(つうしんはんばい) 통신 판매 宅配(たくはい) 택배

여자는 어디에 전화했습니까?
(A) 통신판매 회사
(B) 음식점
(C) 주유소
(D) 택배 회사
| 정답 | (B)

62

B : すみません。これいくらですか。
A : 三本で1000円です。
B : 三本もいらないんですが。
A : ばら売りですとテープの画質はいいですが値段が少し高くなります。

| 번역 |

B : 실례합니다. 이거 얼마예요?
A : 3개에 1000엔입니다.
B : 3개씩이나 필요 없는데.
A : 따로 팔면 테이프 화질은 좋지만 가격이 조금 비싸 집

니다.

| 어휘 | 三本(さんぼん) 3개(「本」은 가늘고 긴 사물을 세는 단위로 넥타이, 영화, 비디오를 셀 때도 사용함) 要(い)る 필요하다 ばら 낱개 画質(がしつ) 화질 値段(ねだん) 가격

남자는 무엇을 사려고 합니까?
(A) 카세트테이프
(B) 장미꽃
(C) 맥주
(D) 비디오테이프
| 정답 | (D)

63

A : すみません、この界隈に証明写真を撮るところは
　　ありませんか。
B : 写真屋ならすぐそこにありますよ。あのケーキ屋
　　の裏です。
A : あの角にあるケーキ屋ですね。
B : いえ、あれは花屋ですよ。あの向こうの建物です。

| 번역 |
A : 실례지만, 이 근처에 증명사진 찍는데 있습니까?
B : 사진관이라면 바로 저기에 있습니다. 저 케이크 가게
　　뒤에 있습니다.
A : 저 코너에 있는 케이크 가게 말씀이시죠?
B : 아니요. 저기는 꽃집이에요. 그 맞은편 건물입니다.

| 어휘 | 裏(うら) 뒤 界隈(かいわい) 근처, 부근, 일대 明写真(しょうめいしゃしん) 증명사진 角(かど) 모퉁이, 코너 向(む)こう 맞은편, 건너편 建物(たてもの) 건물

사진관은 어디에 있습니까?
(A) 케이크 가게 뒤
(B) 맞은 편 건물
(C) 꽃집과 케이크 가게 사이
(D) 코너
| 정답 | (A)

64

A : えっ、これは誰の写真ですか。
B : 私に決まってるじゃないですか。

A : えっ!うそ!こんなに痩せていて、おまけに不精髭ま
　　で生やしていたんですか。
B : なんせ10年前の写真ですからね。

| 번역 |
A : 어, 이거 누구 사진이에요?
B : 나지 누구겠어요?
A : 네? 거짓말! 이렇게 야위고, 게다가 지저분하게 수염까
　　지 길렀었어요?
B : 아무튼 10년 전 사진이니까요.

| 어휘 | 痩(や)せる 여위다, 마르다, 살이 빠지다 おまけに 그 위에, 게다가 不精髭(ぶしょうひげ) 귀찮아서 깎지 않은 수염 生(は)やす 기르다 なんせ 어쨌든, 아무튼 姿(すがた) 모습

| 주요어구 | 「～に決(き)まっている」: 다름 아닌 ～이다, 반드시 ～하다, ～임에 틀림없다=「～にちがいない」
• こんないたずらをするのはあいつにきまっている。
　(이런 장난을 하는 것은 그 녀석이 틀림없다.)

현재 남자의 모습은 어떻습니까?
(A) 옛날보다 뚱뚱하고, 수염을 그대로 내버려두고 있다.
(B) 옛날보다 마르고, 수염을 그대로 내버려두고 있다.
(C) 옛날보다 뚱뚱하고, 깎지 않은 수염은 없다.
(D) 옛날보다 마르고, 깎지 않은 수염은 없다
| 정답 | (C)

65

B : 高橋さん、駅前のビヤホール知ってますか。
A : 駅前の。だいぶ前につぶれたとこのことですか。
B : つぶれたんじゃなくてリニューアル工事をしてた
　　んですよ。きれいになりましたよ。
A : そうですか。じゃ、仕事帰りに寄って一杯やりま
　　しょうか。

| 번역 |
B : 다카하시 씨, 역 앞에 맥주홀 알아요?
A : 역 앞에. 꽤 전에 망했다는 곳 말이에요?
B : 망한 게 아니라 리모델링 공사 한 거예요. 깨끗해 졌어요
A : 그래요? 그럼, 일 끝나고 돌아가는 길에 들러서 한 잔
　　할까요?

| 어휘 | だいぶ 상당히 工事(こうじ) 공사 寄(よ)る

들르다 **経営者(けいえいしゃ)** 경영자 **潰(つぶ)れる**
파산하다, 망하다 **改装(かいそう)** 개장, 외관, 시설 등을
새로 단장함

역 앞에 맥주홀은 어떻게 되었습니까?
(A) 경영자가 바뀌고 서비스가 좋아졌다.
(B) 공사로 깨끗하게 없어졌다.
(C) 파산하고 새로운 가게가 생겼다.
(D) 개장해서 깨끗해졌다.
| **정답** | (D)

66

B : 渡辺さんは大学を卒業したらどんな仕事がしたい
　　ですか。
A : そうですね。私は事務系の仕事が合わないので、
　　外でばりばり働ける接客業がいいですね。
B : へえ、意外ですね。
A : それと、仕事で世界中をあちこち飛び回れたら最
　　高ですね。

| **번역** |
B : 와타나베 씨는 대학교 졸업하면 어떤 일을 하고 싶어
　　요?
A : 글쎄요. 저는 사무 쪽 일이 맞지 않아서 외부에서 부지
　　런히 일할 수 있는 접객업이 좋습니다.
B : 네? 의외이군요.
A : 그렇다면, 일로 세계 곳곳을 날아다닐 수 있다면 최고죠.

| **어휘** | **事務系(じむけい)** 사무 계통 **外(そと)** 밖 **ば
りばり** 일을 척척해 나가는 모양, 열심히 하는 모양, 부지
런히, 열심히=「じゃんじゃん」 **接客業(せっきゃくぎょ
う)** 접객업 **意外(いがい)** 의외 **世界中(せかいじゅう)**
전 세계, 온 세계 **飛(と)び回(まわ)る** 날아다니다, 돌아
다니다 **最高(さいこう)** 최고 **ぴったり** 꼭 맞는, 딱 **弁
護士(べんごし)** 변호사 **教師(きょうし)** 교사 **観光(か
んこう)** 관광

| **주요어구** | 「~中(じゅう)」: 시간이나 장소를 나타내는
명사에 붙어서 '그 전체' 라는 뜻을 나타낸다.
　　• 一日中(いちにちじゅう) (하루 종일)
　　• 一年中(いちねんじゅう) (일 년 내내)

와타나베 씨에게 꼭 맞는 일은 무엇입니까?
(A) 사무직 여성

| **188** |

(B) 변호사
(C) 영어 교사
(D) 관광 가이드
| **정답** | (D)

67

A : 最近、体が重くて。そろそろダイエット始めな
　　きゃ。
B : ダイエット。全然痩せてるじゃない。
A : 実はそうでもないんですよ。私、着やせするタイ
　　プだから。
B : でも、あんまり無理すると体によくないよ。

| **번역** |
A : 최근, 몸이 무거워졌어. 슬슬 다이어트 해야 돼.
B : 다이어트? 아주 말랐잖아?
A : 실은 그렇지도 않아. 실제보다 말라보이는 타입이라서.
B : 하지만, 너무 무리하면 몸에 안 좋아.

| **어휘** | **あんまり** 너무 지나치게 **着込(きこ)む** 껴입다
痩(や)せる 야위다 **太(ふと)る** 살찌다 **むしろ** 오히려
体力(たいりょく)をつける 체력을 기르다

| **주요어구** | 「むしろ」: (선택적 의미로) 어느 쪽인가 하
면, 오히려
　　• 美(うつく)しいというより、むしろかわいい人(ひ
　　と)だ。
　　(아름답다기보다 오히려 귀여운 사람이다.)

남자는 여자에 대해서 어떻게 생각합니까?
(A) 퉁퉁하게 보이므로 별로 옷을 껴입지 않는 편이 좋다.
(B) 다이어트 할 필요가 없다.
(C) 몸을 위해 좀 더 빼는 편이 좋다.
(D) 마른 것 보다 오히려 체력을 기르는 편이 좋다.
| **정답** | (B)

68

A : あれっ、映りが悪いですね。故障してるんじゃな
　　いですか。
B : いや、多分アンテナがおかしいんだと思います。
　　台風が通り過ぎてからこうなったんです。
A : でも、私の部屋のはよく映ってますよ。アンテナ
　　は一緒ですよね。
B : そうですか。やっぱり故障したのかな。

| 번역 |

A : 어, 화면이 이상하네요. 고장 난 거 아니에요?

B : 아니요, 아마도 안테나가 이상한 거 같아요. 태풍이 지나간 후 이렇게 됐어요.

A : 하지만, 네 방은 잘 나오는데요. 안테나는 같지 않나요?

B : 그래요? 역시 고장 난 건가.

| 어휘 | 映(うつ)り 영상, 배색, 배합 故障(こしょう) 고장 多分(たぶん) 대개, 아마 おかしい 이상하다, 수상쩍다 台風(たいふう) 태풍 通(とお)り過(す)ぎる 스쳐 지나가다, 통과하다 映(うつ)る 비치다

무엇에 대해 얘기하고 있습니까?

(A) 라디오

(B) 카오디오

(C) 텔레비전

(D) 비디오카메라

| 정답 | (C)

69

B : 木村さん、留守中私に電話ありました。

A : いいえ、一本もありませんでしたけど。

B : そうですか。もし電話が来たらことづけを聞いといてもらえますか。また、出かけますんで。

A : はい、分かりました。

| 번역 |

B : 기무라 씨, 외출 중에 나 찾는 전화 있었어요?

A : 아뇨, 하나도 없었는데요.

B : 그래요? 만약 전화가 오면 전할 말을 물어 봐 줄래요? 또, 나가 봐야 하니까요.

A : 네, 알겠습니다.

| 어휘 | 留守(るす) 외출하고 집에 없음 折(お)り返(かえ)し 즉시, 곧 戻(もど)る 되돌아가(오)다 伝言(でんごん) 전언, 전할 말 恐(おそ)れ入(い)りますが 죄송합니다만 承(うけたまわ)る 삼가 듣다 担当者(たんとうしゃ) 담당자 代(か)わる 대신하다, 대체하다

| 주요어구 | 「~(さ)せていただく」·「~(さ)せていただきたいです」: (자신이) ~하고 싶다
이 표현은 겸양 표현을 쓰고 있으나 직접 상대방의 이익과 관련 있는 것이 아닌 화자 자신의 소원을 말하는 경우이다.

・この仕事(しごと)をぜひ私(わたし)にさせていただきたいんです。
(이 일을 꼭 제가 하고 싶습니다만.)

여자는 기무라 씨의 전화가 오면 뭐라고 말합니까?

(A) 이쪽에서 즉시 전화하겠습니다.

(B) 돌아오면 이쪽에서 전화 드릴까요?

(C) 만약 괜찮으시면 전하실 말씀 말해주십시오.

(D) 죄송합니다만, 담당자 바꾸겠습니다.

| 정답 | (C)

70

A : どこを押せばいいんですか。

B : 押す前に、まずここにお金を入れて下さい。

A : はい、こうですね。

B : ランプがついたら行き先の金額を押せばいいんですよ。

| 번역 |

A : 어디를 누르면 됩니까?

B : 누르기 전에, 우선 여기에 돈을 넣으세요.

A : 네, 이렇게요.

B : 램프가 켜지면 목적지의 금액을 누르면 됩니다.

| 어휘 | 押(お)す 누르다 行(ゆ)き先(さき) 목적지, 행선지, 장래, 미래 立(た)ち食(ぐ)い 입식, 서서 먹음 乗(の)り場(ば) 타는 곳, 승차장

둘은 지금 어디에 있습니까?

(A) 서서 먹는 국수 가게

(B) 역

(C) 은행

(D) 택시 승차장

| 정답 | (B)

71

B : 山田君、ちょっと会議が始まるまでに資料をコピーしてくれるかい。

A : これ、一冊まるごとってことですか。

B : まさか。しるしがついているだろう。そこから10ページでいいんだけど。15部お願い。

A : 96ページまでですね。では、15部お作りして会議室においておきます。

| 번역 |

B : 야마다 군, 회의가 시작되기 전에 자료를 복사 좀 해
　　주겠니?

A : 이거, 한 권을 통째로 복사하라는 겁니까?

B : 설마. 표시가 되어 있을 거야. 거기서부터 10페이지,
　　15부 부탁해.

A : 96페이지까지네요. 그럼 15부 만들어서 회의실에 두겠
　　습니다.

| 어휘 |　始(はじ)まる 시작되다　資料(しりょう) 자료
一冊(いっさつ) 한 권　しるし 표시, 표지, 기호

몇 페이지부터 복사하면 됩니까?

(A) 10페이지

(B) 77페이지

(C) 87페이지

(D) 106페이지

| 정답 |　(C)

72

A : 部長。実は来週の忘年会の件なんですが。

B : ああ、金曜日の6時にいつもの店だろう、聞いてる
　　よ。

A : それが、うちが出した予算で20人はきびしいんだ
　　そうです。

B : そうか。じゃ、私が直接行って交渉してみるよ。

| 번역 |

A : 부장님. 다음 주 송년회에 관한 얘긴 데요.

B : 아, 금요일 6시에 항상 가는 곳이지. 들었어.

A : 그것이, 우리가 낸 예산으로 20명은 어렵다고 하는데
　　요.

B : 그래? 그럼, 내가 직접 가서 교섭해 볼게.

| 어휘 |　忘年会(ぼうねんかい) 송년회　交渉(こうしょ
う) 교섭　予算(よさん) 예산　増(ふ)やす 늘리다　会計
係(かいけいがかり) 회계 담당자　頼(たの)む 부탁하
다　厳(きび)しい 심하다, 지독하다, 지나치다　企画(き
かく) 기획　練(ね)り直(なお)す 가다듬다, 수정하다
直接(ちょくせつ) 직접　店側(てんがわ) 가게 쪽　掛
(か)け合(あ)う 교섭하다, 담판하다, 흥정하다　出席者
(しゅっせきしゃ) 출석자　人数(にんずう) 사람 수　減
(へ)らす 줄이다

부장은 이제부터 어떻게 합니까?

(A) 예산을 좀 더 늘리도록 회계 담당자에게 부탁한다.

(B) 힘드니까 기획을 수정한다.

(C) 직접 가게 쪽과 만난다.

(D) 출석자 수를 줄인다.

| 정답 |　(C)

73

A : すみません。この会議室ワックスを塗るので、30
　　分ほど空けていただけませんか。

B : えっ、すまないけど隣の応接室からやってくれな
　　いかな。今手が空かないから。

A : あいにく隣は来客中でして…。

B : じゃ、仕方がない。どくよ。

| 번역 |

A : 죄송합니다. 이 회의실 왁스를 발라야 하니까, 30분 정
　　도 비워 주실 수 있으세요?

B : 네? 죄송합니다만, 옆 응접실부터 해 주실 수 없으세
　　요. 지금 바빠서요.

A : 그거 참. 옆방은 지금 방문객이 있어서….

B : 그럼, 방법이 없네. 비킬게.

| 어휘 |　塗(ぬ)る 바르다 칠하다　応接室(おうせつ
つ) 응접실　あいにく 공교로운 모양, 형편이 불리하게
된 모양　来客(らいきゃく) 방문객　どく 비키다, 물러
나다　続(つづ)ける 계속하다　会議室(かいぎしつ) 회
의실　手伝(てつだ)う 돕다, 거들다

남자는 이제부터 어떻게 합니까?

(A) 일을 계속 한다.

(B) 회의실을 나간다.

(C) 옆 응접실에 간다.

(D) 왁스 바르는 것을 도와준다.

| 정답 |　(B)

74

B : ねえ、僕と同じ機種の携帯、ちゃんと使いこなし
　　てる?

A : 機能がいろいろあっていいのはいいけど、操作を
　　覚えるのが大変で。

B : 僕も最初は抵抗があったけど、慣れるとなかなか
　　のもんだよ。

A : 私はやっぱり複雑な機能がない単純な方がいいわ。

| 번역 |

B : 어, 나랑 같은 기종의 핸드폰. 제대로 잘 쓰고 있어?

A : 기능이 여러 가지 있어서 좋기는 좋지만, 조작법을 외우는 게 힘들어.

B : 나도 처음에는 저항이 있었지만, 익숙해지니까 꽤 괜찮더라.

A : 나는 역시 복잡한 기능이 없는 단순한 게 좋아.

| 어휘 | 操作(そうさ) 조작　抵抗(ていこう) 저항　慣(な)れる 익숙해지다　複雑(ふくざつ) 복잡　単純(たんじゅん) 단순　携帯(けいたい) 휴대전화　嫌(いや)がる 싫어하다＝「嫌(きら)う」

둘은 핸드폰에 대해서 어떻게 생각합니까?

(A) 좋아한다.

(B) 싫어한다.

(C) 남자는 좋아하지만 여자는 싫어한다.

(D) 여자는 좋아하지만 남자는 싫어한다.

| 정답 | (C)

75

B : あれ。車、もう買い換えたの。これ、新車だよね。

A : ええ。二番目の兄がこれを買ってすぐ、海外に転勤が決まってしまって。

B : じゃ、お兄さんが向うにいる間は自由に乗り回せるって訳だね。

A : そういうことになりますけど、私が残りのローンを全部払うので、買ったも同然なんです。

| 번역 |

B : 어. 차, 벌써 새로 산거야. 이거 새 차잖아.

A : 응. 둘째형이 이걸 사고 바로, 해외로 전근 가기로 정해졌어.

B : 그럼, 형이 해외에 있는 동안 자유롭게 타고 다녀도 된다는 거네.

A : 그렇긴 하지만, 내가 나머지 대출금을 전부 내기로 했기 때문에, 산 거나 마찬가지야.

| 어휘 | 買(か)い換(か)える 새로 사다　転勤(てんきん) 전근　譲(ゆず)りうける 물려받다　中古車(ちゅうこしゃ) 중고차　月賦(げっぷ) 월부　欲(ほ)しい 갖고 싶다　新車(しんしゃ) 새 차

여자는 차를 어떻게 했습니까?

(A) 오빠한테 공짜로 물려받았다.

(B) 중고차를 샀다.

(C) 월부로 계속 갖고 싶었던 새 차를 샀다.

(D) 오빠한테 샀다.

| 정답 | (D)

76

A : この花柄のシャツなんかどう。けっこう似合うと思うけど。

B : 男が花柄？　しかも、これちょっと小さすぎてきついんじゃないかな。

A : 最近は小さめのを体にぴったりと着るのが流行っているのよ。おしゃれな感じよ。

B : でも、俺はもう流行を追う年でもないよ。

| 번역 |

A : 이 꽃무늬 셔츠 같은 거 어때. 잘 어울릴 것 같은데.

B : 남자가 꽃무늬? 게다가, 이거 너무 작아서 끼는 거 아닐까.

A : 요즘 작은 사이즈를 몸에 딱 맞게 입는 것이 유행하고 있어. 멋있어.

B : 하지만, 나는 이제 유행을 쫓아갈 나이도 아닌데.

| 어휘 | 花柄(はながら) 꽃무늬　おしゃれ 멋을 냄 멋쟁이　着心地(きごこち) 옷을 입었을 때의 감촉　流行(りゅうこう) 유행　追(お)う 뒤를 쫓다

남자는 셔츠를 어떻게 생각합니까?

(A) 멋있어서 여자에게 인기가 있다고 생각한다.

(B) 자기 나이에는 맞지 않는다고 생각한다.

(C) 작아도 촉감이 좋다고 생각한다.

(D) 유행은 쫓는 것이라고 생각한다.

| 정답 | (B)

77

B : 御社の会社見学の期間はどうなっていらっしゃいますか。

A : まず、会社案内をお送りしますから履歴書を今月末までに送ってください。詳しいことはそれに書いてありますが、一応来月の10日から一ヶ月間の予定です。

B : はい、わかりました。そうしましたら、入社試験の日程は…。

A : 見学にいらした方から、随時面接を致します。結果は再来月の末までにお電話にてご連絡致します。

| 번역 |
B : 귀사의 견학 기간은 어떻게 됩니까?

A : 우선, 회사 안내를 보내드릴 테니 이력서를 이 달 말까지 보내 주세요. 자세한 사항은 거기에 적혀 있지만, 일단 다음달 10일부터 1개월 간 예정되어 있습니다.

B : 네, 알겠습니다. 그렇다면, 입사시험 일정은….

A : 견학을 오신 분부터, 수시 면접을 합니다. 결과는 다 다음 달 말까지 전화로 연락 드리겠습니다.

| 어휘 | 詳(くわ)しい 상세하다 一応(いちおう) 일단 日程(にってい) 일정 随時(ずいじ) 수시, 때때로, 언제라도 入社試験(にゅうしゃしけん) 입사시험 再来月(さらいげつ) 다 다음 달 今月末(こんげつすえ) 이달 말

입사시험은 언제 할 예정입니까?

(A) 1월부터

(B) 다 다음 달 말부터

(C) 이달 말부터

(D) 다음달 10일부터

| 정답 | (D)

78

B : また、土地が値下がりしたそうですよ。

A : ええ、私なんかバブルの最盛期にマンションを買っちゃったもんだから損した気分よ。

B : 買わなくてよかったと言いたいところだけど、僕にはぜんぜん縁がない話ですから。

A : そんなこと言わないで、思いきって買ったらどうですか。今が底ですって。

| 번역 |

B : 또, 땅값이 내렸다고 하네요.

A : 응, 나 같이 최고로 비쌀 때 맨션을 샀으니까 손해 보는 기분이야.

B : 사지 않길 잘했다고 말하고 싶은데, 나와는 전혀 관계 없는 얘기라서.

A : 그런 소리하지 말고 과감하게 사는 게 어때? 지금이 제일 바닥이래.

| 어휘 | 土地(とち) 토지 値下(ねさ)がり 값이 내림 損(そん)する 손해보다 縁(えん)がない 관계가 없다 地価(ちか) 땅값 下落(げらく) 하락 思(おも)いきって 대담하게, 과감하게 底(そこ) 바닥, 밑바닥, 최저치 得(とく)をする 이익을 보다

여자는 땅값이 하락해서 뭐라고 말하고 있습니까?

(A) 비쌀 때 팔아서 이익을 봤다.

(B) 좀 더 비쌀 때 팔면 좋았다.

(C) 비쌀 때에 사지 않아서 다행이다.

(D) 지금이 가장 싸기 때문에 적당한 때이다.

| 정답 | (D)

79

B : 田中さん、いろいろお世話になりました。来月から新潟工場に移ることになりました。

A : 来月ですか。急な話ですねえ。

B : ええ、横浜工場は生産をストップして研究施設にするそうです。

A : じゃあ、大規模な配置転換が行われますね。

| 번역 |

B : 다나카 씨, 여러모로 신세 많이 졌습니다. 다음 달부터 니가타 공장으로 옮기게 되었습니다.

A : 다음 달이요? 급작스런 이야기이군요.

B : 네, 요코하마 공장은 생산을 멈추고 연구 시설로 한다고 해요.

A : 그럼, 대규모의 배치전환이 이뤄지겠군요.

| 어휘 | 移(うつ)る 이동하다 研究施設(けんきゅうしせつ) 연구 시설 大規模(だいきぼ) 대규모 配置(はいち) 배치 転換(てんかん) 전환 工場(こうじょう) 공장 転勤(てんきん) 전근 転職(てんしょく) 전직

남자는 이제부터 어떻게 합니까?

(A) 다음 달부터 요코하마 연구 시설에서 일한다.

(B) 이대로 요코하마 공장에 남는다.

(C) 다음 달부터 니가타로 전근한다.

(D) 다음 달부터 직업을 바꾼다.

| 정답 | (C)

80

A : 竹内さんの結婚祝い、何がいいかしら。

B : う〜ん、やっぱり新居ですぐ使えるものがいいんじゃない。台所用品とかちょっとした家具とか。

A : でも、竹内さん一人暮ししてたからたいていのものはそろってるはずだけど。

B : うん。でも、新居にはやっぱり真新しい物が合うし、やっぱりそういう物にしようよ。

｜**번역**｜

A : 다케우치 씨 결혼 선물로 뭐가 좋을까.

B : 음, 역시 새집에서 바로 쓸 수 있는 것이 좋겠는데. 주방용품이라든가 가구 같은거.

A : 하지만, 다케우치 씨 혼자 살았기 때문에 대부분의 것은 갖고 있을 텐데.

B : 응. 그래도, 새집에는 역시 새 물건이 어울리니까, 그런 걸로 하자.

｜**어휘**｜ 祝(いわい) 축하(행사), 축하 선물 新居(しんきょ) 새로 만든 집 台所(だいどころ) 부엌 一人暮(ひとりぐら)し 혼자 생활함 日用品(にちようひん) 일용품 揃(そろ)う 갖추어지다 차다 足(た)りない 부족하다 現金(げんきん) 현금 台所(だいどころ) 부엌 家具(かぐ) 가구

다케우치 씨의 결혼 선물은 어떻게 합니까?
(A) 새로운 방이기 때문에 새로운 생활용품을 산다.
(B) 생활용품은 갖춰져 있기 때문에 가지고 있지 않은 물건을 산다.
(C) 부족한 것이 없기 때문에 현금으로 한다.
(D) 새로운 주방과 가구를 산다.

｜**정답**｜ (A)

Part 4

[81~84]

電気メーカーに勤めている木村拓郎さんは現在47才、妻の静香さん、15才の長男の真治さん、13才の長女の優香さんの四人家族だ。以前は典型的な会社人間だった山田さんは一週間の労働時間が約80時間でほとんど家にいなかった。しかし、不況の影響で残業がなくなり、朝9時に出勤し、5時の終業とともに退社し、6時半には家に戻るようになった。木村さんの給料はまあまあだったが、今までは毎晩残業をして残業手当をたくさん稼いでいたので、去年約1千万円の年収があった。ところが、去年から不必要な残業を禁止したので、残業手当がほとんどもらえなくなり、今年は年収が20パーセントも減ってしまった。妻の静香さんは専業主婦で収入は全くない。何とか生活費を節約して家計が赤字にならないようにしてきたが、先月はとうとう赤字になってしまった。

｜**번역**｜ 전기 메이커에 근무하고 있는 기무라 타구로 씨는 현재 47세, 아내인 시즈카 씨, 15세인 장남 신지 씨, 13세인 장녀 유카 씨로 4인 가족이다. 이전은 전형적인 회사 인간이었던 야마다 씨는 일주일의 노동 시간이 약 80시간으로 거의 집에 없었다. 그러나 불황의 영향으로 잔업이 없어지고, 아침 9시에 출근하고 5시에 업무 종료와 더불어 퇴근하고, 6시에는 집에 돌아오게 되었다. 기무라 씨의 월급은 그저 그런 정도였으나, 지금까지는 매일 잔업을 해서 잔업 수당을 많이 벌었기 때문에, 작년 약 1천만 엔의 년간 수입이 있었다. 하지만 작년부터 불필요한 잔업을 금지했으므로, 잔업 수당을 거의 받을 수 없게 되어, 금년에는 년 간 수입이 20퍼센트나 줄어 버렸다. 아내인 시즈카 씨는 전업 주부로 수입은 전혀 없다. 어떻게든 생활비를 절약해서 가계가 적자가 되지 않도록 해 왔으나, 지난달은 결국 적자가 나 버렸다.

｜**어휘**｜ メーカー 메이커, 제조업자 典型的(てんけいてき) 전형적 会社人間(かいしゃにんげん) 회사 인간 (오직 회사 일에만 매달려 있는 타입의 직장인을 의미함) 労働時間(ろうどうじかん) 노동 시간 不況(ふきょう) 불황 影響(えいきょう) 영향 残業(ざんぎょう) 잔업 終業(しゅうぎょう) 종업, 업무를 마침 退社(たいしゃ) 퇴근 戻(もど)る 돌아가다 給料(きゅうりょう) 급여, 월급 まあまあ 불충분하나 그 정도로 참아야 함을 나타내는 말. 그저 그런 정도, 그럭저럭 残業手当(ざんぎょうてあて) 잔업 수당 稼(かせ)ぐ 돈을 벌다 年収(ねんしゅう) 연 수입 専業主婦(せんぎょうしゅふ) 전업 주부 全(まった)く 전혀 生活費(せいかつひ) 생활비 節約(せつやく) 절약 家計(かけい) 가계 赤字(あかじ) 적자 とうとう (뒤에 과거 완료를 나타내는 말을 수반하여) 드디어, 마침내, 끝내, 결국

81

금년 기무라 씨의 년 간 수입은 얼마 정도입니까?
(A) 400만 엔
(B) 600만 엔
(C) 800만 엔
(D) 1000만 엔

｜**어휘**｜ 年収(ねんしゅう) 연수, 연간 수입
｜**정답**｜ (C)

82

기무라 씨는 왜 잔업이 없어졌습니까?

(A) 작년에 지나치게 일해서 건강을 해쳤기 때문에
(B) 대학원에 다니고 있기 때문에
(C) 아내 대신에 아이를 보살피지 않으면 안 되기 때문에
(D) 회사의 영업 상태가 좋지 않기 때문에

| 어휘 | 体(からだ)を壊(こわ)す 건강을 해치다 大学
院(だいがくいん)に通(かよ)う 대학원에 다니다 〜の
代(か)わりに 〜대신에 面倒(めんどう)を見(み)る
돌봐 주다, 보살피다 経営(けいえい) 경영 状態(じょ
うたい) 상태

| 주요어구 | 「〜の代(か)わりに」「〜に かわって」(〜을
대신하여)
• 母(はは)に代(か)わって客(きゃく)の応対(おうた
  い)に出(で)る.
  어머니를 대신하여 손님 접대에 나서다.

| 정답 | (D)

83

기무라 씨의 년 간 수입이 줄어, 부인은 어떻게 하고 있
습니까?
(A) 파트로 주 3회 일하러 나가고 있다.
(B) 정사원으로 회사에 근무하고 있다.
(C) 필요 없는 물건을 사지 않도록 생활하고 있다.
(D) 특별히 작년과 다름없는 생활을 보내고 있다.

| 어휘 | 減(へ)る 줄다 パート 파트타이머, 「パートタ
イマー」의 준말로 시간제 근무 正社員(せいしゃいん)
정사원 変(か)わりない 변함없다

| 정답 | (C)

84

기무라 씨의 통근 시간은 편도 어느 정도 걸립니까?
(A) 20분 정도
(B) 40분 정도
(C) 1시간 정도
(D) 1시간 반 정도

| 어휘 | 通勤時間(つうきんじかん) 통근 시간 片道
(かたみち) 편도

| 정답 | (D)

[85〜88]

皆様、おはようございます。本日もサクラ航空をご利
用くださいまして、まことにありがとうございま
す。この便は、ＳＫＲ１５７便仁川発成田行でございま
す。出発が遅れまして、皆様に大変ご迷惑をおかけい
たしております。機長以下乗務員一同重ねましてお詫
び申し上げます。本日の機長は、鈴木次郎、チーフパー
サーは、木村雅也、成田までの飛行時間は離陸後2
時間40分を予定しております。皆様のご安全のためシー
トベルトをしっかりとおしめください。当機は全席
禁煙となっております。お煙草はご遠慮ください。ま
た、飛行機の計器に影響を与える恐れがあるため、携
帯電話、デジタルカメラ、ラジオなどのご使用は禁止
となっております。どうぞご了承ください。なお、本
日この飛行機には、7名の日本人乗務員が乗務いたし
ております。御用の際には、どうぞご遠慮なくお知ら
せください。それではこれからの空の旅、どうぞごゆ
っくりおくつろぎくださいませ。

| 번역 | 여러분, 안녕하십니까? 오늘도 사쿠라 항공을
이용해 주셔서 진심으로 감사드립니다. 이 항공기는 SKR
157편으로 인천 발 나리타 행이 되겠습니다. 출발이 늦어
져서 여러분에게 대단한 폐를 끼치게 되었습니다. 기장 이
하 승무원 일동은 거듭하여 사과 말씀 올립니다. 오늘 기
장은 스즈키지로, 수석사무장은 기무라마사오, 나리타까
지의 비행 시간은 이륙 후 2시간 40분을 예정하고 있습니
다. 여러분의 안전을 위해 안전벨트를 확실하게 매 주시기
바랍니다. 이 비행기는 전 좌석이 금연입니다. 담배는 삼
가 주시기 바랍니다. 또 비행기 계기에 영향을 줄 염려가
있으므로, 휴대 전화, 디지털카메라, 라디오 등의 사용은
금지되어 있습니다. 부디 양해를 해 주시기 바랍니다. 또
한 오늘 이 비행기에는, 7명의 일본인 승무원이 탑승하고
있습니다. 용무가 있으실 때에는, 부디 언제라도 알려 주
십시오. 그러면 이제부터 하늘 여행을 부디 느긋하고 편안
하게 즐기시기 바랍니다.

| 어휘 | 皆様(みなさま) 여러분 本日(ほんじつ) 오늘
航空(こうくう) 항공 誠(まこと)に 참으로, 정말, 매우
便(びん) 편(배, 비행기 등의 연락이나 수송의 수단) 機
長(きちょう) 기장 乗務員(じょうむいん) 승무원 一
同(いちどう) 일동 重(かさ)ねる 되풀이하다, 반복하
다, 거듭하다 お詫(わ)び 사죄, 사죄의 말 チーフパー

サー(chief purser) 수석 사무장 離陸(りりく) 이륙 計器(けいき) 계기 影響(えいきょう)を与(あた)える 영향을 주다 恐(おそ)れ 걱정, 염려, 우려 携帯電話(けいたいでんわ) 휴대 전화 了承(りょうしょう) 승낙, 납득, 양해 御用(ごよう) 볼일, 용건, 용무 くつろぐ 느긋하게 편히 쉬다, 몸이나 자세 등을 편안히 하다

85

여기는 어디입니까?

(A) 공항

(B) 기내

(C) 역

(D) 차내

| 어휘 | 空港(くうこう) 공항 機内(きない) 기내 駅(えき) 역 車内(しゃない) 차내

| 정답 | (B)

86

왜 사과하고 있습니까?

(A) 인천을 떠나는 것이 늦었기 때문에

(B) 나리타에 도착하는 것이 늦었기 때문에

(C) 비행기가 심하게 흔들렸기 때문에

(D) 전차가 오는 것이 늦었기 때문에

| 어휘 | 謝(あやま)る 사과하다 飛(と)び立(た)つ 날아가다, 날아오르다 到着(とうちゃく) 도착 揺(ゆ)れる 흔들리다

| 정답 | (A)

87

비행 중 사용해서는 안 되는 것은 무엇이라고 했습니까?

(A) 빗

(B) 디지털 카메라

(C) 거울

(D) 안전벨트

| 어휘 | 飛行中(ひこうちゅう) 비행 중 くし 빗 鏡(かがみ) 거울

| 정답 | (B)

88

이 방송에서 말하지 않은 것은 무엇입니까?

(A) 담배를 피우면 안 된다.

(B) 무슨 일이 있으면 불러 주길 바란다.

(C) 일본인 승무원은 전부 해서 7명이다.

(D) 출발이 40분이나 늦어졌다.

| 어휘 | アナウンス 아나운서, 방송함 ～てほしい ～하길 바란다 乗務員(じょうむいん) 승무원 全部(ぜんぶ)で 전부 해서 出発(しゅっぱつ) 출발

| 정답 | (D)

[89~91]

関東地方を中心に気温が上がっています。記録的な暑さで、6月としては、過去最も暑くなっています。東京の気温は午前11時53分に36.2度。横浜の気温は午後0時4分に35.5度まで上がっています。ここまで気温が上がったのは、昨夜から今朝にかけてはフェーン現象であまり気温が下がらず、朝から30度近くもあったことと、昼間の強烈な日差しの影響です。今夜は、雨を予想していますが、この雨が、空気を少し冷やしてくれそうです。

| 번역 | 간토지방을 중심으로 기온이 올라가고 있습니다. 기록적인 더위로, 6월로서는 과거 최고로 더워지고 있습니다. 도쿄의 기온은 오전 11시 53분에, 36.2도. 요코하마의 기온은 오후 0시 4분에 35.5도까지 올라가고 있습니다. 이렇게까지 기온이 올라간 간 것은, 어제 밤부터 오늘 아침에 걸친 푄현상으로 전혀 기온이 내려가지 않고, 아침부터의 기온이 30도에 가까운 것과, 낮 사이의 강렬한 햇빛의 영향입니다. 오늘밤에는 많은 비가 올 것으로 예상되어, 이 비가 공기를 조금 식혀줄 것 같습니다.

| 어휘 | 中心(ちゅうしん) 중심 気温(きおん) 기온 記録的(きろくてき) 기록적 過去(かこ) 과거 最(もっと)も 가장 昨夜(さくや) 어젯밤 今朝(けさ) 오늘 아침 現象(げんしょう) 현상 昼間(ひるま) 낮, 주간 強烈(きょうれつ) 강열 日差(ひざ)し 햇살 影響(えいきょう) 영향 今夜(こんや) 오늘밤 予想(よそう) 예상 空気(くうき) 공기 冷(ひ)やす 식히다, 차게 하다

89

오늘의 간토지방의 기온은 어떻습니까?

(A) 6월치고는 시원하다.

(B) 6월치고는 이상할 정도로 높다.

(C) 평년과 비슷한 더위다

(D) 여름치고는 이상할정도로 낮다.

| 어휘 |　気温(きおん) 기온　涼(すず)しい　서늘하다
珍(めずら)しい 드물다, 신기하다, 이상하다　平年並(へ
いねんな)み 다른 해와 거의 비슷한 수준을 유지함

| 정답 |　(B)

90

왜 이렇게 더운 것입니까?

(A) 아침부터 30도 약간 못 미치고, 낮에 햇빛이 강했으므
로

(B) 아침부터 30도를 넘은 더위로, 낮 동안 바람이 전혀 불
지 않았으므로

(C) 어제 밤부터 비가 계속내리고 있었으므로

(D) 어제 저녁부터 오늘아침까지 비가 조금씩밖에 내리지
않았으므로

| 어휘 |　弱(じゃく) 약간 미달임　日中(にっちゅう) 주
간, 대낮, 한낮　吹(ふ)く 불다　昨夜(さくや) 어젯밤
ゆうべ 어제 저녁

| 정답 |　(A)

91

오늘밤은 어떻게 될 것 같습니까?

(A) 낮 동안의 강력한 햇빛의 영향으로 기온이 올라갈 것
같다.

(B) 비가 내리고, 조금 기온이 내려갈 것 같다.

(C) 비가 내리고 축축해질 것 같다.

(D) 비가 내리지만, 낮 동안의 더위와 다르지 않을 것 같다.

| 어휘 |　夜(よる) 밤　昼間(ひるま) 주간, 낮　強烈(き
ょうれつ) 강렬함　日差(ひざ)し 햇살, 햇빛　じめじめ
습기나 수분이 많은 모양, 구질구질, 눅눅히, 축축이

| 정답 |　(B)

[92～94]

| 번역 |　요 수 십년 간, 일본에서는 아기 출생률이 계속
내려가고 있다. 그 이유로는 2가지로 판단된다. 한 가지는
결혼하지 않는 여성이 늘고 있다는 것, 또 하나는 부부가
아기를 1명이나 2명밖에 갖고 싶어 하지 않는 것이다. 이
상태로 가면, 21세기 중엽에는 인구가 지금의 1억2000만
명에서 8000만 명 정도로 감소하게 될 것으로 예측되고
있다. 또. 한편으로는 의학의 발전에 따라, 노인의 수명은
늘고, 사망률은 내려가고 있다. 즉, 전인구에서 차지하는
노인의 비율이 증가하고, 젊은 사람의 비율이 줄게 되는
현상이 일어나는 것이다. 일설로는, 21세기중엽에는 노인
은 전인구의 25％정도가 되는 것은 아닌가 하고 말한다.
그러한 현상이 좋은 일인지 나쁜 일인지는 간단히 판단할
수 없지만, 적어도 노인의 생활을 뒷받침하기 위한, 젊은
이의 부담은 매우 커질 것만은 분명하다.

| 어휘 |　数十年(すうじゅうねん) 수 십년　出生率(し
ゅっせいりつ) 출생률　下(さ)がり続(つづ)ける 계속
내려가다　夫婦(ふうふ) 부부　中頃(なかごろ) 중엽, 중
간 시기　減少(げんしょう) 감소　予測(よそく) 예측
一方(いっぽう)では 한편으로는　医学(いがく) 의학
進歩(しんぽ) 진보　寿命(じゅみょう) 수명　死亡率(し
ぼうりつ) 사망률　占(し)める 차지하다　割合(わりあ
い) 비율　増加(ぞうか) 증가　若者(わかもの) 젊은이
減(へ)る 줄다, 감소하다　現象(げんしょう) 현상　一説
(いっせつ) 일설　簡単(かんたん) 간단　判断(はんだ
ん) 판단　支(ささ)える 떠받치다, 지탱하다　負担(ふた
ん) 부담　極(きわ)めて 극히, 매우　明(あき)らかだ
분명하다, 명백하다

92

21세기의 중반에는 인구는 지금보다 몇 명 정도 줄어들
것 같습니까?

(A) 1,000만 명
(B) 2,000만 명
(C) 3,000만 명
(D) 4,000만 명

| 어휘 | 世紀(せいき) 세기 中頃(なかごろ) 중간 무렵의 시기, 중순경 減(へ)る 줄다
| 정답 | (D)

93

어째서 요 수 십년간 일본에서는 아이의 출생률이 적어지게 되었습니까?

(A) 여성보다 남성의 수가 많아서
(B) 아이를 낳고 싶어도 낳을 수 없는 여성이 늘었으므로
(C) 결혼적령기의 젊은이가 전인구에 비교해서 적으므로
(D) 미혼여성의 증가와 결혼을 하더라도 아이를 한명, 두명밖에 낳지 않으므로

| 어휘 | 出生率(しゅっせいりつ) 출생률 数(かず) 수 産(う)む 낳다 適齢期(てきれいき) 적령기 比(くら)べる 비교하다 未婚(みこん) 미혼
| 정답 | (D)

94

의료기술이 발전함에 따라, 어떤 현상이 일어날 것으로 예상합니까?

(A) 노인의 수명이 늘어, 총인구가 증가한다.
(B) 질병에 의한 사망률은 줄고, 총인구에서 차지하는 아이의 비율이 늘어난다.
(C) 전인구에서 차지하는 노인의 비율이 올라가고, 젊은이의 비율이 내려간다.
(D) 총인구가 증가해서, 식량부족이 다가온다.

| 어휘 | 医療(いりょう) 의료 技術(ぎじゅつ) 기술 発達(はったつ) 발달 ～につれ ～함에 따라 現象(げんしょう) 현상 寿命(じゅみょう) 수명 総人口(そうじんこう) 총인구 増加(ぞうか) 증가 ～における (환경, 상황, 장소)～에서의 死亡率(しぼうりつ) 사망률 占(し)める 차지하다, 점유하다 比率(ひりつ) 비율 食糧不足(しょくりょうぶそく) 식량 부족 見舞(みま)う 달갑지 않은 것을 주다, 가하다
| 정답 | (C)

代引き・郵便振替・銀行振込・クレジットカードでのお支払いが可能です。後払いの場合は商品到着後1週間以内にお振込お願いいたします。お買い上げ金額が1万円以上で送料無料・代引き手数料も無料となります。一万円以下の場合は、代引き手数料と送料がそれぞれ300円かかります。交換・返品の際には5日以内にご連絡下さい。返品やこちらの不手際以外の交換は送料はお客様負担となります。保証がついている商品に関しましては修理・お取替えさせて頂く事が可能です。メール・FAXでのお問い合わせは24時間対応しています。電話でのお問い合わせは火曜から土曜午前10時より午後6時までとさせて頂きます。

| 번역 | 대금상환, 우편 대체, 은행온라인입금, 신용카드로의 지불이 가능합니다. 후불의 경우는 상품 도착 후 1주일 내에 입금하시면 됩니다. 구매금액이 만 엔 이상이면 배송료무료, 대금상환 수수료도 무료입니다. 만 엔 이하의 경우는 대금상환수수료와 배송료가 각각 300엔 듭니다. 교환 반품 시에는 5일 이내에 연락바랍니다. 반품과 제품이상 이외의 교환은 배송료가 고객 부담입니다. 보증서가 붙어 있는 상품에 관해서는 수리, 교환해 드립니다. 메일, 팩스로의 문의는 24시간 응대하고 있습니다. 전화문의는 화요일부터 토요일 오전 10부터 오후 6시까지 하고 있습니다.

| 어휘 | 代引(だいひき)/代引(だいひ)き 대금 상환, 「代金引換(だいきんひきかえ)」의 준말 郵便振替(ゆうびんふりかえ) 우편 대체 銀行振込(ぎんこうふりこみ) 은행온라인입금 クレジットカード 신용카드 支払(しはら)い 지불 後払(あとばら)い 후불 到着(とうちゃく) 도착 お買(か)い上(あ)げ 구매, 구입 金額(きんがく) 금액 送料(そうりょう) 송료 無料(むりょう) 무료 手数料(てすうりょう) 수수료 それぞれ 각각 交換(こうかん) 교환 返品(へんぴん) 반품 ～際(さい)には ～(할) 때에는 修理(しゅうり) 수리 取替(とりか)え 대체, 교환 頂(いただ)く 받다, 「もらう」의 겸양어 問(と)い合(あ)わせ 문의 対応(たいおう) 대응, 응대

95

9000엔의 상품을 대금상환으로 살 경우 합계는 얼마입니까?

(A) 9,000엔

(B) 9,300엔

(C) 9,600엔

(D) 10,000엔

| 어휘 | 代引(だいひ)き 「대금 상환」의 준말 合計(ご
うけい) 합계

| 정답 | (C)

96

교환이나 반품이 하고 싶을 경우, 어떻게 해야 합니까?

(A) 1주일 이내에 회사로 우송한다.

(B) 5일내로 회사에 연락한다.

(C) 1주일 이내로 메일이나 팩스로 회사에 알린다.

(D) 5일 이내로 회사에 택배로 보낸다.

| 어휘 | 交換(こうかん) 교환 返品(へんぴん) 반품
郵送(ゆうそう) 우송 連絡(れんらく) 연락 知(し)ら
せる 알리다 宅配(たくはい) 택배

| 정답 | (B)

97

반품, 교환의 배송료는 어떻게 합니까?

(A) 반품과 회사의 실수에 의하지 않은 교환은 고객
     이 지불한다.

(B) 교환만 회사가 지불한다.

(C) 반품만 회사가 지불한다.

(D) 어떠한 경우라도 손님이 지불한다.

| 어휘 | 返品(へんぴん) 반품 交換(こうかん) 교환
送料(そうりょう) 배송료 ~による ~에 의한 支払
(しはら)う 지불하다 ~のみ ~만, ~뿐

| 정답 | (A)

[98~100]

日本人は中学・高校の六年間、英語を勉強してい
る。また、大学では英語の外に、もう一つ外国語を
勉強する。ところが、ほとんどの学生がマスターで
きないまま終わってしまう。なぜマスターできない
のだろう。それは外国語をマスターすることが目的
になっているからである。外国語はそれを手段とし
て勉強した時に、身につくというのが、私の考えで
ある。目的は何でもいい。留学したい、文学を勉強
したい、映画を完全に理解したい、海外に友だちが
ほしい。目的はなんでもいい。とにかく、その目的
を達成するためには、泣いても笑っても、その外国
語を習得しなければならないという場合、外国語の
学習は楽しくなるものである。外国語の勉強は、あ
る目的を達成するための手段・道具であって、それ
が目的ではない。学校の外国語教育がつまらなく、
また期待したような成果が上がらないのは、外国語
の習得そのものが目的になっているからである。

| 번역 | 일본인은 중학교 · 고등학교 6년간, 영어를 공부
하고 있다. 또, 대학에서는 영어 외에, 또 하나의 외국어를
공부한다. 그런데, 거의 대부분의 학생이 마스터하지 못한
채로 끝나버리고 만다. 왜 마스터하지 못하는 것일까. 그
건 외국어를 마스터하려는 것이 목적이 되어있기 때문이
다. 외국어는 그것을 수단으로써 공부할 때, 몸에 익히게
된다는 것이 나의 생각이다. 목적은 무엇이라도 좋다. 유
학을 가고 싶다. 문학을 공부하고 싶다. 영화를 완전히 이
해하고 싶다. 해외의 친구가 사귀고 싶다. 목적은 무엇이
라도 좋다. 어쨌든, 그 목적을 달성하기 위해서는, 무슨 수
를 써서라도 그 외국어를 익히지 않으면 안 될 경우, 외국
어의 학습은 즐거워지는 것이다. 외국어 공부는, 어떤 목
적을 달성하기 위한 수단, 도구지, 그것이 목적은 아니다.
학교의 외국어교육이 재미없고, 또 기대하는 성과가 오르
지 않는 것은, 외국어 학습, 그게 목적으로 되어있기 때문
이다.

| 어휘 | ~外(ほか)に ~외에 ところが 하지만, 그러
나 ほとんど 거의, 모든 なぜ 왜 手段(しゅだん) 수
단 留学(りゅうがく) 유학 とにかく 좌우간, 하여튼,
여하튼 達成(たっせい) 달성 泣(な)いても笑(わら)っ
ても 울어도 웃어도, 아무리 발버둥 쳐도, 무슨 수를 써
보아도 習得(しゅうとく) 습득 道具(どうぐ) 도구 つ
まらない 시시하다, 재미없다 期待(きたい) 기대 成果
(せいか) 성과

98

어째서 일본인은 외국어를 터득하지 못 한다고 말합니
까?

(A) 원래부터 외국어를 익히는 센스가 없으므로

(B) 청해력이 부족하므로

(C) 외국어를 숙달하기 위한 공부를 하고 있으므로

(D) 일본어에 없는 발음을 할 수 없으므로

| 어휘 |　会得(えとく) 터득, 익힘＝「体得(たいとく)」
聴解力(ちょうかいりょく) 청해력　不足(ふそく) 부족
熟達(じゅくたつ) 숙달　発音(はつおん) 발음
| 정답 | (C)

99

학교의 외국어가 재미없는 이유는 무엇입니까?
(A) 선생님이 농담을 하지 않고 평이하게 수업을 진행하므
　　로
(B) 읽거나 쓰는 것 뿐이고 실제 회화는 하지 않으므로
(C) 시험의 점수를 얻기 위한 공부를 하고 있으므로
(D) 외국어를 마스터하는 것이 목적이므로
(D) 외국어를 마스터하는 것이 목적이 되었으므로

| 어휘 |　冗談(じょうだん) 농담　たんたんと 담담하
게　実際(じっさい)に 실제로　点数(てんすう) 점수
稼(かせ)ぐ 돈을 벌다, 점수를 따다
| 정답 | (D)

100

어떻게 하면 외국어학습이 즐거워집니까?
(A) 마스터할 것을 믿고 오로지 공부한다.
(B) 수업 중에 적극적으로 선생님께 질문한다.
(C) 마스터하는 것 이외의 목적으로 공부한다.
(D) 외국어의 뉴스 등을 수없이 많이 듣는다.

| 어휘 |　学習(がくしゅう) 학습　ひたすら 오직, 오
로지, 한결같이　授業中(じゅぎょうちゅう) 수업 중　積
極的(せっきょくてき) 적극적　浴(あ)びる 물을 뒤집어
쓰다, 덮어쓰다
| 정답 | (C)

강성광

국제대학 일어일문학과 수석졸업
일본 문부성 초청 국비유학(京都大学)
중앙대학교 교육대학원 졸업(일본어교육학)
現 청문외국어학원 JPT강사

주요저서
일본어어휘의 달인이 되는 법 / 사람in
일본어 능력시험에 꼭 나오는 핵심정리 / 사람in
일본어문법백과사전 / 사람in
e-mail : khi8896@hanmail.net
daum cafe : http://cafe.daum.net/KingJPT

JPT청해 달인이 되는 법^{TM} 〈해설서〉

저자	강성광
초판발행일	2007년 1월 15일
초판 4쇄발행일	2009년 6월 26일
발행인	박효상
편집	신제찬 · 김진아
마케팅	이종선 · 이태호
표지디자인	손호준
본문디자인	글사랑(2278-3053)
출판등록	제10-1835호
발행처	사람in
주소	121-839 서울시 마포구 서교동 379-10
전화	(02)338-3555(代)
팩스	(02)338-3545
e-mail	saramin@netsgo.com
홈페이지	www.saramin.com

* 책값은 뒤표지에 있습니다.
* 파본은 바꾸어 드립니다.
* 저자와의 협약에 따라 인지는 생략했습니다.

ISBN 978-89-6049-017-8
　　　978-89-6049-013-0(Set)